Udo Reifner

Die Geldgesellschaft

Udo Reifner

Die Geld-
gesellschaft

Aus der Finanzkrise lernen

VS VERLAG FÜR SOZIALWISSENSCHAFTEN

Bibliografische Information der Deutschen Nationalbibliothek
Die Deutsche Nationalbibliothek verzeichnet diese Publikation in der
Deutschen Nationalbibliografie; detaillierte bibliografische Daten sind im Internet über
<http://dnb.d-nb.de> abrufbar.

1. Auflage 2010

Alle Rechte vorbehalten
© VS Verlag für Sozialwissenschaften | GWV Fachverlage GmbH, Wiesbaden 2010

Lektorat: Frank Engelhardt

VS Verlag für Sozialwissenschaften ist Teil der Fachverlagsgruppe
Springer Science+Business Media.
www.vs-verlag.de

Umschlaggestaltung: KünkelLopka Medienentwicklung, Heidelberg
Druck und buchbinderische Verarbeitung: Ten Brink, Meppel
Gedruckt auf säurefreiem und chlorfrei gebleichtem Papier
Printed in the Netherlands

ISBN 978-3-531-17077-0

Inhaltsverzeichnis

Vorwort 9

1 Geldkollaps: Was ist passiert? 15
1.1 Geld oder Wirtschaft – was ist zerstört? 15
1.2 Die Finanzkrise macht Klima-, Umwelt- und Sozialstaatskrise unlösbar 17
1.3 Gewinner und Verlierer 21

2 Geldpolitik: Wie wird reagiert? 27
2.1 Das Vertrauen ist weg, musste der Staat eingreifen? 27
2.2 Der Staat zahlt 31
2.2.1 Finanzmarktstabilisierungsgesetz und Rettungsgesetz 31
2.2.2 Der Staat bürgt 35
2.2.3 Bad Bank – staatliche Subvention für wertlose Anlagen 37
2.2.4 Langfristige Effekte kurzfristiger Hilfe 43
2.3 Weiß der Staat, was er tut? 48
2.3.1 Abgeordnete unter Druck 48
2.3.2 Man löst Probleme, die es nicht gibt 51
2.3.3 Wer macht die Gesetze? 54
2.4 Was machen die anderen? 56
2.4.1 Was macht die USA? 56
2.4.2 Frankreich: verantwortliche Kreditvergabe 59
2.4.3 England: Wucherkredite und Selfhelp 62
2.4.4 Die Dritte Welt: Fluch und Segen der Diskriminierung 64
2.4.5 Wo steht Deutschland? 66
2.5 Was wollen die Banken? 69

3 Geldsystem: Wie funktioniert es? 77
3.1 Das Bewässerungssystem der Wirtschaft ist gestört 77
3.1.1 Banken gehen nicht Konkurs? 79
3.1.2 Sind die Banken denn nicht reich? 83

3.1.3   Das Geld der Banken ist nur so viel wert wie deren Schuldner.............. 85
3.2   Geldgeschäfte sind Kredite – manche verbrieft...................................... 88
3.2.1   Banken geben und nehmen Kredite – manche werden verbrieft 88
3.2.2   Das Finanzsystem ist Kreditsystem.. 93
3.2.3   Kredit verbindet die Menschen.. 100
3.2.4   Wir brauchen eine verantwortliche Kreditvergabe 101
3.2.5   Banker statt Bankiers... 105
3.2.6   Geldwirtschaft und Realwirtschaft – was haben sie miteinander
        zu tun? 107
3.2.7   Kredit und Darlehen – Vertrauen oder Anvertrauen? 116
3.2.8   Geld muss man mieten! 121

3.3   Kredit ist gekaufte Zeit... 125
3.3.1   Zeit kostet Geld 125
3.3.2   Wofür stehen Zinsen? 133
3.3.3   Geld bildet Wachstum ab... 140
3.3.4   Geld kann wuchern... 143

3.4   Kreditrisiken sind zum Geschäft geworden... 157
3.4.1   Warum Verbriefungen mehr Finanzrisiken produzieren....................... 158
3.4.2   Was wir mit Risiken machen, entscheiden wir und nicht das Geld 166
3.4.3   Risiken lassen sich versichern 169
3.4.4   Mit Risiken lässt sich auch spielen.. 171
3.4.5   Kann man Finanzrisiken nicht anders bewältigen? 178

3.5   Finanzinstrumente zwischen Risikoabsicherung, Glücksspiel
        und Betrug.. 184
3.5.1   Abgespaltene Finanzrisiken werden zu eigenständigen Wertpapieren .. 185
3.5.2   Verbriefte Risiken als Handelsware... 191
3.5.3   Differenzgeschäft und Glücksspiel – begrenzte Chancen..................... 198

3.6   Fünf Thesen zum Testen... 201

4   Geldprobleme: Wie kam es zur Krise? 207
4.1   Subprime in den USA und England... 208
4.1.1   Hypothekenkredite 208
4.1.2   Kreditkartenkredite.. 219

4.2   Subprime in Deutschland 223
4.2.1   Subprime-Hypothekenkredite.. 224
4.2.2   Subprime-Ratenkredite.. 230
4.2.3   Subprime-Banken – drei Beispiele 239

4.3 Der Verkauf verbriefter (fauler) Kredite 256
4.3.1 Pools für faule Kredite – Wertgewinn für die Banken? 256
4.3.2 Der Wertverlust für die Verbraucher 259
4.3.3 Rechtliche Schranken zerstörerischer Kreditverkäufe 261
4.4 Moderne Geldfälschung: die Scheinwelten „toxischer Papiere" 265
4.4.1 Scheingeld: Wertpapiere ohne Wert 267
4.4.2 Scheinkredite: Umschuldungen 274
4.4.3 Scheinanlagen: Kreditfinanziertes Finanzinvestment 277
4.4.4 Scheinrisiken: Wie man an Verlusten sowie an der Erfindung
von Risiken verdient 285
4.4.5 Scheinsicherheiten: strukturierte Papiere 288
4.4.6 Scheingewinne: das Anreizsystem der Provisionen 293
4.4.7 Wie verhindert man privates Falschgeld? 305

5 Geldkontrolle: Gibt es keine Regeln? 309
5.1 Der vom Recht befreite Kapitalmarkt 310
5.1.1 Recht als Rahmen des Marktes 311
5.1.2 Heimatlandkontrolle: die Entmachtung der Aufsicht 319
5.1.3 Verbraucherschutz – Information statt Schutz 323
5.1.4 Die Deregulierung geht weiter 327

5.2 Die andere Realität 334
5.2.1 Falsche Bilanzen 335
5.2.2 Verfälschte Überschuldungszahlen 341
5.2.3 Steuerparadiese: Das versteckte Geld 345

5.3 Macht der Banken 354
5.3.1 Politische Macht 354
5.3.2 Strafverfolgung gegen legitime Interessen? 357
5.3.3 Kontrollierte Medien 360
5.3.4 Wir sind alle (den Banken etwas) schuldig – manche Politiker
etwas mehr 364

6 Geldideologie: Wie erklärt das Geldsystem die Krise? 367
6.1 Geld durch Geld erklären 368
6.1.1 Der Verlust soziologischer Kompetenz 370
6.1.2 Reduktion von Armut auf Geldmangel 371
6.1.3 Anleger- statt Kreditkrise 373

6.2 Zu viel oder zu regellos? 374
6.2.1 Geldüberfluss oder das rechte Maß 375

6.2.2   Geldgier und das sogenannte Böse 379

6.3   Menschliches Versagen 388
6.3.1   Sorglosigkeit und Unwissen 388
6.3.2   Jugendlicher Leichtsinn 391

6.4   Komplexität durch Anbieterperspektive 396
6.4.1   Finanzfachsprache 398
6.4.2   Geldsprache und Verbraucherperspektive 399

6.5   Neo-Liberalismus 402
6.5.1   Neo-Liberalismus und Finanzkrise 402
6.5.2   Neo-Liberalismus als Praxisanforderung 404
6.5.3   Die gefährliche Kritik der Konservativen 406
6.5.4   Der Neoliberalismus ist nicht liberal, sondern nur käuflich 408

7   Geldperspektiven: Was können wir tun? 411

7.1   Verstehen! 411
7.1.1   Verbrauchersicht und Verbraucherforschung tun not 412
7.1.2   Kapitalmarkt aus Verbrauchersicht – ein Verständnistest 419

7.2   Verändern! 428
7.2.1   Neues Denken 429
7.2.2   Neue Organisation der Verbraucherinteressen 434
7.2.3   Gerechte Besteuerung der Geldeinkommen 439
7.2.4   Zehn Forderungen zur nachhaltigen Krisenbewältigung 448

Sachwortverzeichnis 455
Personenverzeichnis 465

Vorwort

Ist die Finanzkrise vorbei? Können wir zur Tagesordnung übergehen? Haben wir die Fragen gelöst und wissen wir, wie es weiter geht? Antworten gab es schon vor den Fragen. Alle Zeitungen hatten Ende 2008 Sonderseiten herausgebracht, mit denen sie die Krise einfach erklären wollten. In der Öffentlichkeit erläuterten dieselben Wirtschaftsweisen, Wirtschaftspolitiker und Bankenchefs, die die Vergangenheit gesteuert hatten, warum die Krise kam und wie wir die Zukunft meistern werden. Dabei gaben sie anfänglich noch gerne zu, dass sie und ihre Kollegen (Kolleginnen gab es weniger) von falschen Annahmen über das selbstständige Wirken des Marktes, die abnehmende Rolle des Staates in der Wirtschaft und die Erfolge einer rein finanziellen Unternehmensführung geleitet worden waren und falsche Prognosen und Einschätzungen verbreitet hatten. Sie sprachen von der Notwendigkeit von Regulierung statt Deregulierung, von Verstaatlichung statt von Privatisierung, von unmoralischen statt von Top-Managern, von nachhaltiger Wirtschaft statt vom shareholder value, von Brot und Arbeit statt von der Eigenkapitalrendite.

Für das Andere, das Unverständliche, kamen kurzfristig die anderen, die Philosophen (Süddeutsche Zeitung), Psychoanalytiker (Handelsblatt), Ethiker und Alternativen zu Wort. Doch das ist nun alles vorbei. Das Geldsystem hat sich stabilisiert und an die staatlichen Defizite haben wir uns schon gewöhnt. Diejenigen, die uns die schlimmste Krise seit 100 Jahren prophezeit hatten, erfreuen uns nun wieder mit optimistischen Prognosen, wenn man nur „der Wirtschaft" ihren Lauf lässt und ihr nicht in den Rücken fällt.

Ist das Buch zu spät geschrieben? Hätte ich einen Schnellschuss wagen sollen wie alle diejenigen, deren Sofortdeutungen neben der Ladenkasse aufgestapelt ein unmittelbares Bedürfnis der Menschen befriedigten?

Für mich ist diese Krise nicht 2008 eingetreten. 2008 hat sie nur die Chefetagen der Banken, Unternehmen und Regierungsgebäude erreicht. Sie ist bei den Investoren und Geldbesitzern angekommen, die in bisher nicht gekannter Weise ihre Positionen in der Gesellschaft auf Kosten anderer mit einer einzigen Behauptung erreichen konnten, dass man durch die bloße Vermehrung von Geld mehr Ansprüche auf das erwerben kann, was insgesamt geschaffen wurde. Für mich hatte die Krise schon begonnen, als die Armen seit der neuen Politik Ronald Reagans und Margret Thatchers, der Chicago Schule und dem Sieg der Monetaristen immer ärmer und die Reichen immer reicher wurden, als ein genereller Mechanismus der Umverteilung einsetzte, bei dem das Kapitaleinkommen wichtiger als das Arbeitseinkommen wurde. Im Hamburger Institut für Finanzdienstleistungen konnte ich mit Juristen, Soziologen, Ökonomen und Politologen seit über 20 Jahren diese Entwicklung vor allem für die Verbraucherverbände beobachten und Analysen verfassen. Dabei entdeckten wir die Rückkehr des Wuchers in das Geldsystem, Überschuldung und Zwangsräumungen, verspielte private Altersvorsorge und eine deutlicher werdende Trennung der Welt in Gläubiger und Schuldner.

Der Zusammenbruch der Finanzmärkte war dabei nicht überraschend, hatten wir doch seit Jahren darauf hingewiesen, dass Renditen bzw. Wertzuwächse von Papieren von mehreren Hundert oder gar Tausend Prozent bei einer Volkswirtschaft und bei Löhnen, die sich beide mühsam um einzelne Prozent vermehren, nicht aus dem Nichts, sondern durch Umverteilung zustande kommen müssen. Wir haben daher den Zusammenbruch als Chance begriffen, den Mechanismus besser zu verstehen, mit dem das Geldsystem die Menschen so ungleich behandelt und dabei die einen ruiniert, während es die anderen hofiert und dabei trotzdem das Bruttosozialprodukt steigert.

Doch es wäre noch viel zu wenig. Die Welt nur anders als die Nutznießer zu interpretieren schafft weder mehr Gerechtigkeit noch eine bessere nachhaltigere Perspektive. Man muss die Welt des Geldes verändern. Das Ziel der letzten 25 Jahre, nachhaltige Finanzdienstleistungen für Menschen zu entwickeln und durchzusetzen, in denen Verbraucherschutz und verantwortliche Kreditvergabe, soziales Investment und humane Stadtentwicklung, Finanzierung zukunftsweisender Ansätze und Instrumente zur gleichmäßigen Bewässerung der Wirtschaft eingesetzt werden, liegt auch diesem Buch zugrunde. Kurzfristig gab es für eine solche Ausrichtung etwas mehr Platz zum Atmen. Das bisher mitleidige Lächeln der Banker, die genervten Reaktionen der Macher, der Hinweis der Leserbriefredaktionen, doch einmal Pausen einzulegen – sie waren für kurze Zeit verschwunden. Fernsehen, Hörfunk und Zeitungen verlangten nach nachhaltigen Konzepten, nach Ideen, wie man das entfesselte Geldsystem wieder dem Menschen unterwerfen könne. Unser Motto „Geld nutzen, statt Geld haben" schien ebenso gefragt wie einfache Weisheiten. Wir durften mit Beifall behaupten, dass Geld nicht arbeitet, dass alle Anlagerenditen von Schuldnern der Kredite erarbeitet werden müssen, dass alles Geld nur Schein von Reichtum und nicht selber Reichtum ist. Doch ehe darüber diskutiert werden konnte scheint es vorbei zu sein. Das Geld allein, diesmal vom Staat geliehen, hat doch wieder alle Probleme lösen können und damit bewiesen, dass die Welt sich nur stabilisieren kann, wenn man den Anforderungen des Geldsystems gerecht wird. Wir bleiben auch in der Bewältigung der Krise in einer Geldgesellschaft, in der jeder Gedanke, jede Minute, jeder Gegenstand und jede Perspektive zunächst in Geld verwandelt werden muss, um gedacht, gelebt und begriffen zu werden.

Doch vielleicht hat es auch sein Gutes, wenn sich der Lärm um die Krise gelegt hat und angesichts der scheinbaren Aussichtslosigkeit von Veränderung die Geldwirtschaft inzwischen wieder zur Tagesordnung übergeht. Die Sensation oder das Recht-Haben sind keine guten Ziele. Sie verhindern das Mitgefühl für diejenigen, die unter diesem System litten und, wie es jüngst der französische Chef des Internationalen Währungsfonds ausdrückte, in Zukunft noch mehr leiden werden. Als ein englischer Journalist anrief und mich zu meinen Warnungen Anfang 2000 beglückwünschen wollte, weil ja alles im Wesentlichen so wie von uns befürchtet eingetreten sei, war das eher ein Vorwurf, der betroffen macht, weil es eben trotz dieses Wissen nicht gelungen war, das Schiff auch nur ein wenig umzusteuern.

Auch mit der Kritik in diesem Buch soll nicht verdammt, sondern verbessert werden. Wirtschaft hat einen Widerspruch zu lösen zwischen Effizienz und Wohlergehen, der Verständnis und Kenntnis voraussetzt. Während sich die Wirtschaftswissenschaften der Effizienz verschrieben haben, bliebe für die Soziologie das Wohlergehen. Beides setzt Sachwissen voraus, das man nicht schon alleine deshalb bei sog. Experten findet, weil sie so genannt werden.

Deshalb ist diese Kritik auch jetzt nicht fundamental. Das Buch soll aufklären und mehr Menschen in den Prozess der Steuerung unseres Geldsystems einbinden. Sie sollen ihre Anforderungen als Verbraucher, Staat oder Unternehmer so an die Geldwirtschaft formulieren können, dass man sie dort versteht. Die Bankiers unter den Bankern sollen animiert werden, das Gespräch zu suchen und zu erkennen, dass sie zwar die Spezialisten für das Geld, nicht jedoch für den Nutzen sind, den man mit dem Geld erreichen kann. Sie müssen wie alle Menschen lernen, in einer widersprüchlichen Welt auch eine andere ihnen „fremde" soziale Sprache zu verstehen.

Dem Buch liegt neben 37 Jahren Arbeit in den Wissenschaften vom Geld auch eine intensive Zeitungslektüre zugrunde. Dabei fiel mir auf, dass die Masse ihrer Informationen ständig ansteigt. Fast alles betrifft heute alle. Der Leser muss oder will daher alles wissen, hat aber keine Zeit mehr, um etwas zu verstehen. Eine journalistische Antwort darauf sind die einer Talkshow nachempfundenen Fragetabellen, bei der dreizeilige Antworten auf ein in 20 Fragen zerlegtes Phänomen gegeben werden. Ähnliches hat sich vorher schon in den Lehrbüchern der instrumentellen Wissenschaften wie Jura und Managementlehre abgespielt. Wissen statt Verstehen, Fertigkeiten statt Fähigkeiten ist die große Versuchung unserer Zeit, Menschen immer schneller und bequemer eine scheinbare Handlungskompetenz zu verschaffen. Sie ermöglicht das Funktionieren der Geldgesellschaft auch ohne Sinnverständnis. Es reicht, wenn die Menschen dadurch arbeitsfähig gemacht werden, dass sie sich an deren Anforderungen anpassen. Gestalten kann man damit nicht mehr.

Das Buch arbeitet mit Beispielen und Volksweisheiten. Das Buch soll eine Übersetzungsleistung erbringen. Es ist nicht emotionslos und nicht ohne Wut und Ärger geschrieben. Wer sich mit menschlichen Schicksalen insbesondere im Bereich der Überschuldung als Ergebnis wirtschaftlicher Fehlentwicklungen seit Jahren beschäftigt, den lässt dies nicht kalt. Allerdings nützt es nichts, wenn man im Überschwang der Gefühle das nach einem Sturz am Rücken verletzte Kind fahrlässig aufhebt, weil der Verstand aussetzt. Deshalb glaube ich, dass gezeigte Gefühle besser kontrollierbar sind als unterdrückte. Die Wut und der Ärger gelten umgekehrt aber immer nur Charaktermasken und nie den Menschen, die sich ihrer bedienen. Pauschalisierungen tun allen denen Unrecht, durch die diese Krise nicht eingetreten wäre, die sich aber nicht haben durchsetzen können. Wo das durchschimmert, möchte ich mich schon jetzt entschuldigen.

Entschuldigen möchte ich mich auch für etwaige unvermeidbare Fehler, die trotz sorgfältiger Arbeit mit einer Veröffentlichung einhergehen, die nicht im Unverbindlichen bleiben will und die persönliche Erfahrung mit den öffentlich zugänglichen Tatsachen in Verbindung bringt. Ziel des Buches ist die Nutzung der Meinungsfreiheit für ein Verständnis von Wirtschaft, das Geld als Mittel und nicht als Ziel begreift. Wenn dies, wie es in der Vergangenheit von Unternehmen erfolglos versucht wurde, in den Wettbewerbskammern der Landgerichte endet, die Verbraucheraufklärung mit der Schmähkritik von Mitbewerbern gleichsetzen, dann ist Meinungsfreiheit und Verbraucherschutz in Deutschland nicht viel wert. Verbraucheraufklärung und Werbung sind Eckpfeiler in einem kollektiven Dialog, bei der den Milliardenetats der Meinungsmache in der Werbung nur der Versuch entgegengehalten werden kann, das verminte Feld der Tatsachen zu betreten.

Unser Finanzsystem rast wie eine führerlose Lokomotive ohne Fahrtziel mit dem Geld als Maschine und der Rendite als Treibstoff. Das spricht nicht gegen Lokomotiven und Treibstoff. Es bedeutet auch nicht, dass sich jetzt jeder ohne Wissen und Kenntnis zum Lokführer ernennen kann und jedes Ziel gut ist. Vielmehr müssen die Lokomotivführer mit den Reisenden ins Gespräch darüber kommen, wie man und wohin man fährt. Es geht letztlich um nicht weniger als einen Kompetenzgewinn der Politik in der Wirtschaft.

In diesem Sinne habe ich die Gedanken und Diskussionen im Institut und innerhalb der von uns initiierten weltweiten „Europäischen Koalition für Verantwortung im Kredit" (ECRC) zusammengefasst und die Beiträge und Kommentare aus dem Internet, in Fernseh- und Hörfunksendungen sowie einer Vielzahl von Zeitungsinterviews auf der Grundlage meiner wissenschaftlichen Beschäftigung mit Finanzen zusammengeschrieben.

Für die meisten der hier behandelten Themen gibt es von mir auch wissenschaftliche Veröffentlichungen, die offen legen, woher das Wissen stammt, auf wen man zurückgreift, wie man mit Gegenargumenten umgeht und wo genau die gesicherte Erkenntnis aufhört und konkretes Zukunftsdenken beginnt. In diesem Buch aber sind die Zitate bewusst weggelassen. Fachwörter wurden durch einfache Formulierungen ersetzt und in Klammern geschrieben, die man mit dem Fachwortverzeichnis im Anhang nachschlagen kann.

Ich habe sehr vielen Menschen zu danken, die mit mir diskutiert, recherchiert und vor allem im iff dafür gesorgt haben, dass ich diese Arbeit machen konnte. So hat Achim Tiffe meine Arbeit im Institut übernommen, meine Freundin Angelika Steinbach hat sich als Fachfremde viele Themen geduldig erklären lassen und mir gezeigt, wo ich unverständlich wurde. Unsere beiden Spezialistinnen im iff für finanzielle Allgemeinbildung, Insa Thormälen-Hopgood und Anne Schellhove haben sich den Text mit den Augen der Pädagogen angeschaut und gezeigt, wo die Grenze zwischen Populismus, einfacher Erklärung und wissenschaftlicher Ausdrucksweise liegt. In einem wöchentlichen Abendessen habe ich mir auch das Recht bei Mitarbeitern des iff sowie meiner Tochter Pascale erkauft, eigene Texte, die ich in Geschichten und Märchen für Jugendliche und Kinder gepackt hatte, vorzulesen und auf ihre Verständlichkeit und ihre Lesbarkeit hin zu diskutieren. Bei einigen Recherchen haben mir Michael Feigl, der das Archiv im iff leitet, und unser Experte für Überschuldung, Michael Knobloch, geholfen. Den Steuervorschlag konnte ich mit Heinrich Strohauer diskutieren. Die gesamte Arbeit wurde von Nicole Knops im Stile eines klassischen Lektorats betreut, bei dem Stil und Inhalt mit vielen nützlichen Anmerkungen versehen wurden. Diskussionen mit Journalisten vor oder nach Sendungen oder Interviews waren weitere Testfelder, für die ich danken möchte.

Schließlich bedanke ich mich auch beim Verlag, der mit seiner schnellen und außerordentlich positiven Reaktion Mut gemacht hat, sich an die Feinarbeiten und Beschwernisse einer Überarbeitung und Veröffentlichung zu wagen.

Hamburg im September 2009

1 Geldkollaps: Was ist passiert?

1.1 Geld oder Wirtschaft – was ist zerstört?

Wir haben eine Krise des Finanzsystems, die durch eine „Subprime-Krise" in Amerika ausgelöst wurde. Geht es uns jetzt schlechter, haben wir weniger Brot, Autos oder Arbeit? Ist eine Bombe vom Himmel gefallen, ein Krieg ausgebrochen? 7 Bio. € sollen in der Welt „vernichtet" sein, das entspricht etwa allen Wirtschaftsleistungen Deutschlands (2,2 Bio. € pro Jahr) für einen Zeitraum von mehr als drei Jahren. 816 Mrd. €, die die deutschen Banken als Vermögen in den Bilanzen aufführen, seien, so die Aufstellung des Aufsichtsamtes vom 26.02.2009, mehr oder minder wertlos und müssten staatlich gestützt werden. Der Marktwert aller Aktiengesellschaften hat sich von September 2008 auf März 2009 fast halbiert, als der Deutsche Aktienindex DAX von 6.600 auf 3600 und der amerikanische Dow Jones Index von 11000 auf 6500 abstürzte. Fehlt uns denn wirklich etwas oder haben wir uns, wie der Präsident des Internationalen Währungsfonds meint, nur in den Zahlen der Bilanzen geirrt und sollten sie schleunigst in Ordnung bringen?

Was ist eigentlich passiert? Keine Fabrik wurde zerstört, kein Arbeitnehmer ist jetzt häufiger krank als früher, die Regale in den Geschäften sind gefüllt und Lebensmittelmarken brauchen wir auch nicht – und doch beklagen wir die größte Wirtschaftskrise seit 1929. In den USA verlieren Millionen Menschen ihre Jobs, in Spanien klettert die Arbeitslosenrate auf 17 %, in England verliert alle sieben Minuten ein Verbraucher sein Haus. 17 Mrd. € Defizit plant die Bundesagentur für Arbeit für das nächste Jahr ein. Millionen von Arbeitsplätzen gehen verloren und im Mittelstand grassiert die Pleitewelle. „Jetzt kommen fünf dürre Jahre", titelt die F.A.Z. Ende April 2009 und sagt fünf Millionen Arbeitslose, Jobangst, Investitionsstau und Konsumverzicht voraus. Rentenkürzung, Lohnabbau, Umschichtung in die untypischen Arbeitsverhältnisse, Zwangsversteigerungen und Überschuldung, explodierende Kontoüberziehungszinsen – die Belastung des unteren Drittels der Bevölkerung (dazu unten 4.2), vorübergehend gemildert durch fallende Energiepreise, ist sechs Monate später bereits Realität. Warum? Wo doch, wie vorher, alle Arbeit, alle Rohstoffe vorhanden und alle Straßen unversehrt sind. Und auch die Züge fahren noch immer. Weshalb also soll die Wirtschaft nicht mehr funktionieren, die doch aus der Produktion von Waren und Dienstleistungen für unseren Konsum durch uns selbst besteht und nicht aus Geld, das für uns arbeitet? Noch nie hat man einen Geldschein am Schraubstock arbeiten gesehen. Noch nie wurde ein Lkw von einem Bankkonto gefahren und bisher hat sich auch noch keine einzige Aktie bei der Straßenreinigung engagiert. Dass man Geld nicht essen kann und, auch wenn man darin badet, davon nicht sauber wird, weiß eigentlich jeder. Nicht einmal denken kann das Geld.

Unser Finanzsystem ist mittlerweile so zerrüttet und alleine so wenig über-lebensfähig, dass wir, die wir vorher drei Jahre brauchten, um im Parlament eine Finanzierung von nur 3 Mrd. € für Krippenplätze in Deutschland durchzusetzen, zu Beginn der Krise fast täglich – ganz ohne Parlament – solche Subventionen versprachen und in Zukunft dann gewähren müssen. Innerhalb weniger Tage haben wir durch ein Gremium demokratisch nicht legitimierter Bankenchefs eine Staatsgarantie für die unvorstellbare Summe von 600 Mrd. € übernommen, die nicht ausreichen soll. Keiner, nicht einmal die Opposition, hat dagegen wirklich protestiert.

Was also ist passiert? Die aktuelle Finanzkrise wurde, so behaupteten die Banker der SachsenLB, nur durch unbedachte Fragen ausgelöst. Geldbesitzer („Investoren") wollten in der Tat wissen, ob denn ihre Geldtitel, die sich in einem astronomischen Ausmaß vermehrt hatten, überhaupt noch etwas wert seien.

Das könnte man sich wie folgt vorstellen. Als die Investoren keine Antwort von den amerikanischen Banken bekamen, versuchten sie den Wert ihrer Papiere alleine herauszufinden: Sie fragten, ob sie sich dafür die real durch die Sicherheiten repräsentierten Grundstücke kaufen könnten, bekamen aber nicht einmal mehr einen Schuppen dafür angeboten. Mit ihrem in den Augen der Banker der Sach-senLB unverantwortlichen Alarmgeschrei versetzten sie viele andere Geldbesitzer in Aufruhr, während die großen Investoren wie die SachsenLB ja gerne so weiter gemacht und geschwiegen hätten. Demgegenüber konnten diese Investoren nicht glauben, dass ihr Geld nicht gearbeitet sondern sogar noch, wie der untreue Sohn in der Bibel, „sich selbst verprasst" hatte. Vielleicht war es aber auch noch nie etwas wert gewesen, weil es ein Wechsel auf die Wucherrenditen von armen Verbrauchern war, die diese beim besten Willen nicht mehr erbringen konnten.

Ist die Finanzkrise wirklich nur Resultat eines Wahrnehmungsfehlers im Geldsystem? Oder ist Opel gar nicht deshalb hilfsbedürftig geworden, weil man seine Autos nicht mehr kaufen wollte? Steht die Schaefflergruppe zusammen mit anderen Autozulieferern an der Wand, weil sie sich bei Continental finanziell ver-schluckt hat, oder hat sie echte Absatz- und Produktionsprobleme? Könnte die Krise auch damit zusammenhängen, dass Leute wie der Ex-Chef der Hypo Real Estate vor Gericht Millionengehälter von dem unter ihm im Sumpf versinkenden Bankkonzern einklagt? Liegt es an den Managern der Postbank, die ihre Abfindun-gen dafür kassieren, dass sie die Übernahme der Postbank durch die Deutsche Bank so wohlwollend (wie einstmals Herr Esser die Übernahme von Mannesmann durch Vodafone) begleitet haben? Oder etwa daran, dass an der Wallstreet im Jahre 2008 immer noch 8 Mrd. € an Investmentbanker als Provision ausgeschüttet wur-den, obwohl das Geld bereits vom amerikanischen Steuerzahler kam? Sind Kaufhäuser out oder sind es die Immobiliengeschäfte von Arcandor (der Konzern beschwor mit diesem Namen sogar einen „Goldstreifen" am Horizont), mit denen ihr vorher bei Bertelsmann wegen seiner rein geldorientierten Politik gekündigter Chef Middelhoff nach dem „Verkaufe-und-miete-zurück"-Verfahren sich selbst bereichert, dem Konzern Wuchermieten auferlegt hat und nach Aussage des Konkursverwalters alles, was werthaltig war, zur Absicherung seiner Finanzmanipulationen auf Dritte übertrug?

Alle genannten Faktoren sind mit ursächlich für die Finanzkrise. Es wird viel Arbeit kosten, die verschiedenen Elemente voneinander zu trennen und das Geldsystem zu dem zu machen, was es eigentlich ist: Ein Instrument, um unsere Kooperation in der Wirtschaft reibungslos, international und zum allseitigen Nutzen zu organisieren.

1.2 Die Finanzkrise macht Klima-, Umwelt- und Sozialstaatskrise unlösbar

Bevor wir uns der Finanzkrise zuwenden, sollten wir einen kurzen Blick auf die Krisen in der realen Wirtschaft werfen. Klima- und Verkehrskrise, die Armuts- und Bevölkerungskrise sowie die Krise des politischen Systems sind die eigentlichen Probleme unserer Gesellschaft. Sie müssen wir lösen, sonst funktioniert gar nichts mehr. Wir können sie aber nur mit einem handhabbaren und unseren politischen Vorgaben gehorchenden Finanzsystem lösen. Nur wer das Finanzsystem versteht, vermag die Krisen zu lösen. Das gilt insbesondere auch für diejenigen, die sich der Umwelt-, Sozial- und Friedenspolitik verschrieben haben.

Dass das so ist, hat die Regierung bewiesen, als sie unsere größten Umweltverpester, die Auto- und Stahlindustrie (ganz im Gegensatz zu ihrer Regierungserklärung) in Brüssel vor den strenger geregelten Kohlendioxidgrenzen schützte. Mit der Abwrackprämie finanziert sie nun mehr Autos, indem sie den Schichten, die sich einen Neuwagen leisten können, Geld schenkt, das die anderen bezahlen müssen. Weil die Ausgaben durch die höheren Neuwagenpreise steigen, wird die Nachfrage von der umweltverträglichen auf die umweltschädliche Industrie umgeschichtet. Das Ganze aber wird der – sich der Zukunft versagenden – Autoindustrie nur eine kurze finanzielle Verschnaufpause einräumen, weil der verstärkte Nachfrageeinbruch nach Ablauf des Programms vorhersehbar ist. So wird die Abwrackprämie für Altautos leicht zum Motor für das Abwracken der Umweltpolitik.

Die Auswirkungen der Finanzkrise auf den Umweltschutz sind offensichtlich. Die Forschung zur Sonnenenergie lässt sich scheinbar nicht mehr finanzieren, weil damit keine Renditen von über 20 % erreichbar sind. Nachdem riesige Konjunkturprogramme scheinbar unendlich viel Geld verheißen, hört und liest man überall bei der konkreten Umsetzung, es sei kein Geld da; keines für Schulen/Bildung, keines für die Kinderbetreuung und Kultur. Gemeint ist, dass die modernen Profitraten in diesen Bereichen nicht zu erreichen sind, sodass nur noch die Filetstücke wie die Millionenkunstwerke und die millionenfach verwertbaren Songs sowie der Profi-Fußballsport bezahlbar sind, im Breitensport aber die Mittel fehlen. Auch die Unterfinanzierung von Existenzgründungen und der Selbstanstellung, die wir mit der Romantik symbolischer Kreditvergabe im Microlending durch Sozialarbeiter oder Ich-AGs verdecken, sowie die fehlenden Finanzierungsideen zur Förderung eines Miet- und Eigentumsangebotes im Geschosswohnungsbau für eine gesunde Stadtentwicklung sind einem Finanzsystem zu verdanken, das der Gesellschaft die Gefolgschaft verweigert.

Das aktuelle Finanzsystem diskriminiert nicht nur, was wir wertschätzen, was wir lieben und dem wir hohe ethische und moralische Bedeutung beimessen. Es hat auch im Übermaß die Unproduktiven und Korrupten, die Kartelle und die Hochstapler belohnt. So hat es dazu beigetragen, dass sich nicht mehr der Tüchtigste und Innovativste, sondern der durch das Geld Mächtigste und im Wetten Erfolgreichste in Wirtschaft und Politik durchsetzte.

Wann immer es um die Lösung der „wirklichen" Probleme der Gesellschaft geht, bedarf es als Voraussetzung dafür einer Lösung der Probleme des Finanzsystems. Selbstredend, ohne dass dadurch die eigentlich wichtige Arbeit (Lösung der realen Probleme) abnimmt. Wir müssen aber auch bei der Bewältigung der Finanzkrise immer unterscheiden zwischen dem, was tatsächlich zum Geldsystem gehört und dort lösbar ist, und dem, was nicht dazu gehört und deshalb dort nicht lösbar ist. Es zeugt von Kopflosigkeit, wenn, wie im Augenblick, nach dem Gießkannenprinzip Milliarden über Milliarden öffentlicher Mittel in die Wirtschaft gegossen werden. Dies geschieht ohne Rücksicht auf politische Ziele, wie etwa das ökologische Gleichgewicht, soziale Gerechtigkeit, Frieden und das Zusammenleben von Generationen und Menschen unterschiedlichen Alters, unterschiedlicher Herkunft und Fähigkeiten. Das macht deutlich, dass die Bewältigung der Finanzkrise die Krisen in der realen Wirtschaft und Gesellschaft noch verschärfen kann.

Wer den Staudamm öffnet, um mehr Strom produzieren zu können, kann damit das Land ruinieren. Wer die Zaren der Großunternehmen und Banken zur Krisenbewältigung in die Politik lässt, wird sie unter Umständen nie mehr los. Wer Gelder umleitet, die eine sinnvolle Funktion hatten, nur um das Bewässerungssystem zu retten, der kann bleibende Schäden anrichten. Drei Schlaglichter auf die Bedeutung des Finanzsystems für die fundamentalen Krisen in der Realwirtschaft sollen dies illustrieren.

Wir haben eine Krise des Transportsystems, die sich schon lange ankündigte und in der Klimakrise ihren Widerhall gefunden hat. In deren Mittelpunkt stehen „Maschinen", die nur zu 3 % ausgelastet sind und unsere Städte verstopfen. Für diese Maschinen werden Autobahnen gebaut, die unsere Landschaften durchkreuzen und sie schweißen immer mehr Pendler täglich im Durchschnitt für 1

1/2 Stunden in Blechbüchsen ein. Unter anderem führte ein aus den Fugen geratener liberalisierter Luftverkehr dazu, dass unsere Luft verpestet ist und das Klima sich erwärmt. Es werden Kriege um das Öl geführt. Von seinem extrem irreal schwankenden Kartellpreis geht nicht nur eine große Bereicherung aus. Auch die ganze Wirtschaft und Politik ist davon so abhängig, dass wir an einem Tag in Sonnenenergie, Gezeitenkraftwerke, Biodiesel oder Ölschiefer investieren, am nächsten jedoch schon wieder davon ablassen, weil es sich nicht mehr lohnt.

Marktwirtschaft findet hier schon lange nur noch eingeschränkt zwischen wenigen statt, wie die Korruptionsskandale um VW und Siemens und die Einflussnahme auf den Staat wie jüngst bei der Festlegung der Klimaziele gezeigt haben. Nicht nur Porsche hat mit 9 Mrd. € Bankkredit 51 % an VW sowie weitere 20 % an Optionen auf späteren Aktienerwerb gekauft und damit gezeigt, wie man bisher mit dem Finanzsystem Kartelle und Monopole schmieden könnte. Das Unternehmen hat dadurch der VW-Aktie einen anachronistischen Höhenflug beschert, seinen Rivalen bei VW aber unterschätzt, der ein eigenes Kartell mit anderen Banken und dem niedersächsischen Staat zusammenbrachte. Am Ende wurde dann Porsche zum Sanierungsfall in den Spielchen um unser wirtschaftliches Wohlergehen. Die VW-Aktie beendete ihren Höhenflug, der sie von 200€ im September 2008 auf nahe 1000€ im Dezember und schließlich auf 146,70€ am 20.8.2009 zurückbrachte. Innerhalb weniger Monate wurde der Wert eines real identischen Unternehmens dargestellt im Wert seiner 295 Mio Aktien (Marktkapitalisierung) einmal mit 76 Mrd., dann mit 381 Mrd. und dann doch wieder mit nur 56 Mrd. € angegeben.

Die feindliche Übernahme eines Konkurrenten, der vielleicht Sinnvolleres produziert als man selbst, wie bei Apple und Microsoft, bei VW und Porsche, bei Schaeffler und Continental, wird von den Banken als durchkonstruierte Wirtschaftskriegsführung (M&A) schlüsselfertig verkauft. Man gewährt einen Kredit, mit dem übernimmt ein Unternehmen die Aktien des Konkurrenten und zahlt den Kredit dann aus der Zerschlagung des Konkurrenten zurück. Die Verluste kann man auch noch von der Steuer absetzen.

Ein gesundes Finanzsystem würde Arbeit und Genialität dorthin lenken, wo die Zukunft gebaut wird, und dort abziehen, wo mit Abwrackprämien, Steuererleichterungen, Pendlerpauschalen, Autobahnbau und Verkehrsleitsystemen sowie Mergers und Acquisitions derjenige belohnt wird, der so weitermacht wie bisher. Die Transportkrise ist mehr als eine Krise bei der Ortsveränderung für Mensch und Ware. Sie ist eine Umweltkrise, weil sich darin unsere Beziehung in und mit der Umwelt am deutlichsten darstellt.

Auch die Krise des Sozialstaats hat mit dem Finanzsystem zu tun. Die Schere zwischen Arm und Reich geht weiter auf. Das sollte nicht stören, wenn dabei die Armen auch noch ein bisschen zulegen können – oder zumindest in den Armenhäusern dieser Welt verblieben. Erheblich verändert haben sich, auch in Deutschland, die Lebensbedingungen – nahezu ein Drittel unserer Kinder wächst in Armut auf. So etwas hat es in der Geschichte Deutschlands noch nicht gegeben. Der Kapitalismus ist hier Wegbereiter. Es hat sich allerdings etwas geändert. Die neue Armut betrifft heute auch die Reichen unmittelbar. Sie lässt sich nicht mehr wegsperren, in Ghettos abdrängen. Die Dritte Welt schafft es, allen voran China, Malaysia und Indien, ihre Ausbeutung über den ungleichen Tausch einzudämmen und sogar teilweise umzudrehen. Durch Tatas indisches Billigauto droht die Welt gerade wegen ihres Marktfreiheitsmodells im Verkehrschaos zu ersticken. Durch den Export von chinesischer Unterwäsche werden in den Metropolen Arbeitsplätze von Menschen ohne Schulabschluss vernichtet. Überschüssiges Kapital aus diesen Ländern strömt zu uns und übt Macht aus. Damit passt es recht uneigennützig unsere Wirtschaft seinen Bedürfnissen so an, wie einstmals die Engländer die indische Wirtschaft auf eine monokulturelle Baumwollwirtschaft umstellten. Die Armen dieser Welt werden aufmüpfig, aber nichts ist so geordnet wie im Kommunistischen Manifest vorhergesagt: Anstelle von Führern und verbindlichen Zielen herrscht Chaos, so etwa bei den Jugendrevolten in Los Angeles, am Stadtrand von Paris und Stockholm oder bei den Hungermärschen in Mexiko, wo der einzige in die Forbesliste der Reichsten der Welt aufgenommene Mexikaner ein Drogenboss ist.

Die Migration der Armut in die Metropolen und über die Meere beschert uns Ausländerfeindlichkeit und Existenzangst. Es kann jetzt jeden treffen. Die militärischen und polizeilichen Kolonialpraktiken der „Befriedung" von Armut stoßen in Afghanistan, Pakistan und im Irak an Grenzen. Da nützt es auch wenig, wenn zwei Missionaren alten Stils wie Mohammed Yunus und Mutter Theresa Nobelpreise verliehen wurden. Ihr Modell passt noch in Kalkutta und Bangladesch, doch nicht mehr nach Shanghai, Bombay oder Gaza. Auch bei uns ist eine Sozialpolitik des „Forderns statt Förderns" gründlich gescheitert und hat den Abstand bezüglich der Bildung, Kinderarmut und Wohnverhältnissen zu dem, was für den sozialen Frieden und eine intelligente, alle Ressourcen nutzende hochqualifizierte Wirtschaft notwendig wäre, so gefährlich erhöht.

Mit der sozialen Krise ist auch das politische System in die Krise geraten. Das neo-liberale Aufbäumen in Form von Krieg, die Konzentration der Ressourcen auf immer weniger Teile der Bevölkerung gegen eine schleichende Belastung der reichen Gesellschaften in der Welt, ging mit einer sozialdemokratischen Ideologie des New-Labour, New Democrats und der Agenda 2010 einher. Diese Entwicklung hat das soziale Gegengewicht zu einer allein an der Produktion ausgerichteten konservativen Politik so gründlich desavouiert, dass man (wie in Italien) am besten gleich den Staat in einen Konzern verwandelt sehen will und ihn einem Unternehmer überlässt, der, wenn schon nicht sozial, so doch wenigstens effizient wirtschaftet. Hatte man noch vor 20 Jahren mit einem Sozialdemo-kraten eine Forumsveranstaltung zum Thema „Macht der Banken" bestritten, so findet man ihn heute als Lobbyisten in der Wirtschaft. Doch nicht nur ihn, son-dern ebenso den ehemaligen Parteiführer, den Superwirtschaftsminister oder die Präsidenten der alten Bundesanstalt für Arbeit. Dass man den erfolgreichsten Unternehmer in Italien zum Präsidenten wählt, ist also kein Zufall. Dabei schreit alles nach Regulierung, nach mehr Staat. Doch gleichzeitig gewinnt die einzige bekennend neo-liberale Partei bei den Wahlen drastisch hinzu.

1.3 Gewinner und Verlierer

Die Kreditkrise hat viele Verlierer. Zunächst, so scheint es, haben die Reichen am meisten verloren. Ihr Vermögen hat sich halbiert. Wer das behauptet, versteht aber das Geld nicht, das nur ein Ausdruck von Macht und Reichtum und nicht selbst Macht und Reichtum ist. Die realen Reichtümer haben sich vielleicht unter den Reichen ein wenig verschoben. Insgesamt aber hat sich nach der Krise das Verhältnis von Arm und Reich, von Arbeit und Kapital, von Konsum und Investi-tion weiter zulasten der Ersteren verändert. In der aktuellen zweiten Phase wer-den es wieder die Schwachen sein, die ihre Arbeitsstellen für den Ausgleich der Bilanzen frei machen müssen, deren Abgabenlast steigt und deren Sozialleistun-gen sinken müssen, um den Staatshaushalt zu retten. Es werden die ärmsten Län-der sein, die nichts mehr erhalten und importieren können, es werden die Städte und Kommunen sein, die dem Bund letztlich die Werte für dessen landesweite Aufgaben abtreten müssen.

In den USA haben daraus einige Städte Konsequenzen gezogen und die Banken ver-klagt. „Im Januar 2008", so schreibt Greg Squires, „verklagte die Stadt Baltimore die Wells Fargo Bank wegen der Zerstörung der Stadtteile der Schwarzen und Latinos durch wucherische Darlehen mit hohen Raten. Die Stadt rechnet die Millionen von Dollar vor, die sie durch Zwangsräumungen an Steuerausfall bei der in den USA wichtigen lokalen Grundsteuer hatte. Sie rechnete auch die zusätzlichen Kosten bei Feuerwehr und Polizei vor, die Kosten wegen der erhöhten Straffälligkeit in diesen Bezirken und ihren Aufwand für soziale Programme zur Erhaltung dieser Bezirke. Die Stadt erklärte das Verhalten als rassische Diskriminierung und verlangte Scha-densersatz wegen Verstoßes von Anti-Diskriminierungsgeboten, wie wir sie seit der Umsetzung der Anti-Diskriminierungsrichtlinie auch im deutschen Recht haben, wo allerdings eine Diskriminierung nicht das ist, was z. B. türkische Minderheiten tat-sächlich trifft, sondern erst das, was gegen sie gezielt unternommen wird. Die Stadt Cleveland verklagte 21 Finanzinstitute, weil sie den lokalen Immobilienmarkt mit Subprime-Darlehen überflutet hatten, die so beschaffen waren, dass sie niemals hätten zurückgezahlt werden können. Die dadurch bewirkte Gettoisierung und der Leerstand führten zu einem Ansteigen von Brandstiftungen und Gewaltverbrechen."

Wer die Subprime-Krise zu einer Krise geprellter Anleger macht, hat nicht begriffen, dass die Finanzkrise schon viel früher bei den Armen stattgefunden hat und lediglich ihre Auswirkungen dort nicht mehr getragen werden können. Was jetzt oben ankommt, ist nur der Widerschein.

Die Großen werden in der nahen Zukunft noch mehr Macht über die Kleinen haben. Langfristig aber sieht es weniger schlecht für die Demokratie aus, weil die Basis, aus der heraus in unserer Gesellschaft Macht legitimiert und ausgeübt werden kann, neu geordnet und solider gestaltet wurde. Jetzt wird endlich der Spruch „Leistung muss sich wieder lohnen", mit dem man die Glitzerwelt des Geldes den Hartz IV-Empfängern als Vorbild und Legitimation für ihre Enteignung vorgegaukelt hat, bei denen angewandt, die bisher das Geld bekamen, ohne dass man nach ihrer Leistung für die reale Wirtschaft gefragt hätte. Zudem wird mehr Wissen über die Wirtschaft möglich und als notwendig angesehen werden. Die Menschen werden lernen wollen, was die Marktwirtschaft für sie real bedeutet. Sie werden sich nicht mehr, wie nach der Wende, mit religiöser Indoktrination in sog. Marktwirtschaftsschulungen oder der Einweisung in den Kasinokapitalismus durch Aktienspiele in den Schulen zufriedengeben. Doch zunächst werden wir uns mit der neuen Machtkonzentration auf dem Markt auseinanderzusetzen haben.

Einige Großbanken haben erheblich profitiert und stellen für den Staat der Zukunft ein Problem dar. Bankkrisen mit einer Bilanzsumme, die 20-mal höher ist als der Bundeshaushalt, können politisch kaum noch gesteuert werden. Wer hat gewonnen und warum?

Weil der Kapitalmarkt nichts verliert, sondern jede Krise nur umverteilt, gibt es nicht nur Verlierer der Krise, sondern auch Gewinner. Damit sind nicht solche Anwälte gemeint, die geprellte Anleger in aussichtslose Prozesse treiben, bei denen allein sie gewinnen können. Gemeint sind auch nicht die neuen Betrüger, die die Angst vor dem Verlust der Ersparnisse nutzen, um Geld noch einmal umzuschichten und daran zu verdienen. Die Finanzkrise hat vor allem eine Wirkung, sie führt zu einer noch stärkeren Bankenkonzentration. Mitte 2009 spricht die Presse davon, dass die Krise die Finanzbranche gespalten habe. Die Deutsche Bank kauft nach der Postbank noch Sal. Oppenheim und weist ebenso wie J. P. Morgan und Goldman Sachs, die großen Investmentbanken, einen Milliardengewinn aus. Auch HSBC, Credit Suisse und BNP Parisbas, sowie die Multimilliardäre seien auf der Gewinnerstraße. Das Investmentbanking scheint das klassische Kreditgeschäft wieder abzuhängen. Doch schaut man genau hin, dann ist es wieder die Not der Anderen, von denen die Investoren profitieren, diesmal bei der Emission von Staatsanleihen notleidender Regierungen. Auf der Verliererseite befinden sich die Investmentbanken wie Commerzbank, Citibank und Lehman Brothers ganz vorne. Es gibt dort nur Marktbeherrscher und Marktmitspieler. Für die Gesellschaft ist es gleichgültig, wer das Geld verspielt. Die neuen Gewinne stehen auch nur auf dem Papier und werden durch Produktion und Eingehen neuer Risiken erreicht. Sie schöpfen bei den anderen ab und vereinnahmen damit indirekt auch noch die staatlichen Rettungsgelder. Deshalb muss man gerade auch das Investmentbanking der Erfolgreichen regeln. Die Ursachen der Bankenkrise kann man nicht aus den Bilanzen ablesen, sondern aus dem Verhalten der Banken.

In der neo-liberalen Phase hatten sich im Bankensektor der verschiedenen Länder jeweils zwei Typen herausgebildet: Zum einen die konservativen Banken mit respektablen Managern, die auf 10 Jahre planten und die Exzesse der Kreditvergabe mieden. Zum anderen die Banken des schnellen Geldes, die auf Kosten der Zukunft ihre Halbjahresberichte aufpolierten und schon als die neuen Führer der Bankenwelt gefeiert wurden. Sie würden, so meinte man, zukünftig, so wie in den Niederlanden und England mit feindlichen Übernahmen die anderen schlucken können. Solche Banktypen gibt es mit Deutsche Bank und Commerzbank in Deutschland, Bank of America und Citibank in den USA, Credit Agricole und Credit Lyonnais in Frankreich, ING und ABN AMRO in den Niederlanden, Banco Velasque und Banco Santander in Spanien, Banca del Lavoro und Unicredito in Italien, NatWest/HSBC und RBS/Barclays in England. Entsprechende Gewichtungen gab es auch bei den Ländern: Kanada und USA, England und Frankreich, Italien und Spanien, Belgien/Luxemburg und Irland, Island oder Estland.

Deutschland lässt sich hier schwer einordnen. Sein im Abbau begriffener, geschmähter Sparkassensektor, der mehr als 50 % des Bankgeschäfts mit Verbrauchern, Mittelstand und Staat garantiert, hat die Deutschen zwar vor englischen Verhältnissen geschützt. Schaut man sich den Privatsektor an, so gab es hier mit der HypoVereinsbank, HRE, Dresdner und Commerzbank sowie der freien Bahn für Santander, RBS, Barclays und Citibank zu den deutschen Verbrauchern, eine Dominanz der Banken, deren Produkte und Verhaltensweisen zur Krise führen mussten. Die Deutsche Bank steht im Zwielicht. Sie selbst verdiente am Wildwestgehabe der anderen heftig mit, indem sie eine der wesentlichen Investmentbanken in Europa war, die andere zum Kauf von Finanzschrott animierte und ihn vermittelte. Für sich selbst aber verfolgte sie eine konservative Politik. Sie wurde – nach dem Beinaheverzicht auf die Verbraucher – durch die Gründung der Bank 24 und durch den Erwerb von Postbank und Norisbank zur größten Verbraucherbank Deutschlands. Sie hat sich weder an den Wucherkrediten über Restschuldversicherungen noch an der Bereicherung bei der Vorfälligkeitsentschädigung beteiligt. Sie vermeidet separate Kreditkartenkredite und geht maßvoll mit den Kontoinhabern im Verzug um. Ihr Engagement in den Schulen ist dem Auftreten der Sparkassen ähnlich, während sie im Investmentbanking und bei den von ihr vermittelten Unternehmenszerschlagungen und Übernahmen (Merger and Aquisitions M&E) bei den spektakulärsten Deals im Hintergrund die Fäden zog. Doch ihre Traumgewinne waren gut verteilt und für die Öffentlichkeit nicht genau zuzuordnen.

Nach der internen Aufstellung der Bundesanstalt für Finanzdienstleistungen (BaFin) vom 28.02.2009 sollen 816 Mrd. € der Banken quasi notleidend sein. Der Finanzminister hatte die Bundeskanzlerin für den Krisengipfel im April 2009 mit der Zahl von 853 Mrd. € ausgestattet. Ein Drittel (268 Mrd. €) entfällt allein auf die Hypo Real Estate, ihre ehemalige Mutter, die HypoVereinsbank, weist weitere 5 Mrd. auf. 101 Mrd. € entfallen auf die Commerzbank, die davon die Hälfte von der ehemaligen Allianztochter Dresdner geerbt hat, sowie 21 Mrd. € auf die Deutsche Bank, deren Tochter Postbank 5 Mrd. € schultert. Das macht zusammen also 400 Mrd. € im Privatsektor. Die andere Hälfte der notleidenden Kredite und Anlagen teilen sich die Landesbanken. HSH Nordbank und die Landesbank Baden-Württemberg mit jeweils 110 bzw. 92 Mrd. €, der Rest fällt auf die übrigen.

Die Marktbereinigung durch die Krise hat, und dies ist die schlechte Nachricht, eine Bankkonzentration auf den Märkten gebracht. Weniger Banken in weniger Ländern geben in Zukunft den Ton an. Der Markt hat zwar bewiesen, dass er sich gegen seine eigene Entgrenzung wehrt und damit den Neo-Liberalismus nach Hause schickt. Er hat aber dem Staat die Steuerung des Finanzsektors quasi in einer schmutzigen mit Giftmüll beladenen Kiste offeriert. Übrig bleiben werden zwei Monopolisten: die Bankmonopole und der Staat. Heranwachsen muss ein drittes Kartell, das Verbraucherkartell, das allein dem Finanzsektor Ziele und Inhalte vorgeben könnte.

Die Krise hat aber nicht nur die Marktform verändert, sondern auch die Tätigkeiten der Banken. Konsum und Arbeit in individueller oder kollektiv staatlicher Form treten direkt als Ziele der Wirtschaftspolitik und damit als Aufgabe des Finanzsystems in Erscheinung. Das Strohfeuer des Investmentbankings ist zum großen Teil bereits erloschen. Die Profite, die zurzeit die Deutsche Bank oder Bank of America aus der Verwertung der Reste verbrannter Fonds und Banken erzielen, werden dem Staat wohl bald so ins Auge springen, dass er nicht nur bei den Managergehältern die Notbremse ziehen wird.

In Europa hat sich zudem in der Praxis die französische Finanzkultur gegen die englische durchgesetzt. Das ist in den Köpfen und der in Brüssel benutzten Terminologie und Sprache noch nicht angekommen. Die Öffentlichkeit beschäftigt sich lieber mit dem Liebesleben ihrer Präsidenten als mit ihrer Wirtschaft.

Französische Banken haben in der Bankenkrise die Marktführerschaft im Bankensektor in Europa geräuschlos übernommen. Nachdem bereits die Crédit Mutuel, die größte Genossenschaftsbank der Welt und einer der europäischen Marktführer im Konsumentenkredit, von der stark angeschlagenen Citicorp New

York deren europäisches Paradepferd, Citibank Deutschland, zum günstigen Preis übernehmen konnte, hat nun die Banque National de Paris mit der Übernahme der Fortis Bank, die bisher in Luxemburg und Belgien den Ton angab, die Marktführerschaft im Verbraucherkreditgeschäft in Europa übernommen. Die Tochtergesellschaft Sofinco der CA, der in Deutschland die CreditPlus AG und in vielen europäischen Ländern jeweils gute Konsumkreditbanken unter verschiedenen Namen gehören, war Marktführerin im Konsumentenkredit. Jetzt dürfte es BNP sein, deren Tochter CETELEM in Deutschland bisher mit der Dresdner-Cetelem-Kreditbank aktiv war und zur Citibank aufrückt.

Den viel gelobten englischen Banken, mit Traumrenditen von 25 % aufwärts, geht es dagegen schlecht. Lloyds, RBS und Northern Rock sind zu 65 %, 70 % und letztere zu 100 % bereits in Staatsbesitz. Die englische Regierung, die die größte und auch die effektivste Lobbyistin für ein unreguliertes Finanzsystem in Europa war, steht nach den 100 Mrd. € für Northern Rock nun auch für Lloyds Kredite in Höhe von 290 Mrd. € gerade. Die Londoner City, mit der die deutschen Großbanken liebäugelten, entlässt zum zweiten Mal Tausende von Finanzarbeitern. Das dort durchlauferhitzte Geld verflüchtigt sich und hinterlässt einen zerstörten hochpreisigen Immobilienmarkt im freien Fall. Gewinnerin in England ist die Barclays Bank, die sich den Rest von Lehman Brothers einverleibte und mit ihrem Kreditkartengeschäft versucht, Europa zu überschwemmen.

Nebenbei wurde von England aus zum zweiten Mal in der Geschichte Irland ruiniert, das in kürzester Zeit vom armen Agrarstaat zum Tummelplatz der Finanzjongleure auf dem Weg nach New York wurde. Das irische Strohfeuer bestand aus Geldgeschäften, bei deren Durchleitung so viel abgeschöpft werden konnte, dass die katholisch-irische Regierung ihre Insel der internationalen Finanzwelt als unkontrolliertes Sprungbrett für Traumrenditen und Wucher zur Verfügung stellte. Dabei wurde sie zum treuen Befürworter von Deregulierung, Kasinokapitalismus und Steuerfreiheit in der EU.

Während in Europa die Franzosen gewinnen, ist die Gewinnerin in den USA allen voran die Bank of America. Nach Countrywide Financial übernimmt die größte Bank der USA nun mit Merill Lynch die zweitgrößte Investmentbank quasi zum Nulltarif. In Deutschland ist es nicht mehr die schillernde Commerzbank mit ihren Traumrenditen und Wucherzinsen oder die noch schillernde Dresdner Bank, sondern die konservative Deutsche Bank, die nach der Einverleibung von Noris- und Postbank zur größten deutschen Verbraucherbank aufgestiegen ist.

Im Ergebnis kann man davon ausgehen, dass die Größe der verbleibenden Banken mit gesellschaftlicher Bedeutung („systemische Banken") ein Ausmaß angenommen hat, das das Primat der Politik in der Gesellschaft in Zukunft noch weit stärker infrage stellen dürfte. Das aktuelle, aus der Not heraus begründete Diktat der Banken gegenüber dem Staat ist ein reales Abbild dessen, was dem

Staat gegenüber dem Geldsystem insgesamt noch für Handlungsmöglichkeiten verbleiben könnten. Was heute als Betteln erscheint, wird morgen als Befehl möglich sein, wenn es den Banken wieder gut geht. Aktuell wird in jedem Land in jedes Gesetz und jede Auflage die Reprivatisierung hineingeschrieben, ohne dass die spätere Privatheit der Banken anders als bisher geregelt sein soll. Dadurch besteht die große Gefahr, dass der Kapitalismus sich selbst dem Finanzmonopol ausliefern könnte. Es besteht jedoch genauso gut die Chance, dass die Bürger mehr über Finanzen lernen und mit den einfacher zu regulierenden großen Einheiten selbstbewusster und intelligenter umgehen.

2 Geldpolitik: Wie wird reagiert?

Geld ist ein Gemeinschaftsgut. Es verbindet alle Menschen in einer Gesellschaft so miteinander wie es auch Straßen und Sprache, Frieden und nationale Souveränität und viele andere Gemeinschaftsgüter tun. Deshalb wird es von staatlichen Institutionen wie den Zentralbanken verwaltet, vom Staat beaufsichtigt und durch Regeln vor Missbrauch und Funktionslosigkeit geschützt. Hat der Staat versagt?

2.1 Das Vertrauen ist weg, musste der Staat eingreifen?

Der Staat hat auf die Finanzkrise reagiert, indem er allen Banken einen sog. „Schutzschild" mit einem Umfang von mindestens 600 Mrd. € angeboten hat. Er versichert, dass er allen Kreditgebern, also anderen Banken, Verbrauchern und Unternehmen, die Geld an eine solche Bank geben, das Geld bezahlen wolle, wenn diese Bank dazu nicht mehr in der Lage sei. Begründet wird dies damit, dass man das Vertrauen in die Banken wiederherstellen musste, um das Geldsystem zu erhalten. Da der Staat gegenüber den eigenen Banken niemals pleite und bei der Größe Deutschlands auch international nicht insolvent werden kann, bedeutet dies, dass nun niemand mehr überhaupt Vertrauen braucht, wenn er an solche garantierten Banken Geld verleiht. Er hat ja den Staat und der wird sich für den Insolvenzfall das Geld schon irgendwie besorgen: Entweder beim Steuerzahler oder indem er seine sonstigen Ausgaben drastisch kürzt oder indem er sich selbst bei den Banken verschuldet. Der Staat leiht sich bei den Banken Geld und schenkt es ihnen. Das macht schon Sinn, weil der Staat sich damit nur zum Schuldner der Banken macht, die die Forderungen gegen ihn wie bares Geld benutzen können. Dass er es dann auch noch bei ihnen leiht; ist nur eine technische Besonderheit, weil das meiste Geld heute im Bankensektor geschöpft wird und nicht bei der Zentralbank. Man muss nur auf die Zinsen aufpassen, damit der Staat nicht übervorteilt wird und neben dem Geldgeschenk auch noch Zinsgeschenke macht. Schließlich muss man aufpassen, dass die Banken den verschuldeten Staat nicht erpressen, wenn der einmal Zahlungsschwierigkeiten hat. Ein solches Staatskreditrecht, das unserem Verbraucherkreditrecht ähnlich sein müsste und dies verhindern könnte, gibt es aber noch nicht. Der Staat ist eben immer kreditwürdig. Dies hat in der Vergangenheit dazu geführt hat, dass vieles über

Kredit finanziert wurde und die Zinsen dafür erst einmal von den Steuern im nächsten Jahr abgezogen werden. Dadurch werden von den Steuern der Bürger bei den Ausgaben für diese Bürger ca. 15 % fehlen, die die Banken als Zinsen erhalten.

Da solche Garantien von fast allen industrialisierten Ländern für ihre Banken gegeben wurden, dürfen wir vermuten, dass sie wohl unvermeidlich waren. Aber das entbindet uns noch nicht von der Verpflichtung, zu versuchen, dies auch zu verstehen. Schließlich waren die Reaktionen der einzelnen Staaten und das Ausmaß der Garantien unterschiedlich.

Die englische Regierung hat z. B. gleich die wichtigsten Bankrotteure: Northern Rock, Royal Bank of Scotland, Lloyds sowie Bradford & Bingley verstaatlicht. Die holländische und belgische Regierung haben es ihr gleichgetan. Wenn die Bank dem Staat gehört, dann ist sie eben sicher. Das hat man in Deutschland bei den Landesbanken gesehen. Sie haben keine Probleme, weil sie nicht Konkurs gehen können. Vorher muss der Staat bezahlen. Das haben die Länder Sachsen (Sachsen LB), Berlin (Berliner Bank AG mit integrierter staatlicher Landesbank), NRW (WestLB), Bayern (Bayerische Landesbank), Hamburg und Schleswig-Holstein (HSH Nordbank) bitter erfahren müssen. In den USA hat dies Citibank geholfen.

Der neue US-Präsident hat auch direkt den Kunden der Bank geholfen. Er garantiert für 700 Mrd. $ nicht die Kredite der Banken, sondern die Kredite der Hausbesitzer. Das sichert aber auch die Banken. Sie brauchen diese Kredite nicht zu kündigen und auch nicht in ihren Bilanzen auf den Wert zu reduzieren, den die Häuser jetzt noch haben und den sie in der Zwangsversteigerung realisieren würden. Die Banken erhalten dadurch also ein quasi sicheres Eigenkapital. Außerdem hat es den erfreulichen Nebeneffekt, dass die Hausbesitzer weiter in ihrer Immobilie wohnen können und ganze Landstriche ökonomisch erhalten bleiben, weil Zwangsversteigerungen einen Dominoeffekt bei fallenden Hauspreisen und für die Kreditvergabe haben.

Die italienische Regierung verbindet beides. Sie garantiert den Banken nur Zuwendungen, wenn diese bei Arbeitslosigkeit und Kurzarbeit ihrer Kunden die Raten stunden. Sie bringt ihnen also volkswirtschaftlich vernünftiges Verhalten bei.

In England und Deutschland gibt es allerdings genau das umgekehrte Konzept. Northern Rock sowie die HSH Nordbank durften auf Staatskosten hohe Provisionen und Gewinne an Anleger, Makler und auch ihre neuen Chefs ausschütten, weil damit angeblich neues privates Kapital angelockt und fähige Manager gewonnen werden können. Man kann also die Staatshilfe auch so vergeben, dass das System, das uns in den Ruin geführt hat, gleichwohl erhalten wird.

Aber schauen wir uns den Vertrauensverlust genauer an.

Weil die Banken sich gegenseitig nicht mehr vertrauen, leihen sie sich kein Geld mehr. Banken liehen sich früher Geld auf Zuruf. „Das war eine wunderbare Sache", sagt ein Wertpapierbewerter (Analyst) der Commerzbank. „Seit der Finanzkrise ist dieses Paradies dicht. Die Banken trauen sich nicht mehr, vermutlich nie mehr." Die Bank, die sich heute Geld leiht, muss dafür bei der Bank, die das Geld verleiht, Sicherheiten hinterlegen. Das muss auch der Unternehmer oder der Häuslebauer tun – mit dem Unterschied, dass die Bank dafür auch auf Papier bescheinigte Schulden Dritter (Wertpapiere) übertragen kann. Das war bei der Bundesbank schon immer so und wird jetzt auch bei der Europäischen Zentralbank so gehandhabt. Wer hartes staatliches Geld haben wollte, musste dort Kredite aufnehmen und sie mit solchen Papieren sichern. Das dämpft den Appetit und auch die Menge an Geld, die zirkuliert.

Nun könnte man meinen, dass das doch gut ist, weil die Banken somit keine Kredite mehr vergeben können und etwas bescheidener werden. Sie könnten sich nur das ausleihen, was sie auch bekommen haben – dies erwartet man auch von einem guten Haushalter. Dann allerdings brauchen wir aber keine Banken. Das Geld wäre immer nur dort, wo wir es nicht brauchen. Um das Problem des Leihens mit Risiko in einer größer werdenden Welt zu überwinden, haben wir uns die Banken geschaffen – als Sparvereine und Kreditgenossenschaften.

Banken funktionieren daher nur, wenn sie insgesamt untereinander vernetzt und wie eine einzige große Bank tätig werden. Es würde keinen Sinn machen, wenn die eine Bank gerade 5 Mrd. € für ein Jahr bekommen hat, die andere dies aber als Kredit für zwei Jahre vergeben könnte und beide nicht zusammenarbeiten. Deshalb sind die Geschäfte zwischen den Banken genauso wichtig wie die Geschäfte mit den Banken. Sie machen ein Drittel ihres Kreditvolumens aus. Was auf den ersten Blick sinnlos erscheint, nämlich, dass sich Banken täglich riesige Beträge leihen, ist der eigentliche Sinn des Finanzsystems.

Dieses System muss dafür sorgen, dass alle Kredite der Verbraucher, Unternehmen und des Staates an die Banken (Summe der Einlagen) so zusammengebracht werden, dass sie täglich für alle Bedürfnisse nach Kredit verfügbar sind. Das gesamte Geld muss immer in Bewegung bleiben, als Kredit in Anspruch genommen oder als Kredit vergeben werden und zwar schnell und reibungslos.

Kann eine einzelne Bank oder Sparkasse die Kredite vergeben, die man bei ihr beantragt und die sie für ausreichend ertragreich hält, dann ist sie „flüssig" (liquide). Aber auch wenn sie nicht liquide ist, macht dies nichts. Sie kann sich die Liquidität bei anderen Banken besorgen, indem sie sich für ihre Kreditvergabe selbst Kredite beschafft, sich also „re-"finanziert. Das System ist, sofern alle Beteiligten gut zusammenarbeiten, insgesamt immer liquide. Arbeiten sie nicht gut zusammen, ist es nicht mehr liquide. Der Häuslebauer oder Unternehmer, der einen Kredit braucht, erhält ihn dann nicht, (nur) weil seine Bank das Geld gerade nicht hat und es ihr auch keine andere Bank leiht. Sie haben nämlich alle

Angst, dass die andere Bank so wie Lehman Brothers insolvent wird, bevor sie den Kredit zurückzahlt. Die Wirtschaft wird also durch das mangelnde Vertrauen der Banken untereinander vom Geld abgeschnitten.

Aber Vorsicht, geht die Bank wirklich pleite, dann war der Mangel an Vertrauen richtig und wichtig, weil die misstrauische Bank den Zusammenbruch überlebte, während die vertrauensselige mit in den Strudel gerissen wurde. Das haben wir bei den Auswirkungen der Lehman-Pleite gesehen. Es kommt also darauf an, ob nur das Vertrauen verloren ist, obwohl keine reale Gefahr besteht, oder ob eine Bank wirklich nur faules Vermögen aufgezählt hat, das in Wirklichkeit nichts wert ist.

Die Banken kennen das Problem allzu gut und lösen es bei Verbrauchern und Kleinunternehmern in einer Weise, die sie auf sich selbst nicht angewandt wissen wollen: Sie sammeln alle Informationen aus der Vergangenheit eines Verbrauchers oder Kleinunternehmers bei der SCHUFA und in ihren eigenen Computern und fügen sie zu einer Schulnote (Scoring oder Rating) zusammen. Sie drückt die Einschätzung der Zahlungsfähigkeit aus. Dann geben sie im Computer eine Sperre z. B. für die Schulnoten 4-6 (ausreichend bis ungenügend) ein und verweigern die Kredite. Das ist folgenschwer, etwa für eine Mutter, die endlich eine Stelle gefunden hat und gutes Geld verdienen kann, jetzt aber dringend einen Kredit für ein Auto benötigt, weil sie die Kinder zum Kindergarten und dann zur Arbeitsstelle fahren muss. Der Scorewert hängt ihr wie ein Mühlstein um den Hals. Sie kann sich davon nicht befreien. Der Kredit wird ihr nicht bewilligt, weil sie noch alte Schulden hat und in der Vergangenheit als Alleinerziehende ohne Arbeit nicht pünktlich zahlen konnte und überhaupt nur wenige Kredite bekommen hat.

Die Bank sagt, sie habe kein Vertrauen in sie. Das liege am Scorewert, über dessen Zustandekommen die SCHUFA zudem noch schweigt, sodass die alleinerziehende Mutter gar nicht weiß, wie sie ihn denn verbessern kann. Die Frau muss die Stelle wieder aufgeben. Es ist widersinnig: Mangelndes Vertrauen führt zum Scheitern, wird aber mit dem Scheitern begründet. Misstrauen führt zu einem Teufelskreis, wenn es unbegründet ist.

Nun geistert durch die Wirtschaft der Satz Lenins, „Vertrauen ist gut, Kontrolle ist besser". Lenin verlangte sogar noch mehr: Misstrauen. Er unterstellte eine Alternative zwischen Vertrauen und Kontrolle, was für ihn und seinen Nachfolger Stalin nicht ganz untypisch war. Ihr System der Geheimpolizei beruhte nur noch auf Misstrauen und Kontrolle. In einer Demokratie sollte man aber lieber sagen: „Vertrauen und Kontrolle sind gut, kontrolliertes Vertrauen ebenso wie kontrolliertes Misstrauen sind am besten".

Banken, die anderen Banken unkontrolliert misstrauen, werden ihrer Aufgabe ebenso wenig gerecht, wie Banken, die dasselbe gegenüber Verbrauchern, Unternehmen oder ganzen Staaten, etwa der Dritten Welt, tun. Der Zugang zu Krediten ist ein wichtiges Allgemeingut und damit darf man nicht willkürlich umgehen.

Wenn Banken jedoch anderen Banken vertrauen müssen, obwohl diese nicht vertrauenswürdig sind, weil sie wirklich keine Rückzahlung mehr versprechen, dann ist eine solche Politik gefährlich. Sie verhindert eine Marktbereinigung. Würde etwa beispielsweise die HRE, für die keiner mehr einen „Pfifferling" geben will, pleitegehen, würde dadurch nicht allen der Kredit abgeschnitten. Banken sind Unternehmen, die man am ehesten durch Konkurrenten ersetzen kann. Ihre Produkte sind hoch standardisiert, betreffen alle die gleiche Ware, ihr Know-how ist bekannt und ihre Marke kann man ersetzen. Das zeigt die Masse der Fusionen, Umbenennungen und Zukäufe der letzten 20 Jahre. Wenn eine Bank fehlt, ist damit noch nicht das System gestürzt.

Dafür gibt es ein Beispiel, Lehman Brothers. Diese Bank hatte etwa gleich hohe Schulden wie die HRE, nämlich 400 Mrd. € und dazu noch ca. 100 Mrd. € in verbrieften Krediten angelegt. Trotzdem ging sie Konkurs. Dadurch wurde zwar ihr Name getilgt, aber ihre Geschäfte haben Barclays in England und Nomura in Japan übernommen. Von 1994 bis 2007 hatte diese Bank sich von vorher 8.500 auf 28.600 Angestellte aufgeplustert und einen sechsfachen Papiergewinn von 19 Mrd. $ ausgewiesen. Dieser Gewinn kam vor allem dadurch zustande, dass sie sozusagen Lottospielern im Voraus gegen Bezahlung einer Prämie Lottogewinne garantierte (garantierte Zertifikate). Sie hoffte, dass das Spiel möglichst spät durchgeführt und damit das Absurde ihrer Politik nicht so bald auffallen würde. Statt dass der amerikanische Staat ihnen nun wie in Deutschland die Lottogewinne auf Staatskosten sichert, hat er sie Konkurs gehen lassen. Das hat viel Wirbel erzeugt, weil damit auch echte Sparer betroffen waren und diejenigen, die Bank von Bank nicht unterscheiden können, meinten, nun seien alle Banken dem Tode geweiht. Banken, die so einen Schein erzeugen, hat man jetzt als systemische Banken bezeichnet, die man unbedingt retten muss. Ob aber langfristig die Lehre, die der amerikanische Staat den Bankern erteilt, nicht wichtiger ist als die kurzfristige Herstellung von (an sich ungerechtfertigtem) Vertrauen, werden wir in 10 Jahren wissen. Deutschland hätte m. E. auch wenigstens ein solches Exempel gebraucht.

2.2 Der Staat zahlt

2.2.1 *Finanzmarktstabilisierungsgesetz und Rettungsgesetz*

Vier Banker, Deutsche-Bank-Chef Josef Ackermann, Commerz- (und Dresdner Bank-) Chef Martin Blessing, Bankenverbandspräsident Klaus-Peter Müller und Paul Achleitner von der Allianz, haben an einem Wochenende Mitte Oktober des

Jahres 2008 zusammen mit dem Finanzstaatssekretär Jörg Asmussen sowie dem Wirtschaftsberater der Kanzlerin, Jens Weidmann, das finanziell folgenreichste Gesetz der Nachkriegsära entwickelt. Kurz darauf wurde es im Bundestag verabschiedet und von dem Bundespräsidenten unterschrieben. Solche Ausschüsse, die das Parlament ersetzen, sind im Grundgesetz nur für den Kriegsfall (Notstand) vorgesehen und bestehen dann immerhin noch aus Parlamentariern. Laut der Recherche-Ergebnisse von Report München wurde dies Gesetz im Auftrag des Finanzministeriums wohl vollständig von dem Anwaltsbüro Freshfield ausgearbeitet. Dies ist auch die Anwaltskanzlei, die die Übernahme der HypoVereinsbank durch die Unicredito managte. Freshfield hat ferner die Hypo Real Estate beraten. Man ist also unter sich. Sprecher des Leitungsausschusses der SoFFin (Sonderfonds Finanzmarktstabilisierung) ist wiederum ein Banker aus dem Bereich der Betroffenen. Er hat bei der WestLB gelernt, wurde dann Verbandsgeschäftsführer für die öffentlichen Banken und machte bei der NordLB Karriere. Assistiert wird ihm von dem Präsidenten der Genossenschaftsbanken und einem altgedienten Finanzpolitiker der CDU aus Baden-Württemberg.

Mithilfe des „Gesetz(es) zur Umsetzung eines Maßnahmenpakets zur Stabilisierung des Finanzmarktes" sollen Staatsgelder von über 100 Milliarden € über eine Finanzmarktstabilisierungsanstalt – die (anders als im Gesetz) Sonderfonds Finanzmarktstabilisierung (SoFFin) genannt wird und mit inhaltlicher und organisatorischer Unterstützung bzw. Leitung der Bundesbank arbeitet – als Kredite oder Garantien an Banken vergeben werden. Verliert die Anstalt die Mittel, weil die Banken nicht zurückzahlen können oder die Bürgschaften fällig werden, so zahlt das der Steuerzahler, 2/3 auf Bundesebene, 1/3 die Länder. Am 31.12.2009 wird neu beraten.

Das Gesetz ist bemerkenswert schlicht gestaltet. Im Vorspann wird behauptet, dass es keine finanziellen Auswirkungen für den Steuerzahler habe: „Zunächst entstehen keine Haushaltsausgaben. Die Kreditaufnahme zur Refinanzierung des Fonds führt zu einer höheren Verschuldung. Da der Fonds Beteiligungen an Unternehmen des Finanzsektors erwerben kann und Garantieprämien erhebt, dürften die Belastungen der öffentlichen Haushalte begrenzt bleiben." Weiter heißt es mutig: „Die begrenzte Erhöhung der Kreditaufnahme für den Fonds hat keinen spürbaren Zinseffekt. Auswirkungen auf das Preisniveau, insbesondere die Verbraucherpreise, sind nicht zu erwarten."

Im Gesetz selbst stehen dann aber Staatsbürgschaften über 400 Mrd. € und eine Kreditaufnahme des Bundes über 70 Mrd. €.

Dann heißt es unter der Überschrift: „§7: Bürgschaft für zweifelhafte Forderungen in Höhe von 400 Mrd. €"

(1) Das Bundesministerium der Finanzen wird ermächtigt, für den Fonds Garantien bis zur Höhe von 400 Milliarden Euro für ab Inkrafttreten dieses Gesetzes und bis zum 31.

Dezember 2009 begebene Schuldtitel und begründete Verbindlichkeiten aus Einlagen von Unternehmen des Finanzsektors, die eine Laufzeit von bis zu 36 Monaten haben, zu übernehmen, um Liquiditätsengpässe zu beheben und die Refinanzierung am Kapitalmarkt zu unterstützen. Satz 1 gilt entsprechend für die Übernahme von Garantien für Verbindlichkeiten von Zweckgesellschaften, die Risikopositionen eines Unternehmens des Finanzsektors übernommen haben. Für die Übernahme von Garantien ist ein Entgelt in angemessener Höhe im Jahr zu erheben.
§ 9: Sofortige Kreditaufnahme des Bundes von 70 Mrd. €
(1) Das Bundesministerium der Finanzen wird ermächtigt, für den Fonds zur Deckung von Aufwendungen und von Maßnahmen nach den §§ 6 und 8 dieses Gesetzes Kredite bis zur Höhe von 70 Milliarden Euro aufzunehmen.

Bei der HRE hat nun auch der Finanzminister gemerkt, dass er mit über 100 Mrd. € quasi einen Gebrauchtwagen im Werte von 1000 € für 100.000 € mietet. Er hat ihn daher gekauft. Der Spekulant Flowers hatte sich aber vorher schon in die marode Bank eingekauft und wollte sie für seine Finanzinvestitionen benutzen. Er hat sich verschätzt. Die Bank nützt niemandem mehr etwas. Also versuchte er den Staat so gut wie möglich zu behindern. Er hoffte, dass das Reizwort „Verstaatlichung" beim möglichen Regierungspartner FDP ausreichte, um alles zu tun, ihm in marktmäßiger Form die Verluste abzunehmen. Das war auch teilweise erfolgreich. In Deutschland scheint man hierfür mehr Chancen zu haben als in den USA, England, Belgien und Holland, wo die Verstaatlichung als Bedingung der Rettung reibungslos vonstatten ging. In Deutschland liebt man Grundsatzdiskussionen, auch wenn es gar nicht darum geht, weil die Rettungsaktionen nur die Schulden verstaatlichen und damit ja den Staat privatisieren, statt privates Vermögen zu verstaatlichen. Mit dem Finanzmarktstabilisierungsergänzungsgesetz, das das ebenso klangvolle Rettungsübernahmegesetz enthält, wird eine Lex Flowers verabschiedet, die selbst beim deutschen Gesetzgeber die Einsicht durchgesetzt hat, dass nicht jeder Erpressung des Staates durch Finanzinvestoren nachgegeben werden darf. Immerhin ist die Aktie 10 c wert und im Wege der Enteignung soll das 13-Fache an Herrn Flowers gezahlt werden.

In § 1 Abs. 2 Ziff. 4 dieses Rettungsgesetz wird die Privatisierung auch ausdrücklich aufgezählt:

Der Staat darf „Verbindlichkeiten gegenüber Dritten, deren Erfüllung von dem betreffenden Unternehmen nach Nummer 1 oder Nummer 3 geschuldet wird und die in sachlichem Zusammenhang zu den zu enteignenden Forderungen oder Wertpapieren stehen, einschließlich Forderungen und Verbindlichkeiten aus Derivate-, Pensions- und ähnlichen Geschäften" enteignen.

Er darf also Schulden enteignen. Für die Hälfte der Bevölkerung, die Bankschulden hat, und insbesondere die 3,2 Mio. überschuldeten Haushalte, bestünde

Hoffnung. Der Staat könnte danach auch ihre Schulden enteignen oder, wie es im Volksmund heißt, sie davon befreien. Obama hat dies mit den Hypothekenkreditnehmern in Not teilweise getan. In Deutschland aber muss man viele Schulden haben, um ernst genommen zu werden, frei nach dem Motto, kannst Du 10.000 € nicht bezahlen, so hast Du ein Problem, kannst Du 10 Mio. € nicht bezahlen, so hat die Bank ein Problem.

Wie aber kommt es zu dem großzügigen Angebot an den Großaktionär Flowers?

In § 4 wird zwar eine Entschädigung vorgeschrieben. Nach Absatz 3 „bemisst sich (diese) nach dem Verkehrswert des Enteignungsgegenstandes." Das wären 10 c.

Es heißt aber weiter: „Werden Anteile an oder sonstige Bestandteile der Eigenmittel von Unternehmen nach § 1 Absatz 2 Satz 1 Nummer 1 bis 3 enteignet, so erfolgt die Ermittlung des Verkehrswertes auf der Grundlage einer Bewertung des Unternehmens." Das ist bei der HRE wohl der Fall. Also kann man das Unternehmen frei bewerten. Wer eine 100 Mrd. € Staatsgarantie hat, das wird noch unten am Beispiel der SachsenLB ausführlich erläutert, taugt zwar nichts als Unternehmen. Dennoch ist es an sich etwas wert, etwa wie ein Boxer, der aufrecht festgebunden, nicht umfallen kann. Hat der Finanzminister also seine eigene Garantie bewertet?

Damit handelt es sich nicht nur vom Anlass her – sondern auch inhaltlich – um ein Einzelfallgesetz, das es nach der Verfassung nicht geben sollte: Die Gewaltenteilung verbietet es nämlich, dass der Gesetzgeber zum Polizisten oder wie bei der Waldschenkung an Fürst Bismarck durch den deutschen Reichstag zum Wohltäter wird. Das wird auch noch dadurch unterstrichen, dass das Gesetz nur für Enteignungen, die bis zum 30.06.2009, also binnen drei Monaten, beschlossen werden, gelten soll. Dass es nicht um eine Enteignung, sondern um eine Privatisierung von Schulden geht, steht in Absatz 2 ausdrücklich: „Der Bund wird Unternehmen, deren Anteile nach diesem Gesetz enteignet wurden, wieder privatisieren, wenn das Unternehmen nachhaltig stabilisiert worden ist." Das bedeutet, dass die Gewinne, die sich nach der Stabilisierung ergeben, privat bleiben sollen. Von Entschädigungen dafür, dass der Staat diese Bank unterstützte, ist keine Rede, auch wenn man wohl nach dem Bürgschaftsrecht die in Anspruch genommenen Beträge zurückfordern kann. Der Schaden dieser Krise für den Staat und seine Bürger ist aber weit höher.

Fair wäre es gewesen, ein echtes Bankenenteignungsgesetz zu verabschieden, das dem Staat, der unternehmerische Verantwortung übernehmen muss, auch die Chancen gibt, nicht nur jetzt die Verluste, die andere bewirkt haben, auszugleichen, sondern auch in Zukunft mögliche Vorteile für die Gesellschaft zu realisieren.

2.2.2 Der Staat bürgt

Der Staat schenkt nicht, er garantiert und gibt Kredite. Eine Garantie ist praktisch eine Bürgschaft. Er bürgt bei solchen Banken, die selbst nicht kreditwürdig (weil überschuldet) sind, dafür, dass sie die Kredite zurückzahlen. Das wäre dasselbe, als wenn unser Staat den etwa 3,2 Millionen überschuldeten privaten Haushalten, die ihre Raten nicht mehr zahlen können, eine Garantie für weitere Kreditaufnahmen bei den Banken geben würde. Dass ihn das nichts kosten wird, wird keiner behaupten.

Der Staat bürgt ausdrücklich für „zweifelhafte Forderungen". Das sind Kredite, die ein hohes Risiko haben, dass sie nicht bezahlt werden. In der Diskussion um den „Verkauf notleidender Kredite", mit der sich die Hypo Real Estate oder aber die Sparkasse Südholstein in den vergangenen Jahren aus der Schlinge der Insolvenz retten wollten, wurden für solche Kredite Abschläge von 30 % bis 50 % akzeptiert. Ein Kredit über 100.000 € wurde also an Lonestar für 70.000 € verkauft, so als ob ich dem Opa 7000 € dafür gebe, dass er mir erlaubt, die Schuld meines Onkels von 10.000 € bei ihm für mich einzutreiben. Das kann ein gutes, aber auch ein schlechtes Geschäft sein.

Man weiß also in etwa, wie viel „zweifelhafte Forderungen" wert sind. Schließlich geht es nicht nur um die Kosten des Ausfalls. Es kostet auch etwas, solche Forderungen überhaupt einzutreiben, vor allem wenn der Onkel nicht in der Nähe wohnt und störrisch ist. Dafür muss viel Geld ausgegeben werden. Die Hermes Versicherung, die bisher immer solche Garantien an Banken verkauft hat, bei diesen Beträgen und Problemen aber nicht mitspielt, hat einmal für eine Kreditausfallversicherung bei Banken mit dem Satz geworben: „Warum geben Sie 2 € aus, um 1 € einzutreiben?" Sie übertrieb und behauptete, dass das Eintreiben mehr kostet als die Forderungen wert sind. Wer schon einmal säumige Schuldner hatte, der weiß, dass es für den Gläubiger recht teuer werden kann. Ein Abschlag von 30 % ist also noch gut gerechnet.

Da der Fonds vollkommen ausgeschöpft wird und nach Presseberichten sogar mehr Anträge vorliegen, kann man davon ausgehen, dass der Staat die Garantie noch einmal um 120 Mrd. € erhöhen muss. Er bekommt allerdings davon etwas zurück. Er berechnet den Banken für die Bürgschaft – so wie die Banken das auch bei ihren sogenannten Avalbürgschaften bzw. Mietgarantien tun – Gebühren und für die Kredite 7 % Zinsen im Jahr. Das könnte, je nachdem, wann die Kredite ausfallen, weiteres Geld in die Kassen spülen. Umso später, umso besser. 30 Mrd. € Verlust dürften es aber trotzdem bleiben, wenn man bedenkt, dass allein schon die HRE 102 Mrd. € Garantien bekommen hat. Deren Schrottkredite sind bestimmt nicht viel wert, weil ihre Tochter, die Depfa mehr im Kasino in Irland als auf den Finanzmärkten tätig war.

Das Programm, so wird man einwenden, ist doch auf drei Jahre und 10 Mrd. € Ausfall pro Bank befristet. Ja, das Programm, nicht aber die Schuld. Eine einmal übernommene Bürgschaft gilt ewig. Das wissen die Bürgen im Ratenkredit auch und erfahren es bitter, wenn nach 10 Jahren immer noch jemand an sie herantritt. Der Passus im Gesetz sagt nur, dass nach drei Jahren keine neuen Bürgschaften übernommen werden. Davon gehen wir aber alle ohnehin aus, denn wenn die Lage einer Bank sich nach drei Jahren noch nicht gebessert hat, und sie neue Bürgschaften braucht, dann ist der Staat ohnehin selbst zur Bank geworden.

Das Geld, das der Staat brauchen würde, wenn er Bürgschaften einlösen müsste, gibt es bisher noch nicht. Die 70 Mrd. € im Gesetz sind nicht hierfür bewilligt. Sie sind das Spielgeld, das sofort fließen kann. Nach § 6 kann der Bund den Banken direkt Geld geben, was er bei der Commerzbank mit 7 Mrd. € bereits getan hat. Das heißt dann so:

(1) Der Fonds kann sich an der Rekapitalisierung von Unternehmen des Finanzsektors beteiligen, insbesondere gegen Leistung einer Einlage Anteile oder stille Beteiligungen erwerben und sonstige Bestandteile der Eigenmittel dieser Unternehmen, einschließlich solcher, die durch Landesrecht geschaffen werden, übernehmen.

Der Bund kann sich also, ohne einen bestimmten Kredit der Bank abzusichern, auch an ihr beteiligen. Der Staat weiß jedoch nicht, ob er diese Beteiligung, ob nun als Aktie oder „still", wieder loswird. Er muss nämlich auf dem Markt jemanden finden, der ihm die Beteiligung abkauft und zwar zum selben Preis.

Bei Banken, die eigentlich bankrott sind, ist es sicher schwer, jemanden zu finden. Bei anderen besteht Hoffnung und theoretisch sogar die Möglichkeit, dass der Kurs steigt, wie dies einmal bei der schwedischen Rettungsaktion vor Jahren der Fall war. Nur dort hatte der Staat die Bank vorher verstaatlicht und konnte sie selbst so führen, dass er sein Geld zurückbekam. In Deutschland ist von einem solchen Engagement des Staates bisher nur bei der HRE etwas zu sehen. Dort hat Staat sich dann noch so viel Fesseln für die Zukunft angelegt, dass es sicher ist, dass zuerst das Wohl der Depfa, hinter der sich inzwischen die HRE versteckt, und dann erst das Gemeinwohl kommen wird. Dass der Spekulant Flowers doch noch so viel Geld bekam, stellt die Marktwirtschaft auf den Kopf. Ein Aktionär soll seine Einlage im Konkurs der Aktiengesellschaft verlieren. Dafür bekommt er, wenn es dem Unternehmen gut geht, dessen Wertsteigerung als Kursgewinn. Dass man die Enteignung aus dem Grundgesetz hervorgeholt hat, um anders als die Väter des Grundgesetzes es dachten, dem Kapital zu helfen, statt es zu entmachten, könnte in Zukunft auch die Idee wieder beflügeln, auch einmal dann zu enteignen, wenn es der Allgemeinheit in Bereichen nützt, die nicht zum Kern kapitalistischen Wirtschaftens gehören. Art. 14 und 15 unserer Verfassung sehen so etwas vor.

2.2.3 Bad Bank – staatliche Subvention für wertlose Anlagen

Die Regierung hat Bad Banks ermöglicht, auf die alle wertlosen Papiere und wohl auch faule Kreditforderungen übertragen werden. Es handelt sich um „Spiel"geld, das vorgibt 830 Mrd. € wert zu sein, wovon HRE, HSH Nordbank und die Commerzbank jeweils alleine 100 Mrd. € haben sollen. „Es könnten Vermögenswerte in einem dreistelligen Milliardenbetrag übertragen werden", sagte der neue Chef der Hypo Real Estate Wieandt zur Bad Bank der HRE. Die Rückzahlung ist ungewiß: „Jetzt über Zeitpunkte zu spekulieren, wäre verfrüht", zitiert die Financial Times den Manager im August 2009. International soll die Korrektur der Wertangaben aus den verbrieften Krediten und Anlagen 3 Bio. € betragen. Das wird zwar als Verlust der Banken bezeichnet, ist aber eigentlich nichts weiter als die bittere Wahrheit: Sie haben nie mehr besessen. Bad Bank ist wieder so ein Name, der den Bürger entmündigt. Nicht einmal die Presse scheint zu wissen, was es ist.Während die Financial Times am 01.07.2009 schrieb: „eine echte Bad Bank lehnte die US-Regierung ab", titelte das Handelsblatt einen Tag später: „USA starten Bad Banks". Dass die Bad Bank der USA aus den 1980er-Jahren, die schwedische Securum und Teriva von 1987 bis 1994 oder die Bad Bank der Genossenschaftsbanken mit den aktuellen Konzepten in den USA und Deutschland mehr als das Bestreben gemeinsam haben, den Banken wertlose Papiere abzunehmen, wird niemand behaupten. Man muss sich daher schon mit den Details befassen.

Bad Bank

Bad Banks sollen in Deutschland von den Banken selbst gegründet werden. Für diese Bad Banks wird letztlich die einzige wirklich große Bad Bank, der Bankenrettungsfonds (SoFFin), den Banken Geld (Schuldverschreibungen) auf 20 Jahre garantiert geben. Einfacher ausgedrückt: Der Staat ersetzt auf seine Kosten wertlose Papiere durch staatlich garantierte Papiere. Allerdings macht er dies nicht ganz umsonst, sondern zu einem Kurs, der erst am 31.03.2010 mit den dann niedrigeren Kurswerten, jetzt aber rückwirkend mit den hohen Kurswerten zum 30.06.2008, also vor der Lehman-Pleite, festgestellt wird. Außerdem macht die SoFFin noch einen pauschalen Abschlag von 10 %, der bei geschätzten 260 Mrd. € Wertverlust allein bei Privatbanken eher kosmetisch wirkt. Der Staat übernimmt damit den gesamten Wertverlust, der in den kommenden Jahren noch aufgedeckt werden wird.

Zwei Prinzipien kreativer Bilanzverschleierung werden hier gesetzlich den Banken gegeben: Erstens man teilt ein Vermögen in Guthaben und Schulden auf. Anschließend verlagert man die Schulden in ein eigens davor gegründetes Unternehmen aus. Für dieses Unternehmen haftet dann ein Dritter, hier der Staat, weil es natürlich Konkurs anmelden müsste. Zweitens verschiebt man aktuelle Verluste in die Zukunft, indem man sie einfach nicht realisiert.

Das erste Prinzip kennen wir von den Konzerntrennungen und der Umwandlung bei Gründung der HRE durch die HypoVereinsbank (unten 4.3). Das zweite Prinzip ist für den Wertpapiermarkt und den Staatshaushalt typisch: Die Fälligkeit von Schulden wird in die Zukunft und damit auf die nächste Generation verlagert.

Nach uralten Rechtsgrundsätzen ist das Verschieben seiner Schulden auf einen anderen Schuldner ebenso wie in die Zukunft teilweise verboten und teilweise erschwert. Schon vor Fälligkeit müssen Wertpapiere alle drei Monate neu bewertet werden, sodass eine Bank sich dauernd Ausgleich im Eigenkapital holen müsste, wenn sie wie vorgeschrieben abwertet. Allein der Staat kann das außer Kraft setzen und das tut er nun, wenn er den Banken Zweckgesellschaften in der neuartigen Form von Staatsanstalten innerhalb der SoFFin erlaubt, die die Papiere dafür hergibt und das Ganze garantiert. Die Bad Bank ist damit doch eine staatliche Schuldenübernahme. Privat ist das Ganze nur insoweit, dass die SoFFin die ursprünglichen Eigentümer weiter für Verluste bei Fälligkeit zur Kasse bitten darf, wenn diese Banken Gewinne gemacht haben sollten.

Es haftet also der zukünftige Steuerzahler oder verschuldete Staatsbürger letztlich doch. Die Banken selbst, ihre Gläubiger und Nutznießer ebenso wie die Aktionäre haften nicht mehr. Der Staat ist daher in Zukunft gezwungen, den Banken große Gewinne zu bescheren.

Die Presse nährt mit Begriffen wie „Entgiftung", „Ab in den Mülleimer", „toxische Produkte" die Vorstellung, bei Bad Banks läge eine Sondermülldeponie vor, in der dieses Gift endgelagert würde. Der finanzielle Giftmüll würde die Banken, die ihn verursacht haben, nicht mehr länger belasten und es ginge nur noch um die Frage, ob dieser Finanzschrott dort auch sicher lagert.

Nichts stimmt an diesem Vergleich. Der Begriff „toxische Produkte", dessen Gegenstände noch eingehend erläutert werden (unten 4.4), geht an der Sache vorbei, weil an einer wertlosen Forderung, ob als Papier verbrieft oder im Rohzustand, nichts mehr giftig oder ansteckend ist. Sie ist lediglich wertlos. Bei der vergleichbaren amerikanischen Savings-&Loan-Krise sprach man daher auch von „Junk Bonds" (Abfall) und nicht von „toxic waste" (Giftmüll) und bei dem Verkauf geschlossener Immobilienfonds auf wertlose Grundstücke von der Finanzierung von „Schrottimmobilien" und nicht von „verseuchten Grundstücken".

Finanzschrott muss man nicht entsorgen. Es handelt sich dabei – wie bei allem was beansprucht, Geldfunktionen zu vertreten – nur um wertlose Informationen. Diese muss man lediglich löschen oder wie es im Bankenlatein heißt, wertberichtigen oder abschreiben. Es nützt der Bank also gar nichts, wenn man ihr die Forderungen abnimmt.

Das wissen auch diejenigen, die den Begriff der Bad Bank aufgebracht haben, um nicht zu viele Informationen diskutieren zu müssen. Den Begriff gibt es schon länger und es existiert auch eine Bad Bank in Deutschland. Das ist eine Inkassobank, an die die kleinen Genossenschaftsbanken ihre erfolglos geltend gemachten Forderungen aus Kreditgeschäften übertragen. Der Vertreter dieser BAG Bankaktiengesellschaft Wittler schrieb in seiner Stellungnahme zum Fachgespräch zum Verkauf von Krediten im Finanzausschuss des Deutschen Bundestages im September 2007, dass die BAG gekündigte Kredite übernehme oder aber im Einvernehmen mit dem Schuldner die weitere Abwicklung gestörter Kreditbeziehungen als Spezialist betreibe. Er verwahrte sich gegen die Auffassung, seine Bad Bank sei dazu da, der Bank die Verantwortung für ihre faulen Kredite abzunehmen. „Zumindest im Bereich der Intensivbetreuung und einem Großteil der Sanierungsfälle sollte der Kunde sicher sein, dass er in der Bank einen verlässlichen Partner hat, der daran interessiert ist, ihm bei der Bewältigung der Krise behilflich zu sein."

Wenn man eine Bad Bank so versteht, dann liegt der Vorteil ihrer Einschaltung allein darin, dass hier das in großer Zahl an Problemen zusammenkommt, was bei einer kleineren Bank zu selten ist, damit sie professionell damit umgehen kann. Eine solche Bad Bank ist daher ein Inkassoinstitut. Seine Aufgabe ist es, bei der Einziehung von Forderungen zu helfen oder wie im Factoring sie endgültig aufzukaufen, um dann seine Kosten aus der Differenz zwischen Einziehungsertrag und Kaufpreis zu decken. So eine Bad Bank würde den Banken aber nicht helfen. Sie würde nämlich nur das tun, was alle Banken ohnehin schon machen, nämlich ein internes oder externes Inkassosystem führen.

Eine Lösung in der Krise ist eine Bad Bank daher nur, wenn sie solche wertlosen Informationen übernimmt und dafür gutes Geld bezahlt. Das aber kann, wie der Finanzminister freimütig gesteht, nur aus dem Staatshaushalt kommen. Nur wenn die Bad Bank eine Staatsbank ist, also eine Anstalt in der Anstalt, und der Staat für sie auf Bundes- oder Landesebene voll haftet und zudem gutes Geld zur Verfügung stellt, mit dem es ihr möglich ist, eine ausgeglichene Bilanz aufzustellen, kann sie ihren Auftrag der Entlastung der Banken erfüllen.

Das mussten wir bei der Gründung der Hypo Real Estate feststellen, die nur mithilfe des Staates und des dafür eigens eingeführten Umwandlungsgesetzes eine atypische Bad Bank der HypoVereinsbank war. Sie konnte nämlich nur ohne ihren Finanzschrott an die italienische Unicredito zur Ausschlachtung (Austrocknen des deutschen Geschäfts, Verkauf in Österreich) verkauft werden. Die HypoVereinsbank wäre sonst schon frühzeitig zum deutschen Lehman- Brothers-Fall geworden, mit der ganz eigenen deutschen Subprime-Krise aus den Krediten Anfang der 1990er-Jahre im Osten. Dass es Finanzschrott war, den die HRE mitnahm, zeigte sich an ihren verzweifelten Bemühungen, diese Kredite zu-

nächst an Lone Star und dann an andere weiter zu veräußern. Letztlich gelang
dies nicht. So muss auch diese falsche Bad Bank mit einem kostspieligen privat-
wirtschaftlichen Zwischenspiel sich letztlich an der Brust des Staates festsaugen.

Die Bad-Bank-Lösung ist daher nur eine begrifflich verschleierte Subventi-
onslösung mit dem Schein einer marktwirtschaftlichen Selbstständigkeit. Man
sollte sie korrekt als Subventionsbank zur Auslösung wertloser Anlagen bezeichnen.

Kurzfristige Vorteile und strukturelle Nachteile einer Auslagerung der Verluste

Nun wird nicht abgestritten, dass die Bad Bank nur eine besondere Technik ist,
wie Staatshaftung privates Vermögen aufwertet. Es wird jedoch auf ein paar
beachtenswerte Effekte hingewiesen, die eine Bad Bank rechtfertigen könnten.
So kann die Bad Bank, wenn sie staatlich garantiert ist, selbst mit Schuldverschreibungen bezahlen, die das beste Rating bekommen und daher wie Eigenkapital wirken. Der Staat muss (noch) keinen Kredit aufnehmen und hilft trotzdem
schon (was allerdings bei der Bürgschaft auch nicht anders ist).

Eine Bad Bank könnte – viel freier als der Staat das kann – die Konditionen
mit den Banken aushandeln und sicherstellen, dass im Falle einer Erholung der
Bank eine Rückabwicklung stattfindet. Das liegt aber eher an der deutschen Bü-
rokratie als an den rechtlichen Möglichkeiten, die es dem Nothilfefonds durchaus
erlauben würden, wie eine Bad Bank zu agieren, ohne durch überflüssige Bankenregulierung gebunden zu sein.

Schließlich ist es nicht von der Hand zu weisen, dass einige Banken sehr
ähnlichen Finanzschrott aus Irland, England und den USA eingekauft haben.
Daher könnte es Rationalisierungseffekte nach dem Gesetz der großen Zahl geben, wenn dieser gesamte Schrott als Verhandlungsmasse in einer Hand läge und
kompetent sowie mit gewisser Macht ausgestattet verhandelbar wäre. Hier gilt
wieder der zitierte Spruch, dass wer 10.000 € nicht zahlen kann, ein Problem mit
der Bank hat, dass aber mit demjenigen, der 10 Mio. € nicht zahlen kann, die
Bank ein Problem hat.

Aber auch die Nachteile liegen auf der Hand. Nimmt man den Banken ihre
faulen Kredite ab und stopft sie unterschiedslos in einen großen Pool, so zeigt
sich für alle nur noch ihre durchschnittliche Verantwortungslosigkeit. Das Prinzip jeglicher Schadensrechte, dass möglichst der Urheber des Schadens bei der
Schadensbehebung beteiligt sein muss, damit er daraus lernen kann, wird aufgehoben. Der Finanzminister will deshalb wohl jeder Bank eine Bad Bank zuordnen, was allerdings die wichtigen anderen Effekte zunichtemacht.

Bad Bank – wer die Risiken generiert hat, haftet nicht mehr

Mit einer Bad Bank wird aber noch eine weit größere Gefahr für unser Rechtssystem heraufbeschworen. Banken könnten hier ihre faulen Kredite auch ohne Kündigung und ohne Zustimmung der Schuldner verkaufen. Das Prinzip, dass ein Vertragspartner sich darauf verlassen kann, dass der von ihm gewählte andere Vertragspartner auch seine Verpflichtungen so wie vereinbart erfüllt, würde aufgekündigt. Wir werden dies noch in dem Kapitel 4.3 über die Kreditverkäufe sehen, wo dargestellt wird, dass man in Deutschland glaubte, man könne Dritten die Papiere zum Einkaufspreis „andrehen" und damit der Krise entgehen. Das Gesetz über die Bad Banks könnte im Zeichen der Krisenbewältigung wieder einmal mit verheerenden Wirkungen für die Zukunft der Vertragsfreiheit der Verbraucher wichtige Prinzipien des Zivilrechts außer Kraft gesetzt haben, die – wie schon beim Umwandlungsgesetz im Fall der HRE – später missbraucht werden.

So hatte der Gesetzgeber des Deutschen Reiches bei den großen Zusammenbrüchen von Versicherern Ende der 1920er-Jahre eine Ausnahme von der Vertragstreue der Versicherer dafür ins Versicherungsaufsichtsgesetz geschrieben, dass ein Versicherer ohne Zustimmung der Versicherten alle Verträge auf einen anderen Versicherer übertrug. Das sollte ein schnelles Handeln in einer Situation ermöglichen, in der ein Versicherer nicht mehr solvent war und daher die Risiken der Versicherten nicht mehr abdecken konnte. Der neue Versicherer sollte die Kunden und damit auch die Risikoabsicherung schnell übernehmen. Dieser Anlass und Zweck stand aber, wie es für Gesetze typisch ist und auch aus Gründen der Rechtssicherheit so sein muss, nicht im Gesetz. 60 Jahre später missbrauchten die großen Lebensversicherer Allianz und Deutscher Herold diese Vorschrift, um den Versicherten die Überschussbeteiligungen, die in ihrem Unternehmensvermögen schlummerten, wegzunehmen und mit dem Geld der Versicherten in der Welt auf Einkaufsjagd zu gehen. Sie übertrugen einfach die Verträge auf ein anderes Unternehmen und ließen das Überschussvermögen in dem alten Unternehmen. Damit dies keiner merkte, benannten sie das neue Unternehmen nach dem alten (z. B. Allianz Leben) und gaben dem alten einen neuen Namen (Allianz Holding). Das Bundesverfassungsgericht fand das dann viel später doch ein bisschen zu dreist und gab dem Gesetzgeber auf, bei solchen Eingriffen in die Vertragsrechte der Versicherten wenigsten sicherzustellen, dass die Überschussbeteiligungen nicht ganz verloren gingen.

Das Bad-Bank-Gesetz könnte den Banken nun eine ähnliche Möglichkeit eröffnen. Verantwortung für abgeschlossene Verträge würde es dann nicht mehr geben. Man könnte stattdessen die Effekte einer Bad Bank auch dadurch erreichen, indem der Staat die Banken, denen er Ersatz für ihre wertlosen Papiere anbietet, verpflichtet, diese Papiere lediglich über eine dafür eingerichtete staatliche Bank zu vertreiben, oder deren Werte auf andere Weise zu realisieren. Diese Verwertungsgesellschaft könnte dann die Erlöse entweder direkt an den Staat oder gegen Rückgabe der Bürgschaften an die Banken auskehren.

Hätte man die Bad Bank auf die Übernahme verbriefter Forderungen beschränkt und es bei Bankkrediten von der Zustimmung der Schuldner abhängig gemacht, dem Missbrauch wäre frühzeitig ein Riegel vorgeschoben worden.

Glasnost und Perestroika statt Bad Banks

Die US-Regierung zwingt die schlechten Banken, und das sind ja die eigentlichen Bad Banks, denen die Aufsicht noch eine Überlebenschance einräumt („Stress-Test"), ihre Papiere auf den Markt zu werfen, wo sie private Käufer finden sollen. Das Finanzministerium übernimmt die Kosten zu 50 % und heizt damit die Nachfrage an. Dies ist ein System, mit dem Keynes bereits einmal in England nach einer Krise die Regierung beriet. Der Staat betätigt sich hier, um die Psychologie des Preisverfalls der Papiere umzudrehen. Das hilft dort, wo sie noch etwas wert wären. Die anderen Papiere müssen dagegen abgeschrieben werden. Hier müssen die Banken in den USA dann mit ihrem Eigenkapital für ihre unverantwortliche Kreditvergabe einstehen, während in Deutschland der Anreiz besteht, möglichst wertlose Papiere dem Staat zu überantworten und das Brauchbare vorher auszusortieren. In einem weiteren Programm haben die USA die Zahlungsfähigkeit privater Schuldner von Krediten gestärkt und damit die darauf ausgestellten Papiere sinnvoll aufgewertet. Außerdem werden die Ratingagenturen an ihre Pflichten erinnert und kontrolliert.

In Deutschland nimmt der Staat den Banken die Schulden ab (Bad Banks), verschiebt (Wertberichtigungen in der Zukunft), verniedlicht (keine Eigenkapitalunterlegung bei den Bad Banks mehr) und versteckt sie (neue Bewertungsregeln und Abschaffung des externen Ratings), während der Öffentlichkeit mit den Maßnahmen 10 % Abschlag, Begrenzung allein der Vorstandsgehälter auf 500.000 € und Verhängung von Garantiezinsen sowie dem Vorrang der Tilgung vor Gewinnausschüttung an Aktionäre, (die ohnehin nicht von den Dividenden sondern von Kurssteigerungen leben) eher Peanuts angeboten werden.

Auch im kapitalistischen Europa sollte man, wie einst in der Sowjetunion, mit Glasnost (Transparenz) und Perestroika (Erneuerung) versuchen, ein verkrustetes System aufzubrechen: Belohnungen für Ehrlichkeit und Mitverantwortung des Privatsektors sowie Nutzung der Märkte auch dort, wo sie einmal Verluste verteilen.

2.2.4 Langfristige Effekte kurzfristiger Hilfe

Die kurzfristige Hilfe hat dazu geführt, dass das Anreizsystem (unten 4.4.6) für Risiken und Verluste weitergeführt werden kann. Der Effekt, dass man damit denjenigen eine Belohnung dafür gibt, die das Geld der anderen verspielt haben, war der Gesellschaft bewusst. Wenn sie Privatleuten, die viel Geld haben, eine hohe Rendite versprechen, dann, so verteidigten sie sich, gäben diese ihnen abermals Geld. Haben sie wieder mehr Geld, benötigen sie nicht so viel vom Staat und alle werden entlastet. Dadurch steigt auch der Wert der Schuldscheine der Bank wieder und alles ist in Ordnung. Die Wirklichkeit scheint dem an der Oberfläche betrachtet Recht zu geben. Business as usual oder, die Krise ist vorbei, heißt es schon Ende August 2009. Doch die sozialen Daten, die wir eingangs zitiert haben, machen deutlich, dass lediglich geklärt ist, dass der Geldsektor letztlich die Verluste seiner Probleme nicht wird tragen müssen. Sie werden über das Schuldenverbot für den Staat, die Senkung der Sozialausgaben sowie Arbeitsmarkt, Rente und Krankenversorgung abgefangen. Die Krise wurde nur so bewältigt, das letztlich alle so weitermachen können und die Chance, die schleichende Umverteilung zulasten der Ärmeren, die durch die brutale Übertreibung des Wuchers zum Kollaps geführt hatte, zu stoppen, politisch vertan ist. Die nächste Krise kommt bestimmt.

Die Logik, mit der diese Krise bewältigt wurde, ist nicht neu. Man muss die Löhne der Armen senken und den Reichen mehr Gewinne zugestehen, damit sie investieren und Arbeitsplätze schaffen, wodurch die Nachfrage nach Arbeitnehmern steigt und damit auch die Löhne. Das hatte in der Weise Bundeskanzler Schmidt erfunden. Diese Theorie ist jedoch problematisch: „Der Hunger kommt beim Essen" heißt es und derjenige, der mit harter Arbeit seinem Partner das Studium ermöglicht hat, staunt oft nicht schlecht, wenn der dann plötzlich einen anderen Partner liebt, wenn es darum geht, zurück zu zahlen.

Beim Geld stimmt es noch weniger. Den Staat ersetzen können nur private Geldgeber, die sich am Risiko beteiligen wollen, also wie Aktionäre Geld geben, um dafür Vermögen der Bank zu erhalten. Solche Kreditgeber, die solche Papiere kaufen, gibt es aber kaum noch. Man müsste ihnen schon Traumrenditen anbieten, wenn sie die schon jetzt auf 1/10 ihres ursprünglichen Wertes geschrumpften Beteiligungen erwerben sollen. Diejenigen, die solche Papiere noch aus der Vergangenheit besitzen, fordern jetzt eine Staatsgarantie, weil sonst „der Markt dafür kaputtgehe". Kreditgeber, die viel verdienen und sicher sein können, dass sie ihr Geld zurückbekommen, gibt es aber zur Genüge. Mit ihnen meistern wir die Krise nicht. Allein das Beispiel der stillen Beteiligung bei der Commerzbank, die die Politiker mit dem Vertreter der wohl mächtigsten deutschen Bankiersfamilie Blessing ausgehandelt haben, zeigt das Problem der Verschiebung auf später.

Eine stille Beteiligung ist unverkäuflich. Sie verschafft keine Einflussmöglichkeiten und ist so nicht handelbar.

Mit dem Finanzmarktstabilisierungsgesetz hat sich der Staat verpflichtet, in Zukunft alles zu tun, damit es den Banken gut geht. Geht es ihnen schlecht, so geht es zukünftig auch dem Staat – direkt über die Bürgschaften – schlecht.

Einer der Chefs des größten Automobilkonzerns der USA hat einmal gesagt: „Was gut ist für General Motors, ist gut für die USA." Das war genau das, was Lenin mit seiner Theorie des staatsmonopolistischen Kapitalismus prophezeit hatte und für deren Wiederholung Lehrer und Juristen in SPD und DKP nach 1973 vom deutschen Staatsdienst ausgeschlossen blieben. Die Großindustrie werde dem Staat diktieren, was er zu machen habe. Inzwischen ist GM pleite. Ein wenig hatte Lenin mit seiner Theorie Recht: Der amerikanische Staat rettete das marode Unternehmen, das seine Gewinne nie teilen wollte. So eine Rettung verlangt auch die deutsche Tochter Opel. Aber Lenin hatte auch Unrecht. Es wirkt ja nicht gerade mächtig, wie diese Unternehmen jetzt zusammen mit Gewerkschaften und Parteien betteln gehen. Und haben sie nicht auch recht? Die Milch kommt doch vom Bauern und wenn der Bauer pleitegeht, gibt es doch auch keine Milch mehr? Oder kommt die Milch doch von den Kühen? Wenn unsere Politik nur noch das machen darf, was für die Banken gut ist, dann gestalten die Banken, so wie sie sind, unsere Zukunft.

Merkwürdigerweise passierte das bereits viel deutlicher, als es den Banken scheinbar noch gut ging und die Politiker Stimmen fingen. Sie gingen in den Chefetagen der Bankentürme ein und aus oder ließen sich wie bei der WestLB in Firmenjets kutschieren. Dem amerikanischen System der Offenheit von Finanzen bei Regierungsmitgliedern verdanken wir eine Aufstellung, wie Finanzdienstleister über das Geld enge Beziehungen zu Politikern aufbauen. Der oberste Wirtschaftsberater der Regierung Clintons und neue Chef des Nationalen Wirtschaftskomitees (US-Sachverständigenrat) des jetzigen amerikanischen Präsidenten verdiente 2008 5,2 Mio. $ (zusätzlich zu seinem Verdienst von einer halben Mio. $ als Harvardprofessor) als Berater des Hedge Fonds D.E. Shaw. Für einen Vortrag bei Banken erhielt er in diesem Jahr von Merryl Lynch 45.000 $, von JP Morgan 67.000 $, von Citigroup 54.000 $ und von Goldmann Sachs für einen Tag 135.000 $ sowie von McKinsey die gleiche Summe. Insgesamt sind das 5,2 Mio. $ Vortrags„honorare". In Deutschland bleibt die Höhe solcher Honorare geheim, was auch der höchste Bankrichter betonte, als er auf entsprechende Fragen die Antwort schuldig blieb. Der errechenbare Stundenlohn erklärt sich nicht aus dem unmittelbaren Nutzen des Inhalts solcher Reden. Es sind Brückenreden zwischen Staat und Finanzsektor, die von der falschen Seite bezahlt werden und eine Befangenheit auslösen, von der sich kein Mensch frei halten kann.

Die Banken haben gezeigt, dass sie ohne den Staat nicht auskommen können. Sie müssen vor sich selbst geschützt werden, damit sie ihre Funktion erfüllen können. In der Ballade „Die Bürgschaft" von Friedrich Schiller, bürgt der Freund nicht für das Geld des anderen, sondern er legt seine Hand dafür ins Feuer, dass der Freund sein Wort hält und nach einer Gnadenfrist zu seiner eigenen Hinrichtung zurückkommt. Der Bürge ist hier Leumund des Schuldners. Solche Leumunde bräuchten auch die Banken. Mit ein wenig öffentlicher Aufmerksamkeit könnten wir es den Journalisten schwer machen, ihre Artikel direkt aus den Aussagen der Werbeabteilungen der Banken zu speisen. Doch dazu müssen wir die Vorstände wieder anders besetzen, in denen heute Geldtechnokraten die Oberhand haben, die von Realwirtschaft nichts, von Geldgeschäften aber alles verstehen. Sie sind unverzichtbar und ein guter Technokrat kann Milliarden Euro wert sein. Aber wollen wir ihnen die Zukunft des Geldsystems anvertrauen? Die Amerikaner haben mit Obama eine Lösung gefunden. Ein Mann der zuhört, gesellschaftspolitisch gearbeitet hat und mit relativ bescheidenem Gehalt gleichwohl hoch bezahlte Technokraten als Berater haben kann, um das größte Unternehmen der Welt zu managen. Vorstandsvorsitzende würden dann ganz andere Typen sein, geringer bezahlt, dafür aber geschätzt und geachtet und mit allen Mitteln ausgestattet, um die nötige technokratische Kompetenz vorzuweisen. Das würde sicher nicht billiger, wie wir aus dem Fußball wissen, wo auch nicht die Trainer das meiste Geld verdienen. Es würde aber mehr für unsere Gesellschaft herauskommen.

Was bedeuten nun diese Garantien und Zuwendungen für unseren Staatshaushalt?

Die Regierung in Berlin hat im Jahre 2008 283 Mrd. € an Steuern sowie Krediten eingenommen, damit sie diese Summe auch ausgeben konnte. Davon waren 60 % für diejenigen vorgesehen, für die unsere Wirtschaft kein ausreichendes Einkommen für ihren Lebensunterhalt bereitstellt. Nimmt man die Zahlung von Zinsen und die Abzahlung von Schulden sowie die Kosten der Vermögensverwaltung hinzu, dann sind es insgesamt schon 92 %. Alleine die Arbeitslosigkeit kostet 35 Mrd. € jährlich. 41 Mrd. € gehen an Banken und Anleger, die dem Staat in der Vergangenheit Geld geliehen haben. Für sein Personal, das weitgehend unkündbar ist, wurden weitere 50 Mrd. € aufgewendet.

Das meiste Geld ist somit fest gebunden. Das ist genauso wie im täglichen Leben. Auch derjenige, der 2500 € im Monat verdient, muss sich oft überlegen, ob er es sich leisten kann, ins Kino zu gehen. Abgaben, Miete, Versicherungen, Heizung, Benzin, Essen usw. fressen das meiste auf. Frei entscheiden können wir nur über einen minimalen Anteil. Deshalb ist es richtiger, nicht auf die absolute Höhe zu schauen, die mit 283 Mrd. € beim Staat ebenso gut aussieht wie bei unserer Familie mit 2500 €. Der Staat kann danach bereits in zwei Jahren die 500 Mrd. € bezahlen und unsere Familie könnte sich in zwei Jahren einen Porsche für

60.000 € leisten. Doch das ist falsch gedacht. Die Familie kann sich eventuell nicht einmal einen Kleinstwagen für 3.000 € kaufen, weil der Rest des Geldes für andere Anschaffungen, auf die man nicht verzichten kann, notwendig ist.

So ist es auch beim Staat. Die Bundesregierung (und für Länder und Gemeinden gilt das noch viel mehr, weil sie viel näher am Alltag sind) schreibt in ihrem Haushalt, dass sie gerade einmal 19 Mrd. €, also 7 % für Investitionen ausgäbe. Wenn sie also nichts mehr erneuert und verbessert, dann würde es schon mit Zinsen etwa 20 Jahre dauern, bis sie die 500 Mrd. zusammen hat. Wir vergessen dabei aber, dass die größte Last der Bürger tragen wird, der mit seiner Arbeitslosigkeit und Kurzarbeit die brutalen Kosteneinsparungen eines Systems zu tragen hat, das sich mit Traumgehältern um eine intelligente, sozial verträgliche Erneuerung herumgedrückt hat. Dass der Staat jetzt bereits Milliardendefizite in der Sozialversicherung von Morgen errechnet, zeigt nur seinen kleinen Anteil an der Not der kleinen Leute, die man ja nicht ganz verhungern lassen kann.

Tatsächlich kann die Regierung also gar nicht viel sparen. Mit ihrem eigenen Geld kann sie die Wirtschaft auf Dauer nicht retten. Wenn wir in den nächsten Jahren tatsächlich den jetzt schon als Risiko bekannten Anteil an den Bürgschaften bezahlen müssten, könnten wir uns kaum noch eine Politik leisten, die den Namen noch Wert wäre. Man könte dann auch die sozialen Leistungen direkt aus einer privaten Versicherung zahlen, das Militär von einer Sicherheitsfirma übernehmen und Vermögensverwaltung und Schulden direkt vom Steuerzahler bezahlen lassen. Der Staat wäre nur noch dafür da, Gesetze zu machen. Selbst bewirken könnte er nichts mehr.

Wie das Problem in Zukunft zu lösen ist, hat bisher noch niemand gesagt. Insbesondere findet sich in der bisherigen Haushaltsplanung keine Rückstellung für diese übernommenen Risiken. Bereits bei der deutschen Einigung wurden die Spekulationsgewinne im Aufbau Ost der Privatwirtschaft überlassen, während man in einem Altlastenfonds, für den der Staat bürgte, alle etwaigen Ansprüche etwa aus verseuchtem Boden bündelte. Es scheint damit bisher gut gegangen zu sein. Vielleicht ist das auch so mit den Banken. Doch sicher darf man sich hier nicht sein und ein ordentlicher Haushalter würde wohl für den schlimmsten Fall vorsorgen und dies nicht seinen Kindern überlassen.

Während für das Garantierisiko nur mit Optimismus vorgesorgt wird, kann man sich Ähnliches bei den Einnahmeverlusten bei den Steuern und den zusätzlichen Beträgen zur Abdeckung der zu erwartenden Arbeitslosigkeit nicht leisten. „Bis 2013 muss der Bund Schulden von rund 300 Milliarden Euro aufnehmen, wie aus dem Etatentwurf 2010 und der neuen mittelfristigen Finanzplanung hervorgeht, die der Berliner Zeitung vorliegt. Das ist 50-mal mehr als bisher geplant" schreibt die Presse. 90 Mrd. € sollen es allein 2010 sein. Doch das zusätzliche Geld wird nicht für Bankbürgschaften sondern zur Abdeckung der Defizite in der Arbeitslosenversicherung und bei Hartz IV (30 Mrd. € für 2010) benötigt. Gleichzeitig hat man der kommenden Generation mit einem Gesetz über die Schuldenbegrenzung des Staates auf 0,35 % des Bruttosozialprodukts alle Möglichkeiten der Verbesserung der sozialen Infrastruktur genommen. Der Finanzminister hat ausgeführt, man müsse von 2014 bis 2018 jedes Jahr zusätzlich 18 Mrd. € im öffentlichen Haushalt einsparen. Dabei sind die Risiken aus dem Finanzsystem aber noch nicht mitbedacht.

Auf jeden Fall haben wir jetzt eine dritte ungeschriebene Rubrik zu den finanziellen Auswirkungen eines Gesetzes in jedem Gesetzentwurf. Sie lautet: „Finanzielle Auswirkungen für die angeschlagenen Banken". Liegen die nämlich in einem Jahr vor, dann müssen die Parlamentarier bangen, wenn sie die Banken regulieren wollen.

Einen Vorgeschmack darauf hatten wir bereits in den letzten 20 Jahren. Es wurde argumentiert, der Verbraucherschutz belaste die Banken mit Zusatzkosten und gefährde den Finanzplatz Deutschland. In Zukunft kann man gleich hinzufügen: „und macht evtl. unsere Staatsbürgschaften fällig." Man kann dann Mindestlöhne, Mietpreisbindungen, Wuchergrenzen und vieles von dem, was wir „verantwortliche Wirtschaft" nennen können, als Gefährdungen des Bankeinkommens ansehen. Enger als durch diese Geiselnahme des Staates kann man unsere reale Wirtschaft eigentlich nicht an Wohl und Wehe einer privaten Geldwirtschaft binden. Es bleibt nur der umgekehrte Weg: Banken müssen im Sinne des Gemeinwohls verantwortlicher gestaltet werden, damit der Staat nicht in die falsche Richtung gedrückt wird.

Fesseln für die Banken schaffen Sicherheit für den Staat. Die sichersten Banken gibt es in den Ländern mit dem höchsten Verbraucherschutzniveau. In Großbritannien und den USA, wo Verbraucher mit Wucherzinsen, Preistreiberei bei Immobilien, Hypothekenkrediten und Kreditkartenreiterei ohne Schutz dastehen, verläuft die Bankenkrise am schärfsten. Musterstaaten im Verbraucher- und Schuldnerschutz, wie etwa Skandinavien oder Frankreich, berührt die Krise weniger. Warum? Weil ein Markt, in dem der Ausbeutung und Übervorteilung Grenzen gesetzt sind, insgesamt mehr Vertrauen unter den Teilnehmern hervorbringt und deshalb unkomplizierter und kostengünstiger funktioniert und weniger Vollstreckungskosten hat. Ein solcher Markt bringt Verbraucher hervor, denen es nicht mehr egal ist, ob sie den nächsten Kredit noch ganz bezahlen können oder damit nur noch weitere drei Monate überleben, wie das in England häufig der Fall ist. Was für einen einzelnen Betrieb gilt, nämlich dass durch ein gutes Betriebsklima und ein als gerecht empfundenes Lohnniveau Sanktionierungen und Disziplinierungskosten eingespart werden, gilt für die Gesellschaft insgesamt.

Dass es in Frankreich nur halb so viel Verschuldung und Überschuldung gibt wie Deutschland und die französische Verbraucherverschuldung nur 1/4 der englischen Verbraucherverschuldung ausmacht, hat mit dem starken Schuldner-schutz in diesem Land zu tun, der es ihm erspart, seine Banken retten zu müssen.

2.3 Weiß der Staat, was er tut?

Handeln müsste der Staat. Für das Volk sind die Abgeordneten gewählt. Abgeord-nete werden nicht nach ihren Fachkenntnissen, sondern nach ihrem politischen Talent bzw. ihrer Fähigkeit, sich politisch durchzusetzen oder zu profilieren, ge-wählt. Die Mittel, die das Parlament hat, um sich Sachverstand einzukaufen, sind anders als etwa in den USA mehr als bescheiden. Sachverständige, die sich auf ein Hearing vorbereiten und vortragen, werden für diese Arbeit nicht entlohnt. Sie bekommen lediglich die Reisekosten erstattet. Die Sachverständigen aus dem Bankenlager drängeln sich zu dieser Aufgabe. Ihre Kosten sind Kosten des Bank-geschäftes und werden von den Kunden getragen. Auf Verbraucherseite wird da-gegen an das Engagement oder den Beamtenstatus appelliert.

2.3.1 Abgeordnete unter Druck

Wer sich mit dem Finanzsystem beschäftigt weiß, dass sachverständiges Handeln hier schwierig ist. Ein beliebiger Text etwa aus dem Kreditwesengesetz wie z. B. aus § 13a Abs. 4 S. 1 zeigt, dass für einen Abgeordneten schon das Textverständ-nis unmöglich sein kann. Dort wird die Gesamtbuch-Großkrediteinzelobergrenze wie folgt definiert:

> „Das Handelsbuchinstitut hat sicherzustellen, dass die kreditnehmerbezogene Ge-samtposition nicht ohne Zustimmung der Bundesanstalt 25 vom Hundert seiner Ei-genmittel überschreitet (Gesamtbuch-Großkrediteinzelobergrenze).“

Führende Politiker rühmen sich parteiintern, dass sie nichts von Futures und Options verstehen. Expertenhearings, die das Gesetzgebungsverfahren manchmal vorschreibt, werden so terminiert, dass das Ergebnis im Verfahren ohnehin keine Rolle mehr spielen kann. Während in den USA das Parlament ein Budget hat, mit dem es Experten angemessen bezahlen kann, damit sie sich unter Druck mit Einzelfragen beschäftigen und wenigstens behaupten können, sie hätten sich um das Problem gekümmert, ist diese Möglichkeit in Deutschland allein bei der Regierung konzentriert. Sie bezieht ihre Experten lieber im Hintergrund unter Ausschluss der Öffentlichkeit ein und greift auf die Banken direkt zurück, die auch schon mal Büros im Ministerium belegen.

Wenn man nichts von der Sache versteht, enthält man sich normalerweise der Stimme. Im Bundestag ebenso wie im Europaparlament müssten sich dann in der Regel 95 % der Abgeordneten der Stimme enthalten. Die andere Alternative ist, man vertraut seinen Obleuten. Das kann man dann tun, wenn die Obleute selbst sachlich und kompetent agieren und erkennen lassen, dass sie die Probleme sehen und verstehen. Statt dieses Vertrauens herrscht jedoch in den Fraktionen ein ganz anderer Ton. Es wird stillschweigend unterstellt, dass, wenn der einzelne Abgeordnete seinen gesunden Menschenverstand einbringen, Fragen stellen und Antworten will, es zu einer Katastrophe führen müsse.

Bei der Krise der Berliner Bank AG, bei der das Land Berlin schon einmal für den Ernstfall vorführte, wie man in wenigen Tagen den Landeshaushalt (ohne Gegenstimme) um 30 Mrd. € Bürgschaften belastet, konnte man im Hintergrund erleben, wie solche Prozesse ablaufen. Der kompetente sachverständige Rat an eine Fraktion blieb entgegen ihrer Überzeugung folgenlos, weil die vage Aussicht auf eine Koalition nach der Wahl die Ratsuchenden allem zustimmen ließ, was sie vorher problematisch fanden. Dass dann nach der Wahl die Koalition doch nicht stattfand, war einfach nur Pech.

Über den Ablauf einer solchen Staatsaktion gibt es ein Interview des CDU-Wirtschaftsministers Marnette, der 10 Jahre ein großes Unternehmen geleitet hatte und daher bei der Vergabe der Staatsbürgschaft für die HSH-Nordbank wirklich wissen wollte, was er tat. Er wollte Informationen haben, die aber sonst scheinbar niemanden in der Politik interessierten. Er verzichtete daraufhin auf sein Ministeramt, ein Vorgehen, das nach den Rücktritten von Lafontaine oder Leuthäuser-Schnarrenberger kaum noch in der Politik zu finden ist. Seine Äußerungen sind als Zitat aus dem Spiegel entnommen:

> „Ich hatte es mit Politikern zu tun, die sich scheuten, Zahlen zur Kenntnis zu nehmen und sich damit auseinanderzusetzen. Frei nach dem Motto: Wer sich gründlich mit Zahlen beschäftigt, wird zum Mitwisser und kann als solcher haftbar gemacht werden."

In Berlin schien der Staat damals erst Kenntnis vom Konkurs der Berliner Bank zu haben bzw. zu nehmen, als es in den Zeitungen stand. Dass sich die Finanzminister bei der HRE, der Sachsen LB und vielen anderen nach den Aussagen im Bundestagsuntersuchungsausschuss zur HRE zu spät informiert fühlten, war eine Schutzbehauptung. Zeitungen und Geschäftsberichte wurden defensiv gelesen. Man glaubte lieber den Parteifreunden in den Chefetagen der Banken. So war es auch in Schleswig-Holstein.

> „Da werden die Weltfinanzmärkte von einem Beben bislang unbekannter Stärke erschüttert, und Berger erzählt dem Kabinett, dass bei ihnen, von kleineren Problemen abgesehen, alles in Ordnung sei. Der hatte noch nicht einmal einen Zettel dabei."

Die Entwicklungen der HRE, die dem Finanzminister erst 2008 aufgefallen sind, waren bei der Bayerischen Hypotheken- und Wechselbank seit Anfang der 1990er-Jahre bekannt. Deren Kredite sind nämlich noch heute die faulen Kredite der HRE. Auch vom Risikospiel der Depfa Bank, die langfristige Kredite durch billige kurzfristige Refinanzierung zu einem Gewinnspiel umfunktionierte, war schon 1996 in der Presse zu lesen. Für die HSH-Nordbank wiederum heißt es:

> „Ja, der Fall HSH Nordbank belegt das. Hier geht es doch nicht um Entwicklungen der letzten Wochen und Monate. Schon Anfang 2008 war für jeden interessierten Laien erkennbar, dass da etwas aus dem Ruder lief. Von 2006 auf 2007 war das Jahresergebnis fast atomisiert worden; ein Gewinn von 1,2 Milliarden Euro war binnen eines Jahres auf rund 150 Millionen geschrumpft, weil man bereits damals Schrottpapiere aus dem Kreditersatzgeschäft in einer Größenordnung von 1,3 Milliarden Euro abschreiben musste."

Während die Presse über ein Desaster schrieb, meldete sich im Hintergrund in Berlin endlich das Bundesaufsichtsamt: Aber nicht etwa mit Konzepten, wie man die Krise überwinden könnte, sondern mit der Drohung an Parlament und Regierung, die Bank zu schließen, wenn der Staat nicht sofort per Gesetz seine Haftung erkläre. Genauso wurde auch in Kiel gehandelt.

> Spiegel: War damals schon bekannt, dass der Chef der Bundesanstalt für Finanzdienstleistungsaufsicht (BaFin), Jochen Sanio, Hamburgs Ersten Bürgermeister Ole von Beust angerufen und ihm erklärt hatte, dass er die Bank dichtmachen würde, wenn nicht schleunigst Liquidität nachgeschossen werde? Marnette: Nicht öffentlich, aber intern schon. Die Situation war dramatisch.

Unter diesem Eindruck wurden 10 Jahre vorher auch die Abgeordneten in geheimnisvollen Gesprächen und Sitzungen beschworen, durch ihr Handeln eine Katastrophe für Berlin abzuwenden. Es wurde auch behauptet, Berlin hafte ohnehin, weil laut einem Geheimvertrag die in die Berliner Bank AG eingebaute öffentliche Landesbank für alle Schulden aufkommen müsse. Das sei nämlich ein Trick bei der damaligen Privatisierung gewesen.

Weiter geht es dann darum, den Abgeordneten zu erklären, dass die Rettungsaktion den Staat nichts kosten werde. In Berlin waren es dann ominöse Investoren, die das Geld wieder zurückspülen sollten, solche, die man mit Flowers bei der HSH Nordbank schon im Boot hatte. Dass dabei mit Beschwichtigungen und falschen Darstellungen handfest gelogen wurde, ohne dass dies später als Parlamentsnötigung mithilfe der entsprechenden strafrechtlichen Paragrafen geahndet wurde, scheint im Finanzsystem akzeptabel zu sein.

Ich habe dann nachher erfahren, dass diese Präsentation schon Wochen vorher fertig war. SPIEGEL: Und warum hat man dann so lange gewartet? Marnette: Um Druck auszuüben und die Zeit zum Nachdenken zu reduzieren. Am 13. Februar die Präsentation, am 24. Februar die Kabinettsentscheidung. Das ist ganz brutal getaktet worden. ... Ich musste mir die Unterlagen im Büro einer Mitarbeiterin des Finanzministeriums ansehen, die gerade auf Dienstreise war. Mehrere hundert Seiten Kopien in schlechter Qualität. Ein sachkundiger Berater war von Wiegard abgelehnt worden, und eigene Leute aus dem Wirtschaftsministerium durfte ich nicht mitbringen. Auch Kopien machen war verboten. Und so habe ich da von sieben Uhr morgens bis zwölf Uhr mittags ganz allein gesessen und handschriftlich notiert, was mir wichtig erschien. Sogar Grafiken habe ich da abgemalt.

In Berlin gab es keinen Senator, der sich so etwas überhaupt zutraute. Den Abgeordneten wurde ein sog. externer Experte angeboten, der alle Fragen beantworten würde. Ich wurde von Abgeordneten gefragt, ob ich ihn kenne. Schließlich ging es darum, dass die ganze Rettungsaktion an einem einzigen Begriff zu hängen schien, den aber keiner verstand. Es traute sich wohl auch keiner, dafür die Erklärung zu verlangen. Es ist so wie wenn der Hausverkäufer meint, es seien nur unbedeutende Spuren von Serpula lacrymans vorhanden und der Käufer nicht nachzufragen wagt, ob es sich dabei um den (schnöden aber verheerenden) echten Hausschwamm handelt, weil er dadurch dumm aussehen könnte.

2.3.2 Man löst Probleme, die es nicht gibt

Wenn heute die Verantwortlichen wie Funke von der HRE behaupten, die Krise sei überhaupt nur dadurch ausgelöst worden, dass man öffentlich von Problemen sprach, so übersehen sie, dass sie selbst frühzeitig damit begannen, einen dem Baron Münchhausen abgeschauten Trick zu versuchen. Sie wollten die wertlosen Forderungen „verkaufen".

Die HRE aber auch die Sparkasse in Südholstein versuchten, Finanzinvestoren ihre faulen Kredite zu überschreiben und glaubten, die Risiken ausgerechnet in die USA schieben zu können, wo man zunächst erfolgreich genau dies umgekehrt mit dem Verschieben fauler Kredite nach Europa versucht hatte.

Als die Hedgefonds, die zutreffend als Heuschreckenfonds bezeichnet werden, in der Presse dadurch auffielen, dass sie das Recht missachteten und notleidende Verbraucher mit rüden Methoden aus den Häusern vertrieben und deren Grundschuldbriefe in der Welt verstreuten, fühlte sich die Regierung genötigt, tätig zu werden. Aus einem der Financial Times vorliegenden Memorandum zwischen den SPD-Ministerien der Justiz und der Finanzen ergab sich aber, dass man eigentlich gar nichts machen wollte und eigentlich nur die Öffentlichkeit zufriedenstellen musste.

Die ersten Bemerkungen der Justizministerin, dass es keine regelungsbe-
dürftigen Probleme gäbe, hatten alles gesagt. Was folgte war der Versuch, denselben Satz in emsige Geschäftigkeit einzubinden.

Hinter den Kulissen kam es zu neuen, extrem widersprüchlichen Gesetzes-
entwürfen. Schließlich blieb das Risikobegrenzungsgesetz übrig, das bei notleidenden Krediten vor allem ein Problem ausmachte: Den dummen Verbraucher,
der das falsche Produkt gekauft hat.

Scheinbar geirrt hatten sich Bayern, der Bundesrat und der Verbraucher-
minister, die alle für einen verbesserten Kündigungsschutz für unverschuldet in Not
geratene verkaufte Häuslebauer plädierten. In einer Nebenbemerkung erkannte
die Bundesregierung zwar an, dass nach geltendem Recht Kreditverträge nicht
ohne Zustimmung der Verbraucher verkäuflich seien. Sie wollte aber – gedrängt
von der Bundesbank – den Banken das Gegenteil ermöglichen, weil sie unsinnigerweise davon träumte, dass die faulen Kredite auch einmal umgekehrt die
Grenze passieren könnten. So dumm aber waren die Amerikaner nicht. Lonestar
hatte sich ja ohnehin das Geld zum Erwerb solcher Kredite bei deutschen Banken geliehen und eine Rückübertragungsmöglichkeit bei der HRE eingebaut.

Vor allem die Sparkassen sahen in Kreditverkäufen einen Notanker, um die
Schieflagen einzelner Institute im letzten Augenblick abzufedern. Auf eine Höhe
von 160 Mrd. € wurden damals schon die faulen Kredite geschätzt, die man aber
noch als potenziellen Markt und großes Geschäftsfeld für amerikanische Hedgefonds schön redete, als ob Heuschrecken am liebsten in der Wüste grasen würden.

In den USA sah man schon dem Problem selbst ins Auge. Die Kreditvergabe sollte mit Rahmenvorschriften gebändigt werden. Der faire Kredit war plötzlich gefragt und nicht mehr die Entsorgung von Wucherkrediten. Damals hieß es
auf der Website des Instituts für Finanzdienstleistungen: „In Deutschland ist man
noch nicht so weit. Die Schrottimmobilien sind erst der Anfang. Die Blase der
durch wucherische Restschuldversicherungen, Kettenumschuldungen, Kombifinanzierungen und Leerverkäufe von Krediten angefüllten unappetitlichen Kredite platzt erst später." Inzwischen weiß man, dass es deutsche Kredite sind, die die
Bauchschmerzen nicht nur bei der Berliner Bank, sondern auch bei HRE und
HSH Nordbank verursachen.

Trotzdem wurde in Berlin noch mit einem Gesetzgebungsverfahren die Illusion verbreitet, man könne Wucherkredite einfach verschieben und müsse dazu
nur die gesetzlichen Schranken lockern. Die Expertenanhörung geriet zur Farce.
Den Fachleuten hatte man ein vollkommen irrelevantes Papier mit Kündigungsschutz und ähnlich sinnvollen Vorschlägen unterbreitet, das irgendwie aus der
Fraktion kam aber keinen Autor nannte, zu dem sich niemand bekannte und das
nun erstaunt von Verbraucherverbänden und unabhängigen Experten (außer von
den Banken) im Hearing begrüßt wurde. Das Papier verschwand so wie es ge-

kommen war. Tatsächlich wurde ein im Hearing nicht vorgestelltes Gesetz verabschiedet, das die Verbraucher indirekt für die Krise verantwortlich macht, weil
sie nicht aufgepasst hätten.

Aus dem Justizministerium kamen Presseerklärungen, die die Konfusion vergrößerten. Bis in die Überschriften des Gesetzentwurfs warf das Justizministerium
bewusst zwei Dinge durcheinander, die praktisch das Gegenteil besagten: Kreditverkäufe und Forderungsabtretungen. Während für letzteres ein eingeführter saube-
rer Markt (MBS und Inkassoabtretungen) schon seit Langem existierte, war klar,
dass die Banken ihren bestehenden Kreditschrott der Hedgefonds – wenn überhaupt – nur über vollständige Kreditverkäufe losbekommen würden. Das aber ist in
Deutschland (ausführlich unten 4.3) mit Ausnahme der Lücke, die das Umwand-
lungsgebot für die HypoVereinsbank beim Verschieben der schlechten Kredite auf
die HRE schaffte, verboten. Also verwechselte man bewusst Kreditverkäufe und
Forderungsabtretungen so häufig und so oft, dass niemand mehr wusste, wovon
eigentlich gesprochen wurde. Dass bei Kreditverkäufen ein Grundsatz unserer
Rechtsordnung, nämlich, dass man seine Pflichten aus einem Vertrag selbst erfüllen muss, außer Kraft gesetzt werden sollte, war dabei sekundär.

Das Gesetz enthielt schließlich vor allem Sprechblasen und bestrafte weder
das Verschieben von Krediten noch die willkürliche Kündigung.

Statt Verbraucherschutz zu gewährleisten, sollte der Verbraucher darüber informiert werden, dass er verkauft wurde und wer sein Käufer ist. Und auch darüber, dass er gegen diesen vielleicht im Ausland sitzenden Unternehmer kaum
durchsetzbare Schadensersatzansprüche hat, dass seine Grundschuld, was schon
bisher nie passierte, nicht unabhängig vom Kredit von arglosen Aufkäufern erworben und durchgesetzt werden könne. Als Wohltat wurde verkauft, dass jetzt
nur mit zwei Raten Rückstand gekündigt und bei der Grundschuld erst nach fünf
Monaten vollstreckt werden kann. Das hat die aktuelle Praxis der Banken nicht
betroffen, die schon jetzt bei der Kündigung keine Eile zeigen. Den Notleidenden hat es keine Chance eröffnet, ihre Häuser selbst zu verkaufen, um Praktiken
zu entgehen, wie etwa, dass das Haus zum Schleuderpreis an die Bank fällt.
Letztere verdient daran doppelt, weil der Schuldner anders als in Frankreich noch
für die nicht abgedeckten Schulden persönlich haftet. Dass durch das vorsintflut-
liche Verfahren der Zwangsversteigerung nicht der Hauch eines (realen) Marktpreises erzielt werden kann, ist längst allen Beteiligten bekannt. Trotzdem wird
es nicht durch ein Recht zum Versuch des freihändigen Verkaufs gemildert, weil
es inzwischen einen eigenen „Schnäppchen-"markt darstellt.

Die ganze Diskussion versandete so in einem Gesetz, das einen Trick benutzte, der typisch für die Deregulierung in der Krise wurde: Alle Probleme werden in irgendeiner Weise im Gesetz angesprochen, was die Kritiker zufrie-
denstellt und die Öffentlichkeit in die Irre führt. Es gibt keine Lösungen für die

Probleme, sondern nur das Recht des Verbrauchers, über seine Misere informiert zu werden. Als ob es meinen Schaden begrenzen würde, wenn der Klempner, der die gebrochene Wasserleitung anbohrte, mir am Telefon erklärt, dass so ein Wasserrohrbruch große Schäden anrichtet und ich bei der Installation hätte besseres Material verwenden sollen.

2.3.3 Wer macht die Gesetze?

Bereits eingangs wurde aufgezeigt, wer die einschneidendsten Gesetze zur Finanzmarktkrise tatsächlich gemacht hat. Im Bereich der Geldgeschäfte hat es sich eingebürgert, dass Verwaltungen wie die Deutsche Bundesbank sich anmaßen, ihre angebliche Sachkompetenz über die der Politik zu erheben. In ihrer Stellungnahme zu dem Risikobegrenzungsgesetz zeigt sie ihre Rolle, wenn sie die Kreditverkäufe im Interesse eines „effizienten Finanzmarktes" lobt, obwohl doch gerade diese Möglichkeit die Kreditkrise so enorm verschärft hat. Außerdem beklagt sie den ohnehin nicht effektiven Kündigungsschutz, weil dieser den Banken Zwang antun würde. Anders als die französische Zentralbank oder das amerikanische Federal Reserve Board sieht sich die Deutsche Bundesbank als reine Sachverwalterin kollektiver Bankinteressen. Bei einem Besuch vor Jahren, wo darüber diskutiert werden sollte, ob deutsche Banken nicht nach US-amerikanischem Vorbild jährlich verpflichtet werden könnten, auch über die sozialen und regionalen Verteilungen ihrer Kredite zu berichten, wurde uns empört mitgeteilt, so etwas verstoße gegen das Grundgesetz. Aus dem Grundgesetz waren ihnen nur der Eigentumsschutz und die Marktfreiheit und diese auch nur ohne ihre verfassungsrechtlichen Beschränkungen in Bezug auf den Sozialstaat im Bewusstsein.

Bevor Gesetze gemacht werden, gibt es richtungsweisende Entscheidungen. In Brüssel produzieren sog. Expertengremien, die im Wesentlichen aus Bankenvertretern sowie Vertretern der Finanzministerien bestehen, ununterbrochen richtungsweisende Papiere ohne jede demokratische Legitimation. Sie heißen Grün- und Weißbücher und werden in einem „Konsultationsverfahren mit der Öffentlichkeit", an denen außer Branchenvertretern kaum jemand anderes teilnehmen kann, entwickelt. Finanzdienstleistungen, Hypothekenkredite, grenzüberschreitender Zahlungsverkehr, Kapitalverkehr – zu allem gibt es solche Papiere, die als Financial Services Action Plan (FSAP) oder Post-FSAP in den Ländern wie religionsstiftende Grundlagen für die nationale Gesetzgebung behandelt werden. Sie schaffen die gemeinsame Grundüberzeugung derjenigen, die letztlich die Gesetze machen. Geholfen wird diesen Gremien von der Schar der Lobbyisten, die etwa in den beiden „Runden Tische der Banken" (European-Banker-Round-

Table), die sich die mächtigsten Banken geschaffen haben, ein effektives Sprach-
rohr haben. Wissenschaftlich verbrämt wird dies von mit EU-Beamten und unabhängigen Größen ausgestatteten sog. Forschungsinstituten wie CEPS, die davon leben, dass ihr Unterinstitut ECRI von den Banken finanziert wird, CEPS
selbst aber die Möglichkeit gibt, in erheblichem Umfang EU-Forschungsaufträge
zu erhalten. Das liebste Instrument der Kommission sind Meinungsumfragen
unter Verbrauchern. Nichts lässt sich besser manipulieren als eine Umfrage, bei
der die Frage meist schon das Ergebnis ist. Z. B. „Sind Sie mit der EU-Politik
zufrieden?" Wer will da nicht wenigstens „im Großen und Ganzen" ankreuzen.
Dabei reichen oft 260 Personen aus, um die eigene Politik als richtungsweisend
darstellen zu können. Bei Forschungsprojekten wird dafür gesorgt, dass unabhängige Bieter ausgeschlossen bleiben, indem man die Aufgabe so definiert, dass
man sie nur mit Insiderwissen beantworten kann.

Weil Englisch vorgeschrieben ist, kann man dann wie geschehen, die Kosten durch das Verlangen nach perfektem Text für Kontinentaleuropäer so hoch-
schrauben, dass nur noch Engländer und Iren oder die Banken selbst für For-
schungsaufträge infrage kommen.

Bemerkenswert ist auch die Kampagne der EU-Kommission zur Auflösung
der Sparkassen, weil sie den Markt behinderten. Inzwischen wissen wir in der
Kreditkrise, dass die Sparkassen mit ihrem relativ altmodischen Konzept, Sparer
und Kreditnehmer vor Ort und direkt miteinander in Beziehung zu setzen, zum
wesentlichen Stabilitätsfaktor geworden sind und den Staatshaushalt schonen. In
Brüssel sieht man das anders. Dort wird Europa nur als Markt begriffen. Der
Staat ist mit seiner Versorgungsfunktion für Menschen, Kultur und Funktionen,
die der Markt diskriminiert, grundsätzlich ein Fremdkörper.

Der Sachverständigenrat der Bundesregierung zu wirtschaftlichen Fragen
und die EU-Kommission haben (freundlich empfangen von der Bundeskanzlerin) vorgeschlagen, aus der amerikanischen Kreditkrise der zwangsgeräumten
Hausbesitzer eine verstärkte Privatisierung und damit Zerschlagung der Sparkassen abzuleiten. Danach sollen die Landesbanken wie schon die Postbank an die
Privatbanken verkauft werden und die Sparkassen in AGs mit einer Stiftung
verwandelt werden. Das ist auch die Forderung der EU-Generaldirektionen
Markt und Wettbewerb.

Um dieses zu begründen, wurde zunächst die Kreditkrise in eine Investorenkrise umdefiniert: Nicht die Existenz fauler und wucherischer („subprime")
Kredite sowie notleidender Kreditnehmer, sondern die angebliche Dummheit
derjenigen, die diese Risiken ankauften, ist das Problem.

Was sie bei den Sparkassen nicht durchsetzen konnten, gelang bei den Landesbanken besser. Sie wurden durch die Abschaffung der Staatsgarantien für ihr
Geschäft im Namen eines subventionsfreien Marktes von der EU-Kommission
quasi gezwungen, sich Geschäften mit höherer Rendite zuzuwenden, weil sie bei

geringerer Bonität höhere Zinsen zahlen mussten. Das Ergebnis waren die selbstmörderischen Geschäfte über Irland und letztlich eine viel atemberaubendere Staatsgarantie, diesmal aber für dubiose Geschäfte. Ohne Staatsgarantie erhielten sie auf den Kreditmärkten nur schlechtere Konditionen und konnten ihren Aktionären, d. h. den Landesregierungen, weniger Geld überweisen. Da sie noch wie bei der HSH Nordbank Finanzjongleure wie Herrn Flowers als Aktionäre mit an Bord genommen hatten, war der Druck auf die Rendite in diesem eitlen Umfeld unerträglich. Sie folgten dabei dem Leitbild der amerikanischen Sparkassen, die vor über 30 Jahren den Staat zu 600 Mrd. $ Subventionen veranlasst hatten, als sie nach der Deregulierung ihre Kunden verloren und dies durch den Einkauf hochverzinslicher Schrottpapiere („Junkbonds") zumindest kurzfristig wettmachen wollten. Genau diesen Weg sind die Landesbanken auch in Deutschland gegangen. Sie sind dabei vor allem von den großen Privatbanken beraten worden, die teilweise diese Geschäfte (die in unbekannten Gefilden abgewickelt wurden) begleitet haben. Eine Landesbank hat deswegen eine Großbank wegen falscher Beratung verklagt.

Heute wird von den Vertretern einer reinen Marktwirtschaft die Verstaatlichung von Banken verlangt. Doch ein Widerspruch ist dies nicht. Gewinnorientierte Geldwirtschaft soll weiter und sogar noch intensiver bestehen. Es geht nicht um die Absicherung öffentlicher Belange im Geldsystem, sondern darum, dass alles, was Gewinne erzielen kann, privatisiert werden soll, weshalb alles, was Verluste erbringt, verstaatlicht werden muss.

2.4 Was machen die anderen?

Nach einer langen Phase der Dominanz kulturloser Geldkonkurrenz, bei der der Stärkste das Meiste bekam, zeigte sich in der Krise, dass die unterschiedlichen Kulturen um und in den Banken eine wesentliche Bedeutung dafür haben, wie weit die Krise ein Land ruiniert hat und wie es mit der Krise umgeht.

2.4.1 Was macht die USA?

Die US-amerikanische Politik wird in den nachfolgenden Kapiteln durchgängig zitiert. In den USA hat sich die einmalige Chance ergeben, dass – in einer von den Republikanern tief gespaltenen Gesellschaft – die Opposition, die sich überall in Wissenschaft, Politik und Wirtschaft gebildet hat, die Verantwortung im Staat übernommen hat. Ein junger, farbiger, liberaler, sozial engagierter zuhörender Anwalt aus Chicago löst einen älteren fundamentalistisch predigenden Vertreter einer reichen Öldynastie aus Texas ab.

Obama legt den Schwerpunkt auf den Kreditmarkt, gibt Interviews aus Kommunen, in denen Überschuldete ihre Häuser räumen müssen und tritt mit der Parole „Change, yes we can!" auch in Europa auf. Seine Verstaatlichung von Citibank ist mit konkreten Aufträgen an das Verhalten im Kreditbereich verbunden. Er scheut sich nicht, das Exempel des Konkurses auch bei Banken (Lehman Brothers, CIT sowie 22 kleineren Banken) oder bei Großkonzernen (General Motors) zu statuieren, was als Warnung an kommende Managergenerationen genug sein dürfte.

Die amerikanische Bankenaufsicht (Comptroller of the Currency (OCC)) forderte in einem Rundschreiben

> „alle nationalen Hypothekenkreditgeber auf, die aus verschiedenen gesellschaftlichen Gruppen zusammengestellte HOPE-NOW-Allianz („Hoffnung Jetzt") zu nutzen und über ihre Zwangsversteigerungen zu informieren. Ein Standard-Reporting-Format wird dazu beitragen, Investoren und Securitization Trusts, einschließlich der Finanzinstitute, zu überwachen und im Zusammenhang mit Subprime-Hypothekendarlehen Schutz zu bieten.
>
> Die OCC-Datenerfassung unterstützt die Bemühungen im Zusammenhang mit der HOPE-NOW-Allianz, und es herrscht die Auffassung, dass langfristig eine nachhaltige Veränderung der Kredite die Erhaltung von Wohneigentum im besten Interesse der Kreditnehmer, Dienstleister und Investoren ermöglicht. Diese Strategien sind in der Regel weniger kostspielig als ein isoliertes Vorgehen.
>
> Die anderen föderalen Finanz-Regulierungsagenturen, das Board of Governors des Federal Reserve System (Zentralbankrat), der Federal Deposit Insurance Corporation (das staatliche Bankensicherungssystem) und das Office of Thrift Supervision (Finanzaufsicht), haben heute entsprechende Anordnungen herausgegeben. Die Nationale Behörde zur Überwachung der Genossenschaftsbanken wird in Kürze folgen."

Die amerikanische Regierung hat ein gesondertes Hilfsprogramm für überschuldete Verbraucher aufgelegt, das 600 Mrd. $ umfasst und die von Zwangsversteigerung bedrohten Kreditnehmer schützen soll. In seiner Rede anlässlich des Besuchs einer Familie, die von Zwangsräumung bedroht ist, hat Präsident Obama am Beispiel dieses Hauses und des umliegenden Bezirks im Fernsehen deutlich gemacht, dass die Kette der Maßnahmen zur Gesundung des Finanzmarktes bei den schwächsten Mitgliedern der Gesellschaft beginnen muss. Wenn man den Überschuldeten hilft, die Kredite zu bedienen, so Obama, werden keine Zwangsräumungen erfolgen. Gleichzeitig macht die Regierung diese Hilfe, die ja den Kreditgebern dort gesunde Kredite verschafft, wo sie eigentlich notleidende Kredite erwarten müssten, von einer erheblichen und langfristigen Verbesserung der Konditionen abhängig. Nur wer die dramatische Verschlechterung der Kreditqualität aus den Jahren seit 1995 und den damit verbundenen Wucher zurücknimmt, kann auf solche Hilfe zählen. Verbesserte Kredite aber passen sie an die Liquidität der Haushalte an und verhindern, indem sie zu der stabilen Situation vor 1980 zurückkehren, dass immer mehr Kreditnehmer Risiken ausgesetzt sind, die sie nicht tragen können. Eine kollektive Verbesserung der Grundlagen unseres Kapitalmarktes, d. h. der Kredite, wird so auf den Weg gebracht.

Für den Wohnungsmarkt bedeutet dies, dass keine weiteren Wohngrundstücke zum Verkauf angeboten werden, was das Angebot verknappt und damit den Fall der Grundstückspreise verlangsamt. Sinken die Grundstückspreise langsamer, so werden auch die Sicherheiten für die Kredite, die in den MBS-Fonds den Wert bestimmen, weniger entwertet. Auch für die dadurch gesicherten Kredite brauchen keine weiteren Sicherheiten gefordert werden, bei deren Ausbleiben eine Kreditkündigung notwendig würde. Es gibt also auch weniger gekündigte Kredite.

Die MBS-Fonds werden werthaltiger und durch weniger gekündigte Kredite belastet. Damit sinkt auch der Druck auf die Pools, zu Schrottpreisen zu verkaufen, was wiederum den Fall der Preise solcher Papiere und ihrer abgespaltenen Sicherungsinstrumente (Derivate) abbremst. Letztlich werden durch solche Maßnahmen Staat und Wirtschaft effektiv entlastet und langfristig die Wurzel des Übels beseitigt.

Der Gesetzgeber müsste nun nachziehen und das, was sich in Subventionsvereinbarungen wie in Tarifverträgen zwischen dem Staat als Vertreter der Verbraucher mit den indirekt subventionierten Banken einvernehmlich regeln ließe, im Gesetz als allgemein verbindliche Mindeststandards für alle erklären.

Zur kurzfristigen Stabilisierung greifen die USA dagegen zu denselben Mitteln wie alle anderen Staaten, den Garantien für Bankschulden. Gleichzeitig hat sie aber mit hohem politischen Druck Großbanken wie Citibank verstaatlicht, ohne dabei eine religiös geführte Debatte über freies Unternehmertum zu führen. Die hohen Tantiemen und Abfindungen wurden dabei politisch debattiert und es genügte ein Gesetzentwurf des Kongresses, die Provisionen und gewinnabhängigen Einnahmen der Manager solcher Banken zu 90 % besteuern zu wollen, um die ärgsten Missstände freiwillig durch Einkommensverzicht zu regeln. In Deutschland dagegen zieht ein Herr Funke, der Ex-Manager der HRE, mit guten Erfolgsaussichten vor die Gerichte, während Hartz IV-Empfänger noch Jahre, nachdem sie Einnahmen hatten, die die karge Hilfe infrage gestellt hätten, verfolgt werden. Die Manager haben ihr Geld nur indirekt vom Staat erhalten, der die Ausfälle ihrer Zahlstellen, die er zudem noch vor dem schuldbefreienden Konkurs rettete, abdeckte. Die Hartz IV-Empfänger aber hatten das Geld für ihre Existenz direkt erhalten.

Inzwischen hat der amerikanische Kongress auch ein Kreditkartengesetz verabschiedet, das minutiös die Vielzahl der wucherischen Gestaltungen der Vergangenheit wie rückwirkende Zinserhöhungen, versteckte Gebühren, überhöhte Zinsen etc. aufzählt und verbietet. Schuldnerschutz und verantwortliche

Kreditvergabe sollen damit in einen Markt einziehen, der, liest man das Horrorszenario der verbotenen Geschäftsformen, offensichtlich keinerlei Rechtsprinzipien mehr hatte. Insofern kann den geschulten Juristen der Zivilrechtsländer das Common Law leidtun, weil ihnen das hierarchische Wertesystem fremd ist, das auf den Idealen von ausgleichender und austeilender Gerechtigkeit des Aristoteles und den Freiheitsidealen der französischen Revolution aufbaut und damit von vornherein einseitige oder gar rückwirkende Zinserhöhungen, Wucherkosten im Verzug, Schuldhaft und unverantwortliche Kredite unter den Verdacht der Rechtswidrigkeit stellt. Im wirtschaftsliberalen Common Law der USA und vor allem Englands, das ohne Grundgesetz auskommt, muss alles im Detail in überlangen Gesetzen verboten werden. Diese Gesetzesflut hat zu über 2 Mio. Anwälten geführt, die den Banken nach jedem Gesetz zeigen, wie man durch neue Gestaltungen das Alte doch weiter beibehalten kann.

Während in Brüssel und Berlin ein stures Berufsbeamtentum, mit der Waffe der Unkündbarkeit ausgestattet, den Politikern das Regieren zum Spießrutenlauf macht, hat der Wirtschaftsliberalismus der USA wenigstens die Chance vollständiger personeller Erneuerung. Dies erweist sich jetzt als demokratische Chance, ebenso wie es umgekehrt den Sturmlauf der Neo-Liberalen und Neo-Konservativen in den USA in die Zentren der Macht unter Bush erlaubt hat. Hatte Churchill damit Recht, dass eine Demokratie nur so gut ist, wie die Leute, die darin leben, oder hat unser Grundgesetz Recht, dass unabänderliche Werte von Menschenwürde, Demokratie, Sozial- und Rechtsstaat uns auch vor schlechter Regierung schützen können?

Doch der Vorteil Amerikas, neue Ideen propagieren zu können, von dem einst auch ich während der Berufsverbotehysterie in Deutschland profitierte, als ich nur dort meine Ideen publizieren und vortragen durfte, hat auch seinen Nachteil, weil Formulierung und Umsetzung weit auseinanderliegen. Die Einführung einer Sozialversicherung droht an der Macht der Krankenversicherungskonzerne und ihrer konservativen Lobby zu scheitern. Liest man das neue Kreditkartengesetz, so ist es eher eine rückwärts gewandte Bewältigung von Horrorverhältnissen, die das europäische Zivilrecht schon im Keim nicht zulässt. Schaut man sich den Gesetzentwurf zur Zügelung des Anreizsystems an, so geschieht nichts auf der Ebene der Provisionen und bei den Managergehältern außer etwas mehr Transparenz und die Verlagerung der Bestimmung von den Großaktionären im Aufsichtsrat auf alle Aktionäre in der Hauptversammlung.

2.4.2 Frankreich: verantwortliche Kreditvergabe

Nach der Internetblase und dem Scheitern des Investmentbankings als Geldmaschine haben alle Banken in das Geschäft mit den Massenkunden investiert und nicht mehr nur bei den oberen Zehntausend als Vermögensverwalter ihr Geld machen wollen. Die Investmentbanken sind die Verlierer. Viele konnten jedoch die Verluste auf andere verschieben. Sie hatten Luft produziert. Die angeblich unbegrenzte Möglichkeit der Provisionsschinderei, die weit mehr einbrachte als das eigentliche Kerngeschäft der Zinsmarge aus dem Unterschied zwischen Einlagen und Krediten, hat gezeigt, dass Produkte produziert wurden, die letztlich keinen Wert hatten.

Die Stärke im Kerngeschäft mit den Massenkunden ist die Stärke der französischen Banken. Der Massenkunde streut das Risiko. Nicht alle Kunden gehen gemeinsam und zu derselben Zeit bankrott, wenn man sie nicht wie in Amerika kollektiv über Jahre ausbeutet und der Kongress und die Regierung sie nicht in den Abgrund treiben – wobei die Vermehrung von Geld mit Reichtum verwechselt wurde. Frankreichs Konsumentenkreditverschuldung macht nur die Hälfte Deutschlands aus. Deutschlands Verschuldung beträgt nur die Hälfte der englischen Verschuldung und diese wiederum nur die Hälfte der amerikanischen Pro-Kopf-Verschuldung.

Amerikanische und französische Verschuldung verhält sich damit wie 1:8. Somit haben die französischen Großbanken ein solides Fundament. Die Kredite, die sie an ihre Verbraucher vergeben, wackeln längst nicht so wie die Kredite in Deutschland oder gar in England und den USA.

Dazu kommt, dass die Franzosen ein ausgeprägtes soziales Kreditsystem haben. So haben sie als einzige Bestimmungen im Bankengesetz, die ein sog. „soziales Bankgeschäft" von der Bankenaufsicht und den harten exklusiven Regeln der Bankenzulassung ausnimmt, aber eben sozial und gemeinnützig betrieben werden muss. Die größten sozialen Kreditgeber in Frankreich sind die Kommunen. Der größte Schuldenberater in Frankreich für Privatinsolvenzen ist die Zentralbank. Sie verfügt über viele Zweigstellen und es existieren ganze Abteilungen, die sich mit der Regelung von Schulden privater Verbraucher beschäftigen. Diese Überschuldungskommission arbeiten unter der Leitung eines Mitglieds der französischen Zentralbank, die in Frankreich zugleich auch die Kreditaufsicht wahrnimmt. In Frankreich herrscht somit nicht die unselige englische und deutsche Trennung zwischen Finanzaufsicht und Zentralbank, zwischen verarmten kleinen Behörden ohne Macht und Einfluss als Aufsichtsorgane und reich ausgestatteten Zentralbanken, die nur Hilfsorgane der Bankenaufsicht sind.

Die Schuldenberatungskommissionen haben jeweils einen Banker und einen Vertreter der Verbraucherseite in ihren Kommissionen, die friedliche Regelungen zur Lösung der Schuldenproblematik empfehlen. Gerade umgekehrt wie in Österreich oder Dänemark, erhalten die Ärmsten in Frankreich, die keine Rückzahlungsmöglichkeiten mehr haben, eine sofortige Schuldbefreiung. Darüber hinaus kann jeder Überschuldete zum Richter gehen, der mit umfangreichen Möglichkeiten ausgestattet ist, die Schulden anzupassen. Der Richter kann z. B. sämtliche Zinsen streichen, er kann die Schulden bezüglich der Laufzeit anpassen und andere Gestaltungsmöglichkeiten nutzen. Ein besonders wirksames Mittel der Richter, im Hypothekenkredit sichere Kredite zu schaffen, besteht darin, dass bei einer Zwangsversteigerung des Hauses der Richter anordnen kann, dass die dabei gemachten Erlöse die Forderungen der finanzierenden Bank zum Erlöschen bringen. Dies ist eine segensreiche Vorschrift, die es weder in Deutschland noch in England gibt: Hier wie dort erzielen die Banken aus Zwangsversteigerungen nämlich oft schmutzige Gewinne, indem die Schulden stehen bleiben und sie für einen Spottpreis das finanzierte Haus selbst oder über Strohleute ersteigern, das dann unter Umständen leer steht und von den Eigentümern befreit wird.

In einer Diskussion mit französischen Richtern fiel für deutsche Richter der erstaunliche Satz, man würde bei der Zwangsvollstreckung keine Zwangsräumung durchführen. Dies mache keinen Sinn, weil die meisten Wohnungen dieser ärmeren Leute anschließend leer stünden und der Staat stattdessen für die Bewohner mittels Steuergelder teuren Ersatzwohnraum zur Verfügung stellen müsse.

Nach einer großen Privatisierungswelle hatten viele Verbraucher in Frankreich ihre Wohnung gekauft und anschließend wurde (ähnlich wie in England) die Wohneigentumsquote entscheidend nach oben gedrückt. Daraufhin zeigte sich, dass Risiken und Schuldenlast für viele im Eigentumsmarkt zu groß waren. Der französische Staat griff deshalb ein und verpflichtete die Wohnungsverkäufer per Dekret, die Wohnungen wieder zurückzunehmen und die Neueigentümer als Mieter darin zu belassen.

Frankreich hat eine halb staatliche Organisation, die nationale Organisation für Informationen im Wohnungssektor, die mit Gutachten und Forschungen die Finanzierung gerade der Unterschichten bei der Wohneigentumsbildung begleitet. Sie steht Vermietern und Mietern mit Rat zur Seite und unterhält überall in Frankreich ihre Beratungsstellen.

Durch die starken Kündigungsschutz- und Verbraucherschutzregeln im Kreditbereich hat auch die Kreditkartenflut Frankreich nur mäßig erreicht. Zwar dominieren in Frankreich anders als in der Bundesrepublik die mit einer Kreditkarte verbundenen Extrakredite, sodass man mit mehreren Kreditkarten mehrere Kredite erhält und nicht nur auf das Konto und die Kontoüberziehung zurückgreift. Frankreich ist aber weit von englischen und amerikanischen Verhältnissen entfernt. Als Antwort auf die Krise will das französische Parlament Mitte 2009 die sich erneuernden (revolvierenden) Kreditkartenkrediten von Kaufhäusern sogar verbieten. Wucher ist in Frankreich kein Ausweis erfolgreichen Unternehmertums sondern unmoralisch.

Frankreich ist auch das Land, das 2009 am konsequentesten das Anreizsystem reformieren will. Es will insoweit in Übereinstimmung mit Deutschland international durchsetzen, dass die Provisionen im Finanzsystem gedeckelt werden, Gewinnbeteiligungen in der Form, in der sie als Aktien, Optionen oder anderen Wertpapieren gewährt wurden, mehrere Jahre behalten werden müssen und damit das Risiko der Entwertung beim Provisionsempfänger bleibt, sie stärker für Fehlverhalten haften und schließlich, wo ihm wohl kein Land folgen wird, die Provisionsempfänger auch eine negative Provision erhalten, d.h. am Verlust eines Unternehmens beteiligt werden sollen. Diese moralische Politik für die Wirtschaft ist in Frankreich parteiübergreifend und wurde vom sozialistischen Präsidenten Mitterand geprägt, der eine Responsabilisation de l'Économie, ein Verantwortlichwerden der Wirtschaft, verlangte.

2.4.3 England: Wucherkredite und Selfhelp

Demgegenüber hat England keine praktikable Verbraucherinsolvenzregelung. Nur Kleinschulden können dort abgeschrieben werden, was in der Praxis keine Erleichterung bringt. Die Schuldenberatung ist dem gewerblichen Sektor geöffnet, was dazu führt, dass sie dominiert wird von profitsuchenden „Helfern", die viele Schuldner erst recht in die Insolvenz führen. Die unter Margret Thatcher forcierte Umwandlung von Miet- in Wohneigentum hat sich als Desaster erwiesen. Statt wie in Frankreich abfedernde Regelungen zu finden (eine Regelung des teilweisen Rückkaufs von Wohnungen ist insgesamt gescheitert), hat man die Hauspreise in die Höhe getrieben, sodass nun auch Haushalte, die vorher solvent waren, ruiniert wurden. Zudem hat man damit erreicht, dass wucherische Kreditkartenkredite auch noch auf die Häuser umgeschuldet wurden und auch dort die Preise in die Höhe schossen. Equity Release war das Zauberwort, das zum Schimpfwort geworden ist. Mit der Aufhebung des Mietwohnungsmarktes auch mangels Masse (die Wohneigentumsquote in England ist nahe an 80 %), wird der Erwerb eines eigenen Heims zur einzigen Wohnungschance. Dies führte zu einem Anstieg der Immobilienpreise. Im Großraum von London kann sich schon die Mittelschicht keine Wohnungen mehr leisten. Ähnlich wie in Amerika unter Reagan und den Bushs, hat sich auch unter der sozialdemokratischen englischen Regierung (New Labour) im Anschluss an die Thatcher-Regierung nicht nur eine höhere Schuldenlast auf die Schultern der unteren Hälfte der Bevölkerung gelegt, sondern was viel schlimmer ist, die Schulden sind asozial verteilt und ihre Beitreibung erfolgt brutal.

Ähnlich wie in Deutschland und Amerika, ist während des Aufschwungs die Armut dramatisch gestiegen, was insbesondere etwas mit der Abschöpfung von Einkommen durch Wucher zu tun hat. Die Privatisierung der Altersvorsorge hat dazu beigetragen, dass viele ihr Erspartes verloren haben. Der betrügerische Bankrott verschiedener Fonds hat Menschen in Armut gestürzt. Nach den Berechnungen eines gewerkschaftlichen Forschungsinstituts können Briten durch Umschichtungen der Altersvorsorge, die ihnen skrupellose Berater als Vorteil andienen, bis zur Hälfte ihres für das Alter Ersparten an Provisionen und Gebühren verloren haben.

Die Briten sind vor allem durch die hohen Hauspreise und das Fehlen von Mietwohnungsalternativen insgesamt mit 1,46 Bio. Pfund (= 1,255 Bio Euro bei 60 Mio Einwohnern) verschuldet. Deutschland hat dagegen 1/4 weniger private Schulden bei 30% mehr Einwohnern. (1 Bio € bei 80 Mio) Die OECD kommt mit ihren relativ unsinnigen Durchschnittswerten, die die Ratenkredite auch auf die Banker der Londoner City verteilen, auf das Doppelte des verfügbaren jährlichen Einkommens (186%, USA: 142%) und damit zum Spitzenplatz in der Welt. Doch die Verschuldung trifft die Unterschichten weit härter. Monatliche Hypothekenzahlungen von 800 Pfund im Monat stehen Arbeitsloseneinkommen von 240 Pfund gegenüber. In einer Millionen Fälle sollen die teuren Kreditkartenkredite mit Zinsen von nahe 30% p.A. im Jahre 2008 zur Begleichung von Zinsen aus Hypothekendarlehen genutzt worden sein. 33.000 mal wurde zwischen April und Juni 2009 Privatinsolvenz angemeldet und 44.000 Häuser wurde 2008 bereits zwangsversteigert. Die Ausplünderung der armen durch die reichen Engländer über Wucherzinsen bis 800% p.A. mit dem zynischen Argument, sonst könnten sie eben keine Kredite mehr bekommen, erklärt den Transfer innerhalb Großbritanniens aber auch zum Rest der Welt, der jetzt ins Stocken gekommen ist.

In England hat sich ebenso wie in den USA das Kreditgeschäft vom regulierten Ratenkredit auf die höchst verzinslichen unregulierten Kreditkartenkredite verlagert, die mit 28-30 % effektiven Jahreszins die Verbraucher schon nach wenigen Jahren allein zu Zinsschuldnern der Banken machen, ohne dass sie noch über ein produktiv wirkendes Kapital in ihrem Vermögen verfügen können. Dass in England etwa ein Drittel des Bruttosozialprodukts schon aus Finanzdienstleistungen besteht, während man kaum noch industriell gefertigte Ware oder Dienstleistung mit einem englischen Label auf dem Kontinent sieht, hat die Verteilungsstrukturen verändert. England ist zum Finanzkolonialisten geworden, der sein wesentliches Einkommen aus dem Transfer von Geldvermögen aus produktiven Ländern erzielte. Nur: Die Tage des Kolonialismus sind gezählt. Die BRIC-Staaten Brasilien, Russland, Indien und China wollen in Zukunft als Leitwährung weder den Dollar noch das britische Pfund mehr haben. Damit nehmen sie den Geldkolonialisten die Möglichkeit, solche Geldscheine zu drucken und im Austausch für harte Arbeit in die Welt zu schicken, die dort bleiben, weil die anderen Länder sie als stabile Währung bei sich benutzen müssen.

2.4.4   Die Dritte Welt: Fluch und Segen der Diskriminierung

Die Dritte Welt gibt es nicht mehr. Nach der militärischen Kolonialisierung hat
die finanzielle Kolonialisierung der Dritten Welt systematisch den Aufbau eigener intakter Finanzsysteme verboten. Internationaler Währungsfonds und Weltbank haben dafür gesorgt, dass sie sich in den Metropolen verschulden mussten,
dass ihre Banken geschlossen wurden, weil sie Standards des Basler Komitees
ebensowenig einhalten konnten wie Sparkassen und Genossenschaftsbanken
unter ähnlichen Bedingungen in Europa im 19. Jahrhundert. Stattdessen bestand
die Entwicklungshilfe der Weltbank darin, diese Staaten möglichst über Mikrokredit und private Altersvorsorge von den aktuellen Systemen der industrialisierten Nationen abhängig zu machen. Ohne funktionierendes Bankensystem konnten die Staaten der Dritten Welt genauso wenig Eigenkapital bilden wie die
Kleinunternehmen im eigenen Land. Ohne Eigenkapital gibt es keine Chance
sich der Herrschaft des Fremdkapitals zu erwehren. Solange ausländische Banken oder international eingebundene inländische Banken dominieren wie es in
Indien noch und in Brasilien immer weniger der Fall ist, bestimmen sie das Regelwerk und die Konditionen. Die Dritte Welt wurde damit zur Kreditnehmer-
welt. Das hat ihre Wirtschaften (nicht die Privatvermögen ihrer Potentaten) von
den kurzfristigen Problemen der Investmentmärkte verschont. Wer nichts hat,
kann auch nichts verlieren. Doch das gilt nur vordergründig. Wer die Schuldzin-
sen bezahlen muss, bezahlt auch langfristig die Provisionen, Tantiemen und den
Betrug im Wertpapiergeschäft, weil jeder Gewinn eines Anlegers von den Zahlungen eines Schuldners herrührt.

   Deshalb ist schon jetzt klar, das neben dem unteren Drittel der Menschen in
den Industriestaaten die Entwicklungsländer die Krise mit Arbeitslosigkeit, In-
vestitionsstop und fallenden Rohstoffpreisen für ihre Arbeitskraft bezahlen müssen, die nur die Wurmfortsätze des von London, Washington, Frankfurt und New
York regierten internationalen Währungssystems sind.

   Doch die Rechnung von IWF und Weltbank sowie der Londoner City und
der New Yorker Wallstreet sind nicht ganz aufgegangen. Länder wie China, Malaysia und jetzt auch Brasilien und Argentinien haben sich ihnen politisch verweigert und gehen ihre eigenen Wege. China mit dem größten Binnenmarkt hatte
dabei die einzigartige Chance, allein intern ein Finanzsystem aufzubauen, das bis
heute sich dem IWF verweigert. Es bewässert seine Wirtschaft mit den Methoden, wie sie die Industrienationen selber im 19. Jahrhundert entwickelt haben.
Statt durch Kreditaufnahme zentralisieren sie ihr heimischen Kapital zunächst
durch Sparen.

   Die Chinesen als Gewinner der industriellen Zukunft informieren sich in
Frankreich und Deutschland, um auf der Grundlage von Bausparkassen, Spar-

kassen und einem geregelten Konsumentenkreditgeschäft eine Basis für ihre Wirtschaft zu schaffen. Damit haben sie ihre heimische Wirtschaft vor der finanziellen Kolonialisierung so wirksam geschützt, dass sie heute Deutschland als Exportweltmeister mit einer halben Billionen € pro Jahr abgelöst haben. Ihre Exportüberschüsse sind so gewaltig, dass sie nicht mehr Schuldner, sondern als größte Inhaber amerikanischer Schuldverschreibungen Gläubiger der Industrienationen geworden sind, wobei sie sich mit dem know how, das sie als Sparnation zu Hause aufgebaut haben, an die sicheren Anlagen hielten. Mit 7,9% Wachstum 2009 ist ihre Realwirtschaft nicht nur ohne Schaden, sondern auch ohne Verpflichtung, über Zinsen und Preissenkungen die Wiederbelebungsversuche toten Kapitals mitbezahlen zu müssen. Der neue erstarkte Nationalismus in Südamerika hat ebenfalls das Primat der Politik über die Wirtschaft wiederentdeckt und den Schrecken vor den angedrohten Kreditverweigerungen durch IWF und Weltbank genommen. Die Eigenfinanzierungsquote steigt, so dass sie auch nicht mehr jede Kreditkondition aus dem Ausland akzeptieren müssen.

Ganz anders aber geht es den in ihren Finanzsystemen auf dem Niveau des Mittelalters gehaltenen afrikanischen Staaten. Sie zahlen zur Zeit mit fallenden Rohstoffpreisen und weiterer Verarmung. Sie, die die meiste Sonne der Welt haben, müssen sich nun noch stärker ans Öl binden, das von dem größten Kartell der weltgrößten Unternehmen der ehemals wichtigsten Kolonialherren aus den USA, Großbritannien und Frankreich (1. Exxon (Umsatz: 459 Mrd. $), 2. Shell (458 Mrd. $, 4. BP 367 Mrd. $, 5. Chevron 264 Mrd. $, 6. Total 250 Mrd. $) beherrscht wird. Das Öl zieht die Devisen, die Devisen ziehen die Verschuldung, die Verschuldung verhindert den Aufbau eines eigenen Finanzsystems.

Das von den Engländern hinterlassene indische System schafft dagegen keine autonome Binnenentwicklung. Die Inder nutzen – nach englischem Vorbild – die sozial diskriminierenden Wirkungen des freien Kapitalverkehrs. Während sie ihr sich vergrößerndes soziales Problem mit Wucherkrediten, punktuell verziert durch Microlending-Eskapaden mit Hilfe der Weltbank nach dem Vorbild des ärmsten aller Länder, Bangladesh, angehen, setzen die Chinesen darauf, dass eine gewisse Stabilität der finanziellen Verhältnisse bei der Masse der Bevölkerung herrscht.

Das englische System in Indien produziert jedes Jahres dreieinhalbtausend Selbstmorde bei überschuldeten Bauern. Südafrika ist nahe daran, sich den Verhältnissen anzuschließen, weil es seine finanzielle Entwicklung teilweise dem Kreditkartengeschäft englischer Banken anvertraut. Immerhin gibt es dort wie in Brasilien nunmehr erste Ansätze, den Kredit flächendeckend zu regulieren, dem Wucher Einhalt zu gebieten und zugleich die Kreditversorgung und das Sparen voranzutreiben. Die Wahl Jakob Zumas zum neuen Präsidenten signalisiert, dass wirtschaftliches Wachstum (um jeden Preis) allein über die Kapitalmärkte die

Armutsspirale in eine Dimension treibt, die in einem umgekehrten Rassismus von Schwarz gegen Schwarz (mozambikanische Wanderarbeiter) münden kann. Dann wird nicht der ungezügelte Geldmarkt, sondern plötzlich eine Gruppe von unterscheidbaren Menschen (die Wanderarbeiter oder aber auch die Weißen in Südafrika, die Reichen in Venezuela, die Juden in Palästina, die Spanisch-Stämmigen in Peru) zum Sündenbock, weil sie sich als Zielscheibe besser eignet.

Es gibt auch finanzielle Kolonien in Europa. Die alte englische Kolonie Irland, die mit der IRA einen so gewaltsamen politischen Befreiungskampf verfolgt hat, erweist sich bei näherer Betrachtung als weit weniger selbstständig als sie selbst anzunehmen scheint. Es wurde von den Finanzplätzen London und New York zum Zwischenlandeplatz und Kasino eines ungezügelten Geldgeschäfts befördert. Während die neuesten Kreationen des Kapitalmarktes dort ihren Weg in die Gesetzgebung fanden, herrscht für das eigentliche Finanzsystem dort noch das Mittelalter. Irland ist dabei, die im Gefängnis wegen unbezahlter Schulden einsitzenden Verbraucher zu befreien und die Schuldhaft abzuschaffen, die der oberste amerikanische Gerichtshof schon 1900 als moderne Sklaverei bezeichnete.

2.4.5 Wo steht Deutschland?

Was uns in Deutschland so bedrücken muss, ist nicht etwa, dass wir zwar von der Struktur und der Tradition her eher dem französischen Modell zuneigen und mit Sparkassen und Genossenschaftsbanken eine diversifizierte solide, am Massenkunden orientierte Basis haben und mit der Deutsche Bank auch ein Kreditinstitut, für das Konservativismus (leider ohne sichtbare soziale Komponente) Richtschnur ist. Bedrückend ist vielmehr, dass sich die rot-grün-schwarzen Macher in den Jahren ihrer Regierung gerade auf die Seite (des neo-liberalen) Irlands, dem großen Finanzgewinnler und Steuerparadies Großbritanniens und Hollands, geschlagen haben. Sie haben die Brüsseler Bankgesetzgebung in großem Maße beeinflusst. Während in Deutschland Kredite (wie auch in Frankreich) immer noch als so wichtig gelten, dass nur beaufsichtigte und stark regulierte Banken sie an Kunden vergeben dürfen, herrscht in Irland und England eine Lizenzfreiheit für die Kreditvergabe. Während die Franzosen eine Wuchergrenze zwischen 9 % für bestimmte Mittelstandskredite und 18 % im Konsumkredit haben, kennen die Engländer überhaupt keine Wuchergrenze, ebenso wenig die Iren, die eine Wuchergrenze lediglich für Coop Banken haben. In England sind Zinssätze von 800 % keine Seltenheit mehr und eine Nichtbank wie Providential hat einen Durchschnittszinssatz von 200 % bei einem Kreditvolumen von sieben Milliarden Euro. In Deutschland haben wir zwar nominell eine ähnliche Grenze bei 18 %, sie spielt aber in der Praxis keine Rolle mehr, weil sich die Gerichte gerne durch versteckte Innenprovisionen bei Restschuldversicherungen und refinanzierten Kosten bei Kettenkrediten betrügen lassen (dazu unten 4.2.2).

Liest man die Papiere aus Brüssel, die auch die französischen Großbanken mit unterschrieben haben, so wird für ganz Europa das englische System gefordert: Abschaffung der kostspieligen Bankenlizenzen in bestimmten Marktsegmenten, Abschaffung von Wuchergrenzen in ganz Europa, Abschaffung der Restriktionen bei den Kreditkarten und totale Freiheit für jede Bank, überall das machen zu können, was ihr zu Hause erlaubt wurde. Die dritte Bankrechtsrichtlinie ist ein deutlicher Beweis dieser Liberalisierung, weil sie kein Bankenmonopol für Kredite vorsieht. Die neue Konsumentenkreditrichtline ist ein neoliberales Meisterstück, bei dem der Kunde zukünftig dreimal mit denselben unmäßigen Informationen überschüttet werden soll, aber keinerlei Schutz mehr erhält. Vorfälligkeitsentschädigungen wurden neu eingeführt, Provisionen können versteckt bleiben, Zusatzprodukte, die das 16-Fache des Normalen kosten, tauchen in der Information nicht mehr auf, Umschuldungskettenkreditkarten werden begünstigt, Kleinstkredite, die Wucherzinssätze haben, fallen aus dem Schutzbereich ganz heraus usw. Die Bundesrepublik ist gerade dabei, dies in Deutsches Recht umzusetzen und macht dabei Übererfüllungen, wenn sie trotz fehlendem Zwang z. B. die Verschuldung auf Mausklick einführt und einen Effektivzinssatz erlauben will, der angesichts der wirklichen Kosten eines Kredites ein schlechter Scherz ist.

Im Kreditsektor, der die Basis der Krise bildet, geht Deutschland den Weg der Deregulierung weiter, wie es im Einzelnen noch unten erläutert wird (unten 5.1.3 u. 4). Die neuen Informations- und Haftungspflichten bei Kreditverkäufen treffen die Falschen, die Pflichten, Beratungsgespräche zu dokumentieren, sind inhaltlos, die Verlängerung der Verjährungspflichten bei Anlagebetrug gehen nur ein Viertel des Weges dahin zurück, wo wir vor ihrer Verkürzung 2002 standen. Die einzige relevante EU-Antwort, in der Eigenkapitalrichtiline zukünftig nur noch 95% (statt bisher 100%) des Risikos verbriefter Forderungen auf andere übertragen zu dürfen, erschwert nur die Verbriefung und damit auch die Steuerungsinstrumente öffentlicher Kreditgeber wie der KfW insgesamt und hebt die eigentlichen Missstände, die bei vielen Fonds insbesondere den Hedgefonds zur gezielten Produktion von Risiken geführt haben, um damit andere betrügen zu können, nicht auf.

Wenn die Regierung im August 2009 im HRE Untersuchungsausschuss verlauten ließ, bisher habe sie an der HRE-Pleite nur verdient, dann setzt sie das System fort, dass man eingegangene Bürgschaften so lange ignoriert, wie man nicht herangezogen wird und vorhandene Forderungen so bewertet, als ob man das Geld schon hätte. Beides ist kaufmännisch auf dem niedrigsten Niveau und nur als Wahlkampf zu erklären.

Warum bereits im Herbst 2009 Politik und Wirtschaftsjournalisten quasi die Krise abblasen und für überwunden erklären, lässt sich nur mit einem einfachen Wahrnehmungsmangel zur Krise erklären. Da es, wie wir im Einzelnen noch erklären wollen (Kapitel 3), keine Geldkrise aus Geldmangel geben kann, weil Geld sich leicht herstellen lässt, sondern über das Geld der wirkliche Reichtum einer Gesellschaft immer nur von einem zum anderen transportiert oder, einfacher ausgedrückt, umverteilt wird, war die Krise nur so lange ein Problem, wie man in ihr befürchten musste, dass die gigantische Umverteilung von unten nach oben, wie sie die neo-liberale Phase mit offizieller Reallohnsenkung und Sozialabbau unten sowie Traumrenditen oben schaffte, nicht durch den Zusammenbruch der da unten doch noch nachträglich infrage gestellt würde. Inzwischen ist aber klar, dass die unteren Schichten sich auch durch ihre Insolvenz nicht werden befreien können und oben die Korrekturen sich auf Übertreibungen beschränken. Die Sozialversicherung geht nach dem Sozialbericht 2009 der Bundesregierung ihrem Konkurs entgegen (Sozialbericht S.255), der Staat hat mit seiner Rettungsaktion die zukünftigen sozialen Leistungen für lange Zeit an die Finanzwelt verpfändet und wird dies schon nach der Wahl ab 2010 mit einem dramatischen Haushaltsstopp umsetzen. Mit dem Schuldenbegrenzungsgesetz ist sichergestellt, dass es keinen keynsianischen Ausweg gibt. Gleichzeitig entledigt sich die Autoindustrie mit Fusionen (Porsche, VW), Prämien (Abwrackprämie) und Kapitalhilfen (1 Mio Elektroautos) ihrer Arbeitnehmer in der Krise, indem die Fortzahlung von überhöhten Aktienkursen und Renditen aus dem Budget erfolgt, das die Arbeitnehmer in den Jahren vor der Krise durch Reallohnverzicht eigentlich zum Ausgleich aufgebaut hatten. Die Quote der „normal" Beschäftigen sank laut Statistischem Bundesamt innerhalb der letzten 10 Jahre von 72,6 Prozent auf 66 Prozent. Statt 2,5 Mio haben wir inzwischen 7,7 Mio „untypische Beschäftigte", die in Leiharbeit (von 500.000 auf 2,5 Mio), Scheinselbständigkeit, Mini-Jobs zu 25% armutsgefährdet arbeiten und der Industrie Beiträge zur Sozialversicherung aber auch ausgleichende Maßnahmen des Kündigungsschutzes und der Sozialpläne ersparen. Was in England vor 20 Jahren passierte, dass die neuen Armen nicht mehr die Arbeitslosen sondern die Niedrigverdiener wurden, ist in Deutschland angekommen. Zuerst werden die Leiharbeiter entlassen, den Scheinselbständigen die Aufträge gestrichen und bei den Mini-Jobs der Lohn gesenkt oder die nicht bezahlte Arbeitszeit erhöht. Das Sozialsystem ist darauf nicht eingerichtet und wird, da es die traditionellen Aufgaben schon nicht bewältigt, gar nicht erst angepasst. Man will die Betriebsrenten verbessern und nimmt die Ausbeutung durch Provisionen in der Riesterrente in Kauf. Die Krise ist daher kein Scheitern der Umverteilung, sondern eine konsequente Fortentwicklung und Effektivierung ihrer Mittel. Armut, Insolvenz, Überschuldung, Obdachlosigkeit werden auf größere Gruppen verteilt und damit von den individuellen Zusammenbrüchen verschont. Ein paar unschöne Effekte bei den Investoren werden mit neuem Anlegerschutz geglättet. Die Umverteilung über das Kreditsystem geht dagegen weiter.

Damit hat in Deutschland die obere Hälfte der Gesellschaft in der Tat bereits die Bewältigung der Krise überstanden, weil alle Verluste zugeordnet wurden; dem Staat, den entlassenen Arbeitnehmern, dem Niedriglohnsektor und den Familien. Für die untere Hälfte hat die Krise aber gerade erst angefangen, weil die mit Arbeitslosigkeit, Rentensenkung, Sozialhilfe-, Bildungs- und Kulturverzicht die dem Finanzsektor ausgestellten Wechsel eingelöst werden müssen.

Die übrigen Reaktionen in Deutschland, die wir noch unten im Einzelnen beschreiben wollen, sind eher kosmetischer Natur, können allerdings in ihrer Masse in Zukunft dazu führen, dass man umdenkt und statt vieler kleiner Sticheleien wirkliche Reformen durchführt. Die Steuerbehörden dürfen jetzt Fluchtkapital vermuten, wenn in bestimmte Länder investiert wurde, Managergehälter müssen an langfristigeren Zielen ausgerichtet sein, bei Kreditverkäufen muss informiert werden, die Anlegerberater müssen über ihr Gespräch Buch führen. Der Informationsansatz als Ersatz für Wirtschaftskontrolle scheint ein unerschöpfliches Reservoir von Scheinreaktionen auf jedes noch so kleine Problem zu erlauben. Irgendwann wird es auch dem Verbraucher und Staatsbürger auffallen, dass das Wissen darüber, das andere sich bereichern und die Wirtschaft gefährden, noch kein Mittel ist, dies abzustellen.

2.5 Was wollen die Banken?

Ein Teil der betroffenen Banker ist zurzeit vor allem damit beschäftigt, Legenden zu bilden, Tatsachen in der Vergangenheit zu vertuschen und sich gegen strafrechtliche Verfolgung, öffentliche Verurteilung und gegen Entzug von Ansprüchen und Tantiemen zu verteidigen. Da viele dieser Banker weiterhin in den Banken tätig sind, sollte jede Stellungnahme aus diesem Kreis immer vor dem Hintergrund der eigenen Beteiligung in der Vergangenheit gesehen werden. Für die große Masse der Bankmanager, die in dem System nur funktioniert haben, gilt dies allerdings nicht.

Einige Spitzenbanker sind 2008 in der Presse nun dahingehend zitiert worden, dass sie mehr Bankenregulierung verlangten, Fehler in der Vergangenheit zugestanden und für die Zukunft mehr Zwang zu Verantwortung und Moral im Bankensystem für notwendig erachteten. Solche Spontanreaktionen kennen wir auch von dem Kind, das vor dem Scherbenhaufen der teuren Vase ertappt wird. Ein echtes Umdenken im Bankenbereich ist aber nicht festzustellen. Bereits im selben Jahr erklärte der Chef der Deutschen Bank wieder öffentlich etwa Eigenkapitalrenditen von 25 % für erstrebenswert und machbar. Im September 2009 macht er jedoch beim Gespräch mit der Wochenzeitung Die Zeit wieder Front gegen Regulierungen, da die Banken selber „auf gutem Wege seien", während Blessing und Weimar sie allerdings mit ganz anderen Banken im Hintergrund noch für unverzichtbar halten. Amerikanische Banker wollten dagegen die Sozialprogramme der alten Regierungen mit mehr Zugang zu Wohneigentum für die Subprime-Krise verantwortlich machen und der ehemalige Chef des Hamburger Weltwirtschaftsinstituts versucht, das Streben nach sozialer Gerechtigkeit in seinem neuen Buch als gefährliche Ideologie zu entlarven. Unter der Leitung des ehemaligen Commerzbank-Chefs und Bankenpräsidenten Klaus-Peter Müller versucht Mitte 2009 die unverändert gebliebene Regierungskommission für Corporate Governance die Regulierung der Finanzmärkte mit dem Argument abzuwenden, dass doch die Selbstregulierung über unverbindliche eigene Regeln der Banken damit unterlaufen würde. Dabei führt er in seinem Zeitungsinterview an, dass man die Managergehälter aus der Schusslinie nehmen solle. „Von Mauscheln kann keine Rede sein." Die Interessenverquickung zwischen Aufsichtsräten und Vorstand, die in seiner Person bei der Commerzbank allzu deutlich ist, ist nicht einmal ein Thema. „Es ist falsch, wenn sich gesetzgeberische Aktivitäten an den einzelnen schwarzen Schafen orientieren", meint der zum Ethik-Bewahrer erhobene Banker. Auch „die Schließung des Bankhauses Lehman, die am Anfang der akuten Finanzkrise stand, war eine politische Fehlentscheidung", meint der Verantwortliche für ein Bankhaus, das auch hätte geschlossen werden müssen. Bankrotte Banken, schwarze Schafe bei ihren Managern, toxische Papiere, Ausbeutung und Wucher – das Problem bleibt die Gemeinschaft, die hier einzelne gewähren lässt. „Schwarze Schafe", das sind die sichtbaren Probleme des Finanzsystems und wie anders kann man reformieren als sich wie die Ärzte an den Krankheiten des Systems zu orientieren. Schwarze Schafe sind Ausdruck des Systems. Dass dann ein paar Tage später die Bundeskanzlerin öffentlich verspricht, diese Ethik-Kommission in die Gesetzgebung einzubinden, nachdem Müller bereits Mitgestalter des wichtigsten Gesetzes war, lässt wenig Selbstbewusstsein in der Politik vermuten. Der Corporate Governance Codex ist unter dieser Führung eher eine Provokation gegen die demokratischen Einrichtungen als eine Hilfe.

Es gibt bisher keine fortschrittliche Alternative zum Neo-Liberalismus, die mehr Markt mit mehr sozialer Gerechtigkeit und Funktionalität verbinden möchte. Es stehen sich nach wie vor das sozialkonservative patriarchalische Modell der Verantwortung und das neo-liberale Modell der Fairness gegenüber.

Dass die Franzosen zur führenden Bankenmacht in Europa werden, könnte vermuten lassen, dass ihr sozialkonservativer Bankenansatz den Kasinokapitalismus angelsächsischer Prägung verdrängen könnte. Der Rückzug der amerikanischen Banken wie Citibank und GE Money aus dem Konsumentenkreditgeschäft in Europa stimmt nicht besonders traurig. Ihr Konzept der vergangenen Jahre ist gescheitert und wenn nicht alles trügt, beginnen sie zumindest in Amerika mit einem neuen Aufbau. Aber sie haben ihre Wirkung auch auf die französischen Banken nicht verfehlt. Fasziniert von den Gewinnmargen angelsächsischer Banken, aber auch der Belgier und Italiener, die eher im Schlepptau von Engländern und Amerikanern agieren, hatte der europäische Banker-Round-Table unter dem Vorsitz eines französisches Bankers ein Konzept der weiteren Deregulierung mit entwickelt. Es befürwortet z. B. die Abschaffung der Wuchergrenzen in Frankreich und die Einführung einer Vorfälligkeitsentschädigung nach deutschem Vorbild. In den USA ausgebildete Bankspitzen träumen auch dort von einem schutzfreien Markt, in dem sie auch in Frankreich in wenigen Jahren die Kreditsummen auf deutsches Niveau verdoppeln dürfen. Doch auf dem Weg zu einem größeren Verbraucherkreditmarkt wird Rücksicht auf die katholische Mentalität genommen, die Armut und Überschuldung als Aufgabe auch der Reichen ansieht. So immerhin gibt der französische Marktführer im Konsumkredit CETELEM (Tochter der BNP Paribas) eine Zeitschrift heraus, die „Verantwortliche Kreditvergabe" heißt, und in der ihre „vier Prinzipien der verantwortlichen Kreditvergabe" kommentiert werden. Anders als in den angelsächsischen Ländern oder auch in der EU-Richtlinie zum Verbraucherkredit, wird als verantwortliche Kreditvergabe nicht nur die Prüfung der Kreditwürdigkeit, sondern vor allen Dingen auch eine verantwortliche Betreuung und der Beistand in der Kreditkrise zum Prinzip erhoben. Die Verbindungen zu den sieben Prinzipien verantwortlicher Kreditvergabe des ECRC sind offensichtlich. Die französischen Banken unterstützen darüber hinaus aktiv alle staatlichen Bemühungen, den Ärmsten Kredite zu angemessenen Konditionen zu geben und versuchen nicht, in diesen Markt einzudringen. Sie haben sich explizit dafür ausgesprochen, dass Kredite für die Ärmsten in öffentlicher Verantwortung bleiben müssen. Damit folgen sie dem 60 Jahre alten holländischen Experiment der Sozialbanken (Volkskredietbanken), deren Schutzpatron dort die Kronprinzessin Maxima ist. Diese Banken vergeben nicht nur Kredite an sozial Schwache, sondern kaufen auch deren Kredite von anderen Banken zur Restrukturierung auf, um die soziale Hilfe der Kommunen effizienter und vor dem Markt geschützt zu verfolgen.

Es gibt viele Bankiers, die im privaten Gespräch gute Konzepte entwickeln und ihr eigenes Entsetzen vor dem Wildwestkapitalismus der letzten 10 Jahre nicht verhehlen können. Doch Bankiers beherrschen nicht die Banken. Vielmehr wird ihnen persönlich von ihrer Bank die Rolle zugewiesen, die sich aus ihrem generellen Image und ihrer generellen Ausrichtung ergibt. Das Image der Banken prägt die herrschende Wirtschaftsideologie, deren Ideologen in den Talkshows und in den Sachverständigenräten sitzen. Ihre Erhebung des Marktes vom Mittel der Organisation und Verteilung von Arbeit und Konsum hin zum politischen

Ziel der Gesellschaft fand seinen Ausdruck im finanziellen Shareholder Value, der Banken zu Vollzugsorganen eines wuchernden Kapitalismus degradierte. Solche Banken sprechen nicht durch ihre Bankiers, sondern durch ihre Verbände, die mit wenigen Ausnahmen allein die Bankenmeinung öffentlich artikulieren dürfen, sodass auch heute kaum ein Bankier in den Talkshows in Erscheinung treten darf. Die Verbandsvertreter werden nicht für das Bankgeschäft, sondern dafür bezahlt, dass sie das System, so wie es ist, als politisch notwendig, rechtmäßig und zukunftsweisend verkaufen. So fordert man zur Beschwichtigung mehr Moral, mehr Aufsicht und ein paar Regeln wohl wissend, dass der Teufel in der Frage. „Welche?" steckt. Konkret ist das dann vereinbar mit dem Verlangen nach weiterer Deregulierung, so wie dies wie im März 2009 im Bundestag geschah. Damals begrüßte der Zentrale Kreditausschuss aller Banken und Sparkassen die Freigabe der Kreditkartenkredite und verlangte, dass Kredite in Zukunft auch ohne Identitätsprüfung über das Internet geschlossen werden dürfen. Bei den staatlichen Hilfsmaßnahmen will er sicherstellen, dass der Staat sich sofort zurückzieht, wenn wieder schwarze Zahlen geschrieben werden.

Der Verband der 65 weltgrößten Banken IIF hat im Juli 2008 bereits in einem 200 Seiten starken Maßnahmenkatalog mit dem Titel „Market Best Practices" eine Verbesserung des Absatzes von Investmentprodukten angekündigt. Der Vize-Chef der deutschen Finanzaufsicht äußerte sich im Handelsblatt dahingehend, dass er den Bericht, in dem die faulen Kredite gar nicht erst erwähnt wurden, auch im Anlagebereich für abwegig halte. Der Bericht enthalte „keine Aussagen zur Verbesserung der Incentive-Strukturen der Verbriefungen (Originate-to-Distribute-Modelle)." Es fehlten auch „Aussagen zu der verstärkten Eigenkapitalunterlegung risikoreicher Verbriefungsprodukte und Liquiditätslinien für Zweckgesellschaften." Was die offiziellen Banker an Vorschlägen unterbreitet haben, diente der Schadensbegrenzung für sie selbst und nicht für die Gesellschaft. Sie möchten nichts verändern, nicht verändert werden und nicht für die Probleme verantwortlich gemacht werden. „Angst ist ein schlechter Lehrmeister" sagt der Volksmund und das hätten auch Regierungen zu beachten, wenn sie die Rettungspakete von den Banken selbst schnüren lassen.

In Europa, mit seinen wichtigsten Akteuren Deutschland und Großbritannien, zeigt die Krisenbewältigung, dass der Politik, die dieses Finanzsystem begleitet, ermöglicht und davon profitiert hat, nur wenige Möglichkeiten in Berlin, London und Brüssel geblieben sind, die dem Bedingungsdreieck gerecht werden. Es muss den Bankern gefallen, die trotz ihres Versagens in der Vergangenheit alternativlos für die eigene Rettung zuständig bleiben. Es muss dem Volk gefallen, dass die Folgen dieses Versagens zudem noch recht ungleich zu schultern hat. Die notwendige Veränderung des Finanzsystems hin zu einer insgesamt „verantwortlichen Kreditvergabe", die die Tradition der Wucher- und Spielverbote wieder aufnimmt, konnte so nicht in Angriff genommen werden. Deshalb blieben letztlich nur zwei Maßnahmen übrig: Transfer von öffentlichen Geldern in private Hände, um den Banken zu gefallen, sowie hektische Betriebsamkeit für eine symbolischen Verbesserung der Banken- und Bankmanageraufsicht. Die Aufsicht soll gestärkt, der graue Kapitalmarkt besser überwacht werden, der Bundesbank sollen Überwachungsfunktionen zugeordnet werden. Auf EU-Ebene sollen die nationalen Aufsichten in einem ständigen Gremium zusammenarbeiten und die SoFFin soll die Macht, die ihr der Spielraum bei der Verteilung von Staatsvermögen und Bürgschaften einräumt, auch zur Managementaufsicht nutzen. Doch neu ist daran wirklich nichts. Als Ende des letzten Jahrhunderts mit der zweiten Bankrechtsrichtlinie ausländische Banken von der nationalen Bankaufsicht in der EU befreit wurden („Heimatlandkontrolle" in der Bankenheimat), schrieb man schon zur Beruhigung in das Gesetz hinein, dass die Aufsicht des Gastlandes, in dem eine ausländische Bank wie Barclays oder RBS in Deutschland ihr Unwesen im Wucherkredit trieben, sich ja vertrauensvoll bei der Aufsicht in deren Heimatland beschweren dürfe. Dazu gab es auch ein ständiges Gremium aller Aufsichten, das sich koordinieren sollte. Auch die SoFFin hat ihr Vorbild in der amerikanischen FDIC, die die Banken dort gegen Insolvenz rückversichert und dabei Auflagen machen kann. Mehr Aufsichtsbefugnise bei der Zentralbank könnte man in Frankreich studieren, wo alles dort konzentriert ist. Doch ihr ehemaliger Chef Trichet scheint als Chef der Europäischen Zentralbank mit dem dort verwirklichten deutschen Modell einer zersplitterten Zuständigkeit von Aufsichten, aufgeteilt nach den Bereichen Bankensicherheit (BaFin), Währungssicherheit (EZB), Wettbewerb (EU-Kommission), Kriminalität (Staatsanwaltschaften der Länder) und Verbraucherschutz (Fehlanzeige) jetzt hoch zufrieden zu sein. Alle in der Aufsicht kommen aus den Banken und gehen auch dort wieder hin. Sie alle glauben letztlich, dass man Banken nicht beaufsichtigen muss, weil nur Banker das Bankgeschäft verstehen können. Wenn sie nach mehr Aufsicht rufen, so sehen sie darin das kleinere Übel, um die Bevölkerung von ihren Rachegelüsten abzubringen.

Doch könnte die Bevölkerung dies durchschauen und von seinen Journalisten Aufklärung verlangen. Aufsicht an sich ist nichts, eine leere Phrase. „Pass Du mal auf meinen Hund auf", ist ein unsinniger Wunsch, wenn ich nicht weiß, wie, wozu und mit welchen Mitteln. Das Geheimnis der Aufsicht liegt nicht im Aufpassen, sondern darin, dass geklärt ist, was eigentlich erlaubt, verboten oder erwünscht ist. Dazu aber gibt es nichts Neues. Scheinbar war all das, was sich jetzt so verheerend auswirkt, verboten und unerwünscht, sodass mehr Aufsicht es hätte verhindern können. Das kennen wir, wenn Jugendliche kriminell, Eltern untätig oder Ärzte korrupt werden, aber niemand sich die Strukturen anschauen will, die dazu führen. Der Ruf nach mehr Polizei, Justiz und Sozialamt verstummt so lange nicht, wie diese nicht offen und freimütig bekennen, dass sie die Falschen sind. Der Ruf nach Aufsicht befriedigt die romantisch feudalen Träume einer unmündigen Bevölkerung, die, von der Last der Demokratie zur Eigenverantwortung befreit, nach dem strengen aber gütigen Vater Ausschau hält, der dem Volk die Verantwortung für das Gemeinwohl abnimmt und dabei gleich auch noch die Kriterien für das gute Leben der Gemeinschaft mitliefert.

Die entscheidende Frage in einer Demokratie ist daher nicht, wie viel Aufsicht man braucht, sondern was diese Aufsicht jetzt und in Zukunft anders, neu oder mehr tun soll. Solange jedoch Politiker wie Banker und mit ihnen der Tross der Wirtschaftsjournalisten heimlich immer nur denken, man bräuchte nur „mehr Geld", um Krisen zu verhindern und zu meistern (unten 6.2), so lange ist der Ruf nach mehr Aufsicht nicht mehr als die Behauptung, mit guten Herrschern werde man schon für das Volk sorgen. Es solle sich beruhigt zurücklehnen.

Doch so unmündig wie die Banken und ihre bevorzugten Rechtsparteien das Volk nach der letzten großen Bankenkrise im Jahre 1929 vorfanden, ist es nicht mehr. Als Bankkunden wollen sie mitreden, als kritische Kleinaktionäre mitbestimmen, in neuen kollektiven Aktionsformen wie bei Attac, ECRC, Greenpeace oder Amnesty International wollen sie mit Namen wie BankWatch, Essential Information, Business Crime Control mehr wissen und kontrollieren können. Doch die Politik kann mit ihnen nichts anfangen, vielmehr hat sie eine panische Angst vor dem Kontakt. Hilflos klammern sich ihre organisierten Kartelle an die persönlichen Kontakte zu den traditionell organisierten Interessenvertretungen in Konsum, Arbeit, Umwelt, Kleingewerbe, Gemeinwohl, Religion und Wohnen, in denen immer weniger Menschen Ausdrucksmöglichkeiten ihrer Volksherrschaft finden können. Doch die neuen Handlungsformen bleiben dem Verdacht der demagogischen Steuerung und des egoistischen Querulantentums ausgesetzt. Als Kompromiss bietet der Neo-Liberalismus die Verbraucherdemokratie an. Die Wahlentscheidung des Verbrauchers auf dem Markt soll dem Einzelnen das Gefühl der Mitbestimmung vermitteln und die Illusion der Wirtschaftssteuerung nach dem Prinzip „Der Kunde ist König" vermitteln. Dabei ist der Satz schon falsch. Nicht der Verbraucher, sondern nur der Kunde ist König. Kunde aber wird man nur, wenn man bereits beim Anbieter mit ausreichend Geld im Portemonnaie angekommen ist. Dort, wo die Bank meine Spargelder investiert, bin ich aber nicht mehr Kunde.

Doch auch dafür ist Abhilfe geschaffen. Die ganze Krise wird auf eine Investorenkrise reduziert und damit das Problem auf die falsche Wahl des Anlageproduktes reduziert. Entsprechend fordert das höchste Finanzgremium der Welt, das Basler Zentralbankpräsidentengremium, ein Ampelsystem, das ähnlich wie bei Medikamenten und Lebensmitteln den Verbraucher vor der falschen Wahl schützen soll. Man kann gegen diese Idee, an der auch wir arbeiten, genauso wenig einwenden wie gegen die Auszeichnung des Fettgehaltes bei McDonalds-Hamburgern. Sie wird den einen oder anderen nachdenklich machen, aber das Problem der Fehlernährung unserer Jugendlichen ist damit nicht bewältigt worden. Dies gilt in weit höherem Maße bei Finanzdienstleistungen, weil die größten Fehlinvestionen nicht vom Verbraucher, sondern von den Banken selbst kamen, weil ein Finanzprodukt immer nur in Bezug auf seine Verwendung gut oder schlecht ist und weil die Erfahrung mit den Gütesiegeln zeigt, dass der ökonomische Druck ausreicht, um letztlich alle Produkte heilig zu sprechen.

Banken sind dafür da, das, was die Menschen wollen, in die Technik des Geldes zu übertragen. Sie sind nicht dafür da, den Menschen zu sagen, was sie wollen müssen, damit es in ihr Geldsystem übertragbar ist. Die Vorschläge der Banken zur Überwindung der Krise sind aber genau so: Eine bessere, aufmerksamere, aufsichtsbereitere und furchtlosere Gesellschaft, das würde ihre Krisen in Zukunft verhindern. Dies klingt gerade so wie der Rat an Kinder, die der häufig betrunkene Vater schlägt, sie möchten doch in Zukunft besser aufpassen, wann der Mann sich betrinkt, um vorher das Haus zu verlassen. Der Rat ist nicht falsch, aber irgendwie auch schrecklich.

3 Geldsystem: Wie funktioniert es?

3.1 Das Bewässerungssystem der Wirtschaft ist gestört

Im Mittelpunkt des Finanzsystems steht das Geld. Scheinbar kann diese Wirtschaft ohne Geld, das selbst nichts ist, aber doch alles bedeutet, nicht funktionieren. Das Geld erst bringt die Dinge dorthin, wo wir sie brauchen, wo sie produktiv sind, wo sie sinnvoll zusammenwirken können. Ohne Geld geht kein Arbeiter an die Arbeit, ohne Geld gibt kein Bauer seine Milch ab, ohne Geld stellt kein Fabrikant Arbeiter ein und ohne Geld schließen die Theater. Geld ist das universelle Transportmittel. Es verteilt Arbeit, Güter und Dienstleistungen. Fällt es aus, so scheint es nicht weniger schlimm zu sein, als wenn alle Schiffe, Flugzeuge, Autos, Lastwagen und Züge auf einmal ihren Dienst aufgeben und die Computerfabriken keine Teile mehr bekommen, die Arbeiter nicht mehr zur Arbeit finden, der Bauer seine Milch nicht mehr abtransportieren kann. Dabei transportiert das Geld nichts außer sich selbst in einem System, in dem es überall und nirgends auftaucht und auch wieder verschwindet. Es ist gerade zur rechten Zeit am rechten Ort, um die wirklichen Transporteure mit Waren zu versorgen, die sie dorthin bringen, wo ihnen das Geld schon vorausgeeilt ist. Geld ist somit nur ein Mittel, das sich in Millisekunden transportieren kann und dadurch erst sichtbar, einsehbar und verlässlich die Beförderung unserer Wirtschaftsgüter von der Arbeit zum Konsum organisiert.

Finanzsystem nennt man das System, in dem Geld hin und her geschaufelt wird. Es ist vergleichbar mit einem Bewässerungssystem, das Wasser auf die Felder verteilt oder einem Heizungssystem, das die Wärme im Haus verteilt. Was bei der Bewässerung oder der Heizung eine Krise bedeutet, weiß der Bauer vor allem in den heißen, wasserarmen Ländern und jeder von uns, dessen Heizung in der kalten Jahreszeit nicht funktioniert. Es genügt, dass an einer Stelle ein Rohr geplatzt oder angebohrt ist, dass ein zentrales Rohr verstopft oder ein Stück Pipeline in die Luft gesprengt wurde, um das ganze System zu stören. Man kann im Umgang mit dem Wasser viele Parallelen zu dem Geld ziehen. Es gibt jedoch einen erheblichen Unterschied: Geld – anders als Wasser – ist „nichts", wenn man es nicht braucht. Das Geld bewässert also nicht, es bewirkt nur, dass viele Leute dafür arbeiten, Wasser dorthin zu bringen, wo es gebraucht wird. Wo immer etwas in der Wirtschaft reist, reist das Geld mit. Es muss fließen oder wie die Römer es nannten so liquide sein, wie wir es vom Likör oder der Liquidation von Fabriken in flüssiges Geld kennen. Unsere Finanzkrise ist also eine Krise im

Geldfluss. Es gibt nur zwei Möglichkeiten sie zu überwinden, entweder das Geld wieder zum Fließen zu bringen oder aber etwas anderes als das Geld zu finden, das den Transport organisieren kann. Wir kennen das Problem aus dem Transportwesen oder der Energiewirtschaft. Auch dort scheint sich die Frage zu stellen, ob wir lieber wieder zu Fuß laufen oder frieren wollen oder aber lernen, mit den modernen Transportmaschinen und Energieträgern so umzugehen, dass sie sich in Natur und Gesellschaft einfügen lassen. Wie im Transport- und Energiesektor geht es auch im Finanzsystem darum, die historisch entwickelten und gewachsenen Möglichkeiten unter die soziale Kontrolle der Menschen zu bringen und sich nicht durch sie beherrschen zu lassen. Dazu aber müssen wir mehr davon verstehen.

„Subprime" heißt zu Deutsch „schlechter als das Beste" und bezieht sich auf die Zinssätze für Kredite in den USA. Weil man dort unter „Prime"-Rate eher den Durchschnittszinssatz versteht, bezeichnet „Subprime" das, was wir in Deutschland, wo es anders als in den USA Zinsobergrenzen gibt, Wucher nennen. Wir können die Krise daher auch als „Wucherkrise" übersetzen, womit wir einen alten Schlüssel zum Verständnis von Finanzkrisen in den Händen halten. Wucher ist universell. Die Sozialisten des 19. Jahrhunderts nannten den Wucher im Arbeitsbereich, bei dem der Lohn nicht einmal die Reproduktion der Arbeitskraft ermöglichte, Ausbeutung. Ein Hungerlohn ist somit Wucher, und von einer Wuchermiete spricht man, wenn ein Slumlord für eine miserable Wohnung viel zu viel Miete verlangt und dabei die Wohnungsnot ausnutzt. Am häufigsten wird der Wucher mit Kredit und Zinsen in Zusammenhang gebracht. Wucher war bei Aristoteles, der Banker für Diebe hielt, ebenso wie beim Heiligen Augustinus jede Zinsnahme. Das gilt im Koran bis heute. Im Laufe der Zeit stand dieses Wort in unserem Sprachgebrauch nur noch für überhöhte Zinsen. Das Wucherverbot sorgte dafür, dass dem Grenzen gesetzt wurden und Zinsen auf Zinsen (Zinslawine) verboten blieben. Beides steht heute noch – zunehmend unbeachtet – in den Paragrafen 138 und 248 des Bürgerlichen Gesetzbuches sowie in § 291 Strafgesetzbuch. Dort heißt es:

(1) Wer die Zwangslage, die Unerfahrenheit, den Mangel an Urteilsvermögen oder die erhebliche Willensschwäche eines anderen dadurch ausbeutet, daß er sich oder einem Dritten ... 2. für die Gewährung eines Kredits, ... 4. für die Vermittlung einer der vorbezeichneten Leistungen Vermögensvorteile versprechen oder gewähren läßt, die in einem auffälligen Mißverhältnis zu der Leistung oder deren Vermittlung stehen, wird mit Freiheitsstrafe bis zu drei Jahren oder mit Geldstrafe bestraft.

Die Sicht der Dinge hat sich jedoch geändert. In der Wahrnehmung von Kreditgebern und Investoren ist Wucher zu etwas Positivem geworden, nämlich zu einer „Traumrendite". Dieser Sichtweise folgt seit Langem das englische Rechtssystem, das jeden noch so hohen Zinssatz akzeptiert, vorausgesetzt, dass ihn ein „mündiger" Kreditnehmer akzeptiert hat. Das nennt man dann Freiheit oder besser Marktfreiheit, die die merkwürdige Eigenschaft besitzt, dem tatsächlich Bewucherten seine wirtschaftliche Unfreiheit als notwendige Folge einer übergeordneten Marktfreiheit zu erklären.

3.1.1 Banken gehen nicht Konkurs?

Inzwischen hat eine Vielzahl von Unternehmen Konkurs angemeldet. Dazu gehören General Motors und Karstadt Quelle. Die Hypo Real Estate und einige englische Banken wurden vom Staat gerettet. Lehman Brothers war die erste für das Geldsystem wichtige (systemische) Bank, die offiziell Konkurs anmeldete, obwohl viele Banken so viel Geld verloren hatten, dass sie ihre Schulden nicht mehr bezahlen konnten. Genau das aber meint die Insolvenz, wie der früher Konkurs genannte Zustand heute heißt. In den USA hatten im August 2009 bereits 81 Banken das Konkursverfahren durchlaufen, 27 davon im Jahre 2008 aber auch drei schon 2007. Bankenkonkurse, die dort von dem Einlagensicherungsfonds FDIC staatlich gemanagt werden, verlaufen im Prinzip wie alle Konkurse, nur dass das FDIC in der Regel sein Geld dafür einsetzt, dass die marode Bank wie im Fall der Guaranty Bank aus Texas von einer anderen Bank, in diesem Fall der spanischen Großbank Bilbao Vizcaya (BGBVA), geschluckt werden kann, ohne sich daran zu verschlucken. Die aktuelle Subprime Krise ebenso wie die vorherige Savings- und Loan Krise in den USA führten dadurch zu enormer Marktkonzentration bei Banken, aber eben nur in Ausnahmefällen zu einer Verstaatlichung der Verluste. Während in den 1980er Jahren 745 Sparkassen in den USA mit Hilfe von 124 Mrd. $ Staatshilfe durch staatlich gesteuerte Konkurse den großen Privatbanken einverleibt wurden, wird diese Lösung zur Zeit in den USA auf die nächst größere Klasse von Banken angewandt. Auch in Deutschland gab es bereits viele faktische Bankenkonkurse angefangen von der Herstatt-Bank über die Fischer-Bank in Hamburg, die Schmidt-Bank, die Bayerische Genossenschaftszentralbank oder einige Sparkassen wie die Sparkasse Oberhausen oder Bad Segeberg. Auch die Bayerische Hypotheken- und Wechselbank war eigentlich insolvent, als sie von der Vereinbank München auf Druck der Staatsregierung übernommen wurde. Doch hierzulande wird ein Bankenkonkurs nicht als die Antwort des Marktes auf Missmanagement, sondern wie eine nationale Katastrophe behandelt, bei der der Insolvenzverwalter keinen Zutritt und die Insolvenzordnung keine Anwendung finden sollen.

Auch in dem wohl eher wahltaktisch begründeten Entwürfen des Wirtschafts- (CDU) und Justizministerium (SPD) soll es dabei bleiben. Statt einer ordentlichen historisch und im Ausland erprobten Insolvenz soll bei systemischen Banken eine Art Zwangsverwaltung durch die BaFin stattfinden. Was damit nicht geschafft wird, ergibt sich aus dem Verständnis für eine normale Insolvenz.

Bei der Insolvenz (übersetzt Zahlungsunfähigkeit) laufen die Gläubiger zusammen (lat. concurrere), um zu retten, was noch zu retten ist. In Amerika gingen die Mitarbeiter der Inkassoinstitute in die zwangsgeräumten Häuser ihrer Kreditschuldner in Cleveland und suchten nach Kupferbeschlägen und anderem, das man zu Geld machen könnte. Die so zerstörten Häuser wurden endgültig unbewohnbar. Damit aber wurden auch die Bewohner obdachlos. Der amerikanische Präsident hat sich mit einem Fernsehteam in so ein Haus gestellt und erklärt, warum die Gläubiger hier sogar gegen ihre eigenen Interessen handeln. Ohne Haus keine Bleibe, ohne Bleibe keine Arbeit, ohne Arbeit kein Geld, ohne Geld keine Bezahlung der Zinsen und Schulden.

Was dort passierte will das moderne Recht verhindern. Deshalb wurde die Konkursordnung der Gläubiger von 1898, die bereits Anfang des 20. Jahrhunderts durch Alternativen in der Vergleichsordnung abgemildert wurde, durch die Insolvenzordnung der Schuldner von 1994 abgelöst. Die Zahlungsunfähigkeit soll bei allen Schuldnern möglichst so bewältigt werden, dass sie weiter wirtschaften können. In den USA werden die Firmen wie einst Delta Airlines in der Insolvenz zuerst einmal unter Gläubigerschutz gestellt. Für manchmal mehrere Jahre sind sie dadurch in ihrer Neustrukturierung vor allen Zugriffen der alten Gläubiger geschützt. Nur deshalb konnte der amerikanische Präsident und die deutsche Bundeskanzlerin behaupten, dass jetzt auch der größte amerikanische Konzern General Motors ebenso wie Karstadt und Quelle durch die Insolvenz gerettet werden können.

Unternehmen, die für unsere Wirtschaft wichtig sind, aber auch Verbraucher, die mit ihren Schulden nicht mehr klarkommen, sollen, wenn es irgendwie geht, weitermachen können, so wie der Staat, der nicht Konkurs gehen kann. Da man die Wichtigkeit häufig mit der Größe gleichsetzt, hat sich sogar in den USA eine Regel herausgebildet, wann der Staat Unternehmen vor dem Konkurs retten soll. Sie lautet „Zu groß, um Pleite zu gehen!" (Too big to fail). Seit dem Fall von General Motors gilt sie aber nur noch in einer neuen Form: „Zu vernetzt, um Pleite zu gehen." Ein Unternehmen muss erhalten werden, wenn die gesellschaftlichen Folgekosten einer Insolvenz so hoch sind, dass die Erhaltung dagegen für die Gemeinschaft günstiger erscheint. Manche Unternehmen und hier insbesondere die Banken sind durch ihre mannigfaltigen Geschäfte und Geschäftsverbindungen ein ganz wesentlicher Teil des Wirtschaftsnetzes geworden. Würden sie Konkurs gehen, wäre die ganze Wirtschaft davon erheblich betroffen, wenn das Loch, das der Konkurs dieser Bank im Netz hinterlässt, nicht gestopft werden könnte.

Statt Zerschlagung soll daher saniert und rehabilitiert werden, auch wenn es viel Geld kostet. Deshalb sprechen wir über staatliche Hilfen für die Banken,

aber auch über Hilfen für Opel, Schaeffler, Conti oder Arcandor. Solche Unterstützung fehlt jedoch für alle anderen, wie etwa für den kleinen Bäckereibetrieb
oder für Privathaushalte, die ihre Raten nicht mehr bezahlen können. Es scheint,
als wäre ein Konkurs in diesen Fällen nicht so schlimm verglichen mit dem
Konkurs von Opel, der die Wirtschaft in Rüsselsheim oder Bochum ruiniert.
Aber ob das auch gilt, wenn alle Privathaushalte und alle kleinen Betriebe insolvent werden? In den USA hilft der Staat sieben Millionen Hypothekenkreditnehmern mit Geld und Gesetzen, damit ihre Häuser trotz Zahlungsproblemen
nicht zwangsversteigert werden. In Italien müssen Banken, denen vom Staat
geholfen wurde, Schuldnern, die von Arbeitslosigkeit oder Kurzarbeit betroffen
sind, die Raten stunden. Dies ist eine Maßnahme, die in Frankreich und Finnland
ein Richter schon immer anordnen konnte. Immerhin haben 100 Unternehmen
mit jeweils 70 Beschäftigten zusammen genauso viele Arbeitsplätze verloren,
wenn sie bankrottgehen, wie Opel.

Auf jeden Fall erscheint es aber ungerecht. Doch mit solchen moralischen
Argumenten kann man keine Wirtschaft wieder in Schwung bringen. Vieles, was
notwendig ist, ist ungerecht. Auch Jesus erzählt davon im Gleichnis vom verlorenen Sohn, der alles verprasst hat und trotzdem ein Fest ausgerichtet bekommt.
Wir retten ja auch den ungeübten, schlecht ausgerüsteten und leichtsinnigen
Bergsteiger aus der Eiger Nordwand. Wichtiger ist, dass wir dabei sicherstellen,
dass er nicht noch einmal in Turnschuhen und ohne Pickhacke dort einsteigt.

Staatliche Hilfe hat aber einen grundsätzlichen Nachteil. Sie verhindert einen erzieherischen Effekt, den das Erfrieren des Bergsteigers nicht mehr haben
kann. So könnten Unternehmen aufrecht erhalten werden, die etwas produzieren,
was wir gar nicht benötigen, schlechte Manager so weitermachen wie bisher,
Betrüger auch künftig gedeckt werden und notwendige Umstrukturierungen un-
terbleiben. Staatliche Hilfe birgt so die nicht unerhebliche Gefahr in sich, dass
letztlich niemand etwas lernt. Das Wirtschaftssystem wird starr und verkrustet so
wie es in der DDR war, wo kein Unternehmen pleitegehen durfte, aber auch
nichts erneuert wurde.

Ein „US-Starwissenschaftler" (so die Süddeutschen Zeitung vom 18.03.2008,
S. 30) drückt das so aus: „Die Finanzmärkte sind in einem Maße verzahnt, wie es
noch nie der Fall war. ... Wenn hier ein großer Mitstreiter einknickt, bricht das
ganze System zusammen. ... Das globale Finanzsystem ist enorm kompliziert
geworden, die meisten verstehen vieles nicht mehr. ... Ja, und ich verstehe die
Ohnmacht der einfachen Leute, dass sie (Staatsgelder für Banken) für ungerecht
halten."

In der Tat, ein Großteil unserer Banken ginge nun, wenn der Staat sich nicht
vor sie gestellt hätte, kaputt. So wurden bzw. werden die am meisten überschuldeten Banken wie Citibank (USA), Northern Rock, Royal Bank of Scotland,

Lloyds (England), ABN-AMRO (Holland), Kaupthing (Island) oder Hypo Real Estate (Deutschland) mitsamt ihren Schulden und Risiken vom Staat übernommen. Anderen schenkt er Geld, indem er sich an ihnen beteiligt (Commerzbank), oder er übernimmt ihre Schulden wie schon vor Jahren bei der Berliner Bank und jetzt auch bei der KfW Bank, der Westdeutschen, Bayerischen und Sächsische Landesbank, sowie der HSH-Nordbank. Einer dritten bisher größten Gruppe, die noch nicht insolvent ist, aber praktisch keine Geschäfte mehr machen kann, weil sie selbst kein Geld mehr geliehen bekommt, gibt der Staat stattdessen Bürgschaften. Das ermöglicht es ihnen, Kredite bei anderen Banken aufnehmen zu können, die dadurch einen sehr finanzstarken Schuldner, nämlich den Staat bekommen. Die Unterschiede sind eigentlich nicht so gravierend. Immer wird Staatsvermögen eingesetzt, um privaten Banken zu helfen und immer hätte der Staat eine Möglichkeit, darüber auch Einfluss auf die Banken zu erhalten.

Hier von „Verstaatlichung" zu sprechen, wenn der Staat doch nur die Schulden „bekommt", ist schon etwas irreführend. Solch ein Fall war im Grundgesetz, das die Enteignung zum Wohle der Allgemeinheit ermöglicht, wohl kaum vorgesehen. Anstelle von Verstaatlichung sollte man vielleicht eher von einer Privatisierung von Staatsvermögen sprechen, was hier hoffentlich vorübergehend passiert. Schließlich sollen diese Banken jetzt nicht plötzlich alle dem Gemeinwohl dienen, sondern möglichst viel Profit machen, damit sie ihre Schulden bald zurückzahlen können. Verstaatlichung ist etwas anderes.

Trotz dieser Staatshilfen ist selbst die HRE und die HSH Nordbank nicht in den Konkurs gegangen, obwohl die Insolvenzordnung von jedem Unternehmen verlangt, dass es bei Überschuldung Konkurs anmeldet und seine Geschäftsführung an einen unabhängigen im Interesse der Gläubiger tätigen Insolvenzverwalter abgibt. Einen solchen Konkursantrag könnte auch jeder Gläubiger und damit auch jeder Bankkunde mit Einlagen dort stellen. Doch der Staat beseitigt die Überschuldung für Kreditinstitute „deren Insolvenz schwerwiegende Gefahren für den Finanzmarkt erwarten lässt" (systemische Banken), wie es der Gesetzentwurf des Wirtschaftsministers formuliert. Damit schützt er auch die (Miss-)Manager der Bank vor persönlichen Konsequenzen. Sie dürfen anders als bei der Insolvenz weitermachen. Nach außen soll es aus systemischen Gründen keinen Konkurs geben, nach innen wäre er aber dringend notwendig. Dass die Landesbanken Mitte 2009 immer noch weit überhöhte Gehälter an Manager zahlen, dass die Bonuszahlungen unvermindert Anreize zu Risiko und Spekulation geben, dass vieles, was den Konkurs bewirkte, vertuscht wird und Banker den Staat erpressen – alles das lässt sich so nicht verhindern. Wir haben daher unten (7.2.4) einen Vorschlag skizziert, wie man das Insolvenzrecht für Banken nach innen doch anwendbar macht, während die Bank nach außen wie eine normale Bank weiterwirken kann. Dann wirkt eine Bankenrettung im öffentlichen Interesse nicht mehr als Managerrettung.

Die neuen Vorschläge aus dem Wirtschaftsministerium setzen dagegen die Privilegierung der Banken im Insolvenzrecht und den Miss-Managementschutz fort. Sie gehen weiter davon aus, dass das Insolvenzrecht grundsätzlich nicht auf (systemische) Banken angewandt werden soll. Dafür schaffen sie jetzt ein Ersatzverfahren, das die alten Manager weiterhin wirken lässt. Sie sollen nur indirekt gezwungen werden, staatliche Vorgaben z. B. zur Bezahlung, zur Einschränkung der Geschäftätigkeit, zum Nachfordern von Kapital von den Eignern etc., also übliche Auflagen eines Insolvenzverwalters, einzuhalten. Das Ganze soll die BaFin übernehmen, die bisher nur Banken schließen kann. Sie hat sich zudem ebenso wie ihr designierter Nachfolger, die Bundesbank, als Lobbyist der Banken in der Not für Staatshilfe eingesetzt und bisher keine Insolvenz vorhergesehen. Allein schon die Definition „systemisch" zeigt, dass hier durch Kungelei und Politisierung ein technisch seit 200 Jahren ausgefeiltes System gänzlich beiseite geschoben wird und aus der Bankeninsolvenz eine Bankenkrankheit wird, wobei nach dem Spruch von Ferdinand Lasalle, der Staat den Arzt am Krankenbett des Kapitalismus spielt. Bei der SPD scheint man, ähnlich wie bei unserem Vorschlag, an der Figur des Insolvenzplanes anzuknüpfen, der im aktuellen Konkursrecht für die Fälle des notwendigen Überlebens eines Unternehmens geschaffen wurde.

3.1.2 Sind die Banken denn nicht reich?

Wie konnten Banken eigentlich insolvent werden, wo sie doch so reich sind und sich der Staat sogar bei ihnen Geld leiht? Den Banken gehört das Geld nicht, das sie verleihen. Sie sind Verwalter oder Makler des Geldes und nicht Eigentümer. Wer in einem Wohnblock wohnt, hat es häufig mit der Hausverwaltung zu tun. Sie mag Tausende von Häusern verwalten und für alle den Schlüssel haben. Für die Mieter ist sie sehr mächtig, weil sie kündigen kann, die Reparaturen durchführt, neue Mieter aufnimmt und scheinbar keine Probleme hat, wenn ein Mieter nicht zahlt. Doch ihr gehören die Häuser nicht. Würden die Eigentümer der Häuser den Verwaltervertrag kündigen, könnten sie gar nichts mehr vermieten. Sie wären mittellos. Die Macht der Hausverwalter ist somit nur ihre Schlüsselstellung zwischen Eigentümern und Mietern, so wie die Macht der Banken nur ihre Schlüsselstellung zwischen den Geldbesitzern (Sparern und Anlegern) einerseits und den Kreditnehmern andererseits ist. Wenn sie häufig arrogant auftreten, so können sie das nur, weil die Eigentümer und Kreditnehmer auf sie angewiesen sind. Die Banken sind dabei noch unverzichtbarer als Hausverwalter. Sie machen das Geld der Sparer überhaupt erst verleihbar, weil sie es in großen Mengen zusammenfassen, die Risiken des Verleihens auf alle umlegen und trotzdem dafür sorgen, dass kurzfristige Anlagen auch für langfristige Kreditbedürfnisse genutzt werden können.

Somit haben Banken und Sparkassen nur wenig eigenes Geld. Sie verwalten das Geld von anderen lediglich, damit sie es vermieten oder wie man es bei Geldgeschäften irreführend nennt, „verleihen" oder „anlegen" können.

Die größte deutsche Bank hat z. B. ein eigenes Sachvermögen von nur 2,5 Mrd. €. Ihr Eigenkapital in Geld und Wertpapieren beträgt 31 Mrd. €. Zum Vergleich, der Volkswagenkonzern, der mit 34 Mrd. € Eigenkapital mit der Deutschen Bank vergleichbar ist, hat als Produzent materieller Wirtschaftsgüter ein Anlagevermögen von 91 Mrd. €, also ca. 35-mal so viel. Volkswagen verkaufte 2008 6,27 Mio. Automobile im Wert von nur knapp 140 Mrd. €. Demgegenüber verleiht die Deutsche Bank pro Jahr 215 Mrd. € an direkten Krediten an den Staat, Unternehmen, Verbraucher und andere Banken und investiert insgesamt 1.990 Mrd. € in alle Formen der Kreditvergabe bzw. Kapitalanlage. Das sind fast 800-mal so viel, wie sie an Gebäuden und Maschinen besitzt und mehr als 60-mal so viel, wie sie an eigenen Finanzen hat, während VW gerade einmal das Dreifache seines Eigenkapitals mit seinen Autos erlöst. Um so viel Geld verleihen zu können, haben andere Verbraucher, Unternehmen, der Staat und Banken bei der Deutschen Bank 1.957 Mrd. € eingelegt. Eine Einlage ist somit nichts anderes als ein Kredit, der der Bank dafür gewährt wird, dass sie wiederum Kredite vergeben kann. Sie lebt also wie der Einzelhändler von der Spanne, die zwischen den Einkaufspreisen beim Großhändler oder Produzenten und den Verkaufspreisen an die Verbraucher besteht. In den USA, wo die Subprime-Krise ihren Anfang nahm, werden Hypothekenkredite ganz überwiegend nicht mehr von Banken, sondern von Finanzdienstleistern wie der jetzt ebenfalls insolvent gewordenen CIT vergeben. Sie vergewissern sich vor jedem Abschluss, ob sie ihrerseits von einer Bank hierfür einen Kredit bekommen. So geht es auch den englischen Wucherkreditgebern, die für 800 % Kredite vergeben und sich das Geld dafür bei den Banken leihen. Bei uns ist das zurzeit noch insgesamt verboten, wurde aber jetzt aufgrund einer EU-Richtlinie für Kreditkarten erlaubt. Die Banken leben also von dem Unterschied, der sie der Kredit kostet und dem, was ihr von den Verbrauchern für den gleichen Betrag an Zinsen gezahlt wird.

Banken sind nicht reich, sondern wegen ihrer Funktion mächtig. Außerdem handeln sie nur mit Krediten. Sie arbeiten mit Krediten, die sie bei anderen aufnehmen, und Krediten, die sie an andere verleihen. Was sie selbst für die Kredite bezahlen, müssen sie also mindestens an Zinsen von anderen nehmen. Die Kreditnehmer sind – bildlich gesprochen – die eigentliche Kuh, von der sie die Milch bekommen, die sie trinken. Wird die Kuh krank, geschlachtet oder hungert sie, dann wird sie weniger oder gar keine Milch mehr geben. Die Bank kann dann auch ihren Anlegern, sprich ihren Kreditgebern, keine Zinsen zahlen und oft sogar auch das Geld nicht zurückgeben, das sie in die Kuh investiert hatte. Anhand des Beispiels mit den Kühen lässt sich viel lernen. Man soll, so heißt es im Volksmund, eine Kuh, die man melken möchte, nicht schlachten. Genau das aber haben die amerikanischen Banken getan. Sie haben die Verbraucher in den USA mit Wucherkrediten so lange ausgebeutet, bis diese nicht mehr zahlen und sie dann auch ihren Einlegern das Geld nicht zurückgeben konnten. Sie haben natürlich, wie man das immer tut, auf die bösen Kühe gezeigt, weil diese sich angeblich überfressen hatten, ohne an die Milchproduktion zu denken. Wir kommen darauf in dem Kapitel (6) zurück, in dem es um die Erklärungen geht, die man uns anbietet.

3.1.3 Das Geld der Banken ist nur so viel wert wie deren Schuldner

Viele Banken sind also pleite, weil sie mehr Geld geliehen als verliehen haben bzw. mehr Zinsen versprochen haben, als sie bekommen konnten. Verkauft ein Tickethändler für ein Fußballweltmeisterschaftsspiel mehr Tickets, als er vom Veranstalter bekommt, so ist das ein Skandal und fällt sofort auf. Beim Geld fällt das nicht sofort auf, weil man in der Bilanz statt Geldscheinen nur Behauptungen stehen hat, z. B. dass jemand der Bank so und so viele Euro schuldet. Es ist daher immer sehr fraglich, wie wahrscheinlich daraus auch wirkliches Geld wird. Ist die Wahrscheinlichkeit gering, dann ist diese Forderung nichts wert. Bis das jemand merkt, kann viel Zeit vergehen. Auch wenn von Rechts wegen jeder Banker verpflichtet ist, die Geldbeträge nach ihrem echten Wert aufzuführen. Es lässt sich in diesem Zusammenhang jedoch leicht sagen, man habe nicht gewusst, dass diese Forderungen nichts mehr wert seien.

So war das auch mit Lehman Brothers, einer angesehenen amerikanischen Investmentbank, der sogar – auf solche Prüfungen spezialisierte – große anerkannte Firmen, die sogenannten Ratingagenturen, attestierten, dass sie zahlungsfähig sei. Dieses Leumundszeugnis hat viele beruhigt, obwohl es schon merkwürdig ist, dass solche Firmen dafür von Lehman Brothers Geld bekamen und die Volksweisheit sagt: „Wes' Brot ich ess', des Lied ich sing'." Aber wer will schon gerne hören, dass sein Schuldner und damit auch das Geld, das er ihm schuldet, nichts wert ist. Es lohnt sich also, zu vertrauen und so vertraut man häufig auch dann, wenn man es besser wissen könnte.

Im Geldsystem lässt sich sehr leicht betrügen. Das liegt daran, dass in der Wirtschaft nicht mit Bargeld und Scheinen, die der Staat garantiert, sondern nur mit Forderungen gehandelt wird. Eine Forderung ist ein Recht gegenüber einem anderen, Geld zu bekommen. Sie ist an sich eigentlich noch kein Geld, wird aber selbst von uns oft so behandelt, wenn wir glauben, die Einlösung sei so gut wie sicher. Wer einen teuren Anzug kauft, zahlt z. B. mit der EC-Karte. Zu diesem Zeitpunkt weiß der Verkäufer jedoch noch nicht, ob die EC-Karte das wirklich wert ist – Geldscheine muss man nämlich nicht vorweisen. Er erhält lediglich eine Plastikkarte und einen Beleg, mit dem er von der Bank dann bezahlt wird. Die Bank stellt die Summe auf dem Konto in Rechnung, entweder, indem sie es von dem Guthaben abzieht oder als Überziehungskredit gewährt. Es kann auch sein, dass der Käufer keinen Kredit mehr bekommt. Es könnte ebenso gut kein Guthaben mehr auf dem Konto sein oder die Bank ist, wie Lehman-Brothers, pleite. Dann schaut das Kaufhaus „in die Röhre" und geht gegen den Käufer gerichtlich vor.

Aber auch wenn die Bank bezahlt, bekommt das Kaufhaus kein Bargeld. Ihm wird das Geld nur auf seinem Konto gutgeschrieben, sonst müssten jeden Tag Güterzüge von Geld hin- und her rollen. Die Bank teilt dem Kaufhaus also nur mit, dass, falls es das Geld als Bargeld brauche, sie es ihm schon geben werde. Das Kaufhaus braucht es aber gar nicht als Bargeld. Es zahlt beispielsweise die Löhne ebenfalls auf das Konto der Angestellten aus, die es dann wieder unbar verwenden. Ob das Geld überhaupt vorhanden ist, merkt keiner mehr so richtig. Niemand will es auch wirklich sehen und so gibt es nur noch für 10 % des Geldes, mit dem wir insgesamt bezahlen, staatlich garantierte Banknoten oder Münzgeld. Wir glauben alle den Banken, dass sie nicht betrügen und dass sie das Geld sicher haben, was sie uns schulden. Die ganze Wirtschaft basiert heute auf dem Vertrauen in die Banken.

Es kann also sein, dass eine Bank nur auf dem Papier Geld hat. Sie zeigt dann in ihrer Bilanz, dass ihr die kreditnehmenden Verbraucher genau so viel schulden, wie sie ihrerseits Verbrauchern aus Sparguthaben schuldet. Können nun viele der bei der Bank verschuldeten Verbraucher oder Unternehmen nicht oder zumindest nicht sofort ihre Schulden bezahlen, so ist das Geld in der Bilanz nur ein Papiertiger. Ihren Sparern kann die Bank jedoch nicht sagen, sie sei im Moment nicht liquide. Das würden die Kunden nicht verstehen: Es würde ein Run auf die Bank beginnen, so wie in England, wo sich Hunderte von Verbrauchern so lange auf die Stufen vor der Northern Rock Bank setzten, bis die Regierung ihnen garantierte, dass sie ihr Geld auch wirklich bekommen. Die Regierung kann das, sonst niemand.

So einen Run wollte Frau Merkel verhindern, als sie den ungeheuerlichen Satz sagte, dass alle Einlagen, d. h. alle Kredite, die Kunden einer Bank gegeben hatten, vom Staat gesichert würden, der Staat also Ausfallbürge für alle Banken wird. Das war immerhin im Oktober 2008 ein Garantieversprechen für 8.033 Mrd. €, und dies obwohl der Staat 2008 insgesamt nur 515 Mrd. €, also ein

Zwanzigstel davon, an Steuern eingenommen hat. Da der Staat seinerseits seinen Beamten und Vermietern sowie den Sozialhilfeempfängern und den Militärs davon 90 % schuldet und bei Verzicht auf jede Investition gerade einmal 50 Mrd. € aufbringen könnte, müsste er schon in den nächsten 160 Jahren ganz darauf verzichten, überhaupt noch irgendetwas zum öffentlichen Wohl zu machen, was Geld kostet, wenn diese Bürgschaft fällig werden würde.

Verständlich ist der Ausspruch der Bundeskanzlerin schon, weil damit die Angst davor, sein Geld zu verlieren, gebannt wurde. Die Sparer ließen ihr Geld bei den Banken, die es somit weiter ausleihen können. Aber mit einer so pauschalen Behauptung hält sie die Bürger für dümmer als sie sind. Letztlich wurden „nur" 8 % davon garantiert, was immerhin noch 600 Mrd. € ausmachte. Sie hätte aber mit dem Geld der Steuerzahler besser umgehen können, wenn sie nicht für alle, sondern nur für alle ehrlichen und verantwortlichen Einleger den Staat als Bürgen angeboten hätte, also vor allem für diejenigen, die 2 % Sparzins bekamen oder eine Riesterrente ansparten. Sie hat aber alle eingeschlossen, die Spekulanten, die Zocker, die Investmentmakler, die Milliarden in die eigene Tasche gewirtschaftet haben. Schließlich gehören dazu auch diejenigen, die Steuern hinterziehen, und diejenigen, die ihr Geld nur ins Ausland transferieren wollen. Sie hat ihnen allen unsere Steuern als Sicherheit angeboten. Das ist etwas zu großzügig.

Banken sind also pleite, wenn sie überhaupt kein Geld mehr haben. Das kommt selten vor, weil sie sich immer welches leihen können. Sie sind aber auch dann pleite, wenn sie nur „momentan" kein Geld mehr haben. So hat z. B. die Hypo Real Estate für gute Zinsen Kredite vergeben, die von ihren Schuldnern erst nach 10 Jahren zurückgezahlt werden mussten. Dafür hat sie sich dann, weil sie sich für die Verwaltung von Spargeldern zu schade ist, das Geld von anderen Banken geliehen. Allerdings hat sie dort sehr günstige Kredite aufgenommen, die dafür aber bereits nach drei Monaten rückzahlbar waren. Nach Ablauf dieser Frist musste sie zurückzahlen. Das Geld von ihren Kreditnehmern wird sie jedoch erst in 10 Jahren bekommen. Sie hoffte lange Zeit mit Erfolg, dass sie nach Ablauf der drei Monate wieder genauso billige Kredite bekommt usw.

Schon 1997 schrieb Focus online, dass das Zockerei sei und irgendwann einmal schiefgehen müsse. Das Aufsichtsamt hatte diese Einsicht erst im Jahre 2008 und hielt diese Erkenntnis unter Verschluss. Es war ja nicht nur so, dass irgendwann die Zinssätze ihrer neuen Kredite einmal höher sein könnten als die Zinsen, die sie aus den Langzeitverträgen bekam. Es war vielmehr nicht ausgeschlossen, dass sie irgendwann überhaupt keinen Anschlusskredit mehr bekommen würde. Eigentlich wussten viele schon seit Jahrzehnten, dass diese Bank auf wackeligen Füßen stand. Sie war gegründet worden, um die faulen Kredite ihrer Mutter, der Hypovereinsbank sowie der Großmutter, der Bayerischen Hypothe-

kenbank zu übernehmen und diese zu entlasten, damit sie ins Ausland verkauft
werden konnte. Es war letztlich zu erwarten, dass sie früher oder später einmal
zusammenbrechen musste. Die Bankdirektoren und ihre Juristen hat das nicht
alarmiert. Sie verteidigten ihre zweifelhaften Kreditgeschäfte als rechtlich ein-
wandfrei und meinten, die geprellten Kreditnehmer würden schon zahlen. Die
Direktoren bekamen ihre Gewinnbeteiligungen jeweils schon nach einem Jahr
ausbezahlt. Da die Gewinne ohne Rücksicht darauf, ob sie nur auf dem Papier
stehen, jährlich berechnet werden, haben viele in den Banken profitiert. Als es
schließlich schiefzugehen drohte, haben sie noch gewagtere Spielchen betrieben,
die länger als nötig verschleierten, dass man schon verspielt hatte. Jetzt müssen
wir für über 100 Mrd. € staatlich haften.

3.2 Geldgeschäfte sind Kredite – manche verbrieft

Alle Geldgeschäfte sind also nur Kredite. Wer das nicht verstanden hat, kann
weder das Finanzsystem noch die Finanzkrise begreifen und ist gleichwohl in
guter Gesellschaft: Viele Banker wissen nicht, dass ein Investment nur ein Kredit
ist und eben nicht ein Papier, das immer neues Geld hervorbringt. Da sie mit
dieser falschen Vorstellung aber leichter leben können, glauben sie an die Anlage. Natürlich könnten sie sich informieren und wissen, was es damit wirklich auf
sich hat. Das hätte allerdings zur Folge, dass sie sie kaum noch überzeugend und
gewinnbringend verkaufen könnten, was ihre Provisionen schmälern würde. Für
Menschen, wie die Mehrheit der Kreditnehmer, die eher mit Kredit als mit Vermögen leben, ist es aber existenziell, dies zu verstehen. Sie merken sonst gar
nicht, dass sie die Traumrenditen bezahlen müssen, die die „Anleger" in den
vergangenen Jahren verdient haben.

3.2.1 *Banken geben und nehmen Kredite – manche werden* verbrieft

Die Banken haben als Mittler zwischen Anlegern und Kreditnehmern eine Dop-
pelfunktion. Sie sind bei der Anlage und beim Sparen Kreditnehmer und beim
Darlehen oder dem Ankauf von Wertpapieren Kreditgeber. Immer geht es um
Geld oder um seine allgemeinste Form, das Kapital.

Früher, im alten Babylon, Rom oder in Jerusalem zur Zeit des Alten Testa-
ments, war das auch noch allen klar. Geld bzw. damals Gold und Silber wurden hin
und her transportiert. Ein Händler kam von weit her und verkaufte Seide. Er nahm
dafür Gold mit. Die Seide wurde aufgetragen, das Gold blieb und wurde in neue
Seide verwandelt, so wie im Märchen vom „Hans im Glück", nur dass im Märchen

aus dem Goldklumpen ein Stein wird, um die Leute davor zu warnen, dass man durch (zu) vieles Tauschen nicht nur gewinnen, sondern auch verlieren kann.

Warum sind wir nicht beim Gold geblieben? Weil es nicht genug davon gab, weil sein Transport gefährlich war, weil es häufig von Seeräubern gestohlen wurde und weil man allmählich merkte, dass es eigentlich gar nicht wichtig war, dass das Geld aus Gold bestand. Man brauchte nur etwas, was individuell verfügbar war und bei dem man sicher sein konnte, dass es sich wieder – möglichst weltweit und auch in Zukunft – in die gleiche Menge von Waren oder Dienstleistungen eintauschen ließe, wie man dafür an Arbeit, Waren oder Leistungen hergegeben hatte. So vergab der römische Kaiser Münzen mit seinem Bild darauf, was diese Sicherheit vermitteln sollte. Später gaben die Zentralbanken einfach Kredite an die Händler und den Staat, die man wie Gold weiterreichen konnte, weil der Staat, dessen Präsidenten und Könige sich auf den Scheinen verewigten, garantierte, dass diese Geld„scheine" von jedem wieder gegen Waren und Dienstleistungen eingetauscht würden. Vorsichtshalber hatten die reichen Zentralbanken wie in den USA früher noch ausreichend bei sich Gold eingelagert, damit man skeptischen Besitzern zur Not das Gold vorzeigen oder gegen Geldscheine eintauschen konnte. So wurde der Dollar zur Leitwährung in der Welt, in die alle vertrauten. So lange die Menschen wussten, dass sie das konnten, verlangten sie es nicht heraus. Somit funktionierten die Geld„scheine" genauso wie früher das Gold.

Geld ist also ein Dokument, ein Schriftstück, ein lesbarer Text, dessen einziger Wert darin besteht, dass es mit sehr großer Sicherheit jetzt und in Zukunft überall gegen so viel Warenwert eingetauscht werden kann, wie auf ihm vermerkt ist. Für einen 10-€-Schein kann man die angebotenen 25 Brötchen zum Preis von je 40 c kaufen. Man hat den Kredit der Zentralbank an einen anderen weitergereicht.

Warum das so leicht geht, liegt daran, dass mächtige und reiche Zentralbanken (dazu gehört nicht die Zentralbank von Simbabwe oder Island) einen Schein ausgestellt haben, den man schwer fälschen kann, und weil die Polizei jeden verfolgt, der so einen Schein herstellt, kopiert oder unberechtigt in Umlauf bringt. So ein 100 € Schein kostet die Europäische Zentralbank bei der größten Gelddruckerei der Welt, Giesecke & Devrient nur 10 c. Sein eigener Wert kann es also nicht sein, mit dem man einkauft. Jeder, der so einen Schein in den Händen hält, kann aber damit beweisen, dass er Kredit bei der Zentralbank hat, den er weitergeben kann. Der Kredit ist im Geldschein bescheinigt oder „verbrieft".

Außer der Zahlung in Form von Bargeld oder mit der Karte gibt es auch die Möglichkeit, mit einem sogenannten Euro-Scheck zu „zahlen". Er ist durch die Unterschrift des Ausstellers und die der Bank „gesichert". Diese mittlerweile antiquierte Zahlungsform wurde abgelöst durch EC-Karten und Kreditkarten, weil man erkannt hat, dass es nicht um das Papier und die Unterschrift geht, sondern nur um ein System, das Sicherheit bietet, dass derjenige, dem die Forderung zusteht, sie in Zentralbankgeld (oder reale Werte) umtauschen kann. Heute, im Zeitalter der Computer, kann man auch ein Online-Girokonto mit den entsprechenden PINs und TANs nutzen.

Welche Form man auch immer nutzt, letztlich handelt es sich immer nur um Bescheinigungen. Solche Bescheinigungen über Kreditansprüche, die unser Gesetzbuch noch schön altmodisch Schuldanerkenntnis nennt, gab es neben den staatlichen Bescheinigungen (Banknoten, Geldscheinen) schon vor Urzeiten auch von Privatpersonen. Man nannte sie auch „Briefe". So eine „Briefgrundschuld" haben wir noch im Gesetz stehen: Man erhält eine Bescheinigung dafür, dass ein anderer einem einen Kredit schuldet, für den sein Grundstück haftet. Verbriefung ist somit nichts anderes als ein bescheinigter Kredit, wobei derjenige, der ihn bescheinigt, ein „sehr sicherer" aber auch ein „weniger sicherer Mensch" sein kann. Man muss also immer wissen, wer der Kreditnehmer ist und wer den Kredit bescheinigt und damit verbrieft hat.

Die Amerikaner nennen so eine „verbriefte" Kreditforderung fälschlich eine „gesicherte" (secured) Forderung, obwohl so eine Bescheinigung nicht unbedingt mehr Sicherheit bringt. Sie meinen damit, dass hinter dem Papier etwas Sicheres steht, wie etwa ein Schuldner, ein Grundstück, eine Bank, ein Unternehmen etc., was in dem Papier ausgedrückt wird. Sie sprechen daher bei verbrieften Forderungen von Securities und bei der Tatsache, dass jemand seine Kreditforderungen bescheinigt („Verbriefung") von Securitisation. Zahlreiche Begriffe, wie Asset Backed Securities (ABS), Mortgage Backed Securities (MBS), gedeckte (covered) Anleihen, Zertifikate, Schuldverschreibungen, Wertpapiere usw., die alle diese Bescheinigung von Kreditforderungen bezeichnen, haben mittlerweile Einzug in die Fachsprache der Finanzwelt gehalten.

Dies ist alleine schon deshalb wissenswert, weil die Verbriefung das Geldsystem entscheidend vereinfacht, große Möglichkeiten schafft, aber zugleich auch die Quelle von Unwissen, Betrug und der Verselbstständigung des Geldsystems von der realen Wirtschaft ist. Dieses Problem wird in der gesetzlichen Definition der Verbriefung, wie sie so nebenbei für Verbriefungsgesellschaften ins Kreditwesengesetz aufgenommen wurde, als Kernelement genannt: Zweck der Verbriefungsgesellschaft sei es, „die Verpflichtungen der Verbriefungszweckgesellschaft von denen des Originators zu isolieren" (§ 1 Abs. 26 Kreditwesengesetz). Originator stammt von dem englisch/lateinischen Wort origin (origo), das den Ursprung bezeichnet. Ursprung der Forderung ist der Kredit, Originator also der Kreditgeber, der vom Kreditnehmer ein Schuldanerkenntnis erhalten hat, das er nun zu Bargeld machen möchte. Er soll durch die Weitergabe für die Forderung aus dem Kredit nicht mehr zuständig sein. Hier liegt die ganze Chance, aber auch das ganze Problem der Verselbstständigung. Schon Goethe hat dieses Problem in seinem Zauberlehrling beschrieben, bei ihm geht es allerdings um die Verselbstständigung des Zauberbesens vom Willen des Zauberers.

Denken Sie sich einen Menschen, der solche Bescheinigungen ausstellt, mit denen er einen oder mehrere Kredite aufnehmen will. Er verspricht für diese Kredite hohe Zinsen und behauptet – wie es der Australier Alan Bond tatsächlich gemacht hat –, er habe große Werte als Sicherheit im Tresor. Somit könnten alle Kreditgeber beruhigt sein, dass er die Kredite zurückzahlen und die Zinsen aufbringen könne. Findet dieser Mann dann Banken, die dafür, dass er ihnen eine hohe Provision zahlt, diese Bescheinigungen verkaufen und seine Geschichte weitererzählen, kann er viel Kredit aufnehmen. Er zahlt sich dann aus seiner Firma ein riesiges Gehalt. Die Leute, die diese Papiere gekauft haben, wissen gar nicht, wem sie den Kredit gegeben haben. Sie glauben, die Papiere selbst hätten einen Wert. Anfangs kann man sie noch weiterverkaufen. Im Falle von Alan Bond änderte sich das jedoch schnell: Es wurde bekannt, dass er sein Vermögen (ebenso wie lange vor ihm das von IOS-Gründer Bernie Cornfield, der wertlose Grundstücke in Alaska in der Bilanz hatte und den Schrott vom FDP-Vorsitzenden Erich Mende bewerben ließ) nur vorgetäuscht hatte. In Wirklichkeit bestand es aus unverkäuflichen Gemälden, deren Wert er nur falsch angegeben hatte. Dies führte dazu, dass niemand mehr die Papiere haben wollte, und Bond seine Kredite nicht mehr zurückzahlen konnte. So verloren die Leute ihr Geld.

Der Bundesgerichtshof ließ damals verlautbaren, dass sich die Banken, die diese Papiere vertrieben haben, hätten im Vorfeld informieren müssen. Sie wurden deshalb wegen Falschberatung zu Schadensersatzzahlungen verurteilt. Die Leute und auch die Banken hatten an das Papier und nicht an den Kredit geglaubt. Das kommt in der Geschichte immer wieder vor und ist eines der größten Probleme des Finanzsystems. Man verwechselt den Ausdruck eines Wertes mit dem Wert und ein Versprechen mit seiner Einlösung. Auch wenn Verbriefungen gefährlich sein können und die Gefahr des Missbrauchs relativ hoch ist, spricht grundsätzlich wenig gegen sie.

Während einerseits Geldscheine, Schecks, EC- und Kreditkarten oder auch ein Kontoauszug die Kredite der Zentralbank bzw. von Privatbanken verbriefen, gibt es andererseits eine Vielzahl verbriefter Kreditaufnahmen von Banken, Unternehmen und dem Staat. Sie alle haben ein großes Interesse daran, dass sie die ihnen gewährten Kredite möglichst lange behalten können und nicht zurückzahlen müssen. Geben sie dem Kreditgeber bzw. Anleger statt eines Sparbuchs oder eines Kontoauszugs ein Papier, das deren Kreditrückzahlungsanspruch bescheinigt bzw. verbrieft, dann brauchen sie den Kredit unter Umständen gar nicht zurückzuzahlen. Die Kreditgeber bzw. Anleger können ihr Geld entweder direkt von ihrem Schuldner, d. h. der Bank, einem Unternehmen oder dem Staat, zurückverlangen. Sie können aber den Kredit, d. h. das Recht, die Rückzahlung sowie die Zinsen zu verlangen, auch an einen anderen übertragen, der ihnen dafür das Geld gibt. Sie „verkaufen" damit das Papier und hier entsteht fälschlicherweise die Vorstellung, das Papier sei es wirklich Wert. Es ist also recht einfach, einen anderen zum Kreditgeber zu machen und von ihm Geld zu erhalten.

Bei Schuldverschreibungen wie den sog. Bundesschatzbriefen, Kommunalobligationen, Bankschuldverschreibungen und denjenigen, die von Unternehmen herausgeben werden, ist das noch sehr deutlich sichtbar. Es handelt sich um langfristige Kredite, die z. B. bei den Bundesschatzbriefen nach 7 Jahren fällig werden. Man nimmt diesen langen Zeitraum in Kauf, auch wenn man vielleicht das Geld früher wieder benötigt. Das liegt daran, dass man sie schon vorher an andere Kreditgeber bzw. Verbraucher, die gerade Geld anlegen wollen, verkaufen kann. Dafür gibt es einen Markt. Nur so schaffen es diese Schuldner, langfristige Kredite zu erhalten, weil jeder einzelne Sparer/Kreditgeber einen anderen finden kann.

Die bekanntesten verbrieften Kredite sind die Aktien. Hier gibt man einem Unternehmen einen Kredit. Das Unternehmen verspricht in diesem Fall aber gar keine Rückzahlung mehr, sondern nur noch Zinsen (Dividende). Das liegt daran, dass man diesen verbrieften Kredit über die Börse an einen anderen verkaufen kann, der auch gerade Geld für die Zukunft anlegen will. Aus Sicht des Unternehmens bedeutet dies, dass es den Kredit jetzt bei einem anderen Kreditgeber hat. Hat man sehr viele solcher Kredite an ein Unternehmen gegeben oder wie es heißt „Aktien gekauft" (etwa ab 3 % des gesamten Aktienkapitals), dann erhält man als Kreditgeber mehr Rechte und Möglichkeiten, so z. B. ein Mitbestimmungsrecht. Wer dabei einzig von dem Interesse geleitet wird, möglichst viel aus seinem Kredit herauszuschlagen, der handelt regelmäßig ausschließlich eigennützig: Es erfolgt keine Rücksichtnahme darauf, was dies unter Umständen für das Unternehmen und seine Arbeitnehmer langfristig bedeutet. Derjenige, der sich so verhält, ist zwar einerseits erfolgreicher „Finanzinvestor", der den „shareholder value" (Börsenkurs) nach oben getrieben hat. Andererseits ist er aber eine der Heuschrecken, die u. U. reale Werte zerstört haben. Von solchen Finanzinvestoren gab es während der letzten 10 Jahre zu viele. Außerdem hat der Staat nicht darauf geachtet, dass die gewährten Kredite auch für das Unternehmen produktiv sind, d. h. dem Unternehmen bei seiner langfristigen Sicherung für die gesamte Wirtschaft, die Verbraucher und die Arbeitnehmer von Nutzen sein müssen. Der Gesetzgeber hat mit vielen Steuererleichterungen und sog. Finanzmarktfördergesetzen genau das Gegenteil bewirkt. Er hat dadurch den Investoren geholfen, Unternehmen regelrecht „auszuschlachten".

Jede Verbriefung hat somit die besondere Aufgabe, Risiken zu streuen und Forderungen leichter verkäuflich zu machen. Nur dort, wo diese Ziele gesellschaftlich erwünscht sind, kann die Verbriefung auch positiv wirken. Bei lange andauernden Kreditbeziehungen mit Verbrauchern geht es nicht allein um finanzielle Risiken. In diesem Zusammenhang ist es wesentlich, die Nutzung von Geld in die Lebensverhältnisse der Verbraucher einzupassen. So eine Arbeit erfordert viel Beratung, Kenntnis und Vertrauen. Schließlich hält die Bank Instrumente in der Hand, die das Leben der Anleger (positiv) bestimmen aber auch ruinieren können. Deshalb hatte der amerikanische Verbriefungsmarkt auch eine klare Ethik. Die Banken, die alle Hypotheken aufkauften und verbrieften, im Volksmund freundlich Fannie Mae und Freddy Mac genannt, standen unter staatlicher Kontrolle. Sie sollte dafür sorgen, dass auf soziale Verteilung der Hypothekenkredite geachtet und der Profit hinter die eigentlichen Aufgaben zurücktreten sollte. Durch diese staatliche Kontrolle sollte den Banken oder Finanzunternehmen nicht etwa die Sorge und Beratung der Kunden abgenommen werden, sondern nur der Kredit. Sie zahlten 1 % der Zinsen als Entgelt dafür an die Abschlussbank, dass diese die Kunden weiter beriet und betreute. Der Kunde merkte nichts davon, dass sein Kredit verbrieft war. Erst die extremen Verdienstmöglichkeiten in diesem Sektor führten dazu, dass ein regelrechter Druck ausgeübt wurde, besonders risikoreiche Hypothekenkreditgeschäfte zu tätigen.

Die Financial Times Deutschland (vom 20.02.2008, S. 20) berichtet von einer empirischen Erhebung der renommierten London School of Economics. Danach würde Verbriefung zu unverantwortlicher Kreditvergabe führen: „Securitization schwächt die Anreize der Banken sorgfältig zu prüfen." Doch es ist nicht die Verbriefung an sich. Die Tatsache, dass Dritte gierig danach sind, Darlehen mit extremen Risiken und eben extremen Gewinnchancen zu kaufen, hat die Kreditgeber zu Hasardeuren gemacht. Wenn z. B. nur 2 % der Kreditsumme, die man kaufte, aus eigenem Vermögen stammte und man somit versuchte, eine 52-mal größere Summe umzusetzen, um den Profit entsprechend vervielfachen zu können, dann ist der Anreiz, zerstörerische Kredite zu vergeben, unermesslich groß. Die Banken verdienen dreifach: an den Investoren, an der Produktion von Wucherkrediten und an den staatlichen Subventionen in der Krise.

3.2.2 Das Finanzsystem ist Kreditsystem

Alles ist Kredit und Kredit ist alles

Alles ist Kredit und Kredit ist alles. Deshalb war der erste Begriff, die Subprime-Krise auch der Richtige. Ohne Kredit kann man im Geldsystem nichts verdienen. Geld selbst ist nichts weiter als Kredit.

Das Wort Finanzen hat keine klar umrissene Kontur. Es wird vielmehr durch den vielfältigen und uneinheitlichen Sprachgebrauch der eigentliche Sinn vernebelt. Der Finanzminister meint eigentlich die Steuern, wenn er von Finanzen spricht. Es wird aber auch dort benutzt, wo es eigentlich den Haushalt eines Unternehmens oder den privaten Haushalt („seine Finanzen in Ordnung bringen") bezeichnet. Mit der Finanzwelt sind vornehmlich die Banken gemeint, beim „Finanzgenie" geht es vor allem um die sehr geschickte Vermehrung des Geldes. Die finanzielle Allgemeinbildung thematisiert den Umgang mit und das Verständnis für Bank- und Versicherungsgeschäfte, während die Finanzierung dann doch wieder nur Kredite bezeichnet. Die Finanzkrise kann somit eine Krise der Banker, der Banken, des Kredites oder (wie wir eher meinen) eine Krise des Wuchers sein, der sich nach seiner Rückkehr aus dem Mittelalter in einem ungebremsten Höhenflug befand. Das Wort sagt uns nichts.

Dabei taucht das Wort laut einem Lexikon der Wortbedeutungen erstmals 1341 zur Bezeichnung von Darlehensgeschäften, Zins, Wucher und Betrug in Frankreich auf, verliert dann aber seinen „negativen Beigeschmack" und bezeichnet später Geldmittel, Steuern, Zinsen und Abgaben. Schließlich wird es im 19. Jahrhundert zum Begriff, der die Gesamtheit der Bankleute umfasst. Bankleute sind heute im Bereich des Finanzsystems schon längst in der Minderheit: 1.2 Mio. Finanzvertreter, Agenten, unzählige Finanzabteilungen und Beratungsberufe tummeln sich gegenwärtig in der Wirtschaft. Das statistische Bundesamt zählte 2009 17,4% aller 40 Mio Erwerbstätigen zu dem Bereich Finanzierung, Vermietung, Unternehmensdienstleistungen. Darunter machen nur die Finanzdienstleistungen 5 % des Bruttosozialproduktes aus. In Großbritannien und Irland schaffte es der Finanzsektor sogar, etwa 10 % des Bruttosozialprodukts zu simulieren, in der Schweiz sind es 13 % und in den Steuerhinterziehungsoasen Luxemburg sowie Liechtenstein fast ein Drittel der Einkommen, für die die reale Wirtschaft die Waren und Dienstleistungen beisteuern muss.

Der ganze Finanzsektor beruht damit auf dem Kredit. Insgesamt hatten die Banken in Deutschland Anfang 2009 8,0 Bio. € an Krediten in jeder Form verliehen. Fast die Hälfte davon, nämlich 3,6 Bio. €, liehen sich die Banken untereinander. Damit versicherten sie sich quasi gegenseitig, dass sie (wie eine einzige große Bank) immer Geld verleihen können, auch wenn die eine Bank einmal keinen Kunden für einen Kredit, dafür aber mehr Kunden für Einlagen hat. Mit ihren Geschäften untereinander (Interbankgeschäfte) bilden sie praktisch trotz Konkurrenz ein einziges großes Institut, das alle Kredite von dieser Gesellschaft in welcher Form und mit welcher Frist sie auch immer erfolgen, als Kredite für die Gesellschaft bereithält. Banken sind daher an sich niemals finanziell „klamm". Dafür sorgt der Interbankenmarkt allerdings nur so lange, wie sie einander vertrauen. Zerreißt das Vertrauen, zerreißt auch das Netzwerk und der Vorteil, dass alles Kapital in der Gesellschaft kollektiv verfügbar wird, geht verloren.

1,0 Bio. € erhielten die Verbraucher und zwar 789 Mrd. für die Wohnungen und 222 Mrd. € für den Konsum. 600 Mrd. € liehen sich die öffentlichen Haushalte, und mit 2,6 Bio. € finanzierten die Banken die Unternehmen in Deutschland. Verteilt man die Schulden auf die Menschen, dann sind das für jeden Haushalt in Deutschland etwa 200.000 €. Nimmt man auch die Kredite des Staates hinzu, die er in Form von Schuldverschreibungen aufnimmt (Bundesschätze, Kommunalobligationen), so kommt man auf 1,63 Bio. €, die sich bis zum Jahre 2012 nach Auskunft des Finanzministers auf eine Parlamentsanfrage auf 1,92 Bio. € erhöhen dürfte. Allein an Zinsen wird der Staat dann bei einem angenommenen Zinssatz von 4 % p. a., jedes Jahr von unseren Steuergeldern 77 Mrd. € an die Anleger und Banken überweisen. Der Staat ist somit ein wichtiger Verwerter für privates Bankkapital und zwar unabhängig davon, ob er profitabel investierte oder damit wieder nur Banken absicherte.

Umgekehrt haben die Verbraucher den Banken 1,5 Bio. € an Einlagen/Krediten, davon 500 Mrd. auf Sparbüchern, gewährt. 1,5 Bio. € kamen von den Unternehmen und 2,4 Bio. € von anderen Banken, aber, wen wundert es, kaum etwas vom Staat. Den Rest kann man nicht zuordnen, weil bei verbrieften Krediten (1,7 Bio. €) und Aktien sowie anderen Formen der verbrieften Kreditaufnahme (900 Mrd. €) niemand genau weiß, wer diese Bankpapiere in den Händen hält und damit der Kreditgeber ist.

Es geht also genau auf: Genauso viele Kredite werden von Banken vergeben, wie sie bekommen.

Kreditinstitute, Sparkassen und Investmentbanken – Bankkredit, Sparen und Kapitalmarkt

Die nachfolgende Grafik versucht, dies in einem System darzustellen. Oben wie unten sind die Menschen als Verbraucher, Unternehmer oder in ihrer gemeinschaftlichen Organisation als Staat oder als eine andere Organisation aufgeführt. Sie geben sich Kredite. Das ist durch die Pfeile dargestellt, die von oben nach unten gehen.

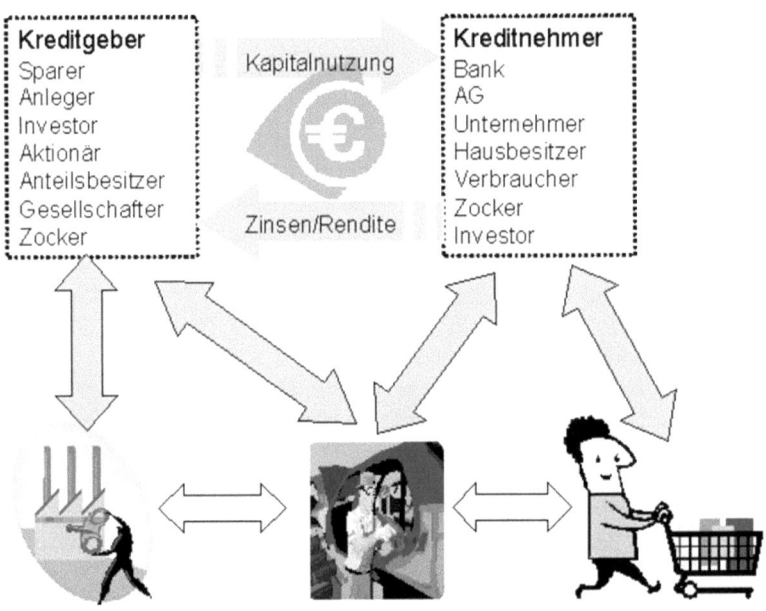

Die Aktivität, Kredite zu erhalten, geht grundsätzlich von den Kreditnehmern und nicht, wie die Ideologie des Kapitalismus nahelegt, von den Kreditgebern bzw. Anlegern oder Investoren aus. Zwar wollen die Letzteren Geld verdienen und daher auch verleihen. Doch wenn wir über den Tellerrand der kapitalistischen Anreizwirtschaft mit ihrem Gewinnsystem blicken, dann sind es diejenigen, die zu ihrer Arbeit die Arbeit anderer, d. h. das Kapital, benötigen, damit sie größer, produktiver und erfolgreicher wird.

Die Kreditnehmer in der untersten Zeile wenden sich an die Kreditgeber in der obersten Zeile. Es sind die Nachbarn, Konkurrenten, ja manchmal sogar sie selbst, etwa wenn sie Sparguthaben für die Altersvorsorge aufgehäuft haben, die gleichzeitig Kredit brauchen. Die untere Hälfte nutzt also das Kapital der oberen Hälfte.

Man sieht, dass in einer vergesellschafteten (globalisierten) Wirtschaft, wo jeder mit jedem bewusst oder unbewusst zusammenarbeitet, eine direkte Beziehung zwischen einem Sparer und einem Kreditnehmer kaum noch möglich ist. Es gibt solche Privatkredite zwar noch, beispielsweise wenn der Onkel etwas

Geld leiht oder sich der Schwager am Einzelhandelsgeschäft mit einem Geldbetrag beteiligt. Doch auch wenn so etwas ab und zu im Internet wieder propagiert wird, es ist nicht mehr zeitgemäß. Das Problem der Kreditsicherheit für die Gläubiger, die das volle Ausfallrisiko tragen, ohne es vorher abschätzen zu können, lässt sich so nicht lösen. Demgegenüber hat das Bankensystem hier einen Vorsprung von 500 Jahren, um zu relativ akzeptablen Kosten solche Informationen, ein angemessenes Rating und eine Risikostreuung zwischen allen Krediten bereitzustellen. Wo das alles nicht nötig ist, innerhalb von Freunden und Verwandten, gibt es auch heute viele Kreditverhältnisse, die bei Überschuldeten häufig 15 % der Schulden ausmachen. Doch die anderen 85 % unseres Kreditbedarfes würden leicht in die Hände von Gaunern gelegt, wenn man das historisch gewachsene Risiko- und Sicherheitssystem für Gläubiger beiseiteschieben und durch einfachen Kontakt aus dem Internet ersetzen würde.

Die Banken haben sich schon früh als Vermittler eingeschaltet. Sie sammeln das Spargeld kollektiv ein in Sparguthaben, die immer noch in Deutschland 400 Mrd. € ausmachen, oder in Festgeld und auf dem Girokonto, in vermögenswirksamen Sparverträgen oder als Tagesgeld. Aus diesem Geldpool vergeben sie dann wieder Kredite. Die Banken sind also unmittelbare Vermittler.

Dieser Bankensektor, in dem die Banken ihre ursprüngliche Funktion als Pool und Geldvermittler ausüben, ist auf der linken Hälfte.

Neben diesem linken Bereich gibt es aber noch die rechte Hälfte, wo horizontal ein direkter Kontakt zwischen den ursprünglichen Kreditgebern/Sparern und den Kreditnehmern und zwar hier insbesondere den Unternehmen (zu denen auch Banken gehören) dargestellt ist.

In diesem Bereich ist die Revolution des Geldsystems erfolgt, die uns die sog. Kapitalmärkte beschert. In der linken Hälfte des Spar-/Kreditmarktes herrscht das Prinzip, dass die Anleger im Wesentlichen keine Kreditnehmerrisiken übernehmen sollen und wollen, weil man sie durch den Pool vergesellschaftet hat. Daneben hat sich eine Kreditvergabe etabliert, bei der der Anleger unmittelbar das Risiko des Kreditnehmers mitträgt. An die Stelle des einfachen Kredites tritt hier von vornherein der verbriefte Kredit. Die älteste Form ist der Schuldschein, später kommt der Wechsel hinzu. Der Kreditnehmer erhält von einem Lieferanten das Recht, später zu zahlen. Das ist auch ein Kredit. Dafür gibt er dem Lieferanten ein Papier, in dem steht, wie viel er schuldet und was an Zinsen zu zahlen ist. Der Vorteil des Papiers gegenüber dem Darlehen besteht darin, dass derjenige, der das Papier hat, das Geld vom Schuldner verlangen kann. Dafür ist es nicht einmal nötig, dass er im Einzelnen weiß, wie die Schuld zustande kam. Diese Verbriefung erlaubt es, Schuldscheine weiter zu reichen, so wie das später bei dem Wechsel üblich wurde. Außerdem hat es den Vorteil, dass andere die Schuld garantieren und man sie daher besser weiterreichen kann. Aktien, Gesellschafteranteile, Schuldverschreibungen, „Papiere" – bei allen handelt es sich um Formen dieser verbrieften Kredite. Sie fassen die Beiträge vieler kleiner Sparer in dem oberen rechten Quadranten zusammen, und leiten sie an die großen Kreditnehmer in der Wirtschaft weiter.

Der Kreditmarkt, der in der oberen Hälfte Geld einsammelt und in der unteren Hälfte Kredite vergibt, hat sich also vertikal gespalten: In der linken Hälfte findet die unmittelbare Kreditvermittlung durch die Banken zwischen Sparen und Kreditvergabe statt (Kreditinstitute und Sparkassen). In der rechten Hälfte werden Kreditnachfragen in den verschiedensten Formen verbrieft so wie heute noch bei einem Haus, das einer Gesellschaft (geschlossener Immobilienfonds) gehört und in Anteilen verkauft wird (Fondsanteile) oder beim Aktionär, der damit Teilhaber ist und dessen Geld direkt an das Unternehmen fließt.

Diese unmittelbare Form der verbrieften Kreditaufnahme wird aber zunehmend verdrängt durch dasselbe Prinzip, das einmal die Bankengründung ermöglichte: das Pooling, das, statt wie im privaten Schwimmbecken (Pool) Wasser, nur Geld zusammenschüttet. Man sammelt die verbrieften Kreditnachfragen der Unternehmen, des Staates aber auch der Banken, die damit Spargelder einwerben, und fasst sie in Pools zusammen (Investmentfonds). Anschließend verkauft man Anteile an den Fonds, die nur noch den Durchschnitt der Risiken und entsprechend auch nur den Durchschnitt der Erträge haben. Das Risiko ist gestreut.

In diesem System haben sich nun auch die Banken etabliert. Ursprünglich hatten sie im Kapitalmarkt „nichts zu suchen", weil dort der unmittelbare Kontakt von Kreditnachfragern und Kreditgebern über die Börse stattfand. Der Kapitalmarkt war ihr Konkurrent. Wo Unternehmen direkt Kredite beim Publikum aufnehmen konnten, brauchten sie keine Bankkredite. Über das Pooling ebenso wie beim Kauf der Aktien und anderen Wertpapieren haben die Banken eine neue Betätigung gefunden. Sie bilden die Poolgesellschaften (das Auflegen von Investmentfonds) und verwalten die Anteilsscheine der Kreditgeber (Wertpapierdepots). Weiterhin bringen sie für die Unternehmen deren Aktien oder Schuldverschreibungen auf den Markt (Emissionsbanken) und garantieren die erste Abnahme (Platzierung). Sie nehmen die Stimmrechte der von ihnen verwalteten Anteilsscheine (Depotstimmrecht) bei den Unternehmen in der Hauptversammlung wahr und sie übernehmen die Schlüsselfunktion als Kreditgeber oder Aktientauschagentur beim Zusammenschluss oder auch umgekehrt der Aufteilung von Unternehmen (Mergers und Acquisitions M&A). Für alle diese Tätigkeiten nehmen sie Entgelte, die sie einmal als Gebühren, einmal als Provisionen oder auch als Honorare bezeichnen. Insgesamt nennen diese Kapitalmarktbanken (Investmentbanken) ihre Einkünfte daraus Provisionen und sprechen wie bei ihrem Einkommen aus Krediten von einem Überschuss. Dem Zinsüberschuss gesellt sich damit der Provisionsüberschuss hinzu.

Heute gibt es kein Kreditinstitut, keine Sparkasse mehr, die nicht auch Investmentbank wäre. Deshalb gehört auch die Aufteilung der Banken in Amerika in Kreditinstitute wie Bank of America oder Citibank einerseits und Investmentbanken wie Merryll Lynch, Bear Sterns, Lehman Brothers der Vergangenheit an. Die Grenzen sind verwischt.

Die Vorteile beider Systeme, die Kleinteiligkeit, Risikostreuung und Sicherheit bei den Bankkrediten und die Vorteile des Kapitalmarktes mit Flexibilität, höherem Risiko aber auch höheren Renditen werden immer mehr integriert.

Mit der Verbriefung der Bankkredite und ihrem Pooling (MBS und ABS) haben sich die Grenzen vollends verwischt. Jetzt werden auch einfache Bankkredite nicht mehr über das einfache Sparen, sondern durch das verbriefte Sparen auf dem Kapitalmarkt finanziert (refinanziert). Der Kapitalmarkt und seine Gesetze übernehmen tendenziell den gesamten Kreditmarkt. Die neue Bank ist Kreditinstitut und Investmentbank zugleich. Es gibt nur noch eine horizontale Differenzierung zwischen Anlegermarkt und Kreditnehmermarkt. Alle Vorteile und auch alle Nachteile finden sich nun überall. Die Subprime-Krise hat deutlich gemacht, dass uns das Einreißen der Barrieren zwischen Bankkredit- und Kapitalmarkt ohne neue Sicherheitsvorkehrungen teuer zu stehen kommt.

Die USA sind ein gutes Beispiel, wie sich ein großer Geldmarkt entwickelt, wenn kontinuierlich nur dereguliert und keine neue Struktur aufgebaut wird. So herrschte früher dort ein Trennbankensystem. Kredit- und Sparbanken durften nicht im Investmentgeschäft tätig sein. Eine Investmentbank durfte keine Kredite vergeben oder Spareinlagen annehmen. Auf dem Girokonto war der Überziehungskredit verboten. Jede Bank durfte nur in einem Bundesstaat tätig sein, manchmal auch nur jeweils eine Filiale haben. Das Misstrauen der Farmer gegen die Geldwirtschaft war gerade in den USA, die als Agrarstaat im 19. Jahrhundert begonnen hatten, sehr groß. Das gilt für alle Agrarkulturen, weil die städtische Geldwirtschaft zunächst einmal die ländliche Subsistenzwirtschaft bedroht, indem sie mit ihren Krediten auch dann Rendite verlangt, wenn die Ernte ausgefallen ist. Das galt schon im römischen Weltreich, wo das Wucherverbot zuerst die Landbesitzer schützen sollte. Die USA hatten wegen des lange Zeit vorherrschenden Trennbankensystems daher auch keine Erfahrung für die Fälle, in denen alles wie in Deutschland mit seinem Universalbankensystem in einer einzigen Bank zusammenfloss: Aktienhandel, Investmentfonds, Sparen, Anlage, Kreditvergabe und Zahlungsverkehr. Das europäische Universalbankensystem, wo jede Bank alles durfte, hat zwar den Nachteil großer Machtzusammenballung, hat aber auch den Vorteil gebracht, dass man frühzeitig lernte, diesen Markt zu regulieren. Als man viel zu spät in den USA unter Präsident Reagan den Anschluss durch Einreißen der letzten Barrieren an das Universalbankensystem suchte und sich dabei Deutschland scheinbar zum Vorbild nahm, kopierte man nur die Freiheit und nicht die Regeln. Übrig blieb ein Wildwest-Bankensystem, in dem nun auch jede Bank alles tat, was Geld brachte. Dies wiederum gab europäischen Banken die Gewinnmargen vor, die ungehemmter Wucher und Spekulation kurzfristig erreichen können. Entsprechend wurde auch in Europa vornehmlich durch die EU-Kommission dereguliert. Das Ergebnis dürften sowohl die gewaltigen Erfolge der US-Banken in der Welt in den Zeiten der Kapitalmarktexpansion als auch die beiden großen US-Bankenkrisen gewesen sein.

3.2.3 Kredit verbindet die Menschen

Wofür brauchen wir so viele Kredite? Könnte man nicht viel bescheidener mit dem leben, was man verdient? Und fleißig sparen, so wie es unsere Sparkassengesetze nahelegen und in Italien sogar die Verfassung (Art. 47) verlangt, die den Staat – allerdings vergeblich – auffordert, „das Sparen in allen seinen Formen zu fördern", während für den Kredit nur eine staatliche Überwachung verlangt wird?

Zunächst verkennen diese Gesetze, dass auch das Sparen ein Kredit ist, nur der Kreditgeber ist ein anderer. Sparen macht keinen Sinn, wenn es nicht jemanden gibt, der das Gesparte für Konsum oder Arbeit nutzen will. Manche Banken verharmlosen Kredite als ein „Nachsparen". Richtiger ist es aber, das Sparen als einen vorherigen Kredit an andere anzusehen. Der Geldkredit hat nur historisch einen schlechten Ruf bei den Verbrauchern, weil sie früher immer nur so viel unmittelbar verbrauchten, wie sie erwirtschafteten. Es war nichts übrig. Häuser erbte man oder baute sie in jahrelanger Arbeit. Geld war dazu nicht nötig. Autos und Waschmaschinen, die man im Voraus bezahlen und dann über Jahre erst abnutzen kann, gab es noch nicht. Für die Jugend sorgten die Eltern und die Alten lebten im Altenteil mit. Auch hier floss kein Geld. Wer hungerte, ging ins Armenhaus oder zur Suppenküche. Erst mit dem Aufkommen des Handels wurde Geld nötig und es dauerte Jahrtausende, bis es den Verbraucher und Arbeiter erreichte. Alles passierte in „Natur(alien)", ein Grundsatz, der sogar noch im Bürgerlichen Gesetzbuch beim Schadensersatz steht, obwohl heute keiner mehr die Sache selbst wiedergutmacht. Vielmehr wird heute immer nur Geld verlangt und gegeben.

Sparen und Kredit sind daher eine recht späte Erscheinung des 19. Jahrhunderts, als vieles nur noch über das Geld funktionierte, was vorher auch ohne Geld ging. Erst da gründete man Raiffeisenbanken und Sparkassen für die kleinen Leute. Man führte dort das Geld zusammen, mit dem dann kollektiv gewirtschaftet werden konnte. Sparten 10 Bauern gemeinsam, dann konnten sie sich die Maschine bald leisten. Heute, wo die Familien zerrissen sind und jeder auf sich selbst gestellt ist, wo langlebige teure Konsumgüter unseren Haushalt füllen und auch der Staat den Armen nur noch Geld gibt, ist man ohne Geld und damit auch ohne Kredit nichts mehr.

3.2.4 Wir brauchen eine verantwortliche Kreditvergabe

Der Kredit an sich ist also nicht gut oder schlecht. Es gibt nur notwendige oder unnötige bzw. besser gesagt unproduktive Kredite. Wer allerdings einen Kredit aufnimmt, um damit fehlendes Einkommen zu ersetzen, und ihn dann ausgibt, der verschiebt sein Elend nur in die Zukunft, bis zu dem Zeitpunkt nämlich, zu dem er ihn zurückzahlen muss. Kommen dann noch hohe Zinsen hinzu, wie z. B. bei der Kontoüberschreitung bei der Commerzbank, die noch 2009 knapp unter 20 % p. a. verlangte, zahlt man vier Jahre später schon das Doppelte zurück. Deshalb waren die alten Gesellschaften überzeugt, dass Kredit immer Wucher sei, weil sie sich nicht vorstellen konnten, dass man Kredite auch produktiv investiert und mit dem Kredit so viel erwirtschaftet, dass die Zinsen kein Problem darstellen.

Produktiver Kredit

Produktiv ist ein Kredit z. B., wenn man damit eine Maschine kauft, mit der man so viel besser und billiger produzieren kann, dass plötzlich der Verdienst enorm steigt. Das erkannte auch der Bauer, der sich zusammen mit anderen Bauern auf Kredit einen Mähdrescher zulegte. So eine Maschine kann auch ein Auto sein, wenn man dadurch Zeit einspart und eine bessere Stelle weiter entfernt oder überhaupt einen Job erreichen kann und damit der Arbeitslosigkeit entgeht. Auch ein Urlaub, eine Waschmaschine oder die Überbrückung einer Arbeitspause, die Finanzierung einer Fortbildung können produktive Investitionen sein ebenso wie die in eine zahnärztliche Behandlung oder eine Kur. Es kommt nur darauf an, was die Menschen mit dem Geld machen und wie sich ihr Leben dadurch insgesamt verändert. Nur eines aber ist sicher: Mit der Höhe des Zinssatzes ebenso wie mit fehlender Anpassung der Zins- und Tilgungszahlungen an die Lebensumstände (der Zukunft) sinkt die Chance, dass ein Kredit produktiv ist. Er wird dann zum hohen Risiko. Deshalb ist der Wucher nicht erledigt. Der Staat muss dafür sorgen, dass er sich nicht wieder einschleicht.

Das ganze Leben besteht gesellschaftlich betrachtet aus Kreditverhältnissen zwischen Menschen, wenn man darunter jede Bereitstellung von Arbeit und Vermögen für andere ohne sofortige Kompensation versteht. Die Erwachsenen geben den Kindern einen Kredit, bis diese selbst produktiv sind. Sie machen das dann genauso bei den eigenen Kindern. Darüber hinaus unterstützen sie aber auch die inzwischen alt gewordenen Eltern. Der Arbeiter arbeitet einen Monat und bekommt erst dann seinen Lohn. Er hat dem Unternehmer mit seiner Arbeitsleistung einen Kredit für einen Monat gegeben. Wer in einem Haus zur Miete wohnt, bekommt die ganze wertvolle Wohnung für vielleicht 100.000 € vollständig zum Gebrauch, obwohl er doch nur den Mietzins zahlt und nicht den Kaufpreis.

Erst recht schafft der Kredit die Möglichkeiten der Zusammenarbeit. Wenn die Mitglieder der Amish-Sekte in den USA, die auf Banken und Versicherungen verzichten, ihre Häuser gemeinsam bauen, dann müssen diejenigen, deren Haus zuletzt gebaut wird, mit ihrer Arbeit den anderen Kredit geben. Dagegen erhalten diejenigen, die unverdient als erste einziehen können, den Kredit. Weltweite Arbeitsteilung und Kooperation, die wir Globalisierung nennen, ist nur durch Kredite möglich: Wird ein Computer heute aus Teilen zusammengesetzt, die aus den unterschiedlichsten Regionen der Welt kommen, ebenso wie das nötige Know-how, lässt sich das nur durch Kredite realisieren: Jeder muss schon bezahlt werden, lange bevor das Produkt auf den Markt kommt.

Das ganze System der Produktion und Dienstleistungen beruht darauf, dass vorgearbeitet wird, weil man ein Auto erst fahren kann, wenn es ganz fertig ist, und ein Haus erst beziehen kann, wenn auch der Dachstuhl steht. Kredit ist daher nur ein Ausdruck dafür, dass wir Zeitunterschiede bewältigen müssen zwischen Arbeit und Konsum, zwischen eigener und fremder Arbeit.

Erst als Geldkredit hat er unsere Wirtschaft revolutioniert, weil jetzt Menschen zusammenarbeiten, die sich nicht kennen müssen, die sich nicht einmal vertrauen müssen, weil das Vertrauen im Geld selbst von anderen bereitgestellt wird. Ein mittelständisches Unternehmen in Südtirol kann so sein Internet von einer indischen Firma pflegen lassen, ohne dass beide sich kennen oder jemals gesehen haben. Geld und Kredit schaffen diese Möglichkeiten. Das Bankensystem einschließlich der Zentralbanken stellt dieses Vertrauen zur Zusammenarbeit bereit. Ihm haben wir eines unserer wichtigsten Wirtschaftsgüter, nämlich das Vertrauen in die Geld- und Kreditgesellschaft anvertraut. Weil der Staat diese wichtige Funktion nicht dem Gewinnprinzip unterordnen wollte, waren die Banken noch bis vor 50 Jahren in den meisten Ländern der Welt überwiegend staatlich geführt. Überbleibsel sind die Sparkassen und Landesbanken, die KfW, nachdem die Postbank privatisiert und bei der Deutschen Bank schon lange keine „Bankbeamten" mehr beschäftigt sind. Im Rahmen der Globalisierung war die Privatisierung der Banken notwendig, weil nationale staatliche Banken ein Anachronismus in der internationalen Wirtschaft sind. Zudem erwiesen sich alle staatlichen Banken als tendenziell korrupt, weil die Verlockungen des Geldes, wie wir zuletzt bei der Pleite der Berliner Bank sahen, nicht vor der Politik haltmachen. Doch private Organisation muss nicht mit Verantwortungslosigkeit gleichgesetzt werden. Von einem Arzt erwartet man auch, dass er die Gesundheit der Patienten und nicht nur ihr Geld im Auge hat. Der Architekt soll bitte an das Stadtbild und nicht nur an den Verdienst denken. Was wäre es für ein Geigenlehrer, der nicht auf ein Kind einginge und nicht das Ziel hätte, dass es einmal mit der Geige einen wesentlichen Wert in sein Leben bringt?

Die sieben ECRC-Prinzipien verantwortlicher Kreditvergabe

Man hat wieder angefangen, von verantwortlicher Kreditvergabe zu sprechen, meint dabei im Gesetz vor allen Dingen jene kreditfeindliche Verantwortung, die dem Kreditgeber verbieten will, das Risiko einer Investition der Kreditnehmer zu unterstützen. Verantwortlich handele der, der sich in Datenbanken über den Kreditnehmer schlaumache und ihm den Kredit verweigere, wenn sich aus der Recherche Anzeichen ergeben, dass er den Kredit nicht zurückzahlen könnte. Statt die Investition zu prüfen, prüft man den Menschen. Nur „gute" Menschen dürfen Kredite aufnehmen. Dem hat sich die internationale Koalition für Verantwortung im Kredit (ECRC) entgegengestellt und auch für Verbraucher Investitionskredite verlangt, bei denen die Bank die Investition, d. h. die Lebenszeit der Verbraucher begleitet. Nicht nur die Kreditvergabe, sondern vielmehr der Kredit während der Laufzeit muss verantwortlich gestaltet sein. Die Diskussion dazu und die vielen Unterstützer in der ganzen Welt sind auf der Website www.verantwortliche-Kreditvergabe.net verzeichnet. Dort stehen auch die Subprime-Stellungnahmen sowie die Londoner Erklärung zur Finanzkrise. Die folgenden sieben Grundsätze verlangen von den Kreditgebern, dass sie für die produktive Verwendung von Kredit Verantwortung übernehmen müssen, wenn sie ihr Geld lukrativ vermieten wollen.

Sieben Prinzipien Verantwortlichen Kredits (ECRC)
P1: Zugang zu verantwortlichem und sozial angepasstem Kredit muss Allen offenstehen.
1. Kredit ist eine lebensnotwendige Leistung für die Teilhabe in der Gesellschaft.
2. Banken dürfen nicht diskriminieren.
3. Verbraucherkredit und Existenzgründerkredite bedürfen der Aufsicht.

P2: Kreditverträge müssen transparent sein und vom Nutzer verstanden werden.
1. Es darf im Wettbewerb nur einen Preis für die gesamte Nutzung geben.
2. Kreditnehmer brauchen einen standardisierten Zahlungsplan.
3. Verbraucher sollten ausreichend Zeit zur Entscheidungsfindung haben.
4. Freier Zugang zu unabhängiger Kredit- und Schuldnerberatung.
5. Finanzielle Allgemeinbildung bildet beide Seiten.

P3: Kreditvergabe sollte über die gesamte Kreditlaufzeit fair, verantwortlich und vorsichtig erfolgen.
1. Kredite müssen für die Nutzer produktiv sein.
2. Verantwortliche Kreditvergabe erfordert Information, Beratung und Haftung.
3 Kein Kreditgeber sollte das Recht haben, die Schwäche, Not, Unerfahrenheit oder Arglosigkeit des Kreditnehmers auszunutzen.
4. Vorzeitige Rückzahlung von Krediten muss zu jeder Zeit ohne strafähnliche Zusatzkosten möglich sein.
5. Umschuldungen und Zusatzkredite sollten zu keinem Schaden führen.

P4: Die Anpassung von Kreditbeziehungen an veränderte Lebensumstände sollte Vorrang vor Kreditkündigung und Insolvenz haben.
1. Es besteht ein dringendes Bedürfnis nach einem Kündigungsschutzrecht bei Verbraucherkrediten.
2. Kosten im Falle der Zahlungsstörungen sollten adäquat sein und nur den wirklichen Schaden kompensieren.

P5: Verbraucherschutzgesetzgebung muss effektiv sein.
1. Der Anwendungsbereich eines Schutzgesetzes muss alle Verbraucher umfassen.
2. Jede gewerbliche Kreditvergabe muss unabhängig von ihrer Rechtsform erfasst sein.
3. Der gesamte Prozess der Kreditabwicklung, so wie er sich aus Nutzersicht darstellt, muss erfasst werden.
4. Regulierung sollte Anreize dafür geben, auf die sozialen und ökonomischen Wirkungen der Kreditvergabe zu achten.

P6: Private Überschuldung sollte als öffentliches Problem angesehen werden.
1. Gewinnorientierte Systeme bieten in der Regel keine angemessenen Lösungen, um Überschuldeten zu helfen.
2. Verbraucher sollten das Recht auf Entschuldung haben.
3 Verbraucherinsolvenzverfahren sollten zur Wiedereingliederung und nicht zur Bestrafung genutzt werden.

P7: Kreditnehmer müssen angemessene Mittel haben, um ihre Rechte zu vertreten und ihre Probleme frei äußern zu können.
1. Es sollte angemessene individuelle wie kollektive rechtliche Verfahren geben, um Kreditnehmerrechte durchzusetzen.
2. Eine kritische Öffentlichkeit ist der Grundstock für die Entwicklung einer fairen und verantwortlichen Kreditvergabe.

3.2.5 Banker statt Bankiers

Vor allem die Privatbankiers waren sich dieser Verantwortung und Aufgabe bewusst. In jüdischen Bankiersfamilien wie den Warburgs, Heines, Rothschilds, denen bis ins 19. Jahrhundert eine feudale Gesellschaft fast alle anderen Berufe, nicht aber die verfemten Geldberufe verwehrte, entwickelte sich ein spezielles Ethos: Der eines Bankiers, der das Wohl der Gesellschaft über den kurzfristigen Profit stellte und, wie mir mein jüdischer Freund David Caplovitz schilderte, immer als Gegengewicht in der Familie Künstler unterstützte und förderte, so wie Salomon Heine seinen revolutionären Neffen Heinrich in Hamburg. Der Antisemitismus des 20. Jahrhunderts hat diese Traditionen abgebrochen. Nicht zufällig waren Akademiker jüdischer Abstammung noch überproportional in den anderen Vertrauensberufen der Ärzte und Anwälte vertreten, aus denen sie dann von den Nazis bis heute in Deutschland vertrieben wurden.

Die vergangenen 70 Jahre haben statt Bankiers Banker hervorgebracht, die von all dem nichts mehr wissen. Sie kennen nur noch schwarze Zahlen. Sie sind nicht gieriger als die anderen in der Gesellschaft. Nur durch ihre alleinige Ausrichtung auf selbstständige Geldwerte sind sie in ihrer Schlüsselposition so viel gefährlicher. Daran sind sie nicht alleine schuld. An den Universitäten hat sich zuerst die Ökonomie von den Staatswissenschaften abgespalten und dann innerhalb der Ökonomie die Managementlehre von der Volkswirtschaftslehre. Übrig blieb in der Betriebswirtschaftslehre eine „Effizienzrechnungs-Fokussierung". Diese Investmentbankersicht, deren Vertreter man zuerst spöttisch die „Quants" nannte, weil sie alles quantifizierten, hat dann umgekehrt mit ihren Gewinn- und Verlustrechnungen die Volkswirtschaft auf mathematische und logische Optimierungsspielchen reduziert, die nur noch Aktienkurse voraussehen und damit Gewinn machen wollen.

Entsprechend meistern sie die Probleme im Finanzsektor mit Spiel- und Wettvorstellungen. Spieltheorie, manchmal auch unter so schicken Namen wie behavioural finance versteckt, heißt eine der wichtigsten Volkswirtschaftstheorien, mit der die Kursentwicklungen der Kredite auf den Aktienmärkten verstanden werden sollten. Für solche Zockertheorien wurde auch 1997 der Nobelpreis für Wirtschaft vergeben, wohingegen der Preis an den indischen Außenseiter und Nützlichkeitstheoretiker Armatya Sen nach Zusammenbruch der Spekulanten im Jahr darauf einem Almosen gleich kam.

Weil in jedem Kredit das Risiko des Ausfalls steckt, haben sie das Risiko abgespalten und ideologisch zum wesentlichen Element ihrer Bankgeschäfte gemacht. In der Praxis ist daraus ein „hoch explosives" Vorgehen geworden. Es scheint (bildlich gesprochen), als ginge es in diesen Kreisen nur noch darum, die extra gezündeten Handgranaten fauler Kredite schnell weiterzureichen, damit sie möglichst in der Hand des Konkurrenten oder noch besser bei Unternehmen, Verbrauchern oder dem Staat explodieren. Jeder der sie übernimmt, bekommt dafür viel Geld und verspürt den Prickel der Gefahr. Wer heute Wirtschaft studiert, der studiert Mathematik, wer Bankmanager werden will, interessiert sich nicht für produktive Prozesse der Arbeit, sondern für Rechenoperationen des Geldes. Zufriedene Kunden heißt heute die Devise im Bankmarketing. Bei Tests zur Servicequalität geht es dabei jedoch im Wesentlichen nur darum, wie man das Lächeln auf den Kundengesichtern auch dann noch erzeugt, wenn man sie bis aufs Hemd ausgezogen hat. Aber auch die Kunden zocken mit.

Lange vor dieser Finanzkrise hatte der Zusammenbruch des LTCM Hedgefonds 1998 schon einmal 3,5 Mrd. $ Rettungsgelder erfordert. Die am Zocken direkt beteiligten „Quants" aus Harvard und dem danebenliegenden MIT, Scholes und Merton erhielten später sogar noch den Nobelpreis für die von ihnen entwickelte Preisformel. Sie gaben vor, mithilfe dieser Formel zukünftige Aktienkurse errechnen zu können, auf die man wetten kann (Optionen). Sie boten damit eine pseudowissenschaftliche Grundlage für Wettgeschäfte (Derivategeschäfte). Dieser Merton hatte übrigens wenig von seinem der Wirklichkeit zugewandten soziologischen Vater. Der tat sich mit dem Assistenten David Caplovitz, dem wichtigsten Überschuldungsforscher zusammen, und stand somit auf der anderen Seite.

Die Theorien fußten philosophisch gesehen auf einem allzu einfachen Fundament. Sie waren aber so erfolgreich, weil ihre Vertreter damit so unendlich viel Geld verdienen konnten, dass sie sich die Lehrstühle und Fakultäten hätten kaufen können. Mit ihren Beraterjobs ist dann auch die Wirtschaftswissenschaft ebenso wie übrigens auch das Bankrecht in die „finanzielle Prostitution" gelockt worden.

Mit Theorien wie der ökonomischen Analyse des Rechts versuchten die Vertreter dieses Bereicherungsmodell den Rest der Wissenschaft und, was in Amerika mit der Besetzung des höchsten Richterstuhls durch seinen Gründer, Professor Posner gelang, sogar das Recht zu unterwerfen. Effizient soll alles sein, zuerst aber muss es in Geld umgerechnet werden. Unsere Politiker beten dies nach. Haben Sie, so ist meine Standardfrage in solchen Diskussionen mit Wirtschaftsweisen, schon einmal einen Mann oder eine Frau effizient geliebt? Jesus hatte dafür nur einen Satz, den er dem reichen Kornbauern an den Kopf warf: „Du Narr, heute Nacht wird man Deine Seele von Dir fordern."

Die Banker sind in ihrer Einfalt und häufigen Kulturlosigkeit, mit der z. B. die mächtigste deutsche Bank gerade erst einen Kunstpreis angeblich ahnungslos an einen faschistischen Künstler in Russland vergab, nur die Stellvertreter einer ganzen Kaste in der Gesellschaft, die den Umgang mit Geld heute anders denken. Von der Vorstellung über eine verantwortungsvolle und produktive Kreditgabe, die die Kooperation der Menschen ermöglicht, Zeitunterschiede überbrückt und Risiken so streut, dass wir zum Wohle aller mehr wagen können, sind sie abgekommen. Sie sind von der Kreditgeber- in die Anlegerperspektive gewechselt, die kein Verantwortungsbewusstsein für die Verwendung des Kredites mehr kennt. Sie nennen sich Investmentbanker und investieren vornehmlich in solches Geld, das wiederum in Geld investiert wird. Und dies so lange, bis am Schluss der Kredit so oft weitergereicht und mit Provisionen und sinnlosen Zinsen versehen wurde, dass er nur noch aus heißer Luft besteht. Oder, wie die Subprime Krise deutlich machte, der letzte produktive Nutzer die Wucherzinsen nicht mehr zahlen kann und pleitegeht, was denselben Effekt hat.

3.2.6 Geldwirtschaft und Realwirtschaft – was haben sie miteinander zu tun?

Die Finanzwirtschaft, so beklagen es die Ökonomen jetzt, hat sich von der Realwirtschaft abgekoppelt. Man spricht davon, es habe sich eine Blase aus Geld gebildet, die nun zerplatzt sei.

Real hat die Geldwirtschaft über ihren Wert betrogen (Wertberichtigung)

Geld ist also, wie wir wissen, kein Wert, sondern nur der Ausdruck anderer Werte. Von Bill Gates' Vermögen von fast 80 Mrd. $ war innerhalb weniger Monate nur noch die Hälfte übrig. Wer sein Geld in Infineon Aktien angelegt hatte, die einmal 200 € wert waren, bekam nur noch 39 c dafür. Die Bundesregierung zahlte den Aktionären der HRE 1,39 € pro Aktie. Tatsächlich wurde ihr Wert auf dem Markt bei 10 c eingeordnet. Am 23.07.2007 wurden dieselben Aktien noch mit 46,11 € gehandelt. HRE hatte gerade große Gewinne verkündet, die ihre Gewinnziele weit überschritten hätten. Die Allianz, die eine Bilanzsumme nahe 1 Billion € hat, gibt den Wert ihres Eigenkapitals in ihrer Bilanz noch mit 34 Mrd. € an. Vor einem Jahr sollte dasselbe Kapital noch 48 Mrd. € wert gewesen sein.

Viele verbriefte Kreditaufnahmen beim Publikum (Schuldverschreibungen) sind gar nichts mehr wert. Eigentlich waren sie nie etwas wert, wenn man unter einem Wert etwas real Wertvolles versteht, in das wir alle letztlich das Geld eintauschen wollen. Nur die Aussicht, so etwas einmal zu erreichen, lässt uns das Geld horten.

Die Banken der Welt mussten unter dem Eindruck, dass sich für ihre Wertpapiere nur noch Käufer für sehr viel geringere Summen fanden und damit deutlich wurde, dass sie weitgehend wertlose Papiere in ihren Computern aufzeichneten und falsch in ihren Bilanzen auswiesen, diese Zahlen korrigieren („wertberichtigen"). Nach Schätzungen des Sachverständigenrates im Oktober

2008 bedeutete das, dass die Banken in kürzester Zeit in den USA 201 Mrd. $ und in Europa 172,5 Mrd. $ aus den Bilanzen streichen mussten. Die großen Hasardeure in Europa waren dabei England, Deutschland und die Schweiz. Sie hatten damals bereits je ca. 50 Mrd. € berichtigt, während Frankreich nur 15 Mrd. $ und im übrigen Europa insgesamt nur 7.4 Mrd. $ abgeschrieben wurden. Dies waren nicht die notwendigen sondern die schon 2008 zugegebenen Wertberichtigungen. Wie man bei der HSH Nordbank feststellen kann, die 1 Mrd. € wertberichtigte, die inzwischen 100 Mrd. € Garantie vom Staat erhält, kann man die Zahlen international insgesamt getrost mit 10 multiplizieren, um an den weltweiten Berichtigungsbedarf von 5 Bio. $ zu kommen. Dabei haben es die Banken ganz unterschiedlich angestellt. Den Vogel hatte die IKB, eine Tochter der Kreditanstalt für Wiederaufbau (KfW), bei der der Staatssekretär im Finanzministerium und graue Eminenz der Krisenbewältigung im Aufsichtsrat saß, abgeschossen. Sie hatte 5-mal mehr wertloses Geld in den Bilanzen stehen als ihr Eigenkapital überhaupt wert war. Ihr folgte die sächsische Landesbank mit 3 Mrd. Wertberichtigung, was 1,2-mal mehr war als ihr Eigenkapital. Beide waren auch ohne Bankfunktion hoch überschuldet und reif für den Konkursrichter. Die anderen Banken waren insoweit überschuldet, als wir von einer Bank mehr Sicherheit erwarten als von einem beliebigen Unternehmen und deshalb ein vorhandenes Eigenkapital verlangen, wenn sie weiter Geschäfte machen wollen. Landesbanken wie die WestLB und die Berliner, die ja schon vor fünf Jahren mit staatlicher Hilfe gerettet werden mussten, hatten jeweils Werte in Höhe von 50 % ihres Eigenkapitals abzuschreiben, gefolgt von den Bayern mit 40 %.

Bei der größten Privatbank in Deutschland waren es zwar auch 7 Mrd. Dies aber waren weniger als 20 % des Eigenkapitals und ein viertel Prozent von der Bilanzsumme. Die IKB schaffte es immerhin, ihre gesamten Wertangaben in der Bilanz um ein Zehntel reduzieren zu müssen.

Banken haben Wertschein – Unternehmen haben Wert

Der Wert des Geldes existiert also in unseren Köpfen und nicht in der Realität. Wir sollten es daher vielleicht besser Wertschein oder Wertschatten statt Wert nennen. Es repräsentiert nur in unserer Vorstellung die wirklichen Werte unseres Lebens.

Nehmen wir noch einmal für das Jahr 2008 die Bilanz der Deutschen Bank, die Finanzdienstleistungen produziert, und vergleichen sie mit der Bilanz des Volkswagenkonzerns, der Autos produziert. Autos braucht man in der Realwirtschaft, um damit etwas empirisch mit den Sinnesorganen Wahrnehmbares zu schaffen, nämlich den Transport. Volkswagen befriedigt damit Konsum- und Produktionsbedürfnisse. Demgegenüber möchte kein Mensch das Geld der Deutschen

Bank konsumieren oder in seinem Arbeitsprozess als Maschine benutzen. Das Geld ist überall nur ein Schlüssel, ein Zugangserfordernis zu den realen Werten.

Der Volkswagenkonzern hatte Fabrikgelände, Maschinen etc. im Werte von 27 Mrd. €. Die Vorräte beliefen sich auf 14 Mrd. €. Das waren immerhin zusammen noch 41 Mrd. €, die in realen Werten vorhanden waren. Beim Volkswagenkonzern macht das nur rund 28 % seines Vermögens (in Höhe von insgesamt 145 Mrd. €) aus. Das restliche Vermögen besteht auch aus Geldwerten: nämlich allein 51 Mrd. € aus Finanzdienstleistungen, die über die VW Financial Services oder teilweise direkt erreicht werden. VW ist damit rein finanziell gesehen bereits überwiegend eine Bank und eben insoweit nur teilweise in der Realwirtschaft. Letztere findet man dann ausschließlich bei kleineren Unternehmen, die zudem auch noch eine sechsfach höhere Sicherheit vor Arbeitsplatzabbau aufweisen.

Bei der Deutschen Bank gibt es demgegenüber nur 2,5 Mrd. € an Grundstücken, Einrichtungen, Computern etc. (Sachanlagen), die sie für ihre realen Tätigkeiten besitzt. Der Rest des Vermögens besteht in Geld in jeglicher Form, ob als Zentralbankgeld (5,8 Mrd.), ob als ausstehende Kredite (215 Mrd. €) oder aus Wertpapieren und anderen Geldvermögenswerten, die Geld vertreten. Die Sachanlagen machen damit 0,00013 % ihres gesamten Vermögens von 1.990 Mrd. € aus, wenn man die Schulden von 1.957 Mrd. € unberücksichtigt lässt. Per Saldo besitzt die Deutsche Bank damit tatsächlich zurzeit 43 Mrd. € bei weltweit 63.000 Beschäftigen, davon ein Drittel in Deutschland und der VW Konzern 32 Mrd. €, womit er 6-mal so viele Arbeitsplätze (370.000) bereitstellt.

Realwirtschaft meint die wirkliche Arbeit der Menschen, mit der sie unmittelbar Güter und Dienstleistungen produzieren, die man konsumieren, verbauen oder für Dinge verwenden kann, die den Menschen nützlich sind. Geldwirtschaft ist dagegen ein Austausch von Wertausdrücken, die nur mittelbar für die Menschen nützlich sind. Schenken die Verwandten dem Kind Geld zur Kommunion oder Konfirmation, so muss es dieses Geld erst noch in nützliche Dinge verwandeln. Schenken sie ihm ein Fahrrad, dann kann es unmittelbar darauf fahren.

Egal, welchen Bereich wir uns anschauen. In allem, was uns unmittelbar betrifft, ob bei den Arbeitsplätzen, im Konsum oder bei den öffentlichen Aufgaben, überall ist es allein die Realwirtschaft, die uns Wohlstand bringt. Innerhalb der Realwirtschaft sind es zudem noch die kleineren Betriebe, die den Arbeitsmarkt und regionale Stabilität sichern. Banken und andere Finanzdienstleister sind deshalb aber nicht weniger wichtig. Sie vermitteln die Prozesse, stellen die Verbindungen her und sorgen für die Zusammenarbeit. Nur, sie haben mit ihrer Möglichkeit, Kredite aufzunehmen und zu vergeben eine rein dienende Funktion für unsere Realwirtschaft.

Geld dient der Wirtschaft – das Wörgler Experiment 1932

Man kann diese Funktion von Banken am besten anhand des Wörgler Experiments aus dem Jahr 1932 erklären. In der 4200 Seelengemeinde Wörgl hatte die Weltwirtschaftskrise die örtliche Zementfabrik und die Bahn zu großen Entlassungen gezwungen. Die Arbeitslosenquote stieg extrem an und die Gemeinde war nicht mehr in der Lage, die Unterstützungen zu gewähren. Kredite waren auch nicht mehr erreichbar, trotz örtlicher Raiffeisenkasse und Sparkasse. Andererseits gab es aber viele Arbeitskräfte, die untätig waren. Der Bürgermeister entschloss sich, selbst Schilling-Scheine im Wert von 23.000 drucken zu lassen, die er, um Konflikte mit der Zentralbank zu vermeiden, auf „Arbeitswertscheinen" aufbaute und einem Wohlfahrtsausschuss gab. Jeder der für einen anderen arbeitete, erhielt dafür Arbeitswertscheine in einer bestimmten Höhe. Die konnte er bei der Raiffeisenkasse gegen die lokalen Schillinge eintauschen. Nun war wieder Geld da, das den Tausch und die Kooperation in der Gemeinde fördern konnte. Nahm z. B. ein Arbeitsloser einen Kredit auf, um beim Bäcker Brötchen zu kaufen, so hatte der Bäcker wieder Geld. Somit konnte er ein anderes Gemeindemitglied beschäftigen. Dieses konnte mit dem Geld beispielsweise wiederum einen Babysitter bezahlen, der sich davon eine alte Nähmaschine vom Speicher des Nachbarn kaufen konnte, um damit Näharbeiten für einen Dritten zu machen. Scheinbar schafft es also das Geld, dass Menschen, die tatenlos dasitzen, plötzlich zum Wohle aller wieder mit der Arbeit anfangen. Das erhöht den Wohlstand der Einzelnen aber auch Aller und entlastet somit die Gemeinde. In Wörgl wurde dadurch die Arbeitslosenzahl halbiert und die Gemeinde saniert.

Es ist aber nicht das Geld, sondern die Fähigkeit der Menschen, in großem Maßstab durch Tausch zusamnmenzuarbeiten. Sie leisten im Voraus, weil sie darauf vertrauen können, dass sie etwas zurückbekommen. Die Tauschringe, wo etwa wie in Madrid arme Menschen Möbel und Kleider tauschen, kommen ohne Geldscheine aus, benutzen aber durchaus den Wert des offiziellen Geldes als Tauschmaßstab. Nur Tauschringe sind teuer, begrenzt und anfällig für Betrug. Staatlich gesichertes Geld als Mittler ist deshalb besser.

Mit solchem lokalen Geld wie in Wörgl hatte die Geldwirtschaft einmal angefangen. Aristoteles und Diogenes, die griechischen Philosophen, hatten daher aus ihrer Sicht gefordert, dass Geld nur dazu da sein sollte, um Tauschprozesse lokal zu organisieren. Es dürfe keine Zinsen abwerfen, nicht gehortet werden und müsse immer in Bewegung bleiben. Der Kaufmann und wissenschaftliche Laie Silvio Gesell hatte in dem agrarischen Argentinien, wohin es ihn verschlagen hatte, die Landwirtschaft als Modell studiert. Als Reaktion auf die Wirtschaftskrise fing er 1891 an, Bücher über Geld und Währung zu schreiben. Darin hatte er die vorkapitalistischen Vorstellungen zum Geld zu einer Lehre vom „Freigeld" oder „Schwundgeld" entwickelt. Es sollte weltweit der Herrschaft des aufkommenden Finanzkapitals entgegensetzt werden. Er gehörte damit zu einer romantischen Bewegung, die sich teilweise ganz links (er gehörte zur Münchener Räterepublik) und dann wieder ganz rechts (er zollte den Nationalsozialisten in einem späteren Vorwort Tribut) nach einfachen bäuerlichen Gemeinschaftsverhältnissen zurücksehnte. Die Globalisierung durch die neue Marktgesellschaft wurde als die Wurzel allen Übels angesehen. Diese Koalition gab es auch in Wörgl. In Paris erschien 1932 ein Artikel, in dem es hieß: „Nicht nur die bekanntesten Kaufleute der Ortschaft wurden für das revolutionäre Programm gewonnen, sondern auch der katholische Ortspfarrer, der Kommandant der Heimwehr, ein überzeugter Reaktionär mit dem Gehabe des alten Militärs – alles in allem – eine wahrhaftige ‚Nationale Union'."

Der Bürgermeister von Wörgl berief sich bei seiner Aktion auf diese Lehren. Seinem Experiment wird als „Wunder von Wörgl" von den Vertretern dieser Lehre bis heute die weltweite Praktikabilität zugesprochen. Unzählige Initiativen von Künstlern und Intellektuellen, die für Sozialhilfeempfänger und Arbeitslose oder oft auch nur für sich selbst Tauschringe oder Lokalgeldsystems („LET" = Local Exchange and Trade System) aufbauen, wollen damit zeigen, (wie z. B. Guy Dauncey von den englischen Grünen), dass sie ein alternatives Finanzsystem praktizieren wie in Wörgl. Die Finanzkrise sehen sie als ihre Chance an. Im Mai 2009 fand unter dem Titel „Selbstvorsorge in der Finanzkrise – unbekannte Hintergründe – innovative Strategien – wertvolle Tipps" der „1. Frankfurter Geldkongress" statt, „wie sie ihr Geld in der Finanzkrise retten können." Margit Kennedy, die neben der fundamentalistischen Kritik von Creutz bekannteste Vertreterin, stand neben der Werbung für eine „unabhängig faire Beratung". Bei ihr überlagert der Glaube an das zinslose Geld die intelligente Nutzung der Finanzdienstleistungen. Der Mythos des Geldes lässt sich bei der bestehenden Unwissenheit eben leicht in eine Mystik des Geldes verwandeln.

In Wörgl jedenfalls wurde wenig wirklich alternativ gehandhabt. Das Geldsystem kann in der Realwirtschaft nur dann verbinden, wenn es – wie alles Geld – die beiden Informationen vermitteln kann: Sicherheit über die damit verbundene Kaufkraft und Gewissheit über deren Umfang. Um das zu erreichen, benutzte der Bürgermeister für sein Geld zunächst die Bezeichnung der offiziellen Währung: Schilling. Weiter ließ er bei der Sparkasse und der Raiffeisenkasse einen entsprechenden Betrag in harter Währung hinterlegen. Er sollte, so wie früher das Gold in den Tresoren der Zentralbank, sicherstellen, dass man die Scheine auch gegen Zentralbankgeld eintauschen konnte. Dass er, wie auch Zimbabwe, das neben einer internationalen eine nationale Währung einführte, dieses harte Geld dort gar nicht liegen ließ, spielt kurzfristig keine Rolle: Es ging dabei zunächst nämlich nur um die Psychologie. Das zeigt auch die aktuelle Finanzkrise, die ja tatsächlich schon vor fünf Jahren bestand, als das Geld keine realen Gegenwerte mehr hatte. Aufgefallen ist das erst jetzt, weil man dies vorher nicht überprüfte, sondern den realen Wert nicht infrage gestellt hatte.

Ferner musste der Bürgermeister aus Wörgl sicherstellen, dass das Geld nicht etwa gehortet, sondern wirklich für den Austausch von Arbeit benutzt wurde. Im Finanzsystem schaffen dies der Zinsanreiz und die Inflation. Wer sein Geld nicht investiert, verliert. In Wörgl wurde dies dadurch bewerkstelligt, dass man das „Freigeld" mit einem negativen Zins von 12 % p. a. belastete. Wer das Geld hatte, der musste jeden Monat 1 % davon in Marken kleben. Es war also eine staatlich verordnete hohe Inflationsrate, die die Wirtschaft antrieb.

Letztlich war das Wörgler Experiment nichts anderes als ein Finanzsystem im Kleinen. Es funktioniert nur dort, wo die Produktivität so gering ist, dass jede Arbeit sich für alle rentiert, eine Gemeinschaft besteht, die sich noch gegenseitig vertraut, hohe Arbeitslosigkeit keine Alternative lässt und sinnvolle Tauschobjekte vorhanden sind. Wäre da nicht der nahezu religiöse Eifer, mit dem diese Systeme propagiert werden, so könnte man überlegen, solche lokalen Währungssysteme vorfabriziert für bestimmte Situationen durch die Zentralbank bereitzustellen. Sie können zeitweilig funktionieren und Arbeit freisetzen. Doch gleichzeitig behindern sie die Entwicklung, weil sie die Menschen in das System einsperren, dumpfe Gemeinschaftsideologien begünstigen und die Chancen auf eine expandierende Wirtschaft mit mehr Produktivität und erweiterter Arbeitsteilung vergeben. Die Geschichte regionaler und selbst nationaler Währungen, die nicht austauschbar (konvertibel) waren, zeigt die enormen Produktivitätseinbußen und den Niedergang der Wirtschaften wie ehemals im Ostblock oder kürzlich in Simbabwe. Allein China scheint eine Ausnahme zu sein, was bei einer Bevölkerungszahl von 1,2 Mrd. Menschen aber eine unvergleichbare eigene Marktgröße mitbringt. Das Land hat sich mittlerweile den Finanzmärkten geöffnet.

Man kann aber aus dem Wörgl-Experiment lernen, dass ohne Geld Wirtschaft nicht mehr funktioniert, dass Geld in Bewegung bleiben muss, wobei eine kontrollierte Inflationsrate für die Armen oft bessere Wirkungen erzeugt als der Anreiz hoher Renditen. Hätte die österreichische Zentralbank sich damals am Experiment beteiligt und echte Schillinge mit nur lokaler Reichweite im Kreditwege zur Verfügung gestellt, wäre das Experiment wahrscheinlich noch viel erfolgreicher gewesen. Außerdem hätte man durch feine Dosierung die Inflationswirkungen in Grenzen halten können. Diese Idee, bei einer Verarmung der Menschen mehr Geld in Umlauf zu bringen und eine Inflation in Kauf zu nehmen, hatte auch der englische Regierungsberater Keynes. Er empfahl dem Staat in der Krise dadurch mehr Geld in Umlauf zu bringen, dass er als guter Schuldner einfach mehr Geld aufnimmt. Solches „deficit spending" nennt man inzwischen „Konjunkturprogramm" und die, die es im Namen einer angeblichen Stabilität verteufelt hatten, sind heute seine eifrigen Verfechter. Die Idee, Geld lokal einzubinden, war auch die Idee von Gale Cincotta sowie ihrem Freund, Senator Proxmire aus Wisconsin, die die Community-Reinvestment-Bewegung (CRA) von Chicago aus in den USA bis zur gesetzlichen Anerkennung führten. Das CRA-Gesetz verpflichtet alle Banken offen zu legen, was sie für die Stadtteile durch Kreditvergabe oder Kontoeinräumung oder durch Sponsoring von Stadtteilaktivitäten getan haben, die ihnen die Aufsicht zur Versorgung zuordnet. „Lokales Zurückinvestieren" heißt die Formel, die nicht akzeptieren will, dass die Banken, wie z. B. nach der Wende in den neuen Bundesländern, dort die Spargroschen einsammelten, sie dann aber statt in Dresden in den internationalen Finanzmärkten investierten, weil dort die Renditen höher waren. Doch auch in Deutschland ist die Idee des lokalen Zurückinvestierens noch wach. Sparkassen könnten ihr Regionalprinzip und Genossenschaftsbanken ihre Kundenverpflichtungen so verstehen. Leider haben aber auch sie sich, bedingt durch den Konkurrenzdruck der Privatbanken, von diesen Idealen entfernt. Sie nutzen lieber den Wettbewerbsvorteil solcher Ortskartelle und meiden häufig die kostenintensive Verpflichtung, allen Bewohnern ihrer Region gleich und gerade den benachteiligten Stadtvierteln und Schichten die Versorgung mit Kredit und damit mit Geld zu garantieren.

Die Verselbstständigung des Finanzsystems: Soros, Madoff, Flowers

Geld vermehrt sich in dem Maße, wie es gebraucht wird. Wer tauschen will, nimmt einen Kredit auf und bezahlt ihn hinterher zurück oder tauscht mit dem geliehenen Geld weiter. Je mehr getauscht wird, umso mehr Geld gibt es. Wandeln alle ihr Geld in reale Werte um und hören auf zu tauschen, dann verschwindet das Geld wieder. Kredite werden zurückbezahlt, an die Zentralbank zurückgegeben und die Banken schließen.

Eine Nachfrage nach Geld kann sich auch aus dem Geld selbst ergeben. Der Glaube an die Werthaltigkeit von Geld ist eine wesentliche Bedingung dafür, dass es seine Funktion in der Realwirtschaft erfüllen kann. Gleichzeitig kann dieser Glaube aber so fest in einer Gesellschaft verwurzelt sein und die Fähigkeit des selbstständigen Denkens so eingeschränkt haben, dass er zu einem Realitätsersatz wird. Geld ist dann ein Wert und stellt ihn nicht nur da. Wir kennen die BWL-Studenten, die auf die Frage, was sie im Leben erreichen wollen, nur noch antworten, dass sie viel Geld machen wollen. Bei den Strukturvertrieben und bei den Provisionsvertretern hat sich ein System durchgesetzt, wonach die Aufgabe, Produkte sinnvoll bei Verbrauchern unterzubringen, damit sie deren Leben bereichern, von dem Ziel der hohen Provision verdrängt worden ist.

Balzac nannte einen Banker als den zum Menschen gewordenen Geldschrank. Dostojewski hat die Geldgier einer seiner Figuren mit der Liebe zu einer Frau konfrontiert und lässt Nastassja Filippowna im Roman Der Idiot wie folgt sprechen:

> „Ganja Ardalionowitsch Iwolgin, siehst du die hunderttausend Rubel? Hier sind sie. Und ich werfe sie ins Feuer. Hörst du, wie der Holzstoß knistert? Hunderttausend Rubel! Ganja, du wolltest mich heiraten, du kannst die hunderttausend Rubel haben, du musst sie nur mit den Händen aus dem Feuer holen. Oh, ich werde deine Seele nackt sehen, ich werde sehen, wie du kriechst zum Feuer. Du verbrennst dir nicht die Hände, es geht sehr schnell. Hunderttausend Rubel, Ganja!"

Entsprechend hat der Geldkapitalismus die Figur des Finanzinvestors hervorgebracht. Was er in Reinkultur verkörpert, findet sich fast überall in der Gesellschaft als Element neben den Idealen einer produktiven Arbeit: Ihm kommt es nur noch auf den reinen Geldwert an. Er gibt Geld nicht aus, um etwas Sinnvolles dafür zu erhalten. Er möchte Geld für Geld haben und zwar grundsätzlich und endgültig. Geld investieren muss keinen Sinn machen, sondern ist bereits sinnhaft.

Wer in seinem Leben eine solche Realitätsverleugnung erreicht hat, für den ist der Schritt zum Glücksspiel und Betrug nicht mehr weit. Bernhard Madoff hat auf diese Weise 65 Mrd. $ gesammelt und seinen Anlegern Traumrenditen versprochen. Diese hat er mit dem Geld der nächsten Anleger bezahlt. Solche Systeme, die sich wie ein Schneeball, der durch einfaches Rollen zur Lawine wird (Schneeballsystem), aufbauen, sind im Geldsystem überall anzutreffen. In Deutschland gab es das zuletzt bei der Göttinger Gruppe. Tatsächlich sind sie vom normalen Geschäft oft gar nicht unterscheidbar. So ist es bei Häusern üblich geworden, die auf Kredit gebauten Häuser in eine Gesellschaft einzubringen („geschlossener Fonds"). Der Wert der Gesellschaft wird dann höher angegeben als das Haus wirklich wert ist. Man verkauft nun wiederum auf Kredit Anteile an dieser Gesellschaft an arglose Menschen und verspricht ihnen, dass das Haus durch Vermietung oder Verkauf hohe Gewinne erzielen wird. Diese Gewinne, die höher seien als die Zinsen, die man für den Kredit zahlt, würden dann als Verzinsung für das eingelegte Geld gutgeschrieben werden. Auf diese Weise könne man jeden Monat eine Gratisrente einnehmen und nach 10 Jahren, wenn das Haus verkauft werde, den Kredit mit dem ausgeschütteten Kaufpreis zurückbezahlen.

Diejenigen, die die Fonds betreiben und verkaufen, erhalten dafür in der Zwischenzeit hohe Provisionen und Beraterhonorare. Alles Geld wird aus den – auf Kredit eingenommenen – Einzahlungen der Käufer genommen. Mit diesen Einzahlungen wird nicht der ursprüngliche Kredit, der auf der Gesellschaft lastet, zurückgezahlt. Das Haus ist daher immer weniger wert. Alle Gewinne und Ausschüttungen werden aus dem Wert des Hauses entnommen. Am Schluss stellt man als Anleger schließlich fest, dass das ganze Haus allein der Bank gehört, die es ursprünglich finanziert hat. Das eingezahlte Bargeld ist weg. Man hat die Gewinne aus dem Haus bezahlt und das Haus existiert nicht mehr für die Anleger.

Eine weitere Rendite steuerte bisher der Staat bei, der den Scheinanlegern erlaubte, die reichlichen Anfangsverluste mit ihrem sonstigen Einkommen zu verrechnen und dadurch auf dem Papier weniger zu versteuerndes Einkommen auszuweisen. Statt dass der Staat im Steuersystem anfängt, zwischen Scheingeld und Geldscheinen zu unterscheiden und nur echte Liquidität (Guthaben wie Schulden) in staatlichem Geld besteuert oder begünstigt, hat er dem Steuerbetrug jetzt nur eine Grenze ab 100.000 € gesetzt und verlangt danach, dass nur noch Gewinne und Verluste aus demselben Geschäft miteinander verrechnet werden dürfen. Was aber dasselbe Geschäft ist, bestimmen diejenigen, die die Anzahl der Verträge festlegen, auf die sie ein Geschäft verteilen wollen.

Herrn Madoff tut sein Betrug „zutiefst leid. Ich schäme mich", hat er dem Richter gesagt und muss für 150 Jahre ins Gefängnis.

Madoff ist nur ein Extremfall. Keinen Finanzinvestor interessiert es, wozu er Geld braucht. Deshalb hinterlassen Finanzinvestoren eine so zerstörerische Spur in der Wirtschaft. Man findet ihre Namen wie den des Herrn Flowers als Teilhaber bei der HRE ebenso wie bei der HSH-Nordbank. Herr Soros hat in Malaysia Landesverbot. Er hat als Währungsspekulant versucht, Geld in mehr Geld umzutauschen und dabei den sehr ungleichen Tausch mit schwächeren Währungen ausgenutzt. In Wirklichkeit besteht das sagenhafte Vermögen nur daraus, dass einer das Geld hat und es bei anderen fehlt. Das ist dann eine reine Finanzinvestition. Herr Soros schreibt nun viele Bücher und lässt sie mit seinem Geld öffentlichkeitswirksam vermarkten. Darin fordert er, Menschen wie ihm das Handwerk zu legen und für das Finanzsystem verbindliche Regeln einzuführen. Das fordern inzwischen alle. Nur, es macht keinen Sinn, so lange nicht klar ist, was das Finanzsystem erreichen und um welche konkreten Regeln es sich handeln soll. Mehr Aufsicht, mehr Regeln, mehr Verantwortung – das alles sind so lange Sprechblasen, so lange die Diskussion darüber nicht beginnt, wie man das Finanzsystem dazu bringt, die Realwirtschaft und nur die Realwirtschaft zu unterstützen und nichts anderes zu tun.

Dass Finanzinvestoren das Gegenteil tun, nämlich der Realwirtschaft durch Zerschlagung von Unternehmen, Aufspaltung, feindliche Übernahmen (M&E) zu schaden, ist bei Managern, die etwas von langfristiger Unternehmensführung verstehen, bekannt. Bevor das nicht gestoppt wird, sollte man von einer Umkehrung der Funktion des Finanzsystems nur träumen.

Es würde ein einziger Vorschlag genügen: Beschränkung des Finanzsystems auf seine produktiven Funktionen in der Weltwirtschaft. Alles andere müsste sich daran beweisen. Dazu haben wir historisch mit den Wucherverboten genügend Erfahrungen. Diese müsste man nur, wie das nächste Kapitel zeigen wird, wirklich nutzen.

Alle aktuellen Vorschläge gehen dagegen davon aus, dass das Finanzsystem selbstständig ist, dass man Geld um des Geldes willen tauscht. Laut dieser Vorschläge muss niemand dem Volk erklären, warum es seinen wirklichen Reichtum für die Bestimmung durch die Scheinreichen hergeben soll. So soll die vom ehemaligen amerikanischen Minister Tobin vorgeschlagene Steuer für Kapitaltransfers nur Sand ins Getriebe der Finanzinvestoren streuen. Auch eine Weltaufsichtsbehörde wird solche Prozesse allenfalls bürokratischer, aber nicht gesunder gestalten. Wer den Ratingagenturen verschreibt, sie sollen ehrlicher sein, müsste ihnen auch sagen, was die Wahrheit ist und wie man sie findet. Das ist in einem verselbstständigten Geldmarktsystem unmöglich. Jeder auch noch so spekulative Preis eines Wertpapieres ist in dem Moment ein wahrer Ausdruck seines Wertes, in dem er auch tatsächlich bezahlt wird. Soll das identische noch nicht verkaufte andere Wertpapier dann anders bewertet werden? Wo Geld für Geld ausgetauscht wird, gibt es keine Wahrheit.

Interessanter sind da schon das Verbot von Wertpapierverkäufen, die man nur zum Schein jetzt schon macht, weil man sie später billiger bekommen kann und sich auf Kosten der Besitzer mit der Differenz bereichern kann (Leerverkäufe). Die uralten Verbote von Glücksspiel und Wette ebenso wie von Wucher und Zinseszinsen haben heute weit mehr Sinn, als man annimmt. Man muss sie nur genauso modernisieren wie man das Geld selbst in seiner Form modernisiert hat.

Wenn Volkswagen (VW Financial Services) oder General Motors (GE Money) aber auch Siemens mehr Geld mit Geld als mit ihrer Produktion verdienten, dann hat die Verselbstständigung des Geldsystems schon ihre Tochtergeschwulste überall in der Wirtschaft gestreut.

3.2.7 Kredit und Darlehen – Vertrauen oder Anvertrauen?

„Alles ist Kredit." Was heißt das? Auch hier müssen wir wieder lernen, dass wir mit dem Begriff Kredit in die Irre geführt werden. So erklären uns die Banker, Kredit komme vom lateinischen Wort Creditum und bedeute Vertrauen. Das passt sehr gut: So kann die Bank ihrem Kreditnehmer sagen, dass sie ihm das Geld nur im Vertrauen darauf geliehen habe, dass er es auch zurückzahlt. Die Wirtschaftswissenschaftler übernehmen das mit der Behauptung, die armen Banken würden, wenn sie gute Konditionen bieten, fragwürdige Existenzen anziehen (adverse Selektion). Diese würden sich moralisch fragwürdig verhalten (moral hazard) und den Kredit veruntreuen. Es herrsche eine asymmetrische Information, weil sie nicht wissen könnten, was der Kunde vorhat. Das ruft fast Rührung hervor, weil man sich schlecht vorkommt, wenn man nicht mehr zahlen kann.

Tatsächlich geben die Banken ihre Interessen damit falsch wieder. Banken vergeben Kredite, weil sie so Zinsen verdienen können. Der beste Kredit ist für sie derjenige, der nie zurückgezahlt, für den aber ewig Zinsen bezahlt werden. Dann kann sie sich zurücklehnen und monatlich die Zinszahlungen entgegennehmen. Zahlt der Kunde dagegen zurück, so muss sie für das Geld einen neuen Kunden finden. Das ist anstrengend. Deshalb bestrafen die Banken auch Kunden, die vorzeitig zurückzahlen wollen, mit weit überhöhten sog. Vorfälligkeitsentschädigungen. Diese hat ihnen der Gesetzgeber jetzt auch bei Konsumkrediten erlaubt. Darüber hinaus versuchen alle Banken, möglichst Dauerkreditnehmer zu bekommen. Man nennt solche Kredite dann beschönigend „revolvierende (sich erneuernde) Kredite" so wie sich ein Revolver von selber nachlädt. Sie werden immer wieder erneuert, weil von Anfang an klar ist, dass der Kunde sie nie ganz wird tilgen können. Der Kontoüberziehungskredit, echte Kreditkarten- ebenso wie sogenannte Variokredite oder Bausparsofortfinanzierungen sind solche Produkte, die wie gezündete Handgranaten wirken können.

Nicht die Bank braucht Vertrauen in den Verbraucher. Sie hat die Statistiken und weiß bis auf das Komma genau, was sie erwartet, weil die Ausfallquoten sich kontinuierlich entwickeln. Und zahlt der Verbraucher nicht, dann gibt es so viele Druckmittel gegen ihn, dass er – wie heute noch in Irland – sogar im Gefängnis landen kann.

Vertrauen braucht dagegen der Verbraucher, der einen Kredit aufnimmt. Er muss nämlich darauf vertrauen, dass die Bank ihn nicht fallen lässt, wenn er mehr oder einen neuen Kredit braucht. Er muss darauf bauen, dass der ihm angebotene Kredit so verantwortlich berechnet und angepasst ist, dass er ihn nicht ruiniert. Sonst geht es ihm wie all den Menschen, die die Wucherer Jahrtausende lang mit ihren Krediten ruiniert haben. Schließlich muss der Kreditnehmer noch darauf vertrauen, dass die Bank ihm den Kredit nicht zu einem Zeitpunkt wieder vollständig (einschließlich der Sicherheiten) entzieht, zu dem er ihn gerade dringend braucht. Schließlich haben die Kreditgeber – anders als bei der Wohnungsmiete und im Arbeitsverhältnis – das ungezügelte Recht, die ganze Kreditsumme zurückzuverlangen, wenn man auch nur zwei Raten nicht bezahlen konnte: ein ziemlich hartes Recht.

Früher war das anders: Das, was wir heute als Kredite bezeichnen, waren damals keine Kredite. Das zeigen schon die anderen Sprachen, die vom Lateinischen mehr übernommen haben als wir in Deutschland. Sie verstehen noch heute unter creditor im Englischen oder creditore im Italienischen den Gläubiger statt den Kreditgeber. Zwar ist jeder Kreditgeber auch Gläubiger, aber das drückt nicht das Besondere seiner Stellung aus. Schließlich ist der Verkäufer auch Gläubiger des Kaufpreises. Das Besondere des Verkaufens drückt es aber nicht aus.

Kreditgeber heißt also nur Gläubiger. Im Lateinischen war daher das Creditum auch die Schuld und nur dann ein Kredit, wenn die Schuld aus einem Kredit stammte. Was der Verkäufer im Kaufvertrag ist, ist im Englischen der „Lender", also der „Geldverleiher" oder „Darlehensgeber" beim Kredit. So steht es auch in § 488 des Bürgerlichen Gesetzbuches. Insoweit ist das deutsche Recht weit weniger ideologisch als das neo-liberale Europarecht; dort gibt es stattdessen eine Verbraucherkreditrichtlinie.

Das Creditum hatte also zunächst gar nichts mit dem Geldverleihen zu tun. Nur die Ökonomen griffen gern auf dieses Wort zurück, bringt es doch den Geldverleiher in eine schmeichelhafte Situation, die er historisch nicht hatte. Das Creditum war für eine ganz andere Situation gemacht. Weil bei jedem Kauf und jedem Tausch immer eine Partei vor und die andere später leistet, kommt es darauf an, wer zuerst und wer danach leistet. Wir kennen das, wenn man ein Haus kauft. Der Verkäufer will erst sicher sein, dass er das Geld bekommt. Erst dann übergibt er das Haus. Zahlt der Käufer das Geld dagegen zuerst, ist er wiederum nicht sicher, ob er das Haus wirklich überschrieben bekommt. Man braucht „Vertrauen" in einen anderen, wenn man ihm erlaubt, später zu leisten und damit eine Schuld, ein Creditum, aufzubauen. Wer das erlaubt, muss an den anderen glauben, er wird zum Gläubiger. Beim Hauskauf hat man das heute anders gelöst. Man schaltet einen Dritten ein. Der Verkäufer gibt das Recht, das Haus zu überschreiben, einem Notar. Der Verkäufer bittet die Bank, das Geld aus dem Hypothekenkredit nicht dem Verkäufer, sondern dem Notar zu überweisen. Erst wenn alles beisammen ist, führt der Notar das Geschäft aus. Diese Geschäftsabwicklung ist umständlich, aber keiner (außer dem Notar) kann betrügen.

Leistete dagegen früher der den Hof verkaufende Bauer zuerst, dann wurde er automatisch Gläubiger des Käufers, der noch bezahlen musste. Im Gläubiger stecken dann der Glaube und das Vertrauen, den auch das Wort Kredit enthält. Das war eines der großen rechtlichen Probleme der früheren Wirtschaft. Deshalb wurde viel darüber nachgedacht, was zu tun sei, wenn jetzt der Gläubiger oder Creditor in seinem Glauben getäuscht wurde, weil der andere doch nicht zahlte. Er fühlte sich geprellt und benachteiligt, er verlangte vom Richter, dass er gegen den anderen vorgeht. Wenn der Schuldner nichts hatte, sollte er wenigstens arbeiten – im Schuldturm oder, wie ab dem 16. Jahrhundert in England, im Arbeitshaus oder indem er sich selbst als Sklave vermietete, wie im alten Rom. Immer aber war der Creditor enttäuscht, die Kreditierung war ihm ja aufgezwungen.

Bei dem, was wir heute Kredit nennen, ist dies ganz anders. Hier will der Kreditgeber sein Geld investieren. Er braucht den Kreditnehmer, um die Zinsen zu erwirtschaften, die er damit für sich oder für andere haben will. Will er sie für andere haben, so braucht er noch mehr, weil er aus dem Zinsunterschied seinen Betrieb und seine Gewinne erwirtschaften will. Er vertraut also nicht auf die

Rückzahlung, sondern auf die Zinszahlung. Stellt man sich vor, dass eine Bank einen Kredit über 10.000 € auf 100 Jahre für 10 % p. a. ohne Rückzahlungen ausleihen kann, dann würde sich die Schuld nach 100 Jahren auf 137.806.123,40 € belaufen. Das lässt sich leicht dadurch errechnen, dass man die 10.000 € mit dem Faktor $(1+10\,\%)^{10}$ (=1,110) potenziert. Die Rückzahlung der 10.000 € würde mit knapp 0,073 % dieser Gesamtsumme praktisch nicht mehr ins Gewicht fallen. Die Bank verdient somit, je länger der Kredit läuft, nicht mit der Rückzahlung, sondern daran, dass der Kredit gerade nicht zurückgezahlt wird. Sie vertraut darauf, dass der Kunde möglichst lange die Zinsen zahlt, aber eben nicht tilgt.

Citibank war so eine Bank, die dieses System unendlicher Kredite bis in alle Verästelungen entwickelt hatte. Die Kreditnehmer erhielten regelmäßig Briefe mit dem Hinweis, dass sie wieder einen Betrag von z. B. 1000 € frei hätten. Nahmen sie ihn, wurde der alte Kredit umgeschuldet und die Gesamtschuld erhöhte sich. Konnten sie die Raten nicht bezahlen, dann wurde ein neuer Kredit vergeben. Dabei wurden die rückständigen Raten in Kredit verwandelt und ein neuer Kredit abgeschlossen. Dieser hatte häufig sogar höhere Zinssätze. Was sollte der Kreditnehmer schon dagegen einwenden, war er doch froh, dass er überhaupt finanziell erst einmal überlebte. Das ging manchmal ein ganzes Leben lang. So etwa bei Herrn Rödig, dessen Fall schließlich beim Bundesgerichtshof landete, der dann immerhin weise meinte, eine Bank dürfe bei Umschuldungen nicht jeden Gewinn machen, der sich ihr biete: Vielmehr müsse sie auch die Interessen der Kunden im Auge haben. Der alte Bundesgerichtshof (in den letzten zehn Jahren herrschte dort ein ganz anderer Ton, wonach der überzogene Verbraucherschutz die Bankwirtschaft bedrohe) war sogar der Meinung, eine Bank dürfe ihre Kunden in der Not nicht im Stich lassen und erst recht nicht ausbeuten. Wenn der Kredit also letztlich ausfiel, war es gar nicht „schlimm" für die Bank, weil er schon genügend erwirtschaftet hatte. Wenn heute oft darauf hingewiesen wird, in dem ebenfalls mit einem Nobelpreis versehenen Microlending (merkwürdigerweise an die Ärmsten und dann auch noch nur an verschleierte Frauen als Sinnbild der selbstständigen Unternehmerin in Bangladesch) wäre die Ausfallquote so gering, dann muss man sich fragen, ob sie nicht alle nur verlängert werden. Wenn jemand nicht mehr zahlen kann, zieht man die Schulden entweder vom Essen ab oder verlängert den Kredit, sodass auf dem Papier auch dann noch alles intakt erscheint, wenn der Schuldner pleite ist. Wichtig ist, dass das Geld ausreicht, um die monatlichen Zinsen zu begleichen. Es gibt inzwischen Hunderte von Tricks, wie sich die Schulden lebenslang auf dem Papier aufbauen lassen.

Die Römer kannten den Unterschied zwischen Gläubiger und Kreditgeber. Deshalb benutzten sie meist auch für den Kreditgeber nicht den Begriff Creditor.

Der Kredit hieß wie heute noch im Italienischen mutuum (mutuo), was „gegenseitig" bedeutet oder auch faeneratio, das auch Wucher bedeutete. Beim mutuum konnte man keine Zinsen als Gegenleistung erhalten. Das fanden die Römer unvorstellbar, dass totes Geld Früchte tragen sollte wie ein lebendiger Baum oder Sklave, den man gemietet hatte. Deshalb verlangten sie über die Zinsen einen gesonderten Vertrag (Stipulatio). Im Deutschen benutzen wir das Wort (Dar-) Lehen ebenso wie im Englischen das Wort Loan von Leihe. Im Italienischen und Französischen ist der prestito oder prêt ebenfalls eine Erinnerung an die unentgeltliche Leihe aus feudaler Zeit. Zinsen waren nicht normal, so stand es als Regel für das Darlehen noch bis zum Jahre 2002 im Bürgerlichen Gesetzbuch. Das Darlehen oder die Geldleihe sollte so behandelt werden wie das feudale Lehen: Hier vertraute der Lehnsherr dem Vasallen ein Stück Land an und erwartete dafür, dass er das Land bebaute und ihn an den Früchten teilhaben ließ, aber kein Geld. In Balzacs Roman „Die Erde" (La Terre) sagt der 92 Jahre alte Bauer zu seiner geizigen Schwester, warum er das Land an die Söhne verteile: „Wenn man den Acker nicht mehr bestellen kann, dann leidet er." Produktive Nutzung war der Sinn der Leihe und Miete.

Jahrhundertelang herrschte die Vorstellung, dass das kommerzielle Geldverleihen unanständig sei und nicht noch vom Recht gefördert werden könne.

In der Bibel lesen wir bei Moses, dass das Leihen oder Lehen etwas Großzügiges ist. Du sollst „ihm leihen, soviel er Mangel hat." und Gott „wird dir leihen, du aber wirst ihm nicht leihen können." Der Kredit aber wird kritisch gesehen: „Denn du sollst ihm dein Geld nicht auf Zinsen leihen noch Speise geben gegen Aufschlag." „Und wenn ihr denen leiht, von denen ihr etwas zu bekommen hofft, welchen Dank habt ihr davon? Auch die Sünder leihen den Sündern, damit sie das Gleiche bekommen." Mohammed schreibt etwas Ähnliches im Koran: „Diejenigen, die Zinsen verschlingen, sollen nicht anders dastehen als wie einer, der vom Satan erfasst und zum Wahnsinn getrieben wird. ... Allah hat den Handel erlaubt und das Zinsnehmen verboten." Aber auch ihm geht es um die Mildtätigkeit und das Almosen, das alle Religionen als wichtigstes gemeinschaftsbildendes Element haben: „Allah wird den Zins dahinschwinden lassen und die Mildtätigkeit vermehren."

Bis ins 19. Jahrhundert verbot die katholische Kirche wie heute noch der Islam die entgeltlichen Darlehen. Es gab somit im alten Recht kaum Vorbilder für den Kredit. Damals hatte das Geld noch nicht die sozialen Beziehungen ersetzt und dabei einerseits globale Zusammenarbeit ermöglicht, aber auch individuelle Gemeinschaften auflösbar gestaltet. Kredit musste unter diesen Bedingungen Wucher sein.

Es existiert daher kaum historisches Wissen, das weiterhilft. Das feudale (Dar)-Lehen lockt uns auf die falsche Fährte der Almosen und der Kredit des

Handelskapitalismus führt uns in die Irre des säumigen Schuldners. Beide machen nicht die eigentliche Funktion verständlich, nämlich, dass gegen Entgelt (Zinsen) Zeit zur Verfügung gestellt wird, in der die exklusive Nutzung von fremdem Geldkapital ermöglicht wird. Kredit ist Kapitalmiete und weder Lehen noch säumige Schuld. Das dies verkannt wird ist fatal, weil wir immer aus der Geschichte lernen und die aktuelle Form des Kapitalismus, die Kreditgesellschaft, es verdienen würde, dass wir sie besser verstehen. Das gilt erst recht in einer Kreditkrise.

3.2.8 Geld muss man mieten!

Dabei fällt die Ähnlichkeit des Kredits mit der Miete ins Auge. Stellt man sich einen Kredit als Geldmiete vor, dann wird klar, dass der Vermieter nicht vermietet, um die Mietsache zurückzubekommen, sondern um Mietzahlungen zu erhalten. Der Vermieter und der Mieter müssen zueinander Vertrauen haben. Außerdem macht es nicht viel Sinn, wenn der Vermieter bei kleinsten Problemen gleich die Wohnung zurückverlangt. So vergibt auch der Kreditgeber einen Kredit nicht deshalb, um ihn zurückzubekommen sondern wie der Vermieter, um eine (Geld-) Miete zu erhalten. Je langfristiger der Kredit ist, umso mehr muss ich dafür bezahlen, so wie bei der Wohnung. Es ist dann auch klar, dass Wuchermieten in der Gesellschaft die Obdachlosigkeit erhöhen, Ghettos schaffen. Die finanzielle Obdachlosigkeit heißt dann Überschuldung.

Vermieter wie Kreditgeber müssten auch langfristig am Wohl ihrer Mieter interessiert sein, weil langfristig zahlungskräftige Mieter die beste Garantie für eine kostengünstige Verwertung ihres Eigentums sind. Ohne Mieter würden die Häuser leer stehen und Kapital ungenutzt und ohne Rendite bleiben. Vermieter und Mieter brauchen sich. In der Not des Mieters tut der Vermieter gut daran, flexibel zu reagieren und nicht noch die Miete zu erhöhen. Er hat sonst einen Mieter, der gar nichts mehr zahlt. So zog z. B. ein insolventer Mieter erst aus, als ihm der Vermieter versprach, dann keine Schulden mehr geltend zu machen. Das war klug, weil der Mieter sonst noch bis zur Räumung dort ohne Mietzahlungen gewohnt hätte. Solche Klugheit haben unsere Banken bisher wenig gezeigt.

Es darf Vermietern nicht egal sein, wie die Mieter in der Wohnung leben können. Sie müssen sie, und das steht sogar im Gesetz, menschengerecht Instand halten und auf die Bedürfnisse der Mieter eingehen. Der Zweck der Wohnung für das Leben ist daher ein wesentliches Element des Vertrages. Die Wohnung soll im Leben des Mieters einen Sinn machen. Das Bundesverfassungsgericht hat sogar das Recht des Mieters, in der Wohnung zu wohnen, dem Eigentum gleichgestellt.

Auch die Geldmiete ist nicht zwecklos. Sie soll produktiv im Leben des Kreditnehmers wirken, sich anpassen lassen, langfristig gedacht sein und in der Not Kooperation statt Ausbeutung hervorbringen. Beide Vertragspartner müssen einander vertrauen können. Es gibt zwischen den Vertragspartnern jedoch ein Ungleichgewicht: Der Kreditnehmer wie auch der Mieter ist die schwächere Partei ist. Das ergibt sich nicht aus seiner größeren Unkenntnis oder dem Mangel an geschäftlicher Erfahrung sondern daraus, dass die Wohnung für den Mieter eine ganz andere Bedeutung hat als der Mietzins für den Vermieter. Es handelt sich um, wie es im Europäischen Vertrag ausgedrückt ist, „Dienstleistungen von allgemeinem Interesse", zu denen der Geldkredit inzwischen auch gezählt werden müsste.

Dass der Kredit nur Miete ist, wird auch durch die Tatsache deutlich, dass er allmählich die Sachmiete ablöst bzw. sie ersetzt. Mietet man ein Haus, zahlt man monatlich einen Mietzins und nutzt das Haus so lange, wie man es bezahlen kann. Man kann auch ein Auto mieten oder neudeutsch leasen und zahlt nur für die Zeit Miete, in der man es auch nutzt.

Hat man dagegen ein Haus gekauft und voll finanziert, so zahlt man zwar keine Miete an einen fremden Eigentümer, dafür aber Zinsen an die Bank. Der Unterschied, dass es einem gehört, verblasst, wenn man – wie Millionen englische, spanische oder amerikanische Hausbesitzer im Jahre 2009 – die Zinsraten auf den Hypothekenkredit nicht mehr bezahlen kann. Der Mietvertrag des Hauses kann nicht gekündigt werden, schließlich ist man der Eigentümer und nicht der Mieter. Doch der Kredit wird fällig gestellt und das Haus zwangsversteigert. Ausziehen muss man in jedem Fall. Die Bank wird in diesem Fall also zum Vermieter. Allerdings hat sie nicht das Haus, sondern nur das Geld vermietet und dafür das Haus als Sicherheit erhalten.

Mit der Miete haben die Juristen historisch viele Erfahrungen gesammelt. Schon der Kaiser Hammurabi hat sich in seinen Gesetzen in Babylon vor 3769 Jahren mit Problemen der Miete beschäftigt. Er hatte in Artikel 45 seines Kodex den Fall geregelt, dass ein Bauer, der ein Feld gemietet hatte, seine Raten wegen einer Missernte nicht bezahlen konnte. In Artikel 47 verwies er den Vermieter auf die nächste Ernte und verhinderte damit, dass der Vermieter dem Bauern das Saatgut wegnahm, das dieser für einen produktiven Einsatz seiner Arbeitskraft und damit für die eigentliche Nutzung des Kredites brauchte. Es war eine kluge Vorschrift, die wir bis heute zwar im Zwangsvollstreckungsrecht kennen, wo der Gläubiger dem Bauern den Pflug lassen muss (aber dem Arbeitnehmer das Auto pfänden darf), die im Kreditvertrag selbst aber noch nicht wieder aufgenommen worden ist. Bekanntlich muss in unserem System die Bank gar nicht berücksichtigen, warum jemand nicht zahlen kann. Es reicht, dass er oder sie nicht zahlt. Die Gründe spielen für die Bank keine Rolle. „Geld hat man zu haben" heißt der Grundsatz, auch wenn dieselbe Bank, der ich den Kredit schulde, meinen Arbeitgeber durch Kreditkündigung in den Ruin getrieben und mir meine Erwerbsquelle genommen hat. Wer nicht zahlt, hat immer Schuld.

In Artikel 48 des Kodex Hammurabi findet sich eine weitere Regelung für den Fall, dass der Bauer, der sich Korn oder Geld für den Kauf von Korn geliehen hat, „wegen eines Sturms, der das Korn oder die Ernte vernichtet hat oder wegen einer Missernte oder schließlich, weil Wassermangel die Aussaat vertrocknen ließ" seine monatliche Miete nicht zahlen kann: Er muss „in diesem Jahr nichts zahlen und dem Verleiher kein Korn geben und kann sein steinernes Schuldbuch in Wasser waschen", heißt es sehr bildlich in diesem Gesetzbuch. In dem nachfolgenden Artikel wird dem Bauern, der Geld für Korn von einem Händler geliehen hat, weiter das Recht gegeben, den Betrag auch in Form von Korn zurückzubezahlen, das er durch die Investition der Darlehenssumme erzeugt hat. Die Rückzahlung wird also auf den produktiven Nutzen der Kreditverwendung begrenzt und bindet damit den Kreditgeber in das Bestreben ein, möglichst die Summe auch produktiv zu verwenden. Ruiniert ein Kreditgeber den Kreditnehmer durch harte Bedingungen und Unnachgiebigkeit, so ruinierte er sich auch selbst.

Dieses Recht gibt es heute teilweise noch in Frankreich für Verbraucher. Um die Zwangsversteigerungen einzudämmen, kann der Richter dort bestimmen, dass eine Bank nicht mehr für ihre Schuld bekommt, als die Zwangsversteigerung erbringt. Die deutsche Situation, dass die Bank weiterhin alle Schulden einfordern kann und das Haus für einen Spottpreis ersteigert, gilt dort nicht.

In Art. 243 des Kodex Hammurabi findet sich sogar eine Mietpreisbindung bzw. Zinsobergrenze. Wer eine Viehherde vermietet, soll dafür drei Gur Korn und nicht mehr aber auch nicht weniger erhalten, weil der Gesetzgeber wusste, dass dieser Zins erreichbar war und produktiven Einsatz ermöglichte.

Vor fast 4000 Jahren war also schon bekannt, dass Kredite produktiv sein mussten und dass es keinen Sinn macht, eine Kuh zu schlachten, von der man Milch erwartet. Diese Weisheit ist uns verloren gegangen. Wir erringen sie uns, wie die obigen Beispiele zeigen, Zentimeter für Zentimeter zurück. Immerhin befreien auch wir heute durch das Verbraucherinsolvenzverfahren von Schulden, dies allerdings unter härtesten Bedingungen und erst nach sechs Jahren Wartezeit. In Italien und vorher schon in Finnland sind jetzt die Banken, die Subventionen erhalten, verpflichtet, Kredite für sechs Monate zu stunden, wenn der Kreditnehmer arbeitslos wird oder sein Verdienst durch Kurzarbeit geschmälert ist. In den USA übernimmt gar der Staat jetzt die Schulden der von Zwangsversteigerung bedrohten Hausbesitzer und der Präsident erklärt dem Volk, warum das vernünftig ist: Weil sonst die Hauspreise noch weiter fallen und alle davon betroffen sind.

Es lohnt sich also, in die Geschichte zurückzugehen und sich nicht von jenen Ideologen leiten zu lassen, die meinen, mit dem Kapitalismus moderner Prägung den Stein der Weisen in den Händen zu halten. Gerade erst einmal 100 Jahre lang beherrscht kapitalistisches Gelddenken unsere Gesellschaft so stark, dass man überhaupt von einer kapitalistischen Epoche sprechen kann. Sicher, Geld und Kredit gibt es seit 5000 Jahren, aber doch nur am Rande und nur dort, wo Handel betrieben wurde. 98 % der Gesellschaft funktionierten nach anderen Regeln. Das können sich unsere Volkswirte heute nicht vorstellen. Stattdessen suchen sie nach Möglichkeiten, den Kapitalismus auch für solche Bereiche zu aktivieren, für die er gar nicht passt. So beispielsweise im Bereich des Umweltschutzes, wo man jetzt Verschmutzungsrechte kaufen kann. Es ist nicht verwunderlich, dass diese Methode nicht zu einer höchstmöglichen Reduktion des CO_2 geführt hat. Vielmehr steht der Gedanke im Zentrum, dass man zwar die Umwelt verschmutzt, dafür aber schließlich auch zahlt. Die Vorstellung, dass man sich mit Geld von allen Verpflichtungen gegenüber der Gemeinschaft befreien kann, ist eine der negativsten Auswüchse, die der Kapitalismus hervorgebracht hat.

Wir können mit der Miete sogar noch weiter gehen und dabei feststellen, dass die Funktion von Kredit, nämlich die Arbeit der Menschen miteinander zu kombinieren und Arbeitsteilung zu fördern, in der Miete klar hervortritt. Mietverhältnisse gab es nicht nur bei Sachen, Korn oder Geld, sondern auch bei der Arbeit. Fremde Arbeit wurde in früheren Zeiten von Sklaven verrichtet. Sklaven waren die Kriegsgefangenen, also die Beute und Belohnung für Feldzüge. Sie wurden nicht wie im kapitalistischen Sklavenhandel von amerikanischen Siedlern gekauft, sondern sie waren der Lohn der Eroberung. Man behandelte sie daher auch nicht als Ware, sondern als anvertraute Güter, die teilweise den Kindern gleichgestellt waren. Solche Sklaven vermietete der Schuldner, wenn er kein Geld mehr hatte. Es gab hierzu viele Regeln, die sicherstellen sollten, dass der Mieter des Sklaven diesen pfleglich behandelte und seine Gesundheit schützte, damit der Herr dieses Sklaven keine Verluste hatte. Der Sklave war nicht einfach nur eine Sache, sondern ein produktiver Mensch. Oft hatten die verschuldeten Bauern nach mehreren Missernten keine Sklaven mehr, um zu bezahlen. Sie kamen daher auf die Idee, sich selbst als Sklaven ihres Onkels zu bezeichnen, damit der Onkel sie an den Gläubiger vermieten konnte und sie dort mit allen Rechten, die der Onkel nun bekam, ihre Schuld abarbeiten konnten. König Hammurabi verstand den Sinn dieser Konstruktion und gab ihnen daher das Recht, sich auch ohne den Onkel selbst als Sklaven zu vermieten. Man kann hierin Grundzüge des modernen Arbeitsvertrages sehen, in dem der Arbeitgeber dem Vertragspartner Fürsorge und Rücksichtnahme für dessen Einsatz als Arbeiter schuldet. Der Arbeiter tritt damit in zwei Rollen auf: als freier Vertragspartner und als „vermieteter" abhängig Arbeitender.

Im römischen Recht war dies 1000 Jahre später dann auch noch viel ausgefeilter. Die Miete hieß dort Locatio conductio, was in dem französischen Wort für Wohnungsmiete (Location) präsent ist. Die Locatio hatte dabei drei Anwendungen, die locatio conductio operarum für die Arbeitsmiete, die locatio conductio rei für die Sachmiete und die locatio conductio irregularis für die Miete von Gegenständen, die – wie das Geld – nur in gleicher Art und Güte zurückzugewähren waren. Die Römer kannten dabei auch die Vermietung der eigenen Arbeitszeit.

In allen diesen Beziehungen war es den Gesetzgebern klar, dass sie es mit Lebenszeit von Menschen zu tun hatten. Der Mieter lebt in dem Haus. Der Sklave, der sich selbst vermietet oder verdingt, hat seinen Körper, seine Gesundheit und sein Wohlergehen einem anderen anvertraut. Die Zinsen, die Miete für das geliehene Geld, müssen genauso aus dem Einsatz der eigenen Arbeit oder dem Erfolg der Investition zurückgezahlt werden. Überall führt die Nichtbeachtung des wichtigsten Elements in diesen Beziehungen, der Lebenszeit, dazu, dass der produktive Prozess, der durch den Kredit möglich wird, zerstört und dem Schuldner das zum Leben und Arbeiten Notwendige geraubt wird.

3.3 Kredit ist gekaufte Zeit

Zeit ist also Geld. Im Kredit beteiligt sich ein anderer an meiner Lebenszeit. Mein Arbeitseinkommen wird beim Sparen in meine Zukunft oder beim Kredit aus meiner Zukunft in die Gegenwart transportiert. Beim Sparen gebe ich anderen einen Kredit. Ich arbeite, aber konsumiere dafür (noch) nicht. Ich erhalte zwar die Gutscheine für meine Arbeitsleistung und für den Konsum. Ich benutze sie jedoch nicht, sondern stelle sie anderen zur Verfügung. Der Kreditnehmer will nicht auf den Konsum warten, sondern ihn schon in der Gegenwart nutzen, deshalb ist er bereit, Miete (Zinsen) zu bezahlen.

3.3.1 Zeit kostet Geld

Sparen und Kredit – zwei Seiten einer Medaille

Das Ganze funktioniert aber nur, weil es jemanden gibt, der die jetzige Arbeit eines anderen mit nutzen will. Er ist bereit, dafür in Zukunft zu sparen und sogar mehr zu sparen, als er jetzt durch den anderen bekommt. Nur deshalb lässt man ihn vortreten, weil man dadurch auch einen Vorteil erhält. Wer zuerst den Kredit gibt, erhält für die Zeit einen Ausgleich – die Zinsen.

Das wissen die Bauern in Indien nicht, die in sog. Zettelfonds (Chitfunds) gemeinsam sparen. Sie geben jeden Monat etwas Geld an den Dorfältesten und der verlost dann, wer von den Sparern das Geld zuerst benutzen darf. Weil das Los entscheidet, fügt sich jeder in diese Entscheidung. Es ist eben Schicksal, nur das – anders als beim Pokern – nichts geschenkt, sondern nur kreditiert wird. Im Hinduismus ist ohnehin alles vorherbestimmt. Also kann man auch das akzeptieren, so wie man beim „Mensch ärgere Dich nicht" akzeptiert, dass man hinausgeworfen wird.

Der Kredit ist hier rationaler. Wer verzichtet, bekommt mehr. Das geht sogar bis in die Religion hinein, wo Armut und Entsagung gepriesen werden, weil man sich dadurch das Himmelreich verdienen kann. Hier wird das Sparen als die größte Tugend gepriesen und belohnt. Tatsächlich beruht jeder gesellschaftliche Fortschritt darauf, dass man die Arbeiten vieler Menschen kombiniert. Das geht aber nur, wenn sie darauf verzichten, sofort alles aufzubrauchen, was sie erarbeitet haben. Marx nannte das den Mehrwert und schrieb Ferdinand Lasalle, der das Recht auf den vollen Arbeitsertrag dem Arbeiter geben wollte, ins Stammbuch, dass so kein Fortschritt möglich sei. Der Arbeiter müsse Mehrwert produzieren, also Kredit geben. Er sollte nicht der Illusion verfallen, ihm allein gehöre alles, was er erarbeite. Er könne es somit nicht sofort verbrauchen. Marx störte am Kapitalismus nur, dass der Arbeiter nicht an der Bestimmung beteiligt wurde, was mit diesem Mehrwert passierte. Deshalb nannte er die Kapitalisten auch Ausbeuter, weil sie sich den Mehrwert aneigneten, ohne den Arbeiter darüber mitbestimmen zu lassen, wo er investiert wurde. Der Arbeiter würde dadurch, dass andere über die Verwendung des durch eigene Arbeit erzeugten Mehrwertes bestimmten, von seinem Arbeitsprodukt „entfremdet."

Die Worte waren falsch gewählt. Wenn der Kapitalist den Mehrwert wieder in das Unternehmen steckt, dann tut er genau das, was der Arbeiter auch tun müsste. Ob nun der Unternehmer oder der „Staat" dies besser bestimmen können, darüber lässt sich trefflich streiten. Ausbeuter sind sie beide nur, wenn sie diesen Mehrwert selbst oder anderen zum Konsum geben und nicht wieder für die Produktion verwenden. Der Protestantismus des Johannes Calvin hat dem Kapitalismus mit seinen Askesevorstellungen damit zugleich eine Religion an die Hand gegeben, mit der er sich auch ethisch gegen die Ausbeutungsvorwürfe verteidigen könnte. Feudale Herrscher wie der französische Sonnenkönig waren daher weit größere Ausbeuter als die meisten Unternehmer.

Im Kredit hat also die Zeit, die zwischen der Arbeit und dem Konsum liegt einen Preis, den man entweder als Kreditnehmer bezahlt oder als Sparer bekommt. Je länger man im Voraus das Ergebnis seiner Arbeit nutzen will, also in Wirklichkeit die Arbeit derjenigen nutzt, die sparen, desto mehr Geld muss man bezahlen. Dass deshalb beim Ratenkredit über einen Zeitraum von 10 Jahren viel mehr zurückgezahlt wird, als man bekommen hat, ist nur eine Sinnestäuschung, weil man glaubt, Geld bekommen zu haben. In Wirklichkeit ist es aber der Zeitraum, während dem man eine Geldsumme nutzen darf. Bei der Wohnungsmiete ist dies klar: Doppelt so viel Zeit produziert eben doppelt so viel Kosten.

Warum die Menschen diese einfache Gleichung nicht verstehen, hängt damit zusammen, dass sie selten weiter als drei Jahre in die Zukunft schauen. Was danach kommt, das weiß doch keiner. Deshalb sind sie zufrieden, wenn ihnen etwa ein Gebrauchtwagenhändler allein die Monatsrate auf das Auto schreibt und verschweigt, wie oft und wie lange man sie zu zahlen hat. Sie sind entsetzt, wenn sie hören, sie müssten doppelt so viel bezahlen wie sie bekommen haben, weil sie die Zeit nicht berücksichtigen. Zeit zu kaufen mag schwer vorstellbar sein, ist aber sehr sinnvoll, wenn man mit den Dingen, die man dafür im Voraus bekommt, etwas Produktives anfangen kann. Man kauft ja letztlich auch nicht Zeit an sich sondern Arbeitszeit. Dass diese etwas kostet, weiß man.

Auch unser Gesetzgeber verlangt von den Kreditgebern, dass sie den „Gesamtbetrag" und darüber hinaus die Gesamtkosten eines Kredites als Eurobetrag im Vertragsformular angeben. Damit wird der Eindruck erweckt, so viel koste ein Kredit. Das ist jedoch falsch. Nicht der Kredit kostet so viel, sondern die Zeit, die man sich kauft. Deshalb sollte man nicht den Gesamtbetrag neben den Darlehensbetrag stellen, den man erhalten hat.

„Zinsen sind gemessene Arbeitszeit (% p. a.)", sagen Produzent und Verbraucher

Man muss die Gesamtkosten neben die Zeit stellen, die man erhalten hat. Da diese Zeit aus vielen Abschnitten besteht, die dasselbe kosten, ist es am einfachsten, man vergleicht bei jedem Kredit oder jeder Sparanlage auch nur die Kosten eines beliebig festgelegten standardisierten Zeitraums. International ist das das Jahr, wobei die Banken es 50 Jahre nach Einführung der Computer immer noch nicht geschafft haben, das wirkliche Jahr zu nehmen. Sie greifen immer dann, wenn es ihnen nützlich erscheint, auf das alte Bankjahr mit 360 Tagen und 12 gleichen Monaten mit jeweils 30 Tagen zurück.

Als noch alles im Kopf gerechnet werden musste, war diese Vereinfachung eine entscheidende Erleichterung, die die dadurch verlorenen Zinstage mehr als wettmachte. Dass dies auch heute noch so benutzt wird, ist merkwürdig und erklärt sich entweder mit einer gewissen Trägheit oder Verschlagenheit im Banksektor.

Mathematisch gesehen bleibt nur das kleine Problem, dass das Jahr nicht immer gleich lang ist, sondern alle vier Jahre ein Tag hinzu addiert wird. Die Schweden haben dies zuerst mit einem durchschnittlichen Jahr von 365,25 Tagen gelöst, wodurch man drei Jahre etwas mehr und ein Jahr etwas weniger Zinsen bezahlt. Wir haben es ihnen in Europa nachgemacht.

Rechnet man die Kosten eines Kredites pro Jahr aus, so braucht man das deutsche Wort „Jahr" nur durch das lateinische Wort „annum" zu ersetzen, um zu verstehen, warum wir hinter den Zinssätzen ein p. a. vermerken. Für Engländer („annual") oder Franzosen („ans") sind die Bezeichnungen einfacher, weil ihre Sprachen die lateinischen Ausdrücke direkt übernommen haben.

Mit diesem p. a.-Satz sind Kosten verschiedener Kredite noch nicht vergleichbar. Unterschiedliche Summen haben unterschiedliche Kosten. 200 € Kredit haben eben doppelt so viel Kosten wie 100 € Kredit. Also rechnet man auch das „herunter" und macht aus jedem Kredit einen Kredit pro 100 €, indem man die Kosten auch entsprechend reduziert. Hundert heißt, wie wir von unserer kleinsten Währungseinheit, dem Hundertstel Euro wissen, im Lateinischen centum und pro centum, ist im Englischen und Französischen wieder leicht als „percent" zu identifizieren. Im Deutschen wird es zu Prozent und durch das Zeichen % ausgedrückt. 5 % p. a. ergeben dann 5 € Kosten, die auf einen Betrag von 100 € für ein Jahr geliehen wurden.

So lässt sich Zeit in Geld umrechnen und damit auch das Geheimnis des Finanzsystems entschlüsseln, in dem die einen – ohne Raub, Diebstahl und Erpressung – durch bloßen Tausch reich und die anderen arm werden. Das liegt daran, dass sie neben Geld auch Arbeitszeit austauschen und zwar nicht nur unsere eigene, sondern die Arbeitszeit, über die wir verfügen können. Und da gibt es große Unterschiede in der Geschichte der Menschheit, die Brecht in seinem Gedicht „Wer baute das siebentorige Theben" satirisch beschrieb, wo man leicht vergaß, dass die Herrscher und Pharaonen die Pyramiden und Tore nicht mit eigener sondern mit der Arbeitskraft derjenigen bauen konnten, über die sie verfügen durften.

„Zinsen sind nur eine Form der Erträge für mein Geld", sagt der Banker und Investor

Unsere Sichtweise, dass Kredit Zeit austauscht, ist nur die Sichtweise von Verbrauchern, nicht aber diejenige der Kapitalinvestoren, die neben den Zinsen tausende von Begriffen benutzen, mit denen sie den Preis für die Zeit verdecken. Aus der Sicht der Verbraucher verschleiern sie ihn, machen ihn unkenntlich oder definieren ihn um.

Sie haben dafür Gründe, weil sie das Geld ja nicht benutzen, um damit Waren und Dienstleistungen sofort oder in der Zukunft zu erhalten. Ebenso wenig wie sie das Geld nicht annehmen oder verleihen, um dem Verbraucher oder Unternehmer die Möglichkeit zu verschaffen, zeitliche und örtliche Schranken der Kooperation bei Produktion und Konsum zu überwinden. Sie sehen Geld also nicht als Mittel oder Instrument an, ihre eigene Arbeit möglichst unbegrenzt nutzbar machen zu können. Sie wollen etwas bekommen und nicht etwas ausgeben. Güter und Dienstleistungen, Arbeit und Konsum sind aus ihrer Sicht nur ein Mittel, um mehr Geld zu erhalten. Deshalb ist es für sie auch nicht relevant, womit man dieses Geld verdient: So kann ein erfolgreicher Manager mit dem Vertrieb von Babywindeln anfangen, später Lokomotiven verkaufen und schließlich als Finanzinvestor enden. Babywindeln und Lokomotiven sind für ihn unwichtig, Hauptsache man kann mit ihnen Geld machen. Deshalb sind die erfolgreichsten Manager unserer Zeit in erster Linie Banker und haben damit dieselben Denkweisen wie die Finanzinvestoren. Erst in zweiter Linie sind sie Handwerker, die etwas Nützliches herstellen wollen. Das war für Kooperation und Globalisierung äußerst nützlich. Gleichwohl werden jetzt die dadurch entstandenen Grenzen für die Weiterentwicklung eines Systems sichtbar, in dem wir weit geplanter und überlegter Dinge wie Autos oder Massenkommunikationsmittel herstellen müssen. Dafür benötigen wir wieder etwas von dem zurück, was der Handwerker noch besitzt, der mir nicht noch die Melkmaschine verkaufen will, wenn ich dafür nur die letzte Milchkuh in Zahlung geben kann. Es würde also nichts schaden, wenn wir nicht nur vom Schreinermeister oder Metzger sondern auch vom Manager einer Möbelfabrik oder Fleischfabrik Grundkenntnisse über das verlangen, was er managen soll und wie diese Waren in der Gesellschaft wirken. Allerdings würden wir alle Errungenschaften für Frieden, Gleichheit und Demokratie wieder verlieren, wenn – wie zur Nazizeit – das Arbeiten mit Faust und Stirn die überholten Ideologien von Blut und Boden benutzt, um aus der Tauschwirtschaft wieder eine Verteilungshierarchie zu machen. Sie würden unweigerlich in die Zeiten des Raubes zurückführen. Die Banker lassen sich also nicht einfach durch Handwerker ersetzen. Wir können sie aber zu Bankiers machen, die differenzieren und die Sachlichkeit des Geldes und seine Wertfreiheit wieder mitdenken: Das ist es, was die Steuerung unserer Zukunft erfordert.

Zunächst müssen wir aber erst einmal erkennen, wo sich das „globalisierte Gelddenken" so auswirkt, dass auch diejenigen, für die diese Geldwirtschaft eigentlich funktionieren soll, ihre Bestimmungen nicht mehr ausüben können.

Wenn man das, was Verbraucher und Unternehmer, die mit der geliehenen Zeit reale Dinge wie Produktion, Verteilung und Konsum bewältigen wollen, aus der Perspektive desjenigen sieht, der alles nur macht, um aus Geld mehr Geld zu machen, dann stoßen wir auf einen Dickicht von Begriffen. Es verkompliziert unser System erheblich und macht vor allem den zentralen Faktor Zeit unsichtbar.

Der Makler bekommt beim Kredit des Verbrauchers dann eben keine Zinsen, sondern eine Provision. Der Restschuldversicherer erhält stattdessen Prämien, die Bank verlangt bei Abschluss eine Bearbeitungsgebühr und Schätzkosten für die

Wertfeststellung des beliehenen Grundstücks. Die Bank etwa nimmt für die Barauszahlung mit Kreditkarte die das Maß überschreitende Summe von 3 % oder gar 4 % des Auszahlungsbetrags. Der Kunde handelt ja nicht etwa deshalb so, weil er zu faul ist, die EC-Karte zu zücken, sondern weil er nur so aus der Kreditkarte den Barkredit herausbekommt. Die Bank nennt es trotzdem nicht Zinsen und nicht einmal Bearbeitungs-, sondern Auszahlungsgebühr. Das hört sich an, als ob man die 100 € bei einer Kreditaufnahme in Höhe von 3000 € nur deshalb zahlt, weil man zu bequem ist, um zum Schalter zu gehen.

Manche Banken verlangen für die Abwicklung des Kredites die Einrichtung eines Kontos, für das sie wiederum die Wortschöpfung „Kontoführungsgebühren" eingeführt haben. Wer seinen Kredit als Bauspardarlehen oder über eine Kapitallebensversicherung erhalten möchte, der zahlt bis zu 1,9 % Abschlussgebühren für die „Bausparsumme". Diese liegt wegen des theoretisch möglichen Ansparvorgangs um 40 % über der Kreditsumme. Das entspricht einer Bearbeitungsgebühr von über 3 %. Bei der Kapitallebensversicherung sind bis zu 4 % Abschlussgebühren – ebenfalls auf die Lebensversicherungssumme gerechnet – versteckt. Wären sie wenigstens als Bearbeitungsgebühr für den Kredit ausgewiesen, so müsste dies noch höher liegen.

Für alle diese Gebühren und neuen Wortschöpfungen haben die Banken gute Gründe. Sie leisten ja etwas dafür. Dem Verbraucher wird diese Leistung eher aufgedrängt. Das ist so als ob der Bäcker verschiedene Aufschläge auf den Brötchenpreis dafür machen würde, dass er die Brötchen auch bereitstellt und neue liefert, wenn sie verbrannt sind. Oder er Gebühren für das Einkassieren des Geldes verlangt und mir eine Provision dafür in Rechnung stellt, dass mich der Zeitungshändler um die Ecke zu diesem Bäcker geschickt und dafür einen Teil des Geldes erhalten hat.

Verbrauchersicht oder Bankensicht: Wer hat Recht?

Aus der Sicht des Verbrauchers und Kreditnehmers handelt es sich um Kosten für die Ware oder Zeit. Er bekommt letztlich nur Brötchen und will wissen, was sie ihn jetzt kosten. Deshalb ist für ihn allein der Gesamtpreis wichtig. Man will wissen, was etwa jede 100 € dieses Kredites für die gekaufte Zeit kosten. Dabei ist es gleichgültig, wer mit diesen Zinsen alles beglückt wird und ob man sie im Voraus, im Nachhinein, noch einmal verzinst oder unverzinslich zu zahlen hat. Es ist auch nicht wesentlich, wie diese Zahlungen genannt werden. Es sind Euros, die zu zahlen sind und alle Euros sind gleich. Sie schmälern das Einkommen. Warum erhält man dann nicht diesen einheitlichen Preis?

In der realen Wirtschaft heißt es, der Kunde ist König, die Kundin ist die Königin. Das macht Sinn, weil jede Produktion oder Dienstleistung nur einen gut gemeinten Versuch darstellt, etwas für die Menschen Nützliches zu produzieren. Wenn man den Menschen, wie dies Planwirtschaften versucht haben, aber vorschreibt, dass sie dies auch gut finden müssen, dann wird diese Wirtschaft unproduktiv, unbeweglich und bleibt ohne Innovation. Hinter dem Marktgedanken stand eigentlich die Idee, dass man die Freiheit der Konsumenten gar nicht so sehr um ihrer selbst willen, sondern im Interesse der ganzen Wirtschaft respektieren solle. Was gut ist, bestimmt der Verbraucher. Deshalb gehört es zur lauteren Werbung, wie das Gesetz es nennt, dass man seine Leistungen so darstellt, dass der Verbraucher sie auf seine Bedürfnisse beziehen kann. Ein Auto wird dann nicht als Stahl- und Plastikprodukt mit Otto-Motor und Schaltkreisen höchster Perfektion, sondern als Fortbewegungsmittel verkauft, indem man bequem reisen kann. Es sind die Bedürfnisse der Verbraucher und ihr Konsum, die die Sichtweise bestimmen. Im Bereich der Geldgeschäfte ist es aber umgekehrt. Der Verbraucher wird schon in der Schule mit Aktienspielen und Sparerziehung auf den Wunsch gedrillt, Geld zu besitzen und zwar möglichst viel davon, um reich zu werden. Das ist aber (wie es der Name schon sagt) nicht die Sichtweise des Verbrauchers. Er will etwas verbrauchen, so wie der Produzent etwas produzieren will. Das Geld wollen sie dabei nicht verbrauchen. Sie müssen es, ob sie wollen oder nicht, verausgaben. Aber ein Bedürfnis ist das Geldausgeben an sich im Regelfall nicht, auch wenn es inzwischen kluge Bücher über Kaufrausch zu geben scheint.

Ist das nicht alles praxisfremd? Eine Bank muss doch so wirtschaften, wie die Kosten und Erträge bei ihr eintreffen. Am liebsten würde sie für jeden Handstrich, den sie tut, Preise in Rechnung stellen. Das ist am rationalsten, weil man dann auch weiß, wo man spart und wo man Geld verdient. Die Banken können auf diese Weise Kosten und Erträge zwischen den verschiedenen Partnern beim Absatz und ihren Abteilungen aufteilen. Daher müssen sie wohl so viele Bezeichnungen benutzen. Es sind zwar nur Etikettenschildchen, aber man kann dadurch genau erkennen, wie viel jemand gerade mit seinem Beitrag verdient hat. Diesen zerstückelten Produktionsprozess nennen sie dann Wertschöpfungskette, weil in jedem Glied ein Gewinn gemacht wird.

Für den Verbraucher ist das äußerst unangenehm. Er würde einen einzigen Zeitpreis vorziehen. Dazu müsste man alle Einzelpreise in Euro zusammenzählen und in einem Zeitpreis ausdrücken. Das war im Zeitalter des Kopfrechnens noch fast unmöglich. Daher setzte sich die Denkweise der Banker durch und nicht der Wunsch der Verbraucher.

Vom Ende her denken: Zielwertsuche und Effektivzins

Einen „alle Kosten einbeziehenden" (all-inclusive) Zinssatz, der den Gesamtpreis für die geliehene Zeit aus der Sicht der Verbraucher berechnet, wollte der
Gesetzgeber mit dem effektiven Jahreszinssatz einführen. Das war wichtig, damit der Verbraucher weiß, was es ihn kostet und er ein Angebot mit einem anderen vergleichen kann. Der besondere Vorteil liegt aber darin, dass man dadurch
erkennen kann, wann Wucher getrieben wird.

Der Gesetzgeber hat aber der Lobby der Banken so viele Lücken in diesen
Bestimmungen gelassen, dass diese Preisangabe letztlich doch nicht umgesetzt
wurde. Geregelt wurde ein Durcheinander aus kostenorientierter und zahlungs-
orientierter Betrachtungsweise, aus Anbieter- und Verbraucherperspektive, die
mehr Verwirrung als Klarheit schafft. Der effektive Jahreszinssatz ist daher heute
noch nichtssagend und irreführend. Er ist nur noch bei 50 % der Kredite überhaupt anwendbar und dort meist auch nur repräsentativ für 50 % der Belastung.

Bei einigen entscheidenden Kosten der Darlehen hat das Gesetz festgelegt,
dass das, was im Preis enthalten sein soll, die Parteien vereinbaren dürfen. Es gilt
„Freiwilligkeit". Leider wissen wir, dass die Banken bereits fertige „Vereinba-
rungen" vorlegen, an denen der Verbraucher nichts ändern darf. Unterschreibt er,
akzeptiert er das Diktat der Banken und die haben, das sollte niemanden wun-
dern, festgelegt, was alles „freiwillig" ist und daher nicht in den Preis gehört.

Bei solchen „Krediten", die die Verbraucher den Banken oder Unternehmen
geben und die wir daher als Anlagen bezeichnen, ist alles noch erheblich un-
durchsichtiger. Hier kennt der Einfallsreichtum für Gebühren keine Grenzen.
Den meisten Verbrauchern ist überhaupt nicht klar, dass es sich überall nur um
dieselben Erträge handelt, die nur andere Namen tragen. Provisionen, Aufschläge, Auszahlungsabschläge, Gebühren, Risikokosten, Prämienzahlungen, Min-
dest- und Höchstbeträge und Caps werden nicht mit Zinsen verrechnet, sondern
gesondert und zu den verschiedenen Zeitpunkten in Rechnung gestellt.

Die Zinsen wiederum haben bei Anlagen viele Namen wie etwa Dividende,
Rendite, aufgezinste Ablaufleistung, Kurswert, oder sie sind in Zinsverrechnungs-
formen versteckt wie „endfällig" oder einfach Typ A oder Typ B. Der Gesetzgeber
hat bisher noch keinen Versuch unternommen, hier einen effektiven Jahreszinssatz
vorzuschreiben, der als effektiver Renditesatz bezeichnet werden könnte. Hier ist
der umgekehrte Wucher, d. h. der Diebstahl am Kapital, daher noch viel ungehemmter verbreitet, weil man trotz toller Zinsversprechungen alles verlieren kann.

Ob ein solcher Zinssatz sich überhaupt praktisch berechnen ließe? Sie können den Effektivzinssatz berechnen, ohne dass der Anwender wissen muss, wie
die einzelnen Kosten heißen. Auch das Argument, viele Erträge und Kosten seien
bei Abschluss noch ungewiss, zählt nicht. Es wurde im Kreditrecht dadurch
neutralisiert, dass man nach dem Gesetz eben das, was man schon wissen kann

ralisiert, dass man nach dem Gesetz eben das, was man schon wissen kann bzw. die durchschnittlich zu erwartenden Entwicklungen in einem solchen Renditesatz ausdrücken muss. Das geht auch bei den Anlagen. Es wäre schon eine große Hilfe, wenn bestimmte Anlagen etwa verkauft würden mit einer durchschnittlichen Renditeangabe von vielleicht 10 %: Hierbei sollte auf keinen Fall der Hinweis fehlen, dass es unter Umständen auch -100 % oder + 20 % p. a. sein können. Dann würde mancher die Finger davon lassen.

3.3.2 Wofür stehen Zinsen?

Zinsen sind der Preis für die Zeit und zwar genau genommen für die Arbeitszeit anderer. Wir dürfen sie weder verteufeln noch ignorieren oder ihnen umgekehrt eine Art natürliche Entstehung zuschreiben.

Das Problem mit den Zinsen besteht darin, dass unklar ist, was sie eigentlich ausdrücken und wie man das darstellen soll. Die Vorstellungen hiervon sind beinahe religiös und – wie zu zeigen sein wird – gerade bei Bankgeschäften im Umgang mit den Verbrauchern falsch: Man könnte fast glauben, dass die Zinsen aus dem Kapital wie ein Apfel aus dem Baum herauswachsen. Die Vorstellung, dass aus dem Geld etwas herauswächst, also die Vorstellung von den Zinsen, ist wieder falsch, aber bisher durchaus nützlich. Richtig ist dagegen, dass der Wert eines Kapitals insgesamt mit der Zeit, die es einsaugt, wächst. Zinsen bezeichnen dann nur den Unterschied zwischen dem Kapital am Anfang der Zeit und dem Kapital zu einem späteren Zeitpunkt. Der Zinssatz ist damit auch nur der Wachstumssatz minus 1. Wächst ein Kapital in einem Jahr um das Anderthalbfache, dann ist der Wachstumssatz das 1,5-fache oder 150 %, der Zinssatz aber nur 50 %p. a. Nur wer das verstanden hat, kann mit den Zinsen richtig umgehen und den für die Zukunft des Finanzsystems so wichtigen Unterschied zwischen produktiven und unproduktiven Krediten begreifen. Kapital, und das ist die Grundweisheit, darf nämlich nicht mehr wachsen als die Produktivität und Menge unserer Arbeit, sonst hilft es nicht, sondern stört nur. Wie man das in einer Wirtschaft, die die Herstellung von Geld allein vom jeweiligen Kreditbedürfnis abhängig macht, umsetzt, ist die Gretchenfrage des Finanzsystems.

Der „sogenannte" Zinssatz

Das größte Problem ist es, den Preis der Zeit festzustellen. Unser Prozentsatz pro Jahr ist leider mathematisch falsch, obwohl alle Banken damit rechnen und ihn verschämt „Nominalzinssatz" (von nomen = Namen) nennen. Das heißt übersetzt „sogenannter Zinssatz". In der Soziologie unterscheidet man mit einem solchen

Zusatz willkürliche Definitionen (Nominaldefinitionen) von Definitionen, die die Wirklichkeit wiedergeben (Realdefinition). Der Nominalzinssatz ist also ein willkürlicher Zinssatz und daher zum Vergleich unbrauchbar. Er wird mit dem Argument benutzt, damit ließe sich einfach rechnen. Das ist schon deshalb falsch, weil sich mithilfe der Zielwertsuche im Computer der richtige Zinssatz heute viel leichter errechnen lässt als der Nominalzinssatz und selbst der Nominalzinssatz heute von niemandem mehr im Kopf errechnet wird. Tatsächlich wird sowohl der Nominalzinssatz als auch der Realzinssatz, den das Gesetz Effektivzins nennt, heute ausschließlich mit dem Computer berechnet. Der europäische Gesetzgeber hat den Unsinn jetzt noch auf die Spitze getrieben. Der falsche Zinssatz heißt jetzt Sollzinssatz, der auf jährlicher Basis auf die in Anspruch genommenen Kreditauszahlungsbeträge angewandt wird. Wie willkürlich das ist, zeigt schon der Begriff Kreditauszahlungsbeträge. Das kann nämlich der Kreditgeber frei bestimmen. So bestimmt er ganz häufig viele Kosten wie z. B. Bearbeitungskosten und Versicherungsprämien, die nicht als Kosten, sondern als Kreditauszahlungsbeträge gelten.

Aber das ist nur der eine offensichtliche Fehler dieser Konstruktion. Viel grundsätzlicher ist der andere Fehler.

Die „vergessenen" Zinseszinsen und das „natürliche" Wachstum des Geldes

Der Begriff „Prozent pro Jahr" sagt nämlich nichts über Zinseszinsen aus. Zinseszinsen werden auch in der Schule zu spät thematisiert. Es sei zu schwer für die Kinder.

Richtig zu rechnen ist sogar noch einfacher als falsch zu rechnen. Man muss nur in seinem Kopf die falschen Fährten verlassen, die unsere Mathematikbücher in den Schulen mit ihrer Zinsrechnung gelegt haben.

Zunächst müssen wir verstehen, woher unsere falsche Zinsrechnung kommt. So eine Wachstumsrechnung gibt es nämlich im natürlichen Leben, allerdings wie wir sehen werden, immer nur dort, wo es gerade nicht um einen Maßstab für die Zeit geht. Das macht die Erklärungen ohne Zinseszins so verführerisch für den Lehrer, weil sie so natürlich erscheinen.

Nehmen wir z. B. die Familie. Familien erhalten Zuwachs, so jedenfalls nennt man es, wenn ein Kind geboren wurde. Hat eine Familie mit Vater und Mutter zweimal Zuwachs bekommen, also zwei Kinder, dann hat sie sich um 100 % vergrößert. Bei Tieren und Pflanzen sprechen wir davon, dass sie sich vermehrt haben, ob durch Begattung, Aussaat oder Ableger ist dabei gleichgültig. Die belebte Natur hat also die wundersame Eigenschaft, sich zu vermehren. Unsere alten Gesetze sind voll von Vorschriften, die sich damit beschäftigten, wie man die Früchte von Tieren und Pflanzen verteilt, wenn der Apfelbaum auf der

Grenze steht, die ausgeliehene Kuh kalbt etc. Der Apfelbaum trägt Früchte und der Hefepilz geht so auf, dass man davon immer neue Kuchen backen könnte. Wir können dabei den Ertrag eines Baumes in Äpfeln zählen, wie es die Bauern mit dem Weizen pro Hektar Land tun: Sie haben eine Verzinsung des Weizens von soundso viel Zentnern Weizen pro Hektar pro Jahr. Aber nicht nur die Natur und alles was sie hervorgebracht hat vermehrt sich. Das tut scheinbar auch die menschliche Arbeit. Die Grundschulbücher bringen die Beispiele von Korbflechtern, die pro Stunde fünf Körbchen flechten: Die Schüler sollen berechnen wie viele Körbchen in acht Stunden fertig gestellt worden sind.

Darauf kann man doch zurückgreifen, wenn man Geld und Zinsen in der Schule behandelt? Hört man nicht immer wieder „Geld vermehrt sich" oder den Slogan „Lassen Sie Ihr Geld für sich arbeiten"? Gibt es nicht die wunderschönen Mathematikaufgaben, in denen das Sparkonto kontinuierlich anwächst, ohne dass man selbst noch etwas aufzahlt?

Doch das ist alles falsch. Es ist eine Ideologie, die von nahezu allen so selbstverständlich und unreflektiert übernommen wird. Deshalb stolpert auch kaum einer über die irrwitzigen Werbeslogans einer Finanzwirtschaft, in denen sich das Geld wie eine Mutter, ein Apfelbaum, ein Weizenfeld oder eine Herde Ziegen verwertet, vermehrt, zunimmt oder sich unter dem Begriff Kapital aufbaut, nutzbringend angelegt wird, Renditen erwirtschaftet, Erträge abwirft, produktiv ist, mich ernährt, eine Stiftung oder Privatuniversität unterhält.

Dabei ist es eigentlich nicht schwer zu erkennen, dass Geld gar nichts kann und sich weder vermehrt noch produktiv ist. Anders als die Hefe, die aufgeht und sich also vermehrt, schafft das Geld aus sich selbst heraus keinen Cent. Der produktive Schein des Geldes ist vergleichbar mit dem des Milchzahneffekts. Der Euro unter dem Kopfkissen des Kindes, der dort liegt, wo das Kind den ausgefallenen Milchzahn hingelegt hat, ist nicht der verwandelte Milchzahn und auch nicht von einer Zahnfee, mit der das Wunder der Verwandlung eingekleidet wird, sondern von dem Verdienst der Eltern. Es sind immer andere, die das Geld vermehren, produktiv werden lassen, nie ist es das Geld selbst. Es sieht nur so aus, weil da, wo vorher 100 € im Sparbuch standen, jetzt die Zahl 104 steht. Die 4 € kamen aber nicht von den 100 €, sondern von der Sparkasse und die wiederum hat sie ihren Kreditnehmern abgenommen. Die Produktivität des Geldes ist somit nur ein vereinfachtes Abbild von Produktivität.

Ein kleiner Einschub: Die Lüge des Geldes ist notwendig, aber auch gefährlich

Die Geschichte von der Produktivität des Geldes und von seinen Früchten und Zinsen ist in der Tat eine Lüge oder besser gesagt eine Fiktion. Das ist nicht so schlimm, wie man meinen könnte. Lügen bzw. Fiktionen können nützlich sein, wenn man mit der Bemerkung, die Schulkameraden warten schon vor der Tür, die schlafmützige Tochter aus den Federn bekommt, oder wenn man im juristischen Vertrag den Menschen suggeriert, sie hätten es ja so gewollt. Das unterstützt ihre Vertragstreue auch dann, wenn sie gar keine andere Wahl hatten. Juristen kennen die Lüge als Rechtsfiktion. Sie hat sich im Recht tausendfach bewährt. Wenn alle dasselbe glauben, kann man leichter Regeln erstellen und durchsetzen. Götter, Schamanen, Orakel, Medizinmänner helfen wirklich, wenn man nur daran glaubt.

Der produktive Nutzen der Fiktion des Geldes hat sich in der Marktwirtschaft bewährt. Da spielt es keine Rolle, wenn man die Marktgesetze der Lüge überführt. Diese intellektuelle Arroganz kann man teilweise Karl Marx vorwerfen, der dem Geldschleier unserer Wirtschaft alles Üble nachsagte – von der Ausbeutung über die Versklavung bis hin zu Gier und Verderben. Das Gute des Geldes kam bei ihm leider zu kurz. Das lag daran, weil andere wie Adam Smith es so gelobt hatten. Er hätte etwas bescheidener argumentieren sollen.

Und doch hatte Marx den Finger auf eine Wunde gelegt. Fiktionen mögen zwar so hilfreich und produktiv sein und noch so sehr unser Leben vereinfachen und gewährleisten, dass auch jeder weiß, wie er sich richtig verhalten soll. Sie mögen wichtig sein, damit dass System ohne Zwang und Belehrung, ohne Diktatur der Intelligentesten funktionieren kann. Sie sind aber dort gefährlich, wo das System versagt und wir darüber nachdenken müssen, wie wir es verändern müssen. Wer in den Fiktionen des Systems verfangen ist und dessen Weiterentwicklung diskutieren will, dreht sich im Kreise. Und genau das ist unser gegenwärtiges Problem, nicht nur bei Journalisten, Politikern und den Bürgern, sondern auch in den Wirtschaftswissenschaften und bei den Juristen. Sie lösen die Probleme des Systems mit seinen eigenen Vorstellungen. Die Vorstellung, dass alles im Leben so funktioniert wie der Markt, herrscht seit kaum 200 Jahren. Zwangsläufig scheitert deshalb jeder Versuch, damit den Rest unserer 13.000-jährigen Kulturgeschichte und auch noch unsere Zukunft erklären zu wollen. Dies versucht die moderne Ökonomie. Deshalb hat man bei Soziologie, Philosophie und Recht, die sich mit der ganzen und nicht nur der kapitalistischen Menschheitsgeschichte beschäftigten, mehr Aussicht auf Erfolg.

Wir müssen also doppelt vorgehen. Einerseits müssen wir mit den Fiktionen des Geldsystems im Kopf weiter funktionieren. Wir dürfen die Bilanzen nicht von heute auf morgen als sinnlose Zahlenschmiererei wegwerfen oder die Eigenkapitalrendite als krankhafte Vorstellung vom Sinn der Wirtschaft beiseite schieben. Mit diesen Fiktionen funktioniert unser System und dies nur deshalb, weil alle das so sehen, übrigens auch die Kritiker – mich eingeschlossen. Immer dann, wenn man konkret sein Einkommen und seine Ausgaben überschauen und ordnen oder investieren, Kredite aufnehmen und Unternehmungen machen möchte, funktioniert es relativ reibungslos. Deshalb machen mich die Schwundgeldphilosophen, die Gutmenschen vom Mikrokredit, die Tauschringgläubigen oder die Schwärmer vom Geld ohne Zinsen so wütend, weil sie vom Geldsystem nur verstanden haben, dass es fiktiv ist. Sie haben jedoch nicht verstanden was Fiktionen für eine wichtige Funktion in unserer Wirtschaft haben.

Was würden sie von einem Kapitän halten, der den schiffbrüchigen Rudern klarmacht, dass sie niemals das Land erreichen werden? Lügen sind ein probates Mittel, aber sie haben eben auch kurze Beine und tragen eine notwendige Fortentwicklung des Systems nicht.

Genau darum aber geht es heute. Die Lüge vom produktiven Geld kommt an ihre Grenzen, wo eine Billion Euro plötzlich „weg" oder „verloren" ist. Das kann man nur verstehen und verarbeiten, wenn man weiß, dass es die Billionen auch vorher nicht gegeben hat. Es waren Wertausdrücke für nicht vorhandene Werte. Das merkt man erst, wenn man den Milchzahneffekt auch beim Geld versteht.

Mir fiel dies beim Lesen eines Sonderheftes einer Zeitung auf, in dem 80 Prominente und weniger Prominente gefragt wurden, was für sie die Finanzkrise bedeute. Erst einmal war ich erstaunt, dass fast alle nur darüber nachdachten, wie es ihnen zurzeit und im nächsten Jahr geht. An die Nachbarn oder gar die ganze Menschheit dachte keiner. Am besten fand ich noch die Antworten derjenigen, die sagten, dass es ihnen schon vorher schlecht gegangen sei und sich daher nicht viel ändere. Was mir fehlte, war eine Rückfrage wie etwa: „Meinen Sie meine Krise oder Ihre Krise?" Bei vielen hat die Krise nämlich vor 10 Jahren stattgefunden, als Überschuldung, Ölkrieg und neue Armut sich erst in den USA und dann bei uns breit machten. Es war damals eine Kreditkrise, eine Krise der Schuldner. Jetzt ist sie zur Krise der Gläubiger, zur Anlegerkrise geworden und damit bei den Wohlhabenden angekommen. Das ist eine unerwartet gerechte Seite des Kapitalismus, auch wenn jetzt die gesamte Presse appelliert, man müsse diese Wirkungen auf die Anleger verhindern. Vielleicht liegt das daran, dass Wirtschaftsjournalisten eher zu den Besserverdienenden gehören.

Das Geld wächst nicht natürlich

Schauen wir uns nun die Unterschiede zwischen dem produktiven Geld und der produktiven Natur oder Arbeit an. Schon bei unseren Rechenaufgaben in der Grundschule merken wir, dass die Aufgabe, wie viele Körbchen der Flechter in 10 Tagen flechten kann, ein kleines Problem hat. Zwar haben 10 Tage 240 Stunden, trotzdem wird unser sozialistischer Superkorbflechter und Akkordbrecher, der wie Stachanow, Hennecke oder Lei Feng arbeitet, die 1200 Körbchen nicht schaffen. Er muss schlafen, essen und wird vielleicht krank. Genauso falsch ist es auch, anzunehmen, das Weizenfeld würde in einem halben Jahr die Hälfte des Weizens hervorbringen, den man auf das Jahr errechnet hat.

Den genannten Prozessen fehlt die Stetigkeit und die unendliche Teilbarkeit, die das Geld hat. Ihnen allen fehlt die wichtige Grundlage der gleichen Zeit, mit der wir den Zinssatz über alle Jahre gleichmäßig „hinwegfegen" lassen. Betrachtet man die Wachstumsprozesse der Natur, stellt man fest, dass Zeit nicht gleich Zeit, der Winter anders als der Sommer ist. Jugend divergiert vom Alter, Wachen vom Schlafen, Tag von der Nacht, heute von morgen. Produktive Prozesse sind daher ungleichzeitig und schwierig. Wir können sie nicht mit der einfachen Formel des Einmaleins bewältigen, das uns schon beim Teilen der Äpfel in die Irre führt, weil es weder Güte noch Größe der Äpfel bei der Zuteilung berücksichtigen kann. Besonders bei der Arbeit wissen wir, dass sie nicht stetig gleich ist: Das sogenannte „Montagsauto" besitzt nicht die Qualität, die ein Auto besitzt, das an einem anderen Tag gefertigt wurde, was daran liegt, dass die Menschen sehr unterschiedlich und zeitabhängig produktiv sind.

Weil Geld selbst nichts bewirken kann, ist es nach dem Milchzahneffekt auf diese Prozesse angewiesen und wir täten gut daran, den Kindern dies in Erinnerung zu rufen, damit wir sie auf die Probleme im Leben vorbereiten können. Darin entwickelt sich das Geld in ihrer Hand nicht gleichförmig, sondern entsprechend den Unbillen des Lebens. Wer nichts hat, hat auch kein Geld. Wer aber kein Geld hat, der kann durchaus mit Bildung, Gesundheit, Familie und Freunden gute Chancen im Leben haben. Die Verflachung des Altersvorsorgedenkens auf Geld ist daher auch eines der negativen Effekte der „Geldfiktion". Sie verhindert es, für das Wesentliche zu sorgen.

Gleichförmige Zinsen (Erträge) am Maßstab der Zeit gemessen gibt es somit in der Natur nicht. Wir sollten diese Tatsache den Kindern vermitteln, ihnen die realen Beispiele zeigen und unsere Rechenaufgaben in die Wirklichkeit einfügen, damit sie nicht nur ihren Nutzen, sondern auch die Grenzen dessen aufgezeigt bekommen, was man mit Zahlen verstehen kann.

Danach ist die Lehre von der Produktivität von Geld und Kapital nur eine Anschauung, die komplexe Prozesse von ihrem Ergebnis her betrachtet. In der Computersprache handelt es sich um eine Zielwertsuche unter der Annahme, dass das, was wir endlich herausbekommen, auch dann in einem stetigen Prozess dargestellt werden kann, wenn es keineswegs stetig zustande gekommen ist.

Die Schwankungen der Produktivität bei verschiedenen Menschen und in verschiedenen Zeiträumen wird im Geld aufgehoben. Dadurch kann jeder mit dem Durchschnittswert kalkulieren und wirtschaften. Durch das Geld verliert der Zufall seine Abschreckung und Sicherheit. Während man für jede zukünftige Stunde nicht weiß, was sie bringt, weiß man doch, dass über viele Stunden hinweg ein gewisser Durchschnitt an Produktivität erreichbar ist. Während man von keinem einzelnen Arbeiter weiß, wie viel erschaffen wird, weiß man mit einiger Sicherheit, dass alle gemeinsam ein ähnliches Resultat wie beim letzten Mal erzielen werden. Das Geld überdeckt alle Abläufe mit einem Durchschnitt und ermöglicht dadurch den Handel mit Gütern und Dienstleistungen. Es erleichtert den Austausch und die Kooperation.

Die Errungenschaft des Durchschnitts ist eine nützliche Abstraktion der Geldwirtschaft zur Realwirtschaft. Noch Anfang des vorigen Jahrhunderts hatten die Kinos eine Höhenbarriere und wer darunter nicht aufrecht hindurchgehen konnte, für den galt der Jugendschutz. Er durfte die Kinovorstellung nicht besuchen, weil man die Körpergröße und das Alter im Durchschnitt betrachtete. Jeder Abstraktion liegt ein Durchschnitt zugrunde und ohne diese gäbe es keine Regeln, an denen wir uns orientieren könnten. Das Geld hat dies nur für die Bereiche Wirtschaft und Arbeit durchgesetzt. Das Geld ist dabei auch besser und differenzierter geworden. Den allgemeinen Wert, den das Geld ausdrückt, gibt es nicht mehr undifferenziert. Das Geldsystem hat verschiedene Geldausdrücke hervorgebracht, die man untereinander zwar tauschen kann, die jedoch nicht gleich sind. Dazu gehören die verschiedenen Währungen, aber auch die verbrieften Forderungen. Diese verkörpern, wie die Krise allzu deutlich gemacht hat, durchaus einen anderen Durchschnitt an Werthaltigkeit, wenn sie als Bankschuldverschreibung aus Island oder als Staatspapier aus den USA gehandelt werden. Durch diese Verfeinerungen des Geldsystems hat es wieder viel von seiner Abstraktion verloren, die es sich mühsam im internationalen Handel erkämpft hat: Aus den 32 Währungen in Deutschland wurde die (Reichs-)Mark, die wiederum in der Eurozone mit 15 anderen Währungen durch den Euro ersetzt wurde. Die Russen fordern jetzt sogar eine Weltwährung, die der Internationale Währungsfonds als Reservewährung an die Stelle des Dollars setzen soll. Das ist folgerichtig und zukunftsweisend, aber natürlich auch gefährlich.

Die Vorteile für Tausch, Handel und Tourismus sind unübersehbar. Milliarden an Unsicherheitskosten werden gespart, die Währungsspekulation eingegrenzt und Kooperation ermöglicht. Gleichzeitig aber entsteht statt der horizontalen Differenzierung der Währungen die vertikale Differenzierung der Geldformen. Dies hat zur Folge, dass die eigentliche Währung nur noch die staatlich garantierte Währung ist, hinter der sich die Bankguthaben und schließlich die währungsgleichen Wertpapiere einreihen. Letztere sind nach verschiedenen Risiken und unterschiedlichen Verfügungsmöglichkeiten gestaffelt. Mit dem Euro-Geldschein oder einer Euro-Münze kann man jederzeit überall und mit 100 %iger Staatsgarantie den darin verkörperten Wert eintauschen. Mit einer Kredit- und Bankkarte ebenso wie durch Überweisung kann man nur bis zu einer bestimmten Summe zahlen. Sie hängt von der eigenen Zahlungsfähigkeit und der der Bank ab sowie auch davon, wo es für die Karte Akzeptanzstellen gibt. Bei den verbrieften Forderungen ist alles – also das Risiko, Werthaltigkeit, Verfügbarkeit und Akzeptanz – abhängig von dem, was der Schuldner, der diese Papiere ausgestellt hat, in der Gesellschaft schafft. Die Zentralbanken, die die Geldmenge messen, haben sich dazu leider nichts Besseres einfallen lassen, als die Geldmengen M1, M2 und M3 durchzunummerieren.

3.3.3 Geld bildet Wachstum ab

Die Vorstellung von einem unendlich teilbaren und auf alle Zeiträume gleichmäßig verteilten Wachsen des Geldes ist also eine Fiktion. Trotzdem ist sie nützlich. Es macht Sinn, das Wachstum als Überschuss über den Anfangszustand als Zinsen zu messen. Wir machen uns dies bei der Wohnungsmiete, beim Arbeitslohn oder bei den Fernseh- und Rundfunkgebühren zu eigen. Überall wird einheitlich in der Zeit gezahlt, obwohl der eine mehr braucht bzw. verbraucht als der andere und kein Zeitraum in Einzelfall wie der andere ist. Doch so ist es billiger und schneller.

Mit dem Geld lässt sich also der Prozess darstellen, bei dem wir durch unsere Arbeit immer mehr an Gütern und Dienstleistungen anhäufen. Diese Resultate können mit dem Geld so verteilt werden, dass alle einen Anreiz haben, mitzumachen und sich anzustrengen. Darüber hinaus lässt sich eine effektive Nutzung unserer Zeit und ein effektives Zeitmanagement erreichen.

Abschied von den Zinsen

Doch obwohl es sinnvoll ist, Zinsen zu messen, ist es doch hinderlich, in Zinsen zu denken. Die belebte Natur ist ein schlechtes Beispiel und daher sind auch die Zinsen eine schlechte Fiktion. In der Natur unterscheiden sich die Früchte immer deutlich von ihren natürlichen Erzeugern: Der Apfel vom Baum, das Kind von seinen Eltern, die Ähre vom Korn, und auch das Kalb und die Kuh sind nicht dasselbe. Es macht keinen Sinn, sie in einen Topf zu schmeißen. Insofern unterscheiden sie sich auch unter diesem Gesichtspunkt deutlich vom Geld. Das Geld kennt nur Geld und gerade darin liegt seine universelle Bedeutung als Wirtschaftsinstrument. Die „Kinder" des Geldes sind wieder Geld. Kapital und Zinsen, wie man sie künstlich unterscheidet, lauten beide auf Euro, Dollar oder Yen und zusammen in einer Schale kann man sie nicht mehr voneinander unterscheiden oder zuordnen.

So etwas gibt es zwar auch in der Natur, aber eben nicht dort, wo Früchte gezogen werden, sondern beim Erzeuger selbst, dem Baumstamm oder der Ähre.

Wo einst nur eine bestimmte „Masse" war, ist später mehr oder weniger davon vorhanden. Dieses „Mehr" besteht jedoch nicht in Form von Früchten oder Zinsen. Es handelt sich vielmehr um einen Zuwachs. Der Zuwachs kann nicht wie der Zins oder die Frucht unabhängig vom ursprünglichen Gegenstand gedacht werden. Der Gegenstand wird größer oder kleiner, nimmt an Masse, Größe und Gewicht zu oder ab. Der Zuwachs oder das, was weniger geworden ist, unterscheidet sich nicht von dem Gegenstand. Vor der Schmelze war weniger Wasser als nachher im Bergsee, der Gletscher ist gewachsen, die Temperatur ist gestiegen, das Plutonium zum Teil schon zu Blei zerfallen, der Zellhaufen, das Kind, das Kalb und die Blume gewachsen usw.

Solche stetigen Aufbau- oder Zerfallsprozesse werden nicht mit der Vorstellung von Zinsen und Früchten bewältigt, sondern über die Vorstellung von Wachstum. Zwar mag es weiterhin wichtig sein, die Zuwächse oder Abschläge gesondert festzustellen. Allein es handelt sich um etwas, das man dadurch nur indirekt erfasst, dass man den alten Zustand vom neuen Zustand abzieht. Eine gesonderte Zinsrechnung oder einen gesonderten Zinssatz gibt es hier nicht. Dafür gibt es aber einen Wachstumsfaktor, den man auf die Zeit bezogen errechnen kann. Genau um diese Gleichheit handelt es sich beim Geld. Es wächst oder nimmt ab, aber es unterscheidet nicht, was Stamm und was Frucht ist. Nur dadurch kann es so erfolgreich wirken und den Zuwachs an Produkten und Dienstleistungen im Austauschprozess repräsentieren.

Das löst auch das Problem der Zinseszinsen, die die Banken so gerne vergessen, wenn sie mit dem Sollzinssatz Zinsen errechnen, was ihnen der Gesetzgeber sogar ausdrücklich erlaubt.

Zinsen sind nicht nur genauso Geld wie das Kapital, das sie verzinsen. Wenn Kapital Zinsen abwirft, dann werfen auch Zinsen Zinsen ab. Wenn ich auf mein Sparbuch für 4 % Zinsen pro Jahr 1.000 € einzahle und zwei Jahre warte, dann wären es nach unserer einfachen Sollzinsformel zwei Mal 4 % multipliziert mit 1000 €. Das sind 8 % von 1000 € oder 80 €. Wenn ich nun aber zur Bank gehe und nach einem Jahr meine Zinsen ausgezahlt haben will, um sie wieder auf das Sparbuch einzuzahlen, dann habe ich im ersten Jahr 40 € verdient, dann aber im zweiten Jahr 1040 € auf dem Sparbuch, die mit 4 % verzinst eben 40 € plus 4 % von 40 € = 1,60 € ausmachen. Ich bekomme also insgesamt nicht 80 € sondern 81,60 € für denselben Sollzinssatz heraus. Der Zinssatz ist also willkürlich, je nachdem, wann die Zinsen zugeschlagen oder ausgezahlt werden. (Zinsverrechnungsklausel). Werden sie erst nach 10 Jahren zugeschlagen, dann macht der Unterschied zum jährlichen Zuschlag bereits für die gesamte Zeit 80 € Zinsunterschied aus. Der Fehler ist also so groß, dass diese Berechnungsart eigentlich nicht benutzt werden kann.

Tatsächlich wächst also nicht nur das ursprüngliche Kapital von 1.000 €. Auch das durch das stetige Wachsen erreichte zusätzliche Kapital wächst mit. Was man irreführend mit der Früchtetheorie als Zinseszinsen, das wären die Kinder von den Kindern, also Enkel, bezeichnet, verstellt uns die einfache Einsicht in Wachstumsprozesse und macht vor allem das Rechnen so schwierig.

Zwar gelingt es uns noch, von unseren 40 € Zinsen nach einem Jahr die Zinseszinsen von 1,60 € für das zweite Jahr zu berechnen. Doch wie sieht es denn nach neun oder 13 Monaten oder gar nach sieben Tagen aus?

Die Mathematik zeigt, dass sich der Abschied lohnt

Wer diese ganzen Erwägungen nun für zu kompliziert hält, wird durch eine extrem einfache mathematische Lösung belohnt.

4 % p. a. von 1.000 € auf zwei Jahre sind, wenn wir auf den Zinssatz verzichten und stattdessen von einem Wachstumsfaktor von 1,04 ausgehen, mit dem wir im ersten Jahr das Ausgangskapital multiplizieren müssen, um 1.040 € (also Kapital + Zinsen) zu erhalten, am Ende des zweiten Jahres $1,04^2 * 1.000$ €. Trägt man dies in ein Computerrechenprogramm ein, das das Quadrat in der Schreibweise $+1,04^2 * 1000$ kennt, dann ergeben sich genau die 1.081,60 €, also der Zuwachs von 81,40 €, den wir vorhin mühsam errechnet haben. Wollen wir wissen, auf wie viel es in 10 Jahren gewachsen ist, dann tragen wir eben $+1,04^{10} * 1000$ ein und erhalten 1.480,24 €. Aber auch 60 Tage sind hier kein Problem. 60 Tage sind nämlich 60/365,25 Jahre. Also können wir schreiben: $+1,04^{(60/365,25)} * 1000$ und erhalten von dem Programm den Wert von 1.006,46 € zurück, bei einem halben Jahr mit 182,5 Tagen wären es 1.019,73 €, also etwas weniger als die erwarteten 20 €.

Das Ganze kann man auch wunderbar mit der Zielwertsuche umdrehen. Wenn wir wissen, dass nach einem halben Jahr das Kapital auf 1.020 € angewachsen ist, dann suchen wir in dieser Formel den Wachstumsfaktor, mit dem sich 1.000 € auf 1.020 € potenziert.

Wir schreiben einen beliebigen Wachstumsfaktor in die veränderbare Zelle, den Zielwert von 1.020 € in die Zielwertabfrage und unsere Berechnungsformel, die statt mit einem festen Faktor auf den Wert in der veränderbaren Zelle zugreift, in die Zielzelle und drücken auf OK. Wir erhalten dann den Wachstumsfaktor 1,040541382. Wenn wir den unbedingt in einen Zinssatz umrechnen müssen, dann müssen wir das ursprüngliche Kapital abziehen, d. h. genau den Wert um eins vermindern und erhalten 0,040541382 oder abgerundet in Prozent ausgedrückt 4,05 % p. a.

Wir brauchen also jeweils nur das Endprodukt eines stetigen Wachstumsprozesses, um den Wachstums- und damit auch den Effektivzinssatz angeben zu können. Mehr als die Formel braucht man nicht, um Zinssätze oder Kapitalendstände (Zukunftswerte (future value)) zu berechnen. Niemand wird behaupten können, dass es im Computerzeitalter noch notwendig ist, den Kindern in der sechsten Klasse der Schule mit der Zinsrechnung zuerst etwas Falsches beizubringen, um es zwei Jahre später in der Zinseszinsrechnung halb und dann vier Jahre später in den Wachstumsfunktionen ganz zu berichtigen. Wenn das Quadrat noch zu schwierig oder diese Arbeit an dem Computer unzumutbar sein sollte, dann sollte man auch die Hände von der Berechnung von Geldgeschäften lassen. Geldgeschäfte können nicht aus der Zinsen- oder Früchtetheorie, sondern nur aus der Wachstumsfunktion abgeleitet werden.

Das lässt sich für 12-Jährige nicht nur berechnen, wenn während der ganzen Zeit nichts ein- oder ausgezahlt wurde. Der Computer hilft hier. Man fügt nur zum jeweiligen Datum alle Ein- und Auszahlungen untereinander mit verschiedenen Vorzeichen in das Tabellenblatt ein und lässt den Computer von Zelle zu Zelle rechnen. Hierbei wird als Ausgangsbetrag immer auf den errechneten Kapitalstand vom letzten Datum zurückgegriffen und die Zeit in Tagen durch das Abziehen der beiden aktuellen von der letzten Datumsangabe errechnet. Damit lassen sich auch die komplexesten Liquiditätsverläufe, die kompliziertesten Kostenbelastungen und Zwischenauszahlungen ohne Aufwand in einem einzigen Wachstums- und davon abgeleiteten (minus eins geteilt durch 100) Effektivzinssatz ausdrücken. Es lässt sich auch umgekehrt mit einem solchen Satz der letzte Kapitalstand feststellen.

Die Welt der Finanzen ist mathematisch so einfach wie das Geld. Die dicken Bücher der Finanzmathematik wurden vor dem Computerzeitalter für diejenigen geschrieben, die alles in Formeln und nichts über eine Zielwertsuche berechnen wollten und zudem in Kosten-, Zins- und Profit- und nicht in Wachstumskategorien dachten. Sie sind aber nichts für diejenigen, die mit dem Geld etwas Nützliches anfangen wollen.

3.3.4 Geld kann wuchern

Wenn wir wissen, dass alles Geld im Finanzsystem wie ein Zellhaufen wächst, es selbst aber nur ein Ausdruck für gewachsene Werte ist, dann wissen wir auch, dass die in der Welt im Umlauf befindliche Geldmenge nicht stärker wachsen sollte als die Werte, die wir damit schaffen und verteilen wollen. Wächst die Menge des Geldes, mit der man Güter und Dienstleistungen tauscht, ohne dass deren Wert in gleichem Maße mitwächst, dann werden die Preise und Löhne steigen. Das bedeutet, dass das Geld sich entwertet und es zu einer Inflation kommt. Dieses Problem haben die Regierungen in den industrialisierten Ländern: Sie mussten leidvolle Erfahrungen mit einer „galoppierenden" Inflation

sowie der vollständigen Wertlosigkeit der alten Währung machen. Letztere musste daher durch eine neue ersetzt werden, um die Situation in den Griff zu bekommen. Deshalb wurde der Euro in ein Regelwerk eingezwängt, das im Prinzip
nur einen Sinn hat, die Inflation zu verhindern, indem das Haushaltsdefizit nicht
mehr als drei Prozent des Bruttoinlandsprodukts (BIP) ausmachen darf, die ge-
samtstaatliche Verschuldung 60 Prozent des BIP nicht übersteigen soll, die Inflationsrate sich nicht weiter als 1,5 Prozentpunkte vom Durchschnitt der drei preis-
stabilsten Länder entfernen soll, die langfristigen Zinssätze nicht mehr als zwei
Prozentpunkte über dem Niveau der drei EU-Länder mit den niedrigsten Zinsen
liegen dürfen und die Währung sich mindestens zwei Jahre lang innerhalb der
„normalen Bandbreiten" des Europäischen Wechselkursystems ohne Abwertung
bewegt haben.

Man erzielt also dieses Ergebnis im Kapitalismus dadurch, dass man überall
dort das Geld verknappt, wo die Marktwirtschaft keine Profite erlaubt, weil Produktivität mit Gewinnerzielung gleichgesetzt wird. Darunter leiden die Armen
und Schwachen, Natur und Umwelt und alles Nützliche, dem wir die Verkäuf-
lichkeit zu Recht untersagen. Schließlich sind das Nützlichste und auch Aufwen-
digste, was wir produzieren, unsere eigenen Kinder. Inflation kann daher ein
Zeichen wuchernden Geldes, aber auch ein Zeichen dafür sein, dass eine Gesellschaft den langfristigen Nutzen nicht tauschbarer Werte erkannt hat.

Die Geldmenge wuchert, die Realwirtschaft stagniert

Schauen wir uns an, wie die reale Wirtschaft wächst, so stellen wir ernüchtert
fest, dass sie bei Berücksichtigung von Inflation wahrscheinlich seit 1950 real
nur insgesamt um 7 % gewachsen ist. Die Bundeszentrale für politische Bildung
geht bei den ökonomisch entwickelten Staaten von Folgendem aus: Pro Kopf
gesehen hat sich das Bruttosozialprodukt tatsächlich zwischen 1980 und 1989
um 2,5 %, bis 2000 dann um weitere 1,9 % entwickelt. Nach dem Platzen der
Internetblase zwischen 2000 und 2002 waren es nur noch 0,7 % und dann bis
2004 1,4 %. Das sind 5,5 % in 24 Jahren. Das lässt sich natürlich nicht direkt mit
dem Zinssatz der Kredite vergleichen, weil der sich auf ein geliehenes Kapital
bezieht, das durch die Inflation jährlich an Wert verliert und zwar zwischen 1950
und 2005 um 400 %. Man muss also in jedem Jahr von dem Zinssatz noch den
Wertverlust (die Inflationsrate) abziehen, um den realen Zinssatz zu erhalten.
Das hat früher den Wucher begrenzt. Seit Einführung des Euro ist jedoch die
Inflationsrate in Deutschland nicht mehr über 2 % p. a. geklettert. Sie lag in den
ersten drei Jahren seit 2003 um 1,3 % und danach um ca. 2 % p. a. Die Spar-
buchzinsen waren daher gar nicht so schlecht, wie so manch einer (dazu zählten

auch Verbraucherverbände), der die Bevölkerung in den Wertpapiermarkt treiben wollte, uns weiß machen wollte. 1-2 % Wachstum, 1-6 % Servicing je nach Art der Kredite, 1 % Gewinn und 2 % Inflation machen Zinssätze zwischen 4 und 10 % p. a. plausibel. Damit lassen sich jedoch keine Zinssätze oder Renditen oberhalb von 20 % erklären. So etwas ist volkswirtschaftlich Ausbeutung. D. h., der Geldkapitalgeber partizipiert nicht am Wachstum, sondern entzieht den Verbrauchern, Unternehmen und dem Staat allmählich die Lebens- und Arbeitsgrundlage und verwandelt sie in nutzloses Geld. Das würde an sich dazu führen, dass diese Kreditnehmer notwendig verarmen und insolvent werden müssen, wenn man nicht einfach ihre Schulden weiter aufschreibt und so tut, als ob sie sie jemals zurückzahlen könnten. Das hat lange Zeit funktioniert, weil es den Scheinreichen eben ausreichte, Geld auf dem Papier zu haben.

Was man nämlich nicht in den Griff bekommen hat, das ist Geld, das gar nicht mehr Güter und Dienstleistungen auf ihrem Weg vom Produzenten zum Konsumenten begleitet, sondern sich nur noch gegen Geld austauscht. In diesem Fall gibt es keine Inflation bei den Lebenshaltungspreisen, sondern allenfalls eine Inflation bei den Geldpreisen, die in keiner Inflationsmessung berücksichtigt werden.

Weil das Geld sozusagen unter sich bleibt, sind die Güter und Dienstleistungen (noch) nicht betroffen. Man schafft Geld um des Geldes willen. Aus der Sicht von Produzenten und Konsumenten ist dies absurd. Warum sollte man Geld um seiner selbst willen tauschen? Doch aus der Sicht einer Bank machte diese Praxis schon immer Sinn. Sie leiht Geld aus, um mehr davon zurückzubekommen. Für sie liegt die Aufgabe des Kredites nicht darin, dass damit etwas Gutes bewirkt wird, sondern darin, dass mehr Geld zurückfließt als verausgabt wurde. Dabei ist es ihr gleichgültig, wie dieser Zuwachs zustande kam. Es zählt allein der für die Kapitalnutzung versprochene Wachstumsfaktor. Voraussetzung ist allerdings, dass dieses Geld, das ja trotz seiner ganz anderen Funktion dem Geld, das den Güter- und Warenkreislauf ermöglicht, vollkommen gleicht, nicht irgendwann einmal wirklich in diesen Kreislauf eindringen kann. In dem Augenblick, in dem es in Massen in den realen Wirtschaftskreislauf eindringt, wenn also der „Geldspekulant" für seinen Zuwachs etwa ein Auto oder die Arbeit anderer kaufen möchte, wird das Geld die Wirtschaft ruinieren.

Nehmen wir z. B. einen Hedgefonds, der Kredite bei sehr reichen Personen aufnimmt, die mit ihrem Geld nichts anderes machen wollen, als es zu vermehren. Nun nimmt der Hedgefonds noch weitere Kredite (dieses Mal bei Banken) auf und kauft mit dem ganzen Geld die Hypothekenkredite einiger Banken auf. Sein Ziel ist es, sie in schönen Portionen zusammenzupacken (Pools) und dann Anteilsscheine an diesen Pools (Verbriefung) an weitere Investoren zu verkaufen. Dabei kann es gut sein, dass wie bei der HRE und Lonestar dieselbe Bank, die die Kredite verkaufte, sie jetzt in verbriefter Form wieder zurückkauft. Natürlich fallen bei allen Geschäften hohe Provisionen an. Aufschläge oder Risikoabschläge und hohe Zinsen kommen dazu. Das kann die Menge des Geldes, die auf diese Weise geschaffen wird, leicht verdoppeln. Man kann das Ganze verfeinern, indem man nun für solche Pools Wettscheine (Zertifikate) ausstellt. Die Anleger gehen eine Wette ein, wie viele von diesen Krediten realisiert werden können. Auch hierdurch entsteht mehr Geld.

Man weiß ungefähr, wie viele von solchen Geschäften zu wie viel neuem Geld geführt haben, weil die Zentralbanken und statistischen Ämter nämlich im Sozialprodukt eines Landes die Geldmenge messen, die die getauschten Güter und Dienstleistungen repräsentieren. Diese Zahlen erhält man bei der Bank für internationalen Zahlungsausgleich (BIZ) und der Weltbank. Eine Zeitung hat daraus errechnet, dass an einem Tag im April 2007 für 148 Mio. Dollar Waren und Dienstleistungen in der Welt produziert wurden. Die Summe aller Wettgeschäfte auf den Finanzmärkten sowie aller Geschäfte mit fremden Währungen betrug an jenem Tag dagegen 5.200.000 Mio. Dollar. Wenn man davon ausgeht, dass von den 5,2 Bio. Dollar ca. 3 Bio. nun „verbrannt" sind, wovon 1,2 Bio. Dollar schon Anfang 2009 als Fata Morgana aus den Bilanzen der Banken entfernt wurden, dann ist dies nur ein Eingeständnis: Dieses Geld hätte gar nicht existiert, wenn man es nicht permanent mit sich selbst ausgetauscht hätte und dabei niemals auch nur angedacht wurde, Geld in reale Güter und Dienstleistungen einzutauschen. Den „Scheinreichen" genügte die Zahl im Computer.

Man sollte nun meinen, dass die Regierung darauf gedrängt hat, dass nun schnell die Wahrheit ans Licht kommt. Tatsächlich hat sie zunächst erst einmal das Gegenteil getan. Die Banken durften diese Forderungen, die nichts wert sind, weiter zu dem Fantasiepreis in den Bilanzen lassen, zu dem sie gekauft wurden. Dazu durften sie eine weitere Unwahrheit in die Bilanzen schreiben, nämlich, dass diese Forderungen nur als Zwischenhändler erworben wurden (Handelsbestand) und nicht zu den strategischen langfristigen Anlagen gehören. Auf den ersten Blick könnte man meinen, dieser Unterschied sei (scheinbar) eine Kleinigkeit. Tatsächlich aber hat er unerhörte Folgen für die Aussagekraft dieser Bilanzen. Die Bankaufsicht bittet geradezu darum, belogen zu werden, damit sie das Gesetz nicht anwenden und die Banken nicht schließen muss. Aber selbst das reicht ja, wie wir wissen, nicht bei Banken wie der HRE oder der Commerzbank.

Indem die Krise mit Vertuschungen und Falschbeurkundungen überbrückt wird, schafft dies zeitweise etwas Luft, aber auch zu viel Giftmüll („toxische Produkte") bei den Banken. Der Staat, so haben wir gesehen, kommt daher nicht darum herum, diesen „Giftmüll" wie einen hochwertigen Grundstoff zu einem Fantasiepreis abzukaufen – sonst würde der eigentliche Zusammenbruch noch viel schlimmer werden. Am besten wäre es wohl, das „stehende k. o." für Banken einzuführen, die intern als k. o., extern aber wie funktionierende Teilnehmer im Ring behandelt werden. Dann brauchen wir auch nicht den ganzen marktwirtschaftlichen Boxkampf abzubrechen. Wir müssen sie dann auch nicht mehr wie Boxchampions behandeln, die noch Forderungen stellen können.

Der Grundstock dafür, dass Geld zum Verlust der Bodenhaftung führen kann, ist bereits im einfachen Kredit angelegt. Wird z. B. ein Kredit vergeben, mit dem die reale Arbeit anderer produktiv einbezogen zu einem zusätzlichen Nutzen führt, dann ist der Kredit produktiv, wenn er genau an diesem Nutzen teilhat. Solche Kredite kennen wir von einem Sparer, der sich an einer Kommanditgesellschaft mit einer Einlage beteiligt und dessen Einlage incl. der Gewinnausschüttungen entsprechend seinem Anteil so wächst, wie das Unternehmen insgesamt gewachsen ist. Unternehmer und Investor haben hier zum gegenseitigen Nutzen zusammengearbeitet.

Es kann aber auch sein, dass der Unternehmer in einer extrem schwierigen Situation ist und keine Teilhaber mehr findet, die bereit sind, sich bei dem bestehenden Risiko zum üblichen Gewinn zu beteiligen. Gibt es nun einen Kreditgeber, der verspricht, sein Gespartes dem Unternehmer als Kredit gegen einen weit höheren Zinssatz zur Verfügung zu stellen, als der Unternehmer überhaupt verdienen kann, dann wird das Kapitalwachstum nicht mehr aus dem Zuwachs im Unternehmen erzielt. Es entstammt dann quasi aus dem „Raub" an den anderen Einkünften oder dem Vermögen des Unternehmers. So etwas geht auch beim Verbraucher, wenn dessen Not ausgenutzt wird. Es hat einen Namen: Wucher. Und dieser Name kommt von einem krankhaften Wachstum, das wir bei Zellen (Krebs) oder bei der aus dem Ruder gelaufenen Natur kennen, in der es wuchert. Dieses Bild haben schon vor Tausenden von Jahren die Menschen auf Wachstumsprobleme im Geldsystem zutreffend angewandt.

Wucher ist es somit, wenn ein Geldgeber mehr erhält als der Geldnehmer damit erwirtschaften kann und damit insgesamt mehr Geld entsteht, als die reale Wirtschaft an Produktivität gewinnt.

Nicht jeder Wucher ist schädlich. Manchmal hilft eine auch überteuerte Kapitalspritze über Engpässe hinweg und man kann es später wieder ausgleichen. Deshalb hat man in der Marktwirtschaft auch nicht mehr jeden Zins, sondern nur noch einen weit überhöhten Zins als Wucher angesehen.

Wucher gibt es nicht nur in der Geldwirtschaft

Es gibt auch Wucher in der Realwirtschaft, an dem sich die Kreditwirtschaft nur beteiligt. Eigentlich beruht jeder Geldwucher irgendwo darauf, dass in der Realwirtschaft Geld allein dafür gefordert wird, dass man andere ausschließen kann.

In der Realwirtschaft hat der Wucher einmal begonnen und sich zu einem Tauschverhältnis für Nichts entwickelt, das nur den Schein eines Austausches von realen Werten und damit auch nur den Schein der Kombination verschiedener Arbeiten erzeugte. In Wirklichkeit handelte es sich aber um einen virtuellen Tausch. Das wussten schon die Römer. Sie legten die Regel fest, dass der Vertrag eines Bauern, der besagte, dass er für das verkaufte Land weniger als die Hälfte dessen in Geld erhielt, was er brauchte, um wieder so viel Acker zu kaufen, nichtig sei. (laesio enormis) Der vernünftige Gedanke dahinter war, dass der Bauer in seiner Existenz bedroht wird, wenn ihm durch den ungleichen Tausch die Hälfte seiner Existenzgrundlage genommen wird. Als Wucher bezeichnen wir es auch, wenn jemand den Platzmangel am Strand am Mittelmeer im Sommer durch weit überteuertes Vermieten seiner Liegestühle ausnutzt. Er erzielt Traumrenditen. Würde man ihn mit einem Wucherkredit finanzieren, würde man sich nur an seinem Wucher beteiligen. Das Geschäft wäre dann insgesamt wucherisch. Doch der Kapitalismus hat diese Art von Wucher akzeptabel gemacht. Heute hält man solche Unternehmer für schlau: Nicht selten wird die Behauptung aufgestellt, dass sie viel mehr als nur den Liegestuhl vermieten – nämlich eine Möglichkeit (opportunity), um (bequem) zu liegen, während andere gar keinen Platz finden. Diese Opportunity und nicht der Liegestuhl sei den Menschen viel wert, sodass sie den überhöhten Preis nicht als Wucher empfinden würden. Schließlich gäbe es ja auch Alternativen: Man könne auch am Strand laufen oder stehen. Wer bezahle, der zeige damit, dass ihm dies den Preis „wert" sei. Außerdem könne man den Nutzen einer Stunde Liegestuhl am Strand sowieso nicht klar bewerten und deshalb überlasse man dies dem Gesetz von Angebot und Nachfrage. Doch dieses Gesetz verhindert nicht, dass u. U. Mittel, die zur produktiven Existenz notwendig sind, zweckentfremdet werden.

Wir nehmen dies hin, wenn wir Wahlmöglichkeiten haben. Beispielsweise entscheidet sich ein Elektromechaniker, sein ganzes Geld in einen Porsche zu investieren, während seine Frau zu Hause Mühe hat, das Geld für den täglichen Einkauf aufzubringen. Der Wucher fängt daher nicht dort an, wo wir das Geld, das wir eigentlich für unser Leben benötigen, für andere Dinge und dann noch für weit überhöhte Preise ausgeben. Der Wucher fängt dort an, wo dies nicht freiwillig geschieht. Das Gesetz verlangt daher, dass „eine Zwangslage ausgenutzt" wurde.

Es gibt viele Gründe, warum man keine Freiheit bei einem Geschäftsabschluss haben kann. Die moderne Wirtschaft hat so viele Abhängigkeiten und Verwicklungen geschaffen, dass wir in vieler Hinsicht auf die Leistungen anderer angewiesen sind. Das Marktgesetz ignoriert diese Zwänge. Es geht vielmehr davon aus, dass wir jeden Vertrag freiwillig schließen und damit die Pflichten, die er uns auferlegt, frei wählen (Vertragsfreiheit). Ausnahmen gibt es hingegen bei einem Arbeitsvertrag und bei der Wohnraummiete. Hier wird vermutet, dass ohne die gesetzlichen Schutzregeln gegen Wucher – wie der tarifliche oder gesetzliche Mindestlohn oder die Miete nach dem Miethöhegesetz – das Bedürfnis nach Arbeit oder einem Dach über dem Kopf doch zu stark sein kann, um noch behaupten zu können, der Arbeitnehmer habe die einzige ihm in Aussicht gestellte Arbeitsstelle freiwillig für einen Hungerlohn angetreten.

Unsere existenziellen (Grund-) Bedürfnisse machen uns anfällig für Wucher (-angebote). Zu einem Wucherer kann man werden, wenn man ein exklusives, soll heißen nur beschränkt erhältliches Gut (wie die wenigen Liegeplätze am Strand) oder aber sehr viel Macht über andere hat. In der Wirtschaft spricht man dann von einem Kartell oder Monopol. Laut unserem Grundgesetz hat der Staat die Aufgabe, Regeln zur „Zügelung wirtschaftlicher Macht" zu entwickeln. Die Erfüllung dieser Aufgabe steht allerdings seit der Verabschiedung des Grundgesetzes noch an. Weshalb es bisher zu dieser Umsetzung nicht kam, liegt an der folgenden Sichtweise: Jede Stärkung heimischer Unternehmen wird gerade nicht als Bedrohung unserer Freiheit sondern – mit Blick auf das Ausland – als Chance für Deutschland oder inzwischen die EU begriffen.

Solche Macht entsteht vor allem dort, wo für die Menschen notwendige Funktionen von wenigen monopolisiert werden. Ein eklatantes Beispiel dafür ist der Markt für „elektronische Gespräche" (Kommunikation, Software, EDV). So wie wir Deutsch sprechen können müssen, um uns verständlich zu machen, so brauchen wir heute auch den Zugang zu den Softwarepaketen, mit denen die Menschen in der Welt miteinander sprechen und kommunizieren. Mit vielen Tricks, Aufkäufen, Barrieren für andere Unternehmen und viel staatlicher Unterstützung, hat sich eine amerikanische Firma mit ihrer Software hier ein Monopol gesichert.

Weil alle mit Windows und MS-Office kommunizieren, wäre man ausgeschlossen, wenn man keinen entsprechenden Zugang hätte. Es ist wie im Mittelalter, wo alles Land dem Feudalherren gehörte und nur der in der Gemeinschaft bleiben konnte, der von ihm Land „geliehen" (Lehen) bekam, wofür der Graf dann auch alle möglichen und unmöglichen Leistungen einfordern konnte: Etwa die Abgabe von 10 % der Ernte, unentgeltliche Dienste beim Transport und bei der Holzversorgung (Hieb- und Spanndienste) und sogar das Recht der ersten Nacht bei Jungvermählten (ius primae noctis). Wer alles nehmen kann, der kann auch wucherisch geben.

So finden sich dann auch bei Microsoft Zinssätze, die normalerweise der reine Wucher wären, wenn wir sie nicht längst als sogenannte Lizenzgebühren akzeptiert hätten.

So nahm der Konzern aus den USA allein im ersten Halbjahr 2007 insgesamt 13,762 Mrd. $ ein, und musste dafür nur 7,844 Mrd. $ Kosten aufwenden. Es blieb ihm also ein Überschuss (operativer Gewinn) von 5,918 Mrd. €. Das entspricht einem Gewinn vor Steuern von 43 %. Das Geld stammt aus dem Recht, jedem die Nutzung dieser elektronischen Sprache zu verbieten, der nicht diese weit überhöhten Preise zahlt. Vor allem die Dritte Welt, die durch den Gebrauch dieser Sprache nicht mehr erlöst als sie braucht, um überhaupt mitspielen zu können, muss das Geld aus ihren Existenzfonds abziehen. Da mutet es fast wie ein schlechter Witz an, dass der Firmengründer, der wegen dieser jahrzehntelangen Ausbeutung seiner Machtstellung, als reichster Mann der Welt geführt wird, zum Wohltäter des Jahres gewählt wird. Und dies, weil er mit einer Stiftung einen Bruchteil davon wieder für die Dritte Welt bereitstellt und dabei auch gleich bestimmt, was für diese Staaten gut sein soll. Dass sich der reichste Finanzinvestor Warren Buffet, dessen Investmentgesellschaft Berkshire Hathaway 150 Mrd. $ für Finanzinvestitionen und Spekulation zur Verfügung hat, mit seinem Vermögen dazugesellt hat, entspricht dieser Logik, dem Wuchervermögen einen gemeinnützigen Anstrich zu geben.

Wir haben auch in der medizinischen Versorgung ähnliche Verhältnisse. Hier haben Unternehmen das Recht, die von einzelnen Menschen entwickelte Medizin – etwa zur Behandlung von Aids – zu Wucherpreisen anzubieten und dabei den Tod von Millionen Armen in Kauf zu nehmen. Inzwischen ist es einem Nahrungsmittelkonzern wie Monsanto sogar gelungen, das Recht vom Staat zu erhalten, den Bauern allein für das Halten ihrer Schweine Lizenzgebühren abzunehmen. Voraussetzung dafür ist, dass bei den Schweinen ein Gen festgestellt wird, auf das Monsanto ein Eigentumsrecht (Patent) hat. Selbst Ideen und Gedanken werden heute zu Eigentum weniger Kapitalien erklärt und das Denken der Menschen damit kostenpflichtig gemacht. Und dies, obwohl diese Gedanken aus unserer (Jahrtausende alten) Kulturgeschichte entstammen und erst in den letzten 50 Jahren in die kapitalistische Wirtschaft eingegliedert und zu Eigentum erklärt wurden.

Laut unseres Bürgerlichen Gesetzbuches besteht das Wesentliche des Eigentums darin, dass man alle anderen von der Nutzung ausschließen kann. Das ist noch ein feudales Denken. Im Kapitalismus ist Eigentum ein Monopol auf eine Sache, ein Verfahren, eine Idee, ein Gen oder eine Medizin, mit dem man Wucher betreiben kann. Das gilt auch für das Geld. Das Monopol der Kreditvergabe führt nie zu der aktuell von den Politikern wieder beschworenen Kreditknappheit oder Kreditklemme (credit crunch), sondern immer zum Wucher. Die Kreditklemme ist eine Drohung, mit der man Wucherpreise und Vorzugsbedingungen vom Gesetzgeber erpresst.

Die Umwandlung der Mittel, mit denen Menschen ihre Kultur, ihr Zusammen- und Überleben bewältigen, in Eigentumsrechte einiger weniger hat sicher einen großen Vorteil: Dort, wo der größte Fortschritt besteht, fließt auch das meiste Kapital bzw. die meiste Arbeit hin. Das war der Schlüssel zum Erfolg bzw. das Geheimnis des Siegeszuges des Kapitalismus über feudale, gemeinschaftliche oder sozialistische Wirtschaftsformen. Der Kapitalismus hat nunmehr allerdings ein Stadium erreicht, in dem der Wucher für ihn ertragreicher geworden ist als die Entwicklung guter Produkte und Dienstleistungen, von denen alle profitieren. Es wird heute in großem Maße eine künstliche Knappheit hergestellt, um wuchern zu können. So werden von Unternehmen neue Verfahren patentiert und aufgekauft, damit man ihre Umsetzung verhindern kann, die sonst das Monopol des eigenen Produktes bedrohen würde. Firmen, die nachhaltig produzieren, werden geschlossen, weil man deren Erfolg in der Zukunft fürchtet. Menschliche Kommunikation wird behindert, um Lizenzgebühren zu kassieren. Ganze Staaten werden von den Chancen ausgeschlossen, das zu produzieren, was sie benötigen, um die Absatzmärkte nicht zu gefährden. Die Menschen antworten darauf intuitiv mit Krieg und Terrorismus. Dies ist eine bekannte Reaktion, die schon alle Imperatoren in der Geschichte zu spüren bekamen, wenn sie zu lange mit ihrem Machtmonopol andere Völker unterdrückten. Der Wucher ist daher eine allgemeine Gefahr kapitalistischer Wirtschaftsweise für Frieden und Wohlstand. Dabei geht es keineswegs um besondere Leistungen. Der Wucher „versteckt" sich vielmehr hinter Begriffen wie Lizenzgebühren, Nutzungsrechten, Eigentumsrechten, Miete, Leasinggebühren oder Teilnahmekosten und Mitgliedsbeiträgen. Diese systematischen Probleme des Kapitalismus spricht auch der Papst in seiner Enzyklika Caritas in Veritate 2009 an, die die Presse so gründlich falsch in ihre individualistischen Formeln von Gier und Sünde eingeordnet hat. (dazu unten 6.2.2) Religion darf eben auch dort nicht klüger erscheinen als die allgemeine Ideologie, wo sie aufgeklärter als die Masse ist. Unsere reale Wirtschaft wird durch den Wucher zu einem großen Teil zum Finanzsystem. Die reale Wirtschaft ist hier nur scheinbar real, in Wirklichkeit aber werden fiktive Werte gehandelt.

Die Entwicklung der menschlichen Kultur hat immer von Beschränkung (Eiszeit) und Vielfalt (Gene, Natur, Menschen) gelebt. Der Wucher bringt die Einfalt und den Ausschluss zurück.

Man kann ihn daher grundlegend nur dadurch bekämpfen, dass man den Zugang aller Menschen zu den grundlegenden Lebens„mitteln" wie Kommunikation (Sprache, Kommunikationsmittel wie Post, Telefon, Computer, Fernsehen etc.), Ernährung (Natur, Kulturland), Gesundheit (Medizin, Therapie), Wohnen (Land, Häuser), Transport (privat, öffentlicher Transport) so weit gewährleistet, dass damit kein Wucher getrieben werden kann. Im Bereich von Telefon, Post, öffentlichem Transport und teilweise bei den Grundnahrungsmitteln ist dies bereits mit Preiskontrollen und Versorgungspflichten bei Gütern zur Befriedigung von Grundbedürfnissen der Fall.

Wenn wir uns hier mit dem Finanzsystem und seinen Möglichkeiten des Wuchers beschäftigen, dann sollte nicht aus dem Auge verloren werden, dass die

Grundlage des Wuchers in einem Eigentumsbegriff liegt. Er berechtigt schrankenlos zum Monopol und wird gerade nicht – wie in der Verfassung vorgeschrieben – „zum Wohle der Allgemeinheit" und „sozial verpflichtet" genutzt. Das Eigentumsrecht bietet unbestreitbar auch Chancen individueller Freiheit und dezentraler Entscheidungskompetenz und damit auch Machtbegrenzung. Es muss aber gezähmt und gebändigt werden, damit es in der Realwirtschaft nur produktiv und nicht wucherisch und damit destruktiv eingesetzt werden kann.

Gegen das Wuchern gibt es gesetzliche Mittel

Weil man den (produktiven) Kredit zur Ermöglichung von Konsum, Arbeit und Produktion nicht vom (unproduktiven) Wucherkredit für Geld unterscheiden kann, ist es für den Staat schwer, diese unproduktiven Kredite generell zu verbieten.

Das kennen die Onkologen von der Behandlung des Krebsgeschwürs. Man kann Krebszellen nicht direkt bekämpfen, weil man sie nicht genau genug von anderen gesunden Zellen unterscheiden kann. Man weiß nur, dass sie sehr schnell wachsen – das kennt man auch vom Wucherkapital. Dieses Wissen macht man sich in der Chemotherapie zunutze und bekämpft pauschal die sehr schnell wachsenden Zellen, weil darunter auch die Krebszellen sind. Leider führt dies häufig zu Schäden bei den gesunden Zellen. Die Krebsforscher träumen davon, dass man schnell wachsende Krebszellen nicht mehr abtöten muss, sondern sie dazu bringt, langsam zu wachsen. Forschungen, den Zellen die Nahrung für ihr Wachstum zu entziehen oder sie auszutrocknen, gehen in diese Richtung. Könnte man die Wachstumsrate dämpfen, so würde dem Krebsgeschwür Einhalt geboten und das gesunde Wachstum nicht in Mitleidenschaft gezogen.

Was in der Medizin noch ein Traum ist, ist beim Wucher möglich und wurde historisch über Jahrtausende angewandt. Wucher ist ja kein Schicksal, sondern wird von Menschen gewollt. Also kann man ihrem Willen Grenzen setzen. Deshalb ist die Wachstumsrate für Wucher schon immer vom Gesetzgeber begrenzt worden.

Das Recht hat hier verschiedene Ansätze verfolgt, die allerdings alle noch an der Vorstellung von den Zinsen anknüpfen. Das ist etwas hinderlich, weil es eigentlich um die Begrenzung des Geldkapitalwachstums geht. Gleichwohl haben sie, die früher viel intuitiver vorgingen als unser kapitalistische Rationalität heute, durchaus sinnvolle Methoden entwickelt, um über die Zinsregulierung dem Wucher Einhalt zu gebieten.

Da der Wachstumssatz nur der nicht als Prozentsatz ausgedrückte um den Faktor 1 erhöhte Zinssatz ist, also 4 % pro Jahr sich in eine Wachstumsrate von 1,04 p. a. umrechnet, können wir die alten Volksweisheiten zum Wucher auch auf das finanzielle Krebsgeschwür anwenden.

(1) Da sind zum einen gesetzliche Zinssätze, die Maßstäbe setzen. So hat das BGB für Verbraucher angenommen, dass die übliche und ohne weiteren Nachweis zugrunde zu legende Wachstumsrate für Kredite bei 4 % im Jahr liege. Dies kommt dem Wert erstaunlich nahe, den wir oben, abzüglich der Verwaltungsarbeit (Servicing), als reale Wachstumsrate angenommen haben. Bei Kaufleuten hat das Handelsgesetzbuch 5 % zugrunde gelegt. Da dies nur Vermutungen sind, die dort nicht gelten, wo Zinssätze vereinbart oder höhere Schäden nachweisbar sind, haben diese Zinssätze im Zeitalter der Allgemeinen Geschäftsbedingungen praktisch ihre Bedeutung verloren, stehen aber noch im Gesetz.

(2) Weiter gab es Zinssätze, bei deren Überschreitung der Schuldner besondere Rechte bekam. Bei vereinbarten Zinssätzen von 6 % und mehr bei Hypothekenkrediten hatte der Schuldner früher ein kostenloses Kündigungsrecht, weil der Gesetzgeber das für ungewöhnlich hoch hielt. Das hat ein neo-liberaler Gesetzgeber schon Ende des letzten Jahrhunderts ersatzlos gestrichen. Seit Kurzem haben die Banken sogar das Recht, sich die vorzeitige Entschuldung mit bis zu 16 % Aufschlag auf den Kredit abkaufen zu lassen.

(3) Eine andere Grenze gab es beim Verzug. Die 4 % waren schon in den 1970er-Jahren den Banken viel zu niedrig. Teilzahlungsbanken ließen sich gerade bei notleidenden Krediten in ihren Verträgen im Voraus bis zu 28,9 % p. a Verzugszinsen versprechen. Das ist eine abnorme Wachstumsrate, wenn man bedenkt, dass diejenigen sie bezahlen sollen, die ihr Geld bereits verausgabt und verloren haben und zahlungsunfähig geworden sind. Ihre „Produktivität" ist ja bereits negativ – gerade deshalb sollte man an ihnen nicht so viel verdienen können.

Das sahen die Gerichte damals auch so und verlangten von den Banken den Nachweis, dass sie mit dem rechtzeitig zurückgezahlten Geld real hätten mehr verdienen können. Weil sie das nicht konnten, reduzierten die Gerichte diese Zinssätze teilweise auf die gesetzlichen 4 % p. a. Der Gesetzgeber hat dann einen Kompromiss in das Gesetz geschrieben und gesagt, dass die Banken bei notleidenden Verbraucherkrediten ohne Nachweis einen Verzugszinssatz zugrunde legen dürfen, der 5 % (beim Hypothekenkredit 3 %, im Handel 8 %) über dem Zinssatz liegt. Dieser Verzugszinssatz entspricht dem, den die Bundesbank für ihr Geld zugrunde legt (Basiszinssatz). Der Basiszins bewegt sich seit 2000 zwischen 1 % und 4 % p.a. Er lag Anfang 2009 bei 1,62 % p. a., wodurch Verbraucher, die mit ihren Zahlungen im Verzug sind, mit maximal 6,62 % p.a. belastet werden. Das ist ein Schutz gegen Wucher, wenn man bedenkt, dass zu derselben Zeit auf dem Girokonto 18,99 % p. a. verlangt werden.

(4) Weitere Wachstumshemmer für finanzielles Wuchern ergaben sich aus dem Versuch, Zinslawinen zu unterbinden, bei denen die Schuldner wie Sisyphus Zinsen für Zinsen zahlen und damit in eine lebenslange Zinsknechtschaft geraten können. So verbot das Gesetz in allen zivilisierten Ländern die Berechnung von

Zinseszinsen. Bei 4 % macht das für 10 Jahre statt $1{,}04^{\wedge}10$ =1,48, also 48 % immerhin nur $1{,}04 * 10 = 1{,}40$, also 40 % Kapitalwachstum aus. Auch dieses Verbot steht nur noch auf dem Papier. Man verteilt einfach Zinsen und Zinseszinsen auf zwei verschiedene Kredite, indem man die Zinsen für den Ratenkredit durch Abbuchung vom Konto aus dem Überziehungskredit bezahlt. Das sind dann keine Zinseszinsen mehr, weil die Abbuchung nicht für Zinsen, sondern für Geld erfolgt. So schlicht kann juristische Logik sein. Ein ganzer Geschäftszweig lebt davon. Man denke nur an die verheerenden Umschuldungen und die Kreditkartenreiterei. Die Gerichte jedoch sind froh darüber, dass die Banken eine Begründung gefunden haben, damit sie nicht in unzähligen Prozessen das Zinseszinsverbot aus der Mottenkiste hervorholen müssen. Zum Verzug äußerte sich der Bundesgerichtshof gleich grundsätzlich: Er gelte ja nur, wenn die Bank nicht beweisen könne, dass sie auch Zinseszinsen verdient hätten.

(5) Der Gesetzgeber schaffte aber noch eine weit wirksamere Bremse für die Zinslawine. Er führte das Recht ein, zuerst den Brand zu löschen und erst dann die anderen Schäden zu beheben. Das ist immer vernünftiger, weil es die Schäden gering hält. Dies gelang ihm beim Zins dadurch, dass er bei Verzug der Schuldner die Bank verpflichtete, drei Konten für die Schuld zu führen: ein Konto, auf dem die Schuld bei Kündigung aufgeschrieben wurde, eines auf dem die danach aufgelaufenen Zinsen verbucht werden müssen und ein drittes Konto, auf dem er den Banken dann noch 4 % p. a. Zinsen auf die aufgelaufenen Zinsen erlaubte. Mit der Vorschrift, dass der Schuldner nicht zuerst die Zinsen zu bezahlen braucht, erreichte der Gesetzgeber, dass das Kapitalkonto, das die Grundlage der Wucherungen auf dem Zinskonto ist, zuerst abgetragen werden darf. Dies ist eine geniale Idee zur Eindämmung des Wuchers und sollte für alle Kredite und nicht nur die notleidenden Kredite gelten. Würde diese Vorschrift auch bezüglich der Schulden der überschuldeten Verbraucher, Dritte Welt Länder oder des Staates gelten, dann würde deutlich, dass der größte Teil der Schuld nur aus aufgelaufenen Zinsen und Gebühren besteht und gar nicht produktiv investiert wurde. Solche Regeln sind intelligenter als die Schuldenerlassforderungen von Fidel Castro oder dem Papst, die mit dem Erlass der Schulden den Ländern auch Zugang zu den Kapitalmärkten und ihren Gesprächspartnern im Bankenbereich rauben.

Aber auch diese Vorschriften sind heute nichts mehr wert. Die Banken vermieden es, Kredite zu kündigen. Sie schuldeten sie um oder eröffneten parallel einen zweiten, dritten und vierten Kredit. Mit Zustimmung der Schuldner wurde dann aus einem notleidenden Kredit fiktiv ein normaler Kredit. Aus den aufgelaufenen Zinsen wurde ganz normales Geldkapital, das man hoch verzinsen durfte. Dass man dadurch schnell „stehend k. o." war, spielte so lange keine Rolle, wie es keiner merkte.

Einen anderen Trick hat der deutsche Gesetzgeber 2009 ganz offiziell legitimiert. Wer kein Geld mehr auf dem Girokonto und das Limit überschritten hat, der ist nicht mehr im Verzug, sondern nutzt eine „geduldete Überschreitung". Damit profitiert er nicht mehr von dem begrenzten Verzugszinssatz und den guten Zahlungsmodalitäten. Vielmehr darf er oberhalb von 18 % p. a. so „freiwillig" Wucherzinsen bezahlen. Vor 30 Jahren war das bei den Teilzahlungsbanken so, die damals 28,9 % p.a. nahmen, die auch im Vertrag „frei vereinbart" worden waren. Der Rückschritt des Wucherverbotes ist frappierend.

(6) Die größte Tat der Gerichte war allerdings 1981 die Einführung einer generellen maximalen Wachstumsrate für Kredite. Diese Wuchergrenze, die früher erst bei 40 % p. a. lag, liegt seitdem bei dem Doppelten des Üblichen. Üblich sollte der Durchschnitt aller Zinssätze für Ratenkredite sein, also nicht nur der wucherischen Kredite. Im Februar 2009 gab die Europäische Zentralbank einen durchschnittlichen Zinssatz für Verbraucherkredite von 5,83 % p. a. an, der seit 2003, als sie 6,65 % p. a. angab, kontinuierlich gefallen ist. Damals hatte die Bundesbank allerdings noch einen deutschen Zinssatz genannt, der etwa 3 % höher lag. Ihn hat sie anschließend durch Vorstandsbeschluss aufgegeben und weigert sich, diesen Zinssatz, den sie intern weiter führt, anzugeben. Damit hat sie der gesamten Rechtsprechung zunächst die statistische Grundlage entzogen. Es gibt keine Wucherurteile mehr.

Die Wuchergrenze der Rechtsprechung würde danach im Februar 2009 zwischen 13,3 % p. a. und 19,3 % p. a. liegen. Wir haben dagegen viele Kredite berechnet, deren Zinssätze weit höher lagen.

Dass das Wucherverbot entfallen ist, liegt auch daran, dass diese Grenze geschickt umgangen wurden: In überteuerten Nebenleistungen wurden Zinsen als Provision versteckt. Es wurde argumentiert, dass diese keineswegs zu dem Kredit zählten, der damit nicht wucherisch sei. Die andere Methode, die Kettenumschuldungen, wird unten (4.2.2) beschrieben.

Diese Aushöhlung des Wucherschutzes basiert dabei auf einem ziemlich perfiden Argument, das vor allem die englische Labour Regierung, aber auch der Banker Round Table in Brüssel und die EU-Kommission ständig wiederholen: Wenn man keinen Wucher treiben darf, werden vor allem arme Menschen keine Kredite mehr bekommen und damit von der Möglichkeit, von der Arbeitsteilung zu profitieren, ausgeschlossen. Tatsächlich schließen aber Länder mit effektiver Wuchergrenze kaum Menschen aus, während Länder ohne eine solche Grenze wie England und die USA extrem hohe Ausschlussquoten vorweisen.

(7) Historisch gab es dann noch den Schuldenerlass. In der Bibel wird im Alten Testament das jüdische Erlassjahr geschildert. Es schrieb vor, jede sieben Jahre alle Schulden, die bis dahin noch nicht bezahlt waren, zu erlassen. Bis dahin, und das wussten unsere Vorfahren, war klar, dass mit der Investition kein

Wachstum mehr erzielbar war. Dazu gehörte dann noch die allgemeine Pflicht, die jede Religion hat, jedem, der in Not war, sofort etwas zu leihen und ihm die Schulden sofort zu erlassen. Beides dämpfte die Lust am Wucher entscheidend.

Der Kapitalismus hat dies abgeschafft und dafür das Arbeitshaus und den Schuldturm in England schon im 16. Jahrhundert eingeführt, der bis heute in den irischen Gefängnissen überlebt hat. Die Arbeitshäuser blühten im 19. Jahrhundert. Dabei war klar, dass der Wucherer Lebenszeit vom Kreditnehmer gekauft hatte. Er konnte sie auch bestimmen und ihm die Freiheit nehmen. Die Schuldhaft gab es in den Gesetzbüchern dann auch noch im 20. Jahrhundert.

Wir sind dabei, das sinnvolle Prinzip des Schuldenerlasses erneut zu entdecken. In den 1980er-Jahren wurde die Verbraucherinsolvenz eingeführt. Nach zunächst sieben und inzwischen sechs Jahren sittsamen Lebenswandels mit dem Ziel, seine Schulden doch noch zu bezahlen, werden alle Schulden gestrichen. Der Gläubiger, der über den Wucher das Kapital bis zur Uneinbringlichkeit steigert, kann nicht mehr sicher sein, dass er seine Früchte auf jeden Fall erntet. In den USA begründete 1900 das oberste Gericht dieses Recht zur sogar sofortigen Schuldbefreiung mit der Abschaffung der Sklaverei und der Schuldarbeit. Weil – im Gegensatz zu einem Unternehmen – der verschuldete Verbraucher nicht vom Markt verschwinden kann, geht es um das Sterben der Schulden, damit der Mensch leben kann und nicht um das Sterben des Unternehmens, damit die Wirtschaft leben kann.

Aber auch dieses sinnvolle Mittel hat den Wucherern keinen Einhalt geboten. Das liegt daran, dass das Verfahren kompliziert, viel zu lang und mit tausend Barrieren besetzt ist. Vor allem aber weil es etwas verlangt, was es historisch nicht gab, die Versilberung all dessen, was man zum Leben braucht und ein mönchisches Leben an der Existenzgrenze auf sechs Jahre (so eine lange Gefängnisstrafe bekommt kaum ein Wirtschaftsstraftäter) vorschreibt, sind die Banken mit dem System erfolgreich, Schulden durch mehr Schulden in die Zukunft zu strecken. Aus dem Ende mit Schrecken wird dadurch ein Schrecken ohne Ende. Überall kann man zudem noch lesen, wie schuldig der Schuldner ist, weil er nicht rational haushalten konnte, verschwenderisch sei, in der Jugend die Sparsamkeit nicht gelernt habe usw. Die Auswertungen der Untersuchungen, die in den Schuldnerberatungsstellen mit Überschuldeten gemacht wurden, spiegeln jedoch etwas völlig anderes wider: Man erkennt auch hier, wie eine große irrationale Kampagne über die Menschen hinweggeht, die den Wucherer als Ursache der Insolvenz verschont, dafür aber den Betroffenen die Würde abspricht. Dass alleinerziehende Mütter seit Jahren ein acht Mal so hohes Überschuldungsrisiko wie Ehepaare mit bis zu zwei Kindern im gleichen Alter haben, wird dann nicht zum Problem des Sozialstaates, sondern zum Problem der Moral.

Fazit

Kredit ist Geld, das wächst. Wächst es, ohne dass die Wirtschaft mit wächst, so wuchert es. In diesem Fall zerstört es entweder das Geldsystem insgesamt oder aber saugt diejenigen zugunsten der Reicheren aus, die in ihrer Not solche Angebote akzeptieren müssen. Wollen wir etwas dagegen unternehmen, dann müssen wir den Wucher in der Welt bekämpfen.

3.4 Kreditrisiken sind zum Geschäft geworden

Neben dem Wucher ist das zweite zentrale Element der Finanzkrise die aufgenommenen Risiken. Überall gibt es unvorhersehbare Risiken, die jetzt scheinbar alle zusammen eingetreten sind. Herrscht also ein großes Unglück, ein finanzieller Tsunami, wie er uns bereits 1929 heimsuchte?

Geld wird zurzeit verloren und zwar in großem Ausmaß. Geprellte Anleger belagerten die Northern Rock Bank in England oder kamen als Geschädigte von Lehman-Brothers oder der Kaupthing Bank wütend in der Verbraucherzentrale Hamburg zusammen. Ein großes Anwaltsbüro bietet sich den Banken mit der Bemerkung an: „Die Finanzmarktkrise hat auch vor den Wertpapierdepots privater Anleger nicht Halt gemacht. Häufig mischt sich in die Enttäuschung über die negative Wertentwicklung ... der Wunsch, jemanden hierfür ‚haftbar' zu machen. ... Diesen Reflex machen sich viele Anlegerschutzanwälte zunutze, um frustrierte Kunden dazu zu animieren, die streitige Auseinandersetzung zu suchen." Deshalb stünden Banken „vor einer Klagewelle erheblichen Ausmaßes." „Die Abwehr von Anlegerklagen bildet einen Schwerpunkt der Arbeit", so empfehlen sich die Anwälte den Bankern. Ein Anwalt der Geprellten hat sich in der Presse sogar als Krisengewinnler bezeichnet. Die Hamburger Sparkasse hat von sich aus 1000 der etwa 4000 betroffenen Erwerber der von Lehman-Brothers garantierten Zertifikate entschädigt, eine Anzahl von Klagen sind anhängig und bereits zulasten der Sparkasse ausgegangen. Ein Berliner Anwaltsbüro hat 700 Fondsgeschädigte versammelt, die nun wegen einiger Bemerkungen des Bundesgerichtshofs – dass versteckte Rückzahlungen („Innenprovisionen") an die Berater aus dem Geschäft die Bank zum Schadensersatz verpflichten könnte –, große Hoffnung schöpfen. Alles fährt auf der Schiene, dass man besser hätte aufklären müssen, wobei auch jeder weiß, dass dies nichts geändert hätte. Der Kunde ist eben Teil des Produktes und bei manchen Produkten sind die AGB auf den unbedarften, unkritischen oder gutgläubigen Kunden zugeschnitten. Um solche Produkte nicht einschränken oder verbieten zu müssen, arbeitet man dann mit der Aufklärungsfiktion.

Sind es wirklich aufgehetzte Anleger, die „unter Wasser geratene Produkte"
erworben haben und nun, wo das Risiko, das so viel mehr Rendite versprach,
eingetreten ist, ihre Einlage wie ein Sparbuch behandelt sehen wollen? Haben
diese Zertifikate nicht 5 % mehr als das Sparbuch gebracht und bildeten sich die
Anleger wirklich ein, das gäbe es umsonst? Auch die Anlagen bei der Kaupthing
Bank in Island waren rentabler als Anlagen, die vom deutschen Sicherungssys-
tem gedeckt waren.

Risiko und Rendite gehören zusammen. „Ich zahle Ihnen jede Rendite,
wenn ich dafür das Geld nicht zurückgeben brauche", war das Credo des bekanntesten Anlegerschützers, bis auch er der Faszination des eigenen Geldverdienens
erlag und seine Warnungen davon abhängig machte, ob Geld über ein An-
waltskonto an ihn zurückfloss.

3.4.1   Warum Verbriefungen mehr Finanzrisiken produzieren

Kredite haben ein Ausfallrisiko, verbriefte Kredite haben darüber hinaus ein
Kursrisiko. Wir haben bereits im Abschnitt über Geldgeschäfte (3.2) die Verbriefungen erklärt und im Überblick (3.2.2) gezeigt, dass das ganze gesellschaftliche
Kreditsystem gespalten ist in ein direktes Kreditsystem, in dem die Banken als
Kreditnehmer und Kreditgeber zugleich das Geld in einen Pool bringen, es wei-
terleiten und auch verteilen. Zugleich sind die Banken als Investmentbanker aber
auch Makler in dem System der verbrieften Kredite, wo zwar volkswirtschaftlich
auch nur Kredite vergeben werden, juristisch man aber im Kapitalmarkt Papiere
verkauft. Dieser Teil des Kreditsystems hat seit 1985 ein ungeheures Wachstum
hinter sich und überlagert inzwischen auch das direkte Kreditsystem.

Über die Vorteile der Verbriefungen wurde bereits berichtet. Sie machen die
Banken als Kreditgeber und Kreditnehmer überflüssig und bringen die wirklichen Kreditnehmer und Kreditgeber direkt zusammen. Außerdem lassen sie
mehr Risiko beim Kreditnehmer zu. Über den Preis der Wertpapiere kann man
erheblich flexiblere Kredite bekommen, für die man dann eben mehr bezahlt. Die
Aktie ist der Prototyp dieser verbrieften Kredite. Bei ihr zahlt der Kreditnehmer
überhaupt nicht mehr zurück, sondern zahlt nur noch Zinsen (Dividenden) und
die auch nur in ganz bescheidenem Maße. Das liegt daran, dass die Zinsen immer auf den Nennwert der Aktie bezahlt werden und nicht auf ihren aktuellen
Preis (Kurswert). 12 % Dividende klingen somit gut: Bei einer Aktie, die inzwischen auf das 10-fache des Kurswertes gestiegen ist, sind das jedoch nur magere
1,2 % p. a. Die Kreditnehmer verdienen also am Kursanstieg der Aktie mit, weil
sie für den Fall, dass sie mehr Kredit durch die Ausgabe neuer Aktien aufnehmen
wollen (Kapitalerhöhung) zwar den hohen Preis erhalten, trotzdem aber nur die

Zinsen auf den Nennwert zahlen müssen. Das bedeutet aber auch, dass die Kreditgeber (Aktionäre) mit den Zinsen letztlich nie zufrieden sind. Ihren eigentlichen Verdienst sehen sie nicht in den Dividenden, sondern in der Kurssteigerung. Insofern sind Unternehmen als Kreditnehmer und Aktionäre als Kreditgeber beide daran interessiert, dass der Kurs einer Aktie steigt. Dies geht so weit, dass ein Unternehmen u. U. nichts anderes mehr interessiert als sein Kurswert. Dieses Interesse nennt man auch den Shareholder Value. Das Gefährliche an dieser Sichtweise ist, dass sich der Preis der Aktie aus Angebot und Nachfrage ergibt und rein finanziell ausgerichtet ist. Unternehmen sind aber nicht nur Institutionen zur Erwirtschaftung von Geldgewinnen. Dieses Ziel soll ja nur ein Mittel dafür sein, dass Unternehmen sich besonders bemühen, sparsam gute Wirtschaftsgüter zu produzieren, die Umwelt zu schonen und Arbeitsplätze für den Lebensunterhalt der Menschen zu schaffen. Geldgewinne kann man aber auch dadurch machen, dass man Arbeitsplätze vernichtet. Oder aber dadurch, dass man Schrottwaren billig herstellt und teuer verkauft, die Umwelt für sich kostengünstig mit Abfällen verseucht und das, was die Vorgänger mühsam aufgebaut haben, in kürzester Zeit zerschlägt und versilbert. Wie dies aussieht, haben uns einige Finanzinvestoren gezeigt, die kein Interesse an dem Unternehmen sondern nur noch an seinem Shareholder Value hatten. Unternehmen, die nur noch das im Kopf haben oder von ihren Aktionären gezwungen werden, sich darauf zu konzentrieren, betreiben dann neben dem Versuch, kurzfristig gut dazustehen und hohe Gewinne auszuweisen, Kurspflege. Dies machen sie, indem sie eigene Aktien aufkaufen, wenn der Preis zu sinken droht, lauthals Zukunftsvisionen verkünden, auch wenn sie wenig realistisch sind, und indem sie Bilanzen fälschen oder den Markt für Wertpapiere manipulieren.

Diese negativen Möglichkeiten werden durch Strafvorschriften zur Insiderkriminalität und zur Kursmanipulation bekämpft. Das System als solches wird aber nicht infrage gestellt. Es hat nämlich einen ungeheuren Vorteil: Der Kreditgeber kann seinen Kredit jederzeit durch den Verkauf der Aktie zurückerhalten. Er muss sich also nicht unbedingt binden. Zwar kann er Verluste erleiden. Er kann aber genauso gut auch Gewinne machen, indem der Preis der Aktie im Handel über ihren wirklichen Wert steigt. Das passiert, wenn Investoren auf eine bestimmte Aktie setzen und von diesem Unternehmen mehr Gewinn erwarten. Stimmt die Information, so verdient man doppelt: Zum einen ist die Aktie jetzt mehr wert, weil die Anzahl der Aktien gleich geblieben ist, der Unternehmenswert aber gestiegen ist (innerer Wert), zum anderen ist der Wert noch weiter gestiegen, weil ihn eine höhere Nachfrage in die Höhe getrieben hat (äußerer Wert).

Verbriefte Kredite lassen sich für große Unternehmen, die bereits am Kapitalmarkt etabliert sind, also viel leichter besorgen als unverbriefte Kredite. Diese Kreditnehmer haben hier mehr Gestaltungsmöglichkeiten und vor allem können sie sich auf die Kurspflege und Dividenden beschränken. Sie brauchen sich nicht zu sorgen, dass der Kredit zurückgefordert wird. Deshalb zählen diese Aktienkredite auch nicht als Schulden des Unternehmens, sondern wie ein Kapital, das dem Unternehmen selbst gehört (Eigenkapital). Wäre da nicht die aggressive Lust des Marktes, die Unternehmen in den Shareholder Value zu treiben, so wäre die Aktie die ideale Form der Kreditaufnahme. Leisten kann sie sich aber nur dasjenige Unternehmen, das auch Kurspflege betreiben und steigende Kurse und damit einen großen Handel mit Aktien versprechen kann.

Das aber können vor allem die Großen, die z. B. in der Chemieindustrie 37 % Eigenkapital aufweisen, während die KfW 2005 für die kleinen Unternehmen eine Quote nahe der 20 % aufweist. Die Eigenkapitalquote führt aber zudem noch in die Irre, weil sie Eigentum und verbriefte Kredite zusammenrechnet. Erst wenn man ausrechnet, wie viel Prozent verbriefte Kredite die einzelnen Unternehmensgrößen im Eigenkapital mitzählen können, wird der große Vorteil dieser Art der Kreditaufnahme am Kapitalmarkt deutlich, der den Kleinen notwendig verschlossen bleiben muss. Das Angebot verbriefter Kreditaufnahme (going public) ist für sie zu aufwändig, für große Kreditgeber (institutionelle Investoren) zu gering für die Mühe der Bewertung und Überwachung und eine Kurspflege können sie schon gar nicht betreiben. Der ermüdende Ratschlag der Politik an den Mittelstand, doch mehr Eigenkapital am Kapitalmarkt aufzunehmen ist daher recht naiv. Er entschuldigt letztlich nur, dass man diesen Unternehmern gegenüber den Banken nicht helfen will. Das „Eigenkapital" der Kleinunternehmen ist nämlich notgedrungen der Bankkredit, nur, den müssen sie zu den Bedingungen der Banken aufnehmen und ohne Risikoteilung zurückzahlen. Mehr Sicherheit und mehr Gegengewicht zu den Banken kann hier nur das Recht und ein staatliches Bürgschaftssystem schaffen, wie es mit der KfW ja im Ansatz besteht.

Diejenigen, die die Möglichkeit haben, verbriefte Kredite aufzunehmen, indem sie ihre Schulden zuerst in Wertpapiere umwandeln und diese dann verkaufen, können also davon profitieren, dass Geld vorhanden ist, das aufgespart bzw. investiert werden muss, um sich zu rentieren und an anderer Stelle wieder eingesetzt zu werden. Die private Altersvorsorge ist dabei nur ein wichtiges Feld. Jede Art der Vorsorge, wie auch das Ansparen auf zukünftige Investitionen, schafft ein eigenes Bedürfnis, solche „Kredite", d. h. Wertpapiere zu kaufen. Die Zinsen dafür teilen sich dann die weiteren Käufer dieses Papiers, die bereit sind, einen höheren Preis zu bezahlen sowie die Schuldner, die Dividenden zahlen und mit viel Engagement Kurspflege betreiben. Nicht zu vergessen, auch die Banken, die an dem Handel mit Provisionen verdienen und daher an Märkten mit vielen Verkäufen (liquider Markt) und entsprechend hohen Kursschwankungen (volatiler Markt) interessiert sind.

Ein Unternehmen, das sich z. B. in eine Aktiengesellschaft umwandeln will (going public), hat daher die Chance, umsonst Kredit aufzunehmen, der nicht zurückbezahlt und mit geringen Zinsen bedacht wird. Steigt der Kurs stark an, so kann es mit Kapitalerhöhungen weitere Kredite aufnehmen, die noch bessere Konditionen haben. Da die Aktionäre zudem noch das Risiko tragen, dass ihre Aktien an Wert verlieren oder das Unternehmen sogar insolvent wird, gibt es letztlich nur Vorteile bei dieser Art der Finanzierung.

Es sind aber gerade die übergroßen Vorteile der Kapitalmarktfinanzierung, die seine Nachteile bewirken. Es gibt nämlich dort mehr Nachfrage als sinnvoll ist. Hier streiten sich die Kreditgeber (Aktienkäufer) darum, wer den Schuldner erhält. Weil niemand von ihnen wirklich weiß, was die Zukunft bringt, kaufen und verkaufen sie die Aktien mit einer Vermutung, wie sie sich zukünftig entwickeln und „schauen (lat. speculare) dabei in die Zukunft" (Spekulation). Der Optimismus und eine Wirtschaft, die seit 200 Jahren mehr produziert als man aktuell braucht und damit permanent für die Zukunft Sparen erlaubt, haben bewirkt, dass die Kurswerte gestiegen sind.

Der amerikanische Pressekonzern Dow Jones gibt seit 1896 die Preise für Industrieaktien (Dow Jones Industrial Index) in dem bisher stabilsten Land der Welt ohne Währungsreformenan.

Dow Jones ab 1896

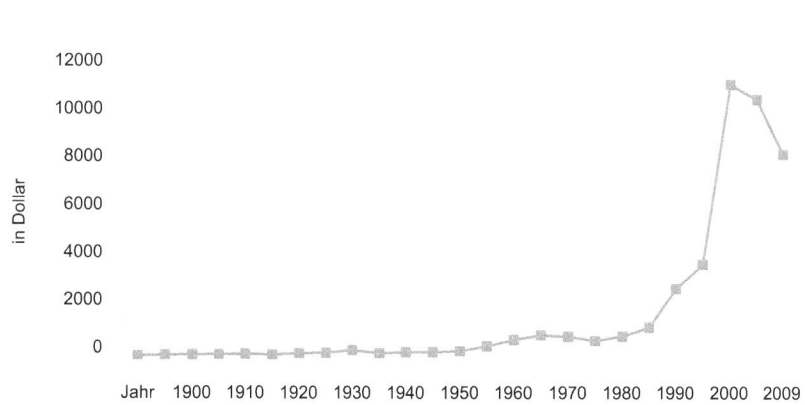

An den meisten der seitdem vergangenen über 41.000 Tagen gibt es somit einen Aktienwert, der aus allen Marktpreisen im Durchschnitt gebildet wurde.

Es begann 1896 mit 29,99 $. Der Index stand im Mai 2009 bei 8.426,74 $. Das klingt nach sehr viel, entspricht aber nur einer jährlichen Verzinsung von 5,12 %. Das ist etwa der Zinssatz, den das Bürgerliche Gesetzbuch schon 1900 als typisch für den Handel ansah. Doch der Zinssatz ist noch viel zu hoch, wenn man die große Wende 1985 berücksichtigt. Bis 1985 lag die jährliche Verzinsung im Durchschnitt nur bei 2,22 %. Viele Risiken waren hier nicht enthalten.

Risiken steckten vor allem in den unterschiedlichen Aktien und Wertpapieren, die man kaufen konnte. Ein solcher Gesamtindex gibt nämlich nicht wieder, was mit jedem einzelnen Aktienkurs passiert. Hier gibt es große Entwicklungsunterschiede je nach Unternehmen, Branchen, Größenklassen oder Ländern. Dieses Risiko war in der Vergangenheit das wichtigste Risiko für die Spekulation mit den verbrieften Krediten.

Es wurde jedoch inzwischen neutralisiert. Investmentfonds kaufen viele Aktien unterschiedlicher Unternehmen, Branchen und Länder und bilden dadurch einen Durchschnitt, der alle Risiken auf die übliche Rendite zusammenschmelzt. Diese Pools bzw. Fonds bilden sogar die generellen Aktienindices ab, wenn sie sich am Dow Jones Index oder dem deutschen Index DAX orientieren und die Aktien, die sie gekauft haben, so gewichten, wie der Index und der Markt sie gewichtet.

Das horizontale Finanzrisiko ist, wenn man den Konkurs einiger Internetfirmen einmal außer Acht lässt, beherrschbar. Dafür sind aber die vertikalen Risiken explodiert. Die Aktienkurse können sich einmal dadurch verändern, dass die Wirtschaft einmal zu viel und einmal zu wenig produziert, durch Kriege in Mitleidenschaft gezogen wird, große Erfindungen hervorbringt, aber dann auch wieder unter Misswirtschaft leidet. Da können Kurse stark ansteigen, was der Bulle symbolisieren soll, oder aber stark abfallen, wofür der arme Bär herhalten muss. Das würde aber mit Ausnahme von Kriegen meist langsam gehen und kaum auffallen. Erst die Spekulation führt dazu, dass plötzlich bei Anzeichen einer solchen Krise oder eines solchen Aufschwungs alle meinen, sie wüssten, wo es hingeht und deshalb Aktien kaufen oder verkaufen wollen. In Gang gebracht wird dies unter anderem durch Umfragen wie das Ifo-Stimmungsbarometer, das einfach die Meinungen von Unternehmern abfragt, oder durch andere „Wahrsager", die die Verbraucher nach dem Konsumklima befragen.

Bis 1985 fielen solche Krisen nicht so deutlich ins Gewicht. Weder Anstieg noch Abstieg waren (mit wenigen Ausnahmen) finanziell so deutlich, dass man denken konnte, sie hätten die Wirtschaft getroffen. Wie das Schaubild zeigt, ist aber 1985 irgendetwas passiert. Die Aktienkurse sind ab diesem Zeitpunkt explosiv in die Höhe geschnellt. Auch wenn man den augenblicklichen Abschwung als Korrektur annimmt, der nur die Kurswerte wieder zurechtrückt, bleibt eine Vervierfachung der Rendite, die die Aktionäre einfahren durften. Sie betrug von 1985 bis Mai 2009 8,46 % p. a. und zwar ohne Berücksichtigung der Dividenden. Lässt man die aktuelle Korrektur weg, so betrug die Rendite von 1985 bis zum Internetboom im Jahre 2000 sogar 13,88 %, also dem Sechsfachen im Vergleich zu den 90 Jahren davor. Wer dagegen im Jahre 2000 kaufte, hat einen Verlust von -3,26 % p. a. hinnehmen müssen.

Diese Zahlen berücksichtigen alle nicht die Inflation. Die Kurse sind immer in Dollar ausgedrückt, auch wenn der Dollar an Wert verlor. Die wirklichen Renditen sind daher erheblich geringer. Das aber unterscheidet die verbrieften Kredite nicht von den direkten Krediten. Auch dort ist immer nur der Betrag zurückzuzahlen, den man nominal aufgenommen hat. Daher sind diese Renditen mit den Zinsätzen für Kredite und Anlagen durchaus direkt vergleichbar und wegen der Dividenden sogar noch etwas zu niedrig angesetzt.

Finanzmärkte bieten somit vor allem ein zeitliches Risiko, das enorm gewachsen ist. Das Auf und Ab hat stark zugenommen. Wer zum richtigen Zeitpunkt kauft und wieder zum richtigen Zeitpunkt verkauft, also beim Bären einkauft und beim Bullen verkauft, der kann sehr schnell ein ungeheuer großes Vermögen machen. In den fünf Jahren zwischen 1995 und 2000 konnte man sein Vermögen von 4.011 $ auf 10.800 $ weit mehr als verdoppeln, alleine wenn man den Durchschnittswert nahm, seit 1985 sogar verzehnfachen. Wer also 100 Mio. $ hatte, konnte durch Spekulation im Durchschnitt 1 Mrd. $ machen, ohne dass dabei irgendetwas Produktives für die reale Wirtschaft von ihm verlangt wurde. Nimmt man die Unterschiede innerhalb der Wertpapiere hinzu, so konnte man sein Geldvermögen auch verhundertfachen. Der Multiplikator ist dabei aber nicht das Interessante. Wer 1 Mrd. setzt und 100 Mrd. herausbekommt, hat 99 Mrd. $ von irgend woher bekommen. Wer dagegen nur 1.000 $ setzen konnte, der musste sich mit 99.000 $ zufriedengeben. Der Großinvestor konnte also mehr als das Millionenfache aus der Wirtschaft auf sein Konto ziehen als der pfiffigste Sparer.

Dieses Geld kam nicht aus den Unternehmen. Die wuchsen gerade so, dass man davon normale Kredite mit Zinsen hätte bedienen können. Der Rest des Geldes wurde somit durch Umverteilung erreicht. Die großen Finanzmogule mit ihrem unendlichen Milliardenreichtum haben also einen Weg gewiesen bekommen, wie sie dem Rest der Geldbesitzer dieses Milliardenvermögen entreißen konnten. Die Herren Madoff, Buffet, Soros und Flowers und viele andere sind daher nicht die genialen Geldmacher, sondern „nur" reiche Männer. Sie haben zu einer Zeit investiert, in der der Staat und die Gesellschaft die Umverteilung über die Spekulation freigaben und damit den größten und ausschließlich auf das Geld schauenden Investoren alle Möglichkeiten in die Hand gelegt haben.

Eine richtige Geldlawine kann man aber erst lostreten, wenn man sich noch die kurzfristigen Schwankungen zunutze macht. Die nachfolgende Grafik zeigt die Schwankungen der Börsenkurse von 1985 bis 2009 im Jahresrythmus. In den 10 Jahren zwischen 1999 und 2009 lag der Kurs dreimal unter 9.000 $ und stieg

zweimal über 11.000 $. Die zeitlichen Veränderungsrisiken hatten noch nie eine
solche große Spanne innerhalb so kurzer Zeit erreicht.

Dow Jones Index

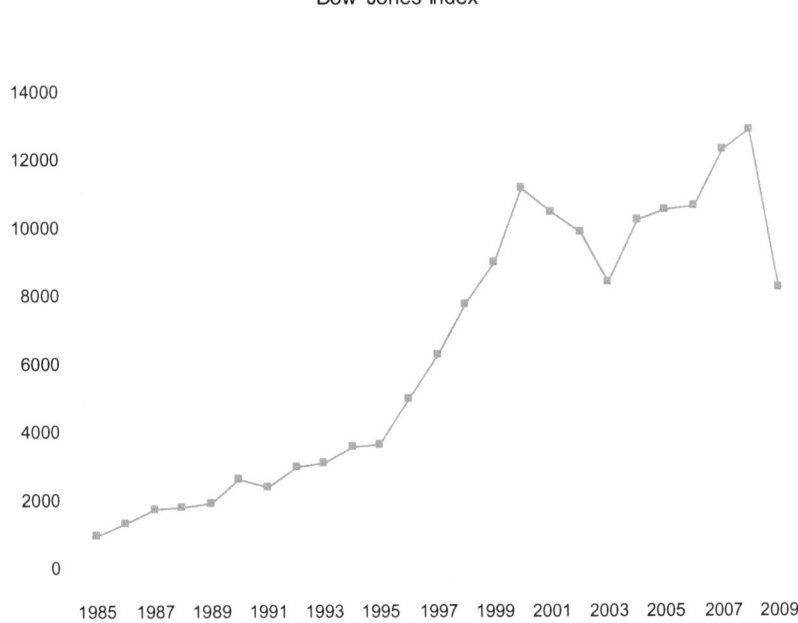

Bricht man nun das Ganze noch auf Monate in der Zeit von Oktober 2001 bis
September 2004 herunter, so sind die Zickzack-Bewegungen der Kurse noch sehr
viel klarer sichtbar. Zwischen Oktober 2001 und Januar 2002 stieg der Kurs um
20 %, fiel dann um fast 30 % bis Oktober 2002, stieg innerhalb von zwei Monaten wieder um 15 %. Der Kurs machte danach diesen Schritt innerhalb der nächsten drei Monate wieder zurück und setzte dann zu seinem letzten großen Höhenflug vor der Krise an. Wer auf dem „Berg" verkaufte, im „Tal" jeweils kaufte,
konnte damit in drei Jahren bei einem Einsatz von 8800 $ diese 8.800 $ und zusätzlich 1.500+1000+3000 $ erlösen.

Dow Jones Index 1896 - 2009

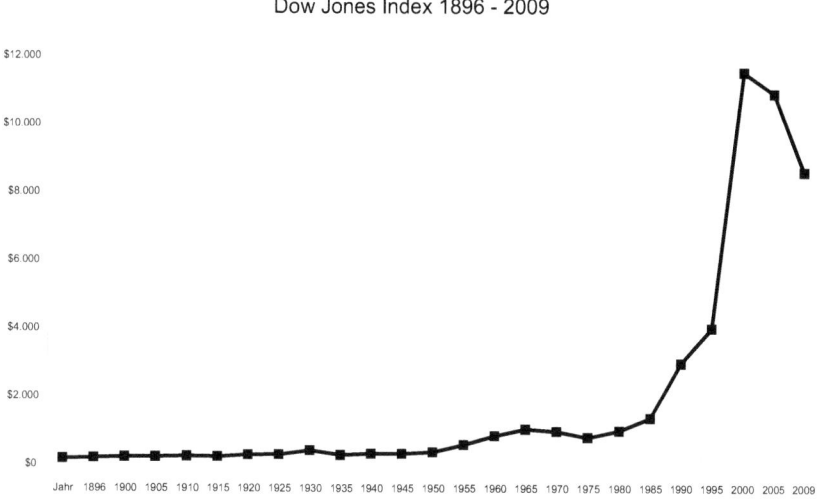

Wir können das nun auf den Tag herunterbrechen und zeigen, wie sich Milliardenbeträge, die man erst seit Einführung der Elektronik in Sekundenschnelle umdirigieren kann, innerhalb weniger Tage aufblähen und das Geld anderer Anleger einsaugen. Dies funktioniert inzwischen sogar im Stundentakt. So wird nachmittags das verkauft, was vormittags zu einem günstigeren Preis erworben wurde (day trading).

Was aus der Perspektive des siegreichen Spekulanten eine gelungene Beute ist, ist aus der Perspektive der Investoren, die Vermögen abgeben mussten, ein hohes Risiko. Deshalb gibt es eigentlich nur die Wahl zwischen Folgendem: Die ökonomischen Risiken werden eingedämmt oder aber es werden mehr Sicherungsinstrumente entwickelt, die die Wirkung auffangen. Letztlich ist aber beides notwendig. Die Risiken wachsen mit der Menge des Geldes, die für Spekulation zur Verfügung steht. Das aber wird inzwischen über Kredite künstlich um ein Drittel aufgebläht. Reduziert man diese unsinnige Aufblähung des Spekulationsvolumens, indem man die Regel der Spielkasinos anwendet, dass auf Kredit nicht gespielt werden darf, dann wäre schon Wesentliches gewonnen. Ein weiterer Schritt in die richtige Richtung wäre es, wenn die Menschen begreifen würden, dass alle Investoren nicht mehr Rendite erwirtschaften können, als ihr Kapital bei den Kreditnehmern insgesamt erwirtschaftet. Alles, was darüber hinausgeht, resultiert letztlich aus Umverteilung und Raub. Dass daran eher die Großen als die Kleinen verdienen, würde dann jedem Verbraucher klar werden. Hierzu müsste aber die neben der Ziehung der Lottozahlen ebenso unsinnige

Börsenberichterstattung auf eine Wirtschaftsberichterstattung im Fernsehen erweitert werden. Sie sollte die Augen der Öffentlichkeit auf die Zinssätze lenken, die bei Unternehmen und Verbrauchern reales Wachstum spiegeln und die damit auch die Grundlage unserer Kapitalanlage sind. Das Wucherverbot würde dann auch das Bewusstsein einer sittenwidrigen Rendite hervorbringen, die nicht mehr als besondere Intelligenz, Pfiffigkeit oder Glück, sondern als Wucher erkennbar wäre. Ob man die Renditen dabei deckelt wie beim Wucher, sie über progressive Steuern wie beim Einkommen abschöpft oder die Empfänger verpflichtet, sie gesondert zu verwalten und für Zwecke zu verwenden, die der Gesetzgeber definieren könnte, bleibt der politischen Diskussion überlassen.

Alles dies wird aber Finanzrisiken nur eindämmen, nicht aber beseitigen. Im Übrigen müssen weitere Instrumente entwickelt werden, die die Risiken so kompensieren, dass kein Anreiz mehr zu ihrer Erhöhung besteht.

3.4.2 Was wir mit Risiken machen, entscheiden wir und nicht das Geld

Auch beim Risiko scheint uns der Vergleich mit dem wirklichen Leben einfache Erklärungen aufzudrängen. Risiko kommt, worüber sich die Gelehrten streiten, wohl aus dem Lateinischen (risicare) oder Griechischen (ῥίζα) und hängt mit Wagemut und Gefahr zusammen. Das Schiff ist auf eine Felsklippe an der Loreley gelaufen, was das Volkslied allerdings dem Blick des Rheinschiffers zum goldenen Haar der Jungfrau statt den tückischen Riffen im Strom zuschreibt. Das Flugzeug, in dem wir fliegen wollten, ist über Sachalin abgestürzt, was später der russischen Spionageabwehr zugeschrieben wurde. Der Damm, der das Land vor Wassermassen schützen sollte, ist gebrochen und hat alle ertränkt, wobei man später so wie beim Kölner Stadtarchiv wusste, dass man besser hätte bauen können. Die scheinbar unwahrscheinliche Möglichkeit, dass sich mehrere Meereswellen so überlagern, dass eine riesige Welle, der Tsunami, das Land überschwemmt, ist in Indonesien eingetreten. Wir vermuten inzwischen, dass dasselbe auch vor über 3000 Jahren auf Kreta passierte und die Minoer auslöschte. Ein Frühwarnsystem hätte die Schäden in Grenzen gehalten. Immer ist ein Risiko tatsächlich eingetreten: Manche schreiben es dem Schicksal, andere aber unserem kollektiven Verhalten zu.

So scheint es auch, dass so ein finanzielles Unwetter über uns gekommen ist, mit dem wir jetzt genauso wie mit den Folgen des Tsunamis fertig werden müssen. Schließlich leben wir ja, wie ein soziologisches Erfolgsbuch suggeriert, in einer Risikogesellschaft.

Aber sollte nicht all unser Streben darauf gerichtet sein, Risiken zu vermeiden, weil sie doch bereits mit dem Wort als unerwünscht deklariert sind? Jetzt aber hören wir, dass Banken mit Begeisterung und gewissenlos Milliardenrisiken eingegangen sind. Es gab sogar einen Markt für Risikopapiere, bei dem die Nachfrage nach Risiken das Angebot teilweise so überstieg, dass die Verdienstspannen solcher Papiere in so schwindelerregende Höhen gestiegen sind, dass absichtlich Risiken geschaffen wurden. Und das nur deshalb, damit man sie absichern und wo dies nicht mehr ging, wenigstens auf sie wetten konnte. Ist das Finanzsystem pervers geworden und hat unsere Werte auf den Kopf gestellt? Es ist nicht das Finanzsystem, sondern unser Turbokapitalismus, der mit politischer Rückendeckung den Wertewandel herbeigeführt hat.

Risikofreude, so haben uns die Ökonomen und die Konzeptverantwortlichen der Agenda 2010 gesagt, sei wichtig und produktiv. Wir bräuchten mehr Unternehmer und das seien bekanntlich mutige Leute, die Investitionsrisiken eingingen und innovationsfreudig seien. Ein Altbundeskanzler zog hierzu mit einem 18-Jährigen durch die Länder, weil der mit seiner Risikofreude in Russland beispielhaft ein Vermögen gemacht hatte. Allerdings wurde er später, was der Altkanzler zu diesem Zeitpunkt noch nicht wissen konnte, wegen betrügerischen Konkurses gesucht. Ich-AGs für Langzeitarbeitslose standen für den Traum, dass jeder sein eigener Unternehmer sein sollte. Risikofreudig sollten die Armen sein. Zu Recht?

Bereits im Vorfeld der Krise hat sich ein Unbehagen eingeschlichen. Da war Ron Sommer von der Telekom, der für 100 Mrd. € kurzerhand UMTS-Lizenzen ersteigerte und zum Idol aller Aktionäre seiner – von ihm als Geldmaschine gepriesenen – T-Volksaktie wurde, dann aber ein Desaster für Aktionäre wie Unternehmen hinterließ. Derweil gelang es Zumwinkel sogar bei der Post und bei der Postbank Mindestlöhne durchzusetzen, Arbeitsplätze zu garantieren und das Unternehmen langsam und ohne weitere Altbundeskanzlerauftritte zu reformieren. Ein anderer Risikonehmer war der Siemens-Konzern, der ohne tragbares Verwendungskonzept den elektromagnetischen Gleitzug Transrapid entwickelte und die Risiken dem Staat auftrug. Das hatte zur Folge, dass die Strecke Hamburg-Berlin 10 Jahre auf ihren ICE warten musste und auch das hoch subventionierte Vorzeigeprojekt in China bis heute niemanden überzeugen konnte. Dann waren da noch die großen Baukonzerne, die risikofreudig Saddam Hussein den Flughafen von Basra militärtauglich erbauten, bevor die Amerikaner ihn bombardierten. Ihre Risikofreude hatten sie durch Exportbürgschaften über die Hermesversicherung bei der Bundesregierung absichern lassen. Schließlich begünstigte das Medium Internet das „wahre" Unternehmertum. Ohne Erfahrungen erhielten Newcomer Milliardenkredite und ihr Aktienkurs schoss auf das 1000-fache des Wertes ihrer Anlagen hoch, weil man jede noch so abstruse Idee als die Erfindung des Perpetuum Mobile pries und tendenziell über das Internet 7 Mrd. Kunden erreichbar schienen.

Mit dem Wort Risiko bezeichnen wir die Gefahren, die wir eingehen wollen. Es bedeutet, dass etwas für uns Belastendes eintreten kann, wir aber nicht wissen, ob es wirklich auch passiert. Es sagt aber nicht, warum wir den Eintritt der Gefahr nicht kennen, wie groß und welcher Art die Belastung ist, ob man sie evtl. mit Geld oder anders kompensieren kann. Man weiß auch nicht, ob die Gefahr real wird und bleibende Schäden hinterlässt, ob man sie vielleicht verhindern kann oder aber das Risiko wie ein Naturereignis über uns hereinbricht. Man kann diesbezüglich viele Fragen stellen. Entscheidend ist jedoch die Antwort: Risiko ist nicht gleich Risiko und wenn uns vor der Blinddarmoperation die Assistenzärzte ganze Serien von Schäden vorlesen, die uns heimsuchen könnten, dann hilft eigentlich nur die Frage, warum man dann überhaupt operiert werden soll. Die Antwort, dass man sonst sterben würde, ist einfach und klar und so sind viele dieser Aufklärungen schon eher eine Zumutung als eine Hilfe.

Es gibt somit objektive Risiken, die wir nicht vermeiden können. Es gibt Risiken, die wir eingehen müssen, weil wir damit andere Gefahren bannen, die also nur Teil eines übergeordneten Risikos sind, wie etwa die Blinddarmoperation. Es gibt aber auch Risiken, die wir nur haben, weil wir in bestimmten Situationen falsch reagieren. Eigentlich könnten wir wissen, wann sie eintreten können oder werden und was wir präventiv tun müssen. Schließlich gibt es Risiken, die wir selbst herbeiführen, weil es z. B. einen so schönen Kitzel macht, die Eiger-Nordwand zu besteigen.

Risiken sind daher weder gut noch schlecht. Es gibt Risiken, die man schon im Vorfeld verhindern kann, z. B. wenn man nicht mehr raucht und nur bei Grün über die Ampel geht. Somit entsteht ein Risiko erst gar nicht und man muss folglich damit auch nicht umgehen.

Es gibt also Risiken, die wir steuern und deren Eintritt wir verhindern können, und solche, die wir in Kauf nehmen müssen. Manchmal ist es aufwändiger, ein Risiko zu vermeiden als es in Kauf zu nehmen. Wir wägen ab. Deshalb gibt es auch noch Raucher und Menschen, die trotz drohender Strafe ohne Fahrschein U-Bahn fahren.

Wenn man schon Risiken in Kauf nimmt und sie nicht verhindern kann oder will, so kommt es schließlich noch darauf an, ob man sie wenigstens kompensieren kann. Dabei hilft es, dass das Risiko ganz konkret bestimmte Personen trifft, die es sich nicht aussuchen können und die es auch nicht speziell verdient haben. So hatten die Bauern in meinem Ort eine Heutrockenanlage gebaut, weil sie damit witterungsunabhängig waren. Der Nachteil war, dass das Heu sich teilweise selbst entzündete und die Scheune in Flammen aufging. Einige Jahre lang betrieben sie die Anlage trotzdem weiter. Sie hatte viel gekostet und die Investition sollte sich schließlich irgendwann auszahlen. Welcher Bauer von dem Brand betroffen sein würde ließ sich nicht vorhersagen. Es war jedoch für die Bauern klar, dass sie alle zusammen die Schäden des Brandes beheben. Auf diese Weise war das Risiko für jeden tragbar. Dies geht natürlich nur dann, wenn sich die Schäden beheben lassen. Das ist nicht immer der Fall: Wer z. B. den Tod anderer in Kauf nimmt, etwa um bestimmte Versicherungsleistungen zu erhalten, handelt kriminell.

Produktives Wirtschaften verlangt somit einen intelligenten und verantwortungsvollen Umgang mit Risiken. Die beste Art mit Risiken umzugehen ist ihre Vergesellschaftung. Die Vorteile ihrer Inkaufnahme ebenso aber auch die eingetretenen Nachteile sollten immer aus einer Gruppenperspektive betrachtet werden. Was für den Einzelnen zufällig und evtl. untragbar ist, ist für die Gruppe u. U. ein sicher eintretendes Ereignis, das, verteilt auf alle Mitglieder, leichter tragbar erscheint. So kümmern wir uns in unserer Gesellschaft kollektiv um die Kranken in Form des Kranken- und Pflegeversicherungssystems, obwohl nicht jeder in gleicherweise erkrankt. Sturmschäden treten mit Sicherheit auf, man weiß nur nicht wann und wo. Deshalb bilden alle die, die ein solches Risiko treffen könnte (und die auch die finanziellen Möglichkeiten haben, sich vorsorglich dagegen abzusichern), die Bezugsgruppe für dieses Risiko. Sie haben ein natürliches Interesse daran, dass das Risiko nicht eintritt oder zumindest kompensiert wird.

3.4.3 *Risiken lassen sich versichern*

Wo es um die Vergesellschaftung von Risiken durch Kompensation geht, dort ist das Geldsystem ein ideales Mittel. Während bei den Amish-People in Amerika, die alles innerhalb ihrer Religionsgemeinschaft bewältigen wollen, die Kirche es jedes Mal fertig bringen muss, dass alle beim Aufbau der abgebrannten Scheune mithelfen, reicht es beim Geldsystem, dass von jedem der entsprechende Anteil in Geld eingetrieben wird. Das Wunder des Geldes liegt nämlich darin, dass sich der Geschädigte damit Ersatz nach seinem eigenen Willen verschaffen kann und er nicht davon abhängig ist, was ihm der Einzelne geben will.

Der weitere Vorteil des Geldes gegenüber dem System der Amish-People liegt darin, dass der eigene Beitrag nicht erst fällig wird, wenn das Risiko bereits eingetreten ist. Zu diesem Zeitpunkt wissen schon alle anderen, dass sie es nicht getroffen hat: „Ihr" Geld wird also für einen anderen verausgabt. Dafür aber lässt sich der Mensch nur unter dem Zwang von Staat (Steuer, Solidaritätszuschlag), Religion (Almosen) oder Moral (Solidarität) gewinnen. Das Geldsystem bietet stattdessen die Möglichkeit, das Geld bereits zu einem Zeitpunkt einzusammeln, in dem noch jeder betroffen sein kann. Der Einzelne erhält also etwas, nämlich die Befreiung von den Folgen des Risikos, im Tausch gegen seinen Versicherungsbeitrag.

Solche Notkassen hatte in großem Maßstab zuerst die Arbeiterbewegung aufgebaut, die, anders als noch die Bauern, ihr Leben vollständig über das Geldsystem organisieren musste und zudem aus der Kooperation (Solidarität) gelernt hatte, dass man gemeinsam mehr erreicht als alleine. In solchen Sterbekassen, die die Witwen und Waisen unterstützen sollten, versicherten sie sich gegenseitig, dass im Notfall jedem aus dieser Kasse geholfen würde. Die ersten reinen Geldversicherungen waren damit Sozialversicherungen. Bismarck, der die Sozialisten mit allen Mitteln bekämpfte, hat ihnen diese Kassen später entzogen. An ihre Stelle hatte er die staatlichen Pflichtversicherungen gesetzt, um zu verhindern, dass die damals noch revolutionären Gewerkschaften und Arbeiterparteien allzu viel Zulauf bekommen. Die Hamas sichert sich heute auch auf diese Weise die politische Unterstützung in den von Israel besetzten Gebieten, indem sie dort Versorgungssysteme für die Familien unterhält.

Die Vergesellschaftung von Risiken erfolgt somit in erster Linie über Versicherungen. In der Versicherung, die neben Kredit, Sparen und Zahlungsverkehr die vierte Form, oder wenn man – wie hier – Sparen und Kredit beides als Kredite ansieht, die dritte Form der Finanzdienstleistungen ist, wird kollektiv gemeinsam gespart. Über das Ersparte wird nur insgesamt verfügt. Individuell erhält man nur die Absicherung eines Risikos. Kollektiv erhält aber der Einzelne die volle Kompensation. In den Versicherungsvereinen auf Gegenseitigkeit und den englischen Mutuals klingt dieses Prinzip noch an.

Versicherungen ermöglichen somit den produktiven Umgang mit Risiken. Alle, die vom Risiko betroffen sind, beteiligen sich an der Vorsorge für die Entschädigung desjenigen, bei dem das Risiko eintritt. Damit wird es für alle auch billiger, wenn die Versicherungsgesellschaft dafür sorgt, dass möglichst der Eintritt der Risiken verhindert wird. Ein Interesse, Risiken extra herbeizuführen, kann es nicht geben. Krankenversicherungen beteiligen sich aus eigenem Interesse an der Gesundheitsvorsorge, Diebstahlversicherungen helfen in der Präventionsarbeit und Rechtsschutzversicherungen beraten selbst, um billigere außergerichtliche Lösungen zu ermöglichen.

Durch ihre Konzentration von Geldern auf bestimmte Risiken werden sie zu Spezialisten für diese Risiken. Sie wissen, wie viel dieses Risiko pro Jahr insgesamt kosten wird und wie man die Kosten gering halten kann. Außerdem haben sie ein eigenes Interesse daran, die potenziell Betroffenen in den Schutz und natürlich auch die Beiträge einzubeziehen.

Statt einer Versicherung lässt sich auch ein Risiko so abschirmen, dass der Betroffene die Folgen auf einen anderen abwälzen kann. Dies gilt vor allem für Risiken, deren Entstehung einer Person zugerechnet werden – wie insbesondere das Risiko des Gläubigers, dass der Schuldner seine Schuld nicht wird zahlen können.

Neben der Versicherung hat sich daher historisch die Hingabe eines Pfandes etabliert, das unter bestimmten Bedingungen als Kompensation für ein eingetretenes Risiko einbehalten werden konnte. Das ist auch der Ursprung des Wortes Wette. Die Wette entstand aus der Praxis ein Pfand hinzugeben, das verfallen bzw. „verwettet" (altnordisch: „vorvedja") war. Unsere modernen Kreditsicherheiten wie Hypothek, Grundschuld, Lohnabtretung aber auch die Bürgschaft sind die Nachfolger dieser Wetten. Sie behandeln zwar alle ein Risiko, wollen aber ähnlich wie die Versicherungen das Risiko für den Einzelnen neutralisieren.

Das besondere dieser Sicherheiten und vorkapitalistischen Wetten liegt aber bereits darin, dass sie die Möglichkeit schafften, dass ein Dritter, der nicht von dem Risiko betroffen war, die Kompensation für das Risiko übernahm. So konnte das Pfand von einem anderem als dem Schuldner gegeben werden, wenn die Hypothek auf dem Haus des Freundes lag und das Sachpfand vom Nachbarn stammte oder gar eine Bürgschaft versprochen wurde. Früher, das klingt bei Schiller in seinem Gedicht „Die Bürgschaft" deutlich an, war es noch der Leumund und die Redseligkeit des Schuldners, für die man sich verbürgte. Heute ist die moderne Bürgschaft ebenso wie die Hingabe anderer Sicherheiten ein eigenes mit dem Risiko nur noch durch finanzielle Interessen verbundenes Geschäft geworden. Seine Triebfeder liegt nicht mehr in dem Bestreben, Risiken zu vermeiden, sondern Risiken mitzuerleben und daran zu verdienen. Die traditionelle „Wette" verlor dabei ihre historische Bedeutung an das Pfand und wurde zum Synonym für die Übernahme eines selbstständigen tatsächlichen oder künstlich herbeigeführten Verlustrisikos. Lotterie, Sportwetten und Buchmacher zeugen von dieser Verselbstständigung und der Abspaltung der Risikobehandlung von der Risikovorsorge.

3.4.4 Mit Risiken lässt sich auch spielen

Die Ursachen der Finanzkrise werden mit dem Schlagwort des Kasinokapitalismus belegt. Gemeint ist damit, dass die Finanzmärkte wie jene Spielkasinos in Monte Carlo, Las Vegas oder Baden-Baden funktionieren. Sie spiegeln die Welt der Reichen und ihre Art, finanzielle Risiken bewusst herbeizuführen, um damit spielen zu können, wider. Tatsächlich geht es dabei nicht nur um die Reichen und auch nicht nur um Spielkasinos. Die Spielfreude oder auch Spielsucht lässt sich auch anders befriedigen: Durch die Bedienung des einarmigen Banditen bei den Spielautomaten über die wöchentliche Ziehung der Lottozahlen, die Sportwetten und die vielen Glücksspiele, mit denen die Menschen demonstrieren, dass das Risiko für sie neben seinen bedrohlichen Folgen auch andere Komponenten enthält.

Glücksspiele und Wetten

Es gehört wohl zur menschlichen Natur, dass der mögliche Eintritt eines unsicheren Ereignisses uns erregt, dass das Adrenalin im Körper ansteigt, die Langeweile vertreibt und „Spaß" macht.

Alle Würfel- und Kartenspiele leben davon, weil man die Zahlen oder die Verteilung der Karten dem Schicksal überlässt. Sport, Spiel, Spannung lautete der Name einer beliebten Sendung. Doch den großen Nervenkitzel holt man sich heute nicht mehr bei solchen Spielsendungen, sondern überall dort, wo es besonders riskant zugeht: Man sagt, dass 100.000de von Zuschauern beim Autorennen vor allem wegen des möglichen spektakulären Unfalls dabei sind, dass man beim Boxkampf das mögliche k.o. erwartet, beim Sprung aus der Zirkuskuppel die Chance, das Kissen zu verfehlen, als Reiz empfindet. Menschen, die die Entdeckung fremder Erdteile oder der Pole nur dieses Kitzels wegen machten, nennen wir Abenteurer. Im Brettspiel „Risiko" des französischen Filmemachers Lamorisse kann man ganze Länder erobern und Feinde endgültig auslöschen. Ebenso wie das moderne Horrorspiel Counterstrike vereint es Strategie, Risikokitzel und Machtstreben. Es eröffnet den Menschen somit die Chance, ihr Innerstes nach außen zu kehren.

Wir haben zu Abenteurern ein gespaltenes Verhältnis. Wir lieben das Abenteuer, aber achten die Abenteurer nicht. Es hat etwas archaisch Tierisches an sich und um so kultivierter eine Gesellschaft ist, umso weniger scheint sie geneigt, das Positive der Abenteuerlust anzuerkennen. Allerdings zerstören Abenteurer auch vieles und gefährden andere. Da ihre Lust am Abenteuer unabhängig davon befriedigt wird, ob das Abenteuer einen Sinn macht, können sie erhebliche Probleme für die Gesellschaft mit sich bringen. Die Ureinwohner in Australien, Afrika und Amerika haben unter dem entfesselten Abenteurertum kulturloser Gesellen besonders gelitten: Die Söldnerheere und zuletzt die Fremdenlegion in Frankreich waren ein Sammelbecken von in der Kultur gescheiterten Existenzen, die ihren Halt mittels der extremen Bedingungen und hoher Risiken fanden. Wir würden manchmal gerne die Suchmannschaften zu Hause lassen, wenn wieder einmal ein untaugliches Segelboot in den Sturm aufgebrochen oder ein Hasardeur ohne Ausrüstung und Kenntnis in die Berge gestiegen ist. Allein, wir würden dadurch unsere Kultur der Gemeinschaft verraten, wenn wir nicht auch diese selbst gewählten sinnlosen Risiken, wie sie auch bei Selbstmördern eintreten, versorgen würden.

Man kann diese Risikolust unterdrücken – Frauen aller Gesellschaften, die häufig ohne eigenes Bedürfnis die Folgen vor allem des kriegerischen Abenteurertums zu tragen hatten, haben dies immer wieder versucht. Der Kapitalismus hat, was Keynes ihm generell unterstellte, dagegen die schlechtesten Eigenschaften dadurch sozialisiert, dass er sie als Motoren in das Geldsystem integrierte. Neben dem Macht- und Bereicherungstrieb, der ein Motor des Tauschens sowie des Kredits geworden ist, ist dies auch der Trieb mit Risiken individuell umzugehen und damit Risikovorsorge zu betreiben.

Die archaische Form des Abenteurertums zeigt sich dabei im Roulette. Hier steht der Verlust des eingesetzten Geldes der Gewinnmöglichkeit gegenüber, auch wenn jeder Spieler weiß, dass letztlich immer die Bank gewinnt. Beim Roulette setzt sich der Spieler ohne eigene Einwirkungsmöglichkeit allein dem unbeeinflussbaren Rollen der Kugel aus. Er kann zwar nach der Aufforderung „Machen Sie Ihr Spiel" („faites vos jeux") die Höhe des Einsatzes und damit die Höhe des Gewinns oder des Verlustes bestimmen, nicht jedoch den Eintritt des Risikos oder Glücks, wenn die Kugel rollt und nichts mehr geht („rien ne va plus") und sie sich in ein Fach oder auf eine Farbe setzt.

Nahe am Roulette ist das Baccara, bei dem es mit wenig Einflussmöglichkeiten darum geht, nach einem komplexen Zählverfahren neun Punkte oder zumindest mehr als der andere aufdecken zu können, nachdem er Geld gesetzt hat. Auch dieses Kasinospiel mit Croupier hat wenige Steuerungs- und Einflussmöglichkeiten. Dagegen ist das Pokern kultivierter als Roulette und Baccara, auch wenn letztere mit ihrem Überhang an gesellschaftlichen Umgangsformen, Riten und französischen Floskeln das Tierische am menschlichen Verhalten zu verhüllen versuchen. Pokern zeigt besser, wie die Abenteuerlust über das Geld in ein Spiel eingebunden werden kann. Wesentlicher Hebel, das Verlustrisiko auf sich zu nehmen, ist dabei wieder die Gewinnmöglichkeit. Weiter gehört dazu das Setzen von Geld, mit dem man die Höhe des Gewinns aber eben auch die Höhe des Verlustes bestimmen bzw. eingrenzen kann. Es handelt sich somit um eine begrenzbare Risikoübernahme. Dabei spielt die eigene Erfahrung und intellektuelle Fähigkeit eine gewisse Rolle, wie die Poker-Meisterschaften zeigen. Man kann also durch Belohnung lernen, mit Risiken umzugehen. Man muss das Risiko abschätzen können, das sich daraus ergibt, dass die Mitspieler evtl. Karten mit einem höheren Wert gezogen haben als man selbst. Dabei hat man eine Vielzahl von Möglichkeiten, sein Risiko zu dosieren: mehr zu bieten, die anderen zum Sehen aufzufordern und damit das Spiel zu beenden, auszusteigen, mitzugehen oder es durch ein höheres Gebot anzuheizen. Je nach Wahl stellt sich die Situation anders dar.

Ein Doppelpärchen ist als Sieger weniger wahrscheinlich als ein Drilling oder gar das full house. Die große Straße oder gar den Vierling zu schaffen, ist reines Glück, das hier nicht dem Tüchtigen gehört. Aber nicht nur die Erfahrung dosiert den Einsatz und bestimmt, wann und bei welchem Betrag man aussteigt. Ein wesentliches Element ist auch der Bluff (von „blind"), d. h die Täuschung der anderen über die eigenen Karten und Absichten. Es kommt nicht von ungefähr, dass diese Spiele sich mit dem aufkommenden Kapitalismus des 19. Jahrhunderts verbreiten.

Bei den älteren Spielen Skat, Bulotte, Doppelkopf, die sich aus dem ältesten, dem Schafskopf ergaben, wird der Risikoanteil weiter zurückgedrängt zugunsten strategischer Möglichkeiten, das Ergebnis zu beeinflussen. Zufall im Kartenausgeben, Bluff der Mitspieler, gewinnträchtige Vorhersagen („Ansage") und kombinatorische Fähigkeiten nähern das Spiel dem „Glück des Tüchtigen" an. Das kapitalistische Element des Geldes ist noch nicht spielnotwendig. Man kann sie auch ohne Geld spielen. Das finanzielle Gewinn- oder Verlustrisiko ist nur noch das Salz in der Suppe des Spiels und nicht mehr seine Essenz. In den vorkapitalistischen Brettspielen Schach, Mühle, Dame und Halma bestimmen dagegen allein die Fähigkeiten den Ausgang. Geld spielt keine Rolle.

Die moderne Wette oder Lotterie hat das Pfand und die Bürgschaft längst hinter sich gelassen. Es sind reine Geldspiele, bei denen das Prinzip des Roulettes allumfassend angewandt wird.

Notwendig ist allein ein ausreichend ungewisses Ereignis. Wir finden hier wieder dieselben Abstufungen wie beim Glücksspiel. Im Zahlenlotto, dem beliebtesten Spiel, setzen die Deutschen Geld ein, um den Jackpot zu knacken. Sie „verspielen" ihr Geld (jährlich 5 Mrd. €) trotz der Gewissheit, dass sie insgesamt gerade nur die Hälfte der Einnahmen zurückerhalten. Der Staat behält 2, 5 Mrd. € ein. Dass man zu 95,75 % verliert, tut dem Spiel keinen Abbruch. Ähnlich sieht es an den vielen Spielautomaten in Kneipen aus. Bei den Pferde- (Turf) oder Fußball- (Toto) Wetten kann der Einzelne das Ergebnis mit Erfahrung, Kenntnis und Strategie geringfügig beeinflussen. In England, wo sich der Staat kein Wettmonopol gesichert hat, kann man praktisch bei den Buchmachern auf alles wetten, von der Parlamentswahl über das Wetter bis hin zum Fußballweltmeisterschaftsgewinn.

Regeln gegen die Spielsucht

Das Geld hat die Risikofreude des Menschen nicht nur kultiviert, sondern auch entfesselt. Es dient in den Glücksspielen und Wetten nicht mehr wie in der Versicherung dazu, mit realen Risiken umzugehen. Vielmehr hat es sich spielerisch von der realen Welt verabschiedet. An die Stelle realer Verluste und Beeinträchtigungen tritt der Verlust von Geld. Weil Geld der allumfassende Stellvertreter für alle Waren und Dienstleistungen, für Glück und Wohlergehen, Ansehen, Macht und Erfolg ist, reicht es, den Geldverlust selbst als stellvertretendes Risiko für alle Beeinträchtigungen, jedes Unglück und jeden Abstieg zu ernennen.

Dieses Risiko ist ein hausgemachtes Risiko. Man verliert sein Geld, wenn ein Ereignis eintritt, das man vorher als entscheidend anerkannt hat. Die Würfel sind gefallen, die Karten sind aufgedeckt, die Kugel hat sich gesetzt, die Wette wurde verloren.

Mit dem Eintritt der Risikospieler in das reine Geldgeschäft kann das Spiel allerdings jedes Maß verlieren. Während die natürlichen und auch die menschlichen Risiken begrenzt sind, sich nicht beliebig herstellen lassen, können finanzielle Risiken in unbegrenzter Zahl und unbegrenztem Ausmaß geschaffen werden. Die Geschichte der Spielkasinos und ihre literarischen Verarbeitungen geben davon Zeugnis: Der Bauer, der Haus und Hof verspielt hat, der Adelige, der seine Frau anbot, die Tragödien derer, die sich nur durch Selbstmord aus den Folgen ihrer Risikoübernahme befreien konnten. Es ist der Überfluss an Angeboten, der das Unheil, in diesem Fall die Spielsucht schafft. Der Kokabauer in Kolumbien kaut das Blatt dieser Pflanze zur Anregung. Es wird erst zum unbegrenzten Rauschmittel, wenn es zu Kokain verdichtet ist. Der Mohn war ein probates Schlafmittel selbst für Kinder in Ostpreußen. Die ungleich geringeren Wirkungen des puren Mohnsamens (im Taschentuch eingewickelt) schaffte keine Sucht. Erst seine Konzentration im Opium und Heroin führte zu einem Konsum, der tödlich enden kann. Wo die Triebe des Menschen einem Schlaraffenland aus Angeboten gegenüberstehen, dort erst entsteht die Esssucht, Nikotinsucht, Geltungssucht, Drogensucht und eben auch die Spielsucht. Zu letzterer bekannte sich der Investmentbanker Kerviel öffentlich. Er ist jedoch nicht der einzig Betroffene: Letztlich ist daran eine ganze Generation von Bankern erkrankt, die diese Spielsucht auf Kosten anderer austobte. Dazu gehörte beispielsweise auch der Angestellte der kleinen Raiffeisenbank, der zunächst die 100.000 € Bargeld des Bauern in japanischen Optionsscheinen anlegte, gewann, das Geld wieder setzte und verlor. Über eine bis zu 1 Mio. € reichende Kreditlinie schloss er den Bauern so lange in den Bann seiner eigenen Spielsucht ein, bis dessen Hof unter den Hammer kam. Die Grundschullehrerin, mit der ein anderer Banker ähnliches erreichte, bekam vom Bundesgerichtshof die 900.000 DM Schulden erlassen, weil der damalige Senat die bewusste Ermöglichung einer Spekulation auf Kredit für verwerflich hielt. Die 100.000 DM verspekulierten Spargelder musste die Lehrerin allerdings abschreiben.

Dies war alles noch vor dem Siegeszug des Kasinokapitalismus und seiner Anerkennung durch den Bankensenat des Bundesgerichthofs, der auch die Spekulation auf Kredit als eine freie Entscheidung der Gescheiterten einstufte.

Dabei hatten die vorherigen Richter durchaus erkannt, dass es sich hier nicht allein um eine Kapitalanlage, sondern um die Ausnutzung der Spielsucht einer finanziell unmündigen Person zu Profitzwecken handelte.

Es gibt seit Jahrhunderten Regeln, mit denen gerade die finanzielle Spielsucht eingedämmt werden sollte. Dazu braucht man sich nur den Betrieb in einem wirklichen Spielkasino anzuschauen.

Sowohl in Monte Carlo als auch in Las Vegas oder Hannover gilt Spielverbot für Ortsansässige. Das anfängliche Angebot, dass in Monte Carlo auch die Monogassen spielen durften, hatte sehr schnell zu finanziell katastrophalen Verhältnissen – auch unter den Bediensteten des Spielkasinos – geführt. Weshalb sie nach kürzester Zeit wieder ausgeschlossen wurden.

Wer spielen will, der muss sein Geld bereits mitbringen. Ein Spielen auf Kredit gibt es nirgendwo auf der Welt. Spiel- und Wettschulden sind Ehrenschulden heißt es unter Spielern, die außerhalb des Kasinos anschreiben lassen. Sie sagen dies nur, weil § 762 des Bürgerlichen Gesetzbuches eine klare und auch heute noch gültige Regel hat, die nur im öffentlich lizensierten Wettbetrieb durchbrochen wird: „Durch Spiel oder Wette wird eine Verbindlichkeit nicht begründet." Man kann also nur seine Barschaft und sein Vermögen verspielen, nicht jedoch seine Arbeitskraft und seine zukünftigen Erwerbschancen. Dies jedenfalls war einmal die Intention, die diejenigen von Spiel und Wette ausschloss und schützte, die gerade genug zum Leben verdienten.

Ferner darf nicht mit Bargeld gespielt werden. Man muss gesonderte Chips einlösen und erhält dadurch eine Bedenkpause vor dem Weitermachen. Es gibt Höchstgrenzen, die man beim Spiel setzen kann. Wird die Bank geknackt, so endet das Spiel. Es gibt somit einen Rahmen. Alle Spielkasinos haben ein dichtes Netz von Aufsehern, die dafür sorgen, dass sich keine Falschspieler und Animateure unter die Spieler mischen. Schließlich erhalten gefährdete Personen Spiel- und Hausverbot. So regeln z. B. die Bestimmungen im Spielbankgesetz des Landes Sachsen-Anhalt das Kreditierungsverbot, zugelassene Produkte, Limitierung der Agenturen, Teilnehmersperre und Jugendschutz.

§ 2 Zulassung
(1) Im Land Sachsen-Anhalt können öffentliche Spielbanken und für das Automatenspiel (Kleines Spiel) unselbständige Zweigstellen dieser Spielbanken an bis zu vier Spielstätten für je eine Spielbank oder Zweigstelle zugelassen werden.
(4) In einer Spielbank sind Glücksspiele verboten, die durch die Aufstellung von Spielgeräten im Sinne des § 33 c Abs. 1 Satz 1 der Gewerbeordnung erlaubt werden können. Bedienstete der Spielbank und ihrer Nebenbetriebe dürfen Besuchern der Spielbank zum Zweck der Teilnahme an Glücksspielen keinen Kredit gewähren oder durch Beauftragte gewähren lassen. Sie dürfen dem Spieler hinsichtlich der Höhe der Entgelte keine Vergünstigungen, insbesondere keine unentgeltliche Teilnahme, Nachlässe des Entgeltes oder auf das Entgelt oder sonstige finanzielle Vergünstigungen gewähren. Die Spielbanken sind nicht berechtigt, Auszahlungen aufgrund des Lastschriftverfahrens oder sonstiger Formen der Kreditierung zu leisten.
§ 2 a Zugangskontrollen und Spielersperren
(1) Die Spielbank hat die Pflicht, die Identität der Besucher der Spielbank bei Betreten der Spielbank festzustellen, zu registrieren und zu überprüfen. Die Anwesenheit in den Spielsälen der Spielbank ist Minderjährigen nicht gestattet und darf nicht geduldet werden.

(2) Die Spielbank kann unbeschadet des § 14 des Glücksspielgesetzes Personen sperren, die gegen die Spielbankordnung (§ 9) oder die Spielregeln verstoßen, oder gegen die ein begründeter Verdacht eines solchen Verstoßes besteht oder denen aufgrund des Hausrechts der Zutritt zur Spielbank untersagt wurde (Haussperre). Den Betroffenen sind der Grund und die Dauer der Sperre unverzüglich bekannt zu geben.

(3) Eine Übermittlung der Sperrdaten nach Absatz 2 an andere deutsche Spielbanken und an Spielbanken in einem anderen Mitgliedsstaat der Europäischen Union oder in einem anderen Vertragsstaat des Abkommens über den Europäischen Wirtschaftsraum sowie der Schweiz ist zulässig, wenn Gegenseitigkeit gewährleistet ist. Betroffene erhalten unbeschadet des § 14 Abs. 4 des Glücksspielgesetzes Auskunft über Haussperren nach Absatz 2.

Im Strafgesetzbuch gibt es dazu noch das Verbot, fremdes anvertrautes Vermögen zu verspielen. Man nennt dies in § 266 des Strafgesetzbuches „Untreue", wenn man als Bankier, Vermögensverwalter, als Manager eines Unternehmens oder Mitglied des Aufsichtsrats das Vermögen der juristischen Person sprichwörtlich aufs Spiel setzt. Aufgrund dieses Paragrafen wurde der Chef der größten deutschen Bank verurteilt. Er ließ einem Manager von Mannesmann nach Vollzug der Unternehmensübernahme noch aus dem Vermögen dieses Unternehmens, quasi als Belohnung für kooperatives Verhalten in der feindlichen Übernahme, Millionen zukommen.

Die Strafgerichte benutzen hier eine Formel, die die Spielsucht als Grenze dessen festlegt, was man noch unter der treuen Haushalterschaft bei fremden Vermögen verstehen kann. Strafbar ist nach Auffassung des Bundesgerichtshofes danach, wenn der Täter »nach Art eines Spielers bewusst und entgegen den Regeln kaufmännischer Sorgfalt eine aufs Äußerste gesteigerte Verlustgefahr auf sich nimmt, nur um eine höchst zweifelhafte Gewinnaussicht zu erhalten«.

Die Risikoübernahmen in Spiel und Wette sind Ausdruck alltäglicher Charaktereigenschaften der Menschen, die einerseits das friedliche Zusammenleben seit jeher bedrohen, andererseits aber auch Teil unserer Lebensfreude und Handlungsmotivationen sind. Der Kapitalismus hat sich diese sozialen Defizite ebenso wie den Egoismus der Menschen zunutze gemacht und sie in die Mechanismen des Geldsystems einbezogen. Im Begriff der Gier verbindet sich Egoismus mit Spielsucht. Habgier verbindet Wucher und Risikofreude. Wir begrüßen die Gier aber als Neugier oder Wissbegierde, wenn sie sich dem Guten zuwendet. Die Gier für die Finanzkrise verantwortlich zu machen, gibt die Schuld für das Scheuen des Pferdes dem Pferde selbst statt dem Reiter. Wir werden darauf noch ausführlich zurückkommen (6.2.2).

Die Produkte, die wir im Anlagemarkt geschaffen haben, laden zu Spiel und Wette ein. Sie appellieren an diese zu Unrecht als niedrig eingestuften Instinkte.

Wie die historische Entwicklung von Spiel und Wette zeigt, gibt es durchaus
Systeme, innerhalb derer die Pferde nicht scheuen und die Spieler nichts oder nur
wenig zerstören können. Gelten solche Bedingungen schon im Spielkasino, dann
müssten sie eigentlich erst recht auf den Finanzmärkten gelten.

3.4.5   Kann man Finanzrisiken nicht anders bewältigen?

Was ist mit den Versicherungen?

Man kann statt zu wetten, durchaus Versicherungsprinzipien auch auf die Risiken
im Kapitalmarkt anwenden. Die Hermes-Versicherungs AG, die hauptsächlich für
den Staat Auslandsrisiken von Exporteuren absichert, bei dem der Staat letztlich
das Hauptrisiko trägt, um den Export zu fördern, bietet auch den Banken Kredit-
ausfallversicherungen an. Diese Versicherungen zahlen immer dann, wenn die
Kredite uneinbringlich werden.

   Besonders erfolgreich sind sie damit aber nicht. Immerhin glaubt ja jede
Bank, dass sie diese Risiken selbst durch ihr Verhalten steuern und damit reduzieren kann. Dem widerspricht es, wenn sie eine Versicherungsprämie zahlen
soll, die nach dem Durchschnitt der Ausfallrisiken der Branche berechnet ist.

   Auch der Internationale Währungsfonds (IWF oder englisch IMF) ist eine
riesige weltweite Versicherung, die ihre Mitgliedsstaaten dagegen versichert,
dass bei ihnen kurzfristig die Devisen ausgehen. In diesem Fall wäre ihre Währung vom Verfall bedroht, wenn sie nicht schnell harte Währungen bekommen
könnten. Es werden also Kredite bereitgestellt, die diese Staaten auf dem ordentlichen Finanzmarkt nicht mehr bekommen könnten. Der IWF benutzt allerdings
auch seine Macht dazu, relativ willkürlich solche Kredite („Sonderziehungsrech-
te") zu verweigern. So kann er den Staaten Auflagen machen, die nach seiner
Meinung dazu führen sollen, dass so etwas nicht mehr vorkommt. Ob diese Auflagen aber gut sind, hängt von der Qualität der im IWF Herrschenden ab. Das
IWF wurde bisher von den USA dominiert, weil – wie in einer Aktiengesellschaft – die reichsten Nationen als Großaktionäre den meisten Einfluss haben.
Auf diese Weise wurde vielen Schwellenländern jahrelang auferlegt, eine asozia-
le Sparpolitik zugunsten von Finanzinvestoren durchzuführen, bis Länder wie
Argentinien, Venezuela und andere südamerikanische Staaten sich verweigerten.
Die IWF-Politik kam nämlich vornehmlich den Finanzsystemen in London und
New York und nicht den Entwicklungsländern zugute. Und das obwohl die Idee
einer Weltzentralbank, zu der die Russen den IWF machen wollen, ja durchaus
interessant ist. Nur in der Form einer Versicherung, die selbst entscheiden darf,
wann sie zahlt, ist der IWF ebenso wie die Weltbank zu einem neo-kolonialen

Werkzeug geworden, mit dem sie ihre Vorstellungen von Wirtschaft dem Rest der Welt aufoktroyierten.

Der Versicherungsgedanke kann für Finanzrisiken somit nur mit dem Staat und dann auch nur mit Nebenwirkungen funktionieren, weil Finanzrisiken künstlich herstellbar sind und eine solidarische Kostentragung daher zum Ausnutzen des Systems einlädt. Die moralisch Skrupellosesten und die Trittbrettfahrer zieht so ein System am ehesten an (moral hazard und adverse Selektion).

Dies zeigt sich z. B. bei Rechtsschutzversicherungen, bei denen der Versicherte das Risiko beeinflussen kann, indem er entweder eine außergerichtliche Einigung oder aber den Prozess wählt, dessen Kostenrisiko ihm die Versicherung abnimmt. Dieses System hat den Verbrauchern nichts genützt, weil der tatsächliche Aufwand, gegen ein Unternehmen oder eine Bank vorzugehen, die zudem noch als Dauerpartner viele Möglichkeiten in den Händen hält, es mir heimzuzahlen, viel wichtiger ist als das Geld. Dafür haben die Rechtsschutzversicherungen unser Justizsystem mit Prozessen über Verkehrsunfälle überflutet, bei denen die Anwälte versuchen, möglichst als erste am Unfallort zu sein. Mit Sachverständigengutachten wird jeder kleinste Schaden, auch wenn das Geld dafür gar nicht benutzt wird, vielfach multipliziert. Die Prozesse sind so einfach und standardisiert, die Fallzahlen, die ein Richter erledigen muss, (Pensenschlüssel) profitieren davon, während die Kfz-Versicherungen etwa 2/3 an Prämien einsparen könnten, wenn der mit Rechtsschutzversicherungen gedeckte kollektive Betrug der unfallfrei oder ehrlich fahrenden Verbraucher gebremst würde.

Man könnte zwar bei Finanzrisiken dort eine Pflichtversicherung nach Art der Kfz-Haftpflicht einführen und damit Milliarden an Spekulationsgeldern verhindern, wo die Risiken sich direkt aus Geschäften der Realwirtschaft ergeben und wie beim Risiko, dass fremde Währungen vor Bezahlung an Wert verlieren, vom Versicherten nicht beeinflussbar sind. Doch dazu fehlt auch das Bewusstsein. Der Solidargedanke hat seine Attraktion verloren. Die globalisierte Gesellschaft hat Gemeinschaften aufgelöst, in denen solidarisches Denken mit Nachbarn, Verwandten, Glaubensgenossen etc. noch mit dem Gefühl nachvollzogen werden konnten. Heute ist dem Menschen jeder der Nächste und nicht unbedingt der Nachbar. Deshalb haben sich schon Risikoversicherungen wie die auf den Todesfall ebenso wie die Berufsunfähigkeitversicherungen äußerst erfolgreich mit Sparverträgen zusammengetan, um dem Versicherten zu suggerieren, nicht der Nachbar, bei dem das Risiko eingetreten sei, sondern er selbst bekomme seine Prämien mit der Lebensversicherungssumme ausgezahlt. Diese Täuschung hat das Produkt Kapitallebensversicherung flächendeckend verkäuflich gemacht, weil die Menschen bei dieser Vermischung von guter Risikoabsicherung und schlechtem Sparvertrag das eine wollen und das andere lieber tun. Sie bezahlen dafür.

Versicherungen sind daher keine Lösung für Finanzrisiken.

Was ist mit der Europäischen Zentralbank?

Die Europäische Zentralbank, die praktisch die Bundesbank zur nationalen Zweigstelle gemacht hat, ist für die Geldversorgung da, nachdem die früheren Aufgaben der Bundesbank bei der Übermittlung von Geld (Zahlungsverkehr) inzwischen fast alle privat gelöst werden.

Nun könnte man meinen, Liquiditätsengpässe seien doch auch Risiken, doch das täuscht. Geldmangel ist kein Risiko, sondern ein leicht zu behebendes Problem, weil die Produktionskosten von Geld praktisch Null sind und es überall in kürzester Zeit hergestellt werden kann. An einer solchen Ware besteht aber nur Mangel, wenn man sie nicht produzieren will. Geldmangel ist damit immer nur ein Mangel an Kreditwürdigkeit.

Wo Geld in der Wirtschaft gebraucht wird, dort braucht man kein Kommunal-, Knochen- oder Schwundgeld, sondern Kredite in harter Währung. Diese müssen dort, wo die Investitionen sinnvoll sind, vom Staat veranlasst oder verbürgt werden. Dafür haben wir in letzter Instanz die Zentralbanken, die den Banken, die solche Kredite vergeben sollen, ihrerseits wieder Kredite zur Verfügung stellen, damit sie flüssig bleiben. Geld sollte nach gleichen und abstrakten Kriterien in den Wirtschaftskreislauf einfließen. Diese Lehre hat man aus dem Missbrauch der Notenpresse durch den Staat in den vergangenen beiden Jahrhunderten gezogen und daher die Zentralbanken bei ihrer Geldschöpfung unabhängig von der Politik gestaltet. Dahinter sollte man auch international nicht zurückfallen und IWF wie Weltbank entsprechend nach rechtlichen Kriterien und nicht nach politischem Wohlverhalten organisieren. Darüber hinaus muss der Staat aber dafür sorgen, dass die Banken und Sparkassen, die die unmittelbare Geldversorgung von Unternehmen und Verbrauchern zu gewährleisten haben, diesen Pflichten auch dann nachkommen, wenn sie anders mehr Profit machen könnten. In den USA wird dies seit 40 Jahren durch ein Gesetz unterstützt, das die Banken wenigstens verpflichtet, jedes Jahr darüber öffentlich Rechenschaft abzulegen (Community Reinvestment Gesetz, Home Mortgage Disclosure Act). Leider steht nicht in den daraus für jedermann zugänglichen Statistiken, welche Qualität die Kredite, die man in Armutsviertel vergeben hat, aufwiesen. Deshalb hatte dieses System in einem Land, das weder Wuchergrenzen noch Mindestqualität für Finanzdienstleistungsprodukte kennt, auch so wenig oder sogar negativen Erfolg. Denn es ließ Banken, die Wucherkredite vergaben, noch als Wohltäter mit staatlicher Belobigung für ihr Engagement bei den Armen dastehen. In Kontinentaleuropa würde so ein Gesetz dagegen Wunder wirken, weil hier Qualität und Quantität zusammen gesehen werden.

Kultiviert spielen lassen

Das Finanzsystem hat Risiken, die rein finanzieller Art sind und ausschließlich durch Geld kompensiert werden können. Da Geld in der Herstellung nichts kostet, geht es hier nicht um das, was unser Gesetzgeber vor 109 Jahren als „Herstellung in Natur" zur Pflicht für alle machte, die den Eintritt eines Risikos mutwillig oder fahrlässig herbeigeführt hatten. Wer den Apfelbaum gefällt hatte, sollte einen neuen pflanzen und Äpfel liefern, wer das Haus abgebrannt hatte, sollte es wieder aufbauen müssen. Inzwischen hat der moderne Gesetzgeber erkannt, wie viel besser das alles geht, wenn man stattdessen den Ersatz in Geld vorschreibt. Ich kaufe mir besser ein neues Haus, als dass ich den Brandstifter als Bauherrn akzeptiere. Doch solche Geldansprüche zur Kompensation von Risiken haben immer noch einen direkten Bezug zu einem wirklichen Schaden. Das Geld bleibt eng verknüpft mit der Realwirtschaft. In einem gesonderten Paragrafen wird dem Geschädigten sogar ein Teil des Schadens als Mitverschulden aufgebürdet, wenn er es unterlassen hat, den Schaden so klein wie möglich zu halten. Im Finanzsystem geht es dagegen um Risiken, die sich allein im Geld selbst oder im Preis einer Ware, also ausschließlich finanziell äußern. Hier ist der Geldersatz bereits logisch das Einzige, was Sinn macht. Geld ist nicht Ausdruck des Schadens, sondern Geldverlust ist der Schaden. Wenn ich also Geld dafür zahlen muss, dass ich für einen anderen Geld verloren habe, dann kann ich dies auch im Voraus kompensieren. Geldschäden sind die einzigen Schäden, deren Natur immer schon feststeht. Hinterlege ich daher Geld für den Schadensfall, so wie wir jemandem das Taxigeld geben, falls er es wegen unseres Gesprächs nicht mehr rechtzeitig zum Zug schafft, so kann ich ein solches Risiko auch vorher abdecken. Die Veränderung einer Währung, eines Zinssatzes, eines Preises von Wertpapieren oder Waren sowie der Verlust von Geld durch Inflation, Preisverfall oder Zahlungsunfähigkeit, all dies sind Risiken, die in einem Geldschaden münden. Ich kann sie daher vorab dadurch absichern und Menschen zum Eingehen solcher Risiken animieren, dass ich das Geld dafür hinterlege.

Wer aber außer – wie in den Ausfallbürgschaften für Banken – der Staat oder – in den Ausfallbürgschaften für Verbraucherkredite – die mit haftenden Familienangehörigen soll das wollen? Die vorher Genannten tun dies aus Verantwortungsbewusstsein, Liebe oder Mitverantwortung. Fremde kann man damit nicht gewinnen. Hier kann aber der Spieltrieb helfen, wenn man nicht nur die Aussicht auf Verlust, sondern auch eine Gewinnaussicht hat, und der zu ersetzende Geldschaden in kleine Pakete verpackt verkauft wird, sodass der einzelne Anleger daran nicht zugrunde gehen braucht und schon mit einem geringen Einsatz mitspielen kann. Die Spielkasinos haben es vorgemacht: Im Vorraum stehen die Spielautomaten, die man schon mit geringen Cent- oder Eurobeträgen bedienen kann und im nächsten Saal die Baccara- und Roulette-Tische. Jeder besitzt das Recht, sein Geld zu verspielen bzw. auch etwas zu gewinnen.

Die „schlechten" Eigenschaften der Menschen sind also gar nicht so schlecht, wenn sie in ein System eingebettet sind, das sie zu produktivem Nutzen führt. Wer gerne rauft, ist vielleicht beim Boxen gut aufgehoben, wenn es gelingt, ihn in das Regelsystem des sportlichen Boxens einzubinden. Ein Mädchen, das sich gerne herausputzt und vorführt, mag zur Präsentation einer Modekollektion geeignet sein. Die unterdrückte Wut, die ein schlagender Vater für immer bei seiner Familie hinterlassen hat, kann produktiv werden, wenn sie sich bei den Kindern gegen Armut und Ungerechtigkeit in der Welt wendet und sich in die Regeln der Demokratie einpasst. Marcel Proust war ein menschenverachtender Pedant, der den Menschen nicht ihr Leben, sondern nur ihre Lebensgeschichten raubte, um sie zu wundervollen Romanen zu verarbeiten. Brahms fürchtete sich vor den Frauen. Er sublimierte sein Verlangen in einem Gemisch aus unerfüllter Liebe zur Frau seines Freundes und der vollen Hingabe an die Musik. Das, was wir als Auswirkungen von ungehemmten Trieben bei Räubern, Kriminellen, Egoisten und Raufbolden bekämpfen, hat ihre Ursache oft in einer nicht geglückten kulturellen Einbindung. Der Mensch ist nicht schlecht, wir lassen ihn nur dazu verkommen. Kultur nennen wir das System, in dem wir unsere animalischen Triebe sozialisiert haben. Der Soziologe Werner Hofmann hat auf diese Weise alles Recht als „domestizierte Herrengewalt" bezeichnet. Keynes hat dem kapitalistischen System ganz generell die Fähigkeit zugesprochen, solche Instinkte in einen produktiven Prozess einbinden zu können.

Wenn wir nicht verstanden haben, wie man den Spieltrieb mit der Risikovorsorge zusammenbringt, werden wir daher mit hehren Sprüchen und weißer Weste an den Problemen vorbeigehen und nichts ändern können. Es geht – wie überall im Geldsystem – nicht darum, es abzuschaffen, sondern es zu beherrschen und nutzbar zu machen. Das kritische Potenzial gegenüber den Banken darf sich nicht in religiöser oder romantischer Schwärmerei verbrauchen, wo Modelle des 16. Jahrhunderts wiedererstehen. Das 16. Jahrhundert war eine Zeit, in der Aberglaube, Folter, Hunger, Engstirnigkeit, Bürgerkrieg und Inquisition die Begleiterscheinungen einer von systematischem Geldwucher und Spielsucht gereinigten Gesellschaft waren. Das Genfer Regime des Johannes Calvin war von Trieben gereinigt letztlich ein Terrorregime totaler Überwachung. Maschinenstürmerei gegen die Finanzwirtschaft hilft nicht. Gerhard Hauptmann hat diesen historischen Irrtum in seinem Aufstand der Weber gegen die maschinellen Webstühle, die vermeintlich die Arbeitsplätze vernichteten, auf die Bühne gebracht. Das hat sich in dem Unsinnsspruch vom arbeitsplatzfressenden Kollegen Computer in den 80er-Jahren in den Gewerkschaften fortgesetzt. Der abschließende Amoklauf des Bäckers im gegenüberliegenden Supermarkt in dem Film

„Das Brot, das bäckt der Bäcker" greift das Thema wieder auf. Arbeit ist nicht knapp. Es mangelt nur an bezahlter Arbeit. Arbeit produktiver zu gestalten, schafft aber mehr Möglichkeiten der Bezahlung. Wir müssen die Möglichkeiten nur sinnvoll nutzen und, statt die Menschen per Rationalisierungsschutzabkommen und Unkündbarkeit an ihre Arbeitsplätze zu schmieden, mehr Arbeitsplätze für alle Menschen schaffen und finanzieren.

Das beim Weberaufstand Gelernte, dass immer der Mensch und nicht die Technik für die Entscheidungen verantwortlich zeichnet, gilt auch für das Finanzsystem. Hier gibt es oft eine unheilige Allianz zwischen Bankern und Kritikern. Die Banker entziehen sich der Verantwortung mit Verweis auf eine angebliche Sachnotwendigkeit. Dagegen meinte Elmar Altvater von Attac in einer Podiumsdiskussion bei der TAZ unter dem Beifall des Publikums, die ganze Misere der Finanzkrise liege daran, dass man Risiken verbriefen dürfe. Dabei ist jeder Geldschein eine verbriefte Forderung. Aber das Argument, die Technik beherrsche den Menschen, ist zu offensichtlich, um wahr zu sein.

Am Schluss einer solch falschen Debatte hat dann der geldverliebte Banker nur noch die Strickstrumpffraktion und ein paar Heilige gegen sich. Die schweigende Mehrheit möchte die individuellen Wohltaten billiger Brötchen und günstiger Kleider nicht missen. Sie ist trotz moralischer Ablehnung des Profitsystems empört, wenn die staatliche Rentenversicherung im Umlageverfahren nur 2 % p. a. Zuwachs bewilligen will, während der so risikofreudige private Pensionsfonds mit 8 % p. a hausieren geht. Die Schweden haben ihr Sozialversicherungssytem mit Anlageelementen gemischt und erklären ihren Rentnern zurzeit, warum diese Aufteilung, die in den vorangegangenen Jahren Rentenerhöhungen brachte, jetzt Rentenkürzungen beschert. Im Jahre 2009 entrüsteten sich alle in Schweden vor der Wahl und verlangten, der Staat solle wieder eingreifen und vom Steuerzahler auf die Rentner umverteilen, nachdem vorher das Umverteilungssystem, das die jungen Beitragszahler direkt für die alten Rentner zahlen ließ, abgebaut wurde. Die Geldgesellschaft hat das Auf und Ab der Aktien- und Wechselkurse, das das archaische Auf und Ab von Ernten und Missernten widerspiegelt, in eine unendliche Illusion eines sich stetig selbst vermehrenden Geldvermögens verwandelt, das letztlich den Menschen subjektiv zum ewigen Verlierer macht.

In Deutschland profitieren nach der Finanzkrise die einfachen Anleger in der privaten Altersvorsorge nicht wie versprochen vom Markt, sondern allein vom Gesetzgeber. Bei der geförderten Riester-Rente hat er zu Recht eine ganz marktwidrige Pflicht der Anbieter eingebaut, wenigstens das in Euro und Cent wieder als Rente auszuzahlen, was vorher eingezahlt wurde (Nominalwertgarantie). Die Sparer können es den Sozialkonservativen danken, dass man ihnen nicht die hohen Renditemöglichkeiten geschenkt hat, die die Neo-Liberalen für den Verzicht auf diese Garantie anboten. Das hat die privaten Renten in Deutschland

anders als in den USA und England vor der Finanzkrise geschützt. Die Riester-
Rente ist damit ein Beispiel, wie man die Finanzmärkte intelligent nutzt, ohne
sich ihnen und ihren sozial zerstörerischen Mechanismen blind auszuliefern.
Bei der betrieblichen Altersvorsorge hatte der deutsche Gesetzgeber schon
vor Jahrzehnten für die Pensionsrückstellungen der Betriebe ein Konkurssicherungssystem eingeführt. Dadurch hat er sie vor Skandalen wie dem Enron-
Skandal in den USA, der viele Rentner zu Sozialhilfeempfängern machte, geschützt. Mit dem Einstieg der Banken und Versicherungen in die Betriebsrenten,
bei denen kein entsprechender Schutz des Wertes mehr verlangt wird, ist dieser
segensreiche Mechanismus für die Zukunft infrage gestellt.
Auch in der privaten Krankenversicherung hat der Gesetzgeber dem Markt
einen Rahmen gegeben: Früher warben die Versicherer gezielt die Jungen, die nur
Niedrigstprämien zahlten, aus der Sozialversicherung ab, um sie dann im Alter,
als sie schwach und krankheitsanfällig waren und keine Versicherung sie mehr
aufnehmen wollte, mit vierfachen Prämien zu belasten. Durch die Einführung
eines Wahlrechts auch für alte Menschen, jederzeit einen der gesetzlichen Kran-
kenkasse angelehnten Tarif einzufordern, wurden die Versicherer gezwungen,
Altersrückstellungen zu bilden und auch jungen Versicherten adäquate Beiträge
abzunehmen. Das Ganze kann aber nur funktionieren, so lange man sich an eine
marktferne Sozialversicherung überhaupt anlehnen kann, die in den USA erst
eingeführt werden muss, nachdem die dortige Geldgesellschaft ihre Unfähigkeit
bewiesen hat, eines der wichtigsten Güter, die Gesundheit aller, zu schützen.
Finanzmärkte brauchen Grenzen, die sie an das bindet, was wir in der Realwirtschaft gesichert sehen wollen. Wie sie das sichern, können die Experten
beantworten. Das und was sie sichern müssen, muss ihnen als politischer Wille
über die demokratischen Gesetze von allen Bürgern auferlegt werden.

3.5 Finanzinstrumente zwischen Risikoabsicherung, Glücksspiel und Betrug

Die Begriffe schwirren nur so durch die Luft. Ein Kauderwelsch aus Englisch,
Deutsch und Latein beherrscht die Sprache der Finanzmakler, Banker und
Fondsmanager, die in der Regel alles wissen, aber nichts verstanden haben. Was
sie auch nicht müssen. Das wäre sonst, als ob man von einem Lokführer verlangt, dass er den ICE selbst konstruieren kann. In der Arbeitsteilung wenden die
einen das an, was die anderen bereitgestellt haben. Verstehen muss man erst
dann, wenn es nicht mehr funktioniert. Dann ruft der Lokführer den Ingenieur
und die Banker rufen das Geld des Staates statt die Gesellschaftswissenschaften
für Problemlösungen an. Die Politik aber versagt und ruft ihrerseits die Banker:
So entsteht ein Teufelskreis. Deshalb müssen alle mehr wissen und verstehen. Es

reicht nicht mehr, im Spezial-Lexikon die Finanzbegriffe auswendig gelernt zu haben. Das, was für den Banker notwendiges Wissen ist, ist für das Verständnis der Funktionen und des Funktionierens des Geldsystems oft in hohem Maße überflüssig. Deshalb hat finanzielle Allgemeinbildung nichts mit der Wirtschaftsbildung in Berufsschulen für angehende Kaufleute zu tun. Vielmehr ist sie eine soziologische Disziplin, die sich mit der Nutzung von Finanzdienstleistungen für private (und öffentliche) Bedürfnisse beschäftigt.

Wer nicht alle Begriffe kennt, kann daher ebenso kompetent mitsprechen, wie wir es im Umweltschutz oder bei der Genmanipulation tun. Ohne die Öffentlichkeit hätten die Spezialisten der Chemie- und Nahrungsmittelproduktion uns längst an den Abgrund gebracht. Nicht anders ist es mit dem Finanzsystem, wo das System der Provisionen und Tantiemen blind für seine wirklichen Funktionen macht. Was Gerechtigkeit ist, wissen häufig Laien besser als Richter, die nur noch Urteile fällen. Was Volksgesundheit bedeutet, weiß der Philosoph oft besser als der Chirurg. Deshalb sollte der Philosoph aber nicht operieren und bescheiden beim Chirurg nachfragen, der ihm Rede und Antwort zu stehen hat.

3.5.1 Abgespaltene Finanzrisiken werden zu eigenständigen Wertpapieren

Finanzrisiken sind Risiken, die aus unerwarteten Geldverlusten bei allen möglichen Krediten (also auch den Anlagen) entstehen. Wer einen Kredit vergibt, der hat das Risiko, dass er sein Geld ganz (Verlustrisiko) oder (entwertet) (Kursrisiko) teilweise nicht zurückbekommt, dass die Zinsen nicht in erwarteter Höhe bezahlt werden (Zins(änderungs)risiko) oder dass er den Kredit nicht an einen anderen weiterreichen kann, wenn er Bargeld benötigt (Liquiditätsrisiko).

Anleger, Sparer, Bank oder Kreditnehmer müssen dann zu einem späteren Zeitpunkt mehr Geld bezahlen bzw. erhalten weniger zurück, als sie eingezahlt oder erhalten haben. Die Bedingungen haben sich in der Zwischenzeit verändert. Da alle Finanzverträge auf längere Zeit angelegt sind, weil Kredit gekaufte Zeit ist, liegt der Endpunkt einer Finanzbeziehung immer in der Zukunft. Die Zukunft aber birgt Risiken.

Die Zukunft vorauszusagen war der unerfüllte Traum der Menschheit (obwohl wir nur hoffen können, dass er nie in Erfüllung geht, weil das Leben kulturlos, rational und langweilig wäre). Wahrsager, Hellseher, Astrologen, Sterndeuter, Gurus, Orakel, Wundertäter und Wirtschaftsweise leben von der Unfähigkeit der Menschen, ihr Schicksal dort, wo es nicht steuerbar ist, in Gottes Hand zu legen. Wissenschaftlich ist Vorhersage nicht möglich. Sie bleibt ausgedacht, eben „wissenschaftliche Fiktion" (science fiction). Am Beispiel der Wetter- und Unwettervorhersage haben wir allerdings gelernt, dass vieles gar nicht zufällig, sondern gesetzmäßig abläuft und die Zukunft oft die verlängerte Vergangenheit ist. Wir müssen daher nur die Gesetze der Vergangenheit, also die Geschichte, sorgfältig und empirisch studieren und verstehen lernen. Dann können wir uns auf diejenigen notwendigen Unsicherheiten im Leben beschränken, aus denen sich unsere Fantasie, unsere Genialität, unsere Kreativität und damit eine menschliche Kultur der Zukunft speisen kann. Aber Vorsicht: Geschichte besteht aus Geschichten und jede Geschichte kann anders verlaufen. Was früher war ist nicht mehr als nur ein Anhaltspunkt. Es gehört schon Einfalt dazu, zu glauben, dass die Aktienkurse der Zukunft sich allein aus ihrem Verlauf in der Vergangenheit ablesen lassen (Chartanalyse) und man also nur die Kurven der Vergangenheit in die Zukunft verlängern muss. Die Gegenwart schafft neue Inhalte und Perspektiven, die die Vergangenheit nicht hatte. Deshalb sind diejenigen Sterndeuter des Aktienmarktes (Analysten) nachhaltiger, die neben der Chartanalyse auch die Analyse des inneren Wertes einer Aktie miteinbeziehen. Sie fragt, was dieses Geld dritter Ordnung eigentlich heute für Werte und Perspektiven repräsentiert und nicht welchen Wert es denn heute selbst hat.

Futures

Zukunft heißt auf Englisch „future". Im Finanz-Englisch ist „Future" zugleich auch der Sammelbegriff für alle Papiere, mit denen Risiko abgesichert wird. Das Risiko tritt in der Zukunft ein, also zu einem zukünftigen Termin, dem zweiten Schlüsselbegriff des Wertpapiermarktes. Es besteht darin, dass der Barzahlungswert (Cash value) unserer Kredite oder Preise anders ist, als wie wir es erwartet, erhofft oder befürchtet haben.

Nehmen wir an, letzten Sommer im Urlaub in Dänemark hätten wir unseren Gebrauchtwagen an eine bis dahin autolose Familie verkauft. Dabei hätten wir ihnen, die zurzeit keinen Kredit bei einer Bank bekommen, erlaubt, die 3.000 € Kaufpreis erst in einem Jahr zu bezahlen. Sie hätten den Kaufpreis umgerechnet und wären beim gegenwärtigen Kurs von 7,45 Kronen für einen Euro auf rund 22.350 dänische Kronen gekommen. Ferner sollten sie uns aber für die 3.000 € noch die Zeit ersetzen. Dafür wollen wir das an Zinsen haben, was wir für eine entsprechende Kontoüberziehung bei unserer Bank zahlen müssten. Zurzeit verlangt unsere Bank 12 % p. a.

Die Dänen hätten sich nun ausgerechnet, dass sie jeden Monat 1 % von 3.000 € insgesamt also 360 € zusätzlich bezahlen müssten. Alles zusammen wären das weitere 2.582 Kronen. Sie kämen also überschlägig auf 25.000 Kronen für das Auto, zahlbar in einem Jahr. Das müssten sie sich zusammen sparen. Ganz sicher ist der Betrag aber nicht.

Die Dänen würden ebenso wie wir eine Reihe von Risiken eingehen. So könnte es in einem Jahr sein, dass die dänische Krone gegenüber dem Euro erheblich an Wert verloren hat und man für einen Euro nicht mehr 7,45 sondern 8 dänische Kronen aufbringen müsste. Es bestünde also ein Währungsrisiko.

Tritt das Währungsrisiko ein, würde das für die dänische Familie bedeuten, dass sie dann 24.000 Kronen statt 22.350 Kronen, also zusätzlich 1.650 Kronen aufbringen müsste. Das könnte ihre Kalkulation durcheinanderbringen und sie – je nach finanziellem Spielraum – auch unfähig machen, zum richtigen Zeitraum zu zahlen, was wiederum eine Zwangsvollstreckung und den Ruin bedeuten könnte.

Es könnte ferner sein, dass unsere Bank, ermutigt durch den deutschen Gesetzgeber aus dem Jahre 2009, der erheblich höhere Überschreitungszinsen nur noch mitteilungsbedürftig findet, unser Überziehungslimit streicht. Dann wäre die Überziehung plötzlich eine Überschreitung. Statt 12 % p. a. müssten dann vereinbarungsgemäß auch die Dänen 18 % p. a. bezahlen. Aus 360 € Zinsen würden so schnell 480 €, was zu diesem Termin in einem Jahr noch einmal eine Differenz von 894 Kronen ausmacht. Die dänische Familie hätte dann 2.544 Kronen mehr aufzubringen. Das ist für sie viel Geld.

Umgekehrt ist es für uns nicht unwahrscheinlich, dass die Dänen das Geld in einem Jahr gar nicht oder nur zur Hälfte aufbringen können. Wir haben also das Kreditrisiko, das mindestens 1.500 € beträgt. Brauchen wir dringend Geld, so könnten wir auch versuchen, die Forderung gegenüber den Dänen an ein Inkassoinstitut (oder im Factoring) zu verkaufen. Geben diese uns dafür aber nur 1.000 €, weil sie 30 % Abschlag für Aufwand und Risiko berechnen, so haben wir ein Weiterverkaufsrisiko und ebenfalls Geld verloren.

Man kann diese Risiken nun traditionell zwischen den beiden Parteien aufteilen und jeden zwingen, dafür zu sorgen, dass der andere von dem Risiko nicht betroffen ist. Wir verlangen z. B. von den Dänen eine Sicherheit dafür, dass sie auch zahlen werden. Das kann eine Bürgschaft eines weiteren Familienmitgliedes sein, aber auch eine Hypothek auf deren Haus oder eine Zahlungsgarantie ihrer Bank (falls sie eine solche Avalbürgschaft dort entgeltlich überhaupt erhalten) oder schließlich auch ein Schmuckstück sein, das wir als Pfand nehmen. Umgekehrt können die Dänen dafür sorgen, dass der Vertrag in Kronen abgeschlossen wird. Dann tragen wir das Währungsrisiko. Statt eines variablen Zinssatzes hätte man auch einen festen Zinssatz vereinbaren können. Doch dann hinge alles davon ab, dass die Dänen ein Haus oder einen Bürgen haben und wir gewillt sind, das Währungsrisiko zu tragen etc. Die Geschäfte sind in diesen Beziehungen recht begrenzt.

Schließt man den Vertrag so, wie es am bequemsten erscheint, dann muss man die Risiken, die ja alle in Geld kompensierbar sind, außerhalb des Vertrages abgespalten regeln. Das kennen wir auch aus unserem täglichen Leben, wenn wir etwas miteinander klären und dann ein Bedenkenträger dauernd fragt „Was ist aber, wenn ...?" Dann sagen wir auch schon einmal: „Lass uns erst einmal die Sache so klären, wie sie wahrscheinlich verläuft. Anschließend klären wir deine Bedenken." Wir haben dann die Risiken „abgespalten". Trotzdem bleiben sie aber mit dem Hauptgeschäft inhaltlich verknüpft, sie leiten sich von ihm ab, was auf Latein wieder derivare heißt und unserem Derivat zugrunde liegt. Welche Chancen oder Probleme ein solches Vorgehen hat, kennen wir, wenn sich z. B. der Alkoholgenuss von der Nahrungsaufnahme trennt und verselbstständigt, wenn sich das rein sexuelle Erleben von der Liebe abspaltet, wenn im Roman Alexis Sorbas die Diva im Champagner oder seinem Glorienschein badet, statt ihn zu trinken.

Spalten wir das Risiko ab, so können wir es auf andere verlagern, ein großes in beliebig kleine Risiken aufteilen und es damit tragbar gestalten. Ist ein Anleger bereit, in der Zukunft (Future) zu diesem Termin in einem Jahr die Differenz zum jetzigen Preis, Kurs, Zinssatz etc. zu tragen, dann wäre die Familie das Risiko los.

Jetzt kommt der Risikoträger ins Spiel. Ein Nachbar, der gerne spielt, wäre z. B. dazu bereit, wenn er dafür die Chance des Verdienstes hätte. Wird nicht die Krone sondern der Euro entwertet oder steigen die Überschreitungszinsen nicht weiter, dann würde er ja verdienen. Zusammen mit dem Prickel der Ungewissheit könnte man ihm auch noch eine zusätzliche Prämie zahlen, damit er einsteigt.

Stellt der Nachbar darüber ein Anerkenntnis aus (Brief), das man weiterverkaufen kann (verbrieftes Risiko), so haben wir ein spezielles Wertpapier für die Risikoabsicherung, das sich von dem Kredit ableitet (Derivat).

Man kann auch sagen, dass die Dänen ihrem Nachbarn ein Future verkauft haben, das ein Termin- oder Differenzgeschäft ist. Es ist bei zukünftigen Risiken eigentlich immer dasselbe: Eine zu einem zukünftigen Termin erwartete Differenz zum heutigen Preis in einem Vertragsverhältnis, von dem sich dieses Risiko ableitet, wird Gegenstand eines eigenen Vertrages, der dann Derivat, Future, Termin- oder auch Differenzgeschäft heißen kann.

Sind solche Verträge verbrieft, dann kann man damit einen regen Handel treiben. Der dänische Nachbar kann die Briefe mit einem Aufschlag an einen Vetter verkaufen, wenn er diesem vermitteln kann, dass die Differenz lukrativer als erwartet sein wird. Es kann auch eine Bank auf die Idee kommen, solche Papiere aufzukaufen und sie professionell mit Aufschlag weiterzuverkaufen, so, als ob sie von einem Großhändler Autos erhält, die sie an die Verbraucher mit Gewinn weiterveräußert. Sie kann sich aber auch nur als Vermittler andienen und dabei erhebliche Provisionen verdienen. Schließlich kann sie, was wohl das meiste Geld bringt, sich erbieten, solche Risiken nur technisch zu verbriefen und zu vermarkten. Dafür nimmt sie dann viel Geld, das natürlich der Risikoabsicherung verloren geht.

Motor der Entwicklung ist dann nicht mehr die dänische Familie, die ihr Risiko abgesichert sehen möchte, und auch nicht der Nachbar, der gerne spielt, sondern die Bank, die daran verdient, dass immer mehr Derivate auf den Markt kommen und verkauft werden. Das kann so weit gehen, dass sie die Menschen dazu bringt, Derivate zuzulassen bzw. zu kaufen, die nur noch einen Sinn haben, der Bank selbst die Provision oder die Differenz von Verkaufs- und Einkaufspreis zu verschaffen.

Futures sichern die verschiedensten Risiken ab. Dazu gehören, wie in unserem Beispiel, Währungsrisiken (Devisentermingeschäfte), Zinsänderungsrisiken (Zinsfutures), oder aber auch Preisänderungen bei Waren wie Weizen, Edelmetallen, Kaffee, Kakao (Warentermingeschäfte oder Differenzgeschäfte). Soweit dürfte dies alles noch einsichtig und sinnvoll erscheinen.

Aktienoptionen

Das Bürgerliche Gesetzbuch hatte allerdings im Jahre 1900 zu diesen Differenzgeschäften noch eine eindeutige Meinung. Es erklärte sie alle zum Spiel: Ein solcher „Vertrag (ist) als Spiel anzusehen" stand im alten § 764 BGB. In § 762 BGB, der bereits besprochen wurde, steht immer noch, dass Spielschulden nicht einklagbar sind.

Doch schon damals gab es die besondere Kreditaufnahme der Unternehmen bei wohlhabenden Menschen in Form der Aktienausgabe. Da man hier den Sparer als Teilhaber am Unternehmen aufnahm und der Kredit (wie das Geld eines Mitgesellschafters) endgültig beim Unternehmen verbleiben sollte, war der Erfolg dieses Modells davon abhängig, dass man solche unendlich laufenden verbrieften Kredite, Aktien genannt, auch wieder an andere Investoren weiterverkaufen konnte. Die Kreditrückzahlung erfolgt hier nicht durch den Schuldner, sondern durch einen anderen Gläubiger. Bedingung hierfür ist ein funktionierender Aktienmarkt, den der Staat durch Einrichtung der Börse unterstützte. (In deren Gestaltung hat er viele Ideen eingebracht, während er aus durchsichtigen Gründen den Marktplatz für Überschuldete, die Zwangsversteigerung, zu einer Museumsveranstaltung verkommen ließ, die die in Not Geratenen benachteiligt.)

Die Aktien setzten sich als die produktivsten Kredite für die neuen Unternehmen gerade deshalb durch, weil die Kreditgeber, also die Aktionäre, nicht nur am Gewinn, sondern auch am Verlust beteiligt waren. So hatten die Aktien etwa bei Konkurs keinen Wert mehr und damit wurde der Kredit nicht mehr zurückgezahlt. Sie waren auch die ersten auf einem eigenen Markt gehandelten verbrieften Kredite nach den Geldscheinen. Das Wort „Aktie", das vom lateinischen actio kommt, und in Deutsch und Französisch benutzt wird, macht den Kredit-

charakter noch deutlich. Es bezeichnet nämlich eine Forderung, die bei den Rö-
mern noch mit einer Klage (actio) gleichgesetzt wurde. Die Engländer benutzen
das Wort share, was darauf verweist, dass der Aktionär auch Teilhaber mit unternehmerischen Rechten ist, wonach er beim Unternehmen theoretisch mitbestimmen könnte. Das aber können nur Großaktionäre. Die meisten Aktionäre sehen
Aktien als Geldanlage, als verbriefte Kredite und Wertpapiere an.

Die Aktie ist der für den Schuldner, die Aktiengesellschaft, freundlichste
Kredit, den er bekommen kann. Er muss nicht zurückgezahlt werden, als Zinsen
gibt es nur das, was die Unternehmen damit erwirtschaften und dann auch auszahlen wollen (Dividende). Schließlich ist das Geld verloren, wenn das Unternehmen pleitegeht oder sich wie bei der HRE niemand mehr findet, der die Aktie
für mehr als 10 c kaufen will. Die Aktie ist also ein Kredit mit den höchsten Ver-
lustrisiken und der geringsten Renditesicherheit. Dafür muss sie dann aber auch
entweder hohe Gewinne versprechen oder zumindest einen hohen Glücksspiel-
wert haben. Das aber heißt, sie muss erhebliche Chancen bergen, dass man sie zu
einem weit höheren Preis (Kurs) verkaufen kann und damit von ihrem Kursgewinn (Wertzuwachs) profitieren kann. Die Aktie ist somit bereits Kredit und
Spiel in einem und bot sich geradezu an, beides voneinander zu trennen: den
Kredit (Kapitalanlage) und das Risiko. Doch ihre Begrifflichkeit ist so irreführend und weit entfernt von dem, was eigentlich passiert, dass man im Aktienmarkt am wenigsten versteht, was eigentlich im Kapitalmarkt passiert. Unter-
nehmensbeteiligung und Wertpapier, Emission und Kauf, Börse und Markt,
Derivat, Option und Future: Es herrscht ein begriffliches Durcheinander.

Historisch ist die Aktie aus dem Bedürfnis der Unternehmen entstanden, immer mehr Kapital zusammenzuführen, um immer größere Investitionen wie z. B.
den Eisenbahnbau tätigen zu können. Zuerst schlossen sich mehrere Unternehmer
mit ihrem Kapital in der Genossenschaft oder OHG zusammen. Hier stand die
Mitarbeit noch im Mittelpunkt. Dann nahmen sie in der Kommanditgesellschaft
weitere Personen (Kommanditisten) dazu, die nur noch das Kapital gaben. In der
GmbH war schließlich die reine Kapitalbeteiligung ohne Mitarbeit und persönliche
Haftung möglich, allerdings der Verkauf der GmbH-Anteile bürokratisch erschwert. Später stieg die Aktiengesellschaft in allen Ländern der Erde auf, bei der
die Kapitalisten (Aktionäre) sogar per Gesetz von der Geschäftsführung ausgeschlossen sind und nur noch verdienen wollen (shareholder value). Das hat ihnen,
weil früher der Verdienst vor allem in der Dividende lag, die man über Coupons
ausbezahlt bekam, in der Arbeiterbewegung den Ruf der faulen Couponschneider
eingebracht. Heute kann man eher von gehetzten Lesern der roten oder gelben
Kursseiten der Zeitungen sprechen. Heute passen Aktienbesitzer permanent auf,
wann sie verkaufen und was und wann sie kaufen müssen.

Weil es die Aktie schon früh gab, die als Spiel, Wette und Differenzgeschäft ebenso wie Wucherzinsen verpönt war, hat sie so viele Begriffe hervorgebracht, hinter denen man das, was wir oben beschrieben haben, zuerst gar nicht vermutet.

Zinsen heißen hier Dividende, Kreditaufnahme heißt Kapitalaufnahme beim Publikum, ein Festzinskredit ist dann z. B. eine Vorzugsaktie und ein Kredit, der wie im allgemeinen Kreditgeschäft die Regel ist, nicht an einen anderen Gläubiger verkauft werden darf, heißt Namensaktie. Das Derivat der Aktie als Preisfuture heißt nun nicht Aktientermingeschäft, sondern Option. Dieser Name beruht auf einer eher zufälligen Form. Weil Aktientermingeschäfte zuerst in der Form auf den Markt kamen, dass man das verbriefte Recht kaufte, eine Aktie zu einem zukünftigen Termin zu dem Preis kaufen zu können, der dem heutigen Preis entspricht, nannte man es Option d. h. zu Deutsch Möglichkeit. Dies ist ein Name, den wir inzwischen im Deutschen für alle möglichen Chancen und Wahlrechte benutzen.

Schon mit dem Börsengesetz wurde das Verbot der Differenzgeschäfte im Bürgerlichen Gesetzbuch entscheidend reduziert. Der „Börsenterminhandel" war akzeptiert und wurde schrittweise liberalisiert. Zuerst musste man professioneller Händler sein, um mit wetten zu dürfen, dann genügte es, wenn man durch spezielle Beratung „termingeschäftsfähig" wurde. Schließlich gab es nur noch die Pflicht, eine Broschüre entgegenzunehmen, in der alle Informationen stehen. Inzwischen ist die restriktive Vorschrift über Differenzgeschäfte ersatzlos aus dem Gesetz gestrichen worden – ein wohl unvorsichtiger Akt. Man hätte sie reformieren und anpassen sollen. Historische Weisheit wird oft dem kurzfristigen Schein geopfert.

3.5.2 Verbriefte Risiken als Handelsware

Amerikanische Hypothekenpfandbriefe (MBS) – Die Krisenauslöser

Ein besonderes Aufsehen haben in der Krise „strukturierte Papiere" erregt und hier insbesondere die Mortgage Backed Securities (MBS).

Sie sind eigentlich einfach strukturiert und am nächsten am Ursprung aller Wertpapiere, dem Kredit. Ihnen liegen nämlich Hypothekenkredite zugrunde und zwar entweder im Wohnungssektor oder bei Geschäftsimmobilien. Die Kreditgeber für solche Kredite im Wohnungsbau sind in den USA überwiegend nicht die Banken selbst. Vielmehr handelt es sich um Vermittlungsagenturen (Finance Companies), die sich das Geld, das sie verleihen wollen, erst noch bei den Banken besorgen müssen. Die Banken machen dieses Geschäft gerne, weil sie dadurch keine Filialen und keine Mitarbeiter für die Betreuung unterhalten müssen (Servicing) und dennoch ihr Geld für einträgliche Zinsen ausleihen können. Also wechselt der Kreditgeber ohnehin von der Finance Company zur Bank. Die Finance Company lässt sich von der Bank bei jedem Kunden eine Zusage geben, sie ist sozusagen die Schalterbank und die andere die Kreditgeberbank.

Aber auch die Bank hat nicht so viel Geld. Sie kann, wie z. B. auch die Hypothekenbanken in Deutschland, so auf Hypotheken spezialisiert sein, dass sie selbst gar keine Sparguthaben annimmt. Sie leiht sich also ihrerseits das Geld anderswo.

Unsere Hypothekenbanken haben dies früher bei privaten Kunden gemacht. Jeder Hypothekenkredit wurde für sich „verbrieft" (Pfandbrief) und wieder an Kunden ausgegeben, die Geld anlegen wollten. Als Pfand diente das Grundstück, das sehr wertbeständig war. Dafür hatte die Bank die Grundschuldbriefe und Hypotheken. Natürlich war zwischen der Rendite der Pfandbriefe und den Zinsen des Hypothekenkredits ein Unterschied. Auch Pfandbriefbanken müssen leben und das tun sie – wie alle Banken – von dieser Zinsdifferenz (Zinsmarge) und ihren Dienstleistungsgebühren (Provisionen). Nun wäre es aber schlecht, wenn der Käufer eines Pfandbriefes vorher klären müsste, ob er zufällig den Pfandbrief eines recht schlechten Kreditnehmers erhalten hat, der unregelmäßig Zinsen zahlt und am Schluss evtl. sogar zahlungsunfähig wird. Deshalb wirft die Pfandbriefbank alle Hypothekenkredite zusammen in einen Topf (Pool) und bildet dafür Pfandbriefe. Sie haben den Vorteil, dass jeder Pfandbrief einen kleinen Teil des Risikos trägt, keiner aber das volle Risiko eines bestimmten Kredits. In Dänemark funktioniert dieses System noch ganz individuell. Dort kann sogar der Kreditnehmer seinen Pfandbrief zurückkaufen, d. h. jederzeit seine Schulden damit zurückbezahlen, dass er sein eigener Gläubiger wird. In Deutschland haben Pfandbriefe an Bedeutung verloren. Die Geschäfte einer der größten Pfandbriefbanken in Deutschland, der Depfa, die ihre Mutter, die HRE, mit in den Konkurs riss, zeigen, dass der Pfandbrief nur noch ein Name ist, hinter dem sich aber bereits Wertpapierpools wie die MBS verbargen.

In den USA hat sich das dortige Pfandbriefsystem später entwickelt und die Eierschalen des historischen Pfandrechts gar nicht erst gehabt. Hier spricht man statt Pfand von einem „durch Hypotheken gesicherten" (mortgage backed) Wertpapier (security). Darin werden alle Hypothekenkredite in einem oder mehreren Pools zusammengebracht, der die Kredite bewirtschaftet. Jeder Pool kann nun besonders risikoreiche oder risikoarme Kredite enthalten. An diesen Pools, die als Vorläufer der Investmentfonds angesehen werden können, kann man nun Anteilsscheine kaufen, die so sicher sind, wie der gesamte Pool und so viel Rendite abwerfen, wie die Zinseinnahmen aus den Hypothekenkrediten abzüglich der Provisionen im Durchschnitt.

Weil die US-Regierung den Wohnungsbau für so wichtig hielt, dass sie die Kreditvergabe steuern wollte, beherrscht sie zwei große Gesellschaften, die die

Mehrheit der Kredite von den Banken abkaufen und in Anlegerpapiere (MBS) umwandeln. Weil diese Papiere zum einen als sehr sicher gelten, da sie einmal mit wertbeständigen Grundstücken und zum anderen durch die moralische Verantwortung des Staates für „seine" Pfandbriefbanken gesichert sind, kaufen vor allem Pensionsfond aber auch Verbraucher, die für das Alter sicher vorsparen wollen, solche Anteile.

Die Vorteile liegen auf der Hand. Keine Bank ist mehr davon abhängig, dass gerade bei ihr viele Kredite ausfallen. Das Risiko wird breit gestreut. Es wird nicht so schnell geschehen, dass eine Region überhaupt keine Kredite mehr erhält. Der Staat hat in den USA auch dafür gesorgt, dass die beiden großen MBS-Institutionen, Fannie Mae und Freddy Mac, folgende Angebote an Banken machten: Sie sollten gerade Kredite an Haushalte von Afro-Amerikanern aufkaufen, was die Banken veranlasste, dort Kredite zu vergeben, die sie eigentlich für zu gewagt gehalten hätten. Mit MBS lässt sich also auch Sozialpolitik im Wohnungsbau betreiben. Dies kann auch für Deutschland, wo praktisch kein privat finanzierter Geschosswohnungsbau für Mieter mehr profitabel möglich ist und sich auch der Staat aus dem sozialen Wohnungsbau zurückzieht, durchaus interessant sein. Dafür aber müssen nicht, wie die Bundesregierung in der Kampagne der Hedgefonds zur Zulassung von Kreditverkäufen gegen den Willen der Kreditnehmer behauptet, die Kreditverträge verkäuflich gestaltet werden. Es reicht aus, dass die Rückzahlungsforderungen aus diesen Verträgen zusammen mit den Grundschulden abgetreten und verkauft werden können. Die Bank selbst hat dagegen wie in den USA auch weiterhin ihren Verpflichtungen zum Dienst am Kunden und zur Regelung von Problemen nachzukommen. Das Servicing muss beim Kreditgeber bleiben, die Risiken können aber sehr gut an einen Pool abgegeben werden. Insoweit könnte man es auch besser machen als die Amerikaner.

Die Abgabe der Risiken und ihre Streuung in einem Pool im MBS-System hat aber auch einen großen Nachteil. Diejenigen, die die Kredite vergeben, tragen nicht mehr das Ausfallrisiko. Sie könnten versucht sein, viele schlechte Kredite zu vergeben. Dagegen spricht allerdings, dass die MBS-Aufkäufer sich den Pool und sein Abschneiden in der Vergangenheit schon sehr genau und kritisch anschauen und von Ratingagenturen bewerten lassen. Im Preis machen sie dann die Abschläge, die sie angesichts des zu erwartenden Risikos für angemessen halten. Schlechte Kredite lassen sich daher auch schlecht verkaufen.

Das aber gilt nicht, wenn die Verkäufer aus den schlechten Krediten besonders hohe Zinsen herauspressen können und damit die Pools ohne eigene Verluste mit hohen Abschlägen verkaufen. Und auch dann nicht, wenn die Sicherheiten, das sind die Hauspreise, so im Wert steigen, dass man ein gutes Rating trotz schlechter Kreditqualität erhält.

Die amerikanischen Banken merkten, dass man mit armen Haushalten besonders viel Geld verdienen kann, wenn man ihnen Wucherkredite gibt. Sie konnte man dann wegen gestiegener Hauspreise gut weiterverkaufen. Und dies, ohne dass die Banken hinterher das gestiegene Risiko selbst tragen mussten. Aufgrund dieser Tatsache haben sie sich sehr ungeniert benommen. Sie haben zu hohe Kredite für zu hohe Zinsen herausgelegt und außerdem den Hausbesitzern auch die Risiken eines sich erhöhenden Zinssatzes aufgebürdet.

Dann haben sie noch zusätzliche Hypothekenkredite mit Zweitgrundschuld auf die Häuser gelegt, die gar nicht für den Erwerb oder die Reparatur des Hauses gedacht waren. Sie dienten vielmehr für die Ablösung etwa von Kreditkartenschulden. Dass zusätzliche Geld erhöhte also gar nicht die Sicherheit. Die Häuser waren überschuldet und der Zusammenbruch war absehbar.

MBS ebenso wie bei uns die ähnlich gebauten REITS untergraben daher die Moral der Kreditgeber und gefährden das Finanzsystem, wenn man ihnen nicht Regeln beibgt. Jeder Geldverleiher glaubt, dass die „Sintflut erst nach ihm" komme, also dann, wenn er seinen Gewinn bereits erhalten hat. Dass die Kreditausfälle letztlich den Staat belasten, interessiert ihn nicht.

Asset Backed Securities, CDOs, CLOs u. s. w.

Weil das System so problemlos und lukrativ wurde, hat man es auf alle anderen Kredite angewandt. Dann heißt es nicht mehr MBS sondern ABS (Asset Backed Securities). In den Pools sind dann alle Arten von verbrieften und unverbrieften Forderungen, vornehmlich aus ungesicherten Krediten. ABS sind dementsprechend noch viel unseriöser als MBS. Sie haben meist besonders risikobehaftete Verbraucher- und Kreditkartenkredite im Pool. Da überschuldete Verbraucher hohe Ausfallrisiken haben und durch die Möglichkeit einer Schuldbefreiung nach sechs Jahren solche Kredite uneinbringlich werden, sind hier die Quoten erheblich gestiegen. Im Frühjahr 2009 kletterten sie in den USA auf 6 %. Im Kreditkartenkredit erreichten sie bei manchen Anbietern 13 %; jeder achte Kreditnehmer fällt aus.

Das hohe Risiko der Anlage versüßt man den Anlegern mit noch höheren Renditeversprechen, was wiederum dazu führt, dass man noch mehr Zinsen aus den Kreditnehmern herausholen muss. Das wiederum führt zu noch mehr Zahlungsunfähigkeit. Es ist eine Spirale und besonders naive Banken wie unerfahrene Landesbanken in Deutschland glaubten, dass man die Traumrenditen ohne das Risiko erhält. Oder vielmehr, dass sie die im ersten Jahr in die Bilanzen eingestellten Traumrenditen vorweisen können und dann noch rechtzeitig den „Kreditschrott" loswerden. Das war für alle ein folgenreiches Fehlverhalten.

Ohne klare Wuchergrenzen führt dieses System in eine wirtschaftliche To-
desspirale der Zahlungsunfähigkeit. Das System ist so unreguliert und offen, dass
man sogar vollkommen unsichere zukünftige Einnahmen aus Eintrittsgeldern für
Bundesligaspiele in den Pool einstellen und als ABS verkaufen kann. Der in
seinem Finanzgebaren berühmt berüchtigte FC-Schalke 04 hatte z. B. seine Einnahmen auf 85 Mio. € geschätzt und sie sich mit Traumrenditen im Voraus von
Anlegern geholt, die dann hoffen mussten, dass er nicht absteigt und die Zu-
schauer ausbleiben.

Man kann das noch wilder gestalten, indem man in den Pool alles mögliche
andere hinein wirft. Weiß man nicht mehr genau, was sich in diesen Pools befin-
det ist, nennt man es CDO (Collateralized Debt Obligations). Hier dient jede Art
von Schulden als „Pfand" (Collateral), obwohl es ja eigentlich gar kein Pfand im
Sinne eines realen Wertes mehr gibt: Der Begriff des Pfandes wird somit pervertiert. Waren es beim MBS noch Grundstücke, beim ABS noch die Kreditnehmer,
so sind es beim CDO die Forderungen selbst, die angeblich die Sicherheit darstellen. Doch das ist ein Zirkelschluss. Wer mir als Sicherheit für einen Kredit
den Kredit verkauft, der macht mir etwas vor. Man kann auch bei dem CDO das
D durch ein B wie Bond ersetzen und hat dann im Pool Schuldverschreibungen
von Unternehmen, also deren verbriefte Kreditaufnahmen beim Publikum. Auch
das schafft nicht gerade reale Sicherheiten. Wenn Banken ihre Kredite an Unternehmen in einen Pool einbringen und Anteile verkaufen, kommt in die Mitte
(anstelle des D oder B) ein L für Loan.

Letztlich entscheidet dann nur noch das Wissen darüber, was in den Pools so
alles an Forderungen enthalten ist. Das sollen angeblich die Ratingagenturen für
die Kunden machen. Doch bezahlt werden sie von denen, die die Anteile verkaufen
wollen und damit ein gutes Rating brauchen. Wenn sie also nicht genau hinschau-
en, sondern z. B. einfach feststellen, wie denn der Pool in der Vergangenheit gelaufen ist, dann verdienen die Ratingagenturen doppelt: Sie haben weniger Arbeit und
zufriedene Kunden. Zahlen müssen dafür letztlich dann Kreditnehmer und Anleger.
Dem Kreditnehmer wird mit immer wucherischeren Konstruktionen Geld aus der
Tasche gezogen, der Anleger muss das dadurch geschaffene Risiko tragen.

Wenn Ratingagenturen den Markt bewerten sollen, dürfen sie nicht selbst
Marktpartner sein. Es ist sonst so, als ob der Schiedsrichterposten im Fußball-
spiel abwechselnd von den Trainern jeder Mannschaft übernommen wird. Das
funktioniert bekanntlich nur bei Kinderturnieren.

Die Idee der Risikostreuung von Krediten ist sinnvoll und gut. Der Preis aber
ist hoch, wenn wir nicht die alten Prinzipien wieder hervorholen, die die Risikogeschäfte in Grenzen hielten und sie für das moderne Geldsystem anpassten.

Derivate und was alles sonst erlaubt ist

Wenn man die hier benutzten Begriffe nachschlägt, stellt man fest, dass es noch unzählige andere Begriffe gibt und das z. B. Termingeschäfte im Unterschied zu den Differenzgeschäften eine feste Laufzeit haben und einen exakten Zeitpunkt, an dem sie fällig werden. Als CFD (Contract for Difference) sind Differenzgeschäfte heute spezieller, obwohl sie einmal die Mutter aller Derivate waren. Bei CFDs wettet man auf einen Börsenkurs. An der Börse waren diese Wetten bisher nicht möglich. Deshalb schloss man sie privat ab. Weil der englische Staat dafür dann keine Stempelsteuer nahm, blühten sie in Großbritannien Anfang der 1990er Jahre initiiert von der Schweizer Großbank UBS auf. Man wettet auf einen Kurs und hinterlegt als Sicherheit beim Makler zwischen 1% und 30% der möglichen Differenz, die man sich auch noch von der Bank leihen kann. Da die Summe der Wetteinsätze ebensowenig durch die Anzahl der Aktien, die verkauft werden sollen, begrenzt ist, wie der Einsatz von Wetten bei einer Box-WM durch die Anzahl der möglichen Niederschläge, kann man unbegrenzt setzen. Da der Deutsche Aktien Index (DAX) ordentlich schwankt, lassen sich wieder Gewinne machen. 2009 handelten schon wieder etwa 35.000 Personen in Deutschland mit solchen Papieren. Das Wettvolumen lag 2009 bei 500 Mrd. €, wie eine Studie der Steinbeis Hochschule Berlin aufzeigt, wobei nur ein Bruchteil hinterlegt werden muss. Das Wettvolumen war doppelt so hoch wie im Jahre 2008. Jetzt will die Bayerische Börse, die wie alle Börsen im ortsunabhängigen Internetzeitalter neben der von Frankfurt beherrschten XETRA Plattform nach neuen Aufgaben gieren, mit Contrex den CFD-Handel intensivieren. Neue Regeln dafür im Gesetz aber gibt es nicht, so dass der Staat hier wieder eher Steigbügelhalter als Schiedsrichter spielen dürfte. Nach wie vor gilt hier das deregulierte Wertpapierhandelsgesetz.

Es hat in seinem zweiten Paragrafen versucht, alle diese Anlagen zu definieren. „Wertpapiere ... sind, ..., alle Gattungen von übertragbaren Wertpapieren ..., die ihrer Art nach auf den Finanzmärkten handelbar sind, ..." Einfacher ausgedrückt heißt das: Wertpapiere sind Wertpapiere, wenn es gelingt, sie zu verkaufen. Man merkt dieser recht hilflosen Definition des Gesetzgebers an, dass er hier nicht regulieren, sondern im Gesetz nur noch dokumentieren will, was der Markt relativ frei hervorbringt.

Der Markt und nicht das Recht entscheidet also.

Im Einzelnen führt das Gesetz grob gegliedert die folgenden Gruppen als Beispiele für Wertpapiere auf, die am Schluss dann auch noch einmal alle pauschal als Finanzinstrumente bezeichnet werden. Die Palette ist, so das Gesetz, offen. Eine Begrenzung oder gar eine Klärung, was Mindestanforderungen für

Wertpapiere sind, wie wir es bei Versicherungen oder Verbraucherkrediten haben, gibt es hier nicht. Danach zählen hierzu:

1. Aktien: vergleichbare Anteile, Zertifikate, die Aktien vertreten;
2. Schuldtitel: Genussscheine, Inhaber-, Orderschuldverschreibungen, Zertifikate, die Schuldtitel vertreten;
3. Optionsscheine: Erwerbsscheine für vorgenannte Papiere; Risikopapiere für Preisänderungen bei Wertpapieren, Währungen, Zinssätzen, Indices oder Messgrößen;
4. Investmentzertifikate;
5. Geldmarktinstrumente (alles andere);
6. Derivate als Finanztermingeschäfte auf Preise von Wertpapieren, Geldmarktinstrumente, Devisen, Zinssätze, Finanzindices, Finanzmessgrößen, Derivate;
7. Termingeschäfte auf Preise von Waren, Frachtsätze, Emissionsberechtigungen, Klima- oder andere physikalische Variablen, Inflationsraten, volkswirtschaftliche Variablen, Indices, Messwerte als Basiswerte, sofern sie handelbar sind;
8. Finanzielle Differenzgeschäfte; Kreditderivate für Ausfallrisiken.

Letztlich können die Investmentbanker aber nur finanzielle Risiken abtrennen und handeln. Weil Finanzen in Geld gemessen werden, drückt sich jedes Risiko und jeder unerwartete Gewinn, wenn er denn eintritt, in einem Geldbetrag aus. Dieser Geldbetrag ist beim Risiko ein Schaden. Ein Schaden, so will es das Recht der Marktwirtschaft, ist als Differenz zwischen dem Geldwert vor der Schädigung und dem Geldwert nach der Schädigung definiert. Der Differenzschadensbegriff bringt also zugleich eine allgemein gültige Risikodefinition. Mehr kann kein Risikopapier absichern als finanziell den Zustand herzustellen, der ohne das schädigende Ereignis bestanden hätte (§ 249 BGB).

Risikopapiere sind alle Differenzgeschäfte. Sie vergleichen einen Wert vorher, oft als Basiswert bezeichnet, mit einem Wert zu einem späteren Termin. Die folgende Tabelle stellt einen Versuch dar, die Begriffe der verschiedenen abgeleiteten Risikoinstrumente und des Finanzproduktes, das ihnen zugrunde liegt, darzustellen.

Kredite	Darlehen	Sparen Festgeld	Staats-SV (Schatzbriefe)	Unternehmehns-SV	Fonds	Aktie	Unternehmensbeteilg; geschl. Fonds
Kapital	Kredit	Guthaben	Wert	Nennbetrag	Anteil	Wert	Betrag
Ertrag	Zinsen	Zinsen	Zinsen	Zinsen Kurs	Ausschüttung; Kurs	Dividendkurs	Gutschrift
Liquidität	Evtl. Verkauf	Ver- nein	Verkauf	Börse	Börse	Börse	nein
Risikoabsicherung	Kreditsicherheit; MBS,ABS	Bankensicherung	Staat	Bankensicherung	Pool	Option	keine
Glücksspiele	Zertifikate; Derivate von Derivaten; short und long Verkäufe; Wandelschuldverschreibung					Leerverkäufe	

3.5.3 Differenzgeschäft und Glücksspiel – begrenzte Chancen

Das Finanzsystem nimmt dem Unternehmer oder Verbraucher reale Risiken ab, indem es hilft, sie zu kompensieren. Das abgebrannte Haus ist, soweit kein Personenschaden oder Gegenstände mit emotionalem Wert darin verbrannt sind, kein Problem mehr, wenn dafür Geld bereitgestellt wird, um sich ein neues, vielleicht auch schöneres Haus zu kaufen. Ein Geschäft mit Simbabwe ist machbar, wenn der Zusammenbruch der dortigen Währung nicht auf die eigenen Kosten geht. Die Risiken sind dadurch nicht weg. Sie werden nur in das Finanzsystem verlagert. Das macht allerdings nur Sinn, soweit sie kompensiert werden können und dazu – für Geld auf dem Markt – Ersatz beschafft werden kann.

Unsere großen gesellschaftlichen Risiken wie der Klimawandel, Krieg und Wassermangel, aber auch unsere kleinen persönlichen Risiken wie Krankheit, Einsamkeit oder Unglück müssen wir jedoch direkt angehen. Hier kann das Finanzsystem manchmal entlasten. Es kompensiert aber nicht und macht, wie wir es bei dem Versuch sehen, Verschmutzungsrechte kostenpflichtig zu machen und damit als Geldschaden zu organisieren, das Problem häufig noch schlimmer und komplizierter.

Wenn wir also viele Risiken in das Finanzsystem verlagern, dann erscheinen diese Risiken plötzlich in der Form von Finanzrisiken. Eine Missernte bei Baumwolle kann somit als Kursrisiko bei Warentermingeschäften auftauchen; ein Krieg in Indien bestimmte Futures abstürzen lassen. Der Vorteil dieser Übernahme in das Finanzsystem besteht darin, dass die Risiken teilbar und damit verteilbar sind, man unbegrenzt dafür (finanziell) vorsorgen kann und der Vielfalt der Risiken mit einer unbegrenzten Vielfalt von Finanzinstrumenten begegnet werden kann.

Aus der Perspektive desjenigen, den der Eintritt eines Risikos trifft, ist daher das Finanzinstrument eine rationale Risikoabsicherung, die optimal genau das absichert, was passieren kann. Aus der Sicht des Anlegers ist es dasselbe aber evtl. doch ein Glücksspiel. Der Risikovorsorger wird aus ganz rationalen Gründen bemüht sein, das Spielbedürfnis der anderen Seite durch entsprechende Anreize und Regeln optimal zu befriedigen, solange es noch sein Risiko absichert.

Das System hat aber drei große Schwächen.

1. Zunächst handelt das System nur mit virtuellen Risiken, deren realer Hintergrund unsichtbar ist. Ob die Kompensation letztlich möglich, sinnvoll und ausreichend ist, merken die Parteien des Sicherungsgeschäftes nicht. Das ist gefährlich, weil durch die Art der Risikoabsicherung damit reale Risiken und Schäden auch vergrößert werden können. Die Kompensation ist dann nichts anderes als eine Abfindung für diejenigen, die eigentlich im Interesse aller die Risiken klein halten sollten. Erhält der Bauer Entschädigung für den abgebrannten Wald, kann es für ihn rationaler sein, ihn anzuzünden, als ihn zu hegen.

2. Weil derjenige, der das Risiko tragen soll, es nur als Spiel begreift, wird er Interessen vertreten, die eher mehr Risiko und weniger Streuung verlangen und das Spielelement befördern.

3. Weil zwischen dem Risikovorsorger und dem Glücksspieler ein Finanzdienstleister agiert, der nur Geld verdienen will, hat er neben der Möglichkeit, eine sinnvolle Risikoabsicherung zu produzieren auch die Möglichkeit, als Croupier und Vertreter einer Spielbank seinen Verdienst einseitig vom Anleger in einem Glücksspiel zu erzielen. Es ist für ihn zudem rational, reine Glücksspiele genauso aussehen zu lassen wie eine rationale Risikoabsicherung, weil der Spieler die Befriedigung seiner Spielsucht auch noch mit dem Gefühl der Nützlichkeit und Seriosität verdecken darf. Dies ist etwa so, wie bei den Reichen und Schönen, die ihre Geltungssucht und Freude am Luxuskonsum beim Wohltätigkeitsbankett mit einer Wohltat bemänteln dürfen.

Es ist der fließende Übergang von der Risikoabsicherung in das reine Glücksspiel, der durch die Ablösung der Risikoinstrumente von dem zugrunde liegenden Risiko erfolgt. Die historische Unterscheidung und Grenze zwischen einem Geschäft, das Risiken absichert und einem Geschäft das Risiken nur benutzt, um damit zu spielen, ist verloren gegangen. Man hatte um 1860 noch heftig darüber diskutiert, wie man im zukünftigen deutschen Gesetzbuch mit den späteren Paragrafen §§ 762-764 BGB die Grenze zwischen erwünschter Vorsorge für Risiken und dem schädlichen Glücksspiel ziehen könnte. Diese Grenze wurde aufgegeben, weil man auch diese Kräfte in die Entwicklung des Kapitalismus einbeziehen wollte. Dies war produktiv, aber auch gefährlich. Die großen Finanzkrisen wie die Zusammenbrüche von Schwindelfirmen nach Art der South Sea Company im 17. Jahrhundert zu Zeiten Georg Friedrich Händels in England, dem Gründerschwindel nach 1871 in Deutschland und der ersten Weltfinanzkrise 1929 machen deutlich, dass alles, was sich gegenüber seinen Ursprüngen verselbstständigt, zwar flexibel und freier verfügbar ist, gleichzeitig aber auch zu Betrug und Täuschung einlädt.

Inbegriff für das Abheben der Risikogeschäfte von den eigentlichen Risiken ist das Zertifikat geworden. Hier wettet jemand darauf, dass eine Differenz bei einem anderen eintritt. Ob es wirklich passiert, könnte ihm gleichgültig sein, weil er nicht darunter leidet. Als Wettangebot ist es jedoch interessant, um Provisionen oder Barzahlungen zu verdienen. Wird die Wette dann zugleich mit einem Mindestgewinn versehen (Garantierte Zertifikate) dann wird über das Spiel ein Sahnehäubchen der Seriosität gedeckt und man kann es sogar wie bei den von Lehman-Brothers garantierten Zertifikaten bis zum Zusammenbruch als Altersvorsorge verkaufen. Helfen kann hier nur der Staat, wenn er den in dieser Weise geprellten Kunden der Hamburger Sparkasse einen Schadensersatzanspruch aus Falschberatung gibt oder der griechische Staat Citibank dafür mit einer Millionenbuße belegt.

Schaut man sich nun die in der gesetzlichen Wertpapierdefinition unter 7. genannte Gruppe von Termingeschäften an, dann erkennt man darunter auch reine Wetten. Sie müssen nur verkäuflich sein. Man kann also sagen, dass man auf alles wetten kann und dies im Finanzmarkt auch möglich ist. Es gehört dann zum Marketing, dass diese Wetten nicht einfach durchnummeriert, sondern mit Fantasienamen attraktiv gemacht werden. Für das Verständnis sind diese Namen aber eher unbrauchbar.

Der Unterschied zwischen Differenzabsicherung und Wetten wird aber auch in den Finanzinstrumenten selbst graduell abgebaut. Dies gilt, weil, wie das Gesetz einräumt, ein Derivat auch ein Derivat von einem Derivat sein kann. Weil jedes Wertpapier, das sich auf ein anderes Geschäft bezieht, selbst wieder ein Geschäft mit einem Preis oder Index ist, kann man auch Derivate von Derivaten bilden. Das aber öffnet die Tür zu einem unendlichen Regress. Beim sechsten Derivat vom Derivat vom Derivat etc. ist dann die Beziehung zu dem ursprünglichen Risiko so schwach, dass es – wie beim Zertifikat – ein reines Glücksspiel sein kann. Das Risiko ist nur Vorwand zum Spielen. Die toxischen Papiere, der finanzielle Giftmüll, die entwerteten Geldscheine dritter Ordnung, sichern in der Regel keine Risiken in der Realwirtschaft mehr ab.

Wenn wir zur Kompensation für die Übernahme realer Risiken Finanzinstrumente einsetzen, dann muss der Staat durch seine Regulierung helfen, dass gerade aus der Perspektive des Anbieters der Sicherungscharakter erhalten bleibt.

3.6 Fünf Thesen zum Testen

Das Finanzsystem ist ein großes Kreditsystem, in dem es nichts anderes gibt als die Vermietung von Geld an andere.

Der Wert des Geldes besteht darin, dass Menschen Geld brauchen, um Arbeit und Konsum zu organisieren. Gibt es mehr Geld, als man braucht, dann verfällt sein Wert. Weil mehr Dollar im Ausland zirkulieren als in Amerika, wo seine Werte lagen, konnten Amerikaner mit Buchungen bei ihren Banken umsonst in der Welt einkaufen, nur weil sehr wenige Staaten sich eine solide militärisch geschützte Währung leisten konnten und daher das US-Papier wie Gold benutzten. Jetzt wollen andere mit verdienen und selbst amerikanische Banken kehren dem Dollar den Rücken. Der Dollar bestimmt aber noch immer die Weltwirtschaft.

1. Das Geld spiegelt einen Wert, es ist kein Wert.
Im 19. Jahrhundert waren sich die Wirtschaftswissenschaftler einig, dass letztlich der Geldwert für die Mühe stand, mit der man die Dinge, die man dafür kaufen konnte, produzieren musste. Im 20. Jahrhundert ging man davon ab und erklärte, der Geldwert sei, was kurzfristig einleuchtend ist, bestimmt durch die Nachfrage nach Geld. Nun gibt es neben dem Bedürfnis nach Waren und Dienstleistungen noch zwei weitere Bedürfnisse nach Geld: Das Bedürfnis, reich zu werden (pathologisch als Geldgier bezeichnet) und das Bedürfnis, Dinge zu beherrschen und zu besitzen, mit denen man „andere davon ausschließen kann" (so die Definition des Eigentums im Bürgerlichen Gesetzbuch), d. h. durch deren Besitz man über andere herrschen kann (Patente, Lizenzen, Märkte, Know-how oder einfach Einflusssphären).

2. Geld für Geld ist nicht falsch, aber gefährlich.
Die Nachfrage nach Geld um des Geldes willen ist nicht so unproduktiv, wie man im 19. Jahrhundert dachte. Geld bringt Produktionsmittel zusammen, verbindet Ressourcen und Menschen, verteilt Risiken und schafft Anreize für mehr und intelligentere Arbeit. Geldmärkte sind daher durchaus produktiv. Gleichzeitig gibt es für das Bedürfnis nach Macht und Reichtum keine vernünftige Grenze. Der Besitz von „Raritäten" und mühelosen aber relativ knappen Gütern kann so wichtig werden, dass die Summe des Geldes, die dafür aufgewandt wird, in keinem Verhältnis dazu steht, was damit an Kooperation und Produktivität erreicht wird (hier wird ein anderer weiterer Begriff von Produktivität benutzt als im Geldsektor üblich, der dem Zirkelschluss verfällt, dass man die Produktivität des Geldes allein in Geldeinheiten messen könne.).

Heute ist der Anteil von Geld, das nur dazu geschaffen wird, Reichtum und Exklusivität der Ressourcennutzung zu garantieren, dramatisch gewachsen.

3. Die Krise der Grundstückspreise ist eine Folge und keine Ursache der Finanzkrise

Grundstücke sind nützlich, wenn darauf Häuser stehen oder Pflanzen wachsen oder Natur sich entwickelt, die wir brauchen. Man muss sie (die Grundstücke als solche) aber nicht erschaffen. Sie sind „mühefrei" aber dafür „selten". Wer die Innenstadt besitzt, der hat Macht (aber auch Produktivitätschancen).

Es ging in der Entstehung der Krise um Wohngrundstücke in Amerika. Früher musste man lange sparen, um sich ein Haus kaufen zu können. Damit bestimmte das für das Wohnen abzweigbare Einkommen die Nachfrage nach Wohnungen, so wie heute noch im Mietwohnungsmarkt. Die Grundstückspreise waren an unsere Arbeit geknüpft.

Der Übergang zu der Finanzierung von Grundstücken war notwendig, weil es keinen Sinn macht, zu sparen und gleichzeitig Miete zu zahlen. Geändert hat das an sich nichts. Auch der Kredit muss bedient werden, zumindest mit den Zinsen. Die Höhe der Zinsen bestimmt dann den Preis der Grundstücke. Leider gilt dies nicht umgekehrt. Die Kosten des Kredits können auch wachsen, ohne dass das Einkommen wächst. Man bezahlt einfach die nicht mehr vom Einkommen zu bezahlenden Zinsen aus einer zusätzlichen Verschuldung. Der Bewohner zahlt also mehr, „als er sich leisten kann."

Dies ist das Geheimnis der sog. „Subprime-" oder Wucher-Märkte. Damit kann sich der Käufer mehr „leisten" als er sich „leisten" kann. Die Grundstückspreise können dann spiralförmig mit der Verschuldung steigen. Kredittechnisch scheint die Rechnung aufzugehen: Höhere Schulden werden gedeckt durch höhere Grundstückswerte und damit werthaltigere Hypotheken.

Doch das System steht auf dem Kopf. Die Preise kommen vom Geldwert und nicht der Geldwert von den Preisen. Die Spirale muss irgendwann zusammenbrechen. Sie brach bereits einmal in Kanada, Japan, Frankreich und England zusammen. Immer rettete der Staat.

Grundstücke sind nur ein Beispiel. Viel dramatischer ist die Situation bei unseren Produktionsmitteln.

Wer die Produktionsmittel beherrscht, der beherrscht die Wirtschaft und damit Gesellschaft, Gesundheit, Kultur und selbst die Sicherheit. Die Herrschaft über die Produktionsmittel erfolgte früher dadurch, dass man sie kaufte oder erbaute. Immer war dies mühevoll. Dann kamen die „Wertpapiere" dazu. Das bedeutet, dass das Unternehmen durch Papiere (Aktien) repräsentiert wird, die man beliebig stückeln kann. Man kauft nicht mehr die Maschinen, sondern die Anteile am Gesamtwert als Papiere. Die Papiere sind für alle gut: für die Geldgierigen, für die Sparer, für die Strategen und für die Mächtigen. Weil diese „virtuellen Unternehmen" tatsächlich zusammengeführt und verbessert werden können, steigt auch der Wert der wirklichen Unternehmen. Aktientausch, Übernahme, M&E etc. zeugen von den

Vorteilen. Die unendliche Vielzahl anderer Wertpapiere verhält sich zur Aktie, wie der Name „Derivate" (Ableitungen) schon sagt, wie die 1000 Sorten von Speiseeis zum eigentlichen Eis. Man muss nicht alle kennen, um zu verstehen, dass überall nur „mit Wasser gekocht wird", d. h. für das Speiseeis, das Wasser immer ein Bestandteil ist, der gefroren wurde.

Genauso wie bei den Grundstücken kann man nun, anstatt die Aktien mit Geld zu kaufen, das man erspart oder aus anderem Vermögen abgezogen hat, sich hier Geld leihen und damit Aktien kaufen. Bereits ein Drittel der Wertpapierkäufe in der Welt erfolgt heute schon auf Kredit. Ein gerade in Schieflage geratener Hedgefonds hatte von je 52 € Anlagekapital gerade einmal 1 € selbst angespart. Welchen Wert eine Aktie hat, das ist viel schwerer festzustellen als bei einem Grundstück. Ist sie „es" wert (der sog. „innere Wert"), weil sie Mühe repräsentiert, oder repräsentiert sie eine Nachfrage, die durch Seltenheit, Einfluss, Macht, Geldgier oder gar Betrug bestimmt ist? Da der Investor kein eigenes Geld mehr anlegt, die Bank aber ihr Geld nicht in die Aktie steckt, sondern an den Investor verleiht, prüft jeder nur noch den anderen: Die Banken den Investor, der Investor die Gewinnchancen. Das aber kann nicht lange gutgehen. Die Banken lassen das z. B. die Ratingagenturen machen, die aber haben als Prüfungsgrundlage nichts anderes als die Geschichte des Investors. Ist es bisher bei ihm gut gegangen, dann bekommt er AAA+. Die Bank ist beruhigt und fragt lieber nicht nach. Je höher die Wette, desto größer der Gewinn, dem man das Risiko eben nicht ansieht. Geld ist scheinbar makellos. Die Bilanz zählt die Geldeinheiten und nicht den Wert, den sie repräsentieren sollen.

4. Die Inflation des Privatgeldes galoppiert
Die Entwertung unserer Währung trifft alle gleich und bleibt daher eine Staatsaufgabe. Davon könnten wir mehr gebrauchen, weil sie eine heilsame Wirkung auf die Verteilung der Ressourcen hat. Wer viel Geld angehäuft hat, verliert, wer mit dem Monatseinkommen auskommen muss, gewinnt, weil die Inflation und der Hunger sie oder ihn daran erinnert, dass man dieses Einkommen erhöhen und dafür mit Streik oder Wahl eintreten muss. Eine maßvolle Inflation fördert daher die soziale Demokratie. Die letzten 10 Jahre mit der geringsten Inflation haben zu den höchsten Verlusten für die Armen geführt. Maßvolle Inflation bestraft auch diejenigen, die Geld horten. Sie steuert die Geldmenge.

Die eigentliche Inflation passiert aber nicht bei der Währung. Nur ein Zehntel unseres Geldes kommt von der Zentralbank. Wer solche „Forderungen gegen den Staat" auf Umwandlung in wirkliche Werte hat, kann sich ziemlich sicher sein, dass es den Wert behält. Allerdings bekommt er dafür auch keine Zinsen. Es ist also kein lukratives Geschäft, sich Geldscheine unter die Matratze zu legen. Man tauscht es lieber in die anderen neun Zehntel ein, das sind „Forderungen gegen

Private": D. h., dafür steht bestenfalls eine Bank und im schlechtesten Fall die Göttinger Gruppe ein. Damit bezahlen und sparen wir auch. Die Geldfunktion wird damit nicht nur vom Kontoguthaben und vom Sparbuch, sondern auch von Wertpapieren eingenommen. Alles, was einen Marktpreis hat und sich relativ schnell wieder in eigentliches „Geld" verwandeln lässt, hat also eine Geldfunktion. Nur der Wert solchen „Geldes" hängt davon ab, wie potent mein Schuldner ist. Die Banken als größte Schuldner dürfen heute schon nicht mehr bankrottgehen. Das Geldsystem würde zusammenbrechen. Deshalb zahlt die US-Notenbank mit gutem Staatsgeld für schlechtes Privatgeld bei Bear Stearns oder Citibank dafür, dass die Bank für die aufgeregtesten Anleger sofort ihre Schulden einlösen kann. Kann sie das, werden die Anleger die Schulden nicht einlösen wollen, sondern sie weiter wie Geld behandeln. Die Bank ist erst einmal gerettet.

Da der Geldmarkt durch diese Privatisierung des Geldes immer zerstückelter wird und jedes „Geld" inzwischen trotz gemeinsamer Bezeichnung in Euro oder Dollar nur einen Wert in Euro oder Dollar repräsentiert, ist der Wert dieses sekundären Geldes abhängig von der Solvenz des Schuldners. Inflation erfolgt bei diesem Geld millionenfach, aber eben ungleich für alle. Das versteckt man unter dem Begriff des „Risikos" einer Forderung oder einer Anlage. An sich ist das gut, weil damit die wirklichen Werte und Preise wieder eine Chance haben, sich im Geld zu zeigen. Der Hasardeur wird insolvent, seine Investoren stellen fest, dass ihr Geld nichts wert war.

Hier setzen diejenigen an, die das private Geld abschaffen möchte. Unter dem Markenzeichen Monetative propagieren sie oft in Abstimmung mit den Vertretern des lokalen oder Schwundgeldes (3.2.6) das ausschließliche Recht des Staates, Geld in Umlauf zu bringen. Ihr Ausgangspunkt ist dabei das Giralgeld, das dadurch von Banken geschöpft werden kann, dass sie immer nur einen geringen Teil des eingezahlten Geld liquide vorhalten müssen, so dass jeder gewährte Kredit wieder zu einer Anlage führt und man daher durch vieles Ausleihen viel neues Geld schöpft, das mit dem staatlichen Geld nur noch indirekt zusammenhängt. Es klingt außerordentlich populär, wenn von ihnen verlangt wird, „jegliche Bankengeldschöpfung zu unterbinden" und stattdessen aber „die schuldenfreie Inumlaufbringung neuen Geldes durch öffentliche Ausgaben" den Städten und Gemeinden zu ermöglichen. Das durch sie geschöpfte Geld soll dann legitim sein, eine Aussicht, die viele amerikanische Bürgermeister so begeisterte, dass sie schon vor vielen Jahren eine entsprechende Resolution unterschrieben haben. Hier werden gute und richtige Ideen etwa des Community Reinvestment, wonach die in einer Gemeinde gesparten Gelder möglichst auch wieder dieser Gemeinde zugute kommen sollen, zusammen mit einer berechtigten Kritik an einer skrupellosen Geldschöpfung durch Finanzkredite und dem

Unverständnis für Geld selber zu einem seltsamen Gemisch verquickt, dass alles so einfach gestaltet.

Geld ist ein Tauschmittel und damit nicht nur dort vorhanden, wo das Wort Geld benutzt wird. Jede Forderung, ob sie nun unverbrieft als Giralgeld auf dem Girokonto oder Sparbuch gegen die Bank besteht, oder verbrieft als Geldschein die Zentralbank oder als Wertpapier ein Unternehmen als Schuldner hat, kann als Geld eingesetzt werden. Verbietet man dies und macht, wie von Huber gefordert, aus Girokonten staatlich gemanagte Geldkonten, dann werden Glasperlen, Zigaretten oder Schuldscheine die Funktion übernehmen, wo man Geld benötigt und Kredite nicht mehr gewährt werden können. Realwirtschaft und Geldwirtschaft kann man nicht durch staatliche Verbote der Geldschöpfung aufeinander abstimmen. Es bedarf staatlicher Regeln, die nahe legen, dass jeder Kredit nur produktiv für die reale Wirtschaft eingesetzt werden kann. Deshalb müssen vor allem die Risiken, dass ein Geld schöpfender Finanzkredit nur Luft und Wetten produziert, durch die oben benannten (3.4.4) alten Spielregeln für Spiel und Wette begrenzt werden, die die Entscheidung im Einzelfall beim Bankier belassen, insgesamt aber dafür sorgen, dass falsche Entscheidungen auf sie zurückfallen.

5. Das Risiko verselbstständigt sich und wird zum Glücksspiel

Das Problem des privaten Geldes aus Finanzforderungen besteht vor allem darin, dass die Hasardeure und kreditfinanzierten Investoren das Risiko der Forderung von der Forderung abspalten können und müssen. Sie könnten eine Versicherung abschließen, doch dazu müssten sich alle vom Risiko betroffenen in einer Solidargemeinschaft zusammenfinden. Das sprengt bei Finanzrisiken jeden verwaltbaren Rahmen. Sie können stattdessen so tun, als ob sie das Risiko nicht mehr tragen, weil sie einen Spieler eingeschaltet haben, der das Risiko übernimmt. Dann tragen sie das Risiko erst, wenn auch der Hasardeur pleitegeht. Sie können aber auch mit sog. Futures und Options das Risiko auf ein Papier schreiben und Menschen dafür Geld bezahlen, wenn sie das Risiko übernehmen bzw. Geldgewinne in Aussicht stellen, falls das Risiko nicht eintritt. Menschen, die gerne Lotto spielen, finden dies interessant.

Umso mehr das Risiko abgespalten verkauft wird, umso anfälliger wird das System, weil ja nicht mehr die, die das Geschäft machen und den Preis bezahlen, die Leidtragenden sind, sondern die Zaungäste. Manchmal geht auch im Absicherungssystem selbst etwas schief, weil ein Mitarbeiter von der Faszination gepackt wird – so wie Timothy Leason in England oder der Franzose Kerviel –, auf Kosten anderer spielen zu dürfen. Die Investoren zahlen dann hohe Preise, die mit den mit Mühe erwirtschafteten Werten gar nichts mehr zu tun haben.

4   Geldprobleme: Wie kam es zur Krise?

Über die Ursachen der weltweiten Finanzkrise herrscht keine Einigkeit. Täter und Opfer, Politiker und Banker, Europäer und Amerikaner, Dritte Welt und Gläubigerstaaten, Neo-Liberale, Konservative und Linke, Volkswirte, Juristen und Soziologen – so unterschiedlich wie die Interessenstandpunkte, so unterschiedlich sind auch die Beschreibungen und ihre Ursachenforschungen. Doch ein paar Grundthesen scheinen über jeden Verdacht erhaben zu sein: 1. Die Krise kam aus Amerika. 2. Sie ist eine Krise im Anlagegeschäft. 3. Es ist eine Wirtschaftskrise. 4. Sie wurde durch das Versagen der formellen Finanzaufsicht möglich. Ein Bekenntnis zu dieser Anschauung sichert einen Platz in der veröffentlichten Meinung und bei der Planung der Zukunft.

Wir möchten demgegenüber einen „Ortswechsel des Denkens" vorschlagen und allen vier Thesen eine Alternative entgegensetzen. Danach handelt es sich 1. um eine überall in der kapitalistischen Welt und damit auch bei uns entwickelte Krise, die 2. durch das Versagen des Systems produktiver Kreditvergabe gekennzeichnet ist, 3. gesamtgesellschaftliche Ursachen hat, die eine Reduktion des sozialen Nutzens auf wirtschaftliches (Effizienz-) Denken begünstigt hat (dazu unter 6) und deshalb 4. die Möglichkeiten, die das materielle Recht, Ethik und Moral in den Wucher- und Wettverboten sowie Verantwortlichkeiten des Geldsystems geschaffen haben, verloren hat (dazu unter 5).

Die Wahrheit liegt in der Mitte. Es ist eine Krise in der Funktionsweise des Systems, die mit systemkonformen Mitteln entschärft werden kann. Es ist aber auch eine Krise des Systems, die über dessen Funktionsweisen hinausweisen könnte. Will man Ursache und Wirkung, Wesen und Erscheinung unterscheiden, dann kommt es schon auf den Standpunkt an. Während ein soziologischer Blick auf das Wirtschafts- und Geldsystem von außen sowohl Alternativen zum System als auch im System ermöglicht, würde eine rein volkswirtschaftliche Betrachtung auch dort nur systemimmanente Mittel finden, wo sie sich bereits als langfristig gefährliche Tendenzen erwiesen haben. Der reale Kapitalismus ist erheblich widersprüchlicher und offener für neue bzw. die Nutzung historischer Erfahrungen aus vorkapitalistischer Zeit, als es diejenigen verkünden, die ihn auch nach Ende des Kalten Krieges als höchste Stufe menschlicher Organisationsform religiös verklären.

4.1 Subprime in den USA und England

Im Mai 2007 beschrieb der Chef der amerikanischen Zentralbank Bernanke die Subprime-Krise wie folgt: „Im Allgemeinen war in den letzten Jahren die Qualität der Hypothekenkredite recht gut. Das trifft jedoch nicht mehr auf die hochpreisigen („subprime") Kredite mit variabler Verzinsung zu, die im Augenblick 2/3 der erstrangig gesicherten Kredite ausmachen bzw. 9 % aller Hypothekenkredite bestimmen. Deren Quote für notleidende Kredite – d. h. Kredite, die in der Zwangsvollstreckung oder mehr als 90 Tage ohne Zahlungen sind – stieg 2006 dramatisch auf 11 %, das ist doppelt so viel wie im dritten Quartal 2005. Selbst bei einigen Formen der Hypothekenkredite im normal verzinsten Markt zeigt sich eine Erhöhung der Ausfallquote. Im vierten Quartal 2006 gab es ungefähr 310.000 Zwangsvollstreckungen gegenüber 230.000 im Jahr davor. Dabei waren die hochpreislichen Kredite für etwa die Hälfte verantwortlich".

4.1.1 Hypothekenkredite

Zum Verständnis der amerikanischen Krise wollen wir auf die Brookings-Studie Herbst 2008 „Making Sense of the Subrpime Crisis" sowie das Buch von Dan Immerglueck „Foreclosed" („Zwangsversteigert") zurückgreifen, die beide für den Zusammenbruch des Marktes wucherverdächtige Hypothekenkredite als Ursache analysieren, der sich dann in den Kapitalmärkten fortsetzte.

Subprime-Mortage-Markt

Der Brookings-Bericht zählt vier Merkmale für Subprime-Kredite auf:
- Sie werden von Geldverleihern vermittelt, die harte Inkassomethoden verwenden und höhere Gebühren für die Verwaltung der Kredite (das Servicing) verlangen.
- Besonders relevant sind diejenigen, die sich auf zahlungsschwache Verbraucher spezialisiert haben, von denen sie besonders hohe Einnahmen erreichen. Diese Makler sind bekannt und in der sog. HUD-Liste des US-amerikanischen Wohnungsbauministeriums aufgelistet. Die Namen der dahinter stehenden Banken und Aufkäufer sind dagegen nicht aufgelistet.
- Bei hochpreisigen Krediten liegen die Gebühren und Zinssätze weit über solchen Kreditpreisen, die für Verbraucher üblich sind.
- Die zweifelhaften Kredite werden an auf notleidende Kredite spezialisierte Fonds (MBS) verkauft.

Die Banken erkannten zunehmend, dass sie über von ihnen direkt oder durch Institute, die sich bei ihnen refinanzierten und nicht der Bankaufsicht unterstehen (Non-Banks, Finanzunternehmen), erheblich mehr Geld bei ärmeren Schichten verdienen konnten als sie es mit den eigenen Filialen vermocht hätten. Der Aufkauf solcher Wucherinstitute wie die von der amerikanischen Bankenaufsicht noch 2001 wegen Wuchers bestrafte Associates Corporation of North America durch Citibank im Jahre 2000 für 31 Mrd. $, woraus eine eigene Subprime-Non-Bank, die Citifinancial, entstand, markiert die Chance, sich im sozialen Absatz auch von den allgemeinen Anschauungen eines verantwortlichen Bankgeschäfts zu entfernen, ohne dass dieses Vorgehen der Bank unmittelbar zugeordnet werden kann.

Das Bankrecht wurde unter Ronald Reagan dereguliert und damit vom Verbraucherschutz befreit. Dies erfolgte durch das Prinzip der „gegenseitigen Anerkennung" des Kreditrechts der Einzelstaaten, die bis dahin die alleinige Kompetenz zur Begrenzung von Wucher hatten und dabei, wie z. B. vorbildlich der Staat Wisconsin, aber auch New York und Kalifornien enge Wuchergrenzen kannten. Diese Grenzen galten nun nicht mehr für Anbieter aus anderen Staaten. Inzwischen sind die Grenzen für alle gefallen. Mit dem Bundesgesetz über Konsumentenkredite (Consumer Credit Code), der wie die EU-Richtlinie zum Konsumkredit von 2008 bindend (maximal harmonisiert) war und den Verbraucherschutz auf Verbraucherinformation reduzierte, war der Weg frei für ungehemmten Wucher.

Parallel dazu wurde das einfache Sparen marginalisiert. Mit dem Zerfall sozialer Vorsorgesysteme wie Familie und dauerhafter Arbeitsstätte, wuchs die Nachfrage nach langfristigen – jedoch hoch verzinslichen – „sicheren Anlagen". Solche Anlagen waren vor allem die Hypothekenkredite. Der Markt für Pfandbriefe (MBS), die anders als in Deutschland, nicht durch Pfandbriefgesetze einengend geregelt waren, boomte. Nach Angaben des Office of Federal Housing Enterprise Oversight (OFHEO) aus dem Jahre 2005, lag dort bereits ein Drittel der Kapitalanlagen, die das weitgehend privat gestaltete amerikanische Vorsorgesystem für Renten, Stiftungen und Universitäten aber auch für die Gesundheitsvorsorge brauchte. Auch ausländische Banken und Fonds investierten hier. Waren es 1995 noch 1,2 Bio. $ so waren es 10 Jahre später (nach Angaben von Lehman Brothers) bereits 2,9 Bio. $. Gleichzeitig stieg der Anteil privater MBS-Betreiber in diesem lukrativen Geschäft, während die beiden staatlich kontrollierten Verbriefungsagenturen einen dramatischen Einbruch von 50 % im Jahre 2004 erlitten.

Es war also nicht die Schuld des MBS-Marktes, der Wohnen und Vorsorge staatlich überwacht in einen sinnvollen Kreislauf gebracht hatte. Es war gerade die Entstaatlichung und Deregulierung des MBS-Marktes, die zu den perversen Ergebnissen führte.

Die Hauspreise

Verheerend wirkten sich vor allem die hochverzinslichen MBS-Verbriefungen von notleidenden und wucherischen Krediten aus. Hier wurde ganz im Gegensatz zur sozialen Niedrigzinspolitik von Fannie Mae und Freddy Mac Wucher prämiert und den Wucherern durch Verbriefung die Verantwortung für ihr Tun abgenommen. Der Zentralbankpräsident Bernanke beschrieb diese Anklage gegenüber dem privaten MBS-Markt noch sehr vorsichtig in einer Rede am 17.05.2007 wie folgt:

> „Die Praxis, Kredite an Investoren zu verkaufen, könnte zu einer Verschlechterung der Praktiken bei der Kreditvergabe geführt haben. Durch die Verbriefung und die Vereinbarungen des weiteren Servicing könnten die Möglichkeiten zur Anpassung der Kredite entscheidend reduziert worden sein. Buchhalterische Regeln, die dazu führen, dass jede Veränderung in den Pools zu einer veränderten bilanztechnischen Darstellung führen muss, mag die Investoren davon abhalten, in der Krise angepasste Kredite anzubieten. Großzügige Kreditanpassungen fordern zudem die Ratingagenturen heraus, die Sicherheiten neu zu bewerten."

Im Klartext bedeutete dies, dass alle Bedingungen für einen Wuchermarkt vorher geschaffen wurden. Man brauchte nur noch das Problem der Sicherheit der Kredite zu lösen. Solche Kredite hatten bereits einen entsprechenden Namen: NINJA: No Income, No Job, No Assets, zu Deutsch kein Einkommen, kein Job, kein Vermögen. Das aber schien der dramatische Anstieg der Hauspreise zu kompensieren, der dazu führte, dass bei identischen Häusern und Grundstücken auf dem Papier plötzlich doppelt so viel Wert für Sicherheit vorhanden war wie 10 Jahre zuvor.

Nach einer wissenschaftlichen Analyse im Staat Massachusetts zeigte sich, dass seit 1987 ein direkter Zusammenhang zwischen dem Ansteigen der Hauspreise, der sich verschlechternden Qualität der Kredite und der Entstehung eines großen Wucherkreditmarktes bestand. Danach zahlten sich im Ergebnis der Hauskrise die Finanzjongleure durch eine mit künstlich aufgeblähten Hauspreisen ermöglichte Kreditvergabe selbst die Wucherzinsen, die bei den Verbrauchern als erhöhter Schuldenberg stehen blieben. Für Überkonsum oder leichtfertige Kreditaufnahme gerade der ärmeren Hausbesitzer, wie in Europa behauptet, blieb daher kaum Raum. Dazu muss man den USA-Wohnungsmarkt verstehen. In den USA werden Kredite vergeben, die 100 % des Hauspreises ausmachen. Die Bank verleiht z. B. Kredite bis zu 80 % des aktuellen Marktpreises des Hauses. Sie stockt ihn auf 100 % auf, wenn weitere 15 % bei der Zwangsversteigerung noch versichert sind und, wie in Los Angeles, die Stadt die restlichen 5 % verbürgt. Das Ganze ist auf steigende Hauspreise angelegt, sodass schon nach wenigen Jahren der Kredit nur noch z. B.: 80 % ausmacht.

Fallende Hauspreise führen dagegen bei den üblichen 80 %-Finanzierungen sehr schnell zum Nachfordern von Sicherheiten. Dies ist ein Recht, das sich die Bank regelmäßig im Vertrag geben lässt, weil es ihr von der Aufsicht auferlegt ist, die Kredite sicher zu halten. Gibt es keine zusätzliche Sicherheit, so wird der Kredit gekündigt. Kreditkündigungen erfolgen aber auch, und dies war häufiger der Fall, wenn der Kreditnehmer nur mit den Raten in Verzug war. Als vor der Jahrtausendwende die Hauspreise um 10 % fielen, stiegen die Zwangsversteigerungen im Jahr 1993 pro 1000 Kreditnehmer von nahe null auf sechs Haushalte. Als die Hauspreise wieder stiegen, ging die Rate auf zwei von 1000 Kreditnehmer im Jahre 1998 zurück. Von 1998 bis 2006 stiegen die Hauspreise dann auf mehr als das Doppelte (220 %), sodass die Rate der Zwangsversteigerungen sank, weil die Sicherheiten ausreichten und das, was die Verbraucher nicht mehr bezahlen konnten, einfach durch Kreditaufstockung auf die Hypotheken aufgeschlagen werden konnte. Als dann zwischen 2006 und 2008 die Hauspreise nur um 20 % fielen, waren die Kredite schon so überteuert und von so schlechter Qualität, dass innerhalb von zwei Jahren die Quote sich von 0,5 auf 5 verzehnfachte und seitdem weiter ansteigt. 2007 gab es allein in den ersten neun Monaten 1,8 Mio. Zwangsversteigerungen, also eine unter 20 Familien verlor ihr Haus.

Höhere Kreditkosten für die Armen

Besonders dramatisch war die Entwicklung der Zinssätze. Die Idee, dass man von ärmeren Schichten höhere Zinsen nehmen könne (risked based pricing), ist einer der Eckpfeiler neo-liberaler Ideologie, die sich hierbei fälschlich auf die Basel II Abmachungen beruft. Während Basel II die Eigenkapitalunterlegung für alle Verbraucherkredite einheitlich mit 8 % pauschaliert, erlaubt es nur bei besonderem Nachweis eines geringeren Risikos, weniger vorzuhalten. Dies wird von den Wucherkreditgebern umgedreht. Sozial übersetzt bedeutet dies, dass die Armen das Risiko aller Armen alleine zu tragen haben. Ist nämlich die Ausfallquote bei Menschen mit niedrigerem Einkommen z. B. doppelt so hoch wie im Durchschnitt, so bedeutet das, dass 3 % mehr in dieser Schicht ihre Kredite nicht zurückzahlen können. 94 % dieser Verbraucher sind aber sorgfältige und gute Zahler. Sie müssen nun aber die Kosten der Säumigen allein deshalb mittragen, weil sie arm sind, während der Reiche davon entlastet wird. Dabei ist Armut wohl selten eine Folge des Verhaltens anderer Armer, sondern eher eine Folge des Verhaltens der Reichen in einem Lande, sonst gäbe es nicht so eklatante Unterschiede in der Armutsquote von Schweden einerseits sowie Deutschland und Großbritannien andererseits.

Die Ideologie der risikoadjustierten Preisgestaltung zeigt daher die asozialen Konsequenzen eines Marktes, der jeden Preis erlaubt, den man erzielen kann.

Es ist nicht zu bestreiten, dass man Kredite mit dieser Begründung verkaufen und jedem Verbraucher sagen kann, dass er sonst eben gar keinen Kredit erhalten würde. Die Warnung vor dem sog. Kreditcrunch, der Kreditverweigerung, ist daher auch das Standardargument der Banker in den Parlamenten, mit denen sie ungehinderten Zugang für wucherverdächtige Kredite zu den Armen verlangen. Das Ganze funktioniert volkswirtschaftlich auch nur, weil die Banken sich in diesem intransparenten, von sozialen Zwängen gekennzeichneten Anbietermarkt keinen Preiswettbewerb machen, sondern kartellartig die hohen Margen bei ärmeren Verbrauchern weiter erhöhen.

Kreditausfall und Armut hängen zwar statistisch, nicht aber real zusammen. Es gibt viele wichtigere Einflussfaktoren (intervenierende Variablen) als die Armut, die man nur nicht so leicht bestimmen kann. Könnte man sie aufdecken, gäbe es statistisch viel signifikantere Zusammenhänge (Korrelationskoeffizienten). Weil Banken und Betriebswirte sich aber nicht für soziale Problemlösungen, sondern nur für ihren Gewinn interessieren, reicht ihnen jeder Zusammenhang aus, der Gewinne verspricht. Es genügt also, dass die Armen die Wucherpreise akzeptieren und dass sie damit eine höhere Ausfallquote irgendwie treffen. Sie würden auch Blonde mit höheren Preisen traktieren, wenn die Kundschaft das zuließe und ein statistischer Zusammenhang nachweisbar wäre. Dass die Schwachen an jeder Krise schuld sind, ist von jeher ein wohlfeiles politisches Argument.

Regierungen, Politiker aber auch Microlender meinen, dass Arme keinen Kredit im System mehr bekämen. Deshalb müsse man hohe Preise zulassen. Tatsache ist, dass Arme in sozial verantwortlichen Ländern wie Schweden, die deutliche Wuchergrenzen haben, am wenigstens ausgeschlossen sind. Der Kapitalismus schließt faktisch die Armen nie aus dem Kreditgeschäft aus, weil er hier besonders belastende Möglichkeiten sieht. Ob das die Banken direkt oder über Finanzinstitute, Makler oder Kriminelle machen – letztlich wird dabei immer das akkumulierte Bankkapital mit verwertet. Hätte man in den USA im Übrigen nur das höhere Ausfallrisiko der Armen abdecken wollen, dann hätte dies allenfalls einen 3 %-igen Aufschlag gerechtfertigt. Tatsächlich liegen die Differenzen aber zwischen 10 % und 100 %.

„Während des Kreditbooms", so berichtet die Analyse von Brookings, „wurden täglich Kreditwürdigkeitstabellen veröffentlicht, in der bestimmte Merkmale von Personen Zinssätzen zugeordnet waren, die diese Personen bezahlen müssten. Danach mussten Kreditnehmer mit niedrigeren Scorewerten höhere Zinsen bezahlen. Dasselbe galt aber auch für Personen mit einem geringeren Lebenszeitwert (LTV)."

Der LTV ist der Wert, den eine Bank einer Person zuordnet, wenn sie ausrechnet, wie viel sie an dieser Person während der gesamten Lebensdauer verdienen kann, was ihr also der Mensch wert ist.

Überwälzung des Marktzinsanstiegs – variabler Abschluss

Verbraucher wünschen Sicherheit darüber, was sie im Monat als Raten zahlen müssen. Die Ratenhöhe hängt aber von der Höhe des Zinssatzes ab. In den USA war es bis 2002 üblich, dass die Verbraucher bis zu 35 Jahre Zinssicherheit bekamen und gleichwohl jederzeit entschädigungslos aus den Verträgen aussteigen konnten. Das lag daran, weil nach dem System der MBS das ohnehin extrem geringe Risiko, dass Verbraucher bei gesunkenem Zinssatz vorzeitig ausstiegen, bei den Anlegern mit einem Renditeabschlag beim MBS platziert wurde. Der US-Hypothekenmarkt war damit vor der Ära Bush weit verbraucherfreundlicher als der deutsche Markt, wo Zehnjahresverträge zu Zwangsverträgen mit extrem hohen Vorfälligkeitsentschädigungen gerade für die Verbraucher gehören, die sich das Haus nicht mehr leisten können.

Nur 15 % der Kredite waren variabel abgeschlossen. Dies waren günstige Konditionen in einer Phase, in der die Zinssätze immer nur sanken. Bei Festzinssätzen nahm nur ein Bruchteil der Verbraucher in den USA das Recht zur vorzeitigen Kündigung wahr. Man behielt also Kredite mit etwas höherem Zinssatz, während die eigenen Zinsen sanken. Die Zinsmarge (Spread) stieg. Das künstlich aufgeblasene Niveau der Hauspreise, die Sogwirkung der Kreditverbriefungen (MBS) mit ihren enormen Gewinnspannen und Provisionen sowie vor allem die schleichende Überschuldung und Abhängigkeit der Verbraucher vom Wohlwollen der Finanzdienstleister bei Liquiditätsengpässen führte dazu, dass man im Hypothekenkreditmarkt die Konditionen diktieren konnte.

Dabei wollte man vor allem dafür sorgen, dass bei dem ständig erwarteten Wiederanstieg des Zinsniveaus – nach einer historisch einmalig langen Niedrigzinsphase – die höheren Zinsen auf die Verbraucher abgewälzt werden könnten. Die Chance zur Umstellung boten die Umschuldungen. Man konnte den zusätzlichen Kredit und eine niedrigere Anfangsrate davon abhängig machen, dass der Verbraucher statt eines Festzinssatzes einen variablen Zinssatz akzeptierte. Bei variabler Verzinsung werden die Zinsen monatlich dem Marktzinsniveau angepasst, wobei die Banken sich dort selbst aussuchen können, welchen Marktzinssatz sie anbieten wollen. Der Verbraucher merkt nicht einmal, wenn Banken ihre höheren Kosten für ihn in einem schlechteren Referenzzinssatz verstecken, der erst in der Zukunft Auswirkungen hat.

Man konnte zudem mit dem Argument, ein Kreditnehmer sei nun höher verschuldet und hätte eine schlechtere Kreditwürdigkeit, auch noch die Zinsen frei erhöhen. Kreditkartenkredite, die schlimmsten Wucherkredite mit den höchsten Ausfallraten, wurden schon immer variabel abgeschlossen. Die dort entwickelten Methoden griffen nun auf den ehemals seriösen Hypothekenkreditmarkt über. Waren im Jahre 2002 nur 15 % variabel abgeschlossen, so waren es im Jahre

2005 bereits 40 % der Kredite, die variable Zinsen hatten. Bei den Subprime-Krediten an Arme wurde sogar die Hälfte variabel abgeschlossen. Es fand somit eine weitere „Entsicherung" der Verbraucher im amerikanischen Hypotheken-kreditmarkt statt.

Die Krediteinstiegsfalle

Eigentlich gibt es eine natürliche Grenze, die die Verbraucher vor Überschul-dungsprodukten schützt: die Liquidität. Ist z. B. ein Hypothekenkredit mit 5 % p. a. nominal verzinslich, so hat er in Deutschland (mit Ausnahme von tilgungs-freien Bausparsofort- sowie Kapitallebensversicherungskrediten) regelmäßig eine Tilgungsquote von anfänglich 1 % p. a. Insgesamt bedeutet dies, dass 6 % von dem verzinsten Kapital (Finanzierungsbetrag) im ersten Jahr zu bezahlen sind. Das sind 0,5 % im Monat, die als Rate vom Lohn- und Gehaltskonto abge-bucht werden. Hatte man das Haus einst für 100.000 $ gekauft, so waren das dann 500 $ im Monat als „Miete" an die Bank. Mit Nebenkosten kam man viel-leicht auf 700 $ Miete. Mehr konnte man sich eigentlich dann auch nicht leisten.

Nun verdoppelte sich der Marktpreis der Häuser, ohne dass dies etwa durch erhöhte Verkäufe real getestet werden konnte. Die Geldverleiher erklärten den Verbrauchern, dass sie mehr Kredit aufnehmen könnten. Es gäbe noch Kapazität. Da die meisten sich mit Kreditkarten hoch verschuldet hatten und auch die Arzt- und Krankenhausrechnungen, die ein Drittel der Bevölkerung in den USA man-gels Versicherung bar bezahlen muss, finanziert werden mussten, schien es so, als ob man sich mit zusätzlichen 50.000 $ aus einer Liquiditätskrise befreien könne. Tatsächlich aber hatte man zunächst seine Schulden ohne Kapitalzufluss weiter aufgetürmt. In den 50.000 $ waren rückständige Zinsen, Gebühren und Provisionen enthalten. Die Konditionen für den höheren Kredit waren insgesamt schlechter, weil man in den Kreditauskunftsdateien als hoch verschuldet gemel-det war und damit geringe Scorewerte hatte.

Der alte Kredit wurde nun mit dem neuen zusammengefasst. Der neue Kre-dit konnte aber z. B. jetzt einen Zinssatz von 6 % p. a. ausweisen, zusätzlich 1 % Tilgung sowie Restschuldversicherungsprämien für den Todesfall. Damit erhöhte sich die Rate dramatisch. 7 % von 150.000 $ sind schon 1.050 $, also ein Drittel mehr als vorher. Da zwar die Hauspreise, nicht aber die Löhne und Gehälter gestiegen waren, hätte das eigentlich eine natürliche Bremse für die Verschul-dung sein müssen.

Hier setzte ein System der Schuldenfinanzierung ein, die es den Finanzinstitu-ten erlaubte, trotz Liquiditätsproblemen ihre Provisionen, Zinsen und Dienstleis-tungsgebühren auf eine größere Kreditsumme zu berechnen. Die Banken hatten hochverzinsliche Kredite vergeben, die, da sie mit Grundstückswerten gesichert schienen, nach den Basel II Vorschriften nur eine geringere Eigenkapitalunterlegung (Reservehaltung), nämlich nur 4 % statt der üblichen 8 %, erforderten.

Man verkaufte nun Kreditprodukte, die ähnlich wie bei den Weihnachtskrediten der Royal Bank of Scotland über den Kaffeeröster Tchibo in Deutschland mit niedrigen Anfangszinsen belegt waren. Weitere Verlockungen waren der Verzicht auf Tilgung oder sogar ratenfreie Monate. Nachdem das Geld unwiederbringlich ausgegeben war, wurden die Kreditbedingungen bei den nun wehrlosen Schuldnern immer schlechter. War die Schonzeit der zwei Anfangsjahre abgelaufen, hätte Insolvenz eintreten müssen. Aber auch das war noch so lange zu verhindern, wie die Grundstückspreise weiter stiegen. Dann fügte man einfach die rückständigen Schulden dem Kapital zu und gab einen neuen Kredit, oder man ließ die Verbraucher ihre Raten mit der Kreditkarte zahlen. Es sind also Schneeballsysteme in die bewusste Überschuldung. Die Zinsen des Kredites werden mit Kredit bezahlt, so wie im Anlageschneeballsystem die Renditen einer Anlage aus den Anlagen anderer Verbraucher bezahlt werden, bis das System zusammenbricht.

Besonders bekannt war dabei das System 2/28. Das US-amerikanische Justizministerium schilderte dieses System schon zur Hoch-Zeit dieser Kreditfallen auf ihrer Frage- und Antwort-Seite mit genau dem Argument des Credit Crunchs, mit dem Wucherkredite immer verteidigt werden: „Ja, es ist ein Wucherkredit, aber nehmen Sie ihn ruhig. Sie können sich damit wieder den Zugang zu besseren Krediten verdienen und wenn Sie klug sind, in Zukunft besser dastehen." Dieser unverantwortliche Ratschlag steht immer noch auf der Regierungswebsite. Dort heißt es:

„Das 2/28-System wird vor allem Personen mit niedriger Kreditwürdigkeit angeboten. Es wird auch als ein Fortsetzungshilfskredit bezeichnet. Der Zinssatz nimmt als Basis für seine Anpassungen den in London zwischen Banken üblichen Kreditzinssatz (LIBOR London Interbank Offered Rate). In den ersten beiden Jahren erhalten Sie einen festen Zinssatz. In den folgenden 28 Jahren wird der Zinssatz variabel. Üblicherweise erfolgt die Anpassung dann alle sechs Monate und wird damit in den nächsten Jahren in dramatischer Weise teurer werden. Wenn Sie sich gleichwohl dafür entscheiden, diesen Kredit zu nehmen, so werden Sie wohl beabsichtigen, nach Ablauf dieser zwei Jahre ihren Kredit durch einen Festzinskredit abzulösen. Grundsätzlich bietet Ihnen dieser Kredit eine niedrige zweijährige Anreizrate für die Verschuldung an. Wenn Sie alle ihre Zahlungen in den nächsten zwei Jahren pünktlich machen, wird Ihr Kreditrating sich erheblich verbessern. Nach Ablauf der zwei Jahre, wenn Sie ihre Kreditgeschichte bei den Bewertungsagenturen in Ordnung gebracht haben, werden Sie dann hoffentlich die Voraussetzungen für einen normalen Kredit mitbringen."

Wucherzinsen zur Selbstbefreiung aus der Armut. Der zitierte Brookings Report vom 5. September 2008 bemerkt dann auch, dass die meisten Zwangsvollstreckungen im Jahr 2007 und 2008 aus Krediten stammten, die genau zwei bis drei Jahre vorher in dieser Form abgeschlossen wurden.

Der Zusammenbruch

Anders als bei Herrn Madoff oder der Göttinger Gruppe mussten die Kreditschneeballsysteme nicht beim Kreditgeber zusammenbrechen. Dies lag daran, dass ein Markt für den Aufkauf solcher Kredite (MBS) und der Kreditkartenkredite (ABS) entstanden war. Hier gab es wieder Anreize für Mitverdiener: Sie legten speziell für solche Kredite mit geringer Rückzahlungswahrscheinlichkeit (Bonität) Fonds auf und nahmen sie den unverantwortlichen Kreditgebern ab, um sie möglichst schnell wieder weiterzuverkaufen. Warum sie auch noch gekauft wurden, als der Betrug eigentlich offensichtlich sein musste, kann man in den Schilderungen unten (4.2.3) nachlesen.

Solche Kredite verschoben also die Insolvenz in die Zukunft und vergrößerten dabei das Risiko auch für solche Haushalte, denen es eigentlich noch gut ging.

Als die schwächsten Glieder der Kette brachen, musste auch das System zusammenbrechen:

- Die Hauspreise, weil die Häuser verschleudert wurden und die Käufer keinen Kredit mehr bekamen.
- Die MBS-Fonds, weil nun jeder wusste, welche Ware sie anzubieten hatten.
- Die Haushalte, weil sie keinen Kredit für die Kreditrückzahlung mehr bekamen.
- Die Banken, weil die Ratingagenturen jetzt die Forderungen objektiv bewerten konnten.

Die amerikanische Zentralbankstelle in St. Louis beschrieb im Januar 2006, wie der Subprime-Markt mit diesen Faktoren zusammenhing.

So entstand der Markt erstmals nach der Deregulierung unter Reagan Anfang der 1980er-Jahre. Er boomte ab 1995, als die Verbriefung der Kredite für alle Investoren interessant wurde. 1995 wurden gerade einmal 21.000 variable und 62.000 Festzinskredite vergeben. Kurz vor der Jahrtausendwende waren es dann 780.000. Im Jahre 2003 gab es schon bei 560.000 aller abgeschlossenen Kredite eine Barauszahlung für andere Zweck als das Wohneigentum, also eine Zweckentfremdung des Hypothekenkredites. 36 % aller Kredite hatten eine Barauszahlung von mindestens 5 % der Kreditsumme, mit der Kreditkartenschulden oder andere Rechnungen bezahlt werden konnten. 250.000 Kredite dienten der Umschuldung anderer Schulden. Hauskredite waren damit durch Umschuldung und Barauszahlung zu einfachen Ratenkrediten geworden, mit denen das aus den Fugen geratene wucherische Kreditkartensystem in den USA vor dem Verfall gerettet werden sollte. Immerhin zeigen die Zahlen aber auch, dass die enorme Erhöhung der Schulden im Hypothekenkreditmarkt nicht in den zusätzlichen Konsum floss, sondern aus erhöhten Finanzierungskosten sowie künstlich aufgewerteten Altschulden bestand.

Die Überschuldung zeigte sich auch in anderen Zahlen. Die Verbraucherkonkurse in den USA stiegen auf 1,5 Mio. pro Jahr. Die Zwangsversteigerungen verdoppelten sich, wobei die meisten Räumungen in den Zahlen gar nicht enthalten sind. Der Finanzdienstleister Countrywide berichtet, dass notleidende Kreditnehmer aus dem Hochzinssegment („subprime") nur „drop the keys" kennen. Dabei erhält die Bank das Haus und die ehemaligen Bewohner suchen sich ein neues Obdach im kaum vorhandenen Mietwohnungsmarkt. Einige Banken bieten Bewohnern Mietverhältnisse für ein Jahr als „one year roll-over" an.

Im Februar 2009 stieg die Ausfallrate für Hypothekenkredite, die durch die Spekulation mit höheren Hauspreisen seit der letzten Hypothekenkrise im Jahre 1991 von 7% auf kontinuierlich unter 2 %, also auf 2000 $ Verlust bei 100.000 $ ausstehendem Kredit im Jahr gefallen war, nach Angaben der amerikanischen Zentralbank auf 9 %, also 9000$ Verlust. Bemerkenswert aber war noch ein anderer Faktor. Während 1991 die Ausfallraten der Verbraucher bei Einfamilienhäusern 3 %, bei Immobilienkrediten (7 %) und immobilienbesicherten Kredite von Kleinunternehmen (über 10 % Ausfall) deutlich anders verhielten, haben sich die Unterschiede durch die wilde Spekulation mit Luftpreisen für Häuser praktisch nivelliert. Alle rangieren jetzt gleich bei 9 %.

Die Auswirkungen im Kapitalmarkt

Die zusammengebrochenen Kredite hatten in der Zwischenzeit in verbriefter Form ihre Reise um den Erdball angetreten. Warum sie gekauft wurden, das lässt sich vor allem mit dem Schneeballsystem erklären, das seit Jahrhunderten die Renditen aus dem Raub bei anderen Anlegern zahlt. Ferner hilft das unten (4.4.3) beschriebene Hebelgesetz, wonach man Renditen beliebig erhöhen kann, wenn man neben dem eigenen Geld noch geliehenes benutzt und damit erhöhtes Risiko produziert und in Kauf nimmt.

Schon 1872 brachte Adele Spitzeder mit ihrer Dachauer Bank 30.000 Kleinanleger um ihre Ersparnisse, indem sie pro Monat 10 % Zinsen zahlte, mit dem Geld Wohltätigkeit vorspiegelte, Zeitungen kaufte und Politiker schmierte, sodass drei Jahre lang keiner gegen sie vorging. Sie zahlte die Zinsen einfach mit den neuen Einlagen, oder ließ sie als Einlagen in der Bank. Sie musste damals dafür noch ins Gefängnis.

Natürlich verkauften sich die amerikanischen Wucherkredite wegen ihrer hohen Abschläge, die aber angesichts der darin bereits realisierten Risiken noch viel zu niedrig angesetzt waren. Die Verlockung, hypothekengesicherte Schuldscheine über 100.000 € für 50.000 € zu erhalten, ließ den Verstand aussetzen. Weltweit gab es so viele Interessenten für diese hohen Verdienstspannen, deren Renditen noch auf Kredit hochgehebelt wurden (dazu unten 4.4.3). Dabei wurden die Verdienstspannen gar nicht einmal aus Gier, sondern oft aus Not angestrebt. Viele Banken brauchten die hohen Renditen, weil sie in dem mörderischen Konkurrenzkampf extrem schwankender Märkte nicht mithalten oder, wie die staatlichen Banken, man ihnen mit den Staatsgarantien den finanziellen Ausgleich für ihre weniger lukrativen öffentlichen Aufgaben genommen hatte. SachsenLB oder IKB hätten ihre Tore wohl schließen müssen, wenn sie nicht gedrängt von der Politik, die weder Unruhe noch Einbußen für ihren Etat vertragen konnte, ziemlich blind zu diesen Wundermitteln gegriffen hätten (dazu unten 4.2.3).

Die Liste der schlimmsten/bedeutendsten Wucherkreditgeber (Subprime-Lender) in den USA aus dem Jahre 2001 ist fast identisch mit der Bankenkonkursliste aus dem Jahr 2009. In dieser Veröffentlichung der Zweigstelle der Bundesbank in St. Louis im Januar 2006 sind folgende Finanzdienstleister in der nachfolgenden Reihenfolge genannt: Household Finance, IL; CitiFinancial, NY, Washington Mutual, WA; Option One Mortgage, CA; General Motors GMAC-RFC, MN; Countrywide Financial, CA (von Citi übernommen); First Franklin Financial Corp, New Century, CA; Ameriquest Mortgage, Bank of America, NC.

Dazu die Liste der Verluste durch die Krise.

Die Wachovia Bank verlor von Mitte 2007 bis März 2009 78 Mrd. €. Citi verlor 64 Mrd. €, die Bank of America 32 Mrd. € und die Washington Mutual, eine Genossenschaftsbank 36 Mrd. €. Daneben verloren die Kreditaufkäufer, allen voran die AIG Versicherung mit 69 Mrd. € sowie die halb staatliche MBS-Fabriken Fannie Mae mit 56 Mrd. € und Freddy Mac mit 47 Mrd. €. Schließlich verloren auch die Investoren, die ihren vermögenden Kunden Traumrenditen angeboten hatten, wie die Schweizer UBS 40 Mrd. € oder die Investment Bank Merryll Lynch 44 Mrd. € in den Bilanzen.

In Europa dominierten die Kreditverleiher aus dem Vereinigten Königreich wie die HSBC aus England mit 26 Mrd. € und die HBOS Bank aus Schottland mit 20 Mrd.€ ähnlich wie die Royal Bank of Scotland mit 16 Mrd. € sowie Barclays mit 11 Mrd. €. Daneben erscheinen die Verluste bei Deutscher Bank (12 Mrd. €) und Frankreichs Credit Agricole (7 Mrd. €) geradezu bescheiden.

4.1.2 Kreditkartenkredite

Kreditkartenkredite sind die Geisel der amerikanischen und englischen Verbraucher geworden. Seit 1989 sind die Kreditkartenschulden in den USA nach CNN (22.02.2008) auf das Dreifache angestiegen. Anfang 2008 waren es 800 Mrd. $, während es ein Jahr zuvor noch 680 Mrd. $ waren. Der typische amerikanische Haushalt hat inzwischen 11 Kreditkarten und schuldet im Durchschnitt daraus 11.211 $, berichtet die Agentur CardTrak.com. Darin seien nicht die Milliarden an Kreditkartenschulden berücksichtigt, die die Verbraucher über Hypothekenkredite abgelöst haben.

Die Banken schraubten die Anforderungen an Kreditkartenkredite immer mehr herunter, weil es ihnen inzwischen gelungen war, einen Großteil dieser Schulden weiterzuverkaufen. Kreditkartenkredite haben die geringsten Aquisitionskosten, weil der Verbraucher sie automatisch aufnimmt. Sie haben den geringsten Serviceaufwand, weil ihre Zahlungen voll standardisiert sind und die Abhebungen über Automaten oder kostenfrei durch den Einkauf beim Handel erfolgt. Der Handel zahlt sogar noch zwischen 0,5 % und 4 % der Kreditsumme (die zugleich den Umsatz bestimmt) an das Kreditkartenunternehmen als Händlergebühr. Alle Gesetzgeber der Welt haben die Kreditkartenunternehmen von jeder Verbraucherinformation bei Kreditaufnahme über Höhe, Kosten und Zinssatz freigestellt. Es genügt, wenn die Information bei Aushändigung der Karte erfolgte und im Übrigen später nachgeholt wird. Kreditkartenkredite weisen den Anteil rechtlich notleidender Kredite falsch aus, weil bei Zahlungsproblemen der Kredit vom Kunden einfach aufgestockt und wenn das Limit erreicht wird, der fällige Betrag über eine andere Kreditkarte abgedeckt wird. Auf dem Papier wächst nur die Schuld, nicht der Rückstand. Kreditkarten erfordern somit keine Bankorganisation, sondern können computerisiert verwaltet werden. Sie sind die Form, die Bill Gates in seiner von Unverständnis für die Funktionen des Geldsystems geprägten Aussage meinte, wonach nur noch Banking, aber nicht mehr Banker eine Zukunft hätten. Kreditkartenkredite sind in dieser industrialisierten Form der Geldvergabe damit aber auch das Gegenteil von verantwortlichem Kredit, bei dem der Kreditgeber für die produktive Verwendung seines Kapitals im Leben der Verbraucher vorzusorgen und ihm bei Problemen beizustehen hat. Gleichzeitig haben Kreditkartenkredite die höchsten Zinssätze, die ohne Wettbewerb und ohne Kenntnis der Konditionen bei Abschluss jede Zinssensibilität vermissen lassen. Sie sind und waren damit eine solche Geldgrube für Banken, dass kein Politiker sich bis zum jetzigen Zeitpunkt an die Regulierung des – immer noch eher die Auswüchse als das System treffende – Kreditkartenmärkte wie jetzt die Regierung Obamas wagte. Im Jahre 2000 gab es sogar eine Bank, die propagierte, dass sie Kreditkartenkredite ohne jede Kreditwürdigkeitsprüfung vergeben würde, weil die Renditen ausreichten, um die explodierenden Ausfallquoten zu bewältigen. Sie scheiterte letztlich daran, dass sie ebenso wie American Express, die es auch mit einer Massenkreditkarte mit eingeschränkter Prüfung versucht hatten, vor allem die überschuldeten Verbraucher bekamen, denen im normalen Kreditkartenmarkt die Karte bereits verweigert wurde. Mit den durchschnittlichen Ausfallquoten hätten es beide geschafft.

365 Mrd. € höchst risikobehaftete Kreditkartenkredite wandern inzwischen ähnlich wie die Hypothekenschulden verbrieft (ABS) auf den Geldmärkten herum. Bei den amerikanischen Verbrauchern geht man davon aus, dass die inzwischen 835 Mrd. $ Schulden zu einem großen Teil aus den untauglichen Versuchen herrühren, durch extrem teure Kreditkartenkreditaufnahmen Zahlungsprobleme im Hypotheken- und Ratenkredit zu kompensieren, bis der Zusammenbruch des Kredit-Kartenhauses umgekehrt die Umschuldung in einen Hypothekenkredit erforderte. Inzwischen erreicht der Kreditkartenkredit 9,3 % des verfügbaren Einkommens der Amerikaner. 35 % der Kreditkartenschuldner zeigten Anfang 2008 nach einer Studie der Zentralbank Anzeichen eines Zusammenbruchs.

„Kreditkartenschulden sind wie ein Krebsgeschwür, das sich in amerikanischen Haushalten verbreitet", schreibt eine Verbraucherjournalistin beim Fernsehsender ABC 2. „Ich hatte diese Krankheit. Das Geschwür begann, als ich meine erste Kreditkarte auf dem College bekam, obwohl ich noch keine Arbeit und damit auch keine Möglichkeit hatte, meine Schulden zu bezahlen. Schnell war ich bei 2.500 $ Schulden. Meine Eltern haben das Geld für mich bezahlt, aber ich machte weitere 5.000 $ Schulden. Diesmal grub ich mich selbst heraus, Dollar für Dollar und es war ein schönes Gefühl, frei zu sein." Sie gibt dann ein paar strategische Ratschläge, die alle darauf hinauslaufen, Kreditkarten mit der Schere zu zerschneiden und stattdessen eine EC-Karte bzw. eine Debit-Karte (wie es immer noch die meisten deutschen Kreditkarten sind) zu benutzen.

Im Durchschnitt werden die Kreditkartenkredite in den USA offiziell mit 18,9 % p. a. im Jahr verzinst. Es gibt ungefähr 1,2 Mrd. ausgegebene Kreditkarten in den USA. Etwa siebenmal pro Jahr wird jeder Amerikaner von Kreditkartengesellschaften kontaktiert, um ihm eine neue Kreditkarte anzubieten. Schon 1991 stand ein Mr. Cavanagh im Guinness Buch der Rekorde mit 12.000 gültigen Kreditkarten. Bei 1,7 Bio. $ Konsumentenkrediten hat jeder Amerikaner 2004 im Durchschnitt schon 8.562 $ Schulden über Kreditkarten, wobei allerdings nur 78 % der Amerikaner überhaupt für Karten infrage kommen. Im Jahre 2003 hatten 1,3 Mio. amerikanische Haushalte wegen ihrer Kreditkartenschulden den Konkurs eingereicht.

JPMorgan Chase, Bank of America und Citigroup hatten im Jahre 2009 jeweils zwischen 150 und 155 Mrd. $ Kreditkartenkredite offen. American Express, Capital One jeweils 65 Mrd. $ und die Discover-Karte des größten Kaufhauskonzerns hatte noch einmal 47 Mrd. $. Für die drei Großbanken sowie American Express machen die Erträge aus Kreditkartenkrediten 1 % (Citigroup) bis 24 % (American Express) aus. Bei Capital one sind es sogar 62 % und Discover lebt vollständig davon.

Laut Cardtrack.com sind die Kreditkartenkredite in vier Gruppen eingeteilt, die Superguten („super-prime") mit 11 % p. a., die Guten („prime") mit 15,28 % im Durchschnitt, die Schlechteren („subprime") mit 22,56 % und dann gibt es noch die Gruppe, die Strafzinsen zahlt. Strafzinsen von 29,99 % p. a. zahlt man z. B. bei Citigroup bereits, wenn man nur mit einer Rate in Verzug geraten ist. Wohlgemerkt, dies sind die Angaben der Anbieter und nicht das, was der Verbraucher wirklich zahlt oder gar die Einnahmen der Banken, zu denen noch die Händlergebühr gehört.

Das Prinzip der Kreditkarten entspricht den Mechanismen, mit denen Drogenabhängigkeit in den Industriezentren geschaffen wird. So jedenfalls sieht es ein Artikel in den USA, der die Arbeit der Kreditkartenfirmen mit dem Versuch der Japaner im Zweiten Weltkrieg vergleicht, die Chinesen vom Opium abhängig zu machen und damit zu unterwerfen.

Kleine Mengen Heroin werden einfachen Rauschmitteln beigemengt, bis die Nutzer abhängig sind, oder aber es werden Situationen ausgenutzt, in denen den Menschen das Heroin als kleineres Übel oder letzte Hilfe in der Not gereicht wird, wenn sie keine ausreichenden Abwehrkräfte mehr haben.

Bei der Kreditkarte ist die einfache Droge der Zahlungsverkehr. Das Heroin ist dann der Kreditkartenkredit. Zunächst erhält der Kunde eine Karte, die er überall für Zahlungen verwenden kann. Dabei wird ihm suggeriert, dass er die aufgelaufenen Schulden jeweils aus dem laufenden Einkommen tilgt. Das kann bei einer Prepaid-Karte, bei der man vorher den auszuleihenden Betrag selbst einzahlen muss, sogar noch unterstrichen werden. Später wird der Verbraucher feststellen, dass er dies nicht schafft, weil er mehr Geld benötigte, als er am Monatsende zahlen konnte. Dass aber merkt er nicht gleich, weil er erst nach Aufnahme der Kredite eine Aufstellung erhält und dann auch noch keine konsolidierte Aufstellung aller Schulden bei dieser oder sogar noch anderen Banken. Bei Aufnahme sind Kreditkartenkredite nämlich selbst dann von allen Informationspflichten entbunden, wenn man sie cash am Automaten wie ein Darlehen aufnimmt. Da auf alle Amerikaner gerechnet jeder im Durchschnitt vier Kreditkarten haben müsste, lassen sich die Schulden leicht verteilen. Dies wird aktiv befördert. Bei der New Yorker Schuldnerberatungsstelle BUCCS haben die Überschuldeten im Durchschnitt 8-16 Kreditkarten. Es gab Fälle, wo allein acht Kreditkarten (vier Master, vier Visa) von der Citibank vorhanden waren: Der Kunde besaß solche Karten von der Citibank New Jersey und der Citibank New York.

Sind erst einmal Schulden aufgelaufen, so sind sie ratenweise rückzahlbar, wobei relativ hohe Tilgungsanforderungen dazu führen, dass die Raten hoch sind. Kann der Kunde eine Rate nicht bezahlen, so erhöht sich einfach die Schuld und es treten Zinseszinseffekte ein.

Zunächst kann der Kunde die fehlende Rate als weitere Abhebung vom Kredit erhalten. Da die Rate Zinsen enthält, werden dadurch Zinsen auf Zinsen fällig. Der Schutz vor Zinseszinslawinen ist damit umgangen. Ist das Kontingent ausgeschöpft, so ist die Versuchung groß, diese Rate mit einer anderen Kreditkarte zu bezahlen. Dann tritt ein weiterer Zinseszinseffekt ein. Man nennt dies „Flipping" oder „Kreditkartenkartenreiterei", was wir einst in der Geschichte von Scheck und Wechsel als „Wechsel- und Scheckreiterei" als Betrug bestraften. Zudem ist es möglich, an jedem Geldautomaten ohne Antrag, Unterschrift und Formular und ohne Zeitverzögerung ein Darlehen aufzunehmen. Allerdings gibt es keine persönliche Beratung und es fehlen sämtliche Informationen über den Preis, die Tilgung etc. Mit diesem Darlehen kann man wiederum alles bezahlen, was wegen der Einbehaltung des Gehaltes anders nicht mehr möglich ist.

Diese Kreditkartenreiterei führt zu einer spiralförmig wachsenden unbewussten Verschuldung. Der Kunde glaubt, er werde es im nächsten Monat schaffen, will aber lieber die angelaufenen Verpflichtungen erst gar nicht zusammenrechnen. In dieser Falle ist er gefangen. Man kann von ihm jede Gebühr, jeden Zinssatz verlangen, weil er sich permanent schuldig fühlt und zudem damit rechnen muss, dass sein Limit storniert und er gepfändet wird. Vertragsfreiheit existiert hier nicht mehr, weshalb auch die Zusendung von Kreditinformationen eher ein Hohn ist.

Damit aber noch nicht genug, gibt es eine Reihe weiterer Möglichkeiten, mehr Geld herauszuschlagen. Zunächst findet alle drei Monate eine Zinsverrechnung statt. Dadurch verdient die Bank zusätzlich Zinsen von Zinsen. Weiter macht man die Barauszahlung, die vor allem für diejenigen wichtig ist, die für den täglichen Lebensunterhalt kein Geld mehr haben, besonders teuer. Diese Gebühr kann 4 % der Kreditsumme betragen, erscheint aber nicht wie beim üblichen Kredit als Bearbeitungsgebühr, sondern als Auszahlungsgebühr für die Nutzung des Automaten. Weiter ist z. B. JPMorgan dazu übergegangen, Strafgebühren dafür zu nehmen, dass Kreditkarteninhaber länger an der Kreditlinie verweilten. Sie mussten 10 $ pro Monat zusätzlich bezahlen. Ähnliche Praktiken gibt es auch in Deutschland. So beispielsweise bei der Commerzbank, die nach Überschreitung des Überziehungslimits Buchungen kostenpflichtig macht.

Allein aus Bank- und Strafgebühren im Kreditkartengeschäft erlösten Banken im Jahre 2007 18 Mrd. $. Genau umgekehrt muss man aber bei GE Money 25 $ Strafe bezahlen, wenn man vorzeitig zurückbezahlt. Das droht nach der entsprechenden Deregulierung durch die Neuordnung des Verbraucherkreditrechtes 2009 jetzt auch deutschen Verbrauchern. Koppelt man die Kreditkartenkredite mit Versicherungsleistungen, von deren Akzeptanz man die weitere Gewährung der Karte oder den Erhalt des Limits abhängig machen kann, so kann man über eine Provision für die Bank wesentliche Teile des Entgelts als versteckten Zins wieder an die Bank zurückfließen lassen. Der Kunde wird sich nie beschweren, weil er (von Insolvenz bedroht) vom Wohlwollen der Bank abhängig ist und danach die Beschwerde sinnlos ist.

Eine weitere Ertragsquelle liegt darin, dass diese Kredite variabel sind und damit der Kunde das Zinsänderungsrisiko entschädigungslos trägt. Auch wird Kunden, die keine Kreditkarte wegen vergangener Zahlungsprobleme mehr bekommen, eine „gesicherte Kreditkarte" (secured credit card) angeboten. Sie sehen aus wie Prepaid-Kreditkarten, funktionieren aber anders. Man muss dort sein – für minimale Verzinsung – eingelegtes eigenes Geld zu einem Wucherzinssatz bei der Bank leihen und „zurückbezahlen". Mit Gebühren kommt man dadurch leicht zu einem Effektivzinssatz von 70 % p. a. Dafür verspricht die Bank, dass derjenige, der zwei Jahre so verfährt, als ob er einen Kredit aufgenommen hat und abbezahlt, dafür einen entsprechend positiven Eintrag bei der SCHUFA erhält. Er verdient sich seine Kreditgeschichte und wird wieder kreditwürdig.

4.2 % aller Verbraucherkredite in den USA waren Ende 2008 notleidend. Weitere 4 % waren von den Kreditgebern bereits abgeschrieben und wertberichtigt, das berichteten einhellig die US-Bankenorganisation sowie die Ratingagentur Moody. Die offiziellen Zahlen der amerikanischen Zentralbank für Februar 2009 zeigen den weiteren Trend: 5% für alle Konsumkredite und 6,7% Ausfallquote bei Kreditkartenkrediten. Die Banken selber rechnen mit noch mehr. Sie hatten im Februar bereits über 9% der Kreditkartenkredite und fast 6% der Konsumkredite insgesamt als uneinbringlich abgeschrieben. Das sind ca. 80 Mrd. $ Verlust, die der nominelle Wert dieser Kreditforderungen bei Verbriefung verborgen hält.

4.2 Subprime in Deutschland

Verbraucherkredite benötigen die Menschen für eine Ausbildung und ein Auto, für Umzug und Mietkaution, zur Überbrückung bis zum Monatsende, für Familiengründung und Ehescheidung. 30 % der Kreditnehmer in Deutschland sind verschuldet, fast 4 % der Haushalte sogar hoffnungslos überschuldet. Die Schulden aus Konsumentenkrediten liegen zurzeit pro Haushalt im Durchschnitt bei ca. 18.000 €. Die Monatsrate steigt allmählich an und erreicht 30 % des Einkommens. Die Menschen sind angespannt. Jede kleinste Änderung bei Einkommen und Ausgaben wirkt sich auf den Konsumkredit aus. Weil sie keine Rechte haben, werden sie zu Bittstellern der Banken, die Zusatzkredite gewähren, Raten durch Kreditverlängerung herabsetzen und Kreditrahmen erweitern können. Diese Not macht sie wehrlos gegenüber einer steigenden Anzahl von Angeboten, die daraus Gewinn schlagen wollen.

In der Vergangenheit hatten wir verantwortungslose Kampagnen etwa von Tchibo mit der Royal Bank of Scotland für angeblich zinslose Darlehen zu Weihnachten. Selbst die Genossenschaftsbanken suggerieren mit ihrem Markenprodukt „EasyCredit", dass es nur um die leichte Kreditaufnahme, nicht aber um die Bewältigung der produktiven Verwendung der Kreditzeit geht, auch wenn ihre Teambank sich zunehmend bemüht, dem Image der Geldbank durch ein Image verantwortlichen Kredits auch in der Not der Kreditnehmer zu entkommen. Es gibt die ständigen unerbetenen Briefe an Kreditnehmer, man habe noch Kredit gut. GE Money, der Finanzdienstleister der bankrotten Muttergesellschaft von Opel, finanziert teure Schulungen, die angeblich Nebenjobs eröffnen sollen. Die Werbung mit dem Kredit als Problemlöser in der Not, der ja Not nur kostenpflichtig in die Zukunft verschieben kann, ist die Kehrseite einer Überschuldung von Verbrauchern in Deutschland, die bisher nur den Verbraucherkredit, bald aber das gesamte Kreditgeschäft erfasst haben dürfte. Schuld aber, so wollen es viele wissen, sind die Verbraucher auch bei uns. Sie hätten als Jugendliche in der Schule nicht gelernt zu haushalten oder zu sparen, würden ihre Handyrechnungen überziehen und dann als Erwachsene erst recht über ihre Verhältnisse leben (dazu unten 6.3.2). Angesichts der neuen Kreditprodukte lenkt dies davon ab, dass man die Verantwortung für das Angebot von Krediten im Staat dem Markt überlassen hat.

4.2.1 Subprime-Hypothekenkredite

Wie man Wucherkredite anbieten kann, ohne dass dabei das Recht eingreifen kann, darüber denken seit Jahrzehnten viele Bankjuristen nach, die in bezahlten Gutachten nicht nur jede bestehende Praxis rechtlich begründen, sondern auch Konstruktionen entwerfen, mit denen das Recht umgangen werden kann. Der Niedergang des Bankrechts als Korrektiv für wucherische und betrügerische Verhaltensweisen steht mit dieser Käuflichkeit von Meinungen, insbesondere aus der Anwaltsschaft, aber, wie man seit der Veröffentlichung der Gutachterliste der betrügerischen Göttinger Gruppe aus dem Internet weiß, auch aus der Wissenschaft, in engem Zusammenhang.

Vorfälligkeitsentschädigung

Allein zur Rechtfertigung der Vorfälligkeitsentschädigung erschienen unmittelbar aus dem Bankensektor 41 wissenschaftliche Aufsätze, mit denen die Fachzeitschriften überschwemmt wurden. Durch sie wurden die weit überhöhten Entschädigungen abgesichert, bevor der Gesetzgeber sie dann auch noch im Jahre 2001 im BGB nebenbei erwähnte und damit faktisch anerkannte und inzwischen auf alle Verbraucherkredite ausdehnte.

Bei den Hypothekenkrediten der Banken hat sich bei der Vorfälligkeitsentschädigung eine Praxis herausgebildet, die wucherische Verdienste auf diejenigen konzentriert, die entweder gekündigt wurden oder aber ihr Haus deshalb verkaufen müssen, weil sie sich die Raten nicht mehr leisten können oder umziehen. Im Vergleich zum Ausland zahlt man in Deutschland im besten Fall das Doppelte, im schlechtesten Fall das Sechsfache wie in den umliegenden Ländern. Weil dies gerade zu einem Zeitpunkt in einem Betrag gefordert wird, in dem nicht besonders viel Liquidität vorhanden ist, werden damit Hausbesitzer systematisch ruiniert und Kredite künstlich notleidend gemacht.

97 % der Hypothekenkredite an wirtschaftlich Unselbstständige und sonstige Privatpersonen in Deutschland sind langfristig. Im Jahre 1980 machten die langfristigen Wohnungsbaukredite von 225,813 Mrd. € 90 % des Gesamtvolumens von 251,971 Mrd. € aus. Das waren im Jahre 2008 763,091 Mrd. € von 788,056 Mrd. €. 1987 schaffte der Gesetzgeber ohne öffentliche Diskussion das Recht ab, seine Hypothekenkredite über 6 % p. a. kostenfrei jederzeit kündigen zu können, ein Recht, das in den USA bis heute noch die meisten Kredite beherrscht.

Nach der Abschaffung des kostenfreien gesetzlichen Kündigungsrechts in § 247 BGB im Jahre 1987 wurde die Loslösung vom Hypothekenkredit kostenpflichtig. Danach schien sich ein Wettbewerb unter Banken zu etablieren, immer höhere Vorfälligkeitsentschädigungen zu nehmen. Sie hatten gemerkt, dass sie es mit Kunden zu tun hatten, die relativ wehrlos sind, weil man ihnen nach deutschem Recht die Grundschuld grundlos vorenthalten und damit jede Weiterveräußerung so lange blockieren kann, bis alle Forderungen erfüllt sind. Das Ganze wurde gesteuert vom Vorsitzenden des Rechtsausschusses des Hypothekenverbandes, der wiederum der langjährige Rechtsvertreter der Bayerischer Hypo, später der HypoVereinsbank und schließlich HRE war. Praktischerweise hatte er in dem (vom höchsten Bundesrichter mit herausgegebenen) Bankrechtshandbuch den Abschnitt „Vorfälligkeitsentschädigung" übernommen und darin alles rechtlich so abgesichert, dass es dann auch das höchste Gericht akzeptierte. Danach, und dies gilt bis heute, müsste man bei einem Kredit mit 8 % p. a. Zinssatz und einer Restlaufzeit von neun Jahren und elf Monaten, wenn er heute gekündigt würde, nach der Rechtsprechung ca. 30 % mehr zurückzahlen als die Restschuld, also statt z. B. 100.000 € 130.000 € allein dafür, dass man sich entschuldet. Die Banken begründen dies damit, dass sie bei vorzeitiger Rückzahlung das Geld nur noch in Bundesanleihen anlegen würden. Man braucht allerdings nicht viel Fantasie, um zu wissen, dass jedes entschuldete Haus auch wieder einen neuen Kredit braucht, um gekauft werden zu können. In allen anderen Ländern erhalten die Banken daher auch nur entweder maximal 3 % oder den Unterschied zum aktuellen Hypothekenzinsniveau.

Bausparsofortfinanzierung

Das Heer der Versicherungsvertreter und Strukturvertriebe hat in Deutschland die so verheerende Praxis, Kapitalanlagen auf Kredit zu verkaufen, auch für die rein am Kredit interessierten Verbraucher an der Haustür aufgebaut. Sparprodukte ermöglichen dabei einen scheinbar günstigen Zugang zu einem tilgungsfreien Hypothekenkredit. Der Vertreter verdient doppelt: Er kann einem Verbraucher ein Sparprodukt mit hoher Provision (bei der Kapitallebensversicherung sind das 3,5 %; beim Bausparvertrag bis zu 1,8 % jeweils vom Gesamtkredit) und zusätzlich einen Kredit verkaufen. Die Produkte sind bei vorzeitigem Abbruch besonders schädigend, weil nur der Rückkaufwert bei der Kapitallebensversicherung erstattet wird. Bei einem Bausparvertrag entfallen die staatliche Förderung sowie der Darlehensanspruch ersatzlos und es ist eine Vorfälligkeitsentschädigung zu zahlen. Zudem bedeutet Sparen auf Kredit, dass man den Kunden über die Kosten falsch aufklärt, indem man die Verluste aus der finanzierten Anlage verschweigt. Der Versuch in Brüssel, dies im Jahre 2002 zu regeln, endete am deutschen Widerstand.

Aus einer Studie des iff für das Bundesbauministerium ergab sich schon in den 1980er-Jahren, dass sich die ganz überwiegende Zahl gescheiterter Baufinanzierungen auf solche Kombinationskredite bezog, bei denen ein Sparvertrag (Bausparvertrag oder Kapitallebensversicherung) mit einem Hypothekenkredit kombiniert wurde. Ganz dominant war dabei die Bausparsofortfinanzierung, bei der das Bausparen nur noch simuliert wird, weil der Sparbetrag von der Bausparkasse selbst als Kredit zur Verfügung gestellt wurde.

Man zieht sich dabei sozusagen an den eignen Haaren aus dem Sumpf, indem die Bausparkasse einem Geld leiht, mit dem man sparen darf. Das geht aber nur, wenn mehrere Kredite und Produkte verkauft und kombiniert werden, wobei sich die Gesamtkosten aus Provisionen, erhöhten Zinsen etc. zusammensetzen.

Das Produkt ist eine Pervertierung eines an sich sinnvollen älteren Produktes: dem Bauspardarlehen. Es wird missbraucht, um sofortige Kredite ohne Sparen zu vergeben. Das Bauspardarlehen hat längst ausgedient. Heute wird nur noch sein Name benutzt. 35 Mrd. € Bauspardarlehen standen 2004 einem Volumen von 63 Mrd. € sog. Zwischen- und Vorkredite gegenüber, die damit zur Hauptsache der Bausparkassen geworden sind. Dabei sind nur die internen Bausparsofortfinanzierungen gezählt und nicht die Masse der Produkte, bei der sich eine Bausparkasse das Geschäft mit einer Bank teilt. Abbruchverluste und Zinsverluste kann man hier mit ca. 1 % pro Jahr auf 1 Mrd. € hochrechnen.

In dem vom iff recherchierten Fall ergab sich bei einem Kreditbedarf von 334.000,00 DM, dass eine Abschlussgebühr von 3.340,00 DM (1 % der Bausparsumme), eine Darlehensgebühr von 3.784,94 DM (2 % des Bauspardarlehens) und eine jährliche Kontogebühr von 6,00 DM anfielen. Während das auf Kredit ermöglichte Bausparguthaben mit 2,50 % p. a. verzinst wurde, betrug der Zinssatz für den Kredit 12,50 % p. a., also das Fünffache. Das war aber noch nicht genug. Es wurden noch 2 % Disagio abgezogen. Bis dann nach 3 1/4 Jahren das Bauspardarlehen mit den verlockenden 4,50 % p. a. griff, mussten pro Monat 3.479,17 DM, also insgesamt 135.687,63 DM bezahlt werden, zu denen dann noch die aufgezählten Kosten hinzugerechnet hinzukamen: Das ergab eine Kostensumme von insgesamt knapp 150.000 DM. Ein Drittel der Gesamtschuld war also bei der Bank verblieben. Die Rate betrug in den ersten Jahren ohne Tilgung 3.479,17 DM im Monat, während später das Bauspardarlehen mit 1.930,32 DM einschließlich Tilgung ausgewiesen war.

Das iff errechnete damals für die gesamte Konstruktion bis zur vollständigen Tilgung Gesamtkosten von 193.000 DM, die damit um 63.000 DM teurer waren als ein üblicher Hypothekenkredit, der damals bei 11,9 % p. a. lag, während es die Bausparkasse geschafft hatte, im Ergebnis 15,8 % p. a. zu erreichen. Es ließ sich darüber hinaus ein System ausfindig machen, bei der diese Konstruktion noch dreimal zusätzlich umgeschuldet wurde, sodass im Ergebnis acht Kredite und entsprechende Bausparverträge parallel zu bedienen waren.

Es kann somit auch nicht verwundern, dass Bausparkassen wie die Badenia auch wieder sichtbar bei den Schrottimmobilien vertreten waren und dass aus dieser Konstruktion die meisten Zahlungsunfähigen der Stichprobe stammten. Kreditausfälle werden auch hier herbeigeführt. Sie passieren nicht einfach so und dem System ist bis heute kein gesetzlicher Riegel vorgeschoben worden. Es wird, auch wenn es anderslautende Versicherungen der Verbände gibt, weiter genutzt.

Lebensversicherungshypotheken

Das Geschäft mit den Lebensversicherungshypotheken, die die Bundesbankstatistik verschweigt, hat nach Schätzungen allein bei den Versicherern 100 Mrd. € erreicht. Statt seinen Kredit zu tilgen, wird das Geld in der Lebensversicherung

„angespart". Der Wert dieser Lebensversicherungen, die das Geld in die Kapitalmärkte investiert haben, ist dem gleichen Verfall wie die Märkte selbst ausgesetzt. Die Wohnungseigentümer wissen durch den Jahresauszug schon seit Län-
gerem, dass ihre Einzahlungen auf die Versicherung, die ja als Tilgungen dienen
sollen, immer weniger wert sind. Sie wissen ebenso, dass sie am Ende (anders
als versprochen) mit Kreditschulden belastet bleiben werden, weil die Auszahlungssumme für die Tilgung nicht mehr ausreichen wird. In England hatte dies
bereits katastrophale Auswirkungen, weil es dort besonders ärmere Schichten
betrifft. In Deutschland war dies auch der Fall, als man auch Ratenkredite in
dieser Form auf den Markt brachte, die die Rechtsprechung ausnahmsweise in
diesem Fall, aber allesamt für rechtswidrig und schadensersatzpflichtig erklärte.
Nun gibt es sie nur noch im Hypothekenkredit.

Variable Zinsen

Anders als in den USA gibt es in Deutschland im Hypothekenkredit kaum variable Zinsabschlüsse. Von ca. 800 Mrd. € werden 43 Mrd. € als variabel gemeldet.
Fragt man bei seiner Bank nach variablen Konditionen, so muss man bei Hypothekenkrediten sogar mit einer Ablehnung oder dem Argument, so etwas führe
man nicht, rechnen. Einige Banken verkaufen sie nur zusammen mit einem Zinscap, d. h., die Variabilität ist gekoppelt mit einem Festzins, wenn eine bestimmte
Zinshöhe (z. B. Mitte 2009 5,5 % p. a.) überschritten wird. Dann wird aus dem
variablen Kredit ein Festzinskredit.

Diese Zurückhaltung liegt aber weniger am Wohlwollen der Banken, sondern an den außerordentlichen Verdienstmöglichkeiten im Festzinskredit. Die
extreme Vorfälligkeitsentschädigungen sind eines der größten Geschäfte in
Deutschland. Bei variablem Abschluss gibt aber das Gesetz den Verbrauchern
und Unternehmern ein jederzeitiges Rückzahlungsrecht. Damit ist eine Vorfälligkeitsentschädigung ausgeschlossen.

Also wird den Verbrauchern massiv davon abgeraten, variabel abzuschlie-
ßen. Horrorvisionen wie der Anstieg variabler Zinsen auf 11 % wie im Jahre
1991 scheinen im Festzinskredit das kleinere Übel zu belassen.

Als international die Zinssätze fielen, blieben sie in Deutschland mehr als
1 % p. a. über dem internationalen Niveau. Das macht im Durchschnitt bei den
43 Mrd. eine halbe Milliarde € Verlust aus. Die deutschen Banken erhielten somit eine weitere Prämie dafür, dass es so hohe Vorfälligkeitsentschädigungen
gibt. Die Verbraucher blieben in unzumutbaren Verträgen stecken, während bei
Neuabschlüssen viel bessere Konditionen erreichbar waren. Im Ergebnis fand ein
gewaltiger Gewinntransfer statt, den die kartellartige Abschottung des deutschen

Hypothekenkreditmarktes durch quasi unkündbare Zehn-Jahresverträge den Banken ermöglichte. Das Kartellamt hat sich hierfür nie interessiert, während man den Versicherern noch vor einigen Jahrzehnten die Zehn-Jahresbindung als Verstoß gegen EU-Kartellrecht durch den Europäischen Gerichtshof verbot.

Dabei gäbe es einfache Möglichkeiten, beide Vorteile zu vereinen. Eine Bank könnte Risikopapiere für Zinsveränderungen in der Zukunft (Zinsfutures) kaufen und ihren Hypothekenkreditnehmern gleichzeitig Festzinssätze und jederzeitige freie Kündigung anbieten. Die Verbraucher müssten dann nur noch das Zinsfuture anteilig bezahlen, aus dem die Kosten einer Steigerung der Marktzinsen getragen werden sollen.

Wer variabel abschloss, musste in der Vergangenheit häufig erleben, dass die Zinsen immer nur stiegen und nicht sanken. Die Anpassungsklauseln („nach Geldmarktlage") waren nichtssagend und willkürlich. Auch hier fanden bisher die deutschen Gerichte (anders als die französischen) diese Klauseln in Ordnung. Sie hindere ja die Bank nicht an einem rechtmäßigen Verhalten. Die Verluste bezüglich der 43 Mrd. € variablen Kredite dürften bei knapp einer halben Milliarde Euro liegen.

Aber die Rechtsprechung nutzte bisher in der Praxis wenig, weil es nur wenige Verbraucher gibt, die sich zutrauen, eine Bank, von der sie u. U. in einer Krise Wohlwollen brauchen, während der Vertragslaufzeit zu verklagen. In Kredit-, Miet- und Arbeitsverhältnissen gilt die Grundregel, dass Menschen ihre hier in Abhängigkeit vom Vertragspartner verbrachte Lebenszeit nicht durch die schärfste Form des Misstrauens, die Verrechtlichung und Anrufung der Gerichte, belasten wollen. Mit der Verkürzung der Verjährungsfristen im Jahre 2002 von 30 auf drei Jahre war dann auch die Chance geraubt, wenigstens ein wenig Gerechtigkeit durch diejenigen Verbraucher durchsetzen zu lassen, die das Vertragsverhältnis bereits hinter sich hatten und mit ihren eigenen finanziellen Interessen zugleich auch das Interesse der Allgemeinheit auf Sanktionierung von Rechtsbrüchen zu verfolgen. Zugunsten der Anleger nicht jedoch der Kreditnehmer hat man nun einen Teil der Fristen im Jahre 2009 wieder auf sieben Jahre erhöht. Die Rationalität gesetzgeberischen Handelns wird so der temporären wirtschaftlichen und politischen Opportunität geopfert.

Im April 2009 hat der Bankensenat des Bundesgerichtshofs unter seinem neuen Präsidenten nunmehr die Klauseln verboten. Banken, die die Bedingungen der Zinsänderung nicht klar und objektiv festlegen, durften überhaupt nicht anpassen. Man kann die Erhöhungen zurückverlangen und neu abrechnen lassen. Das ist zumindest eine Sanktion. Sie wirkt aber letztlich nur bei der Kontoüberziehung und bei Kreditkartenkrediten, wo variable Abschlüsse die Regel sind. Im Hypothekenkredit liegen die Probleme nicht dort, sondern im Festkredit.

4.2.2 Subprime-Ratenkredite

Ratenkredite wurden in den 1970er-Jahren zum unverzichtbaren Bestandteil des Konsums derjenigen, die nicht genug Geld verdienten, um z. B. für ein Auto anzusparen, während sie gleichzeitig noch für die öffentlichen Verkehrsmittel das Geld aufbringen mussten. Deshalb konnten sich nur die Reichen ein Auto leisten, wenn die Ärmeren sich nicht ihren zukünftigen Teil des Lohns, der für Transport verausgabt werden kann, im Voraus leihen würden. Der Ratenkredit für das Auto deckt genau bei 60 % aller Teilzahlungskredite diesen monatlichen Teil ab. Es ist also kein „Leben auf Pump", wie es die Besserverdienenden oft verächtlich meinen, sondern die Finanzierung der von der Industrie bei langlebigen hochwertigen Verbrauchsgütern den Verbrauchern auferlegte Vorleistungspflicht, wenn sie die Transportmöglichkeiten durch einen privaten Pkw für sieben Jahre im Voraus im Kaufpreis bezahlen müssen. Dieser Zwang zum Kredit wird auch in Deutschland für immer neue Verdienstmöglichkeiten missbraucht. Die Erfahrungen aus den USA, dessen System mit jeweils 10 Jahren Verspätung auch in Deutschland Platz griff, hätten hier frühzeitig Vorsorgemöglichkeiten geschaffen. Doch wir befreien 2009 gerade die Kreditkartenkredite von Bankenaufsicht und Zinsrestriktionen, während der amerikanische Kongress das restriktivste Kreditkartengesetz seiner Geschichte verabschiedet hat.

Der Wucher mit der Restschuldversicherung

Die Wuchergrenze, die bei dem Doppelten des Üblichen liegt, hatte die Teilzahlungsbanken Anfang der 80er-Jahre in die Schranken gewiesen und die Kreditvermittler vom Markt vertrieben. Dann aber kam vor allem Citibank auf die Idee, die Zinsen zu verstecken. Man verkaufte Restschuldversicherungen auf den Todesfall. Es sind einfache Versicherungen, wie sie überall auf dem Markt als Risikolebensversicherung angeboten werden. Die Prämien dafür muss der Kunde im Voraus bezahlen. Weil er als Kreditsuchender das nicht kann und weil er die Vorauszahlungspflicht auch so nicht bemerkt, wird die Prämie mitfinanziert. Die Gerichte konnten diese Rechnungen nicht nachvollziehen und ließen diese Form des Wuchers daher unberücksichtigt. Das hat die Fantasie vieler beflügelt. Die Banken erhalten nämlich für die Versicherungsvermittlung eine Provision: 9 % p. a. zusätzlich, so preiste die RBS ihre Tchibokredite an, die damit von 9 auf 18 % p. a. effektiv anstiegen. Sie durften aber mit 9 % werben und mehr mussten sie auch nicht angeben. 60 Mio. € Provisionsüberschüsse hatte Citibank als erste in ihrer Bilanz verkündet, die Zahl in den Folgejahren aber nicht mehr preisgegeben. Andere Konsumentenkreditbanken schreiben inzwischen die Hälfte ihrer Gewinne auf diese leistungsfreien Entgelte.

Restschuldversicherungen sind Risikolebensversicherungen, die bei unerwartetem Tod des Kreditnehmers noch während der Kreditlaufzeit die Restschuld des Kredites begleichen. Sie entlasten damit die Erben oder Mithaftenden, soweit diese nicht die „Einrede der Dürftigkeit des Nachlasses" erheben könnten, die sie vor den Schulden des Erblassers unbegrenzt schützt. Gleichzeitig nehmen sie dem Kreditgeber das Ausfallrisiko bei überschuldetem Nachlass ab. Sie werden teilweise um weitere allein dem Kredit zugeordnete Versicherungen erweitert, die für eine allzu begrenzte Zeit der Arbeitsunfähigkeit (zwei Monate nach Eintritt und dann für 12 Monate) in Form einer Krankentagegeldversicherung die Ratenzahlung übernehmen. Da bei diesen Produkten die Probleme extremer Preisunterschiede ebenso wie der Gestaltung noch gravierender sind als bei der Restschuldlebensversicherung, soll hier nur die am weitesten verbreitete Form der RSV behandelt werden.

Anders als bei Risikolebensversicherungen, deren Prämien im Nachhinein jeweils monatlich oder jährlich gezahlt werden und deren Abschlussalter die Bedingungen bis zum 60. Lebensjahr prägen, ist die Laufzeit auf den Kredit begrenzt, wobei häufig die ersten sechs Monate noch nicht versichert sind. Die im Voraus zu zahlenden Prämien enthalten eine an den Vermittler zurückfließende („kick-back") nicht offengelegte Maklerprovision („Innenprovision"), die zwischen 15 % bei den Sparkassen und bis zu 70 % der Nettoprämie ausmachen kann. Die Provisionsunterschiede bei der Arbeitsunfähigkeitsrestschuldversicherung betrugen nach einer Untersuchung des iff im Jahre 2006 zwischen SEB Bank und CC-Bank das 19-fache der Provision. Bei der Arbeitslosigkeitsrestschuldversicherung waren es 15 % bei der Sparkasse und 237 % bei einer anderen untersuchten Bank. Diese Form, eine hohe Provision im Preis zu verstecken, wurde von den Gerichten im Anlagebereich ab 15 % als Täuschung gewertet. Bei den Krediten aber gibt es bisher von den Gerichten noch keine Kritik. Weil zudem die Prämien im Voraus zu zahlen sind und dadurch die Bank sie noch einmal finanzieren kann, wird so der Kreditpreis teilweise verdoppelt, ohne dass dies erkennbar wäre.

Das Ganze ist Wucher, weil das Geld ganz überwiegend nicht der Versicherung von Risiken dient. Das Aufsichtsamt berichtet, dass gleichbleibend nur einer von 500 Kreditnehmern stirbt. Es werden 8.000 Versicherungsfälle pro Jahr registriert und das bei jährlich 845.945 Versicherungsverträgen. Das sind weniger als 0,1 %, da in vielen Fällen nicht gezahlt wird, weil Todesursachen, die vor der Kreditaufnahme bestanden, ausscheiden.

Die Banken nehmen bei 4,592 Mio. Restschuldversicherungen mit einer Versicherungssumme von insgesamt 35 Mrd. € praktisch den überwiegenden Teil der Prämien als versteckte Zinsen ein: Entweder als Innenprovision oder als Zinsen dafür, dass sie den Kunden die Prämien in Raten zahlen lassen, was bei Versicherungen an sich eine Selbstverständlichkeit ist.

Die Kosten einer Restschuldversicherung auf den Todesfall einschließlich ihrer Finanzierungskosten bei Abschluss durch einen 45-jährigen Mann für einen Ratenkredit über 10.000 € mit 60 Monaten Laufzeit betrugen in einem recherchierten Fall 942 €. Demgegenüber lag die Sterbewahrscheinlichkeit für Männer in diesem Alter bei 0,4 %, was nur einen Risikobetrag von 188 € rechtfertigen würde. Bei einem freien Lebensversicherungsanbieter wäre dieses Risiko für 82 €, also für 20 c pro Monat pro 1000 €, versichert gewesen. Der Kreditnehmer zahlte also bei dieser Bank das Zehnfache der notwendigen Prämie. Die Versicherer erklären, warum es allein die Banken sind, die diesen Wucher betreiben. Doch sie arbeiten jeweils paarweise mit diesen zusammen.

So gehört zur ABC Privatkunden Bank die Credit Life International N.V., zur alten Citibank die civ Lebensversicherung AG, zur Commerzbank Volksfürsorge Deutsche Lebensversicherung AG, zur CreditPlus Bank Finaref Life Ltd, zur Deutsche Bank die Zurich Gruppe, zur Frankfurter Sparkasse SV Sparkassen Versicherung Lebensversicherung AG, Union Krankenversicherung AG; zur Frankfurter Volksbank R+V Luxembourg Lebensversicherung S.A.; zur GE Money Bank Genworth Financial, Lighthouse General Insurance Company Ltd.; zur Hamburger Sparkasse Neue Leben Lebensversicherung AG; zur Hypo Vereinsbank VICTORIA Lebensversicherung AG; zur Santander Consumer Bank HDI Gerling.

Während damit der Basispreis für die Kreditgeber gleich ist, ergeben sich die großen Preisunterschiede erst aus den Provisionen der vermittelnden Banken, die von den Versicherern in das Produkt eingearbeitet werden.

Ein Test allein unter Ratenkreditbanken aus dem Herbst 2007 ergab bereits Unterschiede von 384 € zu 1.138 € für denselben Schutz. Die Stiftung Warentest ermittelte Differenzen bei der Restschuldversicherungsprämie zwischen 243 € (SEB) und 2.044 € (Frankfurter Volksbank). Der um die Restschuldversicherungskosten erweiterte inklusive Effektivzinssatz betrug dort 16,4 % zu 7,6 % p. a., bei Citibank 24,4 % zu 15,2 % p. a. Während die angegebenen Effektivzinssätze zwischen 6,2 % und 15,2 % p. a., also beim 2,5-Fachen lag, war die Spanne der Effektivzinssätze incl. auch der Versicherungskosten zwischen 6,8 % und 24,4 % also fast beim 4-Fachen. Hinzu kommen aber noch Rückerstattungsverluste bei vorzeitiger Vertragsbeendigung, die aus den Diskussionen um die Rückkaufswerte der Kapitallebensversicherung bekannt sind. Durch Ratenherabsetzung oder Zusatzkredite kann dies sehr häufig während der Lebenszeit eines Kredites erfolgen. Die vorfinanzierte Restschuldversicherungsprämie wird – anders als der unverbrauchte Zins oder die Vorauszahlung von Zinsen als Abschlag von der Auszahlungssumme (Disagio) – nicht anteilig erstattet. Vielmehr wird sie unter Abzug der Provisionsanteile durch einen tabellarisch festgelegten „Rückkaufwert" einbehalten. Danach behält die Bank von der Restschuldversicherungsprämie eines auf sieben Jahre ausgelegten Kredites bei Umschuldung nach sechs Monaten bereits 64 % der Prämie ein, während durch die abgelaufene Zeit erst 14 % verbraucht sind. Der Rest ist durch eine Provision in Höhe von 50 % der Prämie „verbraucht". Der hierfür zusätzlich einbehaltene Prämienbetrag verringert sich daher entsprechend nach jeweils einem weiteren Jahr auf 16 % und beträgt im fünften Jahr immer noch 8 % von der Nettoprämie. Da einige Banken bis zu vier Umschuldungen innerhalb von zwei Jahren Kreditlaufzeit erreichen, sind die daraus entstandenen Provisionserträge erheblich.

Das Problem ist keineswegs unbekannt. In der Presse gab es dazu Überschriften wie „Wucher zu Weihnachten", (Spiegel), „Banken kassieren ab – Wucher nimmt neue Formen an", „Wucher moderner Prägung" (Süddeutsche), „Restschuldversicherung soll Geld in die Kassen spülen" (Biallo), „Verbraucherschützer werfen Banken Wucher vor" (Berliner Zeitung), „Böse Restschuldversicherung?" (Handelsblatt). Gleichwohl wurde in der Neuregelung des Verbraucherkreditrechtes im Jahre 2009 die Praxis vom Gesetzgeber anerkannt.

Die Banken konterten mit einer Umfrage. 65 Prozent der befragten Kreditnehmer und damit „die überwiegende Mehrheit der Besitzer einer Restschuldversicherung hält diese für sinnvoll", hieß es. „Nur 14 Prozent der Versicherten sehen sie als nicht sinnvoll an und 21 Prozent stehen der Versicherung neutral gegenüber." Natürlich verschwieg die Umfrage die Kostenunterschiede und fragte nicht, ob Verbraucher das Produkt bei ihrer Bank auch wählen würden, wenn sie billigere Alternativen hätten. Mit Umfragen bei Betroffenen kann man Wucher weder rechtfertigen noch bekämpfen. Es handelt sich um einen Missbrauch der empirischen Sozialforschung. Die Deutsche Gesellschaft für Soziologie täte gut daran, mit Stellungnahmen zu solchen Methoden den Missbrauch einzuschränken und der Öffentlichkeit die Bedeutung ihrer Existenz zu vermitteln.

Inzwischen hat auch die Regierung reagiert und will nun den Banken mit dem neuen Verbraucherkreditrecht die Pflicht auferlegen, zu beweisen, dass der Abschluss der Restschuldversicherung freiwillig war. Doch dies ist wohl eine Scheinlösung. Sie betrifft nur die Effektivzinsangabe und nicht das Wucherverbot und könnte in der Praxis im Zweifel durch eine weitere Unterschrift der Verbraucher, die ihre Freiwilligkeit damit bezeugen, wirkungslos gemacht werden. Der neo-liberale Grundsatz, jeder Wucher ist erlaubt, wenn nur der Bewucherte zustimmt, hat sich auch hier wieder durchgesetzt.

Wucher durch Kettenkredite und Umschuldung

Durch Umschuldungen werden immer wieder Zinsen in Kapital umgewandelt und erneut verzinst. Kurzfristig wird ein Kredit dadurch erträglich gestaltet, weil alle Kosten im nächsten Kredit mitfinanziert und damit ihre Zahlungen aufgeschoben werden. Erst der wirtschaftliche Zusammenbruch macht deutlich, dass 70 % der Schulden die Folge der durch Umschuldungen extrem erhöhten Kreditkosten sein können.

Die Gewinne aus einer finanzierten Restschuldversicherungsprämie mit extrem hoher Kick-Back-Innenprovision werden durch Umschuldungen ausgebaut. Bei vorzeitiger Beendigung eines Kredites wird der Kunde gezwungen, auch seine Restschuldversicherung zu kündigen. Dabei findet anders als in den USA, wo linear nach der sog. 78er-Methode die unverbrauchte Prämie erstattet wird, eine von den Kapitallebensversicherungen bekannte Praxis Anwendung: Hiernach tritt ein sog. „Rückkaufswert" an die Stelle der Rückerstattung der unverbrauchten Prämien. Dieser Rückkaufswert ist in der Regel der Betrag, der bleibt, wenn man die überhöhten Innenprovisionen abzieht. Da die Provisionen nicht offengelegt werden, erscheinen die Erstattungsbeträge als Tabellenwerte oder werden durch eine komplizierte Formel bestimmt.

Auf jeden Fall verbleibt bei einer Kündigung bereits nach einem Monat Laufzeit der größte Teil, wenn nicht sogar die gesamte Provision bei der Bank.

Schuldet eine Bank häufig um, so verdient sie mit jeder Umschuldung eine Provision. Die Provision wird dann im Ablösebetrag des Nachfolgekredits wieder neu finanziert, sodass der Verlust nicht auffällt. Zudem weisen die Kreditgeber nicht die aufgebrauchte Prämie, sondern nur den „Erstattungsbetrag" aus. Theoretisch kann damit eine Bank, deren Produkt eine Provision von 50 % enthält, bei einer viermaligen Umschuldung in den ersten beiden Jahren der Laufzeit für denselben Kredit einen Zusatzgewinn von 200 % realisieren. So ein Aufhäufen von Provisionen nennt man im Investmentmarkt „Churning". Ein weiterer Gewinn ergibt sich daraus, dass jede neue Versicherung wegen des gestiegenen Lebensalters des Kunden mit einer höheren Prämie abgeschlossen wird. Da die Prämien dabei im Alter zwischen 40 und 45 Jahren sprunghaft bis hin zur Verdoppelung steigen, führt eine Umschuldungskette in dieser Zeit zu großen Mehrerlösen für die Bank. Für den Kreditnehmer bedeutet dies aber regelmäßig, dass er eine weitere Kreditaufnahme bei eben dieser Bank tätigen muss, woran sie wiederum verdient.

Nachfolgend ist eine tatsächlich so existierende Kreditkette eines Verbrauchers bei einer Verbraucherkreditbank dargestellt, die letztlich den Effektivzinssatz für die Gesamtkonstruktion rückwirkend von angegebenen 15 % auf faktisch 33 % p. a. erhöhte.

	1. Kredit	2. Kredit	3. Kredit	Gesamt
Abschlussdatum	10.01.2002	19.03.2002	10.06.2002	
Barauszahlungen	10.600,00 €	5.500,00 €	10.000,00 €	26.100,00 €
aufsummiert	10.600,00 €	16.100,00 €	26.100,00 €	26.100,00 €
Versicherungsprämie	1.212,00 €	2.477,80 €	6.948,10 €	7.403,22 €
incl. Finanzierung	1.441,18 €	3.214,27 €	10.947,15 €	14.428,97 €
Effektivzins (lt. Vertrag)	12,07 %	14,46 %	15,05 %	12-15 %
Effektivzins (incl. Vers.)	20,50 %	22,50 %	23,50 %	33,07 %
Zinsen + Bearbeitungsgebühr	2.233,56 €	5.627,49 €	19.447,43 €	
Gesamtkosten	3.445,56 €	8.105,29 €	26.395,53 €	31.794,99 €
Finanzierungsbetrag	11.812,00 €	18.933,19 €	33.788,68 €	
Gesamtschuld	14.044,97 €	24.559,81 €	53.235,41 €	59.590,26 €
Kosten zu Ertrag	33 %	50 %	101 %	122 %

Die Preisdiskriminierung der Unterschichten

Mit dem sog. Risk-adjusted-Pricing, das wir bereits oben für die USA beschrieben haben (4.1.1),wurde nach diesem Vorbild auch in Deutschland eine Methode hoffähig gemacht, Verbraucher mit niedrigerem Einkommen, die in der Krise ohnehin am meisten belastet sind, mit bis zu um das Vierfache erhöhten Preisen zu belasten. Das gestufte Preissystem sieht vor, dass die Zinssätze in Abhängigkeit vom Einkommen bis 16 % p. a. wachsen. Es gibt aber, wie ausgeführt, keinen direkten Zusammenhang zwischen Einkommen und Rückzahlung. Auch wenn die Ausfallquote bei den ärmeren Haushalten höher ist, so zahlen doch über 90 % ihre Kredite unter großen Mühen auch dann zurück, wenn die Raten nicht ihrer Liquidität angepasst sind. Sie werden dafür bestraft, dass sie arm sind. Umgekehrt zahlen 1 % der gut verdienenden Kreditnehmer ihre Kredite ebenfalls nicht zurück. Sie werden dennoch bevorzugt. Das ist unfair und widerspricht den Prinzipien der Marktwirtschaft, die Preise nach Leistung und nicht nach Status der Kunden verlangt. Für eine soziale Marktwirtschaft ist diese Scheinkorrelation gänzlich unwürdig.

Warum bezahlen die Armen mehr? Es wird ihnen beständig gesagt, dass sie ein höheres Risiko seien, dass man ihnen keine Kredite mehr geben wird usw. Genauso wie den Arbeitnehmern Lohnzugeständnisse mit der Drohung der Abwanderung ins Ausland abgenommen wurden, verlangt ein Teil der Banken systematisch hohe Preise von denen, die die Krise am meisten belastet. Es ist immer noch die herrschende Meinung in Brüssel und London.

Es gibt aber auch Banken, die – wie Postbank, schwedische SEB oder Sparkassen – solche Praktiken ablehnen und darüber hinaus sogar (wie die französische Creditplus in Deutschland) eine aktive Werbekampagne für gleiche Preise starteten. Es geht also auch anders. Das Risk-adjusted-Pricing kostet die ärmeren Schichten bei einem Volumen von angenommenen 10 Mrd. € in Deutschland ca. 600 Mio. € pro Jahr als Armutsprämie, die unser Sozialhaushalt auszugleichen hat. In Großbritannien, wo mit diesem System Wucherkredite von durchschnittlich 250 % p. a. (Providential) vergeben werden, ist der Raub an den Armen bei einem Vielfachen angelangt.

Kreditkartenkredite und Kontoüberschreitung

Die Anzahl der Kreditkarten hat sich in Deutschland zwischen 1996 und 2008 auf 24 Millionen Karten verdoppelt. 35 % der Bevölkerung gaben an, mindestens eine Kreditkarte zu besitzen. Jeweils 17 % hatten eine VISA- und 17 % eine Mastercard.

Lange Zeit sahen Banken und Sparkassen in der EC-Karte als Debitkarte, die allenfalls auf einen Überziehungskredit auf dem Konto zurückgriff, das geeignete Mittel, um Kunden zu binden und eine Kontrolle über die Werthaltigkeit ihrer Kreditforderungen zu behalten. Inzwischen ist mit 91 Mio. ausgegebenen EC-Karten diese Form flächendeckend verteilt. Sparkassen, Genossenschaftsbanken und Banken wie die Deutsche Bank, ING-Diba, Netbank, DKB oder Comdirect sind bisher bei diesem System geblieben. Danach gilt: „Ihre Verfügungen werden monatlich in Euro per Lastschrift abgebucht. Die Abrechnung ist bequem und übersichtlich: Sie erhalten eine detaillierte Auflistung aller Einkäufe, getrennt nach MasterCard und VISA CARD. Als Nutzer der Haspa OnlineServices können Sie Ihre Kreditkartenumsätze der letzten 12 Monate auch online abrufen."

Immer mehr deutsche Banken sehen aber die außerordentlichen Ertragsmöglichkeiten, die gerade die Kreditkarte mit eigener Kreditfunktion bietet. Das Internet ist voll mit entsprechend irreführender Werbung, bei der solche Karten meistens als „kostenfrei" propagiert werden, weil für ihre Ausgabe keine Gebühr genommen wird, bei denen herausgestellt wird, dass man bei einem Guthaben Habenzinsen verdient. Die eigenständige Kreditfunktion wird dagegen durchgängig verschwiegen, die Zinssätze sind unauffindbar oder verstecken sich hinter Angaben wie „ab 4,3 % p. a." mit einem Stern versehen, der dann das Attribut „bonitätsabhängig" vergibt.

Pioniere sind hier die ausländischen Banken neben der Berliner Bank AG, deren Geschäftsgebaren nicht nur in diesem Segment besondere Risikofreudigkeit offenbarte. Die englische Barclay Bank (gefolgt von der Berliner Bank) hat aus der Kreditkarte sogar einen Kontoersatz gemacht, bei der ebenso wie bei Citibank das Kreditkartenkonto kein Girokonto mehr erforderlich macht und damit der Einstieg in das Multicardkreditsystem geschaffen wird. Mit ihrer Pre-paid-Kreditkarte werben Banken dafür, dass keine SCHUFA-Anfrage erfolge. Damit nähern sie sich einer ansonsten kreditunwürdigen Klientel und vor allem Jugendlichen, die damit an die Kreditkarte gewöhnt werden. Dabei gibt es ein doppelt falsches Versprechen: Man bekäme eine „Kredit"karte statt eines Spar-buchs und die Suggestion, dieser Kredit sei auch für Überschuldete offen. Ent-sprechend teuer sind dann auch solche Karten, die vor allem die Ärmeren bis zu 119 € im Jahr kosten können.

Barclay, die den englischen Markt schon mit diesen Karten überschwemmt haben, bietet gleich sieben verschiedene Barclay Cards an mit den Zusätzen „New Visa", „Green", „New Double", „für Studenten", „Gold Visa", „Platinum Double"; „Business". In Großbritannien bietet sie eine Freedom Credit Card an, die bis zu 30.000 € Kredit verspricht, der mit 14,9 % p. a. verzinst wird. Egg, die englische Tochter von Citibank, hat im März 2009 die Zinssätze wegen der ho-hen Risiken bei 120.000 Kreditkartenschuldnern, das entspricht einem Fünftel ihrer Kreditkartenschuldner, auf 26,9 % p. a. angehoben.

Dabei zeigt sich, dass in Deutschland die Banken in der Zwischenzeit ein Äquivalent zum wucherischen Kreditkartenkredit im „Überschreitungskredit" gefunden haben. Ähnlich wie die Kreditkarte hat der Kontoüberziehungskredit variable Abhebungs- und Rückzahlungsmöglichkeiten, führt alle drei Monate zu einer Zinsverrechnung mit Zinseszinseffekten und bürdet das Zinsänderungsrisi-ko dem Verbraucher auf. Mit mehreren Girokonten, bei denen eine Bank durch Einräumung getrennter Überziehungskredite ein Überziehungs-Flipping ermög-licht oder fördert, lassen sich ähnliche Effekte wie bei der Kreditkartenreiterei erzielen. Der Nachteil besteht nur darin, dass bisher eine bonitätsabhängige Zins-satzvergabe auf dem Girokonto noch an dem Verständnis der Kunden scheitert, die gerne wissen möchten, wie viel die Überziehung bei dieser Bank kostet. Man nutzt nun die Tatsache, dass Kunden, die das Limit überschreiten in aller Regel nur wenig Handlungsspielraum haben, zu Zinssatzsteigerungen aus, die längst die Wuchergrenze überschritten haben. Auf diese Weise werden dort inzwischen 20 % p. a. effektiv verlangt, die durch die beschriebenen Effekte noch erheblich überschritten werden können.

Typisch ist auch, dass die schlechtesten deutschen Kredite, Kreditkartenkredit und Kontoüberschreitung, variable Zinssätze vereinbaren. Hier gilt das oben für die Hypothekenkredite Gesagte (4.2.1) in besonderer Weise, weil der Anteil variab-ler Kredite bei Konsumkrediten erheblich höher ist. Zudem sind die Kreditnehmer hier weit wehrloser als im Hypothekenkredit. Es besteht kein Kündigungsschutz und jedes Aufbegehren kann nach freiem Ermessen, also mit einer – nach den Bedingungen ohne Angabe von Gründen möglichen – Kündigung der Kreditlinie oder des Kreditkartenlimits bestraft werden. Die Zinssatzveränderungen könnten daher faktisch nur durch die Aufsicht oder über Verbandsklagen der Verbraucherverbände überprüft werden. Dies Recht hat der Gesetzgeber den Verbraucherverbänden aber nicht gegeben. Sie können nur die Klauseln für nichtig erklären lassen, oder aber sich Ansprüche abtreten lassen. Ansonsten müssen die Verbraucher jedoch selbst klagen, was sie nicht tun. Die Kreditaufsicht hält sich für nicht zuständig. Man wird also hier amerikanische Verhältnisse erwarten können.

Die folgende Tabelle gibt die Kreditzinssätze wieder, wie sie über das Internet durch Einzelrecherche sowie der dort aktuell vorhandenen Tests Anfang 2009 erreichbar waren. Hier geht es um eine Illustration der These, dass sich über Kreditkarten und Überschreitungen die Wucherkredite in Deutschland ähnlich wie in den USA und England ausbreiten.

	Ratenkredit	Kreditkarte	Überziehung	Überschreitung
ADAC/Berliner Bank	6,90 %	15,94 %	13,50 %	18,50 %
Allgemeine-Beamten-Kasse	6,46 %		9,90 %	
Barclaycard	7,90 %	17,49 %		
Berliner Bank	11,47 %	13,50 %	13,50 %	18,50 %
Citibank	7,40 %	18,63 %	9,74 %	11,74 %
Comdirect	7,50 %		9,90 %	14 %
Commerzbank (Karte TUI)	12,50 %	9,75 %	14,46 %	19 %
Credit Europe Bank		14,99 %		
Creditplus-Bank	7,79 %			
Deutsche Bank	10,26 %	X	12,75 %	18,50 %
DKB Deutsche Kreditbank	6,45 %		7,90 %	12 %
Dresdner Cetelem-Kreditbank	6,99 %	15,00 %		
Easycredit	9,49 %			
FFS-Bank	8,35 %			
GE-Money-Bank	8,49 %	14,25 %	14,25 %	19,25 %
Hypovereinsbank	7,99 %		11,85 %	16,85 %
ING-Diba	7,66 %	X	9,50 %	12,50 %
MLP		9,92 %		
Netbank	6,44 %	X	9,50 %	15 %
Nordfinanz-Bank	8,99 %		13,75 %	
Norisbank	6,90 %		11,45 %	16,45 %
Oyak-Anker-Bank	10,13 %		14,25 %	18,25 %

Postbank	8,09 %	**15,90 %**	14,25 %	18,25 %
PSD-Bank Berlin-Brandenburg	6,62 %			
Santander Consumer-Bank	7,98 %	**13,41 %**	12,27 %	16,39 %
Santander Consumer-Bank	8,98 %			
SEB-Bank	8,49 %	**13,95 %**	13,75 %	18,50 %
SKG Bank	5,95 %			
Sparda-Bank Berlin/Neue Bundesländer	6,68 %		13,75 %	18,25 %
Sparkasse von 1822		10,25 %	10,25 %	15,50 %
VW/Audi Bank	8,99 %	14,71 %		
Wüstenrot		12,75 %	12,75 %	16,75 %
Berliner Sparkasse			14,50 %	19,50 %

4.2.3 Subprime-Banken – drei Beispiele

Wer stiehlt, braucht meist einen Hintermann, der das Gestohlene für ihn verwertet und mit ihm den Erlös teilt. Diese Hehler werden wie die Stehler gleich bestraft. Das Bild kann man auch auf die Subprime-Krise in den USA anwenden. Die Banken und Finance Companies gaben Wucherkredite aus an Menschen, denen sie damit ihr Einkommen und Vermögen stahlen. Um die wucherischen Gewinne aber zu realisieren, brauchten sie Aufkäufer dieser Wucherkredite, die, wie die Hehler, dafür sorgten, dass das erbeutete Vermögen auch liquide wurde.

In Deutschland wird so getan, als ob es nur Hehlerbanken gab und diese Hehlerbanken gar keine Mittäter sondern selbst Opfer waren. Doch wie ausgeführt stimmt dies nicht. Es gab bei uns Stehler und Hehler. Für deutsche Wucherkredite waren amerikanische Fonds wie Lonestar die Hehler, für amerikanische Wucherkredite die deutschen Banken. Hehler und Stehler haben sich die Arbeit international geteilt, wobei überall die Hehler mit Unschuldsmiene ihre Verluste vom Staat ersetzt verlangen. So wollte HRE wegen der fragwürdigen Qualität ihrer eigenen Kredite (sie hatte vergeblich versucht, diese noch kurzfristig an Lonestar zu verkaufen) ohne Staatsgarantie niemand mehr Geld leihen. Offizielle Schätzungen gehen in Deutschland davon aus, dass insgesamt 160 Mrd. € des deutschen Kreditvolumens notleidend und damit schwer realisierbar ist und abgewertet werden müsste. Das betrifft alle Banken. Die Sparkasse Bad Segeberg hatte allein 50 Mio. €, die sie an Lonestar verkaufte.

Hypo Real Estate (HRE): Altlasten neu verpackt

Der Ausdruck „Schweinebank" für die HRE findet sich in Leserbriefen des Wall-Street-Journals. Auch der Finanzminister hatte kaum bessere Worte für sie. Es bezog sich jedoch auf ihr Anlage- und nicht auf ihr Kreditgeschäft und auf ihre Verschleierungstaktiken. Dass Diebe nicht die Wahrheit sagen, sollte aber niemanden verwundern. Die Lüge des ertappten Diebes ist deshalb auch als Selbstbegünstigung nicht strafbar. Die HRE wurde von der aus der Fusion von Vereinsbank und Bayerischer Hypotheken- und Wechselbank hervorgegangenen HypoVereinsbank gegründet, um ihre faulen Kredite aus der Bilanz zu tilgen, bevor sie zum Ausschlachten der brauchbaren Teile vor allem in Österreich an die italienische Unicredito verkauft werden konnte. Sie befreite damit den bayerischen Staat von einer Erblast, die dieser damit geschickt auf den Bund verlagerte, der nunmehr mit 100 Mrd. € Garantie den Filz aus 50 Jahren bayerischer Bankenpolitik zu entwirren hatte, während die Stadt Berlin auf ihrem Bankenfilz finanziell alleine sitzen blieb. Die HRE war also schon bei ihrer Gründung eine bayerische Bad Bank.

Dies hat der Zeuge Herbert Ernst Groh, der als Architekt die Immobiliengeschäfte der HRE über Jahre beobachten konnte, im Untersuchungsausschuss des Bundestages am 04.06.2009 bestätigt. Er hat zudem den Abgeordneten nahegelegt, die „richtigen Fragen" zu stellen und nach der Herkunft der Risiken und nicht nach den Überwachungssystemen zu fragen. Seine Ausführungen zur Geschichte der HRE, die bei der HypoVereinsbank ansetzt und die Bayerische Hypotheken- und Wechselbank hätte einbeziehen können, wurden dabei immer wieder durch Kommentare und Abwertungen der SPD-Abgeordneten Hauer, Krüger und Spiller unterbrochen. Sie zweifelten ganz offensichtlich die Aussagen an und versuchten sie als seine rein persönliche Beschwerde darzustellen. Die offizielle Lesart der Partei, die seit Jahrzehnten den Finanzminister stellt, ist wohl, das bekannte Risiko der HRE auf die von ihr zugegebenen 4 Mrd. € Risikopapiere zu reduzieren. Weiter als bis Januar 2008 – der Zeitpunkt, zu dem die HRE das erste Liquiditätsloch zugab – will innerhalb der Partei niemand zurückblicken. Nunmehr hat das Landgericht München jedoch festgestellt, dass der Zeitpunkt des Liquiditätslochs wesentlich früher anzusetzen ist.

Dies ist eine Tatsache, die auch im Bundestag bekannt war. Die folgenden Passagen aus dem Anhörungsprotokoll und insbesondere die Artikel aus der Presse Anfang dieses Jahrzehnts bei HRE und Depfa machen deutlich, dass der Schulterschluss zwischen Politik und Banken in München ein wesentlicher Faktor dafür war, dass die typisch deutschen Kreditprobleme aus den Zeiten der Wiedervereinigung zur deutschen Bankenkrise führten. Allein dies erklärt, warum Deutschland um ein Vielfaches mehr von der Finanzkrise betroffen war als alle umliegenden Staaten.

Zeuge Herbert Ernst Groh: „Wie konnte das überhaupt zur Hypo Real Estate kommen – das ist doch nach meiner Ansicht die wesentlich wichtigere Frage – und warum? Bei der Hypo-Vereinsbank waren vor dem 28. September 2003 300 Milliarden Risikopapiere in den Büchern. Davon hat sie 57 Milliarden rüber in die Hypo Real getragen und 45 Milliarden verbrieft. Wie konnte es passieren, dass da keine Bankaufsicht da war, dass da kein Finanzministerium da ist, kein Finanzamt, nichts? Die Hypo Real Estate war doch vom ersten Tag eine Bad Bank. Der ganze Grund, warum die jetzt so dasteht, ist doch der Beginn mit 57 Milliarden Risikoaktiva. (Nina Hauer (SPD): Das mag Ihre Einschätzung der Dinge sein.) Nein, das ist nicht die Einschätzung. Es ist ja überall bekannt, dass diese 57 Milliarden in die Hypo-Real Estate hineingegangen sind, die Risikopapiere. Denn die Mutter, die HypoVereinsbank war ihrerseits wiederum das Resultat des Beinahebankrotts der Bayerischen Hypotheken und Wechselbank, die nur durch die Fusion mit der damaligen Vereinsbank München verhindert bzw. vertuscht werden konnte. Die Probleme wurden nie gelöst, sondern nur verschoben. Die Schieber waren, was einen Bankier nicht erstaunen dürfte, dabei nicht die besten Charaktere, wie man heute weiß. Aber konnte man in Deutschland denn Wucherkredite vergeben und damit Schuldner ruinieren?

Nina Hauer (SPD): Mir ist nur bekannt, dass es einen Teil, und zwar einen sehr kleinen Teil von rund 4 Milliarden, gab, den die HRE verkauft hat an Lone Star und damit die Non-Performing Loans herausgegeben hat aus ihrem eigenen Portfolio. Welche Immobiliengeschäfte von der HVB an die HRE übergegangen sind, können Sie das denn im Einzelnen benennen, dass Ihre Vermutungen da irgendeine Grundlage haben?

Zeuge Herbert Ernst Groh: Das war ja ein Bericht vom Herrn Funke bei der Gründung, schon vor der Gründung. Er hat ja dann auch die Eurohyp gegründet. Und den Herrn – (Der Zeuge blättert in seinen Unterlagen). Das ist ja Grundlage gewesen von der Hypo-Real-Estate-Gründung. Ich muss mir überlegen, wo ich die Belege dazu habe.

Nina Hauer (SPD): Herr Groh, ist Ihnen bekannt, dass Sie auf Grundlage eines Beweisbeschlusses hier eingeladen wurden, nach dem Sie etwas zum Risikomanagement der HRE sagen könnten?

Zeuge Herbert Ernst Groh: Ja, ich war bis 2003 13 Jahre integriert in dem Paket, aus dem die Hypo Real Estate entstanden ist, und diese ganzen Dinge, die ich hier sage, die sind ja jetzt in der Hypo Real Estate drin.

Nina Hauer (SPD): Ja, das behaupten Sie.

Zeuge Herbert Ernst Groh: Ja, das können Sie nachprüfen.

Nina Hauer (SPD): Sie haben noch keine einzige Aussage gemacht, wo Sie das irgendwo beweisen können, dass das so ist, was Sie da sagen.

Zeuge Herbert Ernst Groh: Moment! (Der Zeuge blättert in seinen Unterlagen – Unruhe)

Nina Hauer (SPD): Er ist ja unter bestimmten Voraussetzungen eingeladen worden, und in dem Beweisbeschluss steht, er könne etwas zum Risikomanagement sagen.

Zeuge Herbert Ernst Groh: Warten Sie einen Moment. Bei der Fülle. – Ich muss jetzt suchen. Ich kann Ihnen das belegen.

Nina Hauer (SPD): Ich sehe aber, dass das aufgrund des Beweisbeschlusses 74 nicht der Fall ist, dass Sie darüber Auskunft geben können. Das ist aber kein persönlicher Vorwurf an Sie, Herr Groh.

Zeuge Herbert Ernst Groh: Financial Times, 30.01.2003: „Die HypoVereinsbank ..., die zweitgrößte deutsche Privatbank, will mit tiefgreifenden Einschnitten in die Konzernstruktur und einem drastischen Abbau ihres Kreditvolumens wieder ertragskräftiger werden. Der neue Vorstandssprecher Dieter Rampl präsentierte gestern dem Aufsichtsrat das Maßnahmenbündel, das unter anderem einen Abbau der Risikoaktiva des Konzerns um ein Drittel oder rund 100 Mrd. Euro vorsieht. Das heißt also, die HypoVereinsbank hatte zum Zeitpunkt 30.01.2001 Risikoaktive von 300 Milliarden Euro. Da hätte sie eigentlich schon Insolvenz anmelden müssen."

Aber es kommt noch schlimmer: „Wie die HVB mitteilte, entfallen allein rund 57 Mrd. Euro auf die in der zweiten Jahreshälfte geplante Abspaltung des gewerblichen Immobiliengeschäfts in der Immobilienbank Real Estate. Weitere 45 Mrd. Euro sollen durch den Verkauf ganzer Portfolios und Verbriefungen von Forderungen sowie Beteiligungsverkäufe erlöst werden."

Dann steht hier weiterhin zum Beispiel, dass sie ihre Risikovorsorge bei Risikoaktiva von 300 Milliarden von 2,5 auf 3,5 Milliarden erhöht haben. Das ist doch ein Witz. Das muss doch einer Bankaufsicht, das muss doch der Regierung, das muss doch irgendeinem Ministerium auffallen, dass ich mit so einer Bank keine Hypo Real Estate gründen kann.

Vorsitzender Dr. Hans-Ulrich Krüger: Herr Groh, das ist der Rat, den ich Ihnen zum Abschluss der Befragung gegeben hätte, der aber vielleicht auch jetzt schon passt: Wenn Sie also vom deutschen Parlament Hilfe in der Vielzahl der Fragen erstreben, die Sie hier aufgeworfen haben, wäre ein Anschreiben an den Petitionsausschuss das Richtige, vielleicht weniger ein nur auf sein Beweisthema eingeschränkt arbeitender Ausschuss.

Jörg-Otto Spiller (SPD): Aber, Herr Groh, ich verstehe das so: Sie wollten ein Stück Öffentlichkeit haben für das, was Sie so lange bekümmert.

Zeuge Herbert Ernst Groh: Nein, ich will als Bürger, wenn ich sehe, was mit der Republik passiert – Die Bankenkrise ist noch gar nicht zu Ende. Glauben Sie nicht, wenn Sie Hypo Real Estate verstaatlicht haben, dann ist es wie beim Opel: Am nächsten Tag kommen andere. Es kommen auch noch die Raiffeisen und Sparkassen. Es muss doch einmal das ganze System – Wie ist das entstanden, wie ist das verflochten, wie sind die Verflechtungen heute noch?"

Die Banken haben in Deutschland Wege gefunden, trotz Wucherverboten, bei Verbrauchern Renditen zu erzielen, oder Risiken zu verschieben, die den amerikanischen Renditetraum auch in Europa realisierbar erscheinen ließen. Angefangen hat das mit der Bayerischen Hypotheken- und Wechselbank sowie der Berliner Bank. Der subventionierte Bauboom im Osten und die entsprechende Erhitzung im Westen erlaubten eine hemmungslose Kreditvergabe. Weil nicht genug Nachfrage bestand, schaffte man sie selbst, indem man sich über Kooperationen und Tochterfirmen beim Bau von Gebäudekomplexen engagierte. Die

Baulöwen und die Politik waren mit von der Partie. Eine strukturelle Untersuchung, ob diese Baukomplexe später vermietbar waren, unterließ man tunlichst.
In den 90er-Jahren wurde so das Hypothekenkreditvolumen im Wohnungsbau in
Deutschland von 257 Mrd. € verdoppelt und bis 2003 sogar verdreifacht. Seitdem stagniert es trotz niedriger Zinsen.

Das bemerkte man bei der Bank in München eigentlich recht zeitig. Ihr frü-
herer Chef und Vorsitzender des Bayerischen Bankenverbandes machte mit folgendem Satz in den Medien von sich reden: „Banken seien keine Sozialeinrich-
tungen." 1999 schrieb aber bereits das Managermagazin:

„Aggressiv hatten Tochtergesellschaften der Bayerischen Hypotheken- und
Wechsel-Bank zwischen 1989 und 1993 alles aufgekauft, was zu haben war –
Grundstücke mit, häufig aber auch ohne Baugenehmigung; zu Preisen, bei denen
andere Interessenten längst ausgestiegen waren. Kaufen, entwickeln, bauen und
anschließend teuer vermieten oder verkaufen – so hieß das Motto. Die Münchner
wollten zur Nummer eins unter den Bau- und Boden-Banken aufsteigen. Inzwischen ist aus den hochgesteckten Plänen Deutschlands größter Immobilienskan-
dal nach der Schneider-Pleite geworden, mit Wertberichtigungen von insgesamt
mehr als vier Milliarden Mark."

Bei den Immobilienfonds erhielten die Bauunternehmer für den zweiten
Bauabschnitt kein Geld mehr, weil die Vermietung stockte. Normalerweise hätte
eine Bank jetzt die Verluste offenlegen und wertberichtigen müssen. Stattdessen
„entdeckte" man den Verbraucher: Er sollte die unvermietbaren Wohnungen als
Kapitalanlage für die Altersvorsorge kaufen und damit das Risiko übernehmen.
Dies ging nicht ganz ohne Druck, sodass Drückerkolonnen eingekauft wurden,
die früher eher Versicherungen oder Zeitschriften an der Haustür vertrieben und
sich in Psychologie und Verbrauchertäuschung geübt hatten. Sie wussten, dass
man vermeiden musste, Objekte zu verkaufen, die die Verbraucher kannten. Die
Süddeutschen von der Badenia gingen nach Norden, die Ostdeutschen nach Westen und die ostfriesischen Ferienhäuser, die die Oldenburger Landesbank finanzierte, wurden in den Süden verkauft. Das brachte viel Geld ein.

In Wirklichkeit handelte es sich bei diesen normalen Hypothekenkrediten
bereits um Wucherkredite, denn die Verbraucher bekamen Häuser, die nichts
wert und unvermietbar waren, in denen Provisionen und Dienstleistungsgebühren steckten, die an den Finanzsektor flossen. Dafür zahlten sie mit ihrem realen
werthaltigen Einkommen. Ein Zinssatz von 6 % p. a. bei einem Kredit für ein
Haus mit einem Preis von 100.000 €, das nur die Hälfte des Kaufpreises wert ist,
erweist sich, legt man den Kapitalverlust als Zinsen um, dann über 10 Jahre als
ein Wucherkredit, für den man 8,6 % p. a. Zinsen bezahlt hat. Erhält der
Verbraucher keine Miete, so hat er nicht 179.000 € abzüglich 100.000 € Verkaufserlös und Miete von vielleicht 60.000 € (600 pro Monat) bezahlt und nur

19.000 € Verlust, die ihm auch noch das Finanzamt unsinnigerweise ersetzt. Vielmehr hat er trotz verlorener Zahlungen von 179.000 € noch weitere Schulden von 50.000 €, weil das Haus unverkäuflich blieb. In der Praxis konnten viele Käufer ohne Mieteinnahme gar nicht bezahlen und sitzen nunmehr auf Schulden von über 200.000 €, während das Haus nutzlos leer steht. Dass viele Kreditgeber dies bewusst in Kauf genommen haben, zeigen interne Protokolle, wie beispielsweise die aufgezeichneten Besprechungen der Badenia, die von einer Wirtschaftsprüfungsgesellschaft gefunden wurden.

Man schätzte, dass vor der Fusion mit der Hypo-Vereinsbank ca. 35 Mrd. € der Forderungen der Bayerischen Hypotheken- und Wechselbank risikobehaftet und gefährdet waren. Das stimmte relativ genau mit den Zahlen bei der Berliner Bank überein, für die das Land Berlin bürgte. In beiden Fällen schätzt man, dass im Ergebnis ca. 3,5 Mrd. € in der Bilanz fehlten. Während ein Politiker auch der oberste Banker war und die in die Bank integrierte Landesbank das Land zur Hilfe verpflichtete, machte man in München scheinbar privat weiter.

Die unverkäuflichen Immobilien wurden in Fonds übernommen. Gegen die Gefahren solcher Fonds für einfache Verbraucher schützten zunächst Mindestbeteiligungssummen von zuerst 100.000 und dann 50.000 €. 1995 setzte jedoch ein ganz neues Staatsdenken ein.

Die Grenze wurde auf 25.000 DM gesenkt. Damit hatten die Kreditgeber für ihre Risiken eine ganz neue Käuferschicht. Man konnte nämlich diese Fonds mit Kosten belegen, mit Scheininvestitionen den Wert aufblähen und Service- und Geschäftsführungsverträge abschließen, die das Kapital aufzehrten.

Mit dem Zusammenbruch solcher geschlossener Immobilienfonds wurden solche Wucherkredite „Not leidend". Ihre Kreditnehmer litten tatsächlich Not. Die Risiken waren also wieder oder eigentlich immer noch bei den Banken, wobei es gleichgültig war, ob die Kredite schon gekündigt waren oder noch weiterliefen. Ihr Wert war insgesamt falsch angegeben.

Daher suchte man nach einer weiteren Lösung, den REITS. Das sind ganz normale Publikumsfonds, die die wertlosen Immobilien zum Schrottpreis aufkaufen und die Anteile dafür wieder den Verbrauchern verkaufen dürfen. Zwar ändert dies nichts an den Immobilien an sich, solange die Anleger ihr Geld nicht brauchen. Man hat dann aber die REITS nur für gewerbliche Immobilien zugelassen. Wohnimmobilien sollten folgen, woran man nach der Krise wohl hoffentlich zweifeln darf.

Die Lösung lag also doch wieder bei den Krediten. Aus der Perspektive der Kreditgeber sind notleidende Verbraucher ein Kreditrisiko. Würde man sich dieser Verbraucher entledigen, so würde man auch die Kreditrisiken los und hätte endlich saubere Bilanzen, wie es Basel II, die Richtlinie für das Risikogeschäft, verlangt.

Dazu musste man die Kredite verkaufen, was in Deutschland nicht so einfach war. Unser Recht und unsere Aufsicht gehen mit gutem Grund davon aus, dass diejenigen, die die Kreditrisiken eingebracht haben, dafür auch selbst haften sollen. Sie müssen sich mit den Kreditnehmern auch dann noch auseinandersetzen, wenn diese in Not sind. Ansonsten würde man Banken prämieren, die skrupellos und verantwortungslos Kredite vergeben und ihnen den Lernprozess ersparen, der sich aus der Abwicklung notleidender Kredite für die Kreditvergabe ergibt.

Daher wurden statt der Grundstücke nun die Kredite zusammen in einer Gesellschaft gebündelt („MBS-Fonds") und anschließend an dieser Gesellschaft Anteile verkauft. Solche Kreditübertragungen sind in Deutschland bei ungekündigten Krediten ohne Zustimmung der Verbraucher verboten, weil diese sich ihre Kreditgeber ja ausgesucht haben. Sie wollten ja gerade nicht irgendwelche im Bankgeschäft nicht beheimatete Abenteurer als Partner haben. Doch auch hier half der Staat ihnen weiter. Die Gesetze dazu hatten klingende Namen. Im Jahre 2003 wurde mit dem „Investmentmodernisierungsgesetz" für (Hedge-) Fonds – auch als Heuschreckenfonds tituliert – die Möglichkeit geschaffen, solche Kredite aufzukaufen. Später schaffte man das Verbot, sich seiner Pflichten als Kreditgeber durch Verkauf der Kredite ohne Zustimmung der Verbraucher zu entledigen, teilweise ab. Dies machte man, indem man mit dem „Umwandlungsgesetz" den Verkauf als „Unternehmensaufspaltung" umdefinierte. Als dann noch ein Oberlandesgericht meinte, das Ganze verstoße gegen Geheimhaltungspflichten, befreite man die Banken 2005 mit dem „Gesetz zur Neuordnung der Finanzverwaltung" von der Pflicht zur Geheimhaltung. Kreditaufsicht und ein Aufsatz des Präsidenten des Bankensenats beim Bundesgerichtshof, der die Banken „beruhigte", taten ihr Übriges, um solche Verkäufe zu ermöglichen.

Auf der anderen Seite gab es Investoren, die hohe Gewinne beim Aufkauf solcher Kredite erwarteten. Cerberus oder Lonestar waren erfahren im billigen Aufkauf risikobehafteter Kredite. Sie hatten bereits große Fonds. Ihren Investoren versprachen sie Renditen um die 30 %. Sie boten den Banken teilweise mehr Geld als die Forderungen (bei Beachtung ihrer Risiken) überhaupt noch wert waren. Sie kauften alles en bloc und sortierten die Forderungen in Untergesellschaften. Eine Gesellschaft kündigte die Kredite und betrieb die Zwangsvollstreckung bei den Krediten, die noch verwertbare Grundstücke hatten. Die andere Gesellschaft erhielt die „Filet-Kredite", die noch Zahlungen versprachen oder die noch frei verkäufliche Grundstücke hatten. Diese verkaufte man am Markt weiter. Vorher investierte man in einige Grundstücke, um zusammen mit den vielen Servicegebühren den Wert aufblähen und den Weiterverkaufspreis erhöhen zu können. Eine dritte Gesellschaft bekam das Unverkäufliche und damit die am meisten betroffenen Verbraucher. Dafür wurde kein eigenes Geld investiert. Die Banken gaben Kredite, um ihre Kredite zu kaufen. Sie tauschten damit praktisch nur ihre Schuldner aus: Für die notleidenden Verbraucher erhielten sie milliardenschwere aber nicht minder risikobehaftete Fonds als Schuldner.

Diese verkauften diese Kredite nach Art eines Ringtausches untereinander weiter und zahlten sich dabei überhöhte Preise. Solange die Kredite zirkulierten entstanden hohe Renditen auf dem Papier. Dies wieder bewegte große Kapitalsammelstellen wie Pensionsfonds dazu, eigene Aufkaufgesellschaften („Plattformen") zu gründen, die die Preise weiter nach oben trieben. Der Ringtausch wurde zur Spirale.

Die tatsächlichen Verluste wurden größer. Die Forderungen auf dem Papier stiegen ins Unermessliche, die realen Werte sanken abgrundtief. Die faulen Papiere blieben im Geldmarkt. Erst die Verstaatlichung der Schulden brachte die Banken wieder in die Gewinnzone.

Warum aber glaubten gestandene Banker, aus notleidenden Krediten noch Geld machen zu können? Zunächst kann man so hart gegen die notleidenden Verbraucher vorgehen, dass diese „lieber" ihre Kredite bezahlen, als ihre Kinder zu ernähren. Das hatten wohl einige dieser Fonds und ihrer Inkasso-Untergesellschaften so vor, die hier mit „Spezialwissen" aus Amerika vorgaben, noch weit mehr herauszuholen, als die Bewerter für möglich hielten. Inkassogebühren, überhöhte Verzugszinsen, Verfallpauschalen und andere „default charges" sind aber in Deutschland immer noch begrenzt, wenn auch in den letzten 10 Jahren die Rechtsprechung das Recht hier ausgehöhlt hat. Zudem wachen Schuldnerberater und Verbraucherzentralen über die Einhaltung. Der eigentliche Grund ist aber der kollektive Glaube an die Selbständigkeit des Geldsystems, wodurch Schneeballsysteme im Kopf zu realen Systemen wurden. Jeder Aufkäufer zahlt einen höheren Preis, jeder Verkäufer verdient. Das gilt auch, wenn der ursprüngliche Verkäufer im Ringtausch wieder als Käufer auftritt. Soange die Kredite zirkulieren, verdienen alle. Wer zum Hinsehen aufruft, bringt das System zum Einsturz. Das wird keiner freiwillig tun.

Man hätte diese Entwicklung mit Regeln gegen Wucher und Anlagebetrug eindämmen können. Für diesen Fall hat Karsten von Köller von dem Hedgefonds Hudson/Lonestar den Politikern sogar öffentlich versprochen: „dann zieht die Karawane weiter". Die aber sahen in der Karawane ein goldbeladenes Geschenk statt einer Truppe von Gauklern.

Die Geschichte der bayerischen Banken ist aber mit der HRE nicht zu Ende. Sie versuchte die so ertragreichen Bindungen zum Staat durch den Aufkauf der Deutschen Pfandbriefbank (Depfa) auszubauen. Die Depfa war – 1922 als „Preußische Landespfandbriefanstalt" gegründet und als bundesunmittelbare Deutsche Pfandbriefbank staatlich geführt worden und garantierte die Kreditversorgung der Kommunen, wodurch sie zur systemischen Bank avancierte. Ihre Umwandlung in eine Aktiengesellschaft 1991 ermöglichte nun aber die Abspaltung einer rein privaten Immobilienfinanzierungsbank, die auch noch nach Irland umzog. Mit dem guten Namen einer Staatsbank kaufte die HRE im Oktober 2007 kaum mehr als den Namen der Depfa und konnte diesen für letzte Rettungsversuche missbrauchen. Der Missbrauch geht unterdessen weiter: Die HRE hat Ende Juni 2009 bekanntgegeben, dass sie nach außen nur noch unter dem Namen Depfa auftreten will, wobei sie jedoch nicht auf die soliden Geschäfte der Depfa vor 1991 zurückgreift.

Die HRE und ihre Vorgänger haben wohl ständig den Staat falsch informiert, aber dieser wollte es wohl so haben. Der zuständige Referent der BaFin sagte im Juni 2009 vor dem Bundestag, „die BaFin sei schon Anfang 2008 zu dem Schluss gekommen, dass das Geschäftsmodell der irischen HRE-Tochter Depfa wegen der sich zuspitzenden Weltfinanzkrise und der völligen Abhängigkeit des Instituts von funktionierenden Kapitalmärkten mit wachsenden Risiken behaftet" gewesen sei. Wenn der HRE-Bundestagsausschuss unter diesen Umständen sich auf das Versagen der Aufsicht beschränkte, so hat er den Totengräber für den Tod des Patienten verantwortlich gemacht, statt dessen vorheriges Siechtum zum Gegenstand der Untersuchung zu machen. HRE ebenso wie Berliner Bank AG sind vor allem Kunstgebilde der Verquickung von Wirtschaft und Politik gewesen, sodass die beiden internen Kontrollsysteme, das marktwirtschaftliche und das demokratische, sich gegenseitig neutralisierten.

Citi: Erfinder der Traumrenditen im Massengeschäft

Citibank wurde in den USA inzwischen verstaatlicht. Es half ihr nichts, dass sie im letzten Augenblick noch durch den Verkauf ihrer deutschen Tochter an die französische Genossenschaftsgruppe Credit Mutuelle Geld in ihre Kassen spülte. Die Nummer 1 unter den Banken der Welt, die in Deutschland die Nummer 2 im Konsumkredit war, hatte einen Quartalsverlust von 5,1 Mrd. Dollar. „Ursache der Verluste sind Wertberichtigungen von über 15 Milliarden Dollar auf Hypotheken, Verbraucherkredite und Unternehmensfinanzierungen. Nicht nur Hausbesitzer sind mit Zins und Tilgung im Rückstand, immer mehr Citi-Kunden konnten auch ihre Kreditkarten-Schulden und die Ratenkredite für ihr Auto nicht bedienen", schrieb die Süddeutsche Zeitung (v. 19.04.2008 S. 23).

Citibank ist keine Unbekannte. Der amerikanische Soziologieprofessor David Caplovitz, der als der Vater der Forschungen über die Überschuldung galt, hatte sich noch als Pensionär 1996 für das Jurastudium eingeschrieben, um, wie er sagte, selbst eine Klage gegen Citibank wegen der Zerstörungen von Familien in Amerika anzustrengen. Die Gerichte sollten aus seinen Daten mit einem eignen Haftungstatbestand die Bank zur Umkehr zwingen. Er verbrachte seine letzten Jahre als Schuldnerberater in New York bei Luther Gatling in der Insolvenzklageabteilung von BUCCS, der größten Schuldnerberatungsstelle des Landes.

Citibank wurde allseits für seine hohen Profitraten bewundert. Geschätzt wurde auch der Corpsgeist, der in dieser Bank herrschte. Als in der Wucherkampagne der 80er-Jahre behauptet werden konnte, dass wohl 80 % der Ratenkredite bei KKB (Citibank) Deutschland sittenwidrig sein könnten, musste die Gewerkschaftszeitung nach dem Artikel des Verfassers gegen Wucher einen Artikel ihres Betriebsrates abdrucken, der von der Geschäftsführung hätte stammen können.

Citibank wurde wegen seiner hohen Profitabilität noch vor wenigen Jahren als potenzieller Aufkäufer der Deutschen Bank gefürchtet. Wir wissen jetzt, dass es Scheingewinne waren: Vor allem aus Krediten, die statt gekündigt zu werden, als Buchpositionen aufrechterhalten und jeweils den Kundenverhältnissen für hohe Zusatzkosten angepasst werden, obwohl sie eigentlich in der Überschuldung münden werden. Seit 20 Jahren ist Citigroup, in Deutschland einst unter KKB bekannt, die Vorreiterin im Verbraucherkredit. Sie war tonangebend bei der Einführung von Kettenkrediten, bei denen ein Einstiegskredit mit Zusatzkreditangeboten zu einer Dauerverschuldung ausgebaut wurde. Hier war der Ratenverzug nicht das Ende, sondern der Beginn einer lukrativen Kunden-Bank-Beziehung. Ihr Werbespruch „Bank mit den kleinen Raten" führte in der praktischen Umsetzung dazu, dass die Laufzeiten explodieren.

Sie erfand die Restschuldversicherung als Hauptgewinnfeld im Kredit, bei der große Teile der Prämie einer Versicherung ohne Risiko an die Bank als Provision zurückfließt. Bei dieser Bank konnte man beobachten, wie nach einer Niedrigzinsphase plötzlich alle bestehenden Niedrigzinskredite der Verbraucher „freiwillig" anlässlich eines kleinen Zusatzkreditbedarfs in Hochzinskredite umgeschuldet wurden. Als die Zinsen dann wieder sanken, blieben die Hochzinskredite jedoch bestehen und es wurden Zusatzkredite gewährt, ohne die Hochzinskredite anzupassen. Die Idee, ein gesondertes kostenpflichtiges Kreditkonto zu führen, konnte man bei Citibank ebenso abschauen wie verfälschte quadratische Rückrechnungsformeln, mit denen ein Teil der im Voraus versprochenen Zinsen bei Kündigung bei der Bank verblieben. Die mehrfache Kündigung von Restschuldversicherungen mit jeweiligem Totalverlust der im Voraus bezahlten Prämien vergrößerte ebenfalls die Verdienstspanne der stolz ausgewiesenen „Provisionserträge".

Auch im Inkassowesen war man anderen voraus, indem man Outsourcing betrieb und die hässlichen Rückwirkungseffekte effektivierter Beitreibungsmethoden vom eigenen Namen fernhielt. Die Bank schaffte es auch, trotz insgesamt weit überdurchschnittlicher Erträge pro Kreditgeschäft bei den Preistabellen bei der Stiftung Warentest immer noch oben an zu sein. Das lag daran, dass die Kosten so gut verteilt waren, dass die Tester bis heute nicht erkennen, wo und bei wem sie eigentlich anfallen. Auch die Idee, dem Kunden keinen klaren Preis mehr zu nennen, und – obwohl man mit niedrigen Zinsen geworben hatte – ihn erst in Verhandlungen hineinzuziehen, oder als bestehenden Kreditkunden für eine Umschuldung zu gewinnen, um ihn dann mit einem „persönlichen" risiko-adjustierten Preis einzufangen, der weit darüber lag, kam wohl aus diesem Hause. Fast wäre es der Bank auch noch gelungen, die vom Überziehungskredit abgekoppelten zinsunsensiblen Kreditkartenkredite beim Massenpublikum abzusetzen, als man mit der Bundesbahn vereinbarte, dass jeder Bahncardinhaber automatisch Inhaber einer solchen Citibank-Kreditkarte sein musste. Es ist eines der wenigen Erfolgserlebnisse der Verbraucherverbände, dass die Bundesbahn den Vertrag wieder kündigte, weil nur ein Bruchteil ihrer Kunden diesen Zwang zu einem Bankverhältnis über die Bahncard akzeptieren wollte.

Citibank hat aber auch den Konsumkredit populär gemacht und ihn gegen die auch heute noch in der finanziellen Allgemeinbildung anzutreffende patriarchalische Grundstimmung verteidigt, das „Leben auf Pump" sei nichts für kleine Leute und man müsse ihnen Sparsamkeit statt des richtigen Umgangs mit Kredit beibringen. Damals stellte die KKB Mitarbeiter der noch gewerkschaftseigenen BfG ein, die die Sprache des Volkes sprachen. Sie gründeten auch die ersten Wohnzimmerfilialen, bei denen die Arroganz der Bankenmacht fehlte und bekannte sich dazu, auch den „kleinen Mann" für kreditwürdig zu erklären. Der Chef der KKB in Deutschland, Stefan Kaminsky, schrieb das lesenswerte Buch „Banken für Menschen", in dem er den Weg John Reads, des Vordenkers in den USA, nachzeichnete. Citibank zeigte aller Welt, dass das Konsumkreditgeschäft und überhaupt das Kreditgeschäft mit einfachen Leuten möglich, lukrativ und ohne Ideologie betrieben werden könne. Sie waren dabei so erfolgreich, dass sie überall Nachahmer fanden, die teilweise nur kopierten, was sich negativ im Sparkassensektor niederschlug: Die Sparkassen verloren ihre Kunden, weil sie von ihnen bis dahin verlangt hatten, dass sie sich an ihre Produkte und Sparideologie anpassten, während sie sich selbst kaum bewegten.

Heute gilt auch in Deutschland, dass der Zugang zum Kredit, der „Access to Financial Services" eine ganz wichtige Bedingung gerade für die Teilhabe der 40 % der Bevölkerung am wirtschaftlichen Fortschritt ist, deren Lebenseinkommen kein Ansparen zulässt. Sie sind im Besonderen darauf angewiesen, sich ihr zukünftiges Einkommen zu leihen, damit sie die Investitionen in Bildung, Kinder, Haus, Wohnung und Mobilität tätigen können. Citibank suchte den Kontakt zu den normalen Menschen, sponserte Kirchenfenster in Arbeiterorten statt Kunstobjekte in Vorstandsetagen. Sie finanzierte sogar Sozialarbeiter und hatte von allen Privatbanken das größte Engagement in dem Bereich der modernen finanziellen Allgemeinbildung. Sie unterstützt Verbraucherkongresse und nimmt an Diskussionen teil.

Die Idee, die Liquidität der kleinen Leute zu sichern, ist die Leitidee dieser
Bank. Sie tat dies aber, weil sie Geld verdienen wollte. Wollte man Fluch und
Segen der Citibank für die Menschen empirisch untersuchen, so erscheint die
Prognose über das Ergebnis mehr als unsicher. Citibank-Kunden haben oft den
Verbraucherschützern widersprochen. Die Überwindung von Statusdenken im
deutschen Bankgeschäfte, das viele Banker zur Arroganz veranlasst hatte, ist ein
Verdienst dieser Bank. Zugleich aber hat sie der deutsche Staat auf einem Weg
unkontrolliert gelassen, der vielen Verbrauchern zum Verhängnis werden konnte.

SachsenLB: Staatsbanken als Spielkasinos

Die SachsenLB war die erste selbstständige Bank, die zusammenbrach, den Ministerpräsidenten zum Rücktritt zwang und die Öffentlichkeit mit einer Bürgschaft über 2,8 Milliarden € daran gewöhnte, dass der Staat Banken auslöste. Die
deutsche Öffentlichkeit erfuhr im Wesentlichen, dass ein Ministerpräsident und
seine Frau jeweils auch privat Geschäfte mit der SachsenLB getätigt hatten und
im Übrigen der Leichtsinn von Bankern aus der Provinz ein ganzes Bundesland
an den Rand des Ruins gebracht hatte.
    Man muss schon auf die englische Presse wie den Artikel des Wirtschaftsver-
lags Bloomberg zurückgreifen, um ein mit vielen Interviews und Vor-Ort-
Recherchen belegtes Bild zu erhalten. Darin kann man erkennen, dass das Gemisch
aus Politik, Management, Alimentation des Staates und persönlichen Beziehungen
bei den Landesbanken ein System war, das bei der WestLB angefangen über die
Berliner Landesbank letztlich den Rest dieser einst als Servicebanken der Sparkassen begonnenen und als Politikbanken endenden Branche bestimmte. Wer eine
Verstaatlichung als Lösung der Bankenkrise ansieht, muss sich mit dem Phänomen
auseinandersetzen, dass es neben der HRE vor allem Staatsbanken waren, die bisher die Bankenkrise in Deutschland bestimmt haben.
    Die Landesbank Sachsen, Girozentrale, „kaufte" strukturierte Papiere über
verbriefte Hypothekenkredite aus den USA oder anders ausgedrückt, übernahm
faule Hauskredite sowie zusätzlich abgetrennte Risiken aus solchen Krediten.
Der Wert dieser Forderungen war 27-mal höher als das Eigenkapital der Bank.
    Dass das kein reines Geldphänomen ist, unterstreicht der englische Artikel
durch Verweise auf die Geschichte Sachsens und dessen gut rechnendem Mathematiker Leibniz sowie dem dramatischen Mangel an Mathematiklehrern heute. Er zitiert einen Bürger aus Dresden, das (schon einmal möchte man hinzufügen) „von den Alliierten im Zweiten Weltkrieg vollständig zerbombt wurde." Der
erklärt, was eine Staatsbürgschaft ist: „Genauso wie die sächsischen Politiker

beten wir jeden Tag dafür, dass die Bürgschaften nicht benutzt werden. Es hängt ein Damoklesschwert über unseren Häuptern."

Deutschlands Landesbanken hatten bisher als „Staatsbanken unverdient hohe und gute Kreditratings und niedrige Refinanzierungszinsen. Sie entdeckten ihren Appetit für verbriefte Kredite am Anfang des Jahrzehnts und mussten dann 22 Mrd. $ von den mehr als 650 Mrd. $ der Verluste, die im Augenblick mit dem US-Subprime-Kreditmarkt verbunden werden, abschreiben. Der Konkurs von Lehman Brothers Holding am 15. September, jener New Yorker Investmentbank, die den Sachsen geholfen hat, ihre größte Zweckgesellschaft außerhalb zu gründen, wird wahrscheinlich die Landesbanken eine halbe Mrd. Euro oder mehr kosten."

„Sie machten große Spiele mit dem Geld der Steuerzahler, sie verspielten dabei Milliarden und niemand wird dafür zur Verantwortung gezogen", sagt Andreas Schmalfuß, ein Mitglied des Untersuchungsausschusses des Parlaments in Sachsen. Am Morgen des 12. August wurden die Wohnungen und Büros von fünf früheren Aufsichtsratsmitgliedern der Sachsen LB durchsucht. Staatsanwaltschaft, Polizei und das Bundeskriminalamt beschlagnahmten Computer und Dokumente an 28 verschiedenen Orten. Dasselbe tat die Polizei in Irland, wo Sachsens Hauptquartier der Landesbank durchsucht wurde. Bisher sind keine strafrechtlichen Vorwürfe erhoben worden." Ein Jahr wartete die Staatsanwaltschaft nach der Insolvenzerklärung, bis sie eine Durchsuchung anordnete.

Die Insolvenz war auch durch eine Kreditlinie von 17 Mrd. € in letzter Minute durch nicht genannte andere Banken nicht abwendbar gewesen.

Bloomberg berichtet vom „Druck der deutschen BaFin, die damit gedroht hatte, die Sachsen LB zu schließen", mit der der kostspielige Notverkauf an die Landesbank Baden-Württemberg für gerade einmal 328 Mio. € erreicht wurde.

Stefan Leusder, 53, war als Leiter der Kapitalmarktabteilung verantwortlich für die Investitionen bei Ormond & Quay Funding PLC in Dublin. Unter Leusders Augen verdoppelten sich die Investitionen in die verbrieften Papiere auf fast 18 Mrd. € innerhalb von zwei Jahren. Am 23. August 2007, drei Tage vor dem Verkauf der Bank, nahm er seinen Abschied.

Herbert Suess, 69, der Leusder 2005 einstellte, Yvette Bellavite-Hoevermann, Werner Eckert und Gerrit Raupach gehörten auch zum Team, aber sie kommentieren nicht mehr.

Persönlicher Geltungsdrang spielt in einem Segment, das ohnehin keinen Stolz auf das Produkt zulässt und nur Zahlen kennt – aber anders als im Bereich der Privatbanken keine vorzeigbaren Maximaleinkommen –, eine besondere Rolle:

Die Landesbank Sachsen wurde 1992 gegründet, um das Wachstum in Sachsen nach der deutschen Wiedervereinigung zu fördern. Sie war die kleinste und letzte der 13 Landesbanken in Deutschland. Dies führte dazu, dass die Manager sich in besonderer Weise zeigen wollten, dass sie wettbewerbsfähig war. „Der

Hauptfehler war es, dass die Sachsen LB in einer Liga spielte, für die sie viel zu klein war", sagte Sebastian Scheel als Mitglied des Untersuchungsausschusses. Dublin gab die Chance für das „Think big". Claus Harald Wilsing, ein Banker aus Wiesbaden, war gerade ein Jahr im Amt als er 1999 die Sachsen LB Europe PLC in Dublin aufbaute, die er dann auch leitete. Bei einem kaum halbstündigen Treffen in Prag war das entschieden worden. Man wollte von dem Steuerparadies Irland (12,5 % statt 30 % Körperschaftssteuer in Deutschland) profitieren und gleichzeitig ein Sprungbrett nach London und New York haben. Man residierte im zweitgrößten Gebäude am George's Quay Plaza am Liffey Fluss neben der Schweizer UBS AG, die in Europa die größten Verluste aus dem Subprime-Debakel hatte. Man fing an mit öffentlichen Schuldverschreibungen. Damit konnte man mäßig verdienen. Dann trat 2000 McKinsey & Co. aus New York auf.

Im Kopf hatte man nur das Überleben für den Zeitpunkt im Jahre 2005, wenn keine Staatsgarantien mehr existieren und damit die guten Ratings und Zinssätze verloren waren. Das hatte die EU-Kommission den deutschen Banken und Sparkassen beschert. Sie versteht den Auftrag zur europäischen Einigung durch einen gemeinsamen Markt unter englischer Führung so, dass man gemeinsam einen freien Markt errichten müsse. Weil in neo-liberaler Sichtweise der Staat der Feind des Marktes ist, verfolgen die Generaldirektionen Markt und Wettbewerb weiterhin die Privatisierung aller Banken in Europa, die mit der Streichung der Staatsgarantien begann. Dass die Staatsgarantie nur die Kompensation dafür ist, dass diese Banken öffentliche Verantwortung tragen und gemeinnützig agieren sollten, konnte allerdings keiner mehr feststellen: Die Landesbanken (und allen voran die WestLB) benahmen sich längst wie kapitalistische Musterkinder des Bankensektors.

Doch McKinsey unterstützte zwar die einseitige Profit-Orientierung, nicht jedoch das beabsichtigte Harakiri. „Das McKinsey-Team empfahl, dass die Sachsen LB ihre traditionellen, niedrigschwelligen Engagements bei lokalen Unternehmen aufgeben und in Nischengeschäfte wie das Leasing eintreten solle, so jedenfalls ergibt es sich aus einer Rede von Georg Milbradt im Jahre 2007, dem früheren Ministerpräsidenten von Sachsen, der für die Gründung der Sachsen LB verantwortlich war. McKinsey warnte allerdings vor einem zu aggressiven Hineingehen in die Kapitalmärkte und meinte, dass die Strategie für die Bank sich nicht auszahlen würde, weil sie die Staatsgarantien verliere, so jedenfalls sagten es zwei Informanten, die mit der Situation vertraut waren."

Das Management war aber klüger. Mit kurzfristiger, vom Staat garantierter Kreditaufnahme kaufte es die schlimmsten Kredite aus den USA, neben verbrieften Hypothekenkrediten und Kreditkarten-Krediten auch Studentenkredite, die in der Vergangenheit Ausfallquoten bis zu einer Höhe von 30 % hatten. Noch vor 20 Jahren war in der US-Literatur umstritten, ob man Kreditkartenkredite jemals überhaupt verbriefen könne, weil sie so unsicher waren.

Nur einer stieg aus. „Ich verließ die Bank, weil die Strategie nicht seriös war", sagte das Aufsichtsratsmitglied Laible. Er betreibt heute einen Bauernhof in der Nähe von Stuttgart. Wilsing machte weiter. Er holte sich 2001 Adrian Fitzgibbon, einen Iren, den man mit viel Geld bei J.P. Morgan Chase & Co. und Lehman Brothers abgeworben hatte.

Er war nicht unbekannt. AC Capital Partners Ltd. berichtete über seine Erfolge bei strukturierten Papieren.

In einem Jahr hatten die Sachsen bereits 11 Mrd. € in Derivate investiert, die, so Bloomberg, „das Risiko so zusammenziehen wie das Kokain aus dem Cocablatt oder das Heroin aus dem Mohn." Das war nun 77-mal höher als das Eigenkapital der SachsenLB. Dafür erlöste man magere 29 Mio. €. Das waren aber bei einem Gesamtgewinn von 42 Mio. € dieser Kleinbank schon fast 2/3. In Leipzig sah man nur den Gewinn und kommentierte: „Ein Schuss ins Schwarze auf der grünen Insel".

„Dann", so kommentiert Bloomberg, „hob die Sachsen LB ab. Die Vertreter der Eigentümer, Staatsregierung, Stadtvertreter und die regionale Sparkasse schreiben im Geschäftsbericht 2003, dass sie eine 15-prozentige Eigenkapitalrendite im Jahre 2007 erreichen wollten." Zum Vergleich: Die Deutsche Bank hatte damals 13 %. Woher der Gewinn kommen sollte? Man dachte wohl an die beiden Spielkasinos in Leipzig und Dresden, wo amerikanisches Roulette, Black Jack und Poker gespielt wird und allein in Dresden 470 Spielautomaten stehen, bei denen der Staat als Spielbank allerdings per Gesetz zum Gewinnen verurteilt ist. In Dublin aber waren sie nur einfache Spieler.

Sie wandten sich an erfahrene Spieler, die inzwischen berüchtigten Lehman Brothers aus New York. Mit ihnen zusammen gründeten sie 2004 die Spielgemeinschaft Ormond Quay Funding. Jetzt nutzte der staatliche Hintergrund. Gemeinden, Unternehmen und Geldmarktfonds waren die Kunden der Bankfonds. In den Pools lagerte sie verbriefte Kredite mit einem geringen Rating von AA-ein. Lehman Brothers waren auch als Verkäufer dabei, hatten sie doch in den USA die meisten Hypothekenkredite aufgekauft. Aber auch die Deutsche Bank und die Londoner Barclays PLC wurden hier ihren „Schrott" los.

Der eigentlich große Coup bestand dann darin, das Land Sachsen, dem man die Traumrenditen servieren wollte, selbst zum Spieler zu machen. Dies wurde zusammen mit Lehman Brothers ausgedacht. Die Idee war einfach und gleicht einer unbegrenzten Bürgschaft für alle künftigen Kredite, mit denen schon viele Verbraucher, die die Kreditlinien ihrer Ehepartner absicherten, in den Ruin getrieben wurden.

Noch vor Juli 2005, also dem Wegfall der Staatsgarantie, mussten alle Gelder und damit Schulden aufgenommen sein, mit denen man später spekulieren wollte. Das schaffte man mit einer Garantie der noch staatlich garantierten Sach-

senLB für das „Spielcasino" Ormand Quay in Dublin, die auf weitere 10 Jahre
laufen sollte. Ebenso wie der Bürge für eine Bürgschaft auch dann noch haftet,
wenn er nachher geschäftsunfähig geworden ist, so sollte der Staat alle Risiken
übernehmen und damit der SachsenLB die besten Zinssätze und Ratings trotz
schlimmster Geschäfte sichern. Damit war alles viel schlechter als vorher, als die
Staatsgarantie nur in Sachsen wirkte und dort auch kontrolliert wurde.

> Eine solche Konstruktion hat in Deutschland Geschichte. So soll die Landesbank
> Berlin 1994 für ihre marode Holding, die Berliner Bank AG, praktisch die Haftung
> übernommen haben. Weil die Landesbank Berlin ihrerseits eine Staatsgarantie hatte,
> soll dadurch die Privatisierung in Berlin nur zum Schein erfolgt sein. Letztlich er-
> klärt das, warum das Land Berlin beim Zusammenbruch ganz offiziell die Bürg-
> schaft übernahm.

Die Ratingagentur Standard & Poor deckte bei der SachsenLB diesen Betrug am
Steuerzahler nicht auf, sondern bescheinigte ihrer irischen Tochter ein erstklassi-
ges Ergebnis. Nun konnte Ormond Quay eine Kreditlinie in Höhe von 200 Mio.
€ von der Sachsen LB erhalten. 25-mal so viel übernahm die Sachsen LB Europa, für die dieselbe Haftungskonstruktion galt. Man konnte jetzt den Käufern der
zweifelhaften Papiere rücksichtslos Sicherheit versprechen.

Im Juni 2004 erhielt Ormond Quay noch ein A1+ Rating wegen der Staatsgarantie. „Konkursfern" sei diese Spielbank und eine „neuartige Struktur", weil
der Staat dahinterstehe.

Nachdem nun die Struktur für weitere Taten geschaffen war, ging es nur
noch in eine Richtung. Ende 2005 waren 8,3 Mrd. € in verbrieften Krediten investiert, achtmal mehr als im Juni 2004. „Es war wie eine Spielsucht."

Im Juni 2005 gab die SachsenLB für Ormond Quay die 4 %-Begrenzung
auf und erlaubte ihm damit, 43 Mrd. € bis zum Jahr 2010 zu setzen. Die dadurch
explodierenden absoluten Gewinne führten zu einer Prüfung durch die KPMG,
die dem Verwaltungsrat Unwissen über die Natur der Geschäfte bescheinigte.

Im Management der Bank erhielt Wilsing von Weiss und Fuchs Unterstützung. Beide waren noch in eine betrügerische Leasingaffäre verwickelt und
mussten dann zurücktreten. Der Bericht der KPMG brachte niemanden zur Vernunft. Das Rad wurde mit dem Einstieg in die Wohnungskredite (nach dem
Lehman-Muster) schneller gedreht. Und dies zu einem Zeitpunkt, als die Wohnungskredite bereits im freien Fall waren. Barclay half ein neues strukturiertes
Investmentpapier, SIV-Leicht zu packen. Es enthielt im Pool langfristige Schuldverschreibungen für verbriefte Hypothekenkredite und Bankschulden. Die Sachsen LB erklärte der Presse so wie der berühmte Geisterfahrer, der alle anderen
auf der falschen Spur wähnt, eine Woche vor dem Zusammenbruch der Hypo-
thekenmärkte in Dublin, dass sie eine der profitabelsten Banken in Irland sei.

Ernst & Young, die Beratungsfirma, hat später in ihrem Bericht ausgeführt, dass „die Bank zunächst keine Anstrengungen unternahm, ihre Investitionen zu begrenzen, oder das Risiko zu verringern. Ganz im Gegenteil, das Geschäft wurde noch ausgeweitet."

SIV-Lite, jetzt Sachsen Funding I, erhielt wohl wegen der nachwirkenden Staatsgarantie von der anderen Ratingagentur Moodys im Mai 2007 gleichwohl noch das höchste Rating für kurzfristige Schulden. Gleich wurden die erspielten 2,5 Mrd. aus dem Verkauf verbriefter Subprime- Hypotheken wieder eingesetzt.

Die Großbank-Chefin von Barclays lobte die Provinzbank, was diese dankbar mit einem Großfoto von ihr quittierte. Es gäbe eine Achse „Dublin – London – Leipzig". Noch am 10. August 2007 war man guter Dinge. Die fachkundige Analyse des neuen Chefs Sven Petersen in Dublin war später: „Es war das Misstrauen des Marktes, das uns die Liquidität stahl."

Sechs Tage später aber schon war Schluss. Die Ratingagentur Fitsch setzte die Sachsen LB auf „Beobachtung negativ". Am nächsten Tag erhielt die Bank noch eine 17 Mrd. Kreditlinie aus dem Staatssektor, um Schulden zurückzuzahlen, die ihre Dubliner Einheit gemacht hatte. Vier Tage später stufte Standard & Poor's die Schulden der Sachsen LB auf BBB+ von A- herab. Ein paar Tage später warnte Barclays, dass sie Forderungen gegen zwei Fonds, in die die Sachsen LB investiert hatte, geltend machen würden, so berichteten Ernst & Young und vier Personen, die direkten Zugang zu den Informationen hatten.

Am 22. August merkte man in Leipzig, dass ein Verlust von 250 Mio. € vom Verkauf dieser Anlagen drohte. Jetzt kam das „Zu vernetzt, um bankrott zu gehen"-Argument. „Ein Zusammenbruch der Sachsen LB hat weitreichende Folgen für die gesamte Bankenlandschaft in Europa", sagte der Ministerpräsident. Sonntagnacht um halb drei wurde an die Landesbank Baden-Württemberg verkauft, das war 16 Tage nach den euphorischen Stellungnahmen in Dublin. Als die Landesbank Baden-Württemberg vier Monate später kalte Füße bekam, gab Sachsen Garantien in Höhe von 2,8 Mrd. €, um die Verluste des neu geschaffenen Fonds zu tragen, in den 16 Mrd. € Anlagen von Ormond Quay und der Sachsen Funding übernommen worden waren.

Sachsens Finanzminister stellte am 19. September erst einmal 825 Mio. € bereit.

Jetzt kam für die Öffentlichkeit das Aufräumen. Das aber übertrug man Lehman Brothers, der Bank, die die Sachsen LB dabei beraten hatte, im Jahre 2004 Ormond Quay zu gründen, die allerdings ein Jahr später selbst ihre Existenz aufgab.

„Das Gift waren die Zweckgesellschaften außerhalb der Bilanz, die Risiken aufnahmen, die weit höher waren, als die Bank sie schultern konnte", sagte das frühere Mitglied des Vorstands Laible.

4.3 Der Verkauf verbriefter (fauler) Kredite

Die Krise deutete sich mit der Eröffnung eines Marktes für faule Kredite (non-performing-loans NPL) an. Das Neue daran war nicht, dass unbezahlte Forderungen gegen säumige Schuldner von Spezialisten mit Abschlag aufgekauft und dann mit ihrem Spezialwissen besser (Inkassoabtretung) oder schneller (Factoring) durchgesetzt werden als es eine Bank kann, die nur relativ wenige säumige Schuldner hat, oder wie ein Unternehmen, das auf das Geld seiner Schuldner nicht warten kann. Vielmehr wurden faule Kredite als Handelsware erworben, um sie weiterzuveräußern. Ebenso wie sich in der Wüste die Geier einfinden, wenn Tiere kurz vor dem Verdursten stehen, so fanden sich in Deutschland sog. „Geierfonds" ein, die die faulen Kredite ausweiden wollten. Cerberus, Lonestar, Lehman Brothers und andere Hedgefonds erlangten eine traurige Berühmtheit. Sie wurden von vielen Banken und Politikern als Retter in der Not bezeichnet und gepriesen, die es angeblich schafften, aus faulen Krediten gutes Geld herauszuholen.

Nach Auskunft der BaFin wurde „seit 2003 ein deutliches zweistelliges Milliardenvolumen durch deutsche Banken veräußert." Der Zentrale Kreditausschuss der Banken gibt an, dass allein im Jahre 2005 in Deutschland notleidende Kredite im Umfang von 12 Mrd. € gehandelt wurden. Die Abgrenzung zu zweifelhaften Wertpapieren, von denen es 800 Mrd. € allein in Deutschland geben soll, ist schwierig. Als Kredit ist es eine notleidende Forderung (NPL), verbrieft ein risikoreiches (toxisches) Wertpapier. Sind Kredite einmal verbrieft im Umlauf, so fügt jeder Weiterverkauf dem Kreditnehmer keinen weiteren Schaden mehr zu, außer, dass er es nun mit einem Kreditgeber zu tun hat, der noch weniger Interesse an ihm, dafür aber ein gesteigertes Interesse an der Ausbeutung der Forderung hat. Der Grundstein wird allerdings mit dem Erstverkauf gelegt. Ein Kreditnehmer hat einen Kredit aufgenommen und ist in Zahlungsschwierigkeiten. Die Bank verkauft ihn, damit er in einem Pool verbrieft werden kann. Anders lässt sich ein selbstständiger Pool, an dem man dann Anteile verkaufen kann (MBS), nicht schaffen.

4.3.1 Pools für faule Kredite – Wertgewinn für die Banken?

Pools kennen wir als Schwimmbäder. Es sind Wasserbecken, in denen das kostbare Nass für heiße Zeiten gesammelt wird. Allerdings brauchen wir sie nur zum Baden, was angesichts des weltweiten Mangels an Trinkwasser die Funktion von Wasserpools in peinlicher Weise auf die Welt der Reichen reduziert. In den heißen Ländern heißen Wasserspeicher Zisternen, in denen das Lebenselexier dieser Welt für alle gemeinsam gesammelt, verwahrt und neu verteilt wird.

Der Vorteil solcher Zisternen ist ihre Chance, Wasser nach Bedarf zu verteilen, so wie es die Flüsse tun, die das Wasser landesweit einsammeln und dadurch
ganze Städte versorgen können. Dabei kann kaltes und warmes Wasser, mehr
oder weniger salz- oder eisenhaltiges Wasser zusammenfließen, sodass man im
Pool eine durchschnittliche Qualität erhält, die auch kleinere Mengen ver-
schmutzten Wassers verkraften kann. Wertpapier- oder Forderungspools sind
solche Sammelstellen für Wertpapiere unterschiedlicher Qualität, aus denen ein
für alle tragbarer Durchschnitt entsteht. Gibt man Anteilsscheine an dem Pool
aus, so stellt das eine Verbriefung dar, die auch an Sammelstellen für bereits
verbriefte Forderungen (Dachfonds, Wertpapierfonds) ausgegeben werden können. Die „Verbriefung von Wasser", wenn es sie nicht schon gäbe, hätte viele
Vorteile. Jeder bekommt eine durchschnittliche Qualität, die Aufbewahrung ist
billiger und einfacher und mit mehr Wasser kann man Schwankungen besser
ausgleichen. Doch die durchschnittliche Wasserqualität sollte schon hoch bleiben, weil die Wassernutzung im Vordergrund steht. Bei NPL-Fonds hat sich dies
jedoch umgedreht. Nicht die Nutzung der Forderungen, sondern der Weiterverkauf der verbrieften Anteile wurde zum Geschäft. Die Handelsspanne und nicht
die Güte war entscheidend und die lässt sich ja bekanntlich dort am besten erweitern, wo es gelingt, die schlechteste Qualität zum höchsten Preis loszuschlagen
und dabei das verdorbene Fleisch ohne Kontrollmöglichkeit so lange herumzu-
fahren, wie der Handel besteht und die dafür vorgesehenen EU-Subventionen
mehrfach kassiert werden konnten.

Genau das passierte mit den NPL-Fonds. Pools mit schlechten Forderungen
waren in einem Markt, der keine Endnutzer mehr kannte, ein gutes Geschäft.

Faule Kredite, die man mit der irreführenden Bezeichnung „notleidend"
versah, obwohl ja nicht der Kredit, sondern der Verbraucher, der ihn nicht mehr
bedienen kann, Not leidet, gab es hierfür genug. Das lockende Geschäfte mit
dem wirtschaftlichen Siechtum der Kreditnehmer ermunterte zum ersten Mal
auch zur statistischen Erfassung der Überschuldung. Das übernahm jetzt die
Marktforschung der Hedgefonds, nachdem der Armutsforschung bis dahin alles
Geld für die Erfassung der Überschuldung privater Haushalte in Deutschland
gestrichen worden war.

Während die BaFin in ihrem Jahresbericht 2006 182 Mrd. € schätzte, kommen die meisten Autoren auf 160 Mrd. €. Die Deutsche Bundesbank geht in
ihrem Finanzstabilitätsbericht vom November 2006 von 5,3 % des Bruttokredit-
volumens im Jahre 2003 und von 4,1 % im Jahre 2005 aus. Schätzungen von
mehr als 300 Mrd. € notleidender Kredite kamen wohl zunächst als Panikmache
von den Banken, die gesetzliche Maßnahmen zum erleichterten Verkauf verlangten. Federführend war hierbei ihre Initiative Finanzstandort Deutschland. Inzwischen dürften ihre Zahlen realistisch sein, da, wie wir oben gezeigt haben, die

Faktoren für einen deutschen Subprime-Kreditmarkt ein hohes Wachstumspoten-
zial versprechen bzw. befürchten lassen.

In einem Werbepapier für Hedgefonds aus der Marktforschung eines amerikanischen Hedgefonds mit dem Titel „Ein Markt in Entstehung" sind die geschätzten 160 Mrd. € fauler Kredite auf die verschiedenen Kreditarten mit Quoten zwischen jeweils 3 % und 12 % verteilt.

Während die tatsächlichen Ausfallquoten in Deutschland bei einem Drittel
liegen dürften, zeigen diese Quoten, dass durch die Umschuldungs-, Aufsto-
ckungs- und extensive Beleihung graue Kredite entstanden sind, die auf Dauer
bereits uneinbringlich sind. Das wurde oben als „stehend k.o." bezeichnet. Da
das Volumen der Hypothekenkredite fünf-mal so hoch ist wie das im Konsumkredit, bedeutet die relativ geringere Quote in diesem Segment gleichwohl, dass
hier mit 23 Mrd. € notleidender Kredite mehr Volumen besteht als die 16 Mrd. €
im Konsumkredit. Außerdem hat der Hypothekenkredit durch die Grundschulden
eine höhere Verkehrsfähigkeit und lässt sich im Bieterverfahren („Due-diligence-
Prüfung") besser bewerten („Rating").

Durch den Verkauf notleidender Kredite wird für die Bank nach außen
Klarheit geschaffen. Waren sie vor dem Verkauf zweifelhaft und damit unklar,
wie man sie bewerten soll, so gibt es durch den Verkauf nun hartes Geld an ihrer
Stelle in der Bilanz. Die Bank erscheint sicherer.

Das wäre aber nur ein Scheinerfolg, weil eine vernünftige Prüfung der
Werthaltigkeit (due diligence) auch ohne Aufkäufer möglich und sinnvoll wäre.
Dann gäbe es einen objektiven Werthaltigkeitsbericht und keine geschönten
Wertberichtigungen mit stillen Reserven und Verlusten in der Bilanz. So erscheinen die alten Bilanzen besser als die neuen. Erst der drohende Zusammenbruch
der Zahlenakrobatik schafft Klarheit, wenn sich die ersten unbereinigten Forderungen überhaupt nicht realisieren lassen.

Doch diese Bilanzfälschung kann man verdecken, wenn man, wie die Sparkassen Südholstein und Wedel im Jahre 2007, so tut, als ob die Wertberichtigung
ein Ergebnis des Verkaufs sei. Dazu brachten sie mit VW-Kleinbussen die Akten
über die Kreditverhältnisse in verschiedene Flughäfen in Deutschland und gingen
sie dort mit den interessierten Aufkäufern durch. Das aber waren Lonestar, Cerberus und JP Morgan. Der größte Verkäufer fauler Kredite war die HRE, die damit
deutlich machte, dass es einen deutschen Subprime Markt gab, der bei ihr konzentriert war. Erst verkaufte sie 480 Mio € 2003 an Lone Star und JP Morgan, dann
53.000 Immobiliarkredite im Wert von 4,3 Mrd. € Ende 2007 an die ING-Diba.

Warum Kreditverkäufe plötzlich ein solches Allheilmittel wurden, nachdem
bisher in Deutschland Einigkeit bestand, dass nur die besten und sichersten Kredite gepoolt und in MBS verwandelt verkauft werden dürfen, liegt allein an dem
aufblühenden Spekulationsmarkt um Risiken. Er schwappte aus den USA zu uns

herüber und versprach Traumrenditen. Die Kredite waren so schlecht, dass sie eigentlich ganz hätten abgeschrieben werden müssen. Doch die norddeutschen Sparkassen erhielten trotzdem noch 30 % des Nennwertes der Schulden. Damit aber schien es doch richtig, dass man durch NPL-Handel aus Nichts Geld machen konnte. Doch der Erlös stammte aus der Hoffnung, dass man solche Papiere mit großen Provisionsabschlägen immer schneller auf den Geldmärkten zirkulieren lassen könne und damit die Spekulation anheizt. Das aber war nichts anderes als ein Schneeballsystem: Irgendwann führt das dazu, dass der Letzte auf dem „Schrott" sitzen bleibt und die Karten aufdecken muss. Dann kann es passieren, dass dieser Letzte, wie Herr Madoff, vielleicht sogar den Rest des Lebens im Gefängnis verbringt, obwohl doch die meisten Politiker und offiziellen Banker verkündeten, dass auf diese Weise wertlose Kredite aus dem Nichts aufgewertet werden könnten. Auch für Banken gelten die einfachen Regeln, dass die Zahlung von Renditen aus der Substanz letztlich zum Zusammenbruch führen muss.

War es also nur ein kurzfristiger Wertgewinn auf Kosten der Zukunft und Sicherheit des Geldsystems und nur eine Verschiebung von Verlusten von einem Marktteilnehmer auf den Nächsten über die Spekulation, so ist der strukturelle Schaden für die Verbraucher und Unternehmer, die diese Kredite erhalten haben, erheblich höher. Schließlich waren sie ja vom Vertragspartner einer Bank auf das Niveau eines Ausbeutungsobjektes durch einen unbekannten Dritten degradiert. Alle Beteiligten wollten hierbei nur noch so viel wie möglich erlösen und hofften, die spekulativen Spielschulden gleich mit einzutreiben.

4.3.2 Der Wertverlust für die Verbraucher

Der notleidende Kredit ist nach Verwertung der Sicherheiten und Abzug der Investitionen sowie unter Berücksichtigung der sonstigen Schäden aus Überschuldung (Arbeitsplatzverlust, Trennung, schlechtere Wohnqualität etc.) zu einer Überschuldung ohne jede Verantwortung des Gläubigers geworden.

Ein kleines Schlaglicht auf die Verhältnisse wurde schon durch die Strafanzeigen von mittelständischen Unternehmern gegen die Sparkasse Südholstein deutlich. Sie hätten gerne ihre Schulden zum gleichen Preis wie Lonestar, also für 1/3 des Wertes, selbst gekauft. (In Dänemark wäre dies, weil zu jedem Hypothekenkredit individuell ein Pfandbrief gehört, den man auch später selbst erwerben kann, logisch nicht ausgeschlossen.)

Durch einen solchen Rückkauf wäre der Unternehmer dem Geierfonds nicht ausgeliefert. Für ihn galt aber weiter der 100 %-Preis. Das muss als Schikane angesehen werden. Es entspricht aber der Logik, dass man im Geschäft mit großen Stückzahlen (Großhandel) andere Preise erhält als bei einem Einzelverkauf und sich die pauschalen Aufkäufer ungern die Filetstücke nehmen lassen. Ein Bestandteil der Spekulation ist ja gerade der pauschale Ansatz, dass man schlecht geprüfte Forderungen en masse kauft und danach die werthaltigen aussortiert und gesondert verwertet und behauptet, der ganze Pool sei so strukturiert. Dabei würde ein Vorkaufsrecht der Kreditnehmer beim Verkauf notleidender Kredite und Forderungen, so wie es sich die Gemeinden in Sanierungsgebieten mit dem Sanierungsvermerk im Grundbuch sichern, erhebliche Kosten einsparen, eine Kooperation aller Beteiligten befördern und Anpassungsvereinbarungen ohne Kreditkündigung begünstigen.

Zugleich würden die Probleme der Zerstörung von Schuldnerfamilien gelindert. Die Kredite werden in einer kafkaesken Wirtschaftsbürokratie zum reinen Objekt. Über nicht mehr durchschaubare Kanäle werden sie praktisch an unbekannte Namen in ferne Länder wie Sklaven verkauft. Die Aufkäufer versprechen lauthals, dass sie effizient und brutal alles zu Geld machen werden. Die Banken, die einst die Kunden mit Vertrauen geworben haben, verleugnen sich und sind unerreichbar.

Politiker sind manchmal finanziell in solche Firmen eingebunden. Die Gerichte beschäftigen sich nur mit der eher sekundären Frage, ob in der duediligence-Prüfung auch die Daten der Verbraucher weitergegeben werden können. Justizministerium und Parlament meinen schließlich in dem neuen § 496 Abs.2 BGB, dass es ausreicht, wenn „der Darlehensnehmer unverzüglich darüber sowie über die Kontaktdaten des neuen Gläubigers gemäß § 1 Abs. 1 Nr. 1 bis 3 der BGB-Informationspflichten-Verordnung unterrichtet" wird. Ein peinlicher Abschluss der Diskussion über die Kreditverkäufe. Wie der folgende Sachverhalt deutlich macht, unterstützt dieses Gesetz sogar den bestehenden Zynismus, wonach die Bank durchaus ihren Kreditnehmern gerne mitteilt, dass sie sie verkauft habe. Nicht das Unwissen über die Sklaverei, sondern die Sklaverei selbst sind das Problem, wie die folgende Schilderung zeigt, die uns als E-Mail erreichte.

„Betroffen war insbesondere auch ein seit 1995 laufendes Darlehen bei der Münchener Hypothekenbank eG. Das Darlehen diente der Finanzierung des selbst genutzten Eigenheims unserer Familie, war über eine Briefgrundschuld erstrangig abgesichert und war von Vertragsbeginn bis Mitte 2003 ohne jede Beanstandung immer korrekt bedient worden. Es bestanden Möglichkeiten sowohl eines privaten Verkaufs der Immobilie als auch einer anderweitigen Sanierung des Darlehens. Doch die Münchener Hypothekenbank eG ignorierte all dies, missachtete selbst ein bei Gericht anhängiges Verfahren zum Erhalt des Eigenheims und kündigte das Darlehen am 02.06.2005. Des weiteren teilte die Münchener Hypothekenbank eG uns dann am 01.09.2005 lapidar mit, dass sie die Darlehensforderung gegen uns sowie alle mit dieser in Zusammenhang stehenden Sicherheiten an die Monaco NPL Ltd., London verkauft und an die Florian Vermögensverwaltungs-GmbH, Frankfurt a.M. übertragen habe. Beauftragter Ansprechpartner in Deutschland sei nunmehr die Immofori Gesellschaft für Immobilien Forderungsinkasso mbH, Hamburg.

Die vorgenannten Gesellschaften („Monaco", „Florian" und „Immofori") haben keine Banklizenz und sind ausschließlich an der schnellen Beitreibung der Forderungen und Verwertung der Sicherheiten (Immobilie) interessiert. Sie gehen Verhandlungen stets aus dem Weg und betreiben rigoros, ohne Rücksicht auf die berechtigten Interessen und Erwartungen der Darlehensnehmer, Eigentümer und Bewohner die Zwangsversteigerung unseres Eigenheims.

Die Münchener Hypothekenbank eG hatte den Verkauf unseres Darlehens von langer Hand vorbereitet, nachvollziehbar z. B. durch Abtretungserklärung vom 10.04.2005 und Grundbuchumschreibung vom 11.04.2005, und verkaufte das Darlehen dann am 26.04.2005 – also sieben Wochen vor der Kündigung unseres Darlehens – an die Monaco NPL (No.1) Ltd.

Die Münchener Hypothekenbank eG hatte nicht nur unser Darlehen sondern gleich ein ganzes „Portfolios" aus 700 Einzelkrediten im Wert von 150 Mio. EUR an Lehman Brothers verkauft. Lehman Brothers gründete bzw. übernahm dazu bereits am 21.02.2005 die LB UK RE Holdings Ltd., welche ihrerseits dann am 22.04.2005 – d.h. vier Tage vor Vertragsschluss – die Monaco NPL (No.1) Ltd. gründete bzw. übernahm und u.a. Ulrich Kastner, einen deutschen, bei Lehman Brothers tätigen Banker, zum Director (Geschäftsführer) ernannte. Zur Übertragung der Sicherheiten wurde am 06.06.2005, d. h. vier Tage nach der Kündigung unseres Darlehens – die Florian Vermögensverwaltungs-GmbH, Frankfurt a.M., gegründet, alleiniger Gesellschafter ist die Monument Trustees Ltd. in Dublin, Irland. Die Florian Vermögensverwaltungs-GmbH ist eine von ca. 150 Zweckgesellschaften, die gemeinsam mit den zur TMF Group Deutschland gehörenden Firmen, wie z. B. TMF Holding Deutschland GmbH, TMF Deutschland AG, easetec AG, UNA Management GmbH und BFT Deutschland GmbH, ihren Firmensitz in der Eschenheimer Anlage 1, 60316 Frankfurt haben.

Die Florian Vermögensverwaltungs-GmbH und die mit ihr verbundenen Firmen der TMF Group Deutschland scheinen – soweit überhaupt nachvollziehbar – Erlöse ins Ausland („Steuerparadiese") zu transferieren und in Deutschland nur Verluste auszuweisen."

4.3.3 Rechtliche Schranken zerstörerischer Kreditverkäufe

Die Öffentlichkeit hatte im Jahr 2007 ein richtiges Gefühl. Etwas stimmte nicht mit den Kreditverkäufen und den Hedgefonds, die scheinbar wie Bakterien in den Kläranlagen die Reinigung von Kreditgeschäften von Risiken ermöglichen können und das alles noch, indem sie ihren Investoren Renditen versprechen, die weit über dem Durchschnitt liegen.

Wunder sind hier ebenso wenig möglich wie bei sonstigen Geldgeschäften. Entweder nimmt man das Geld anderen Anlegern weg (Spekulation), oder man presst es aus den Kreditnehmern heraus (Wucher). Eine andere Quelle des plötzlichen Reichtums armer Fonds gibt es nicht.

Genau die Kreditverkäufe, die in Deutschland die Banken und Sparkassen retten sollten, waren es doch, die vorher in den USA überhaupt erst zur Finanzkrise geführt haben. Wie einfältig muss man sein, um einem Entsorgungsunternehmen, das gerade wegen der Verklappung von Säuren ins Meer dingfest gemacht wurde, Abfälle für einen Dumpingpreis anzubieten, der sich nur dadurch erklären lässt, dass auch diese Abfälle wieder nur im Meer entsorgt werden (sollen). Der einzige Unterschied besteht darin, dass man es nicht selbst gemacht hat. Das ist eben jener Unterschied zwischen Hehler und Stehler, der hier immer wieder als Beispiel für die Kapitalmärkte zitiert werden muss und für den der Gesetzgeber in den Paragrafen 242 und 249 unseres Strafgesetzbuches eine weise Behandlung vorsieht: Beide werden gleich bestraft. Der Volksmund hält den Hehler sogar für schlimmer als den Stehler.

Mit dem neuen § 496 Abs.2 BGB sind die Kreditverkäufe nun alle in einen Topf geworfen geworden und unterschiedslos im BGB erwähnt. Sie haben damit die Weihen des Gesetzgebers erhalten.

Es wäre dem Gesetzgeber dagegen nicht gelungen, ein Gesetz zur Begünstigung des Verkaufs notleidender Verbraucher an ausländische Hedgefonds durchzusetzen. Die Wähler sind nicht so dumm, eine solche Partei noch einmal zu wählen.

Banken, Regierung und Gesetzgeber haben aber auch hier ein Verwirrspiel gespielt, bei dem am Ende niemand mehr wusste, worum es eigentlich ging. Regierung und Gesetzgeber warfen zwei Dinge in einen Topf, die nichts miteinander zu tun haben: den Verkauf der notleidenden Kreditnehmer und den Verkauf von Forderungen aus Krediten. Es sollte so aussehen, als ob derjenige, der gegen moderne Sklaverei ist, zugleich auch moderne Methoden der Refinanzierung blockiert.

Während Letzteres nämlich international akzeptiert und produktiv ist, bedeutet Ersteres einen Einstieg in eine „brave new world" oder in das utopische Jahr 1984 von George Orwell, wo Menschen nur noch Nummern und Verfügungsmasse für Investoren sind.

Im Gesetz steht beides nun nebeneinander. Es geht in beiden Fällen angeblich nur um eine bessere Information der Verbraucher, auch wenn die seriösen traditionellen MBS-Firmen zutreffend erklären, dass die Verbraucher erst durch die Information in die Irre geführt und verängstigt werden. Im Gesetz heißt es: „Wird eine Forderung des Darlehensgebers aus einem Darlehensvertrag an einen Dritten abgetreten oder findet in der Person des Darlehensgebers ein Wechsel statt."

Was wir hier als Verkauf von Kreditnehmern bezeichnen, wird im Gesetz als „Wechsel in der Person des Darlehensgebers" bezeichnet. Wird der Sklave in die Fremde verkauft, so kann man das auch als „Wechsel in der Person des Herrn" verniedlichen. Bei Leiharbeitsverhältnissen bleibt die entleihende Firma Arbeit-

geber und wird zudem nach dem Arbeitnehmerüberlassungsgesetz staatlich beaufsichtigt. Die entleihende Firma kann ihre Weisungen nur im Auftrag ausführen, was dem Forderungsübergang ohne Austausch der Gläubiger entspricht.
Würde dem Arbeitnehmer mitgeteilt, dass ab dem nächsten Tag ein anderer für
ihn zuständig ist (Gläubigerwechsel) und wäre dies auch noch wie beim Kredit
gegen den Willen des Arbeitnehmers möglich, dann hätte niemand Probleme,
Leiharbeit als moderne Sklaverei anzusehen.

Wer sich bei einer Bank verschuldet, ist – ähnlich wie in einem Arbeitsverhältnis – abhängig von Wohlwollen, Betreuung, Problemmanagement und Fin-
gerspitzengefühl des Gläubigers. Verbraucher suchen sich ihre Bank in der Regel
gut aus und meiden diejenigen, die für rüdes und schlechtes Verhalten in der
Presse bekannt geworden sind. Dies aber nützt ihnen nichts mehr, wenn die nette
Bank den Kunden später einfach verkauft. Dann hat er es plötzlich eventuell mit
einem (oben beschriebenen) Vertreter von „Monaco", „Florian" oder „Immofori"
zu tun. Diese Unternehmen hatten der Münchener Hypothekenbank eG versprochen, dass sie mehr bezahlen können, als die Forderungen wert seien. Das haben
sie nicht mit dem Weiterverkauf begründet sondern damit, dass sie Methoden
kennen, wie man aus diesen Kreditnehmern noch etwas herauspressen könne.

Solche Methoden sind dann auch in der Presse bekannt geworden: Sofortige, auch rechtswidrige Erhöhung der Zinssätze, Androhung von Zwangsversteigerungen auch ohne Kreditkündigung, Zusenden von unberechtigten Kreditkündigungen, fordern von Sonderzahlungen etc.

Unser Bürgerliches Gesetzbuch hat vor 110 Jahren in § 415 eine sehr weise
und grundlegende Unterscheidung getroffen, die mit dem neuen Paragrafen acht-
los übergangen wurde. Danach sind Forderungsverkäufe grundsätzlich unbedenklich und auch gegen den Willen eines Kreditnehmers möglich. Das gilt nicht
, wenn die Forderungen nicht übertragbar sind, weil man das im Vertrag ausgeschlossen hat, oder sie sich ihrer Natur nach dafür nicht eignen. Beide Ausnahmen gibt es bei Darlehensverträgen in der Praxis kaum.

Mit dieser Regelung des Gesetzes wird der Tatsache Rechnung getragen,
dass sich Banken das Geld für ihre Kredite evtl. anderweitig leihen müssen und
dafür ihren Kreditgebern etwas geben müssen. Das aber sind die Forderungen.
Sie sind übertragbar und damit verkäuflich. In diesem Fall wird die andere Bank
nur sehr gute Forderungen akzeptieren. Notleidende oder gar gekündigte Forderungen kommen deshalb nicht infrage. Das Recht zur freien Abtretung von Forderungen reicht also zur Refinanzierung aus.

Auch für den zweiten Fall, dass eine Bank Kredite gekündigt hat und sich
keine eigene Mahnabteilung leisten will, reicht die Regelung des BGB aus. Auch
diese Bank will nur ihre Forderungen, die ja nun allesamt fällig und nicht mehr

mit vertraglichen Pflichten belastet sind, an ein Inkassounternehmen übertragen. Das kann sie. Auch in diesem Fall muss nichts am Vertrag geändert werden. Während im ersten Fall, der Refinanzierungsabtretung, die ursprüngliche Bank weiter zuständig und Vertragspartner bleibt, ist im zweiten Fall der Vertrag beendet.

Das Bürgerliche Gesetzbuch hat dagegen den Verkauf eines Kreditnehmers, der rechtlich als Verkauf eines ganzen Kreditverhältnisses funktioniert, gar nicht vorgesehen. Es gibt ihn nicht, weil es eine Errungenschaft des 19. Jahrhunderts war, dass die Sklaverei abgeschafft wurde und jeder für seine Verträge selbst verantwortlich sein sollte. Vertragspartner sind die Bank und der Kreditnehmer. Nur sie beide können einen Vertrag ändern. Der Gesetzgeber konnte sich daher einen solchen Verkauf gar nicht vorstellen. Gleichwohl ist der Verkauf nicht ausgeschlossen. Nur, wenn der Kreditgeber den Vertrag an einen anderen verkaufen will, dann braucht er dafür die Zustimmung desjenigen, mit dem er den Vertrag geschlossen hat, sonst ist es tatsächlich Menschenhandel.

Dass dies so ist, hat das BGB auch noch einmal indirekt sehr deutlich gemacht. Es hat nämlich den Fall geregelt, dass jemand seine Verpflichtungen loswerden will. So könnte z. B. der Kreditnehmer im Verzug der Bank mitteilen, er habe seine Schulden an die Großmutter verkauft, die sei jetzt allein für die Schuldentilgung zuständig. Die Bank wird dies nicht akzeptieren wollen, weil bei der Großmutter nichts mehr zu holen ist. Sie wird darauf bestehen, dass der Kreditnehmer selbst seine Schuld bezahlen wollte und sie daher nicht von der Großmutter, also einer Dritten, wie Juristen eine Person außerhalb des Vertrages bezeichnen, übernommen werden kann.

So steht es auch in dem Paragraf 415: „Wird die Schuldübernahme von dem Dritten mit dem Schuldner vereinbart, so hängt ihre Wirksamkeit von der Genehmigung des Gläubigers ab."

Verkauft also eine Bank ihre Verpflichtungen aus dem Kreditvertrag an einen Dritten, so kann sie dies nur tun, wenn der Kreditnehmer es genehmigt.

Scheinbar gilt das aber nicht mehr. Das neue Recht spricht von einem an sich gar nicht möglichen Gläubigerwechsel und verlangt darüber eine Information des Kreditnehmers. Müsste dieser zustimmen, wäre er ja bereits informiert. Weiter heißt es im nächsten Satz, dass die Information entbehrlich ist, wenn „im Verhältnis zum Darlehensnehmer weiterhin allein der bisherige Darlehensgeber auftritt." Gemeint sind die Fälle, in denen die Bank weiterhin ihre Pflichten aus dem Vertrag (Servicing) selbst erfüllen will. Damit wird aber unterstellt, dass sie das auch anders handhaben kann. Verträge braucht die Bank daher nicht mehr einzuhalten, wenn sie sie verkauft hat.

Obwohl die Regierung verlautbaren ließ, zustimmungsfreie Bankenwechsel solle es nicht geben, hat sie doch dafür bewusst ein Gesetz gestaltet. Als nämlich das Oberlandesgericht in Frankfurt am Main Zweifel anmeldete, ob die Banken einfach die Daten ihrer Kunden an die Hedgefonds weitergeben dürfen, hat der Gesetzgeber im Gesetz zur Neuordnung der Finanzverwaltung v. 28.08.2005 in § 22 d Abs. d.4 des Bankenaufsichtsgesetzes ausdrücklich den Verkauf von Krediten gegen diese Rechtsprechung zu sichern versucht. Und dies obwohl der damals höchste Bundesrichter in Banksachen einen Aufsatz geschrieben hatte und dies darin als Unsinn bezeichnete. Der Gesetzgeber bestimmt darin, dass registrierte Forderungen im Rahmen der ABS auch gegen den Willen der Parteien abtretbar seien, wenn dieser Wille nur konkludent oder mündlich zum Ausdruck gebracht worden wäre.

Dieser Markt ist trotz des Eifers, mit dem er zugelassen wurde, längst zusammengebrochen und mit ihm einige Hedgefonds. Die Reform war also unsinnig und überflüssig. Jetzt verschandelt sie unser BGB. Die Gerichte hätten aber die Chance, eindeutig klarzustellen, dass es so einfach nicht geht. Schließlich hat das Bundesverfassungsgericht den Versicherungsgesellschaften und dem Staat, der ihnen eine solche Ausnahme vom Grundsatz der Vertragstreue erlauben wollte, ins Stammbuch geschrieben, dass Paragraf 415 BGB Ausdruck eines durch die Eigentums- und Freiheitsgrantie der Verfassung geschütztes Prinzip der Vertragstreue verkörpert. Damit darf es selbst vom Gesetzgeber nicht ohne Entschädigung und Rücksicht auf die Interessen der Versicherungs- oder Kreditnehmer ausgehebelt werden. Bei den Versicherungsgesellschaften hat nämlich der Bundestag mit fast 70-jähriger Verspätung auf Druck des Bundesverfassungsgerichts das alte Versicherungsaufsichtsgesetz korrigiert und ein Gesetz verabschiedet, das diese Möglichkeit den Versicherern teilweise wieder nimmt. Gleichzeitig aber gibt er sie den Banken in einem anderen Gesetz. Bei den Bad Banks wird der Kreditverkauf sogar zum Geschäftsmodell. Gesetze zur Behebung der Not der Banken werden wie einstmals bei den Versicherern missbraucht, um Grundsätze unserer Verfassung auf Dauer zu suspendieren.

4.4 Moderne Geldfälschung: die Scheinwelten „toxischer Papiere"

Toxische also vergiftete Produkte nennen die Experten jene Anlagegeschäfte, an denen Banken und Finanzinvestoren aber auch viele Verbraucher sowie Städte und Gemeinden leiden. Man suggeriert mit dem Begriff Gift, dass sie sich, wie einstmals Schneewittchen an dem vergifteten Apfel, daran verschluckt hätten. Während Schneewittchen an dem glänzend dargebotenen Apfel zunächst starb, hat sich bei den Anlegern allerdings nur der Wert ihres in Wertpapieren und Anlagen ausgedrückten Vermögens um durchschnittlich die Hälfte, in Einzelfällen aber bis zu 70 % berichtigt.

Das unschuldige Schneewittchen durfte auf die Hilfe der Zwergengemein-
schaft warten, die Banken möchten dies Bild dem Steuerzahler nahelegen, damit er
die vergifteten Papiere aus ihrem Kreislauf möglichst lautlos entsorgen soll, bevor
deren Verdauung den Kollaps des gesamten Systems bewirkt. Die sieben Zwerge
schafften dies bekanntlich, indem sie den Sarg des bereits scheintoten Schneewitt-
chens fallen ließen und mit dieser Schocktherapie das Erbrechen des Giftes bewirkten. Die Bankenwelt macht erfolgreich geltend, dass eine solche Schocktherapie des Konkurses aus Scheintoten endgültige Todesfälle machen könnte.

Sie favorisiert eine Methode der Anreize durch Garantien, Subventionen,
oder eine vom Staat getragene Giftmülldeponie (Bad Bank). Das soll das Gift
aus dem Verdauungsapparat der Banken herauslocken, um es außerhalb zu lagern
oder unschädlich zu machen.

Die Anlagen sind aber keine vergifteten Äpfel, die der böse Zauberer (ver-
kleidet als Gemüsefrau) den armen Schneewittchenbanken listig als rotbackig
gesund aussehendes Obst verabreicht hat. Es handelt sich nur um wertlose Papiere, die selbst keinen Schaden anrichten können. Es ist wie mit unerkanntem
Falschgeld: Solange es keiner weiß, wird es benutzt und erfüllt wie alles andere
Geld seine Funktionen im Geldkreislauf. Seine zersetzende Wirkung entfaltet es
in dieser Phase nur kollektiv, indem es das Geld insgesamt dadurch entwertet, das
nunmehr auch ohne Wirtschaftsleistung Geld in Umlauf gebracht wird, dem keine
reale Wirtschaft gegenübersteht. Erst wenn die Apparate installiert sind, die das
Falschgeld als solches identifizieren und es konkret von den echten Geldscheinen
getrennt wird, bemerkt der Betrogene, dass er nichts als wertloses Papier in den
Händen hält. Er macht sich strafbar, wenn er es benutzt. Ersatz erhält er nur von
demjenigen, der ihn damit betrogen hat, falls er ihn finden und es beweisen kann.
Der Fälscher wird dabei selten entdeckt. Toxische Papiere sind daher das Pendant
zum Falschgeld beim Zentralbankgeld innerhalb der zirkulationsfähigen vor allem
verbrieften Forderungen, die Geldfunktion in der Wirtschaft übernommen haben.
Die, die es eintauschen konnten, haben diejenigen betrogen, die dafür gearbeitet
haben. Dass der Spitzenverdiener der Branche, der Citibanker Andrew Hall 250
Mio. $ im Jahr 2007 aus dem Ölhandel der Bank als Provision nach Hause brach-
te, ist nur die Folge dieses Problems. Es waren ja nur 20 % der Erträge von Citibank, die damit 1,25 Mrd. € eingenommen hatte. Citibank hatte nicht nur die 250
Mio. $ übrig, sondern wahrscheinlich 1,249 Mrd. $, weil sie dafür nicht arbeiten
musste und keine Kosten hatte. Es war Falschgeld, das Andrew Hall noch rechtzeitig eintauschte und damit andere, die die Ölpreise zu zahlen haben, zu den
Verlierern machte. Für Citibank musste diesmal der Staat einstehen und ihre
Schulden übernehmen. Es geht also beim privaten Falschgeld nicht um Provisionen einzelner, sondern darum, dass die Verbriefung denjenigen, die damit schnell
genug andere betrügen können, das Risiko der Aufdeckung der Wertlosigkeit

abnimmt. Eine fortdauernde Mithaftung über weitere Jahre würde das Problem beheben und es Andrew Hall erspart haben, als ungebildeter Kunstmäzen zu versuchen, eine 12 Meter hohe Betonstatue in seinen Vorgarten zu stellen. Worin unterscheidet sich Scheingeld vom allgemeinen Geldschein, wie er oben (3.2.6) behandelt wurde? Gutes Geld ist mehr als ein Schein. Es ist ein Widerschein von realen Werten, so wie das Spiegelbild im Unterschied zur Illusion einen real existierenden Gegenstand voraussetzt. Der Verdurstende in der Wüste sieht die Luftspiegelung einer entfernten Oase als Fata Morgana. Die Oase ist keine Illusion, sondern sie existiert real. Allein die Nähe ist Illusion, weil es sich nicht um ein direktes, sondern an der oberen Kaltschicht der Luft reflektiertes Bild handelt. Ebenso wie wir das Bild der Fata Morgana entschlüsseln können, wenn wir es physikalisch verstehen, ebenso können wir das echte Geld verstehen und es ohne Illusionen gebrauchen. Beim Falschgeld gibt es dagegen keinen Widerschein. Hier gaukelt das Geld nur vor, reale Werte zu repräsentieren. Haben wir dies entlarvt, so können wir das Falschgeld nicht mehr gebrauchen. Genau das aber ist mit den Wertpapieren passiert, die ohne realen Gegenwert in Umlauf gebracht wurden. Sie waren, wie die Leinwandprojektion einer Oase in der Wüste, reine Wunschträume und Illusionen. In ihnen war das, was sie vorgaben zu repräsentieren, bereits Schein: Scheinwerte, Scheinrisiken, Scheinkredite, Scheinanlagen und Scheinsicherheiten.

4.4.1   Scheingeld: Wertpapiere ohne Wert

Toxische Papiere sind Wertpapiere, für die nicht die Zentralbank oder der Staat, sondern nur private Kreditnehmer einzustehen haben, die zudem noch ihre Haftung über die Konstruktion juristischer Personen begrenzen können. Solche Papiere erhalten einen Preis in echter Währung, wenn dieser Preis hierfür real auf dem Markt erzielt werden kann und die Mehrheit der Marktteilnehmer daran glaubt.

Gleichwohl lag der Preis solcher zu Wertpapieren verbrieften Kredite und Risiken so weit über den realen Verhältnissen und ihren realen Risiken, weil mit ihnen grenzenlos spekuliert werden konnte. Der Preis entwickelte sich in einem Kreislauf, bei denen nur noch Geld (G) gegen (mehr Geld G') (G -> G') getauscht und daraus der Profit gezogen wurde. Die Waren und Dienstleistungen, deren Tausch an sich dem Geld erst Wert und Sinn geben (G -> W -> G'), konnten sich nicht mehr dazwischen schieben. Warum so etwas funktionierte, kann man oben (4.2.3) bei der Geschichte der SachsenLB nachlesen: Hier glaubten die Provinzbanker, sie seien im Märchen vom Sterntaler, bei dem man nur seine Schürze aufhalten müsse und es würde Geld regnen. So glaubten sie den als zwielichtig bekannten fliegenden Händlern, die in einer schwarzen Schachtel an der Haustür eine Geldmaschine anboten, deren Funktionsweise sie zwar nicht kannten, die aber schon in der Vergangenheit Geld produziert hatte. Sie kauften diese Falschgeldpresse unbesehen mit echtem Geld ihrer Anleger und den Garantien des Staates. So ging es vielen und die Gesellschaft ließ sie gewähren. Dieses Geld war nämlich „legal", weil wir die Regeln für solches Falschgeld, wie sie in den Wucher- und Wettverboten niedergelegt waren, außer Kraft gesetzt haben. Deshalb können wir dieses Falschgeld auch heute nicht einfach einziehen. Es ist untrennbar mit echtem wertvertretendem Geld gemischt. Dass es Falschgeld sein musste, haben wir erst daran erkannt, dass die gesamte Geldmenge so explodierte, dass sie insgesamt keine realen Werte mehr repräsentieren konnte und daher das System zum Zusammensturz brachte.

Geldmengenwachstum M1, M2 und M3

Es war „zu viel". Die meisten Finanzprodukte, unter denen sich auch toxisches Falschgeld befand, waren nicht an sich falsch. Werden sie in der richtige Menge für die dafür vorgesehenen Zwecke geschaffen und eingesetzt, so können sie auch dann Sinn entfalten und produktiv wirken, wenn sie komplex strukturiert und undurchdringlich erscheinen. Nicht die Komplexität ist das Problem, sondern ihre Zwecklosigkeit oder Loslösung von ihrem ursprünglichen Zweck. Bei allen Produkten handelt es sich um – zumindest dem Schein nach – verbriefte Kredite und verbriefte Risiken, bei denen mit Garantien Dritter, Renditeversprechungen und Kursgewinnen die Geldvermehrung aus dem Nichts winkte. Es wäre schon früh möglich gewesen, die Entwicklung dieser Geldmenge mit dem Zuwachs des realen Bruttosozialproduktes zu vergleichen. So hätte man feststellen können, dass sich die Verdoppelung der Geldmenge bei stagnierendem Wohlstand nicht nur insgesamt als Geld„schein", sondern auch in jedem einzelnen Papier wiederfinden müsste.

Im Januar 2009 gab die Europäische Zentralbank für die Eurozone 9,4 Bio. € an Geldbeständen an, die (wie international üblich) in drei verschiedene Formen unterteilt werden, die Geldfunktionen im Zahlungsverkehr wahrnehmen:

- Das M1-Geld der Geldscheine und Münzen, dem jederzeit abhebbares „Geld" auf den Girokonten der Banken hinzugerechnet wird (4 Bio.)
- Das M2-Geld: bei dem man zu dem M1-Geld noch die kurzfristigen (2 Jahre) oder kurzfristig kündbaren Einlagen hinzurechnet (8 Bio.)
- Das M3-Geld, bei dem dazu noch kurzfristig fällige Anteile an Geldmarktfonds, Wertpapieren der Zentralbank (Repoverbindlichkeiten), Geldmarktpapiere und Bankschuldverschreibungen hinzukommen (9,4 Bio.)

Diese Geldmenge wuchs zwischen 2003 und 2005 jährlich um 6 % bis 8 %, während das Bruttoinlandsprodukt nach den Angaben der Europäischen Zentralbank im Euroraum seit 1995 nur um durchschnittlich 2 %, und ab 2000 (= 100) im Jahresdurchschnitt nur um 0,9 % zunahm.

Gerade die weichen für Spekulation empfänglichen Gelder, die in Wertpapieren vergegenständlichte Geldmenge M3, war dabei der eigentliche Wachstumsmotor. Sie stieg von knapp über 7 Bio. € auf 9,6 Bio. € im April 2009. Ihre Wachstumsrate stieg in den Jahren 2006 und 2007 auf bis zu 12 % im Jahre 2008, bevor sie 2009 auf 4 % einbrach. (Überblick F.A.Z. v. 16.06.2009, S. 20). Bei einer seit 1985 durchschnittlichen Inflationsrate von 1,3 %, kann die Inflation nicht für die Geldmenge verantwortlich gemacht werden. Der jetzige Zusammenbruch der Wertpapiermärkte mit einem Rückgang ihres Geldwertes um 50 % gegenüber dem Vorjahr ist nur eine Bereinigung der Zahlen.

Die eigentliche Explosion der Geldmenge fand aber jenseits der von der Zentralbank noch als Geld definierten Papiere dort statt, wo Wertpapiere und Kredite wie Geld in langfristigen oder unkündbaren Anlagen gehortet und aufgeschichtet und gleichwohl stellvertretend für echtes Geld benutzt wurden. Als solches fanden sie auch Eingang in die Bilanzen und Provisionsberechnungen. Hier türmten sich die Reichtümer der Finanzmogule auf. Hier wurden die wahren Verdienste erwirtschaftet. Anstelle vernünftige Autos zu bauen, verdiente General Motors (Opel) sein Geld mit seiner Tochter GE Money. Auch bei Volkswagen waren es die Volkswagen Financial Services sowie das eigene Kapitalmanagement, die die Erträge auf dem Papier einfuhren.

Porsche schaffte es sogar, noch im Jahre 2008 umjubelte Milliardengewinne auszuweisen, die aus Optionsgeschäften stammten. Porsche profitierte davon, dass sich diesmal die Finanzspekulanten verschätzt hatten, als sie mit Leerverkäufen auf einen fallenden Aktienkurs bei VW spekulierten, während Porsche, der VW aufkaufen wollte, in großem Stile solche Rechte einkaufte, die Aktien zu dem Preis zu erhalten, der vorher galt. Weil hier ein Heer von Spekulanten tätig war, stiegen aber die Kurse bei VW und die Finanzinvestoren mussten sie Porsche bezahlen. Die Krise hatte hier also einmal umgekehrt gewirkt. Doch auch Porsche bekam letztlich nur Luft. Ihm fehlt das Geld, um die Optionen einzulösen, weil (wie die meisten Spekulationen) die Übernahme auf Kredit kalkuliert war. VW brachte die wichtigsten Banken dazu, diese Kredite zu verweigern. Der größere Konzern schaffte daher mit wirtschaftspolitischer Macht, was der kleinere mit Spekulation versucht hatte. Bei Cleverness und Macht ist es letztlich doch die Macht, die in der Wirtschaft siegt. So jedenfalls sieht das 2009 geschlossene Abkommen zur Fusion dann letztlich aus, das dem Porsche-Chef den Chefsessel kostete.

„Zu viel des Guten" ist Gift, weiß der Volksmund. So viel Geld wie nötig ist heilsam und wichtig, mehr Geld als nötig ist Gift, zu wenig Geld führt zur Blockade. Es sind drei verschiedene Zustände, die sich scheinbar nur in der Menge unterscheiden, in Wirklichkeit aber nichts miteinander zu tun haben.

In der Hyperinflation, wenn die staatlich kontrollierte Geldmenge M1 ins Unermessliche wächst, zerstört das Geld die Wirtschaft. Wo man mit Geldscheinen die Wände tapezieren kann, dort entsteht ein primitiver Schwarzmarkt, auf dem wie zu Urzeiten getauscht oder Zigarettenwährungen wie nach dem Zweiten Weltkrieg entstehen. Wo der Bestand an in Geld ausgedrückten Werten insgesamt explodiert, bricht die Kreditversorgung der Wirtschaft zusammen, weil beim Zusammenbruch auch nur einer Bank kein Kreditgeber und Anleger mehr sicher sein kann, dass das Geld auch wieder zurückfließt.

„Risikoanreicherung"

Dasselbe gilt für das Risiko. Jeder Kredit hat Risiken, wie sie oben aufgezählt wurden: Rückzahlungsrisiken, Währungsrisiken, Zinsänderungsrisiken, Kursrisiken, Betrugsrisiken etc. Wenn man diese Risiken absichert, wirken die Risikoinstrumente wie Stabilisatoren, die die Kreditbeziehungen einer Wirtschaft sichern und aufrecht erhalten. Wenn man aber die Übernahme von Risiken zu einem eigenen sehr lukrativen Geschäft macht, bei dem nicht nur die Risikoprämien, sondern durch die Verbriefung auch die Kursgewinne verdient werden können, dann werden sie künstlich vermehrt und das Kreditsystem kippt. Es werden künstliche Risiken durch waghalsige Kreditvergaben geschaffen, nur um sie verbriefen und verkaufen zu können. Die Investmentbanker übernehmen die Kreditinstitute ohne Kenntnis von Kreditbeziehungen und ohne Antworten auf die Frage, wie viel Kredit zu welchen Konditionen in der Realwirtschaft jeweils noch produktiv wirkt. Sie sind die Vertreter von Feuerlöschern, die aus Verkaufsdruck heraus die Brandschutzvorrichtungen abbauen, um mehr Feuerlöscher verkaufen zu können. Auch dieses Zuviel an Risikoinstrumenten führt letztlich zum Zusammenbruch des Kreditsystems, weil Kredite mit Risikoquoten von 10 % bei einem möglichen Wachstum der Wirtschaft von 2 % letztlich Raubbau an der Produktivität betreiben und die Wirtschaft in die falsche Richtung steuern.

Die verheerende Kraft der Atombombe entstand durch die künstliche Anreicherung von spaltbarem Material, bis es die verheerenden Kettenreaktionen der Wasserstoffbombe oder auch die kontrollierte Reaktion eines Atommeilers ermöglichte. Ähnliches passiert auch im Finanzsystem. Bestehende Risiken werden so angereichert („gehebelt"), dass der Eintritt der Risiken wie eine Explosion wirkt und viel zerstören kann. Das Ganze wird gemacht, um bei einem anderen Verlauf entsprechend hohe Renditen zu erzeugen.

Im Bereich der Finanzinstrumente sind wir auf dem Niveau von Tschernobyl stehen geblieben. Die Risikoanreicherung wird ohne Entwicklung neuer Risikobegrenzungsinstrumente vorangetrieben. Die „Hedgefonds" waren in dieser Hinsicht schon begrifflich eine Irreführung. Sie wollten Hecken (engl. hedges) um das Risiko bauen, es einzäunen und damit beherrschbar machen. Sie warben mit Beispielen, wonach der Exporteur, der bei einem schwachen Dollar seine Preise in den USA erhöhen müsste, sich mit dem Importeur, der bei einem starken Dollar seine Preise in Deutschland anheben würde, zusammentun würde und beide ihr gegensätzliches Risiko gemeinsam sichern würden („hedging"). Weil immer einer verdient, wenn der andere verliert, könnten sie sich gegenseitig stützen. Sie verschwiegen, dass die Welt so nicht funktioniert. Die Gegensätze gleichen sich selten aus. Oft kumulieren sie ihre Probleme. Wenn die Wirtschaft auf Talfahrt ist, ist sie es heute in der ganzen Welt und trifft nicht auf einen Boom in einem anderen Land. Der Niedergang der Autoindustrie fiel nicht in den Aufstieg der Computerindustrie und umgekehrt. So einfach ist es daher nicht und es mag keinen verwundern, dass Fonds, die mit solchen Betrugsnamen angetreten sind, auch die windigsten Vertreter ihrer Branche besaßen. Statt Risiken zu hedgen, haben sie Risiken angereichert. Heute sind Hedgefonds Hochrisikofonds mit Scheinrenditen, die langfristig aus dem Kapitalschwund bezahlt werden müssen.

In einem Artikel der Zeitschrift Die Bank ist noch im August 2007 ein solches angereichertes Produkt in einer Weise beschrieben worden, bei dem dem Verfasser dann aber doch das Wort „Wetten" aus der Feder geflossen ist. Hier ist ein Originalauszug:

„Gehebeltes Alpha mit 130/30
Die Outperformance gegenüber einem Aktienindex hebeln, dabei jedoch das Marktrisiko nicht erhöhen und dies alles in einem für deutsche Anleger zulässigen Rechtsrahmen – wie geht das? Die Antwort heißt 130/30. Diese innovative Anlagestrategie, nach der in den USA bereits mehr als 50 Mrd. US-$ Aktienanlagen gemanagt werden, hat ihren Weg über den Atlantik gefunden: zunächst nach Großbritannien und nun auch nach Deutschland. [...]
Das Konzept zeichnet sich durch folgende Merkmale aus: Durch die zusätzlichen zweimal 30 %, in denen aktive Positionen eingegangen werden können, erhöht sich das Volumen der „Wetten" im Portfolio signifikant. Die durch die Short-Position (fallend) finanzierte „Verlängerung" des Portfolios gegenüber einem „normalen" Aktienportfolio erweitert damit – Selektionsfähigkeit vorausgesetzt – die Möglichkeit auf Outperformance und bei gleichem Tracking Error (Abweichung vom Index) die Information Ratio.
Durch die Short-Position ist der Fondsmanager in der Lage, auch bei dezidiert negativ eingeschätzten Aktien seiner Anlagemeinung klar Ausdruck zu verleihen. Dies ist ansonsten nur sehr eingeschränkt möglich. Die meisten als Benchmark verwendeten Aktienindizes weisen neben einer begrenzten Anzahl hoch kapitalisierter

Blue Chips überwiegend kleinere Positionen mit geringem Benchmark-Gewicht auf. Eine Aktie mit nur 0,1 % Benchmark-Gewichtung lässt sich aber in einem Long-Only-Aktienportfolio nur mit maximal 0,1 % Untergewichten, erlaubt also nur eine minimale Wette, wenn dieser Wert als Underperformer eingeschätzt wird.

Reizvoll wird 130/30 vor allem denjenigen Investoren erscheinen, die konsequent zwischen Alpha und Beta unterscheiden, also zwischen bewusst gesuchtem Einzelwertrisiko und dem grundsätzlichen Marktrisiko eines Aktieninvestments. Im günstigen Fall wird die Effizienz des Portfolios durch das Konzept erhöht, da das Verhältnis von a/ß durch den Hebel verbessert wird. Der Investor erzielt dann pro Einheit Marktrisiko mehr Alpha, also eine höhere „aktive" Outperformance. [...]

Die oben genannten Gründe haben den 130/30-Strategien im sophistizierten institutionellen US-Markt zum Durchbruch verholfen. Wird sich dieser Erfolg am deutschen Markt wiederholen lassen? Die ersten Signale deutscher institutioneller Investoren sind ermutigend. Ein neues Produkt, das neben allen beschriebenen Vorteilen zusätzlich noch zur Diversifikation über einen neuen, respektive anderen Investmentstil beiträgt, sollte auch in Deutschland erfolgreich sein."

Kann man es erklären? Es handelt sich um ein Derivat, bei dem Gewinn und Verlust erst bei Überschreiten einer Indexgrenze (30 % über bzw. 30 % unter dem Nennwert), dann aber mit komprimiertem (gehebeltem) Effekt eintreten.

Die weiteren Begriffe versuchen zu beschreiben, wie gewichtig diese erstaunliche Rendite ist und wie man sie im Verhältnis zu anderen Investments messen kann. Dabei geht es einfach um Statistiken, die auch im Finanzsektor dem Satz eines berühmten Politikers folgen, er „glaube nur an die Statistiken, die er selbst gefälscht habe." Statistik beruht auf Empirie und die wiederum auf dem, was wir vernünftig sehen, fühlen, hören, schmecken und riechen können und dann auch noch richtig verarbeiten. Will man die Statistik erstellen, die anhand weniger Informationen (Stichprobe) über die wahrscheinliche Verteilung von Phänomenen in einer großen Gruppe (Grundgesamtheit), oder über typische Verläufe Auskunft geben soll, dann muss die Empirie alles in Zahlenwerten liefern. Ohne Zahlen ist die Statistik impotent. Die Soziologen lernen im ersten Semester, dass hier der Pferdefuß der Statistik liegt. Sie möchte gerne Äpfel und Birnen in einen Korb werfen und dann nur noch das Obst zählen. Sie blüht auf, wenn alles gleich ist. Deshalb schaffen Statistiker so angreifbare Aussagen, wenn sie meinen, einen Zusammenhang zwischen Armut und Rückzahlung von Krediten festgestellt zu haben. Sie würden auch einen Zusammenhang zwischen Bundeskanzlerwechseln und Eheschließungen herleiten können. Was sie unter Zusammenhang verstehen, ist nämlich nur das zufällige gehäufte Vorkommen von zwei Phänomenen zu demselben Zeitpunkt.

So kommen Aussagen zustande, wie „der Deutsche" hat im Durchschnitt x-tausend Euro auf der Bank, auch wenn ein Drittel der Bevölkerung nichts hat. „Der Deutsche" ist aber auch mit x-tausend pro Kopf verschuldet, er ist reich und auch arm, er ist alles. Er weicht von sich selbst ab, hat bestimmte Streumaße etc.

Die Geldgesellschaft hat die Empirie durch die Statistik ersetzt. Überall in der Wirtschaft herrschen die Statistiker, die nichts mehr wahrnehmen, aber alles erklären können. In den Kapitalmärkten liegt ihr Eldorado und dort finden sie auch die höchste Anerkennung ihrer Kunst.

Doch der Schein des Geldes trügt. Geld ist nicht quantitativ. Jeder Geldwert und jeder Index ist nur nominal. Was er wirklich wert ist, weiß man erst, wenn man ihn in reale Werte eingetauscht hat. Der Wert des Geldes und damit seine Risiken und sein Nutzen hängt von vielen Faktoren ab, die sich nicht quantifizieren lassen. Dass man es doch tut, liegt daran, dass man die Vergangenheit betrachtet, die sich nicht wehren kann. Hier kann man alles in Zahlen fassen. In der Zukunft aber kommt es auf Frieden, soziale Gerechtigkeit, Kreativität und Kooperationsbereitschaft an.

Die wiedergegebene Produktbeschreibung zeugt von einem statistischen Denken. So ist die *Information Ratio* eine Art Schulnote für den Investmentfonds, durch die sich dieser Fonds von den anderen bzw. dem Klassendurchschnitt absetzt. Der Rest der Bezeichnungen stammt aus der Statistik, die man aus dem Mathematikunterricht als Wahrscheinlichkeitsrechnung und Mengenlehre kennt. Outperformance meint dann, dass ein überdurchschnittlicher Wert und damit eine Schulnote zwischen eins und zwei vorliege. Der griechische Buchstaben D („Delta") bezeichnet überall in der Mathematik eine Differenz. Den Durchschnitt, also den Referenzindex, bezeichnet man als Maßstab (Benchmark). Mit dem griechischen Buchstaben A (Alpha) wird das, was über dem Durchschnitt liegt, ins Verhältnis gesetzt zur gesamten Rendite. Schließlich schaut man noch, wie man die Veränderungen in einer Zahl ausdrücken kann (Tracking Error).

Am Schluss ist die Frage, welche Risiken ein Papier enthält, einer Maßzahl gewichen: „Grundsätzlich gilt, dass bei einem Call (Berechtigung zum Bezug von Basiswerten) das Delta zwischen 0 und 1 liegen soll und bei einem Put (Berechtigung zum Verkauf eines Basiswertes) zwischen 0 und -1."

Wie entdeckt man Scheingeld?

Unproduktive Geldschöpfung, die sich von der Realwirtschaft verselbstständigt, erfolgt im Kreditbereich und zum anderen im Bereich der Finanzrisiken. Beide Bereiche profitieren von der Besonderheit, dass das Kreditsystem auf einem Dreiecksverhältnis basiert: Es gibt hier nicht nur Beziehungen der Kreditgeber zu den Kreditnehmern (unverbriefter Kredit und Sparmarkt), sondern durch die Verbriefung und den Verkauf von Schulden auch Beziehungen zwischen den Kreditgebern (Kapitalmarkt), aus denen sich erhebliche Gewinne erwirtschaften lassen.

„Toxische" Produkte kann man daher nicht einfach verbieten. Man würde gerade das Gute mit seinem Überschuss zusammen ausschalten. Es geht darum, ihre toxische Qualität zu verhindern. Weil ihr Gift aber „zu viel" Geld und „zu viel" Finanzrisiken ist, muss es (wie bei den Wuchergrenzen) durch Kappung der Profitmöglichkeiten gesteuert werden. Teilweise kann dies nur dadurch geschehen, dass man jedes Risikoinstrument so an das zu sichernde Risiko bindet, dass dasselbe Risiko nicht 1000-mal abgesichert, einen eigenen Geldmarkt aufbauen kann. Und schließlich kann man das Wachstum der Geldmenge steuern, indem man – schon zu Beginn und nicht erst beim Crash – jede Forderung, die sich verbrieft oder unverbrieft auf dem Markt so gebärdet, als wäre sie Bargeld, durch ein umfassendes und neutrales Bewertungssystem mit ihrem wirklichen Wert angibt. Jede Aktie hätte dann neben ihrem Kurswert eine Wertangabe, die den inneren Wert ausweist. Jedes Wertpapier würde um den Faktor seiner Risiken berichtigt. Jede Kreditforderung hätte einen zweiten Wert, der auch ihre Einbringlichkeit darstellt. Der Berg des Forderungsgeldes würde neben dem Schein seiner darauf geschriebenen Zahlen (Nominalwert) auch noch einen realen Wert haben, an dem sich Käufer und Spekulanten orientieren können. Für die Gerichte hätte dies den unschätzbaren Vorteil, dass sie die falsche Beratung schon aus der Differenz zwischen Nominalwert und Schätzwert ablesen könnten.

Was man hierzu bräuchte, wäre eine objektive Schätzinstanz. Das könnte eine staatliche Agentur sein, die die Ratingagenturen ablöst und zu bloßen Zuarbeitern macht, bei denen sie und nicht die betroffenen Firmen die Gutachten einfordert. Aber auch der Markt selbst könnte eine solche objektivere Schätzung hervorbringen, wenn die Fehlschätzungen rigoros dann, wenn sie offenkundig werden, wo Kurse realisiert und Forderungen fällig werden, sanktioniert würden. Das beginnt mit dem Einstehenmüssen für die Korrektheit der Information und endet mit dem Lizenzentzug für Rating und Verkauf der Produkte bei wiederholten Fehlschätzungen oder dort, wo die „Neutralität" der Schätzung durch Geschäftsbeziehung und Eigenverdienst beeinträchtigt sein kann.

4.4.2 Scheinkredite: Umschuldungen

Im Verhältnis von Kreditgeber und Kreditnehmern sind die Möglichkeiten unproduktiver Geldschöpfung begrenzt. Mehr als alle Kreditnehmer an Zinsen bezahlen können, kann die Summe der Kreditgeber nicht verdienen. Die Gefahren eines solchen geschlossenen Systems bestehen in dem ungeheuren Druck, durch Wucher den zu verteilenden Kuchen zu vergrößern und damit individuell das größte Stück zu erhalten. Doch die Grenzen sind hier klar gesteckt. Wird der Wucher zu weit getrieben, werden Kredite für unproduktive Zwecke vergeben,

die die Kreditnehmer aus ihrem übrigen Vermögen bezahlen müssen, so droht
Kreditausfall und Konkurs. Wer hier langfristig erfolgreich sein will, muss daher
die Möglichkeiten im Auge behalten und dafür Sorge tragen, dass vor allem die
anderen Kreditgeber es mit ihrem Wucher und ihrer unverantwortlichen Kreditvergabe nicht zu weit treiben. Das System hat also eine natürliche Bremse gegen
toxische Kreditprodukte. Diese Bremse wird erst gelöst, wenn die Kredite verbrieft an andere neue Kreditgeber verkauft werden können und so an die Stelle
der Rückzahlung mit Zinsen durch den Kreditnehmer der vom Aufkäufer des
Kredites bezahlte Preis tritt. Dieser Preis kann sich nun unabhängig von der Zahlungsfähigkeit des Kreditnehmers nach oben entwickeln, je nachdem, wie der
Kapitalmarkt gerade funktioniert. Solange der ursprüngliche Kreditgeber und der
ursprüngliche Kreditnehmer noch durch dasselbe Kreditverhältnis verbunden
sind, ist der Wucher des Kreditgebers durch die Zahlungsfähigkeit des Kreditnehmers begrenzt. Erst der Verkauf nimmt den Renditemöglichkeiten diese natürlichen Grenzen der Produktivität des Kreditnehmers. Deshalb besteht die Geschichte unverantwortlicher Kreditvergabe nicht nur darin, durch Verbriefung
und Verkauf das Risiko von der Rendite zu trennen, sondern auch innerhalb eines
Kreditverhältnisses die Grenzen zu sprengen.

Daher gibt es auch immer mehr Kredite, die keine Kredite mehr sind, sondern versteckte Verkäufe.

Wird nämlich ein Kredit mit einem anderen Kredit ganz oder teilweise zurückbezahlt (Umschuldung), so wird ja nicht die Schuld getilgt, sondern nur der
Kreditgeber ausgewechselt bzw. die Schuld gegenüber dem alten Kreditgeber
neu definiert. Dabei kommt der zusätzliche Gewinn nicht vom neuen Kreditgeber wie beim Kreditverkauf, sondern vom Schuldner selbst.

Die Umschuldung ist ein Instrument, um bei laufenden Krediten bei demselben (interne Umschuldung) oder bei einem anderen Kreditgeber (externe Umschuldung) zusätzlichen Kreditbedarf (Aufstockung) zu befriedigen. Der Zweck
der Umschuldung kann auch die vertragliche Regelung aufgelaufener Schulden
(Schuldenregulierung), die Ratenherabsetzung und Kreditverlängerung (Stundung) oder die Zusammenfassung mehrerer Kredite in einem Kredit (Konsolidierung) sein. Rechtlich entsteht ein neuer Vertrag und dies gibt dem neuen Vertragspartner, auch wenn er mit dem alten identisch ist, die Möglichkeit, einen
neuen Preis zu vereinbaren.

Der Kreditnehmer „kauft" in der Umschuldung somit seinen eigenen Kredit
und zwar auf Kredit, denn er bezahlt diesen erhöhten Preis mit einer erhöhten
Schuld im neuen Kredit. Es ist also ein vom Schuldner finanzierter Kreditkauf, bei
dem sich die Zusatzrenditen des alten und des neuen Kreditgebers in der durch die
Umschuldung erhöhten Schuld des Kreditnehmers widerspiegeln. Dabei ist es
gleichgültig, wie sich die aus der höheren Schuld nach Umschuldung ergebende

Rendite auf die Kreditgeber verteilt. Wie bei den verbrieften Forderungen, kann der ursprüngliche Kreditgeber daran verdienen, dass er seinen Wucherkredit und damit auch das damit geschaffene Insolvenzrisiko des Kreditnehmers gleichwohl noch zum Nennwert der Forderung auf einen anderen überträgt und dabei noch unverbrauchte Provisionen, Gebühren und vorausbezahlte Zinsen einbehält. Der neue Gläubiger verdient, weil er die Zwangslage des umschuldenden Kreditnehmers für einen neuen Wucherkredit benutzen kann. Bei interner Umschuldung schafft es der ursprüngliche Kreditnehmer, beide Vorteile auf sich zu vereinen.

Bei einer einzigen Umschuldung gelingt es manchen Banken (wie oben 4.2.2 gezeigt) für die bestehende Schuld die Kosten um mehr als die Hälfte zu erhöhen. Dies war eines der großen Geheimnisse der wundersamen Geldvermehrung bei den Subprime-Krediten in den USA, gilt aber, wie gezeigt, auch für Deutschland.

Nach mehreren Umschuldungen ist dem Kreditnehmer und damit der Realwirtschaft aus den aufgelaufenen Schulden praktisch kaum oder nur geringes zusätzliches Kapital zugeflossen. Das meiste Geld verblieb im Bankensektor. Verändert hat sich letztlich nur die Höhe der Schuld. Kredite, deren Zweck wiederum nur Kredite sind, sind daher grundsätzlich insoweit unproduktiv und vermehren damit die Geldmenge in unsinniger Weise, wie sie zu reiner Schulderhöhung führen. Nur dann, wenn durch sie der Zweck der ursprünglichen Kreditaufnahme gesichert und die Produktivität des ursprünglichen Kredites gerettet wird, nehmen sie an dessen Produktivität teil.

Die Explosion des Umschuldungswesens erst in der Dritten Welt und dann beim Verbraucher ist aber leider nicht mit sinnvoller Schuldenregulierung oder Zusatzkrediten, sondern weitgehend damit erklärbar, dass sich hier ungeheure Gewinne erzielen ließen. Da die neuen Schulden immer nur in die Zukunft verlagert wurden, entstand ein ständig wachsendes Kreditvolumen, dem die Bremse der Insolvenz fehlt. Statt eines vom Gesetzgeber schuldnerschützend geregelten säumigen, gekündigten oder im Konkurs fortgeführten Schuldverhältnisses, wird der Kredit nur umgeschuldet und scheinbar lebend fortgeführt wie ein bereits länger verstorbener Sozialhilfeempfänger beim Subventionsbetrug. Das Bilanzrecht behandelt auch solche Kredite großzügig als gutes Vermögen und begünstigt damit den Betrug, weil in den Pauschalwertberichtigungen und einheitlichen Eigenkapitalvorschriften systematische Scheinverkäufe nicht berücksichtigt werden brauchen.

Alle beteiligen sich an dieser Form der Geldvermehrung. Wirtschaftlich ist eine Umschuldung kein neuer Kredit, sondern eine Krediterweiterung. Allein das Recht schafft hier die Wuchermöglichkeit. Über 50 % aller aktuellen Kreditabschlüsse im Bankenmarkt dürften Umschuldungselemente enthalten. In den Schuldnerberatungen sind acht Umschuldungen pro Kredit keine Seltenheit. Die

Dritte Welt überlebt seit Jahrzehnten nur mithilfe permanenter Umschuldungen, ohne ihre Schulden jemals tilgen zu können. Dem Staat geht es nicht besser. Letztlich zeigen auch die Kettenumschuldungen, dass das Prinzip produktiver Kreditvergabe durch eine finanzierte Kreditaufnahme bewusst verletzt wird, um den Wucher vom Insolvenzrisiko abgespalten betreiben zu können. Die unproduktive Kreditvergabe muss durch eine starke Kontrolle und Regelung des Umschuldungswesens bekämpft werden. Kredite, die uneinbringlich sind und nur durch Umschuldungen den juristischen Schein der Produktivität erhalten haben, müssen nach den Regeln behandelt werden, die für gescheiterte Kredite gelten. Der neo-liberale Trick mit der Einwilligung und Freiwilligkeit des Schuldners sollte genauso behandelt werden wie die Einwilligung des Opfers in seine Verstümmelung, die Scheinehe im Aufenthaltsrecht, der Verkauf subventionierter Güter nur zum Schein, oder eine „freiwillige" Gebühr bei der Feststellung des Wuchers. In allen diesen Fällen hält sie die Rechtsordnung für unbeachtlich und macht die Anwendung gerechter Regeln durch unabhängige Gerichte nicht von der Gestaltungsmacht Privater abhängig. Das muss auch für Banken gelten, die bereits jetzt in vielen Einzelbereichen, wie etwa bei den Allgemeinen Geschäftsbedingungen, oder den Informationspflichten im Verbraucherkreditrecht, Verboten gegenüberstehen, Tatsachen fiktiv so umzugestalten, dass Verbraucherrechte verlorengehen. Nicht umsonst ist der Wucherparagraf so formuliert worden, dass es auf Freiwilligkeit und Einwilligung nicht ankommt, auch wenn die Gerichte dies mit ihrer Rechtsprechung dem marktliberalen Recht auf freiwillige Unterwerfung und Selbstschädigung untergeordnet haben.

Die aus Anlass des Umschuldungsbegehrens geschaffene Möglichkeit, Altschulden lukrativer zu gestalten, muss eingegrenzt werden. Kommerzielle Schuldenregulierung und Schuldenkonsolidierung – innerhalb und außerhalb der Banken – sollte streng überwacht werden.

4.4.3 Scheinanlagen: Kreditfinanziertes Finanzinvestment

Ähnlich wie bei den Umschuldungen, werden nach Schätzungen bereits weltweit ca. 30 % aller Kapitalanlagen auf Kredit getätigt. Früher gab es in bescheidenem Maße die Möglichkeit, sein Aktiendepot zu beleihen (Effektenlombardkredit) und sich damit, ohne die Aktien verkaufen zu müssen, flüssige Mittel (Liquidität) zu verschaffen. So etwas gibt es auch bei angesparten Kapitallebensversicherungen, wenn man vorübergehend Geld braucht und dadurch sein langfristiges Sparprogramm nicht gefährden will (Policendarlehen). Grundsätzlich widerspricht es zwar der Logik, dass man, statt sein Geldvermögen zu benutzen, dafür Kredite aufnimmt, weil die Kreditzinsen im Durchschnitt immer höher sein müs-

sen als die Anlagezinsen. Schließlich wollen Banken etwas an ihrer Vermittler-
rolle (Zinsmarge) verdienen und haben zudem auch Unkosten.

Dies kann aber im Einzelfall anders sein, wenn eine langfristig angelegte
Anlage weit mehr erzielen würde, als ein kurzfristig aufgenommener Kredit zur
Überbrückung eines Liquiditätsproblems kosten würde. Das gilt erst recht dort,
wo der Staat langfristige Anlagen subventioniert und großzügig darüber hinwegsieht, dass der Anleger schon längst nicht mehr spart, da er den Betrag über einen
Kredit bereits flüssig gemacht hat. Der Staat lässt sich hier gerne betrügen und
subventioniert auch die Spekulanten. Zwar besteht im Steuerrecht bei der be-
günstigten Altersvorsorge ein grundsätzliches Kreditierungsverbot, doch das
wird so eng ausgelegt, dass man sich daran nicht wirklich halten muss.

Die kreditfinanzierte Anlage, die ja wegen des Kreditcharakters jeder Anlage ein kreditfinanzierter Kredit ist, ist zur Geißel des modernen Finanzmarktes
geworden. Ihre Attraktivität für den Wucher besteht in einer vierfachen Befreiung zum Wucher:

- Die kreditgebende Bank kann Risikogeschäfte eingehen, ohne das Risiko
  selbst tragen zu müssen, dass der investierende Kreditnehmer trägt (unver-
  antwortete Kreditvergabe).
- Die Kreditvergabe wird von den Vorsichtsregeln der Prüfung der Kreditverwendung befreit, weil zwischen den ursprünglichen Kreditgeber und den
  letzten Kreditnehmer ein Investor tritt (unverantwortliche Kreditvergabe).
- Die Kreditvergabe wird von den Restriktionen des Kapitalbedarfs in der
  Realwirtschaft befreit, weil nunmehr auch Kredite zur Finanzierung von
  Krediten, die wiederum zur Finanzierung von Krediten (Derivate) ohne Bezug zur Realwirtschaft dienen, finanzierbar werden (Luftkredite).
- Die Finanzierung ermöglicht die Potenzierung von Scheinrisiken und damit
  auch möglicher Wucherrenditen (Hebel-Wirkung).

Die Bank wird in der Maske eines einfachen Darlehnsgebers somit bei den Krediten zur Kapitalmarktfinanzierung zum Spieler ohne Verlustrisiko, zum Geldschöp-
fer ohne Nachweis eines realen Geldbedürfnisses und zum Schöpfer von Spiel-
und Wettmöglichkeiten, die keinen realen Nutzen für die Wirtschaft haben.

Dieses System hat sich so krebsartig verbreitet, dass man heute schon Investmentbanking generell damit erklären kann, dass Kredit für Kredit benutzt
wird, um Umverteilungen im Wohlstand allein über virtuelle Prozesse zu schaffen. Dabei ist es nicht schwer, dieser Tendenz Einhalt zu gebieten. Die neue Investmentrichtlinie der EU geht in diese Richtung, wenn sie verlangt, dass der
Kreditverkäufer wenigstens 5 % der Papiere und damit einen Teil der Risiken,
den er verkauft, behalten muss. Der Ansatz wirkt hölzern, weil er die Kreditver-

käufer auch mit dem Behalten des Risikoträgers statt nur des Risikos belastet. Das gleicht der Pflicht des Kochs am Hofe, einen Teil der Speise selbst zu essen. Das mag vor Vergiftung schützen, nicht aber davor, dass das Essen mit wertlosen Substanzen gemacht wurde. Wie die Kreditgeber die Risiken tragen, die durch ihre Kredite heraufbeschworen werden, sollte man ihnen in der Marktwirtschaft selbst überlassen. Wichtig aber ist, dass ein relevanter Teil dieser Risiken, und das sind eher 50 als 5 %, bei ihnen eintritt, auch wenn der Mittelmann solvent ist. Genauso wenig wie sich ein Architekt, Arzt, Anwalt oder Bauingenieur von den Risiken freizeichnen oder durch Übertragung auf andere entledigen darf, die er heraufbeschworen hat, genauso wenig sollte der Vertrauensberuf der Banken es erlauben, durch den einfachen Trick der finanzierten Anlage, sei es im Bereich der Mergers & Acquisitions beim fingierten Aktienkauf mit dem Wert des ge-kauften Unternehmens, sei es bei der Finanzierung der Aktivitäten von Heu-schreckenfonds, oder bei der Einräumung von Kreditlinien an Verbraucher, mit diesem Geld provisionsträchtig für die kreditgebende Bank spekulieren zu kön-nen. Wer Risiken entwickelt, darf von der Verantwortung dafür nicht vollends befreit werden.

Hedgefonds: Kredithebel als Turborendite

Hedgefonds können neben ihres Angebots der Steuerhinterziehung (dazu 5.2.3) ihre Traumrenditen nur deshalb als Lockmittel einsetzen, weil sie dadurch die Risiken aufhäufen, dass sie das Geld ihrer Anleger mit erheblichem geliehenen Bankkapital aufblähen, das ihnen die Banken – blind gemacht von der Masse ihres Kapitals und der Größe der Kreditnachfrage – überlassen. Das neue System kreditfinanzierter Anlagen schöpft nicht mehr die Unterschiede der Zinssätze aus der Langfristigkeit oder aus Sparsubventionen ab. Es hat sich umgekehrt. Kredite werden vergeben, um Anlagen zu erwerben, deren Gewinne über den Kreditzin-sen liegen könnten. Es wird darauf spekuliert, dass das Geldsystem mehr Ver-dienste hervorbringt, als die wirklichen Kreditnehmer insgesamt erwirtschaften können. Da dies nicht möglich ist, wird darauf spekuliert, dass man entweder einen größeren Teil als andere Anleger (Kreditgeber) erhält oder aber, was wohl überwiegend der Fall ist, einen Scheingewinn erhält, der sich auf dem Papier über ein paar Jahre behauptet, bis das System zusammenbricht. Damit aber wird das Geldsystem durch unproduktive Kredite künstlich aufgebläht und alle Betei-ligten können nur hoffen, dass die Kette der Kredite um der Kredite willen nicht abreißt. Es ist also letztlich ein Schneeballsystem, bei dem die Renditen immer nur aus der Substanz der neuen Anlagen bezahlt werden. „Den Letzten beißen die Hunde", sagt der Volksmund zu solchen Schneeballsystemen. Das, was Herr

Madoff oder nicht minder brutal Jürgen Rinnewitz mit der Securenta AG der Göttinger Gruppe als individuelle Betrugsgeschäfte betrieben, entspricht durchaus der Grundidee eines Geschäftszweiges, der sich – seit 1985 ganz offiziell begünstigt – in der seriösen Bankenwelt ausbreitete.

So haben die Hedgefonds in großem Stil bei den Kreditverkäufen, also dafür, dass sie zu Kreditgebern wurden, Bankkredite in Deutschland und das auch noch teilweise bei den Banken, von denen sie die Kredite kauften, aufgenommen. Die Banken haben damit nur ihre Schuldner ausgetauscht. Statt der Hausbesitzer war jetzt Lone Star oder Cerberus ihr Kreditnehmer. Lone Star konnte 2007 sogar mit einem Kaufpreis von unter 150 Mio. € als Bankenretter beim Vorboten der deutschen Kreditkrise, der Industriekreditbank (IKB), einer Tochter der KfW, auftreten. Sie hatte der Staat (zusammen mit einigen Banken) vorher mit Milliarden vor dem Verfall gerettet. Seit 2000 hatte dieser Hedgefonds bereits die Allgemeine Hypothekenbank Rheinboden von den Gewerkschaften übernommen und die Tokyo Star Bank sowie die Korea Exchange Bank erworben, bevor er mit Sparkassen und HRE Geschäfte machte.

Sein 2004 aufgelegter zweitgrößter Fonds investierte ein Drittel des Kapitals von 5 Mrd. $ in Deutschland, was Anlass zu großer Hoffnung gab. Mit diesen knapp 2 Mrd. € wurden fast alle Erwerbungen getätigt. Darunter befanden sich allein Aufkäufe von Krediten im Wert von 6,1 Mrd. €.

Lone Star schreibt über sich selbst, dass er ein globaler Investmentfonds sei, der seit 1995 faule verbriefte Kredite und Wertpapiere (distressed equity) aus Schulden von Kommunen, Hausbesitzern und Verbrauchern sowie ganze Banken in Schieflage aufkaufe. Er erzielte für seine Investoren teilweise 20 % Rendite – zumindest auf dem Papier. Dafür, so Lonestar, habe er weltweit 24 Mrd. $ von Pensionsfonds, Stiftungskapital von privaten Universitäten sowie von besonders wohlhabenden Individuen (private equity) eingesammelt. Für die Verwaltung seiner Kredite hat die Organisation, deren 900 Mitarbeiter unter dem Firmenschild Hudson Advisor arbeiten, eine weitere gesonderte Einheit mit 400 Mitarbeitern gebildet. Alle Fonds seit 2000 sind in dem Steuerparadies Bermuda registriert.

Man kann daher davon ausgehen, dass bis zu 90 % des Preises für den Kauf von allen Arten direkter und verbriefter Kredite wieder durch Bankkredite finanziert wurden.

Damit erhält die Spekulation einen Turboeffekt, den man sich leicht erklären kann.

Die hohen Renditen, die sich als extreme Abschläge vom aufgeklebten Preisschild einer Forderung bzw. eines Wertpapieres (Nominalwert) ergeben, weil man in den Büchern die Kredite wieder mit dem ursprünglichen Wert führen kann, sind natürlich nur Ausdruck dafür, dass ihnen ein hohes Risiko innewohnt. Das aber macht nichts, wenn der Fonds kurzfristig spekuliert und es ihm gelingt, vor der Offenbarung des Risikos die faulen Kredite an andere zu veräußern.

Genau darauf aber spekulierte eine ganze Branche. Man schätzte vor dem Zusammenbruch vieler Fonds noch 2007, dass von den ca. 9.000 Hedgefonds allein die 20 Größten ca. 500 Mrd. € zum Investieren hatten. Die Süddeutsche Zeitung v. 21.12.2007 schrieb über einen dieser Fonds, den Fonds GSAMP Trust 2006-S3 mit 8274 zweitrangigen Hauskrediten, dass der Fonds mit einem Nominalwert von 494 Millionen Dollar nur noch Eigenkapital in den Häusern von 0,71 % hatte. Dass die Bankkredite, mit denen dieser Aufkauf erfolgte, nur über diesen Trick eines Mittelsmannes angelegt werden konnten, zeigt sich an der Tatsache, dass „bei 58 Prozent der Kredite die Einkommensverhältnisse der Schuldner gar nicht oder nur unzureichend überprüft wurden."

Das alles gibt es nicht nur in Amerika. Nach Zeitungsberichten investiert der Fonds Deka-EuroFlex plus FT der Sparkassen nicht nur hauptsächlich in die hochrisikoreichen ABS Papiere, die er „bis hinunter zu einem BB+ Rating kauft". Er verfolgte unabhängig vom Risiko nur ein Ziel, „die Sätze am Euro-Geldmarkt zu übertreffen".

Ob nun Hedgefonds, Investmentfonds oder Privatanleger: Mit der Spekulation auf Kredit lässt sich ein Hebel ansetzen, mit dem sich der erwartete Gewinn für einen beliebigen Einsatz beliebig vervielfachen („hebeln") lässt. Da es genug hochverzinslichen Finanzschrott gibt, kauft man mit demselben Geld einfach 10-mal mehr davon.

Hat man z. B. 100.000 € anzulegen und verspricht die Anlage auf dem Papier eine Rendite von 20 % p. a., dann leiht man sich zusätzlich 900.000 € mithilfe eines Kredits, dessen Zinssatz vielleicht teure 6 % p. a beträgt und der jederzeit rückzahlbar ist. Gerechnet auf ein Jahr, kostet dieser Kredit 54.000 €. Der Ertrag aus der Million liegt bei 200.000 €. Es bleiben somit 146.000 € Überschuss. Berechnet man die auf die als eigenes Kapital eingesetzten 100.000 €, so zeigt sich eine Rendite von 146 % p. a., zumindest auf dem Papier. Gelingt es, die Kredite auch mit hohem Abschlag weiterzuverkaufen bevor das Risiko eintritt, so liegt die Rendite immer noch bei über 50 %.

Was in dieser Rechnung, die die Hedgefonds ihren Kapitalgebern gerne aufgemacht haben, nicht berücksichtigt wurde, ist die Tatsache, dass ihr Risiko ebenfalls explosionsartig gestiegen ist. Statt auf Papieren im Werte von 100.000 € sitzen zu bleiben, besteht jetzt das Risiko, dass nicht nur die 100.000 € verloren sind, sondern weitere 0,9 Mio. € an Krediten zurückzuzahlen sind, für die es keinen Gegenwert mehr gibt. Das Risiko kann also in einer Rendite von minus 1000 % liegen, damit man eine Gewinnerwartung von 146 % bekanntgeben kann.

Die Hedgefonds haben dabei noch einen besonderen Vorteil. Das so extrem erhöhte Risiko tragen nämlich nicht sie, weil ihr gesamtes Vermögen nur einen Bruchteil der Kreditverbindlichkeiten bei den Banken ausmacht, die zwar im

Einzelfall vom Risiko befreit sind, gleichwohl aber wissen, dass der Bankrott der Hedgefonds auch sie treffen würde. Also werden sie sich hüten, die Kreditengagements fällig zu stellen und stattdessen lieber um Staatshilfe bitten. Im Jahre 2008 verloren die Hedgefonds allein im Durchschnitt 2,8 % an Wert. Diejenigen, die wie Soros oder Algebris bei der Lehman Bank angelegt hatten, standen mit diesen Fonds vor dem Konkurs. Die Presse spekuliert seit Langem, dass die Hedgefonds insolvent werden. Doch das geht nicht so leicht: Zuerst belasten sie ihre Einleger, zu denen neben den Pensionsfonds, aus denen die Amerikaner ihre Renten erwarten, Universitäten, die für die Studierenden geschaffen wurden und selbst die deutsche Sozialversicherung zählen sollen. Doch wo der Hebel allzu großzügig angesetzt wurde, kann auch ein Hedgefonds pleitegehen. Dann aber bleibt das Risiko bei der Bank, die diese Spekulation auf Kredit mitfinanziert hat. Man darf vermuten, dass hier zurzeit noch viele Banken Geld nachlegen bzw. nicht nachfragen, ob die Hedgefonds denn überhaupt noch kreditwürdig sind: Eine Pleite der Hedgefonds würde insbesondere sie treffen. „Mitgehangen mitgefangen" ist das Grundprinzip der finanzierten Anlagen, bei denen auch die scheinbar seriösen Kreditgeber rückblickend mit spekulierten, weil auch sie mit guten Zinsen an den Hedgefonds verdienen wollten.

Es besteht daher ein guter Grund dafür, von den Kreditgebern, die die Spekulation anderer finanzieren, von Anfang an zu verlangen, dass sie das damit eingegangene Risiko auch in ihre eigenen Bücher schreiben und entsprechend für den Ernstfall absichern müssen.

Schrottimmobilien: Rente auf Kredit?

Das Spiel mit den finanzierten Anlagen kann man auch mit Verbrauchern spielen.

Privatanlegern kann man auf ihrem Girokonto einen Kredit einräumen, um für sie damit zu spekulieren. Dabei verdient die Bank doppelt, am Kredit und an den Provisionen im Anlagegeschäft.

Eine Grundschullehrerin „schaffte es" ausweislich eines Urteils des Bundesgerichtshofs nach einer Bankberatung, nicht nur ihre 100.000 €, sondern eine zusätzliche Million zu verspielen, für die ihr der nette Bankangestellte den Kreditrahmen gegeben hatte, um mit ihr das verlorene Geld zurückzugewinnen. Ein niedersächsischer Bauer verlor seinen Hof, weil ihn sein Banker mit Kreditlinien darin unterstützte, bei japanischen Optionsscheinen die durch Falschberatung gemachten Verluste wieder zurückzuholen. Nach seiner Schilderung hätten sie beide wie im Spielrausch gekauft und verkauft, nur, dass der Banker mit seinem Kredit dazu die Möglichkeit bot, ohne dass ihn das Risiko traf.

Über diesen – von Banken und Sparkassen durch leichtfertige Kreditvergabe angeheizten – Spekulationsmarkt gibt es kein Zahlen. Dass es ein großer Markt sein muss, zeigt schon die Entschlossenheit, mit der die Banken bei der neuesten Verbraucherkreditrichtlinie wieder die Ausnahme solcher Kredite vom Anwendungsbereich durchsetzten. Statt hier mehr Schutz zu gewähren, geht man davon aus, dass die Spekulationen auf Kredit von mündigen Verbrauchern getätigt werden, die diesen Schutz nicht brauchen.

Ein besonders bedenkliches Beispiel systematischen Wuchers gegenüber Verbrauchern durch finanzierte Kapitalanlagen wurde hier bereits mehrfach im Rahmen der faulen Kredite bei der HRE angesprochen. Es handelt sich dabei um die finanzierte Anlage in fremdgenutzten Immobilien, die damit aus Sicht der Verbraucher auch nur Anlagekapital darstellen. Ist die fremdgenutzte Immobilie zudem noch in einem geschlossenen Immobilienfonds untergebracht, dann erhält der Verbraucher auf Kredit auch unmittelbar nur einen Anteilsschein, der ein Wertpapier darstellt. Die Effekte sind aber, wie die Fälle in der Rechtsprechung gezeigt haben, dieselben.

Geworben wurde für solche Anlagen mit der „Altersvorsorge zum Nulltarif". An der Haustür erschien ein Immobilienvertreter mit Bankvollmacht und einem Notar im Hintergrund, bei dem man mit ein paar Unterschriften einen Kredit für eine wertlose Immobilie zu einem überhöhten Preis (Schrottimmobilienfinanzierung) erwirbt. Aus dieser Immobilie soll eine Miete fließen, die auf drei Jahre garantiert wird. Die Immobilie, und das weiß die Bank, ist unvermietbar und unverkäuflich. Gleichwohl wird vom Verkäufer aus dem Kaufpreis die Miete oder eine Mietdifferenz gezahlt. Damit wird der Schein der Verwertbarkeit aufrechterhalten. Nach Ablauf der Garantiezeit merkt der Verbraucher, dass er zwar hohe Schulden hat, dafür aber nur noch wertloses Kapital. Mietzahlungen und damit auch die versprochene Rente entfallen. Zu guter Letzt stellte dann das Finanzamt auch noch fest, dass das Ganze ein Spekulationsobjekt ohne ernsthafte Aussicht auf Gewinn war und deshalb die geltend gemachten Verluste wegen „Liebhaberei" rückwirkend aberkannt werden müssen.

Ob am Schluss der Verbraucher ein wertloses Grundstück oder einen Anteilsschein an einem insolventen Fonds in den Händen hielt, spielt für seine Ausbeutung keine Rolle. Erst nach 10 Jahren vergeblichen Anrennens gegen eine Rechtsprechung, die die Verbraucher als normale Spekulanten ansah, deren Risiko sich eben realisiert hatte, machte der Bundesgerichtshof ein kleines Türchen auf und erfand eine Haftung bei institutionellem Zusammenwirken von Verkäufer und Bank. Recht wurde damit nicht geschaffen, sondern nur ein relativ willkürliches Mittel der Richter, dem Zorn der Öffentlichkeit durch Einzelfallgerechtigkeit zu entgehen.

Leerverkäufe: Wie verdient man am Niedergang?

Ein Element der Krise war die erstaunliche Fähigkeit einiger Hedgefonds, am Elend der Wirtschaft zu verdienen. Das ist durchaus nicht neu. Es hat schon immer Schieber und Schwarzmarkthändler gegeben, die die Not der Menschen ausgebeutet haben, wenn die Waren knapp wurden. Wucherer vergaben Kredite, wo Überschuldung und finanzielle Not ihnen die Kunden auslieferten.

Leerverkäufe, die zu den finanzierten Anlagen gehören, beuten nicht individuell aus, sondern schaden der Volkswirtschaft insgesamt. Weil ihnen der individuelle Effekt fehlt, konnten sie bis heute so gänzlich hoffähig werden und als logische Fortentwicklung bzw. intelligente Nutzung anerkannter Bankpraktiken auftreten.

Für Leerverkäufe benötigt man nur drei Voraussetzungen: Die Vermutung, dass es mit der Wirtschaft oder einem bestimmten Unternehmen bergab geht, Optionen und einen Mitverdiener, der einem Aktien oder entsprechende Schuldverschreibungen leiht, d. h. zur Nutzung und damit als Kredit überlässt.

Eine Bank oder ein Investor verkauft also Wertpapiere oder verbriefte Risiken, die er gar nicht hat, an andere Anleger. Diese merken davon nichts, weil sie tatsächlich auf dem Papier bestehen. Diese Papiere hat sie sich jedoch nur bei einer anderen Bank für einen festen Zeitraum für diesen Verkauf „gemietet". Da ein Wertpapier (wie alles Geld) nichts „Spezielles" an sich hat, muss man nach dem Ablauf der Miete nicht dieses Papier, sondern nur ein gleiches zurückgeben. Das aber kauft man sich am Ende der Mietzeit, weil dann die Aktienkurse gefallen sind. Man bekommt also erst einmal von den Käufern gutes Geld und zahlt daraus die Kapitalmiete, also die Zinsen. Statt Geld für Futures auszugeben und im Spiel zu setzen, erhält man noch Geld. Nach der Talfahrt der Aktie muss man weniger für die Ersatzbeschaffung bezahlen, als man dafür aufgewendet hat, selbst dann, wenn man die Miete hinzurechnet.

Hier können scheinbar auch Fonds mit Milliardenbeträgen spekulieren, die gar kein Geld haben, denn alles wird aus dem Verkaufserlös bestritten. Doch der Schein trügt. Das „Geld" für die Spekulation liefert ihnen der „Vermieter", der ihnen die Wertpapiere wie einen Kredit überlässt. Diese Bank spekuliert also mit auf Kredit, ohne das Risiko zu tragen, das der Leerverkäufer trägt. Wie bei jedem finanzierten Anlagegeschäft, trägt der Kreditgeber nur das Risiko der Insolvenz der Zwischenperson, nicht aber das Risiko des letztendlichen Kreditnehmers.

Es ist nichts anderes als eine finanzierte Risikoanlage, die am Schluss in der Überschuldung des Spekulanten endet, wenn die Kurse, statt zu fallen, gestiegen sind. Das mussten die Hedgefonds erfahren, die Leerverkäufe mit Aktienoptionen von Volkswagen gemacht hatten. Sie wussten nicht, dass Porsche anders herum gegen sie spekuliert hatte, weil er alle Optionen aufgekauft hatte und damit die Leerverkäufer am Ende nicht würden liefern können. Sie mussten sich um die wenigen ca. 5 % frei verfügbaren VW-Aktien streiten und damit die Kurse dieser Aktie in astronomische angesichts der Automobilkrise perverse Höhen treiben, wollten sie nicht vertragsbrüchig und schadensersatzpflichtig werden. Porsches Optionen wuchsen im Wert ebenfalls unermesslich und ein ökologisch ignoranter Autobauer verdiente 2008 1 Mrd € extra. Doch Hochmut kommt vor dem Fall. VW schaffte, wie beschrieben, mit seinem Einfluss, dass Porsche, das seinerseits nur auf Kredit spekuliert hatte, die zur Einlösung der Optionen notwendigen Kredite über 7 Mrd. € von den Banken unerwartet verweigert wurde. Die Leerverkäufer wurden entlastet, der Gewinn geteilt.

4.4.4 Scheinrisiken: Wie man an Verlusten sowie an der Erfindung von Risiken verdient

Versicherungen decken reale Risiken ab, Futures decken Finanzrisiken ab. Beides macht Sinn. Genauso wie es Scheinkredite und Scheinanlagen gibt, gibt es aber auch Scheinrisiken. Sie wurden nur deshalb erfunden, damit man mit Risiken Geschäfte machen kann, auch wenn es gar keine Risiken gibt. Wir kennen das vom Wetten: „Wetten, dass der Lehrer heute zu spät kommt?" „Ich wette 5 €." „Die Wette gilt." Es folgt der Handschlag. So läuft es unzählige Male ab, wenn wir etwas Spannung erzeugen wollen. Rechtlich gilt die Wette nicht. Niemand muss die 5 € bezahlen. Bezahlt er sie allerdings, kann er sie nicht zurückfordern.

Hier wird kein Risiko abgesichert. Es ist in diesem Fall gleichgültig, ob der Lehrer pünktlich kommt. Das muss aber nicht unbedingt so sein. Braucht man die fünf Minuten, um vom Nachbarn die Hausaufgaben abzuschreiben und damit von Strafe verschont zu werden, dann kann die Wette durchaus ein Risiko abdecken. Ob etwas ein Risiko ist, entscheidet sich daher nicht nach dem Vorgang, über den man wettet, sondern nach den Auswirkungen, die es hat. Wetten zwei, obwohl keiner durch den Eintritt des Risikos Nachteile erwarten kann, dann ist es nur ein Scheinrisiko und für Spiel, Sport und Spannung durchaus geeignet. Auf den Kapitalmärkten, wo derartige Wetten über Milliarden Euro abgeschlossen werden, ist dies anders. Hier beeinflussen solche Wetten die Geldmenge und, wenn sie mit einer weniger lukrativen Kreditvergabe für Unternehmen konkurriert, auch die reale Wirtschaft nachhaltig. Das alte Prinzip, dass Wetten zwar möglich, jedoch vom Staat die Erlöse nicht eingetrieben werden, sondern der Freiwilligkeit der Wettenden überlassen bleiben, war damit durchaus sinnvoll.

Das Wertpapierhandelsgesetz hat in Paragraf 37e ganz generell den Banken das Recht gegeben, auch Wetten vor staatlichen Gerichten einzuklagen und mittels des Rechtssystems durchzusetzen: „Gegen Ansprüche aus Finanztermingeschäften ... kann der Einwand des § 762 des Bürgerlichen Gesetzbuchs nicht erhoben werden."

Dabei ist der Begriff Finanztermingeschäft so weit gefasst worden, dass praktisch, wie schon oben (3.5.2) erwähnt, jede Wette erlaubt ist. Auf diese Weise kann man Spargelder anlocken und Geschäfte machen.

Dass das Gesetz die Wetten im Finanzsektor freigeben will, merkt man bereits an den verwendeten Begriffen wie „insbesondere", „sonstige" „anderweitig" „oder andere". Solche Ausdrücke im Recht sind in der Regel Leerformeln, die sagen wollen, dass eigentlich (fast) alles erlaubt ist und allenfalls in Extremfällen der Richter festsetzen darf, dass etwas nicht mehr geht. Sie schaffen eine geringe Unsicherheit für die Wirtschaft, aber keine Regelung.

Eine solche ganz grundsätzliche Ausnahme vom Wettverbot stellt die Zulassung des Derivates in Paragraf 2 des Wertpapierhandelsgesetzes dar. Derivate sind u. a. „anderweitig ausgestaltete Festgeschäfte oder Optionsgeschäfte, die zeitlich verzögert zu erfüllen sind und deren Wert sich unmittelbar oder mittelbar vom Preis oder Maß eines Basiswertes ableitet (Termingeschäfte) mit Bezug auf die folgenden Basiswerte: d)... andere Finanzindices oder Finanzmessgrößen ... oder andere volkswirtschaftliche Variablen oder sonstige Vermögenswerte, Indices oder Messwerte als Basiswerte, ... oder in einem multilateralen Handelssystem geschlossen werden ... finanzielle Differenzgeschäfte ...oder ... dem Transfer von Kreditrisiken dienen (Kreditderivate)".

Das Tor für den Verkauf von Scheinrisikoabsicherungen öffnet der Begriff „Termingeschäft". Solche Derivate müssen sich nicht, wie im ersten Punkt der Begriffsbestimmung im Gesetz verlangt, auf wirkliche Geschäfte („Kauf, Tausch, Festgeschäft, Optionsgeschäft") beziehen, bei denen solche Risiken eintreten können. Termingeschäfte sind ihnen gleichgestellt. Es sind Derivate, wenn sie, wie das Gesetz es wörtlich ausdrückt, allein „mit Bezug auf" durch Zahlen wiedergegebene Veränderungen (Indices) in der Realwirtschaft oder auf den Finanzmärkten oder in der Natur gebildet werden.

So etwas gibt es auch für die kleinen Leute mit dem Lotteriesparen der Sparkassen. „Jedes Los ein Volltreffer! Garantiert sparen – und mit Glück gewinnen. ... Aufregender kann Sparen kaum sein. Spielend leicht sparen und mit etwas Glück auch noch den großen Gewinn machen. Monat für Monat haben Sie die Chance, das große Los zu ziehen – und jedes Mal warten rund 150.000 Gewinne im Wert von über 700.000 Euro auf Sie. ... Ein Los kostet Sie fünf Euro, davon sparen Sie vier Euro. ... Wir schreiben Ihre Gewinne automatisch steuerfrei gut. Gute Tat inklusive: Ein Teil des Einsatzes kommt sozialen Zwecken zugute".

Die modernen Finanzlotterien, bei denen die Lotterien als Zertifikate verkauft werden, bieten den Banken noch den weiteren Vorteil, dass sie den Verlauf der Indices zumindest kurzfristig besser vorhersagen können als der einfache

Anleger (Langfristig scheinen sie allerdings, wie die aktuelle Krise gezeigt hat, eher schlechter abzuschneiden). Mit diesem Informationsvorsprung lässt sich weiteres Geld verdienen. Während der Kunde z. B. mit blumigen Versprechungen in einen „Ethik-" oder „Lifestyle-Fondsindex" gelockt wird, kann die Bank, die solche Zertifikate verkauft, aus der ihr bekannten bisherigen Entwicklung aller einzelnen Werte in diesem Index von hauptberuflich dafür angestellten Mitarbeitern (Analysten) Vorhersagen machen lassen, die ihr zumindest für das nächste Jahr Vorteile garantieren.

Es ist wie beim Unterschied zwischen Lotto und Toto. Beim Toto verdient der Experte mehr als der Ignorant, der z. B. beim Fußballtoto nichts über die einzelne Fußballmannschaft weiß, deren Sieg er tippt. Spielen – wie auf den Kapitalmärkten die Verbraucher – viele Ignoranten mit, steigt der Verdienst der Professionellen.

Eine Bank kann also dadurch ein Derivat produzieren, dass sie bei Kursschwankungen eines Wertpapiers, das sie gar nicht besitzt, oder eines bestimmten Marktindexes (Zertifikat) je nachdem, ob die Abweichung nach oben oder unten erfolgt, zu dem von ihr erhaltenen Anlegergeld noch Geld dazu erhält oder aber etwas bezahlen muss.

Nehmen wir eine Anlage in einer Aktienanleihe (= Kreditaufnahme eines Unternehmens beim Publikum mit Versprechen der Rückzahlung in Aktien), bei der hohe Zinssätze bezahlt werden, die bereits ein erhöhtes Risiko vermuten lassen, das aber von vielen Faktoren abhängt, die der einzelne Kunde nicht überschauen kann. Zunächst wird der Kunde dadurch verwirrt, dass man ihm diesen hohen Zinssatz, nicht aber die Kapitalrückzahlung garantiert und gleich die ganze Anleihe als eine garantierte Anleihe bezeichnet. Tatsächlich aber kann das eingezahlte Geld am Ende der Laufzeit vollständig verloren sein.

Zwei Elemente sind hier miteinander verbunden: Eine Wette mit seinem eingezahlten Geld auf einen Index und Zinsen, die man auf jeden Fall bekommt. Nach der zitierten Regel, „dass ich Ihnen jede Rendite zahle, wenn Sie dafür auf Ihr Kapital verzichten", handelt es sich um ein unsauberes Produkt. Es verbindet das verbriefte Risiko und die Kapitalanlage, Derivat und Sparen miteinander (strukturiertes Papier) – nur in umgekehrter Form wie das Lotteriesparen. Die Lotterie betrifft den Sparbetrag und nicht den möglichen Zusatzgewinn.

Praktisch erwirbt man die Aktienanleihe zum Nominalwert. Dieser Kurs wird als 100 % festgelegt, gleichgültig, was die Anleihe wirklich wert ist. Das Unternehmen, das auch eine Bank sein kann, entscheidet mit Ablauf des Vertrages, ob sie dem Anleger diesen Nominalbetrag zurückzahlt oder ihm stattdessen die Differenz zwischen dem Nominalbetrag und dem neuen Kurswert ausbezahlt.

Sinkt die Aktie im Wert, erhält der Anleger, der einen höheren Preis bezahlt hat, jetzt Aktien, die nicht mehr so viel wert sind. Die hohen Zinsen sind also gar keine Zinsen. Vielmehr werden sie entweder aus den Kursgewinnen getragen, oder dem Anleger bei Kursverlusten wieder vom ausgezahlten Geldwert der Aktie abgezogen. Aktien muss und wird das Institut nicht haben. Die Spekulation kann auch ohne Aktien erfolgen, weil man sie dann erwerben kann, wenn es ein Überangebot davon gibt und die Preise dafür gesunken sind.

Das Ganze kann also wie ein reines Lotteriespiel zwischen Bankanalysten und Verbrauchern ablaufen. Dass beide ungleiches Wissen (asymmetrische Information) haben, kann hier bares Geld bedeuten.

Man kann an dieser Stelle bereits erahnen, warum man den Verbraucherschutz bei Finanzdienstleistungen, der unten (5.1.3) eingehend betrachtet wird, mittels EU-Programmen und Verbraucherschutzerklärungen auf das angeblich einzige Problem der Verbraucher, die asymmetrische Information, reduziert hat. In der Kreditgesellschaft, in der nur die Kreditgeber (Anleger) und nicht die Kreditnehmer eine Rolle spielen, ist das einzige Problem dieser Anleger, dass sie nicht alle einen gleichen Anteil an den Zinszahlungen der Kreditschuldner erhalten.

4.4.5 Scheinsicherheiten: strukturierte Papiere

Trennung von Kredit und Risiko

Verbriefte Risiken als Handelsware wurden bereits oben (3.5.2) behandelt. Sie entstanden aus der Trennung der Risiken vom Kredit. Ebenso wie bei den Kreditsicherheiten, wo der Kreditgeber für den Fall, dass sein Schuldner nicht zahlen kann (Ausfallrisiko), einen zweiten Schuldner (Bürgen) oder ein Grundstück zur Verwertung (Grundschuld) erhält, nimmt ihm der Käufer des verbrieften Risikos davon große Teile und viele andere Finanzrisiken ab. Die Trennung des Risikogeschäftes (Future) vom zugrunde liegenden Kreditgeschäft (Kassageschäft) hat der Menschheit einen enormen Fortschritt gebracht. Dadurch wurden auch unternehmerisch sinnvolle aber aus Sicht der Kreditgeber allzu gewagte Kreditvergaben möglich. Beteiligungskapital, mit dem man etwas Neues wagen kann, weil der Kapitalgeber bei Eintritt des Risikos keine Rückzahlung erhält (Wagniskapital, venture capital), ist eine wichtige Säule der Innovation. Solches Kapital wird aber nur in geringem Maße und dann mit extrem hohen kurzfristigen Renditeanforderungen herausgeben. Die Initiatoren der viel gepriesenen Venture-capital-Fonds, die sich diesen Bereich zur Aufgabe gemacht haben, sind somit entweder Turbokapitalisten, die jungen Erfindern im Nacken sitzen und den schnellen Verdienst und die schnelle Verwertung verlangen, oder Großunternehmen, die auf diese Weise interne Risiken auf Ausgründungen verlagern, an denen sie Beteiligungen halten, um gerade eigene Risiken zu vermindern. Oft ist es aber auch der Staat, der, wie bei der KfW, damit Existenzgründer- und Innovationspolitik betreiben will. Der Mangel an solchem Beteiligungskapital widerspricht einer nachhaltigen Entwicklung. Deshalb ist der Weg über eine abgespaltene Risikoübernahme im Finanzmarkt bei traditioneller Bereitstellung direkter Kredite weit vielversprechender als die dauernden Appelle an den Kapitalsektor, doch bitte Wagniskapital für junge Unternehmen bereitzustellen.

Erst die abgespaltene Anlage von Risiken bei Dritten hat mit der Mobilisierung der Spielsucht dazu beigetragen, dass die Ideen der Menschen in weit schnellerem und größerem Maße realisiert werden als in allen vorhergehenden Wirtschaftsformen. Dort hing es oft von der Laune der Herrscher ab, welche Idee Zukunft und Realisierung bekommen sollte. Deshalb mussten das chinesische Porzellan, die islamische Mathematik, die griechische Philosophie Jahrhunderte warten, bis sie der ganzen Menschheit nutzbringend zur Verfügung standen.

Allerdings kann man sich fragen, ob es nicht heute oft zu schnell mit der Realisierung geht und viele Ideen umgesetzt werden, obwohl schon bei nochmaligem Nachdenken und etwas mehr Zeit hätte klar sein müssen, dass sie zu nichts führen. Die Rate der absurden Projekte, der nutzlosen Bauwerke, der fehlgeplanten Städte, der unbedachten Erfindungen und verantwortungslos schnellen Entscheidungen über die Zukunft von Kultur, Bildung, Unternehmen oder Infrastrukturen steigt beständig an. Würde man ein wenig mehr Risiko bei den eigentlichen Unternehmern belassen, so würde dies ihre Denkfähigkeit und Vorsicht steigern und der Wissenschaft und hier vor allem den Sozialwissenschaften einen größeren Platz einräumen. Insoweit würde eine stärkere Regulierung von Risikopapieren und ihreAnbindung an die von ihnen repräsentierten realen Risiken dem Kapitalismus insgesamt wohl eher guttun.

Die Verlagerung der Risiken in einen eigenen Markt, dessen Waren beispielsweise als Futures, Derivate, Optionen, Termingeschäfte bezeichnet werden, hat mit dem hohen spekulativen Anteil, den ein solcher Markt über zukünftig eintretende Risiken besitzt, auch extrem hohe kurzfristige Renditen gebracht. Sie waren der leicht zu überschauenden sicheren Anlage im Kredit überlegen. Der Grund dürfte in der Psychologie der Menschen liegen.

Sicherheit ist vielen planenden Individuen oft ein sehr hoher Wert. Allein zu wissen, dass man zur Hochzeitsfeier pünktlich eintrifft, kann der Brautmutter schon ein kleines Vermögen wert sein, auch wenn das Risiko, dass die U-Bahn sich verspätet, extrem gering ist. Bei Briefen zahlt man für die garantierte Zustellung innerhalb von 24 Stunden gerne einen erheblichen Aufpreis von mehreren 100 Prozent, obwohl es eigentlich zwischen zwei Großstädten auch so klappen müsste. Mit dem Sicherheitsbedürfnis der Menschen lässt sich daher sehr viel Geld verdienen. Dabei ist das Sicherheitsbedürfnis irrational, weil z. B. der Flugzeugabsturz mehr als der Verkehrsunfall an einem Zebrastreifen gefürchtet wird,

obwohl der Verkehrsunfall die gleichen Folgen haben kann und zudem weit häufiger droht. Risiko, so lautet ein Buchtitel, ist daher aus Sicht der Betroffenen ein
Konstrukt.

Wiedervereinigung von Kredit und Risiko

Die hohen Renditen beim Handel mit abgespaltenen Risiken haben den Markt
der übrigen Anlagen nicht unberührt gelassen. Man fing in großem Stile an, den
einfachen Krediten und Anlagen Risikopapiere „beizumischen". Konnte man aus
einem einfachen Fonds, der sichere und gut gehende Aktien (blue chips) zusam-
menkauft und dann an diesem Pool Investmentanteile verkaufte, vielleicht 7 %
Rendite machen, so schien es, als ob man durch Beimischung von einem Drittel
Anlagen in Form von Risikopapieren, die für sich genommen eine kurzfristige
Rendite von 30 % versprochen hätten, die Gesamtrendite (2*7 % + 1*30 %)/3 =
14,66 %) verdoppeln konnte.

Solche Anlagepapiere, denen Futures beigemischt wurden, heißen „strukturierte Papiere". Dies ist allerdings irreführend, weil bei ihnen gerade die eindeutige Struktur durch ein zwielichtiges Gemisch verdeckt wird.

Diese Zwielichtigkeit von Gemischen, deren Struktur immer weniger durchschaubar ist und die daher unstrukturierte Papiere heißen müssten, hat für die
Banken noch einen weiteren Vorteil: Kaum noch ein Anleger kann sie durchschauen. Das Einzige was übrig bleibt ist das Rating der bekannt problematischen Agenturen, die die Zukunft vor allem aus den Statistiken der Vergangenheit beurteilen. Die Zahlen der Statistik und die Buchstaben von AAA+ bis D der
im Rating gefrorenen Geschichte ersetzen dann mit ihren Maßeinheiten leicht die
unternehmerische Abwägung des Kreditgebers zur möglichen Produktivität der
Kreditnutzung. Letztere erwacht erst dann, wenn die Zukunft so ganz anders
aussieht, als sie die Zahlen und Buchstaben der Vergangenheit versprachen.

Da die Renditen bei Scheinrisiken, angereicherten Risikopapieren, aber auch
bei verbrieften faulen Krediten (ABS und MBS) noch weit höher sind, ist die Versuchung groß, in an sich solide Wertpapierbecken (Pools) noch viel unsauberes
Wasser einzuleiten. Die damit verbundenen Gefahren lassen sich in der großen
Masse schwerer erkennen, als wenn sie separat zusammengefügt worden wären.

Das verkennt ein Fachmann, der meint, Derivate seien nicht per se risikoreicher als Kassageschäfte, weil ihnen dieselben Marktrisiken der Art nach inne-
wohnten wie den zugrunde liegenden Kassageschäften. Derivate erzeugten keine
Risiken, die in gleicher Weise nicht schon an den Kassamärkten existieren würden. Das Problem liege allein in der Form, wie Derivate abgesetzt würden.

„Die Preisbildung", so heißt es dort, „ist bei Derivaten insbesondere für Privatanleger oft intransparenter, da diese sich nicht wie bei Wertpapieren am Kas-

samarkt (nur) durch Angebot und Nachfrage ergibt, sondern neben dem Preis des Basiswertes auch andere Parameter (z. B. Restlaufzeit) eine entscheidende Rolle spielen können. Dies ist für private Anleger oft schwer nachvollziehbar (Komplexitätsrisiko). Zusätzlich kann – je nach Ausgestaltung des Kontrakts – das Risiko bestehen, entgegen der ursprünglichen Absicht bei Fälligkeit zusätzliche Geldmittel aufbringen zu müssen (Kreditrisiko). Des Weiteren gibt es das Brokerrisiko. Einlagen bei Brokern sind oft nur bis zu einem bestimmten Betrag abgesichert. Im Jahre 2005 mussten bei der Insolvenz der US-amerikanischen Brokers Refco viele private Anleger Verluste hinnehmen, teilweise sind die dort eingelegten Gelder heute noch eingefroren."

Doch während man gegen die darin beschriebenen Risiken vorsorgen kann, indem man Notaranderkonten oder Einzelkonten außerhalb vom Zugriff der Gläubiger des Finanzmaklers (Broker) benutzt, kann man gegen die absichtliche Unkenntlichmachung des Inhaltes eines Fonds, von dem die strukturierten Papiere als Anteile verkauft werden, kaum etwas unternehmen. Die Maßzahlen können stimmen, können aber auch falsch sein, die blauen Augen des Verkäufers mögen Vertrauen erzeugen, können aber auch Naivität ausdrücken. Was wirklich in diesen Wundertüten enthalten ist, weiß letztlich allenfalls noch derjenige, der die Fonds managt.

Der Aufkauf solcher strukturierten Papiere und ihre Verschleierung in einem Fonds sind nicht nur eine Möglichkeit, bestimmte Hochrisikopapiere unerkannt abzusetzen. Sie wirken, wie der amerikanische Zentralbankchef Bernanke beklagte, ja geradezu als Motor zur Erzeugung besonders dubioser Papiere. Das liegt daran, dass alle in der Absatzkette viel verdienen können. Es entsteht somit eine Sogwirkung, die zur Schaffung eines solchen Finanzschrottes mit Betrugselementen führt.

Bei den Banken wächst hierdurch die Chance, bei entsprechend hohen Renditeangeboten ihren Kreditgebern im Publikum, also den Anlegern, immer mehr Risiken zu überschreiben.

Weitere Risikoverlagerungen auf den Kunden

Der Fantasie bei der Schaffung von Risikoprodukten sind keine Grenzen gesetzt. Eine Bank kann verbriefte Kredite verkaufen, oder eine Schuldverschreibung wie eine Aktie mit erhöhter jährlicher Dividende als Genussschein anbieten. Im Kleingedruckten sind dann eine Reihe von Risiken zu lesen, die die Rückzahlung des Kredites verhindern oder vermindern können. Im Konkurs des den Kredit aufnehmenden Unternehmens gehen die Anleger leer aus und auf Dividenden müssen sie u. U. länger warten als richtige Aktionäre.

Eine weitere Verschärfung bieten verbriefte Kredite (Anleihen), die rechtlich gesehen erst nach langer Zeit zurückgezahlt werden müssen und daher bei
der Bank wie eine Aktie in der Bilanz geführt werden dürfen. Die Anleger werden aber damit beruhigt, dass die Bank zu bestimmten früheren Terminen in Aussicht stellt, dass sie den Kredit kündigen und zurückzahlen werde (Hybridanleihen). Doch in der Finanzkrise hat sich gezeigt, dass selbst die Deutsche Bank
solche Termine gerne ungenutzt verstreichen ließ. Im Konkurs geht es diesen
Kreditgebern nicht besser als den Aktionären.

Die strukturierten Papiere mit Beimischungen schaffen unendliche intransparente Variationsmöglichkeiten. „Um die Renditen in Geldmarkt- und Renten-
fonds aufzupeppen, legen Fonds verstärkt in Asset-Backed-Securities (ABS) und
Mortgage-Backed-Securities (MBS), also in besicherten Anleihen an", berichtete
eine Analystin bei der HypoVereinsbank. „Gerade in Zeiten historisch niedriger
Bondrenditen sind die strukturierten Anleihen ob ihrer etwas höheren Verzinsung
Retter in der Not." Auch bei der Sparkassenfondsgesellschaft Deka wurden solche Beimischungen befürwortet. Ein besonderer Druck auf die Banken und ihre
Fonds übten dabei die Hedgefonds aus, die scheinbar zeigen konnten, dass man
mit dem besonders skrupellosen Einkauf von Wettpapieren Traumrenditen erzielen konnte, die nun auch der normale Anleger haben wollte. Die Zauberformel
im gesamten Finanzmarkt war „Kurfristigkeit": Je kurzfristiger das Denken,
umso höher die Rendite.

Dieses Prinzip hatten die Bauern über Jahrhunderte mit ihrer Vierfelderwirt-
schaft zu bekämpfen versucht. Wenn man nicht jedes Jahr versucht, das Maxima-
le aus dem Boden herauszuholen, sondern verschiedene Früchte anbaut, damit
sich der Boden erholen kann, kann man langfristig gute Ernten sichern. Die
Düngemittelindustrie hat es geschafft, das Denken auch hier zu verändern und
die mit Brandrodungen im Urwald weiterziehenden brasilianischen Bauern haben es ihnen nur nachgemacht. Der Kapitalmarkt ist die höchste Stufe der Kurz-
fristigkeit und das Daytrading sein perfekter Ausdruck.

Die vier größten Fonds DWS, Deka, Union und Dit haben sich bei den
strukturierten Fonds längst ausgebreitet. Die Deutsche-Bank-Tochter DWS investierte seit 1996 etwa 8 Mrd. € in ABS-Produkte. Der Dit, der zum Allianz-
Konzern gehört, legt seit 1999 in ABS an, Union Investment seit 2000.

Die großen Fonds sind verschmutzt

Die Verschleierung von Risiken für die Anleger ist ein wesentliches Mittel, die
Erträge zu behalten und die Risiken weiterzugeben.

Fast alle großen Fonds enthalten ABS-Anteile. Die Zielquote bei Geldmarktfonds liegt bei 20 %, sagte ein Manager der Fonds der Genossenschaftsbanken.

Weiter finden sich dort auch die oben beschriebenen verbrieften Kredite (Collateralized Debt Obligations (CDOs)). Seit 2000 bietet jetzt der Frankfurt Trust einen ABS-Fonds, der 30 Mrd. € investiert. Fast zwei Drittel davon werden in strukturierte Produkte investiert. Die Fondsmanager, so heißt es, investieren gerade nicht in die sichereren ABS mit hoher Bonität. „Wir gehen runter bis zu Tranchen mit „BBB-" und „BB"-Rating", sagt Fondsmanager Christian Friedrich. Die Deka hat für Privatanleger einen Fonds mit ABS- und CDO-Anleihen mit 1,8 Mrd. € aufgelegt.

Den Auswüchsen strukturierter Produkte sind keine Grenzen gesetzt: Oftmals bestehen die Forderungspools aus Tranchen anderer Strukturen, wie ABS oder auch anderer CDOs (diese Papiere nennen sich dann CDO2). Aber auch exotischere Strukturen finden ihre Abnehmer, wie CDOs auf Equity Default Swaps (EDS). Durch EDS werden Unternehmen, die keine Bonds ausstehen haben, über synthetische Strukturen am Anleihemarkt handelbar.

4.4.6 Scheingewinne: das Anreizsystem der Provisionen

Die wohl am meisten geäußerte Kritik am Turbokapitalismus bezieht sich auf das System der Prämien, Gewinnbeteiligungen, Provisionen und Tantiemen im Geldsystem, das Anreize und Belohnungen für Betrug, Spiel und Wette gegeben habe und für kurzfristige Vorteile die langfristigen Notwendigkeiten der Wirtschaft ignoriert und deren Strukturen sogar zerstört habe. Die Mangergehälter sind auf den Prüfstand gekommen und alle Länder selbst Großbritannien verlangen, dass zumindest ein Teil dieser Zahlungen erst realisiert werden sollten, wenn sie sich zumindestens mittelfristig (3 Jahre scheint die Zahl zu sein) als stabil erwiesen hätten. Allein Frankreich möchte, dass es dabei auch negative Provisionen bei Verlusten gegeben soll, während die anderen sich mit einem verschärften Haftungsrecht und gedeckelten Einkommen begnügen wollen. Soll man Provisionen als falschen Anreiz verbieten, einschränken oder durch eine Verlustbeteiligung ergänzen? Es lohnt sich zuerst über die Form dieses Einkommens nachzudenken.

Zins, Provision und Gebühr – Arbeitszeit oder Unternehmergewinn

Die Menschen mussten von jeher für ihr eigenes Wohlergehen arbeiten. Als Sammler und Jäger, später als Bauern bei Acker und Vieh war dieser Zusammenhang noch offensichtlich. Mit der Fähigkeit, in immer größeren Einheiten arbeitsteilig zusammenzuarbeiten und damit immer mehr Wohlstand mit immer weniger Arbeitsleistung zu erreichen erwiesen sich Handel und Geld als geeignete Mittel, um diese Kooperation weltweit zu organisieren. Damit arbeitete der Mensch nicht

mehr unmittelbar für die benötigten Güter und Dienstleistungen, sondern für das
Geld. Das wird immer noch als Lebensunterhalt bezeichnet, wenn seine Funktion
für den Konsum deutlich werden soll. Es heißt Verdienst oder Lohn, wenn der
Mensch daran denkt, dass ihn dieser Lebensunterhalt Mühe und Arbeit kostet, er
sich ihn also verdienen muss. Im Kapitalismus, der Arbeit und Kapital zu gleichberechtigten Produktionsfaktoren erklärt und damit Geldzinsen, Unternehmens-
gewinn und Mieteinnahme mit dem Lohn auf die gleiche Stufe stellt, wird Verdienst und Lebensunterhalt zu bloßem Einkommen. Damit wird alles Geld, nur
weil es hereinkommt, gleich gesetzt. So wichtig dies auch in der Marktwirtschaft
ist, um Anreize für Kapitaleinsatz, unternehmerische Initiative auch für eigene
Arbeit zu schaffen, so verstellt sie aber auch den Blick für die Unterschiede, warum diese Einkommen jeweils erzielt werden. Das aber erneut zu verstehen ist
eine Zukunftsaufgabe, um das Geldsystem wieder beherrschen zu können statt
von seinen Anforderungen beherrscht zu werden. Plastisch ausgedrückt, wo ein
ganzes Unternehmen wie Mannesmann dafür arbeiten bzw. rationalisieren muss,
um die Provision des ehemaligen Vorstands Esser für sein Ausscheiden zu erwirtschaften, dort hat das Anreizsystem das Arbeitssystem geschädigt. Immerhin hat
es allein 5000 Jahre gedauert, bis die Rechtssysteme dieser Welt sich dazu durch-
rangen, allein ein arbeitsfreies Geldkapitaleinkommen zu akzeptieren. Warum hat
man dann den nächsten Schritt, das kapital- und arbeitsfreie Provisionseinkom-
men schrankenlos zuzulassen, so ohne Diskussion gemacht?

Wenn nämlich die Kapitaleinkommen anders als Lebensunterhalt und Verdienst volkswirtschaftlich nur deshalb so akzeptabel sind, weil sie ein sinnvolles
Anreizsystem für solche arbeitsbereiten Menschen ergeben, die nicht, wie es
Adam Smith für den Fleischer feststellte, per se das Wohl der Allgemeinheit im
Herzen tragen, dann muss die Gesellschaft auch dafür sorgen, dass dieses An-
reizsystem der Kapitalerträge nicht genau umgekehrt dazu führt, dass die Volks-
wirtschaft geschädigt und die falschen Impulse an die Wirtschaft gegeben wer-
den. Insbesondere darf es keine Anreize geben, den Lebensunterhalt der
Menschen wegen der Aufrechterhaltung des Anreizsystems einzuschränken.
Dass, wie es aktuell heißt, die Milliarden an Provisionen allein deshalb zu zahlen
seien, weil geschlossene Verträge zu halten seien, verkennt, dass es nicht um die
Verträge geht sondern darum, ob die Parteien über diese Gegenstände, d.h. die
Provisionen, überhaupt in dieser Weise verfügen durften. Handelte es sich z.B.
um Bestechung, Raub, Betrug oder Untreue, dann sagt schon das Zivilrecht in
seinem Paragraphen 134 BGB, das solche Verträge gerade nicht zu halten sind.

Genau eine solche Schädigung der dem Lebensunterhalt einer Gesellschaft
dienenden Einnkommen scheint passiert zu sein, wo Finanzinvestoren sich damit
brüsteten, mehr Gewinn durch Vernichtung von durchaus sinnvollen Arbeitsplätzen geschaffen zu haben oder wo Risiken allein deshalb produziert wurden, um

Provisionen zu verdienen und wo Verkäufe notleidender Kredite zu einem gesellschaftlichen Schaden führten, weil einige daran enorm verdienen wollten und konnten. Die Öffentlichkeit hat mit Begriffen wie Heuschrecken- oder Geierfonds oder ihrer Abscheu bei überhöhten Managergehältern und Abfindungen ihrem Unbehagen Ausdruck verliehen. Hier wurde und wird immer noch teilweise der eigentliche Lebensunterhalt einer Gesellschaft nachhaltig geschädigt, um dadurch allein die selbst gemachten Erfordernisse eines Anreizsystems zu befriedigen, das diesen Lebensunterhalt bzw. Wohlstand der Nationen befördern sollte.

Welche Einkommen mit welcher Funktion es dabei gibt, zeigt die benutzte Begrifflichkeit im Geldsystem. Danach verlangen Banken von ihren Kunden Zinsen, Gebühren und Provisionen. Der Zinsbegriff ergibt sich wie beschrieben aus der Geschichte aller nach Zeitabschnitten bemessenen Kapitalverwertungen (Geldzins, Mietzins, Arbeitszins). Er geht letztlich auf die Arbeitszeit zurück, die der Mensch durchschnittlich verausgabt, um Güter und Dienstleistungen für andere zu produzieren, sei es nun direkt (Arbeitszins) oder in einer Sache vergegenständlich (Mietzins oder Preis) oder noch in der Rohform des Geldes selber (Geldzins). Immer ist die Bereitstellung von Lebenszeit ein Gradmesser des Wertes. In der Gleichheit der Bezahlung für gleiche Arbeit in gleicher Zeit trotz unterschiedlicher Leistung wurde der solidarische Zweck des Systems fortgeführt, nachdem schon vor dem Geldsystem jedem einzelnen auch dann ein Lebensrecht und damit ein gleichwertiger Lebensunterhalt zugesprochen wurde, wenn er wegen Alter, Behinderung, Geburt, Bildung, Gesundheitszustand oder körperlichen Fähigkeiten weniger beitragen konnte als ein anderer.

Daneben gab es immer schon den Ersatz von Aufwendungen, bei dem es nicht um Verdienst sondern um den Schutz dafür ging, das bei Ausführung eines Auftrages (im römischen Recht das mandatum) der gutwillige Auftragnehmer auch noch auf seinen Kosten sitzen blieb, obwohl er es nur für einen anderen tat. Der Staat hatte dies mit seiner Unterscheidung zwischen Abgaben (Steuern) und Gebühren aufgegriffen, bei denen der reine Aufwand für die Leistung an einen einzelnen Bürger bezahlt werden soll. Solche Gebühren müssen daher nicht wie die Steuer an den Gemeinsinn appellieren. Das hat sich auch das Geldsystem zunutze gemacht, das einst fast ganz in den Händen rein staatlicher Banken lag und dem Kunden mit Bankbeamten gegenüber trat. Sie benutzen diesen Begriff, wo sie Entgelte jeweils verändert und angepasst vom Kunden nehmen möchten, ohne von ihm jedesmal eine Zustimmung erhalten zu müssen. Die Erklärung, man wolle sich hier nicht bereichern, sondern nur eine Entschädigung erhalten, bewahrt sie vor dem Verdacht der Übervorteilung und Gewinnsucht, der ihnen das einseitige Selbstbedienungsrecht, das im Gesetz nur unter richterlicher Kontrolle „angemessen" ausgeübt werden darf, streitig machen könnte. Leider nutzen die Banken diesen Vorteil immer noch und bezeichnen einen Großteil ihrer Zinsen und Provisionen als Bearbeitungsgebühr, Kreditgebühr, Vorfälligkeitsentschädigung, Fälligstellungsgebühr, Aufwandspauschale, Abhebegebühr, Automatengebühr, Versicherungsgebühren etc., wobei schon aus der Form der Gebühr, die nicht in Abhängigkeit vom Aufwand, sondern Prozentual in Abhängigkeit von der Größe der Transaktion ausgedrückt deutlich wird, dass hier nur Zinsen und Provisionen verschleiert und damit deren Grenzen überschritten werden.

Das eigentliche Problem der Verselbständigung des Finanzmarktes beginnt aber, wie wir an vielen Stellen in diesem Buch immer wieder nachweisen, bei der Provision. Hat schon der Zeitpreis für die Nutzung eines Kapitals, der Zins, nur noch einen sehr entfernten Bezug zur Arbeit, mit der einst dieses Kapital erwirtschaftet werden musste, so hat sich in der Provision das Anreizsystem vollständig von der Mühe und Arbeit entfernt. Es wird nicht mehr für die Arbeit und auch nicht mehr für Zeit, sondern nur noch für einen Erfolg bezahlt. Schließlich ist jeder Kaufpreis für eine erarbeitete Sache ein solch erfolgsbezogenes Entgelt, in dem die darin eingeflossene Arbeit nur sehr entfernt eine Rolle spielt und der sich sogar extrem davon unterscheiden kann. Deshalb kann dies auch für Dienstleistungen wie bei Finanzdienstleistungen selber sinnvoll sein. Dies wussten schon die Römer, als sie neben dem Dienstvertrag (locatio conductio operarum) den Werkvertrag zuließen (locatio conductio operis), bei dem nur noch für den Erfolg gezahlt wird. Auch im unternehmerischen Gewinn hat sich historisch erwiesen, dass harte Arbeit allein oft weniger Erfolg verspricht als der geniale Erfindungsreichtum unternehmerischer Einzelpersonen, die mit wenig Arbeit viel erreichen können. Würde man sie nur für ihre Arbeit bezahlen, so fehlte das Anreizsystem gerade für diese wichtige Funktion der Marktwirtschaft. Die Provision stellt also ein allgemeines unternehmerisches Anreizsystem dar. Beauftragen wir einen Makler, die Wohnung zu vermieten, so mag der eine unendlich viel gearbeitet haben, ohne einen Mieter zu finden, während der andere es im Handumdrehen vermieten konnte. Den Auftraggeber und die Wirtschaft interessiert letztlich nur der Erfolg und sie wird denjenigen nicht noch belohnen wollen, der erfolglos arbeitete, während der Erfolgreiche leer ausgeht.

Umgekehrt würde allerdings der eigentliche Sinn von Arbeit, die Erwirtschaftung des Lebensunterhalts für den einzelnen wie für die Gesellschaft gefährdet, wenn jede Arbeit nur nach Erfolg oder Misserfolg bewertet würde, für den der einzelne oft wegen der Gesellschaftlichkeit von Arbeit keine Verantwortung trägt. Das unternehmerische System der Anreize, wie es typischerweise die Provision oder Prämie für den Erfolg darstellt, steht daher mit dem Prinzip des zeitabhängigen Verdienstes, wo jeder mit seiner Zeit am Durchschnitt des Ganzen Teil hat, in Konkurrenz. Wird der Erfolg allein vergütet, wird das gemeinsam Erreichte letztlich allein denen zugeordnet, die Schlüsselstellungen innehaben. Dies haben die Sozialisten und Karl Marx an der Aneigung des Mehrwertes durch die Kapitalisten besonders kritisiert, ohne aber ein Konzept vorzulegen, wie dieses Anreizsystem für Unternehmertum denn anders als durch Moral oder Befehl ersetzt werden könnte. Wird nämlich allein die Zeit vergütet, geht diejenige unternehmerische Initiative leer aus, die vor allem bei eintöniger, überfordernder oder zu wenig Selbstverwirklichung führender Arbeit wie z.b. im geistlosen Investmentbanking so erfolgreich für Leistung sorgen konnte. Sein Fehlen bringt zwar nicht, wie uns moderne Ökonomen und Politiker sogar im Bereich von Kultur, Wissenschaft und Forschung vermitteln möchten, gleich das gesamte Leistungssystem zum Einsturz. Schließlich gibt es einen gerade auch von Adam Smith hoch bewerteten Lebenssinn im Altruismus der Menschen. Es gibt eine Leistungsmotivation, die das Kind in der Familie gelernt hat, wo sich alle mit dem Wohlergehen der Gemeinschaft identifizieren und dafür arbeiten. Weiter spielen der menschliche Wissens-, Forscher- und Entdeckerdrang eine Rolle und soziales Ansehen war einst die Triebfedern nicht nur bei der Arbeit des Wissenschaftlers sondern auch im Vereinsvorstand oder in der Politik. Doch das Anreizsystem der Provisionen können sie, wie die beklagte Geldgier in allen Tätigkeitsfeldern insbesondere aber auch in der Politik deutlich macht, offensichtlich immer weniger ersetzen.

Provisionen haben den Verdienst verdrängt

Es kommt also auf eine Balance zwischen Verdienst, Aufwandsentschädigung und Provision an. Die aber ist verloren gegangen, schon weil das Finanzsystem diese begrifflichen Unterscheidungen willkürlich verwischt und Scheinaufwände, Scheingewinne und Scheinentgelte in großem Masse erfunden und einem unwissenden Publikum präsentiert hat, dem jedes Kriterium für die Sinnhaftigkeit, den Nutzen und die Berechtigung solcher Kapitaleinkommen abhanden gekommen ist. Viel stärker aber noch ist ein Gefühl dafür verloren gegangen, dass Personen, die für ihre Mithilfe an einer einzigen Finanztransaktion Millionen praktisch arbeitsfrei erhalten, alle anderen Menschen, die mit diesem Geld wirtschaften müssen, geschädigt haben. Sie haben das Wasser angezapft, das sie transportieren sollten. Die substantielle Gleichheit ihres Einkommens mit der Substanz, was sie transportieren, portionieren und dirigieren sollen, hat sie zu Wegelagerern ihres eigenen Systems gemacht. Warum Provisionen gezahlt werden, muss nämlich niemand mehr innerhalb der Grenzen der strafrechtlichen Untreue begründen. Es reicht, dass sie versprochen wurden.

Herr Zumwinkel erhielt 20 Mio. € Abfindung, Herr Madoff, der in kürzester Zeit Anleger um 60 Mrd. $ prellen konnte, hatte ein Privatvermögen von fast 1 Mrd. $ abgezweigt. Herr Esser erhielt mithilfe der Banken 30 Mio. € Abfindung. Der Chef der Citigroup hat 2008 11 Mio. $ verdient. Herr Ackermann von der

Deutschen Bank verdiente noch 2007 8 Mio. € pro Jahr. Überall sind die erfolgs-
abhängigen Bestandteile der Bezahlungen (Provision) dramatisch gestiegen.
    Der Aufsichtsrat der HSH-Nordbank erhöhte die Managergehälter, von deren
Höhe wieder seine eigene Gewinnbeteiligung abhing. Der neue Vorstandsvorsitzende dieser Bank bekam 2,9 Mio. € von jenen Regierungen in Hamburg und Kiel
zugesagt, die erst mit Steuergeld ermöglichten, dass die Bank fortbesteht.
    Die Entrüstung darüber geht jedoch am Problem vorbei. Nicht die Art und
Begründung sowie Notwendigkeit dieses Anreizsystems wird diskutiert sondern
die Höhe der Zahlungen. Daher haben die Manager auch teilweise Recht, wenn
sie hier einen Neidkomplex des kleinen Mannes und der kleinen Frau wittern, die
auch dem Nachbarn kein höheres Gehalt zubilligen. Verdienst und Provision
werden in einen Topf geworfen und vermengt. Dass Verdienste einem Markt
unterliegen, der ihre Höhe als Auswahlkriterium für die benötigten Fähigkeiten
benutzt, und damit diejenigen dort hinbringt, wo sie dringend benötigt werden,
wird dann mit der Frage vermengt, wieviel Geld man als Anreiz bei konkreten
wirtschaftlichen Entscheidungen zur Verfügung stellen soll, damit sie im Sinne
des Unternehmens und der Volkswirtschaft noch sinnvoll sind und nicht nur wegen gerade dieser Provision getätigt werden.
    Bei der politischen Aufregung um die Managergehälter wird dann auch
leicht übersehen, dass bei allen versprochenen Massnahmen ja nicht die Millio-
nenvergünstigungen für die alten Manager aus den Geschäften, die in die Krise
geführt haben, angetastet werden. Sie werden vom Staat sogar noch garantiert.
Schadensersatzklagen gegen sie sind nicht einmal angedacht. Die neuen Manager
dagegen, die den maroden Bankkonzern sanieren sollen, müssen sich beschimp-
fen lassen und dafür auf Gehalt verzichten. Es hätte genau umgekehrt sein müssen. Aber selbst wenn man Managergehälter für alle Ewigkeit einfriert, werden
die Probleme eines leck geschlagenen Geldsystems nicht getroffen. Die Politik,
so sagt Hilmar Kopper, der ehemalige Chef der Deutschen Bank, mache doch
nur ein Schaulaufen bei den Managern der Aktiengesellschaften, deren Gehälter
öffentlich sein müssen, weil ihr Zustandekommen im Gesetz geregelt ist.
    Die Chefs solcher Unternehmen dürfen sich sozusagen als Spitze der Ver-
waltung nicht jährlich selbst eine Gehaltserhöhung anbieten. Deshalb gibt es
hierfür Regeln und den Aufsichtsrat, der diese Aufgabe aber immer vornehm an
einen Ausschuss delegiert. Das Gehalt der Chefs ist gestaffelt. Es hat drei Bestandteile: Das eigentliche Gehalt, das etwa bei der Deutschen Bank bei 1,2 Mio.
€ pro Jahr liegt, dann ein „Gehalt", das in Wirklichkeit eine Provision ist, weil es
vom Aktienkurs des Unternehmens abhängt, und etwa doppelt so hoch ist.
Schließlich kommt die eigentliche Provision, der sogenannte Bonus, noch hinzu,
der sich an dem in der Bilanz durch Bewertungen des Vermögens festgestellten
Gewinn des abgelaufenen Jahres orientiert und noch einmal mindestens doppelt

so viel einbringt wie die beiden vorherigen Zahlungen. Am meisten Geld erhalten die Manager dann aber noch durch ihren „Kündigungsschutz". Der „verspricht" ihnen nämlich bei einem vorzeitigen oder auch rechtzeitigen Ausscheiden erhebliche Summen. Dabei handelt es sich entweder um fest vereinbarte Summen oder sie erhalten wie „in den vorläufigen Ruhestand" versetzte Spitzenbeamte „Lohnfortzahlung" für den Zeitraum, in dem sie gar nicht mehr arbeiten. Auf diese Weise erhielten die Vorstandsbanker der Dresdner Bank 58 Mio. € dafür, dass sie nicht länger Manager dieser maroden Bank sein durften.

Dieses System stellt sicher, dass gemeinnützige Motivationen, Erhalt von Arbeitsplätzen, gute Versorgung und langfristige Perspektiven sich im Vorstand nur noch in dem unveränderlichen Gehalt widerspiegeln und daher relativ unerwünscht erscheinen müssen. Mit dem vom Börsenkurs abhängigen zweiten Gehalt wird sichergestellt, dass mit allen Tricks der Börsenkurs des eigenen Unternehmens in die Höhe getrieben wird (shareholder value). Gegen den Chef des Porsche-Konzerns wird deshalb ermittelt. Der legalen Kursmanipulation verdächtig sind wohl die meisten kursabhängig bezahlten Manager. Dazu zählen beispielsweise Maßnahmen zur Kurspflege wie die Schönfärberei bis hin zur Irreführung in der Öffentlichkeit, Leuchtturmprojekte statt Baumschulen, Hinwendung zu den allein kurzfristig profitabelsten Unternehmensteilen. Die Boni schließlich machen klar, dass jedenfalls bisher der allein in einem einzigen Jahr erzielte Gewinn entscheidet.

Mit der Abfindung wird sichergestellt, dass Manager auf ihren Posten bleiben, weil der kurzfristige Schaden ihrer Ablösung künstlich so hoch festgelegt wird, dass es mehr Sinn macht, Unfähige zu halten als sie abzulösen. Da in den Aufsichtsräten auch nur Manager sitzen, ist dieser traumhafte Kündigungsschutz (ein Arbeitnehmer erhält bei wirtschaftlicher Kündigung 1/2 Monatsgehalt pro Jahr der Betriebszugehörigkeit und bei Kündigung wegen schlechten Verhaltens gar nichts) eine Selbstbeschenkung. Bei Banken ist die Situation noch prekärer. Bei solchen, die wie die Deutsche Bank eine breite Aktienstreuung an Personen erreicht hatten, die ihre Aktionärsrechte gar nicht oder durch Banken (Depotstimmrecht) ausüben lassen, saßen in den Aufsichtsräten vornehmlich Manager der Tochtergesellschaften dieser Bank. Sie werden bis heute von einem Aufsichtsratsvorsitzen, der vorher Vorstandsvorsitzender der Bank war, bestimmt – wie Kimmich, Abs, Christians, Kopper und Breuer oder Zeit, der vorherige Finanzchef. Sie stellen sicher, dass die Nachfolger im Unternehmen so weitermachen wie sie. Bernhard Hafner, der ehemalige Chef der ING-Diba, bescheinigt 2009 den Aufsichtsratmitgliedern nicht nur „unzureichende Fachkenntnis. In Wahrheit", so der Bankier, „gleicht die Zusammensetzung des Aufsichtsrates in vielen Gremien eher der Zusammensetzung eines Beirates, der nach Geschäftsinteressen (vom eigentlich zu kontrollierenden Bankmanagement U.R.) ausgewählt wurde."

Auch die deutsche Mitbestimmung der Arbeitnehmer im Aufsichtsrat soweit sie mit Betriebsinternen besetzt werden müssen oder werden, stärkt eher das Unternehmen als Gewinnmaschine, die höhere Löhne erlaubt, denn als soziale Einheit in der Gesellschaft. Die Vorgänge bei der Zerschlagung von Mannesmann führten ja nicht nur für den Vertreter der Banken im Aufsichtsrat sondern auch für den Gewerkschaftsvertreter zu staatsanwaltschaftlichen Ermittlungen wegen Untreue. Bei Porsche und VW stehen sich die Arbeitnehmervertreter als Anwälte ihrer Unternehmen und nicht der Arbeitnehmer in Deutschland feindlich gegenüber.

Manager können ihr Gehalt aufstocken, wenn sie die Gewinne und Aktienkurse des Unternehmens allein auf dem Papier und auf Kosten der Zukunft der Arbeitnehmer und Verbraucher künstlich höher aussehen lassen. Von den Verlusten bleiben sie verschont.

Während dabei das Anreizsystem für die relativ wenigen Spitzenmanager über den Geldverdienst ein unternehmenspolitisches Motivationsproblem ist, das wir deshalb im Einklang mit den Gesetzesvorhaben in Frankreich, Deutschland, der Schweiz und den USA ändern sollten, weil wir langfristige Perspektiven im Unternehmen brauchen, liegt das Problem, dass Milliardenbeträge aus dem Geldsystem für Provisionen und Tantiemen privatnützig auf der zweiten Ebene veruntreut werden, – bei den Maklern, Mitarbeitern und anderen ergebnisabhängig beschäftigten Agenten.

Die Provisionen haben das Geldsystem überall Leck geschlagen

Manager, die von einer Gehaltskürzung mithilfe des Aktienrechts betroffen sein könnten, gibt es allenfalls 1000 in Deutschland. Kaum 100 davon verdienen aber wirklich so viel, sagte Kopper im Fernsehen. Mehr als 1 Mrd. € Ersparnis für das Bankensystem käme nicht zusammen, wenn man sie alle ohne Gehalt nach Hause schickte. Die wirklichen Kassierer befinden sich „eine Etage darunter." Herr Cassano, der beim größten Versicherer der Welt (AIG) mit dem Geld der Versicherten in London (ver-) spekulieren durfte, sodass die amerikanischen Steuerzahler inzwischen über 160 Mrd. $ (100 Mrd. €) dort hinterlegen mussten, hat mit seiner Abteilung von 227 Leuten allein für sich privat 280 Mio. $ herausgeholt. „Der ehrgeizige Sohn eines New Yorker Polizisten hatte den Aufstieg zu einer Schlüsselfigur der AIG geschafft." Daher regte sich Präsident Obama darüber auf, dass von der Staatshilfe im März 2009 165 Mio. $ als erfolgsabhängige Gehaltszuschläge gerade an die Mitarbeiter der Abteilung ausgezahlt wurden, die die 100 Mrd. $ Verluste gemacht hatten.

Bei der Dresdner Bank, der ja als Tochter der Commerzbank die Staatshilfe zugute kam, flossen 19 Mio. € als vom Börsenkurs der ehemaligen Mutter, Allianz, abhängiger Lohn in ihre Taschen. 400 Mio. € sollten aber allein an die Banker der zweiten Reihe bei der Investmenttochter in London, die Dresdner Kleinwort, fließen. Man bezeichnet dies als „Halteprämien", eine Bezeichnung, die darüber hinwegsieht, dass allein der Managermarkt den richtigen Preis ergeben kann und daher Halteprämien ein blindes Kartell bewirken, das gerade diesen Markt verhindert. Ob die Prämien daher nötig waren, wird nie jemand wissen. Dabei wird deutlich, dass diese Menschen für nichts anderes im Leben mehr ihre Arbeitskraft einsetzen würden als für Geld, das sie gar nicht brauchen. 270 Mio. € will die Commerzbank nun davon zurückhalten und wird deshalb in London verklagt. Die Chancen, dass sie verliert, sind groß, hat das Vertragsrecht doch international jeden staatlichen Anspruch verloren, den „guten Sitten", die eigentlich in allen Rechtsordnungen („good morals", „good faith", „bonnes moeurs", „bona fide") den Wucher begrenzen sollen, noch etwas mehr Sinn als die reine Verwirklichung der Marktfreiheit zu geben.

Alle Investmentbanker erhalten zusätzlich zu ihrem Lohn Gewinnbeteiligungen, Provisionen oder Sonderprodukte für gute Kunden. Schon vor Jahren hatte ein „Spitzenmakler" in New York im großen Stil betrogen, weil die 325 Mio. $, die er im Jahr verdient hatte, deutlich unter dem Einkommen des Kollegen von der Konkurrenz mit über 400 Mio. $ lagen. Das jedenfalls gab er dem Staatsanwalt als Grund für den Betrug an. „Alles ist relativ" und viele „können eben den Hals nicht voll kriegen". Der Kapitalismus sollte die Schwächen der Menschen zu ihren Stärken machen. Dabei aber wurde er selbst zur Schwäche.

Während das Durchschnittseinkommen in Deutschland Ende 2008 bei 28.500 € lag, verdienten nach einer Umfrage der Unternehmensberatung Junges & Schüller im Jahre 2009 die Leiter der Vermögensverwaltungseinheiten in den Banken im Durchschnitt 400.000€ pro Jahr, die Hälfte als Provision. Ein leitender Vertriebsmitarbeiter erhielt 295.000 €, der Leiter der Aktienbewertung im Durchschnitt 210.000€ und ein Risikomanager immer noch 116.000€, während es ein Lehrer, dem wir unsere Zukunft anvertrauen, im Staatsdienst auf maximal 51.000€ bringen kann.

Überall wird abkassiert, nicht für Arbeit, wie bei den Managern, sondern für Erfolg. Das fängt damit an, dass ein Schulrektor meine Tochter vor Einstellung in den Referendardienst aufforderte, ein Konto anzugeben, wohin er die 6,90 € Sparsubvention zahlen könne. Mit diesem Wunsch landet sie bei einer Sparkasse, wo sie klar machte, dass es beim spärlichen Gehalt nur um diese Subvention gehe und sie mehr als denselben Betrag nicht hinzusparen könne. Sie verlässt gleichwohl mit einem Bausparvertrag über 50.000 € die Filiale, der 500 € Provision für die Sparkasse enthält. Stutzig über die hohe Sparrate von 200 € wird ihr gesagt, sie könne ja nur das sparen, was sie vorhabe. Dass die Provision aber bleibt, wird verschwiegen. Im Ergebnis wird damit die staatliche Subvention von

6,90 € und zusätzlich der eigene Sparbeitrag in die Taschen der Sparkasse umge-
leitet, deren Mitarbeiterin für diesen Betrug auch noch Karrierepunkte oder gar
Gelder gutgeschrieben werden. Statt vermögenswirksam zu sparen, zahlt man
fast drei Jahre in das Provisionssystem ein. Das System zeigt sich überall. Der
Mieter in den Großstädten zahlt Maklercourtage an die Scheinfirma des Althaus-
königs, der Versicherungsnehmer zahlt 7.000 € dafür an Provision, dass ihm an
der Haustüre eine unsichere Wohnungsfinanzierung über 200.000 €, vermittelt
über eine Lebensversicherungshypothek, untergeschoben wurde.

Gibt es Grenzen?

Provisionen, ob als Tantiemen, gewinnabhängige Gehaltsbestandteile, Prämien,
Courtage oder Maklerlohn bezeichnet, sind kapitalistische Ideen dafür, wie man
den Trieb zu immer mehr, durch die unbegrenzte Möglichkeit der Geldvermehrung nutzt aber auch entgrenzt und entfesselt. Man überspielt durch diese Abstraktion die Kontrollmechanismen, die dem Eichhörnchen durch die Menge der
verfügbaren Eicheln, den begrenzten Vorratsraum im Nest sowie das in einem
Winter Verzehrbare gesetzt sind, und lässt den Menschen wie eine Maus im Tret-
rad zur sinnentleerten, rein triebgesteuerten Ankurbelung der Wirtschaft laufen.
Akkordlohn, Prämien und Preise für wirklich gute Arbeit sind nützlich, lenken
allerdings auch vom Stolz des Bäckers ab, dessen „Profit" es ist, die besten Brötchen in der Stadt gebacken zu haben. Bei realer Wirtschaft ist das Gefühl für den
Arbeiter noch möglich, auch wenn es die Arbeitsteilung beim Fließbandarbeiter
schwer macht, zu wissen, dass es „sein" Auto ist, das da fehlerfrei ausgeliefert
wurde. Bei Geldgeschäften weiß man vollends nicht mehr, was denn eigentlich
die gute oder schlechte Qualität einer Finanzdienstleistung ist. Dabei haben wir
mit den „sieben Prinzipien verantwortlicher Kreditvergabe" sowie dem SALIS-
Konzept (Sicherheit, Zugang (engl. Access), Liquidität, Rendite (Interest) und
Soziale Verantwortung) Kriterien erarbeitet, die nützliche und produktive Finanzdienstleistungen von Ausbeutung und Wucher unterscheiden. Doch die Praxis bevorzugt allein den scheinbar leicht zu messenden Gewinn für das Unternehmen. Ob der Kreditnehmer an der Finanzdienstleistung zugrunde ging, ob das
Altersvorsorgeprodukt nach Erschöpfung der Mittel überhaupt noch eine Rente
zahlt – nicht danach wird die Provision berechnet, sondern allein über die Tatsache, dass man dieses Produkt erfolgreich verkaufen konnte. Allerdings stimmt
dies, wie die Krise zeigt, nur kurzfristig. Umso länger ein Unternehmen plant,
umso mehr wird es die Qualität beim Verwender für wichtig halten, weil man
eben eine Kuh nicht schlachtet, die man melken will – es sei denn, der Staat gibt
eine Schlachtprämie.

Wer eine Kapitallebensversicherung abschließt, weiß nicht einmal, dass 50 % von dem, was er in den ersten beiden Jahren spart, als Abschlussprovision an den Vertreter fließt. Legt man sein Geld in Häusern an, die von einem Immobilienfonds verwaltet werden, dann kann leicht ein Drittel des Geldes an den Vermittler fließen. Ist das dann noch über einen Kredit finanziert und erweist sich die mit Mietgarantie verkaufte Wohnung als Schrott, hat man am Ende sogar noch 100.000 € Schulden und keine Wohnung mehr. Der Makler aber hat die 30.000 € erhalten. Oben (4.2.2) haben wir bereits beschrieben, wie bei der Restschuldversicherung bei Ratenkrediten in Deutschland systematisch Provisionen von bis zu 50% als scheinbare Versicherungsgebühren getarnt letztlich als Zins an die Bank zurück fließen.

Das Provisionssystem hat neben dem Problem, dass hier enorme Summen von dem für die Wirtschaft notwendigen Geld privat abgezweigt wird, vor allem vier strukturelle Probleme:

- Provisionen werden als Gebühren oder Zinsen verschleiert.
- Sie fließen nur als Gewinne aber werden nicht als Verluste wirksam.
- Sie werden auf fiktive Werte berechnet, die eine Momentaufnahme in einer kontinuierlichen Wertentwicklung darstellen.
- Sie werden obwohl als Privates Geld in risikobehafteten Wertpapieren zur Verfügung gestellt oder berechnet doch in der Form des sicheren staatlichen Geldes sofort auszahlbar gestaltet.

Mit dieser Problemdefinition sind auch die Problemlösungen skizziert, die jenseits einer 90% Besteuerung der hohen Einnahmen (so die Drohung des US Kongresses), der 500.000 € der deutschen Bundesregierung bei Subventionsempfängern, der Anrechnung von Verlusten auf drei Jahre bei 30% des Einkommens (der bescheidene Beitrag der englischen Regierung) liegt. In einem transparent gemachten System muss die Provision Risiko und Gewinn in gleicher Weise abbilden.

Dazu gehört zunächst eine klare Unterscheidung zwischen Zinsen (zeitliche Nutzungsentgelte für Kapital), Gebühren (absolute Entschädigungen für Aufwand) und Provision (rein erfolgsabhängige Zahlungen) im Gesetz, wobei es nicht wie im BGB bei Verbraucherkrediten ausreicht, die Kostenfaktoren zu benennen. Es müssen auch die Begriffe standardisiert werden, damit die Banken nicht umdefinieren können. Nur bei einer solchen begrifflichen Festlegung ist eine vernünftige Regulierung der Provisionen sowie ein adäquates steuerndes Marktverhalten der Verbraucher, Arbeitnehmer, Anleger und andere Nutzer des Finanzsystems möglich.

Die Idee der Provision als ergebnisabhängiges Entgelt ist zu einer Einbahnstraße der Gewinnmaximierung verkehrt worden. Gewinne werden den Agenten ausbezahlt, für Verluste haftet der Staat oder wird der Kreditnehmer, Aktionär oder Wertpapieranleger herangezogen. Andererseits ist es wenig realistisch, eine Einzelperson für Milliardenverluste einer Bank mithaften zu lassen. Genauso wie der Arbeitnehmer bei gefahrgeneigter Arbeit nicht für den Millionenschaden eines falschen Handgriffs haftet, genauso unsinnig wäre es, einem Banker, der 500.000 € verdient die Haftung für seine Transaktionen aufzubürden. Aus diesem Grunde muss auch die vielbeschworene verschärfte Managerhaftung ins Leere laufen. Sie würde den unbeweglichen risikoscheuen Bankmanager hervorbringen.

Das Problem löst sich aber zusammen mit dem dritten Problembereich, wo es um die Konvertibilität von Privatem Scheingeld in staatlich garantiertes Hartgeld geht. Erfolgsabhängige Bezahlung erfolgt aus einer Bilanz, die die Forderungen wie Zentralbankeinlagen gleich bewertet. Das gilt auch für die Serviceprämien der Finanzjongleure bei Transaktionen. Nirgendwo wird Zentralbankgeld umgeschichtet. Immer geht es nur um risikobehaftete Forderungen. Tauscht der Provisionsberechtigte sie in staatliches Geld um, so verlagert er das Risiko auf das Unternehmen oder Dritte, was letztlich auch bei Kursverfall das Unternehmen oder die Allgemeinheit trifft.

Deshalb ist es falsch, dass erfolgsabhängige Zahlungen für risikobehaftete Wertpapiergeschäfte oder Forderungen jederzeit in sicheres Zentralbankgeld oder andere sichere Papiere umgetauscht werden können. Provisionen sollten grundsätzlich in der Form gezahlt werden, in der die zugrundeliegenden Forderungen verbrieft sind. Die kursabhängigen Zahlungen müssen daher in Aktien gezahlt werden, der Bonus oder die Einzelprovision in dem entsprechenden Papier. Zusätzlich muss für diese Papiere oder Forderungen eine angemessene Haltefrist vereinbart werden, wozu besondere Papiere nach Art der nur mit Genehmigung des Unternehmens verkäuflichen (vinkulierten) Namensaktien geschaffen werden sollten oder aber der Gesetzgeber für in dieser Weise erworbene Papiere die Haltefrist festlegt. Haltefristen enthalten unzählige Wertpapiere angefangen von den Bundesschatzbriefen über die meisten Unternehmensanleihen. Man müsste nur ihre Handelbarkeit noch innerhalb der Haltefrist ausschließen.

Diese Trennung von Provisionen vom für den Unterhalt notwendigen Entgelt wird auch sozial wirken, weil das Unwesen der Strukturvertriebe und Versicherer bei Haustürvertretern im Finanzbereich, fast nur noch Provisionen auszuzahlen, die bei Misserfolg dann dazu führen, dass das Einkommen unter das Existenzminimum sinkt, ausgeschlossen wird. Der Provisionsvertreter könnte schon im ersten Jahr nicht existieren, wenn eine Haltefrist bestünde.

Die Lösungen fügen sich ein in das generelle Konzept zur Heranführung des Geldsystems an die reale Wirtschaft, das darauf beruht, die Verselbständigen des privaten Geldes zu einem eigenen Kreislauf einzudämmen, die Liquidität in staatlichem Geld sowohl positiv wie negativ bei Steuern und Forderungen einzuschränken und das Anreizsystem an den damit vermittelten wirklichen und langfristigen Erfolg anzukoppeln. Dies wird im Folgenden noch allgemeiner erläutert.

4.4.7 Wie verhindert man privates Falschgeld?

Geld ist ein Wertpapier, das mit der Sicherheit des Eintausches in reale Werte versehen über den Umfang dieser Eintauschmöglichkeit mit einer Zahl Auskunft gibt. Ist es nur dem Schein nach Geld, dann ist es Falschgeld. Wertpapiere sind wie Geld, wenn sie von den Wirtschaftssubjekten für Funktionen verwendet werden, die dem staatlichen Geld entsprechen. Dies gilt heute für weite Teile der verbrieften Forderungen. Aber auch solche Forderungen können Falschgeld darstellen, wenn sie nur den Schein der Sicherheit und Werthaltigkeit aufbauen. Die Bekämpfung von Falschgeld, das die Stabilität unserer auf Tausch und Kooperation aufgebauten Wirtschaft untergräbt, ist daher heute nicht mehr auf staatliches Geld reduziert. Wir brauchen daher ein „Falschgelddezernat" für den privaten Kapitalmarkt.

Die Schöpfung von Zentralbankgeld als Vorbild

Generationen von Staatsbeamten haben sich damit beschäftigt, der Falschmünzerei und später dem Drucken und dem In-Umlauf-Bringen gefälschter Banknoten einen Riegel vorzuschieben. In der privatkapitalistischen Kreditgesellschaft ist die Geldfunktion weitgehend auf die Geldschöpfung im Privatsektor übergegangen. Statt Zentralbankgeld zirkulieren heute Forderungen gegen Banken (z. B. ein Bankguthaben auf dem Girokonto), oder verbriefte und garantierte Forderungen (Wertpapiere) gegen Private. Das liegt daran, dass der Zahlungsverkehr unbar und die Bildung von Reichtum in Wertpapieren und verzinslichen Forderungen, aber nicht mehr in Banknoten und Münzen erfolgt (Giralgeldschöpfung). Das allerdings hat nichts daran geändert, dass das Geld weiterhin nur Werte vertreten muss und daher nicht für beliebige Anlässe geschöpft werden kann.

So bringt die Europäische Zentralbank neues Geld nur in Form von Krediten an Banken in Umlauf, wenn diese dafür notenbankfähige Sicherheiten bietet. Die Banken müssen somit beweisen, dass dieses Geld auch tatsächlich in reale Werte investiert wird und daher jederzeit rückzahlbar wäre. Hierfür hat die EZB im November 2008 die Grundsätze zur „Durchführung der Geldpolitik im Euro-Währungsraum" veröffentlicht, die die „allgemeinen Regelungen für die geldpolitischen Instrumente und Verfahren des Euro-Systems" enthält. Darin sind umfassende Grundsätze dafür aufgestellt, dass möglichst keine neue Banknote in Umlauf kommt bzw. dort länger verweilt, der kein realer Gegenwert in der Wirtschaft entspricht. Im zweiten Kapitel werden die „Geschäftspartner" der Notenbank, die zugelassenen Banken definiert und Ausschlusskriterien aufgestellt. In Kapitel 6 werden die „notenbankfähigen Sicherheiten", die die Banken für die Kredite der Zentralbank anbieten müssen, mit denen frisches Geld in den Kreislauf gepumpt wird, definiert. Für die Werthaltigkeit der Sicherheiten (Bonität) gilt ein einheitliches strenges Prüfungsverfahren (Eurosystem credit assessment framework – ESCA), das grundsätzlich die in einem externen Bewertungsverfahren (Rating) ermittelte Werthaltigkeit der Sicherheit selbst betrifft und nur ausnahmsweise durch Garantieversprechen ersetzt werden kann. Weiter verlangt die EZB, dass die Kreditforderungen ohne Bedingungen rückzahlbar und in einem festen Betrag ausgedrückt werden müssen und dass die Verzinsung so geregelt ist, dass sie das Kapital nicht aufbrauchen kann.

Aus der Privatisierung des Geldsystems hätte der Staat den Schluss ziehen müssen, nun auch durch Regeln in diesem Bereich zu verhindern, dass Geld in Umlauf gerät, dem keine realen Werte mehr entsprechen. Dabei sind die gleichen Schritte vorzunehmen wie bei der Schöpfung staatlichen Geldes:

(1) Die Verbriefung in Wertpapieren, die als Forderungen „verkauft" werden dürfen, ohne dass die ursprüngliche Kreditbeziehung noch vorhanden sein muss, muss überwacht und staatlich zugelassen werden.

So etwas gibt es im Ansatz bei Wertpapieren, die an der Börse gehandelt werden. Sie brauchen eine Börsenzulassung. Die Wertpapiere erhalten dann eine Kennzahl (WKZ) und man weiß, dass Mindestgarantien gegen Betrug existieren. Dafür müssen Börsenprospekte erstellt werden, die den wahren und vollständigen Hintergrund der Papiere bei ihrer Erstellung (leider aber nicht zum Zeitpunkt, zu dem sie noch gehandelt werden) wiedergibt. Inzwischen haben sich aber außerhalb der Börse Geldmärkte gebildet, in denen Papiere ohne Zulassung direkt gehandelt werden. Hier herrscht der „Wilde Westen", so etwa bei Risikopapieren (Derivaten). Umgekehrt hat die Börse ihre Regeln extrem gelockert und gesonderte Börsen für unsichere Papiere gegründet, um nicht aus dem Geschäft geworfen zu werden. Im Jahre 2009 versucht die Europäische Union mit Vorschlägen, die mit ihrer Fondsrichtlinie OGAV praktisch alle nationalen Zulassungsregeln aufgeweicht hat, z. B. bei verbrieften Kreditfonds (MBS, ABS) wieder mehr Zulassungsregeln einzuführen. Darüber hinaus verlangt sie, dass der Schöpfer solcher Papiere wenigstens 5 % der verbrieften Forderungen selbst behält, damit er – nicht ganz vom Risiko befreit – geradezu wertloses Privatgeld bedenkenlos generiert, weil er es ja erfolgreich weiterverkaufen kann.

(2) Die Verzinsung muss Regeln unterworfen werden, die verhindern, dass das Kapital aufgebraucht wird und falsche Anreize entstehen, die Kapitalsicherheit für eine hohe Verzinsung einzutauschen.

Hierzu gibt es allein im Kredit Wucherregeln. Sie werden aber bisher nicht auf Anlageprodukte angewandt, weil man hier nur die Perspektive des Anlegers („Rendite") und nicht die des Schuldners sieht („Zins").

(3) Die Rückzahlungsbedingungen müssen einer Kontrolle unterworfen werden. Papiere, bei denen eine Rückzahlung unwahrscheinlich oder durch ein Wettsystem abgelöst ist, müssen eingeschränkt werden.

Finanzierte Spekulation: Die Hebelwirkung einer Risikoanhäufung

Ein Grundübel privater Falschgeldproduktion liegt in der Kreditierung einer Geldanlage. Der Kreditgeber hat kein Geld, sondern leiht sich dieses, um es zu verleihen. Dadurch erreicht er die berüchtigte Hebelwirkung.

Allein das Prinzip, dass man Kredite aus Krediten vergibt, die man selbst aufgenommen hat (Refinanzierung), ist noch nicht das Problem. Es gehört zum Verfahren einer Bank, so vorzugehen. Auch der Einzelhändler verkauft nur Ware, die er seinerseits gekauft hat. Doch der Unterschied besteht darin, dass der Einzelhändler in der Handelsspanne zwischen Großhändlerpreis und seinem Verkaufspreis die realen Kosten dafür zurückerhält, die er durch den Weiterverkauf und seine Verkaufsorganisation hat. Sein Gewinn, und dafür sorgt normalerweise der Markt, ist nicht größer als der Gewinn des Großhändlers. So sollte es auch bei der Bank sein. Ihr Aufwand, die Gelder beim Sparer einzusammeln und sie an die Kreditnehmer weiterzuleiten, muss durch die Differenz zwischen Spar- und Kreditzins (Zinsmarge) getragen werden und nur Platz für einen üblichen Gewinn lassen.

In den Finanzmärkten hören wir jedoch von Traumrenditen von über 25 % p. a., während man üblicherweise davon ausgeht, dass die Gewinne eines Unternehmens vielleicht gerade einmal 4 % beim Umsatz (Umsatzrendite) ausmachen. Woher kommen die Traumrenditen? Es sind, wie wir gesehen haben, Scheinrenditen aus einer fiktiven Produktivität des Geldes, die sich letztlich aus dem Raub speisen. Nicht der produktive Einsatz des Geldes ist die Quelle der Rendite, sondern der Verlust von Kapital bei einem anderen. Der Kreditnehmer hat keine Bonität, oder das Kapital wurde verwettet. Der schlaue Anleger, der sich weitere 9.000 € geliehen hat, scheint jetzt eine Rendite von 205 % erwirtschaftet und sein Geld verdreifacht zu haben. Tatsächlich übernimmt er aber nur ein entsprechend extremes Risiko, für das er erst in der Zukunft bezahlen muss. Gehebelte Traumrenditen werden aus den Schulden der Zukunft gezahlt. Kreditiert wird nicht eine einfache Anlage, sondern eine Spekulation.

Auf diese Weise kann in großem Umfang vollkommen wertloses privates Geld gedruckt werden, das – geschaffen mit der Illusion von Traumrenditen – das Geldsystem insgesamt zum Einsturz bringen kann, wenn es der Staat nicht stützt.

Damit ergibt sich eine vierte Regel:

(4) Die Kreditierung der Spekulation bzw. die Verschiebung der Auswirkungen des Ausfallrisikos auf die Liquidität des Spekulanten in der Zukunft muss (ähnlich wie in den Spielkasinos so auch auf den Finanzmärkten) dadurch eingeschränkt werden, dass auch der Kreditgeber für eine Kapitalinvestition an den Risiken dieser Investition beteiligt bleibt.

Die Einschränkungen müssen für alle Kreditformen (Darlehen, Stundung, Miete/Pensionsgeschäfte) gelten. Die Deckelung der erreichbaren Renditen, die Begrenzung der Hebelwirkungen und verschärfte Bonitätsanforderungen sowie die Vermeidung von Interessenkonflikten, wenn Kreditgeber und Risikoverkäufer identisch sind, sind Aufgaben des Rechts.

5 Geldkontrolle: Gibt es keine Regeln?

Das Geldsystem als Instrument des Wirtschaftens wird seit dem Auftreten der ersten Tauschmittel von jeder Gesellschaft in Zaum gehalten. Die Schrecken einer sich verselbstständigenden Maschinerie, die ohne Sinn und Steuerung mit entfesseltem Wucher, unkontrollierter Gier, seelenloser Organisation und unbarmherziger Härte die Reichtümer der Gesellschaft verwaltet, waren allen Epochen Ansporn genug, nach Kontrollen Ausschau zu halten. Entsprechend hat die Menschheit in ihrer Geschichte mit Religion und Moral, mit dem Geldrecht, mit Wettbewerb und kollektiver Marktmacht, mit staatlicher Aufsicht und der Eingrenzung einer auf Geldbesitz oder bloßer Verfügungsgewalt über Geld beruhenden wirtschaftlichen Macht, mit Steuern und dem Geldschöpfungsmonopol des Staates versucht, dieser Lokomotive der Wirtschaft Gleise und einen der Gemeinschaft verpflichteten Lokführer zu geben.

Diese Mechanismen haben offensichtlich versagt. Warum wurden die Auswüchse der Marktwirtschaft nicht vom Staat verhindert, der die Aufsicht über das Geldsystem hat? Warum funktionierte die rechtliche Kontrolle über Gesetzgebung, Gerichte und Verwaltungen nicht, die nach dem Grundgesetz alle dazu verpflichtet sind, den Gebrauch des Eigentums und damit vor allem des Geldes, so zu gestalten, dass er „zugleich dem Wohle der Allgemeinheit dient" (Art. 14) und wirtschaftliche Macht in Schranken gewiesen wird (Art. 78)? Warum konnte der Markt mit seinem Wettbewerb nicht die Leistung des Systems für die Wirtschaft garantieren und seine zerstörerischen Kräfte bändigen? Warum versagten der Verbraucherschutz und die nationale Aufsicht und warum konnten sich mit dem Siegeszug des Investmentbankings die Macht des Geldes gegen seine Schöpfer wenden?

Die zweite Hälfte des 20. Jahrhunderts hat mit der Globalisierung eine Erosion aller historisch gewachsenen Mittel der Geldkontrolle gebracht, die den Abbau von Regeln in Recht und Moral und damit den Abbau von Kultur gegenüber dem Geldsystem mit sich brachte.

Wir können dies hier nur andeuten und auf weit gründlichere Beschreibungen etwa bei Rolf Stürner „Markt und Wettbewerb über alles? Gesellschaft und Recht im Fokus neoliberaler Marktideologie", 2007 verweisen. Anders als Stürner glauben wir allerdings, dass nicht der Markt, sondern das Fehlen von

Marktmechanismen die Schuld trägt, dass nicht Liberalität, sondern Regellosigkeit das Problem darstellt und es nicht darum geht, einen starken Staat, sondern eine starke Gesellschaft zu bilden, in der jeder Bürger Mitverantwortung dafür übernimmt, dass das Geldsystem sich nicht verselbstständigt.

Wie wir im Folgenden zu zeigen versuchen, bestand die Erosion der Geldkontrolle darin, dass

1. jahrtausendealte Regeln abgebaut bzw. aus der nationalen Zuständigkeit derjenigen, die für die Wirtschaft zu sorgen haben, auf dafür nicht ausgerüstete und demokratisch nicht legitimierte internationale Organe übertragen wurden,
2. der Verbraucherschutz vom sozialen Schutz zum Marktschutz degenerierte,
3. die vom Geldsystem angerichteten Schäden verfälscht und für Politik und Öffentlichkeit unerkennbar gemacht wurden,
4. der Staat seine Hoheit über die Geldschöpfung und Besteuerung des Geldsystems aufgegeben hat und
5. die Macht des Geldsystems staatliche Aufsicht und Kontrolle unterminierte,
6. die öffentliche Diskussion in den Medien vom Geld selbst beherrscht wurde und
7. den Menschen mit der Verwechslung von Schuld und Schulden die Handlungskompetenz abhanden kam.

5.1 Der vom Recht befreite Kapitalmarkt

Die rechtliche Kontrolle der Geldmärkte und die Bestimmung eines Rahmens für die Banken, innerhalb dessen Freiheit sozial verantwortlich und Wettbewerb anständig („lauter") zu mehr Leistung und nicht zu Verdrängung und Raub führt, ist eine Forderung, bei der sich Sozialdemokraten, Konservative und Liberale nach dem Zweiten Weltkrieg einig waren. Das von allen geteilte Konzept der sozialen Marktwirtschaft beruft sich auf Ludwig Erhard und die Wirtschaftswissenschaftler, die man wegen ihrer Verankerung an der Universität Freiburg die Freiburger Schule nennt. Nach dem Desaster des Kapitalismus während der Zeit des NS-Regimes, das selbst die CDU 1946 im Ahlener Parteiprogramm seine Abschaffung fordern ließ, verlangten die Ordo-Liberalen, dass der freie (Liberalismus) Markt einen rechtlichen (Ordo) Rahmen erhält. Auch die Vordenker der bürgerlichen Gesellschaft und ihrer Marktwirtschaft um 1800 waren sich einig, dass der Markt allein zu einer Katastrophe führen müsse, wenn man ihm nicht einen außerhalb des Marktes liegenden Sinn und einen Rahmen gibt. Sie erkannten, dass Egoismus als anerkannte Triebfeder gut, aber eben auch gefährlich ist.

Der Philosoph Hegel verlangte einen starken (preußischen) Staat. Kant hielt eine absolute der Gemeinschaft verpflichtete Moral jedes Menschen für unabdingbar. Rousseau verlangte eine verantwortliche strikte Erziehung aller Menschen zur Rücksichtnahme. Adam Smith hielt den Altruismus für eine wichtige Kraft und vertraute wie sein Kollege David Ricardo darauf, dass die Menschen nicht vergessen würden, dass letztlich der Kapitalismus auf dem Wert der Arbeit der Menschen aufgebaut sein müsse. In den USA haben sich Amitai Etzioni und Jeremy Rifkin einen Namen gemacht, als sie in ihren Bestsellern die Öffentlichkeit beschworen, den Markt in die moralischen Werte der Gemeinschaft einzubetten, oder wie der indische Nobelpreisträger Armatya Sen verlangte, diese Wirtschaftsform auch konkret an ihrer Fähigkeit zur Bedürfnisbefriedigung der Menschen zu messen. In dem Abschnitt über den Neo-Liberalismus (6.5) wird noch ausführlich darauf eingegangen werden, dass die Verdummung der Menschen durch die Schwarz-Weiß-Malerei des kalten Krieges mit dem Totalitarismuskonzept, wonach allein der Staat die Freiheit des Einzelnen bedrohe, die Idee staatlicher Verantwortung für die Wirtschaft in Misskredit gebracht hat.

5.1.1 Recht als Rahmen des Marktes

„Recht" vermittelt zwei Dinge in der Wirtschaft: den Rahmen für wirtschaftliches Handeln und die Mittel, das Erreichte auch mit Zwang durchsetzen zu dürfen. Die Banken brauchen beides: die Erlaubnis für ihre Geschäfte und die den Zugriff auf staatlichen Zwang, um die Schulden eintreiben zu können. Man kann daher nicht an der Anzahl der rechtlichen Vorschriften ablesen, ob reguliert oder dereguliert wurde. Unzählige Rechtsvorschriften verdecken häufig, dass immer weniger Recht gilt. Ein einziges Verbot von Spiel und Wette war einmal eine hohe rechtliche Mauer. Die Tausende von Paragrafen, in denen dann nur noch steht, wann und wo dieses Prinzip überall nicht mehr gilt und was stattdessen als kleineres Übel in Kauf genommen wird, erscheinen als „viel Recht", sind in Wirklichkeit aber nur Ausdruck dessen, dass weniger Recht gelten soll. Entbürokratisierungskommissionen und die Geißelung der Regelungswut des Staates meinen in ihrer oberflächlichen Anknüpfung an der Regelungsform häufig vor allem deren Inhalt und scheuen sich daher nicht, im Namen der Entbürokratisierung die Anzahl der Regeln zu vervielfachen, wenn es der dahinter stehende verschwiegene Wunsch nach Abbau rechtlicher Kontrolle erfordert. In dieser Weise ist nämlich die Deregulierung der Finanzmärkte mit einer Regelungswut einhergegangen, sodass weniger Staat identisch wurde mit mehr Rechtsregeln und weniger Kontrolle mit mehr Aufsicht. Dies gilt sogar für den kriminellen Bereich. „Deutschland ist ein Eldorado für Kapitalanlagebetrüger. Die Gesetze sind lax, Betrüger werden nicht so stark verfolgt. Und die Deutschen sind reich", sagt Fuchsgruber, der seit 1989 für geschädigte Verbraucher Anlagebetrüger verfolgt.

Deregulierung durch die EU

Die beschleunigte Rechtssetzung bei der EU, die zuletzt bei der Deregulierung der Kapitalmärkte im Monatstakt Richtlinien durch Expertengremien statt durch Parlament und Ministerrat verabschieden ließ („Lamfalussy-Prozess"), schaffte tausende von Regeln, die im Wesentlichen helfen sollten, das nationale Recht, das die Geldmärkte regulierte, abzuschaffen. Die Kapitalverkehrsfreiheit, die einen gleichberechtigten Platz neben der Dienstleistungs-, Warenverkehrs- und Niederlassungsfreiheit im EU-Vertrag erhalten hatte, wurde zum Motor der europäischen Einigung erklärt. In Wirklichkeit war sie, da sie in allen Ländern der Welt durchgesetzt wurde, ein Motor der Umgestaltung des Wirtschaftssystems zu einem allein finanziell angetriebenen globalen System, bei dem auch die EU nur Befehle aus den Finanzzentren ausführte. Billionen Dollar, Euro, Yen wechselten täglich den Standort und, wie im Hase-und-Igel-Märchen der Gebrüder Grimm, wo das ununterscheidbare Igel-Pärchen sich an Start und Ziel postierte, war der finanzielle Igel immer schon da, bevor der industrielle Hase überhaupt loslaufen konnte. Dass dies wie im Märchen auch nur eine optische Täuschung der Scheinwelt des Geldes ist, erkennen wir erst allmählich in der Krise, in der uns die Schwerfälligkeit und Komplexität der Realwirtschaft auf den Boden der Realität zurückholt.

Die Deregulierung erfolgte daher nicht so sehr durch die Abschaffung von Rechtsvorschriften, die den Markt einfassen sollten, sondern durch Schaffung von Ausnahmen.

Das die Ordnung des Marktes eingrenzende Recht lässt sich auf den folgenden sieben Säulen aufbauen:

1. Produktqualität
Mindestanforderungen zum Schutze öffentlicher Güter wie Sicherheit, Gesundheit, Frieden durch Gewerbeaufsichtsregeln, Verbote von Spiel und Wette, Einrichtung von Aufsichtsbehörden und Rechenschaftspflichten sowie Mindestanforderungen an die Berufsausübung.

2. Sicherheit und Anständigkeit („Safety and Soundness")
im Unternehmens- und Aufsichtsrecht, die der Sicherheit des eingelegten Geldes dienen wie Eigenkapitalvorschriften, Großkreditkontrolle, Geldwäscheverbote, Steuerehrlichkeit.

3. Wucherverbot
Zins- und Renditegrenzen, Zinseszinsgrenzen, Schädigungsverbote, Schutz vor
Ausbeutung, Insolvenzregeln.

4. Spiel- und Wettgrenzen
Termingeschäftsfähigkeit, Mindestbeträge und Zulassungsregeln bei gefährlichen
Geschäften, Verbot des Spielens auf Kredit.

5. Verantwortlichkeit für Risiken
Eingrenzung von Risikogeschäften, Verantwortlichkeit für Risikofolgen bei den
Urhebern (Schuldprinzip) und Beherrschern (Sphärenprinzip) von Risiken, Vorrang der kollektiven (Versicherung) vor der individuellen Risikotragung, Eingrenzung der Beteiligung an Risikogeschäften ohne Risikofolgenbelastung.

6. Kontrolle
Aufsichtsämter, die nahe am Markt agieren, Gerichte, die unabhängig Recht sprechen, Zulassungsstellen und Staatsanwälte, die Kriminalität bekämpfen, Verbraucher, die ihre Rechte wahrnehmen können.

7. Wettbewerb
Verbot von Kartellabsprachen und Monopolen, Sicherung der Lauterkeit des
Wettbewerbs, Sicherung der Transparenz des Angebotes, Orientierung an Leis-
tung statt Lüge.

Diese rechtlichen Säulen des Geldsystems haben sich durch die Vielzahl der Ausnahmen in der Deregulierungsphase so drastisch verändert, dass sie ins Gegenteil
gewendet zu Prinzipien der freien Produktgestaltung, des Marktmissbrauchs, dem
Recht zu Wucher, Spiel und Wette, zur verantwortungsfreien Schaffung von Risiken außerhalb der Kontrolle durch Staat und Markt geworden sind.

Deregulierung bei Derivaten

Besonders drastisch erfolgte nach 2000 die Deregulierung bei denjenigen Finanzinstrumenten, die besonders schwer zu kontrollieren sind, den Derivaten.
    In den Jahren zwischen 2002 und 2005 wurde deren Regelungen aus dem
Börsengesetz auf das Wertpapierhandelsgesetz verlagert. Während in der Tradition des Bürgerlichen Gesetzbuches und auch des alten Börsengesetzes das Prinzip
galt, dass bestimmte Geschäfte nicht möglich (nichtig), oder Forderungen daraus

nicht einklagbar waren (Einredebehaftet), strich das neue Recht diese Regelungen vollständig.

Jetzt waren alle Wetten, die sich auf den zukünftigen Preis eines Finanzproduktes bezogen, wirksam. Der Einwand, es sei ein bloßes Differenzgeschäft in § 764 BGB oder der Einwand, es handele sich um nicht einklagbare Spielschulden in §762 BGB, wurde gerade für die Finanztermingeschäfte im Wertpapierhandelsgesetz gestrichen.

§ 37d dieses Gesetzes bestimmte, dass die Anbieter solcher Risikoprodukte nur noch aufklären müssen. Statt Nichtigkeit sollte Schadensersatz gezahlt werden. Dazu mussten aber die drei „Wenn"? erfüllt sein. Schadensersatz gibt es nur, wenn der Kunde beweisen kann, dass er (1) falsch aufgeklärt wurde, (2) wenn er bei richtiger Aufklärung anders gehandelt hätte und (3) wenn daraus auch noch nachweisbar der Schaden entstanden ist. Das Bundesfinanzministerium kannte die neuen Urteile des neo-liberalen Bankensenats, der es schaffte, mit dem moralischen Vorwurf an die Anleger, sie hätten spekulieren oder Steuern sparen wollen, das Gesetz umzudrehen. Er gab den Anbietern damit quasi einen Einwand vor, wonach der Schaden bei solchen Leuten ohnehin eingetreten wäre, weil sie auf jeden Fall spekuliert hätten und schließlich kein Mensch die Zukunft voraussagen könne. Dass dann im Gesetz gerade mit dem schlechten Gewissen der deregulierenden Abgeordneten dieses Ministerium ermächtigt wurde, „Finanztermingeschäfte zu verbieten oder zu beschränken, soweit dies zum Schutz der Anleger erforderlich ist", „machte den Bock zum Gärtner".

So hatte man Geschäfte, die sich an einem zukünftigen Verkauf eines Wertpapiers (Kassageschäft) orientierten und in verbriefter Form (Derivat) die Differenz der Preise zu heute als Wette verkauften (Finanztermingeschäfte), praktisch freigegeben. Im Jahre 2007 folgte der nächste Schritt. Man definierte jetzt immer mehr bisher verbotene Geschäfte als Derivate, die keiner Regulierung mehr unterlagen. Das passierte zunächst unter Ausschluss der Öffentlichkeit und der Parlamente im Rat der Finanzminister in Brüssel mit der MiFID-Richtlinie, die dann mit dem abschreckenden Namen des Finanzmarktrichtlinie-Umsetzungsgesetz (FRUG) das Wertpapierhandelsgesetz veränderte.

Auf diese Weise wurden jetzt auch die Geschäfte dereguliert, bei denen ein Verbraucher morgens und mittags am Computer versuchte, die Preisdifferenzen eines Tages zu verwetten (Daytrading. Neben dem Daytrading wurden auch alle Wetten auf die Kurse verbriefter Kredite freigegeben.

Damit aber noch nicht genug: Jetzt wurde die Pflicht zur Grundaufklärung über den besonderen Charakter und die besonderen Gefahren der Derivate, mit der man sie zunächst zugelassen hatte, ersatzlos gestrichen. Man nahm die diesbezügliche Gedankenlosigkeit der Rechtsprechung auf und verlangte von den Banken nur noch Folgendes: Sie sollten – durch die entsprechenden Kreuzchen, mit denen die Verbraucher in den Formularen sich selbst als risikofreudige und risikoscheue Verbraucher einteilten – diese Einteilung dokumentieren und im Übrigen deren Weisungen sauber (Best Excecution) ausführen. Alle Verantwortung liegt nunmehr beim Anleger. Was er anordnet, wird gemacht. Dass es sich bei dem Anleger vielleicht um einen Achtzigjährigen handelt, der seine Altersvorsorge verspielt, kommt in diesem Bild des mündigen Verbrauchers nicht mehr vor. So könnte man diesem gehbehinderten Mann auch eine Luxuslimousine ohne Bremsen anbieten und ihm – nach artiger Aufklärung über etwaige Verluste – freundlich den Stift in die Hand drücken, mit der Bitte, das Kreuzchen doch bei hoher Risikobereitschaft zu machen: Schließlich würde man ihm als guter Berater doch nichts zumuten wollen, was man selbst für zu gefährlich hält. Gewettet hat hier letztlich der Verkäufer, der bei solchen Geschäften immer verdient.

Mit der Deregulierung der Derivate gab es nur noch zwei Prinzipien auf den Kapitalmärkten: Kapitalverkehrsfreiheit und Information für unachtsame Verbraucher.

Steuersystem ohne Steuerung

Das Steuersystem war ein wichtiges Instrument, um die Abkoppelung des Geldsystems von der Realwirtschaft zu überwachen und einzugrenzen. Wo das Geldsystem wucherte griff der Staat zu und schöpfte den Gewinn ab. Nicht der Verdienst des Staates war dabei das Wesentliche sondern die Tatsache, dass er den Anreiz zum Wucher aus der Wirtschaft nahm. Als der amerikanische Kongress den Bankmanagern drohte, ihre Provisionen mit einer 90% Steuer abzuschöpfen, wenn sie nicht freiwillig darauf verzichten würden, träumte er von der Wiederkunft dieses Systems. Auch der immer wieder von Politikern wieder aufgegriffene Gedanke des ehemaligen amerikanischen Finanzministers Tobin, sinnlos zirkulierendes Geld bei jeder Transaktion zu besteuern (Tobin-Steuer), war nicht als moderne Gardinensteuer gedacht, mit der der Staat reich werden könnte. Vielmehr soll damit der Anreiz genommen werden, Geld in Schneeballsystemen kreisen und sich selbst so lange vermehren zu lassen, bis die reichen Geldbesitzer alle Titel auf den Wohlstand der Nationen in Händen halten und einlösen, wodurch die Armen zahlungsunfähig und die Gesamtwirtschaft ruiniert wird.

Doch die Idee passt nicht mehr auf die heutige Realität. Wo die Produktivität der Wirtschaft nur noch in der Masse des zirkulierenden privaten Geldes gemessen wird, ist eine Abschöpfungssteuer selbst ein Mittel zur unproduktiven Geldschöpfung. Der Staat erhält hier auch nur fiktives Geld, das aus dem Nichts und für Nichts geschöpft wurde. Löst er es in der Wirtschaft real ein und baut damit Straßen, dann muss dies zu Inflation und Umverteilung führen. Er wird zum Komplizen der großen Betrüger, die allein die Vermehrung der Geldmenge als Quelle ihres Reichtums ansehen. Sie werden mehr Geld schöpfen, um die Steuerbelastung zu kompensieren oder sie werden ihr Geld dafür benutzen, den Staat zu korrumpieren, damit er Schlupflöcher einbaut oder einbauen lässt. Deutschland als Paradies der Steuersparer hat sein öffentliches wie privates Finanzsystem schon weitgehend an solchen Interessen ausgerichtet. Profitiert der Staat von dieser Zirkulation, so wird er von der Schöpfung fiktiven privaten Geldes abhängig. So wie die Einnahmen des Finanzministers aus der Tabak-, Benzin- und Alkoholsteuer den Eifer des Gesundheits- und Umweltministers bei der Gesundheitsfürsorge, Suchtbekämpfung und im Umweltschutz gebremst haben, so hat es bei den Finanzsteuern der Minister nicht weit: er ist für die Einnahmen daraus ebenso wie für die Aufsicht über die Banken zuständig und kann seine Einnahmeinteressen unkontrolliert vor seine Aufsichtsinteressen stellen.

Inzwischen funktioniert die Steuer sogar umgekehrt: sie begünstigt immer mehr diejenigen, die ihr Einkommen aus dem Besitz von Geld erzielen gegenüber denjenigen, die dafür ihre Arbeitskraft einsetzen müssen. Sie treibt die Menschen dazu, ihr Vermögen in Geld anzulegen. Sachvermögen, Gesundheitsvermögen, Erwerbsvermögen und Sozialvermögen sind steuerlich unattraktiv geworden. Verluste bei diesen Vermögen lassen sich nicht mit dem Einkommen verrechnen, weil sie anders als das Geldvermögen nicht bewertet werden können. Wer dagegen Geldausgaben seinem Gewinn gegenüberstellen kann, der zahlt weniger Steuern. Wo noch Gewinne verbleiben hilft die fiktive Abwertung des Vermögens durch Abschreibungen oder Wertberichtigungen.

Dass das Steuersystem im Wesentlichen als Anreizsystem für reine Geldinvestionen diente, zeigen die Steuerzahlen für 2004, als die Gewinne in diesem Sektor explodierten und die Spekulation weltweit ihren Höhepunkt erreichte und sich das Geldvermögen vervielfachte.

In seinem Monatsbericht für Juli 2005 für das Jahr 2004 gab der Finanzminister Steuereinnahmen von 442 Mrd. € an. Davon waren 158 Mrd. € Lohnsteuern bei der abzüglich Altersvorsorgeförderung und Kindergeld noch 123 Mrd € verblieben. 130 Mrd. € waren es mit Solidaritätszuschlag. Bei der Einkommensteuer wurden dagegen nur 37 Mrd € eingenommen, von denen nach Abzug von Investitionszulage und Erstattungen sowie Eigenheimzulage (10 Mrd. €) noch 5 Mrd € und 5,7 Mrd. € Solidaritätszuschlag verblieben.

Zählt man die Steuern hinzu, die ebenfalls die Masse der Verbraucher belasten, so sind dies noch einmal 137 Mrd. €. Für Benzinverbrauch zahlten sie noch einmal 42 Mrd. € an Steuern, für Zigaretten 13,6 Mrd. €. Die Gewinne der Unternehmen in der Körperschaftssteuer trugen dagegen lediglich 4,8 Mrd. € zum Gemeinwohl bei. Erbschaftssteuer und Kfz Steuer machten bei den Ländern 20 Mrd. € aus, die Gemeinden nahmen vor allem aus Gewerbesteuern und

Grunderwerbssteuern 33 Mrd. € ein. Weitere Verbrauchssteuern auf Versicherung, Strom, Brandwein und Kaffee machten ca. 19 Mrd. € aus. Die Zinsabschlagssteuer brachte dagegen ganze 7 Mrd. €.

Steuern sind somit im Ergebnis zu Arbeitssteuern geworden. Arbeitnehmer und kleine Selbständige zahlten sie als Lohn- und Einkommenssteuer sowie noch einmal bei den Ausgaben als Mehrwertsteuer oder als Tabak-, Benzin- und Alkoholsteuer oder als Solidaritätszuschlag.

Aus dem Geldvermögen von geschätzten 4 Bio €, das in Form von Wertsteigerungen und Zinsen bzw. Renditen gerade in den letzten Jahren mindestens 1 Bio Euro Zuwachs aus dem Nichts verzeichnete, kam praktisch nichts. Auch der ungeheure Immobilienbesitz trägt trotz der Einnahmen daraus nichts bei, weil mit einer fiktiven Entwertung der Staat verhindern muss, dass auch dieses Sacheigentum zu Geld gemacht wird, um Steuern zu bezahlen.

Das die Arbeit besteuert, Kapital ob als Geld, Wertpapiere oder in der Form von Sachkapital immer mehr von der Steuer befreit bleiben muss, entspricht der Logik der Marktwirtschaft. Der Staat ist der Freiheit der Kapitalbesitzer ausgesetzt, ihr Vermögen verschieben, verstecken oder vergraben zu können, während denjenigen, denen nur die Arbeitskraft für den Unterhalt bleibt, zum offen besteuerbaren Geldeinkommen keine Alternative haben. Die ausschließliche Besteuerung der Arbeit ist paradoxerweise die logische Folge der Geldgesellschaft.

Das war historisch nicht immer so. Der Staat war einmal dafür da, außerhalb des Marktmechanismus und der Geldgesellschaft das Gemeinwohl zu erhalten und den Teil vom individuellen Einkommen abzuziehen, der gemeinschaftlich konsumiert und investiert werden musste. Dabei lag seine Gerechtigkeit in dem Zusammenspiel von Besteuerungsart und Nutzung der Abgaben. Während die Steuern nur von denjenigen genommen wurden, die etwas hatten, war die Nutzung der damit verbundenen Konsummöglichkeiten für alle gleich und frei. Sicherheit und Ordnung, öffentliche Einrichtungen, Verwaltung und Schutz standen den Menschen im Prinzip offen, auch wenn der Adel seinen persönlichen Konsum und Luxus als öffentliche Aufgabe begriff. Dafür oblag ihm die Förderung von Sicherheit, Kunst, Kultur, sozialem Zusammenhang, Religion, Bildung und der Gemeinschaft überhaupt. Die bürgerliche Revolution hat daran zunächst nichts geändert. Durch die Trennung von allgemeinem Staat, der nicht den Marktgesetzen unterliegen sollte, und privatem Konsum in Kontinentaleuropa blieb der kollektive Konsum öffentlicher Güter gleich und frei und die Steuer statt Entgelt und Gebühr das wesentliche Mittel der vom Konsum unabhängigen Bezahlung. Auch Armut blieb damit ein öffentliches Problem.

Doch im Kapitalismus erwies es sich als effizienter, den öffentlichen Konsum zu privatisieren und in wie in den USA bereits geschehen Altersvorsorge, Krankenversorgung, Straßennutzung, Schulen, Kindergärten und Universitäten,

Kulturleistungen und selbst persönliche Sicherheit sowie das Wohnen und Leben in Eigentumstitel zu verwandeln, käuflich zu gestalten und den Kaufpreis über Kredit auch für kleinere Einkommen finanzierbar zu machen.

Dabei blieb den Deutschen anders als in Großbritannien und den USA noch das Schlimmste erspart. Nach den Plänen auch der deutschen Politik sollte das Steuersystem vollständig von allen sozialen und die Spekulation eingrenzenden Wirkungen gereinigt werden. Mehr private Verantwortung, weniger Staat, geringere Steuern – so lautete das Credo in der letzten Wahl. Parteien, die in besonderer Weise auf das Wohlwollen der Geldbesitzer als Wähler, Bundesgenossen oder Finanzierer angewiesen sind, halten dies aufrecht.

Der Weg des Steuersystems soll nämlich zu einem Einheitssteuersatz, der Flattax, führen. Dieselben, die 200.000 neue Finanzprodukte pro Jahr für sinnvoll halten, mit denen die Menschen überfordert wurden, werben nun für eine Steuerformel, die auf einen Bierdeckel passt und eine Steuererklärung, die in 20 Minuten ausgefüllt ist. Sie haben mit der Umsetzung angefangen, indem sie die Spitzensteuer senken und die Besteuerungsgrundlage von Ausnahmen der Produktivitätsförderung reinigen. Am Ende steht dann wie in der Slowakei ein einheitlicher Steuersatz für alle (dort sind es 19%).

In einem Modelldenken, das die Wirklichkeit nur noch als Fiktion vorkommen lässt, ist er aber logisch. Alle Arbeitseinkommen werden „gleich" behandelt. Zugleich muss der verarmte Staat die Unentgeltlichkeit kollektiver Leistungen aus Gründen der Gerechtigkeit aufgeben.

Doch in soziologischer Perspektive ist der Vorschlag absurd. Weder sind alle Einkommen erfasst und trifft die Gleichheit der Besteuerung die verbliebenen Einkommen gleich.

Wer die Arbeitskraft von Kindern, Alten, Jungen, Männern, Frauen, Kranken, Behinderten, Gebildeten und Ungebildeten zu jedem Zeitpunkt ihres Lebens ob Unfall, Not oder Überfluss für gleich belastbar hält, muss die Einheitssteuer gerecht finden. Der einheitliche Steuersatz, der zunächst noch drei Einkommensstufen (FDP 2009: 10%, 25%, 35%) vorsehen soll, wird deshalb alle ungleich betreffen, weil das Geld etwas anderes ist, wenn es zum Leben, für die Kinder oder nur für die Investition in eine Luxusvilla benötigt wird.

Weiter aber werden auch alle Einkommensarten gleichgesetzt. Arbeitseinkommen von Menschen und Kapitaleinkommen von juristisch fingierten Personen sind vor der Steuer zunächst gleich. Auch das Geld ist mit dem Menschen gleichgesetzt. Es muss sich nur den Mantel eines Fonds umhängen, um als (juristische) Person akzeptiert zu werden, die ihre Ausgaben vom Einkommen absetzen kann. Tatsächlich findet aber, wie wir gesehen haben, gar keine Besteuerung der zur Person erklärten Geldvermögen statt. Das Kapital hat nämlich gar kein Einkommen mehr, weil das Einkommen sich in Kapital verwandelt.

Die Geldgesellschaft hat wie unter 3.3.3 beschrieben ein System eingeführt, bei dem man Früchte und Stamm nicht mehr unterscheiden kann. Beides ist Geld und daher wächst auch alles Geld immer nur ohne etwas zu verdienen. Das Hinzugewachsene wird ja nur fiktiv zur Frucht erklärt, weil das gesamte Steuersystem von der Vorstellung ausgeht, man könne den Zins als vom Geld geschiedenes Geldeinkommen ansehen. Um der Steuer zu entgehen, muss man daher nur die Früchte, also den Zins, in der Steuerbilanz als Wertzuwachs dem Stamm zurechnen, auch wenn man ihm dem Anleger vorher noch in der Handelsbilanz als separate Rendite angepriesen hatte. Dann bleibt für die Steuer nur noch der, der arbeitet. Er kann seinen Lohn nicht in seine Arbeitskraft verschieben. Der Lohn liegt nackt und bloß vor den Augen der Steuerbehörde und wird vom Arbeitgeber einbehalten. Der Geldbesitzer behauptet dagegen stetig, dass er keinen Gewinn gemacht habe. Es sei kein Einkommen dar. Lediglich sein Vermögen sei gewachsen, so als ob es dem Arbeiter vor dem Finanzamt nützen würde, wenn er seinen Lohn in Stärke, Intelligenz und Erfahrung investieren würde.

Die Vorschläge der Steuereinheitspopulisten sind soziologisch gesehen naiv, d.h. kindisch. So aber wird Wirtschaft heute verstanden. Eselsbrücken (Heuristiken) wie die Vorstellung von Zinsen als Früchten, Geld als Wert, Einkommen als Entgelt und Reichtum als Geldvermögen ersetzen das Begreifen. Beim Steuersystem aber sollte das anders sein. Das Besteuerungssystem ist zu einem Ausnahmesystem mutiert, das keiner mehr begreifen soll. Das schafft Wut. Sie richtet sich dann gegen die Komplexität und Intransparenz an sich statt gegen die fehlerhaften Grundannahmen, die an der Oberfläche nicht mehr erkannt geschweige denn verstanden werden können. Dass die Flattax eine Steuererklärung in 20 Minuten schaffen würde wird dann als Lösung empfunden. Der Staat als Aktiengesellschaft, der Bürger als Aktionär und Demokratie zur Aktionärsversammlung – das scheint genauso einfach zu sein, wie eine Reichensteuer, die nur das Ergebnis ungerechter Verteilung durch eine Vermögenssteuer korrigieren will und dabei nur den durch mangelnde Regeln ermöglichten Reichtum aus dem Geld anerkennt statt die Regeln zu schaffen (7.2.3).

5.1.2 Heimatlandkontrolle: die Entmachtung der Aufsicht

Die Kapitalverkehrsfreiheit wird durch die gegenseitige Anerkennung und das Prinzip der Heimatlandkontrolle von den meisten Rechtsregeln befreit.

Die Idee war genial einfach und diente der Reagan-Administration dazu, den US-amerikanischen Markt zu deregulieren, bevor die EU dies für Europa übernahm. Danach soll das Recht eines Landes nicht mehr für diejenigen gelten, die vom Ausland her hier tätig sind. Sie dürfen sich allein auf die Regeln und die Aufsicht ihres Heimatlandes berufen.

Dessen Aufsicht und dessen Parlament haben aber gar kein Interesse daran, ihren Finanzdienstleistern bei deren Tätigkeit in einem fremden Land Fesseln anzulegen. Ihre eigenen Bürger sind ja von deren „Wildwestmanieren" nicht betroffen. Es gibt somit Recht, aber niemanden mehr, der es anwenden kann oder will.

Der weitere Vorteil besteht darin, dass die Mobilität des Kapitals so gewachsen ist, dass man sich die Staaten aussuchen kann, in denen die Banken am mächtigsten und der regulierende Staat am schwächsten ist. Dabei kann ein Staat wie Luxemburg seinen wenigen Bürgern auch per Saldo mehr Geld auszahlen als sie an Steuern aufbringen müssen, sodass das eigene Volk dieses System, von dem es selbst nicht betroffen ist, demokratisch legitimiert. Da die anderen Staaten befürchten müssen, dass ihre Banken abwandern und dasselbe Geschäft dann vom Ausland aus machen, wo sie auch die Steuern bezahlen, werden sie mit dem Versprechen, kein begrenzendes Recht mehr anzuwenden, Banken anlocken. Etwa so, wie die Städte und Gemeinden bei Industrieansiedlungen alles versprechen, nur um anderen Städten die Arbeitsplätze nehmen zu können. Die Länder geraten in eine Rechtskonkurrenz, bei der derjenige siegt, der die wenigsten Regeln hat. In Europa waren das England, Irland, Luxemburg und die Schweiz. Die Holländer hatten sich noch sehr angestrengt, dazu gehören zu dürfen. Unter dieser Bedrohung beeilten sich die anderen nationalen Parlamente, es den Banken Recht zu machen und sie zum Bleiben oder gar zur Rückkehr zu bewegen. Die geschickte Öffentlichkeitsarbeit einiger Großbanken, die in der Presse laut überlegten, ob sie ihren Sitz nach London verlegen sollten, das Gerede um den Standort der Börsen und deren Fusion mit London (London Stock Exchange LSE), die Verlagerung des Investmentbankgeschäftes bei allen Großbanken eben dorthin sowie die Gründung von Tochterbanken in Luxemburg und Zweckgesellschaften in Dublin, erhöhten diesen Druck. Mit der Initiative „Finanzplatz Deutschland", an der sich auch die Sparkassen und sogar die Bundesbank beteiligten, wurde suggeriert, man müsse besondere Anstrengungen unternehmen, um das Finanzkapital in Deutschland zu halten. Nicht die Produktivität der deutschen Wirtschaft sei der Grund zum Bleiben, sondern es müsse ein freundliches Rechtsklima geschaffen werden.

Die dazu passenden Gesetze bekamen einen entsprechenden Seriennamen und hießen fortan „Finanzmarktförderungsgesetze".

Bereits 1985 wurde das Börsengesetz geändert und die Börse für den Handel mit Risikopapieren (Terminhandel) ermöglicht.

Drei Finanzmarktförderungsgesetze gab es zwischen 1990 und 1998. Investmentfonds durften jetzt auch ihr Vermögen in hoch riskanten Termingeschäften anlegen, Fonds, die nur Papiere enthielten, die ihrerseits Geldgeschäfte waren, wurden erlaubt und die Börsenumsatzsteuer wurde erlassen. Falschberatungen verjährten nach dem Dritten Finanzmarktförderungsgesetz von 1998 statt nach 30

schon nach drei Jahren. Die Regelung führte man dann in der Reform des Bürgerlichen Gesetzbuchs im Jahre 2002 ganz generell für alle Bankberatungen ein, was
für Investmentberatungen jetzt wieder korrigiert wird. Das Dritte Finanzmarktförderungsgesetz öffnete auch den Kreditverkäufen die Tür, indem es die Ausgliede-
rung von problematischen Krediten auf eine andere Gesellschaft in dem bereits
1994 verabschiedeten Umwandlungsgesetz auch gegen den Willen der Kreditnehmer erlaubte.

Im Jahre 2000 wurde das Wirken der Finanzinvestoren begünstigt, indem
nun die Zerschlagung von Unternehmen durch den Verkauf von Unternehmensteilen steuerfrei gestellt wurde, nachdem sie bereits das Geld dazu in Deutschland aufnehmen durften.

Mit dem vierten Finanzmarktförderungsgesetz 2002, das auf die OGAV-
Richtlinie der EU reagierte, zu der ich 1999 als Gutachter für das Europaparlament geschrieben hatte, dass sie die damit erfolgte Deregulierung der Investmentfonds noch einmal bereuen werden, wurden die Wertpapiere und vor allem
die Immobilienfonds weiter dereguliert. Sie durften jetzt jeden „Finanzschrott"
enthalten. Das reichte der Regierung aber noch nicht. Es gab bereits verheerende
Erfahrungen mit geschlossenen Immobilienfonds, die sich mit der abenteuerlichen Rechtskonstruktion einer GmbH & Co, KG als Personengesellschaft, in der
keiner mehr haftet, die Anerkennung der Gerichte und Finanzämter verschafft
hatten. Hier waren die größten Betrugsfelder in der Kapitalanlage vor allem im
Aufbau Ost angesiedelt, die auch heute noch den Sprengstoff in den Büchern der
HRE bilden. Nun aber sollte dieses System noch erweitert werden. Im Jahre
2007 wurden die neuen Immobilienfonds REITS zugelassen, in denen ein Sam-
melsurium von unkontrollierbaren Werten und Anteilen zusammengebracht
(„gepoolt") und in kleinen Portionen verkauft werden durfte. In letzter Minute
konnte man den Wohnungsmarkt hiervor noch retten, dessen Einbeziehung blieb
jedoch weiterhin Teil des christdemokratischen Wirtschaftsprogramms.

Diese gesetzgeberische Finanzmarktförderung durchwirkte den gesamten
Staat. Insbesondere durch die personelle Besetzung der Schaltstellen der Fi-
nanzmarktkontrolle wurde ein wesentlicher Teil der Deregulierung durch eine
verhinderte, oder aber veränderte Anwendung des geltenden Rechts geschaffen.
Spektakulär war in den USA die Besetzung des Chefsessels der gefürchteten
Anti-Trust-Behörde, des amerikanischen Kartellamtes durch einen Vertreter des
Neo-Liberalismus, der öffentlich bekannte, dass er Monopolbildungen nicht
behindern wolle, weil diese ein Beweis dafür seien, dass der Markt funktioniere
und die Tüchtigsten nach oben bringe. Würden sie als Monopolisten übermütig,
würde der Markt sie schon von selbst wieder verdrängen. Die empirischen Daten
über die Monopolkonzerne in den USA seit 1920 haben dagegen deutlich gemacht, dass sich zumindest bis zum Zusammenbruch von GM – dort wie hier –

diejenigen, die einmal oben sind, nicht mehr verdrängen lassen und die Innovationskraft der Wirtschaft hemmen.

Beim Obersten Gericht berief man in Amerika den Hauptvertreter der ökonomischen Analyse des Rechts zum Präsidenten, der unzählige Male verkündete, dass die wichtigste Rolle des Rechts darin bestünde, seine eigene Anwendung möglichst kostenlos zu gestalten und alle Gewinnchancen in der Wirtschaft effizient zu unterstützen.

In Deutschland wurde die Zuständigkeit von Bankangelegenheiten von dem 3. auf den 11. Senat des Bundesgerichtshofs verlagert, dem dann, als der Gesellschaftsrechtssenat wütend dem Abbau von Verbraucherschutz widersprach, dessen Zuständigkeit mit übertragen wurde. Fortan war aus einem distanzierten Verhältnis eines Senats, der noch den Lobbyismus der Bankrechtslehrer monierte, den Banken ein mangelndes Verständnis für die guten Sitten vorgehalten hatte und in Prozesskostenhilfeverfahren versucht hatte, auch Recht für die Ärmsten und Bewucherten zu sprechen, ein schon fast an Kumpanei grenzendes Auftreten der führenden Bankjuristen mit den neuen Richtern in der Öffentlichkeit die Regel geworden. In Aufsätzen bekannten Vertreter dieses Senats, dass ihnen die Förderung des Bankgeschäftes und dessen Schutz vor überzogenen Ansprüchen der Kunden am Herzen liege. Das große Bankrechtshandbuch wurde vom Chef des Senats zusammen mit einem Professor herausgegeben, der in einem Urteil des Vorgängersenats noch wegen seiner „bezahlten" Meinungen für die Banken gerügt worden war.

Im Einzelnen schafften es die neuen Richter mit ihrer Rechtsprechung, dass nach mehreren Tausend Verurteilungen wegen Wuchers in den 1980er-Jahren keine Bank mehr diesen Paragrafen zu fürchten hatte. Dort, wo zur Nachtzeit ein Notar mit dem Vermittler Schrottimmobilien auf Kredit verkauft hatte, erfanden sie abenteuerliche Konstruktionen, um den ruinierten Verbrauchern den Schadensersatz verweigern zu können.

Das Bundeskartellamt verarmte zum Bundesbagatellamt, das sich an Banken zuerst nicht wagen durfte und dann nicht wagen wollte. Bankenfusionen wurden gar politisch gefordert und gefördert, alles im Namen der internationalen Konkurrenzfähigkeit. Der Verlust am Markt wurde hierbei auch im Inneren nicht problematisiert, geschweige denn kompensiert. Man schloss schließlich die Aufsichtsämter nach englischem Vorbild zur BaFin zusammen, gab ihnen aber nur 1/36tel des Personals wie bei der Bundesbank, die offen als Lobbyist der Banken auftrat. Bis heute wird die BaFin eher belächelt. Sie ist, wie ihr Präsident in einem Bundestagshearing bekundete, mit dem Sortieren der von den Banken gemeldeten unzähligen Daten bereits überlastet. Auf Beschwerden der Bürger reagiert sie mit Standardbriefen, in denen ihre Unzuständigkeit als Entschuldigung bekundet wird. Damit die Gerichte sie nicht wegen Untätigkeit belangen können, was der

Bundesgerichtshof in der Entscheidung zum Konkurs des Bankhauses Herstatt einmal andeutete, hat der Gesetzgeber sie von jeder Amtshaftung frei gestellt. Ein funktionierendes Kontrollsystem gab es seit Anfang der 1990er-Jahre nicht mehr.

5.1.3 Verbraucherschutz – Information statt Schutz

Verbraucherschutz ist schon vom Wort her eine Irreführung. Weil alle Menschen Verbraucher sind, käme er dem Wort Menschenschutz gleich. Gemeint ist der Schutz des individuellen Konsums in einer Wirtschaft, die nicht hinsichtlich des Wohlergehens der Menschen, sondern nach dem Profitsystem organisiert ist. So wie wir vom Arbeitsschutz sprechen, müssten wir daher auch vom Verbrauchsschutz sprechen, wenn wir die vielen Regeln, die allein daran anknüpfen, dass Menschen zu Zwecken des Konsums Geschäfte tätigen, bezeichnen wollen. Verbrauchsschutz ist dann nicht nur das Recht, auf dem Markt für sein Geld gute Ware einzukaufen, sondern auch das Recht, dass der Markt die Lebensgüter nicht beschädigt und die Lebensverhältnisse von Schuldnern nicht zerstört. Doch anders als im Arbeitsrecht, wird im Verbraucherschutzrecht so hartnäckig am Verbraucher als Person festgehalten, weil dadurch dem Verbraucherschutz eine ganz andere Funktion untergeschoben werden kann, nämlich die Sicherung rationaler Nachfrageentscheidungen durch die Käufer auf dem Markt. An die Stelle des Schutzes kann die Information treten, wenn alle sich darin einig sind, dass der Konsum auf dem Markt prinzipiell nicht geschützt werden muss, weil ein rationaler, informierter und mündiger Verbraucher dort paradiesische Möglichkeiten der Befriedigung seiner Bedürfnisse vorfindet.

Europäische Kommission: Verbraucherschutz ist Wettbewerbshindernis

So ist es zu erklären, dass während der Deregulierungsphasen der Verbraucherschutz in aller Munde geriet, obwohl er doch rechtliche Schranken der Wirtschaft verlangt. Ministerien und Behörden wurden danach benannt, Erklärungen abgegeben und ein allgemeiner Konsens verbreitet, dass der gemeinsame Markt für die Verbraucher und nicht für die Banken geschaffen würde.

Das hatte zunächst einen relativ formalen Grund. Die Gründer der EU hatten der Kommission misstraut und ihr daher in großen Rechtsbereichen keine Kompetenz zuerkannt. Sie hatten ihr aber den damals unverdächtigen Verbraucherschutz überlassen mit der Auflage in Art. 153, sie müsse im Verbraucherschutz besser sein als die nationalen Gesetzgeber, sonst gelte deren Verbraucherschutz vorrangig. Kommission und Europäischer Gerichtshof machten aber auch diese Vorschrift zu einer der wichtigsten Vorschriften der Deregulierung. Indem sie argumentierten, dass der beste Verbraucherschutz ein freier Markt sei, erklärten sie allen Verbraucherschutz in nationalen Gesetzen zu Marktbarrieren, weil er ja nicht einheitlich gelte. Auf diese Weise konnte man nationalen Verbraucherschutz wie z. B. das Gebot der Schriftlichkeit von Kreditverträgen, die Bankaufsicht über Kreditkarten und das Verbot von Kreditgeschäften an der Haustür abschaffen. Zugleich konnte man die Zuständigkeit für Verbraucherschutz dazu missbrauchen, marktliberale Regelungen von Brüssel aus zu schaffen, die man im eigenen Lande nicht hätte durchsetzen können. Besonders hervor tat sich die CSU, die mit den Abgeordneten Wuermeling und Lechner jeweils die Vorsitzenden der Ausschüsse im Europaparlament stellte, die diese Richtlinien zu beraten hatten. Weil München ein Zentrum der Verbraucherkreditbanken war, konnten sie die Interessen, die in Berlin kaum Chancen hatten, besser über Brüssel durchsetzen. Nun tritt die CSU seit Langem und seit dem Urteil des Bundesverfassungsgerichts von 2009 zu mehr demokratischer Kontrolle der Brüsseler Gesetzgebung in Deutschland selber verstärkt dafür ein, dass alle Richtlinien, die nationale Kompetenzen faktisch abschaffen, zuerst in Berlin beraten werden müssen. Schaut man genau hin, dann gilt das bei der CSU wohl nur für die Richtlinien, die man in München nicht haben möchte. Bei der Verbraucherkredit- und Zahlungsverkehrsrichtlinie hätte die CSU eine gute Möglichkeit gehabt, die parlamentarische Beratung vorher in Deutschland einzufordern, so wie es die Franzosen gemacht hatten. Das wurde trotz öffentlicher Warnung vor der undemokratischen Allmacht in Brüssel aber scheinbar „vergessen", obwohl ECRC sie mehrfach daran erinnert hat.

Jetzt soll auf der Grundlage dieser Art europäischen Verbraucherschutzes sogar ein einheitliches Vertragsgesetzbuch für die EU geschaffen werden, das genau diese freie Markt-Ideologie an die Stelle der traditionellen Zivilgesetzbücher setzen soll. Ausdrücklich erhebt der erste Entwurf, den eine Reihe von Professoren im Auftrag der Generaldirektion Verbraucherschutz anfertigten (DCFR), die wirtschaftliche Effizienz sowie den Markt erstmals in der Geschichte des Zivilrechts zum allgemeinen Rechtsprinzip.

Die EU hat bisher nirgendwo privatrechtliche Verbraucherschutzvorschriften erlassen, die den Konsumenten vor wucherischen, falschen, unproduktiven Finanzprodukten mehr schützen, als dies auf nationaler Ebene bereits geltendes Recht war. Im Gegenteil, es gibt viele Beispiele, wo dieser Schutz drastisch abgebaut wurde. Die EU-Richtlinien zum Zahlungsverkehr und zum Konsumentenkredit von 2008 sind dramatische Beispiele hierfür.

Die wesentliche Grundhaltung in der Generaldirektion Verbraucherschutz, die sie durch Schulterschluss mit der Generaldirektion Markt, die traditionell die

Bankeninteressen vertrat, erreichte, besagte wie erwähnt, dass der Markt der beste Schutz der Verbraucher sei.

Das heißt eigentlich nichts anderes, als dass man keine Verbraucherschutzvorschriften mehr benötigt. Es müsse nur mehr Markt geschaffen werden. Die Kommission stellt sich Europa ohnehin nur als einen großen Markt vor. Daher war der Abbau nationaler Regulierungen im Prinzip immer verbraucherschützend, weil solche Regeln dem Generalverdacht ausgesetzt waren, protektionistisch den gemeinsamen Markt zu behindern und hohe Preise zu befestigen.

Damit die Absurdität dieser Vorstellungen innerhalb eines Systems, in dem Überschuldung und Wucher der Verbraucher sowie der Betrug im Anlagemarkt immer größere Ausmaße annahmen, nicht offenkundig wurde, wurden immer mehr Vorschriften geschaffen. Sie erhielten das Etikett Verbraucherschutz, bedienten in Wirklichkeit aber nur eine Ideologie, nämlich die, dass ein informierter Verbraucher im Markt der Finanzdienstleistungen mit einer ausreichend langen „Überlegungszeit" keine Probleme haben werde. Er werde sich das rechte Produkt schon aussuchen und dadurch die Tüchtigsten unter den Banken belohnen, die sich wiederum trotz aller Monopolisierungstendenzen durchsetzen und ein produktives Kreditsystem aufbauen würden.

Dieser Überzeugungsansatz des Neo-Liberalismus war von Wirtschaftswissenschaftlern am Beispiel von Gebrauchtwagenkäufen entwickelt worden, wo in einem Nobelpreis gekrönten Aufsatz von Akerlof behauptet wurde, dass Gebrauchtwagenhändler wegen der fehlenden Informationen über die Qualität der Gebrauchtwagen beim Verbraucher am besten und profitabelsten die Nieten („Lemons") verkaufen würden. Dies war – wie alles in der neuen Wirtschaftswissenschaft – mit rein logischen Modellen begründet worden. Empirisch nachgeprüft hat dies keiner, sonst hätte man bald festgestellt, dass der Informationsmangel bei den Wirtschaftswissenschaftlern am Höchsten ist.

Diese Theorie von der asymmetrischen Information wurde weiter verfeinert und zu einer eigenen Wissenschaft, der behavioural finance, ausgebaut, die mit den anderen neo-liberalen Theorien eines gemeinsam hat: Sie schauen sich die Verhältnisse gerade nicht dort an, wo Verbraucher wirklich betrogen werden, sondern sie rechnen vornehmlich an Beispielen aus dem Investment von betuchten Anlegern vor, wie Verbraucher benachteiligt sein müssten. Der Vorteil dieser Theorien liegt dann darin, dass man dem Verbraucher unzählige Informationen und ein Widerrufsrecht geben kann, damit er auch noch ein bisschen Zeit zum Nachdenken hat. Dass kaum jemand bei Krediten bisher dieses Widerrufsrecht nach Vertragsschluss zur Überlegung nutzt und dass nach Erhebungen der österreichischen Verbraucherverbände auch niemand solche Informationen liest oder versteht, hat die Befürworter dieser Regelungen nicht abgeschreckt. Da die Information über das Internet so extrem billig geworden ist und man deshalb im

Gesetz überall das Papier durch die elektronische „Textform" ersetzt hat, werden jährlich neue Informationspflichten verordnet, die immer wieder doppelt und dreifach erfüllt werden müssen. Banker in der Praxis sehen diesen Unsinn und beklagen ihn. Ihre Verbandsvertreter, die bei den Verfahren aktiv beteiligt sind, wissen aber warum sie gleichwohl diesen Verbraucherschutz fördern und rühmen. Schließlich kann man den reingefallenen Verbrauchern dann, statt einem Schadensersatz, den Rat geben, in Zukunft doch alles genau durchzulesen und nachzudenken. Diese Art des Verbraucherschutzes ist also in Wirklichkeit ein Bankenschutz vor den Ansprüchen der Verbraucher. Er ergibt sich aus dem allgemeinen Zivilrecht, das noch eine ganz andere Philosophie enthält. Danach ist derjenige haftbar, der den anderen betrügt und nicht derjenige, der auf den Betrug hereinfällt.

Bundesgerichtshof: Verbraucherschutz unnötig

Der Bundesgerichtshof hat mit dieser Ideologie einen über 100 Jahre alten Paragrafen in der Gewerbeordnung im Jahre 2006 für unanwendbar erklärt, obwohl es sich hier um einen drastischen Fall eines Schrottimmobilienverkaufs mit weit benachteiligenden Kreditkonditionen handelte. Es genügt, dem Verbraucher die Motive eines Investors und Steuersparers zu unterstellen, um den Schutz vor solchen Produkten auf den Schutz der Information über solche Produkte zu reduzieren.

„Im Jahre 1994 wurde der Kläger, ein damals 45-jähriger Geschäftsführer, von einem Vermittler geworben, sich zwecks Steuerersparnis mit geringem Eigenkapital an dem geschlossenen Immobilienfonds D. zu beteiligen. Mit Beitrittsangebot vom 1. Dezember 1994 ... beauftragte und bevollmächtigte er die A. Treuhand- und Steuerberatungsgesellschaft mbH (nachfolgend: Treuhänderin), seinen Beitritt zur Fondsgesellschaft mit einer Beteiligung von 100.000 DM zu bewirken. Zur Finanzierung des Anteilserwerbs unterzeichnete er am selben Tage eine an die Rechtsvorgängerin der Beklagten (nachfolgend: Beklagte) gerichtete Kreditanfrage und schloss mit ihr am 15./19. Dezember 1994 einen formularmäßigen Annuitätendarlehensvertrag über 100.000 DM. Das Disagio betrug 10 %, der bis zum 31. Dezember 2004 festgeschriebene Nominalzinssatz 7,45 % p. a., die Anfangstilgung 3,8 % p. a. Als vom Kläger zu tragende Gesamtbelastung wurden eine Monatsrate über 937,50 DM, der bis zum Ablauf der Zinsbindungsfrist anfallende Betrag sowie die dann noch bestehende Restschuld des am 31. Dezember 2009 fälligen Darlehens angegeben."

Das Gericht baut dann auf einer solchen Modellannahme zur Realität im Urteil auf. Es erklärt den Schutz vor Haustürgeschäften dann für überflüssig, „wenn ein Darlehen der Finanzierung des Beitritts zu einer Abschreibungsgesellschaft dient und der Darlehensnehmer damit in erster Linie steuerliche Vergünstigungen erstrebt". Weiter heißt es:

> „Der am Beitritt zu einer Abschreibungsgesellschaft interessierte Personenkreis ist typischerweise weniger schutzbedürftig, weil er entweder selbst über hinreichende wirtschaftliche Erfahrung verfügt oder die finanzielle Möglichkeit hat, sich zu seinem Schutz der Hilfe von Fachberatern zu bedienen. Die Gefahr wucherischer Darlehenskonditionen ist für die Darlehensvermittlung in diesem Bereich nicht kennzeichnend; die Gefährdung liegt hier nicht im Bereich der Darlehensverhandlungen, sondern in dem zeitlich und sachlich vorrangigen Angebot der Beteiligung an einer Abschreibungsgesellschaft. Die Betroffenen vor den steuer- und zivilrechtlichen Risiken eines solchen Geschäfts zu schützen, ist nicht die Aufgabe des § 56 I Nr. 6 GewO."

Verbraucherschutz nach dem Informationsmodell ist damit zugleich der Motor für die Deregulierung von solchen Vorschriften, die das eigentliche Bankverhalten verbraucherfreundlicher gestalten und damit einschränken würden. Dass Verbraucherinformation notwendig und sinnvoll ist und – empirisch überprüft – die Möglichkeiten des Marktes für die Verbraucher erschließen kann und soll, ist damit nicht infrage gestellt. Er ersetzt nur nicht das Prinzip, dass die Wirtschaft dem Verbraucher keine Grube graben darf, damit er dort hineinfällt.

5.1.4 Die Deregulierung geht weiter

Zumindest in den offiziellen Stellungnahmen nationaler Regierungen scheint man sich darüber einig zu sein, dass der Abbau von Regeln auf den Finanzmärkten und hier insbesondere des Verbraucherschutzes wesentlich dazu beigetragen hat, die Krise hervorzubringen. Doch während Politiker und Banker öffentlich nach mehr Regulierung rufen, arbeitet der auf Deregulierung programmierte Staatsapparat im Stillen unvermindert weiter. Keine der Institutionen wie Lamfalussy-Komitee, Entbürokratisierungsgremien oder Institutionen, deren Namen für die Versäumnisse der Vergangenheit im politischen Prozess auf den verschiedenen Ebenen standen, sind bisher auf- bzw. abgelöst worden. Es gibt auch bisher noch kein neues Gremium, das die bisherigen Deregulierungen aufarbeitet und an einem Konzept für eine Neuordnung der Finanzmärkte im Verhältnis zum Endverbraucher arbeitet. Slogans für mehr Kontrolle und Disziplin werden auf den diversen Weltwirtschaftsgipfeln so abstrakt verkündet, dass ihre praktische Bedeutung kaum über die einer Begleitmusik zu den staatlichen Subventionen im Banksektor hinausgeht.

Die Deregulierungsrichtlinien aus der Zeit neo-liberaler Reformen um 2005 werden in Europa ohne Abstriche zurzeit in nationales Recht umgesetzt. Dabei gehen die Autoren dieser Finanzrichtlinien auf dem eingeschlagenen Weg noch weiter und schaffen in Deutschland auch dort wie z. B. bei Kreditkartenkrediten, oder bei der Schriftform von Kreditverträgen den Verbraucherschutz ab, wo sie dazu durch die Richtlinie nicht gezwungen wären. Die Europäische Kommission lenkt von den Problemen ab, indem sie finanzielle Mittel für die Verbraucherverbände bereitstellt, die mangelnde Umsetzung des EU-Verbraucherschutzes zu problematisieren. Ob es überhaupt Verbraucherschutz ist, wird dabei nicht erörtert. Es geht um Information über die Informationsgesetze und um Vollzugsdefizite.

Europäisches Zivilgesetzbuch und Marktinformationsmodell

Mit dem Verbraucherrechtsrichtlinienentwurf vom 08.10.2008 hat die Kommission ein Resumée aus ihren Richtlinien im Verbraucherbereich gezogen und eine Art Verbrauchergesetzbuch vorgelegt. Dieses hat ganz offensichtlich die Funktion, ihr die Kompetenz zu einem europäischen Vertragsrecht zu geben, indem die Wucher- und Spielverbote wie in den Verbraucherrichtlinien durch Information und Anbieterfreiheit ersetzt werden sollen.

Damit dringt die EU-Kommission, die das internationale Kaufrecht bereits mit der Verbrauchsgüterrichtlinie 1999/44/EG den nationalen Zivilgesetzbüchern übergestülpt hat, in die Grundsätze nationalen Rechts vor, die gerade für Geldgeschäfte einen wichtigen und wirksamen Rahmen abgeben.

Der neue Entwurf einer Richtlinie zum Verbraucherrecht baut dann auch unter Missachtung der Dienstleistungen, Kredite, Kapitalanlegerschutz, des Versicherungsrechts sowie des Arbeits- und Mietrechts allein auf diesem Kaufrecht auf und ergänzt es um Richtlinien, die wie die Haustürwiderrufsrichtlinie, die Richtlinie zum Fernabsatz bei Waren und Dienstleistungen sowie zu den Allgemeinen Geschäftsbedingungen vornehmlich das Informationsmodell umsetzen.

Parallel hat die Kommission finanziell und durch eigenes Engagement zudem unterstützt vom Europaparlament begonnen, ein Europäisches Vertragsgesetz entwickeln zu lassen, dessen erster Entwurf im Jahre 2008 als DCFR (Draft Common Frame of Reference) publik gemacht wurde. Auch hier ist das Kredit-, Arbeits- und Wohnraummietrecht bisher ausgespart. Es wird die zweifelhafte Behauptung aufgestellt, der Flickenteppich von EU-Regeln über Verbrauchergeschäfte (Consumer Acquis) gäbe einen tauglichen Rahmen für ein Europäisches Vertragsgesetzbuch ab. Entsprechend findet man dann auch die Informations- und Überlegungsrechte im Entwurf ausgebreitet. Wirtschaftliches Effizienzdenken wird hier gleichberechtigt der Gerechtigkeit gegenübergestellt. Die historisch gewachsenen Formen des Verbraucherschutzes von den Zinsverboten über den Schuldnerschutz, die ethischen, moralischen und sozialen Mindeststandards, die öffentlich-rechtlichen Gewährleistungen für Gesundheit, Umwelt und Jugend sowie die wettbewerbsrechtlichen Lauterkeitskriterien werden mit der Bemerkung, das bliebe dem nationalen Gesetzgeber überlassen, aus den Grundprinzipien des europäischen Rechts verdrängt. Doch die Geschichte des internationalen Handelsrechts hat gezeigt, dass der Sog der Rationalisierung und die Macht der multinationalen Anwender bei der Entwicklung solcher Regeln wenig Spielraum für nationale Rücksichtnahme auf die Schwächeren bleibt.

Alles wird in diesem Grundgesetz der Marktfreiheit der Definition der Marktteilnehmer überlassen. Die „berechtigten Erwartungen", die in der Regel diejenige Partei begünstigen, die sie in den Vertrag hineinschreiben durfte, begründen und begrenzen den Anspruch des Rechts auf Herstellung gerechter Verhältnisse. Der Nachtwächterstaat übernimmt nur noch Verantwortung für die Wirkungen von Geldwirtschaft, wenn den Parteien unfaire Verfahren vorgeworfen werden können. „Guter Glaube und faires Handeln" sind die Grundsätze des anglo-amerikanischen Markt- und Kaufrechts, das sich nie mit den materiellen Forderungen des kontinentaleuropäischen Zivilrechts anfreunden konnte, wonach Wirtschaft einen Sinn haben muss und ihre Ergebnisse sozial akzeptabel sein müssen. Wie sinnvoll diese in diesem Entwurf infrage gestellten historischen Prinzipien nationalen Rechts auch volkswirtschaftlich sind, zeigt gerade die aktuelle Krise, bei der der Staat die Wunden mit Steuergeldern reparieren muss, die sich eine von diesen Prinzipien befreite Finanzwirtschaft letztlich selbst geschlagen hat.

Das Prinzip der „wirtschaftlichen Wohlfahrt" wird in Nr. 29 der Erläuterungen auf die „Stärkung der Marktkräfte" und auf das individuelle Gewinnerzielungsrecht („allowing individuals to increase their economic wealth") bezogen. Die Parteinahme des Rechts zugunsten schwächerer Parteien, die die Anzahl fauler Kredite drastisch minimiert hätte, wird nun auch rechtlich auf die Fälle von „Marktversagen" durch asymmetrische Information (caused by inequality of information) reduziert. Sie soll auf die Herstellung von „mehr Wettbewerb und deshalb einem besseren Funktionieren des Marktes" bezogen sein. Bei den Diskriminierungsverboten (Nr. 31) fehlt die soziale Diskriminierung. Es müsse „ein Minimum an Solidarität zwischen den Mitgliedern der Gesellschaft" bestehen. Fünf Seiten Informationsrechte und den Abschied vom Erfordernis einer freien Verbraucherentscheidung dort, wo „berechtigte Erwartungen" der anderen Seite herrschen, sowie vier Seiten Regelungen zum praktisch irrelevanten Widerrufsrecht, machen den ideologischen Anspruch dieses an den Entwicklungen zur Kredit- und Dienstleistungsgesellschaft vorbeisehenden Marktgesetzentwurfs deutlich.

Verbraucherkredite

Im Bereich der Finanzdienstleistungen hat die Verbraucherkreditrichtlinie 2008/ 48/EG, deren Entwurf aus dem Jahre 2005 stammt, im Herz des Finanzmarktes einen nie da gewesenen Höhepunkt der Informationsideologie im Verbraucherschutz geschaffen und dem Neo-Liberalismus ein Denkmal gesetzt.

Das Konzept, dass der Markt den sich verschärfenden sozialen Differenzierungen zum Trotz nur eine Diskriminierung kennt, den unterschiedlichen Zugang zur Information (asymmetrische Information), wird in der Umsetzung in deutsches Recht, die 100 Seiten füllt, mit deutscher Gründlichkeit und deutschem Ordnungssinn perfektioniert. Information in der Werbung, Information vor dem Vertragsschluss, standardisiertes Informationsblatt, Information im Vertragsformular und Information während der Vertragsdurchführung und dazu Überlegungs- und Widerrufsfristen. Es sieht nach viel aus; doch anders als in der neuen amerikanischen und französischen Gesetzgebung zu den Kreditkarten, wurde nichts von dem, was die Krise begünstigte und faule Kredite produziert, angegriffen.

Das gesetzgeberische Monstrum hat mit unzähligen kleinen Ausnahmeregelungen jeder noch so kleinen Lobbyistengruppe wie Leasingfirmen, Kreditkartenunternehmen, Kleinkreditverleihern, Investmentfirmen, die auf Kredit verkaufen, den Anbietern von Steuersparmodellen auf Kredit Schlupfwinkel geschaffen. Dafür werden den Anbietern unzählige Details mehrfach auferlegt, die suggerieren sollen, es sei wirklich etwas geregelt worden. Praktiker bei den Banken sind sich mit Verbraucherschützern hier einig: Die Informationsflut wird Verbraucher und Bankmitarbeiter in gleicher Weise überfordern und findigen Rechtsanwälten ein Arbeitsfeld verschaffen, in dem die Falschen zur Rechenschaft gezogen werden. Ausgehandelt wurde diese Regulierung hinter den Kulissen von den Verbandsvertretern und Bankjuristen, die es lieber sahen, einen Wust von unnützen Informationspflichten zu übernehmen, als eine einzige strikte Begrenzung von wucherischen Praktiken zu akzeptieren. Die Bankmitarbeiter am Schalter wurden nicht gefragt.

Kreditmärkte mit ihrer Verschuldung und Abhängigkeit haben noch nie dem Ideal eines vollkommenen Marktes entsprochen. Deshalb hatte das amerikanische Gericht auch bei Überschuldung die vollständige Schuldbefreiung verlangt. Deshalb haben unsere Zivilrechtsgesetze viele Anti-Wucher-Vorschriften, und deshalb wurde bisher der Verbraucherkredit besonders beaufsichtigt: Viele Länder haben Zinssatz- und Produktbegrenzungen sowie Regeln zur Schuldbefreiung und Schuldminderung. Es ist unerträglich, wenn eine solche neo-liberale Gesetzgebung, auch noch von nationaler Regierung und EU-Kommission als Verbraucherschutz vermarktet wird. Und das, obwohl die jetzige Fassung – anders als der Richtlinienentwurf von 2002 – das Ziel Verbraucher- und Schuldnerschutz aus Art. 1 gestrichen hat und nur noch Markt und Rechtsvereinheitlichung übrig ließ.

Dabei sind es nicht nur zu viele Informationsrechte, sie sind darüber hinaus auch noch unehrlich.

Der Verbraucher bräuchte im Wesentlichen nur zwei Informationen: Erstens den effektiven Jahreszins rechtzeitig vor Vertragsschluss, um vergleichen zu können, ob die Summe seiner Aufwendungen für diesen Kredit höher ist als bei Angeboten anderer Anbieter (Marktinformation). Und zweitens einen Tilgungsplan, der ihm sagt, mit welchen Summen er in den kommenden Jahren und Monaten jeweils belastet sein wird (Liquiditätsinformation). Beide Informationen verwehrt ihm die Richtlinie. Der dort genannte effektive Jahreszins umfasst nicht die auf Nebenleistungen oder spätere Ereignisse wie Umschuldung und Kündigung verlagerten Kosten und gewährt einer Vielzahl von gefährlichen Produkten wie Finanzierungsleasing, Kreditkartenkredite und Kombi-Krediten mit umgeleiteter Tilgung durch Erleichterungen die Möglichkeit, nur Teile der Kosten einzubeziehen. Einen Tilgungsplan gibt es nur auf Antrag und nur nach Vertragsschluss. Variable Kredite und Kleinkredite sind ganz ausgeschlossen. Beim Leasing genügt eine Klausel, um die Zinsangabe ganz entfallen zu lassen. Im Ergebnis muss man die Verbraucher vor diesem Zinssatz warnen. Das Widerrufsrecht kann man zudem nur ausüben, wenn man den Kredit auch wirklich zurückgezahlt hat. Damit ist es gerade bei ungünstigen Umschuldungen, bei denen bestehende Schulden getilgt wurden und die über 50 % der Kredite ausmachen, praktisch ausgeschlossen.

Preise, die nur für einen Verbraucher gelten (risikoadjustierte Preisgestaltung), Werbung ohne Kostenangabe, Kick-Back-Provisionen, Zinseszinslawinen (Flipping), versteckte Gebührenpyramiden (Churning), verlockende Überschuldungsangebote (teaser rates) – all das sind Praktiken, die seit Jahren von den Verbraucherschützern in Deutschland beklagt werden und die der Kreditspezialist Immerglueck in seinem Buch: Foreclosed: High-Risk Lending, Deregulation, and the Undermining of America's Mortgage Market (zwangsgeräumt: Hochrisikokreditvergabe, Deregulierung und die Aushöhlung des amerikanischen Hypothekenmarktes) gerade erst für die USA beschrieben hat.

Vorfälligkeitsentschädigungen für Überschuldete, wucherische Verzugszinsen im neuen Gewand der Überschreitungszinsen, Kredite, an deren Ende hohe Schulden ohne Lösung stehen, betrügerische Anpassungspraktiken ohne wirksame Sanktion – das neue Recht ist ein Abschied von der staatlichen Verantwortung für verantwortliche Kreditvergabe, die legale Zinssätze von über 30 % p. a. und die besondere Belastung der überschuldeten Verbraucher erlaubt.

Vielleicht aber hat man dies schon in Brüssel begriffen, wo die Generaldirektion Markt (und nicht die Generaldirektion Verbraucherschutz) im Herbst 2009 angefangen hat, Studien zum Verbraucherschutz bei Hypotheken- und Konsumkrediten in Auftrag zu geben, die erstmals auch die bestehende Wuchergesetzgebung umfassen. Mit der erstmaligen offiziellen Kenntnisnahme von Missständen wird damit ein Dogma des Neo-Liberalismus gebrochen: Das Modelldenken, das die Empirie lange Jahre ersetzt hat.

Kreditkartenkredite

Bei der mit dem Wortungetüm eines Zahlungsdiensteaufsichtsgesetzes umgesetzten Zahlungsverkehrsrichtlinie 2007/64/EG mag man an Verschwörungstheorien glauben. Die Richtlinie beschäftigt sich mit Überweisungen und Zahlungsformen und führt in der Begründung ausdrücklich an, dass in diesem Bereich eine geringere Aufsicht als bei Kredit, Anlage und Versicherungen ausreicht. Man brauche auch nicht so viel Eigenkapital und überhaupt könne der Zahlungsverkehr auch von nicht der Bankenaufsicht unterliegenden Unternehmen gemanagt werden. Mit dem Prinzip der Heimatlandkontrolle genüge es auch, wenn z. B. ein rumänisches Gewerbeaufsichtsamt einen Kartenanbieter in Deutschland überwacht, dem die deutschen Aufsichtsbehörden tatenlos bei seinen Praktiken zuschauen müssen. Man kann diese Art der Globalisierung, die den schwächsten Aufsichtssystemen die windigsten internationalen Anbieter beschert, für falsch halten. Man kann sie aber auch als Durchgangsstadium zu einer effektiven zentralen Aufsicht in Brüssel oder beim Internationalen Währungsfonds ansehen. Man kann auch einwenden, dass zwar der Zahlungsverkehr zurzeit vergleichbar mit dem Schiffsverkehr ist, wo Schiffe unter dubiosen Flaggen und ohne Aufsicht und Arbeitnehmerschutz auf den Meeren kreuzen und die Frachtraten herunterbringen, ohne dass allzu viel Schaden angerichtet wird. Man kann allerdings auch umgekehrt der Meinung sein, dass der Nachweis, welches Geld wann wohin zu wem und von wem transferiert wurde, in Zukunft eine der wichtigsten gesellschaftlichen Kontrollaufgaben sein könnte. Sie erfordert eher mehr als weniger Aufsicht, um Steuerparadiese auszutrocknen, Geldwäsche zu verhindern, Spiel- und Wetthöllen zu kontrollieren und um die Spekulation dort, wo sie reale Wirtschaften gefährdet, zumindest namhaft machen zu können. Die EU ist offensichtlich anderer Meinung.

Was man aber bei dieser Richtlinie und ihrer Umsetzung nicht ertragen kann, ist die Vertuschung einer Deregulierung des Kreditmarktes in einem Gesetz, in dem es keiner vermutet. Es geht um die Kreditkartenkredite, die ein wesentlicher Faktor der Finanzkrise sind. Hier sind die Ausfallraten doppelt so hoch wie im übrigen Konsumkredit, deren Schulden sprengten den Hypothekenkreditmarkt in den USA, nachdem man sie auf die Grundstücke gepackt hatte. Hier werden seit Langem offen Wucherzinsen genommen, hier gibt es ungebremste Zinseszinslawinen und hier wird jede noch so kleine Not ausgebeutet und zu einem zukünftigen Schuldturm aufgeschichtet.

Diese Kreditkartenkredite werden jetzt von der Bankaufsicht befreit. Dies erfolgt nicht in der parallel verabschiedeten Verbraucherkreditrichtlinie, wo man es gemerkt hätte, sondern ist im Zahlungsverkehr versteckt. Das geht ganz einfach. Man gibt Kreditkarten frei und schreibt dann im Anhang zur Erklärung eine Definition von Kreditkarten hinein, wonach dazu auch die Kreditvergabe mittels Kreditkarte gehöre. Selbst in der EU-Kommission war dies den wenigsten aufgefallen. In einer Sitzung des FIN-USE-Ausschusses versicherten dem Verfasser eine Reihe von anwesenden Beamten, dass dies nicht sein könne. Schließlich meinte dann der Leiter trocken und zum Erstaunen aller nur „Na und, wenn schon!" und beendete die Diskussion mit einer Lobpreisung des freien Marktes. Immerhin gelang es dann in Brüssel, das Thema offen zu diskutieren und Beschränkungen in die Richtlinie zu bekommen. Diese Beschränkungen sehen zwar insgesamt vor, dass nur solche Kreditkartenkredite aufsichtsfrei sind, die dem Zahlungsverkehr dienen, also nicht die bewusste Aufnahme oder Vermarktung von Krediten. Das sollte dann dadurch sichergestellt werden, dass sie nicht länger als 12 Monate laufen dürfen. Doch Kreditkartenkredite von mehr als drei Monaten dienten bisher immer schon der Kreditaufnahme und nicht dem Zahlungsverkehr. Da auch nicht festgelegt ist, dass sie innerhalb der 12 Monate zurückgezahlt werden müssen, kann man sie verlängern durch noch einmal 12 Monate usw. Nichts anderes sind aber die verheerenden Kreditkartenkredite in England und den USA. Zwar steht in der Begründung zum Gesetz, dass solche Kredite nicht darunterfallen, während in der Begründung zur Richtlinie noch ehrlich bekannt wird, darunter fielen auch revolvierende Kredite. Der deutsche Gesetzestext lässt sie dann auch eindeutig zu und allein das gilt.

Das eigentliche Problem, kleine Barkredite aus der Kreditaufsicht auszunehmen, wurde dann in einer anderen Vorschrift versteckt: Man erklärte die Abhebung von Barbeträgen am Automaten zu einem Akt des Zahlungsverkehrs. Damit hätte man eigentlich auch jede Kreditaufnahme als Zahlungsverkehr einordnen und von der Kreditaufsicht befreien können, weil fast jede Kreditaufnahme zu einer Barauszahlung führt. Wer also die Kreditauszahlung in der besonders kostspieligen Form über die Kreditkarte vornimmt, der nimmt keinen Kredit auf, sondern ist nach der gesetzlichen Definition nur noch im Zahlungsverkehr tätig.

Im Gesetzesdeutsch des Paragrafen 2 ZAG heißt diese Fiktion dann wie folgt: „Eine Kreditgewährung, die die Voraussetzungen des Satzes 1 erfüllt, gilt nicht als Kreditgeschäft im Sinne des § 1 Abs. 1 Satz 2 Nr. 2 des Kreditwesengesetzes, wenn sie durch ein Zahlungsinstitut erfolgt, das als Kreditinstitut keine Erlaubnis zum Betreiben des Kreditgeschäfts hat."

5.2 Die andere Realität

Wer gute Gesetze machen will, muss die Realität gut kennen. Die deutschrechtliche Schule der Juristen im 19. Jahrhundert ging sogar davon aus, dass Recht nur das ist, was sich in der sozialen Wirklichkeit bewährt hat. Davon kann man abweichen, indem man das Recht zu einem Glasperlenspiel erklärt, bei dem es wie in der Mathematik nur um logische Operationen geht. Politiker, die die Gesetze zumindest abstimmen müssen, tun sich damit schwer, geht es doch bei ihnen um wirkliche Probleme, deren Lösung sie dem Volk anbieten. Sie können ihren Wählern nicht erklären, dass sie mit der Perfektionierung einer Rechtsmaschine beschäftigt seien, die mit der Realität nichts zu tun hat, gleichwohl aber in der Lage sei, deren Probleme vollständig und zufriedenstellend zu lösen. Die Geldgesellschaft hat hier etwas Neues erfunden, dass beide Positionen dem Schein nach integriert: Die Wirklichkeit kommt vor, aber nur im Modell.

Dieses Rechtsdenken kommt aus der Wirtschaft. Ein von der Realwirtschaft abgekoppeltes Finanzsystem hat das Modelldenken zur Perfektion ausgebildet. Es ist abstrakt und logisch und erklärt, warum etwas so passieren muss. Aus dem „muss" wird dann schnell das „wird" und schon weiß der Urheber dieses Modells, wie es in der Realität zugeht. Christian Morgenstern hat den Juristen diesen Vorwurf gemacht, die glauben, dass das, was in ihren Gesetzen stehe, auch die Wirklichkeit sei. „Also schließt er messerscharf, dass nicht sein kann, was nicht sein darf." Die Juristen haben sich Jahrhunderte mit diesem Verhältnis zwischen Sein und Sollen auseinandergesetzt und sich in der dominierenden römisch-rechtlichen Tradition eines dem Handel angepassten Rechtsdenkens darauf geeinigt, dass sie das Sein nicht zu kennen brauchen, also nicht selbst nachschauen müssen, wie es ist. Dies war aber mit dem heutigen Modelldenken nicht vergleichbar, weil sie diese Beschränkung der Aufgabe auch auf ihr Verhältnis zu Politik und Gesetzgebung bezogen. Werturteile und damit neue Rechte seien Aufgabe der Politik, die Rechtswissenschaft habe dies nur umzusetzen. Konsequenterweise wissen sie daher – anders als Morgenstern's Kunstfigur Palmström vermutet – immer nur, was nicht sein darf.

Die modernen Wirtschaftswissenschaften kennen in ihrer kaum 100jährigen Geschichte diese Bescheidenheit nicht. Sie behaupten mit Palmström nämlich umgekehrt, dass etwas so ist, weil es so sein muss.

Der Siegeszug dieser Logik erfolgte nicht zufällig erst nach der Loslösung der Geldwirtschaft von der Realwirtschaft. In dieser Logik ist jeder Mensch Investor und versucht, aus seinem Geld das Meiste zu machen. Er hat Geld, er möchte mehr und damit ist unter der Bedingung, dass alle anderen auch nur das wollen, berechenbar, was er tun sollte. Da er rational ist, wird er auch so handeln.

Diese ganze Logik funktioniert allerdings nur dort, wo Menschen auch so wollen und solche Bedingungen vorfinden. Allein Geld ist durch seine Abstraktion der einzige soziale Sachverhalt, der mathematischer Logik zugänglich ist. Wo Menschen das Geld nur benutzen, um andere Ziele wie Konsum, Arbeit, Kooperation, Kommunikation etc. zu erreichen, stellen diese Modelle eine Vergewaltigung der Realität dar. Insoweit kann man davon ausgehen, dass sich die modernen Wirtschaftswissenschaften in der Wirtschaft nur noch für die Investmentbanker interessieren. In seinem Buch über den Tod der Wirtschaftswissenschaften hat einer der ihren, der Engländer Owen, geschrieben, dass, wenn die Wirtschaftswissenschaftler Brückenbauingenieure wären, sie schon alle wegen ihrer Prognosen hinter Gittern säßen. So falsch war bisher alles, was sie mit ihren Modellen vorausgesagt haben.

Warum sie dennoch weiterhin gefragt werden und weissagen, hat aber einen ganz anderen Grund. Nicht ihre Voraussagen sind entscheidend, sondern die Tatsache, dass sie zu Dingen raten, die man in der Finanzwirtschaft ohnehin gerne machen möchte und dies auch noch intelligent und manchmal wegen der Formel sogar unnachprüfbar begründen. So verlangen sie regelmäßig niedrigere Löhne, rechtfertigen Arbeitslosigkeit, Deregulierung und reduzieren den Staat auf die Rolle des Helfers der Finanzindustrie. Das ist eben plausibel, weil sie alle, den Verbraucher, den Arbeitnehmer und den Unternehmer zu Investmentbankern erklären. Die aber haben es nur mit dem Geldschein zu tun. Verbrennen sie ihn, wie es Nastassja Filippowna im Roman „Der Idiot" vorführt, dann löst sich diese Realität auf.

Das alles wäre als Diskussionsform innerhalb einer wissenschaftlichen Sekte mit eigener Sprache, Werten und Vorstellungen nicht bedeutsam, wenn damit nicht zugleich auch dem Recht erfolgreich auferlegt worden wäre, die durch das Modelldenken verfälschte Realität zur Grundlage der Anknüpfung der eigenen Bewertungen und Normen zu machen.

5.2.1 Falsche Bilanzen

Als ich vor Jahren einen Aufsatz über die Bankbilanzreformen schrieb, versuchte ich die Unterstützung unseres betriebswirtschaftlichen Bilanzprofessors zu erhalten, da Spezialwissen notwendig ist. Er schaute mich bedauernd an und sagte, dass er sich mit Bankbilanzen nicht beschäftigen würde. Da stimme rein gar nichts und sie hätten auch eine ganz andere Funktion als Bilanzen in der Realwirtschaft. Bei der Beschäftigung mit dem Thema lernte ich dann, wie Recht er hatte. Da schreiben die Banken – wie alle Unternehmen – alles was ihnen gehört auf die eine (Aktiva), und alles, was sie anderen (eben auch ihren Aktionären)

schulden (Passiva), auf die andere Seite. Doch das sind (wie oben beim konkreten Beispiel der Bilanz der Deutschen Bank gezeigt) alles nur Forderungen. Wie
viel diese wert sind, ob sie sie überhaupt durchsetzen können, ob sie die Forderungen am nächsten Tag verbrieft für den doppelten oder nur den halben Preis
verkaufen werden, das können nicht einmal sie wissen.

Wertberichtigungen: stille Reserven und Verluste

Bei den Tausenden von Forderungen, die Banken haben, dürfen sie nach dem
Gesetz nun bei jeder Forderung anstelle ihres im Vertrag geschriebenen Betrages
(Nennbetrages) auch einen niedrigeren Betrag angeben. Wird das Geld doch voll
bezahlt, dann war diese niedrigere Bewertung (Einzelwertberichtigung) falsch.
Jetzt ist plötzlich mehr Geld da als erwartet. Man hatte eine stille Reserve in der
Bilanz. Umgekehrt, hat sie keine Wertberichtigung vorgenommen und damit keine Vorsorge für künftige Risiken getroffen, ein Hauptproblem der aktuellen Finanzkrise, so hat sie ihre bereits bestehende Insolvenz in der Bilanz verschleiert.
Dass dies in der Realwirtschaft weniger problematisch ist, liegt daran, dass dort
der Wert einer Maschine bilanziert wird, die man sich im Zweifel anschauen kann
und bei deren Wert man in etwa weiß, was man damit erlösen kann. Bankforde-
rungen sind dagegen rein rechtliche Scheinwelten, die bestenfalls Verpflichtungen
enthalten, die erst noch erfüllt werden müssen, aber auch rein theoretische Möglichkeiten auf Wettgewinne enthalten können. Wer aber weiß schon im täglichen
Leben, welche der Versprechungen von Freunden oder Partnern überhaupt und
wann erfüllt werden, geschweige denn, ob der Lotteriegewinn eintritt.

Die Banken haben im Bilanzrecht aber noch eigene zusätzliche Verschleie-
rungsmöglichkeiten mit einem eigenen Paragrafen 340f Handelsgesetzbuch. Er
erlaubt es ihnen, ganz willkürlich nach Gutdünken ihre Forderungen insgesamt
mit einem geringeren Betrag einzutragen (Pauschalwertberichtigungen). Das
kann sogar bis zu 4 % einer gesamten Gruppe von Forderungen ausmachen, was
immerhin mehr ist als die aktuelle Ausfallquote bei Konsumentenkrediten. Wenn
sie im nächsten Jahr dann doch wieder den vollen Betrag eintragen, sieht es so
aus, als ob sie zusätzlichen Gewinn gemacht hätten. In Wirklichkeit haben sie
nur Werte in der Bilanz verschleiert (stille Reserven), die jetzt wieder zum Vor-
schein kommen (aufgelöst werden). Dass im April 2009 z. B. die gerade mit
Staatsmilliarden gerettete amerikanische Investmentbank wieder einen Gewinn
von 1,7 Mrd. $ ausweist, liegt nur daran, dass ihr die amerikanische Bankbilan-
zierungsbehörde (FASP) ebenso wie die deutsche Aufsicht Bilanztricks erlaubt
hat: Sie muss den Finanzschrott nicht mehr mit dem Marktpreis bewerten, sondern kann ihn frei bewerten und ganz legal Verluste aus dem ersten Quartal 2009

in den Dezember des Jahres 2008 packen. Bilanzielle Willkür nennt es ein Analyst der ARD.

Man kann also, wie es vornehm ausgedrückt wird, Bankbilanzen „glätten" und ganz legal eine stetige Entwicklung vortäuschen, wo keine stattfindet. Damit ist die Bankbilanz ein allgemeines Abbild des Modelldenkens, das dort angebracht ist, wo Investmentbanker unter sich sind. Da Finanzwirtschaft ohnehin nur funktioniert, wenn alle an das Geld glauben, kann man mit Zahlen, die alle ernst nehmen, in der Tat auch das Verhalten der Menschen steuern. Sieht die Bankbilanz gut aus, werden sie, falls sie nicht Verdacht schöpfen, ihr Geld auf der Bank lassen. Tatsächlich wird es dadurch auch sicherer, weil ja erst der Run auf das Geld den Bankrott der Bank bewirken würde. Es zeigt sich, dass Lügen durchaus sinnvoll sein können, allerdings, wie oben (3.3.2) gezeigt, nur so lange, wie das System nicht insgesamt „vor die Wand fährt". Dann rächt sich allzu große Unwahrheit besonders.

So hat sich auch die Bundesregierung in diesem System bewegt, als sie zuerst einmal den Banken die Möglichkeit einräumte, ihre Bilanzen noch mehr, als es das Gesetz erlaubt, zu fälschen. Dadurch zeigte die tiefrote Bilanz der Deutschen Bank plötzlich Gewinne an, obwohl die Verluste enorm gestiegen waren. In dieser Scheinwelt reagierten die Aktionäre und sie kauften diese Aktie. Der Kurs stieg um 20 %. Das Finanzsystem war wieder etwas stabiler geworden, zumindest dem Schein nach.

Das erreichte der Finanzminister dadurch, dass die Banken mit dem Einbruch der Krise nicht mehr den wirklichen aktuellen Wert ihrer Wertpapiere in der Bilanz ausweisen mussten. Sie durften alternativ Werte aus der Vergangenheit (Erwerbspreis) einstellen. Dadurch fielen jetzt fast 1 Mrd. € Gewinn an, obwohl ein Verlust vorlag. Dabei war die Deutsche Bank noch vorsichtig. Sie hätte nach Auffassung der Analysten nach dem neuen Bilanzrecht auch 3 Mrd. € Gewinn ausweisen können. So viel Spielraum wird ihr jetzt eingeräumt. Transparenz und Frühwarnung entfallen.

Vor sechs Jahren erlaubte der Gesetzgeber den Banken umgekehrt, nicht mehr den niedrigeren Anschaffungswert, sondern den fiktiv überhöhten aktuellen Marktpreis auszuweisen, auch wenn dieser Preis immer deshalb fiktiv ist, weil, falls alle Papiere verkauft würden, der Preis natürlich drastisch fallen müsste. Sie überschlugen sich dadurch bei den Gewinnangaben. Man kann daraus entnehmen, dass die Bankbilanzen nur ein Mittel sind, um eine Bank gut aussehen zu lassen.

Zweckgesellschaften: Auslagerung von Risiken

Warum wir die Milliarden möglicher Verluste bisher in der Rechnungslegung der Banken nie gefunden haben, ergibt sich daraus, dass es genau genommen gar keine Bankbilanzen gibt. Der bereits zitierte Paragraf 1 Absatz 26 des Gesetzes zur Beaufsichtigung von Banken und ein entsprechender Paragraf 231 in der Verordnung, die beide die Zahlungsfähigkeit der Banken sicherstellen sollen, erkennen ganz ungeniert die Praxis von Banken an, ihre Risiken in gesonderte Gesellschaften auszulagern.

Davon haben die, die uns heute die größten Probleme bereiten, ausgiebig Gebrauch gemacht. Nomen est omen, der Name ist Programm, heißt ein Spruch. Wenn man sich die Namen dieser Zweckgesellschaften anschaut, dann spürt man, dass hier eine Art Alice-im-Wunderland-Mentalität herrschte und niemand mehr glaubte, hier ginge es um mühsam verdientes Geld. Die Landesbanken liebten die Landschaftsidylle. Die Sachsen träumten von einer Werft am Liffey-Fluss in ihrem Eldorado Dublin (Ormond Quay Funding). Bei der IKB war es das Rheinland (Rhineland funding Capital), bei den Württembergern der Bodensee (Lake Constance Funding). Die Berliner hatten 2 Mrd. im „Checkpoint Charlie". Nur die Hessen bauten auf Zuwachs und dumpten 2 Mrd. € bei Werk 1 (Opusalpha funding), das man – wie bei dubiosen Finanzfirmen der Strukturvertriebe üblich – später bei Neugründungen einfach im Alphabet hochzählen kann. Dafür wählte die HSH-Nordbank den letzten Buchstaben des griechischen Alphabtes (Omega Capital Funding). In NRW war die Nadel auf die Ferne gerichtet (Compass Securitisation). Die Deutsche Bank wollte ihren Schatz im Rhein oder Main (Rheingold und Rhinemain Securitisation) versenken, die Banker der HypoVereinsbank dachten an ihr Golfspiel im Arabella Park in München (Arabella Funding) und an die betörenden Tänze der grausamen Tochter des Herodes Salomé (Salome Funding). Die HSH Nordbank ging mit ihren Milliarden zum Meeresgott (Poseidon Funding). Allein die kleinste Gesellschaft, die Bills Securitisation (verbriefte Rechnungen), hatte einen Sachnamen, aus dem ersichtlich war, dass hier nur etwas mehr als ein Peanut hinterlegt war.

Immerhin waren es 93 Mrd. €, die hier im Oktober 2006 lagerten. Sechs Monate später waren es schon 113 Mrd., wobei die kleine IKB in dieser Zeit zu ihren 15 Mrd. noch 3 Mrd. hinzufügte und mit 18,37 Mrd. € der SachsenLB den Spitzenplatz abnahm, die ebenfalls pro Monat eine halbe Milliarde zugelegt hatte und mit 18,11 Mrd. € außerhalb der Bilanz glänzen konnte. Besonders perfide ist die Kombination von Kreditverkauf und Risikoauslagerung, wenn die HSH-Nordbank die Kredite an die BNP-Bank verkaufte und dabei die Risiken in ihre Omega vereinbarungsgemäß zurücknahm. Der Kreditverkauf war damit ähnlich wie bei der HRE an Lonestar nur, um die Aufsicht über die Bilanzbereinigung zutäuschen.

Die Idee der Auslagerung ist so alt (bzw. jung) wie der Kapitalismus. Jede Aktiengesellschaft, jede Gesellschaft mit beschränkter Haftung (GmbH), englisch limited (ltd), ist eine Zweckgesellschaft. Sie befreit den Unternehmer davon, für die von ihm gemachten Schulden auch persönlich einstehen zu müssen. Das eigene Vermögen wird einfach zur Person erklärt, die zwar nicht selbst sprechen oder verantwortlich handeln kann, für die sich der Geldgeber aber großzügig als Vormund (Vertreter, Geschäftsführer, Vorstand) zur Verfügung stellen kann. Die Schulden der GmbH oder der AG gehen Aktionär und Gesellschafter persönlich nichts an. Sie ruhen allein auf dem Teil des Vermögens, das er in diese Gesellschaften eingebracht hat.

Das hat das unternehmerische Risiko schon immer gestreut, weil im Konkurs nicht der Unternehmer, sondern nur sein ausgelagertes Vermögen „stirbt". Leidtragende sind alle, die mit dieser juristischen Person Geschäfte gemacht haben. Sie tragen somit das unternehmerische Risiko mit und wissen dies auch, weil es im Handelsregister ganz offiziell so vermerkt ist.

Natürlich kann man das Ganze auch für andere Zwecke als für die Risikostreuung benutzen. Man gründet eine GmbH, sammelt Geld ein auf Kredit und zahlt es über überzogene Geschäftsführungsgehälter, Provisionen, dubiose Verträge zwischen der GmbH und ihrem Gesellschafter oder Scheinfirmen aus, bevor man das Ganze Konkurs gehen lässt. Auf diese Weise haben viele geschlossenen Immobilienfonds funktioniert, wobei der Staat mit seiner unverantwortlichen Steuerpolitik sogar den Betrügern noch die Argumente lieferte, wenn sie den Anlegern den Raub als steuerlich absetzbare hohe Anfangsverluste anpreisen konnten. Wer weiß schon in seiner Steuerspareuphorie, dass Steuerersparnisse aus Verlustzuweisungen ja reale Vermögensverluste voraussetzen?

Der Staat hat immer wieder versucht, mit intelligenten Regeln, wie z. B. dem Verbot, dass der Gesellschafter mit sich selbst als Geschäftsführer der GmbH Geschäfte macht (In-Sich-Geschäfte), Grenzen zu ziehen oder Briefkastenfirmen, die es gar nicht gab, oder die durch Strohmänner geführt wurden, so zu behandeln, als ob sie keine Haftungsbegrenzung ermöglichen (Durchgriffshaftung). Der wichtigste Schutz gegen Missbrauch war aber die Sicherung des eingezahlten Kapitals, das in der Bilanz eben nicht als Vermögen, sondern als Schuld eingestellt werden muss, damit es nicht aufgebraucht und leicht überschuldet werden kann. Viele Tricks, das Eigenkapital wieder herauszuziehen, hat der Gesetzgeber mit Vorschriften einzudämmen versucht, so etwa die Tarnung von Eigenkapital als Kredit.

Über solche Vorschriften lächeln Banker. Sie sind von vorgestern und passen für den kleinen Einzelhändler an der Ecke, aber nicht auf eine international agierende Bank, die über scheinbare (ungleiche) Tauschgeschäfte mit selbstständigen Tochterfirmen das Geld überall hinbringen kann, wo sie will. Das Gesellschaftsrecht, in dem die Bilanzen geregelt sind, versagt bei Banken. Eine relevantere Rolle spielt dagegen das staatliche Recht zur Bankensicherheit. Es vertraut nicht mehr auf das Handelsregister und die Satzung der Bank, sondern verlangt, dass die Bank so viel sicheres Kapital in sicherem Geld bei sich hat, wie sie angesichts ihrer ausstehenden Forderungen braucht, um auch kurzfristige Ansprüche ihrer Kreditgeber und Anleger bedienen zu können (haftendes Eigenkapital). Das ist international festgelegt (Basel II), wobei die Vielzahl der Quoten und die mehreren Hundert Seiten Text das Ganze inzwischen zur Geheimwissenschaft gemacht haben, wo jeder alles zitieren darf. Eigentlich sollte es heißen: „Je mehr Risiko, je mehr Eigenkapital ist erforderlich". Doch die vergangenen Jahre haben gezeigt, dass Basel II im Wesentlichen nur ein Instrument war, um den Banken Argumente an die Hand zu geben, ihre Kreditzinsen bei schwächeren Kreditnehmern im Mittelstand und bei Verbrauchern zu erhöhen (risikoadjustiertes Pricing).

Die größte Umgehungslücke in den Eigenkapitalanforderungen besteht darin, dass das Bankaufsichtsrecht komplexe Vorschriften des Eigenkapitals erlassen hat, in der Frage aber, für wen sie gelten sollen, das Meiste dem privaten Gesellschaftsrecht überlässt. Was „die Bank" ist, entscheidet letztlich die Bank selbst. Allerdings ist sie nicht ganz frei. Es gibt ein paar Vorschriften, welche Tochterfirmen in die Eigenkapitalberechnung nach der Bilanz einbezogen („konsolidiert") werden müssen. Doch der deutsche Gesetzgeber hat hier längst seine Zuständigkeit abgegeben. Absolut dominierend ist eine schillernde Institution wie das Internationale Buchhalter Komitee (IASB). Es wird von einer Stiftung (IASC) finanziert, wo 14 ehemalige Chefs von Großbanken – wie Citibank und UBS – mit den ehemaligen Chefs von Wirtschaftsprüfungsgesellschaften (wie PriceWaterhouse, KPMG und Deloitte&Touche), mit Ex-Unternehmern von Volvo und ein paar ehemaligen Vertretern nationaler Gremien aus China, Frankreich, England und den USA entscheiden, wie bilanziert wird.

Sie lassen in ihren Vorschriften so viel Raum, Risiken und Teile des Vermögens auszulagern, dass sowohl die Bilanzen als auch die Eigenkapitalvorschriften praktisch ins Leere laufen.

Die Möglichkeiten, rechtlich selbstständige Tochterfirmen als GmbH zu gründen, werden vor allem genutzt, um das Verbriefungsgeschäft durchzuführen. Die Zweckgesellschaft (Conduit) kauft Hypotheken- oder andere Kreditforderungen auf, packt sie in einen Pool und gibt Anteilsscheine daran aus, die wieder verkauft werden.

Die 100 Mrd. €, die man allein in Deutschland in den aufgezählten Zweckgesellschaften gelagert hatte, tauchen in der Bilanz der Muttergesellschaft weder direkt noch mit ihrem Risiko auf, obwohl die Bank dafür letztlich aufzukommen hat.

Kann man Bankbilanzen besser machen?

Bankbilanzen haben zwei grundlegende Probleme:
- Sie beziehen sich auf „eine Bank" und ihr Vermögen, überlassen aber die Frage, wo die Bank anfängt und aufhört, weitgehend der Bank selbst.
- Sie können nur Zahlen enthalten. Risiken lassen sich aber nur schwer in Zahlen ausdrücken.

Der Gesetzgeber hat beides erkannt, aber, wie die Realität zeigt, wenig erreicht. Konsolidierung bedeutet, dass der Bankbegriff vom Gesetz bestimmt wird. Das erfolgte bisher durch unendliches Hinzufügen von neuen Regeln für jedes neue Gebilde, das sich die Banken in der Praxis ausdachten. Die Regulierer liefen den Rechtsformen immer hinterher.

Man müsste die Entwicklung umdrehen und die Bank funktional definieren und dann Ausnahmen zulassen. Bank im Sinne der Eigenkapitalvorschriften wäre dann die Summe der verbrieften und unverbrieften Forderungen, für die sie im weitesten Sinne verantwortlich ist. Dazu gehören dann eigene Forderungen und Schulden, solche für die sie sonst noch direkt oder indirekt haftet sowie Forderungen, bei denen sie das Risiko (mit-) trägt.

Dafür eignet sich das herkömmliche Bilanzrecht aber nicht, das auf realwirtschaftliche Werte abgestellt ist. Es müsste eine gesonderte Risikobilanz geben, die für alle offenstünde. Darin müssten die Forderungen auch nach Ort, Schuldner und bisherigem Verlauf aufgefächert sein und sie müssten jedes Jahr nach dem gleichen Prinzip eingestellt werden. Aus den Veränderungen könnte man dann Rückschlüsse auf den Weg ziehen, den die Bank geht.

Bei den Risiken muss man sich von den willkürlichen Wertberichtigungen und Rückstellungen verabschieden. Die Schlüsse, ob etwas riskant ist, darf nicht die Bank selbst ziehen. Zwar wird sie weiterhin Vorsorge treffen müssen, aber das ersetzt nicht das Urteil der Außenstehenden. Deshalb muss die Summe der Forderungen, bei denen sie Risiken trägt, ebenso mitgeteilt werden wie die Art und die Erfahrung mit diesen Risiken. Hier wird die Bilanz viele und zwar verständliche Erläuterungen brauchen.

5.2.2   Verfälschte Überschuldungszahlen

Das Prinzip der Bankbilanzen wird inzwischen auf die ganze Gesellschaft übertragen. Dies ist notwendig, weil es nicht sein darf, dass die Modellannahmen der Ökonomen, wonach jeder Mensch ein erfolgreicher Investmentbanker seines Einkommens ist, durch die Wirklichkeit widerlegt werden. Stellt sich heraus, dass die Mehrheit der Menschen dieses System nur erduldet und allenfalls zwischen Aldi und Lidl unterscheiden möchte und bei Krediten ohnehin keine Wahl hat, dann müsste man die alarmierenden Ergebnisse darüber, dass den unteren Schichten im Finanzsystem das Geld abgenommen wird, das den oberen Schichten und vor allem den Finanzinvestoren als Traumrendite oder Provision zufließt, ernst nehmen und darüber nachdenken, wie man das eindämmen kann.

Nun hat die Bundesregierung vor Jahren die Aufgabe übernommen, alle drei bis vier Jahre einen Reichtums- und Armutsbericht vorzulegen. In diesem Bericht gibt es viele Zahlen über Löhne und Gehälter sowie Sozialhilfe. Allerdings mag es keine Regierung, dass unter ihrer Ägide die Verarmung gewachsen ist. Der Arbeitsminister musste aber bei diesen Zahlen für 2009 zugeben, dass die Einkommen der Reichen weiter gestiegen, die der Armen abgenommen und die der Mittelschicht stagniert haben. Ca. 13 % der Bevölkerung sind demnach arm. Doch Armut wird hier in der Sprache des Finanzsystems definiert und rein am zahlenmäßigen Einkommen orientiert. Gleich arm ist danach der Industriearbeiter und der Bohème, wenn beide dasselbe verdienen. Geld ist gleich Wohlstand, auch wenn der eine von seinem Geld die Hälfte an Zinsen und Provisionen an das Finanzsystem verliert, während der andere das nicht abzugeben braucht. Trotzdem hat die Bundesregierung ihre eigenen Zahlen nach unten manipuliert, indem sie plötzlich von der EU deren Grenzwerte übernahm. Statt des früher üblichen SOEP-Panels gilt jetzt die Eurostatistik, statt ab einem Einkommen von 939 € ist man jetzt erst bei einem Einkommen in Höhe von 781 € arm, was auch das Problem der wachsenden Kinderarmut „gelöst" hat. In dieser Kritik sind sich Grüne und der Direktor des Instituts für Arbeitsmarkt und Berufsforschung einig.

Moderne Forschungen über Armut zeigen aber, dass das eigentliche Problem der Armut ein Systemproblem und kein Einkommensproblem ist. In der Soziologie wird Armut mit dem Begriff des Ausgeschlossenseins (Exklusion) belegt. Teilhaben an der Gesellschaft und ihren wirtschaftlichen wie kulturellen Möglichkeiten ist daher ein Zeichen von Wohlstand. Deshalb kann Dagobert Duck in der Wüste ebenso arm sein wie sein Vetter Donald oder derjenige, der – bei SCHUFA und Creditreform mit entsprechendem Scorewert als hohes Risiko dingfest gemacht – keinen Fuß mehr auf die Erde bekommt.

Es sind daher die drei Todsünden des Kapitalismus: Obdachlosigkeit, Langzeitarbeitslosigkeit und Überschuldung, die ein Gradmesser der Armut sind, weil sie alle den Ausschluss aus dieser Gesellschaft dokumentieren. Alle drei Phänomene gewinnen immer mehr an Bedeutung. Dies könnte Argument genug sein, sie genau zu erfassen und dabei die Arbeitslosigkeit nicht länger auf Lohnarbeitslosigkeit, sondern auf Einkommensarbeitslosigkeit zu erweitern und bei der Obdachlosigkeit die Verfehlung der Wohnbedürfnisse nach Ort, Art und Umfang ernst zu nehmen. Die Überschuldung ist schließlich ein Gradmesser, der alle Lebensbereiche widerspiegelt.

Für das Finanzsystem sind dabei die Zahlen für die Überschuldung ein Indikator, inwieweit dieses System unserer Gesellschaft sozialen Nutzen bringt, oder inwieweit es soziale Strukturen zerstört. Jede überschuldete Familie macht deutlich, dass Kredite unproduktiv wirkten, dass Geld abgezogen statt bereitgestellt wurde und dass unser System, das die Aufgabe hat, die Einkommen dort verfügbar zu machen, wo wir sie in der Zeit brauchen, schlecht oder gar nicht funktioniert.

Umso befremdlicher ist es, dass die Zahlen hierzu im Reichtums- und Armutsbericht nachweislich und massiv geschönt wurden, sodass die Überschuldung um 1,3 Mio. Haushalte sank. Im Entwurf der Studie von 2008 heißt es für die bis 2006 vorhandenen Daten:

„In dieser Studie wird die höchste Anzahl überschuldeter Haushalte für das Jahr 2003 mit rund 2,9 Mio. überschuldeter Haushalte festgestellt. Danach sank die Zahl bis auf rund 1,6 Mio. im Jahr 2006" Weiter heißt es: „Der Rückgang der Überschuldung mit Kreditverbindlichkeiten korrespondiert mit einem Rückgang der Mietschulden um rund 20 %." Der zweite Armuts- und Reichtumsbericht hatte für 2002 noch 3,13 Mio. überschuldete Haushalte gemeldet.

Das Ergebnis wurde erreicht, indem man zwar die gleiche allgemeine Definition der Überschuldung („Ein Privathaushalt ist dann überschuldet, wenn Einkommen und Vermögen aller Haushaltsmitglieder über einen längeren Zeitraum trotz Reduzierung des Lebensstandards nicht ausreichen, um fällige Forderungen zu begleichen.") nahm, die Worte „nicht ausreichen" aber jetzt anders umsetzte. Während sich bisher alle Experten darüber einig sind, dass Personen nur dann überschuldet sind, wenn sie insolvent, d. h. ihre Kredite gekündigt oder ausstehende Forderungen tatsächlich nicht mehr beglichen werden können, stützt die Bundesregierung mit ihrem Modelldenken jetzt ihre Zahlen auf eine „relative Überschuldungsgefährdung", aus der im Abschlussbericht dann einfach die tatsächliche „Überschuldung" wird.

Relativ ist eine Überschuldung, wenn eine Person überschuldet sein „müsste". Dies wird mangels besserer Daten aus dem Einkommen abgeleitet, das verbleibt, wenn man die Ratenbelastungen aus Kredit abzieht. Ein Überschuldeter ist also eine arme Person mit Ratenverpflichtungen. Dass diese Definition unsinnig ist, ergibt sich schon daraus, dass Personen, deren Kredite gekündigt worden sind, zunächst keine Ratenbelastungen mehr haben. Sie sind also auf wundersame Weise aus der Überschuldungsstatistik herausgefallen, obwohl sie die am deutlichsten Überschuldeten sind. Da die jährliche Bevölkerungsumfrage des Deutschen Instituts für Wirtschaft in Berlin (SOEP-Panel) nur nach den Raten fragt, nicht aber nach den Schulden und der Fälligkeit der Schulden (das wird erst ab 2009 in der anderen jährlichen Umfrage der Bundesregierung EVS versucht werden), erklärt sich diese wundersame Verminderung der Zahlen recht einfach.

Dieselbe Methode hatte der Experte bereits vorher für die SCHUFA benutzt. Deshalb hatte es dort auch statt eines gemeinsamen Berichts mit dem Verfasser zwei Berichte gegeben. Die Bundesregierung wusste also was sie bekam. Dass sie die Zahlen trotz Kritik veröffentlichte, liegt daher auch in diesem Fall daran, dass diese modellhafte Wahrheit zur Politik besser passte als die „eigentliche" Wahrheit.

Nun war die Verfälschung aber aus einem anderen Grunde offensichtlich, die der Experte in seinem Bericht gar nicht vertuschen wollte. Er kam sogar tatsächlich auf 3 Mio. Haushalte, weil er die Hypothekenschulden mit einbezog. Aufgrund seiner Berechnungen hätten nämlich auch 1,1 Mio. Hausbesitzer überschuldet sein müssen, weil sie mehr für ihr Haus bezahlen, als sie sich eigentlich leisten können. Doch überschuldet sind sie nicht, weil sie ihre Zahlungen nach wie vor erbringen und mit dem Haus im Rücken Kapital bilden. Sie sind also keine Problemgruppe. Das entspricht den Daten aus der Schuldnerberatung, wonach nur 3,9 % angaben, wegen einer gescheiterten Immobilienfinanzierung überschuldet zu sein, während es nach den Daten aus der Studie für die Bundesregierung fast 30 % sein müssten. Diesen Teil seiner Studie veröffentlichte die Bundesregierung dann aber vorsichtshalber nicht.

Ist Überschuldung also kein Armutsproblem? Richtig ist, dass Arme häufig gute Zahler sind. Richtig ist leider aber auch, dass immer mehr Arme ohne Kredit und Wohnung kaum die Chance haben, Schulden zu akzeptablen Konditionen zu machen. In England und den USA ist das Problem der von Bankschuldenfreien bereits als extreme Benachteiligung bekannt. Der sich bei ihnen am Rande der Legalität gebildete Wuchermarkt lässt sich dann auch kaum noch statistisch erfassen.

Hatte sich also kurz vor der Krise das Problem der Verbraucherüberschuldung statistisch entschärfen lassen, so geht man doch nicht so weit, es schon als gelöst anzusehen.

„Wesentliche Voraussetzungen zur Prävention auf gesellschaftlicher Ebene sind die verantwortungsbewusste Kreditvergabe durch Finanzdienstleister und rechtliche Maßnahmen zum Verbraucher- und Schuldnerschutz. Eine gute Allgemeinbildung in finanziellen Fragen und hauswirtschaftliche Kompetenzen stellen zentrale Ressourcen auf individueller Ebene dar", heißt es im Berichtsentwurf.

Hatte das iff für den ersten und zweiten Armutsbericht noch ein Kapitel schreiben dürfen, das auf die Rolle der Banken bei der Überschuldung hinwies, das allerdings regelmäßig die Endredaktion nicht überlebte, so wird der Armuts- und Reichtumsbericht inzwischen ganz von Wirtschaftskritik befreit geschrieben. Übrig bleibt das Informationsmodell, wonach vor allem eine bessere finanzielle Allgemeinbildung sowie eine bessere Bankenmoral vor Überschuldung schützen soll. Damit aber zeigt sich selbst bei den Sozialstatistikern ein allgemeines, alle Wissenschaftsbereiche abdeckendes Modelldenken, bei dem die Erkenntnis dann richtig ist, wenn sie mit den Anforderungen des Finanzsystems harmoniert.

5.2.3 Steuerparadiese: Das versteckte Geld

Was Deutsche im Ausland mit ihrem Geld machen, ist in Steuererklärungen, Vermögensangaben, Geldwäscheverfahren, Betrug und Raub nur sichtbar, wenn es von dem, der es dort versteckt hat, von unseren Behörden dort nachgefragt wird und dann die Information von den Behörden dieses Landes offen gelegt wird. Doch keiner hat daran ein Interesse: Das fremde Land freut sich über den Kapitalzufluss, weil Geld nicht stinkt (lateinisch: pecunia non olet), wie es der römische Kaiser seinem Sohn sagte, als der meinte, dass die Besteuerung öffentlicher Toiletten doch wohl zu weit ginge. Die deutschen Behörden sind auch froh, sich Arbeit zu sparen nach der Volksweisheit, „was ich nicht weiß, macht mich nicht heiß." Störtebeker lagerte seine Beute nach seinen Raubzügen auf den ostfriesischen Inseln. Die modernen Räuber bringen ihr Kapital in Steueroasen wie Liechtenstein. Die Liechtenstein-Affäre um die CD mit den Namen dieser Kapitalflüchtlinge hat 2008 hohe Wellen in Deutschland und Italien geschlagen, als ein Angestellter aus Rache am Arbeitgeber und um sich durch den Verkauf zu bereichern, Adresslisten von Investoren angeboten hatte. Seine Gier und sein ausgeprägter Racheinstinkt waren hier die Faktoren dafür, dass insgesamt dem rücksichtslosen Gewinnstreben Zügel angelegt wurden.

Doch das Problem scheint sich zu lösen. Liechtenstein, Monaco und die Schweiz geloben, mit der Steuerfahndung der EU und der USA zusammenzuarbeiten. Doch dies ist zunächst nur als Schuldeingeständnis wertvoll. In der Sache ändert es noch gar nichts, weil sie nur versprechen, bei „konkretem Verdacht" nach den Konten zu suchen. Sie haben weder versprochen, das Geld selbst zu suchen, das meist auf fremden Konten von Stiftungen oder Strohleuten lagert, noch haben sie versprochen, dass sie überhaupt Fluchtgelder ablehnen, oder diese zumindest namhaft machen wollen. Solange in Deutschland dieses Bankgeheimnis so galt, dass nur bei konkretem Verdacht Ermittlungen gegen die Betroffenen erlaubt waren, gab es auch bei uns keinerlei Fahndungserfolge. Die Bank war ein sicherer Hort vor dem Finanzamt. Erst seitdem die Rasterfahndung zulässig und die Pflicht der Banken zur Pauschalbesteuerung besteht, geht es hier besser. Dass die Steuerhinterziehungsoasen pressewirksam Reue geloben und die Finanzminister darüber erstmals auf dem Finanzgipfel berieten, ist eher Krisenszenario denn Neuanfang.

Der Zwergstaat Liechtenstein mit der Bevölkerung einer Kleinstadt zählt 60.000 Stiftungen, in denen Geld versteckt und Steuern hinterzogen werden. In dem vom „Gemeinderat" von Liechtenstein vorgelegten Papier „Futuro" wird ausgeführt, man wolle noch mehr Stiftungen und dabei das angelsächsische Trust-Konzept verwirklichen. Mehr Schutz für Fluchtgelder und Steuerhinterzieher verspricht das Papier. Sind EU, OECD und USA machtlos gegenüber diesem

Kleinststaat, der nicht einmal die Gelder selbst verwalten kann, sondern sie im Ausland anlegt? Traut sich niemand, dem Zwergstaat einen Wirtschaftsboykott anzudrohen? Wie mächtig ist Liechtenstein eigentlich, wenn es als einzige Vergeltungsmaßnahme eine Kunstausstellung des Fürstenhauses in München absagen kann?

In fast allen Geldbetrugs- und Steuerhinterziehungsaffären tauchen Firmen mit dem Sitz auf den Kaimaninseln (Cayman Islands) auf. Hier sind die Hälfte aller Hedgefonds beheimatet. Politisch sind die drei Inseln eine Kronkolonie Großbritanniens, werden also durch einen von London eingesetzten Gouverneur verwaltet und können ihre inneren Angelegenheiten so „frei" bestimmen wie ein Hamburger Stadtteil. Als die Regierung der Cayman Inseln im August 2009 ein Haushaltsdefizit hatte, musste sie in London im Außenministerium um die Erlaubnis bitten, Kredite aufzunehmen. Mit 45.436 Einwohnern entsprechen die drei Kaimaninseln der Bedeutung einer deutschen Kleinstadt. Ihre Wirtschaft bestand bis zur Kür zum unabhängigen Finanzstaat aus dem Handeln mit Schildkröten und Muscheln, bevor sich einige Touristen einfanden. Doch das Phantomland Kaimaninseln hatte 2008 ein Bruttosozialprodukt von knapp 2 Billionen $. Das war fast so viel wie ihr Mutterland Großbritannien (2,2) und nur ein Drittel weniger als in Deutschland, das damit ihmmerhin die drittgrößte Wirtschaft der Welt ist. Pro Kopf der Bevölkerung dort waren es 44.000.000 $ während es die Deutschen nur auf 34.600 $ brachten. Über 500 Banken, darunter alles was Rang und Namen hat, haben ein Briefkastenschild auf diesen Karibikinseln.

Die Einwohner haben mit dieser Fremdherrschaft wenig Probleme. Sie zahlen keinen Cent Steuern und genießen frei die Leistungen eines Staates, der sich mit 629.000 $ pro Banklizenz gerne bestechen lässt. Sie schafften es sogar als Kleinstadt im Jahre 2009 590 Mio $ Schulden aufzuhäufen und dann noch um die Erlaubnis zu bitten, weitere 322 Mio $ aufzunehmen. Eine niedersächsische Kleinstadt wie Achim häufte dagegen nur 38 Mio $ Schulden für ihren gemeinschaftlichen Konsum auf. Die Insulaner sind nur eine Staffage für ein virtuelles Kapitalland mit virtueller Wirtschaft. Übersetzt heißt es, dass die Staaten der Welt ihren Banken und ihren Großverdienern und Millionären Potemkinsche Dörfer mit Scheinbevölkerung und Scheinwirtschaft und einer Postadresse in der Karibik gebaut haben, in denen keine Steuern mehr bezahlt und Recht und Bankaufsicht so beschaffen sind, dass man hier alles das machen kann, was zu Hause nicht geht.

Während man sich als Attrappe hier noch echte Inseln mit echter Bevölkerung leistet, wird das Prinzip des virtuellen Steuerauslandes in den Industrieländern ohne diese Umstände verwirklicht. Dort werden Kapital und Gewinn entweder als nicht existent oder für unantastbar erklärt.

Unser Steuersystem hat seine eigenen Steuerfluchtburgen. Steuersparen ist Volkssport Nr. 1. Deshalb sehen es auch die Reichen nicht als kriminell an, wenn sie ihre Einkommen, statt sie zu versteuern, verstecken, verlagern und verwandeln und dabei noch das Lob erhalten, wenn sie physisch im Land bleiben. Unsere Popstars aus Auto- und Tennissport gelten eher als pfiffig, denn als korrupt. Der Fiskus könne nichts machen, sagt der Finanzminister und warnt zusammen mit den Banken davor, in Deutschland Vermögen zu besteuern. Die Reichen gingen sonst mit ihrem Geld ins Ausland. Doch das Ausland ist genauso bei uns wie die Kaiman-Inseln in London. Mit dem Argument der Kapitalflucht wird in allen industriellen Ländern eine Gesetzgebung für mehr Steuergerechtigkeit blockiert. Schuld sind eben die anderen und hier vor allem die Steuerparadiese.

Die Steuerhinterziehung der Geldkapitalbesitzer hat in Deutschland solche Ausmaße angenommen, dass der Gesetzgeber ihnen mit Straffreiheit und dem Angebot, einen Teil der Beute zu behalten, entgegenkam. Bei Ladendieben wäre das so, als ob die Staatsanwaltschaft jedem, der die gestohlene Ware zurückbringt, die Hälfte des Wertes der Ware als Belohnung auszahlt. Mit nur 25 % Quellensteuersatz (mit Solidaritätszuschlag und Kirchensteuer max. 28 %) gibt der Fiskus sich ab 2009 bei allen Kapitaleinkommen zufrieden. Das ist weniger als das, was die meisten Arbeitnehmerhaushalte für ihr Arbeitseinkommen an Steuern zahlen. Diese Kapitalbesitzer müssten eigentlich nach der Einkommenssteuertabelle von ihren emporgeschossenen Kapitalerträgen, zu denen bisher die Wertzuwächse nicht einmal rechnen, 45 % an den Fiskus abgeben. Doch es kommt, wie wir oben gezeigt haben (5.5.1), auch durch dieses Entgegenkommen von dort kein Geld in die Gemeinschaftskasse.

Stattdessen verkündete die Werbung der Commerzbank für die Steuerhinterzieher, dass mit der Abgeltungssteuer die vermögenden Anleger „hart getroffen" wurden. Die HypoVereinsbank klebte 2007 in ihre Schaufenster den Spruch „Gegen Steuern". FinanzTest lobte Banken, die für die Umgehung der Steuer geeignete Kurzläufer anbieten und ZDF-WiSo riet den Anlegern, „ihre Zinseinnahmen in das Jahr 2009 zu verschieben." „Wer heute noch Aktien kauft, kann den Steuervorteil noch zweimal nutzen", meinte die Dresdner Bank. „Die bevorstehenden Änderungen in der Besteuerung von Kapitaleinkünften treffen vermögende Anleger in hohem Maße. Für Sie bedeutet das, ihre Vermögensallokation rechtzeitig auf die neue Situation einzustellen. Sprechen Sie jetzt mit uns über die optimale Nutzung Ihrer Möglichkeiten. Tel. 49 69.136-2.80.00", lautete 2007 die Zeitungsannonce der Commerzbank im Wirtschaftsteil der Süddeutschen Zeitung. „Vermögensallokation" das heißt zu Deutsch „Ortswechsel des Vermögens" oder einfach Steuerflucht und wohin, das kann man im Verzeichnis der Tochtergesellschaften der Banken in den sog. Steuerparadiesen in deren Geschäftsbericht nachlesen.

Inzwischen erhalten genau die Banken, die Steuerhinterziehung als Geschäftsfeld betrieben, aus den nicht hinterzogenen Steuern der übrigen Einkom-

mensbezieher ihre Subventionen, um zu überleben. 1996 hatten einige Staatsanwaltschaften gedrängt durch die offensichtlichen Verfehlungen und Insider-
Informationen nach der Parteispendenaffäre versucht, Bankern Beihilfe zur Steuerhinterziehung nachzuweisen. Das Ganze endete kläglich, nicht zuletzt deshalb,
weil auf den Listen Politiker bis zum damaligen Bundeskanzler Kohl standen,
der bis heute die Namen der illegalen Partei-Spender nicht preisgegeben hat.

Dabei fängt jede Steuerhinterziehung im eigenen Land an und hört da auch
auf. Das Geld muss erst in Steuerparadiese transferiert werden und es muss von
dort wieder zurück fließen können. Dabei passiert alles elektronisch und wäre
kontrollierbar. Aber die Kontrollen wurden mit dem freien Kapitalmarkt abgeschafft. Das Märchen, Geldscheine würden in Koffern über die Grenze geschafft
und nicht in elektronischer und damit nachweisbarer Form transferiert, soll Hilfs-
losigkeit demonstrieren. 2008 hat die EU eine Richtlinie über den Zahlungsverkehr verabschiedet. Darin legt sie fest, wer haftet, wenn das Geld nicht ankommt. Wer aber haftet, wenn das Geld ankommt, aber keiner mehr weiß wo,
dies hat sie vergessen zu berücksichtigen. Es sollen zwischen 1,7 und 11,5 Bio. $
in den Steueroasen liegen, schreibt die Süddeutsche Zeitung. Die EU schätzt den
Steuerausfall auf zwei Prozent des Bruttoinlandsprodukts, was mehr ist als alle
Konjunkturprogramme zusammen. Doch die Billionen liegen ja gar nicht in den
Steuerparadiesen. Sie werden nur fiktiv in den Metropolen auf solche Oasen
verbucht, weil sie dort wieder als Kredite investiert werden müssen, wo wirklich
gearbeitet wird und Realwirtschaft besteht. Das ist aber im Zweifel weder auf
den Cayman Inseln noch in Guernsey.

Steuerparadiese bzw. ihre Anwälte in den Metropolen argumentieren mit einem angeblichen Bankgeheimnis und damit, dass sie politisch souveräne Staaten
seien, denen man nicht vorschreiben könne, welche Steuern sie nähmen. Ihre
Eigenheit liegt darin, dass sie nicht mit dem Finanzamt und der Staatsanwaltschaft des Landes, aus dem das Geld kommt, kooperieren. Sie leiten ihren Verdacht und ihre Informationen nicht weiter und werden damit zu Komplizen. Sie
sind aber mehr als nur Komplizen. Sie werben noch mit ihrer Komplizenschaft
und werden damit zu Hehlern, die die Diebe in das Stehlen einweisen. Sie sind
vergleichbar mit den Plastik-Kartengangstern, die im Internet für das Ausspähen
von Geheimzahlen und der Namen der Karteninhaber ein paar Euros ausloben.
Sie lassen dann mithilfe dieser Informationen von anderen die Karten stehlen,
um dann den Betrug begehen zu können.

Diese Hehlerei, an der nicht nur Luxemburg so viel verdient, dass dort jeder
Staatsbürger mehr vom Staat erhält als er zahlt, fällt ihnen in der Regel leicht.
Das liegt daran, dass das Finanzamt dieses Staates sowie dessen Staatsanwalt-
schaft gar nicht ermitteln wollen und auch keine konkreten Anfragen machen.
Steuerflüchtige Anleger in Luxemburg, denen man den Vertrag in Deutsch, die

kniffligeren Nachrichten aber in Französisch zuschickt, oder in der Schweiz, wo Investitionen – in angebliche Bankgarantien als Traumanlagen gehandelt – später als Totalverlust endeten, wurden geprellt. Wir haben sie darauf hingewiesen, dass ihre Rechte verletzt wurden, aber gleichzeitig auch gesagt, dass sie das dort gerichtlich geltend machen müssen und Gerichtsverfahren bekanntlich öffentlich sind. Somit könne es durchaus sein, dass ein deutscher Steuerfahnder im Zuschauerraum sitzt. Das hat ihre Lust am Verbraucherschutz gedämpft und so verdienen Banken in den Steuerparadiesen doppelt: einmal an der Hehlerei und zum anderen daran, dass man die Stehler gefahrlos betrügen kann.

Die Finanzämter wissen seit Langem, dass Millionensummen, die verdient oder erworben wurden, auch irgendwie abgeflossen sein müssen, weil sie nicht mehr auftauchen. So wie die kleinen Drogenhändler Spielsalons aufbauen, bei denen das Geld (als Wetteinnahme deklariert sauber gewaschen) auf Bankkonten eingezahlt wird und weiter überwiesen werden kann, so sind die Banken im Netzwerk insgesamt die Spielsalons. Sie formen das Geld der Reichen so um, dass es verschwindet und nicht mehr steuerpflichtig erscheint. In der Werbung brüsten sich diese Banken ganz öffentlich, sie könnten das Geld der Reichen gut im Ausland verstecken. In allen diesen Steueroasen haben sie ihre Filialen. Ohne Deckung und Komplizenschaft einer Bank im Herkunftsland kann kein Geld in der Steueroase versteckt werden. Wenn „Beihilfe zur Steuerhinterziehung" oder „Beihilfe zur Geldwäsche" strafrechtlich ernsthaft verfolgt würde, dann müssten dafür schon die Werbeanzeigen ausreichen. Und auch die verdienten Provisionen und Tantiemen wären Bereicherungsabsicht genug, um Bankangestellte auch ganz persönlich zur Rechenschaft zu ziehen.

Es ist heute technisch kein Problem mehr, jede Überweisung und jeden Transfer so zu speichern, dass er lückenlos nachverfolgt werden kann. Über die internationalen elektronischen Überweisungssysteme wie SWIFT und das von der EU regulierte einheitliche EU-Zahlungsverkehrssystem SEPA, ist der Geldtransfer technisch überwachbar geworden. Nach den Geldwäscherichtlinien muss sich jedes Konto auf eine natürliche Person zurückführen lassen. Somit wäre mit ein paar Stichproben und exemplarischen Verfolgungen genügend Abschreckungspotenzial aufgebaut, um den Hehlern und dann auch den Stehlern bezüglich des öffentlichen Vermögens, Einhalt zu gebieten. Angesichts der dabei zu verdienenden Unsummen für den Staat passt es in das Bild, dass die dafür zuständigen Staatsanwaltschaften und Steuerermittlungsbehörden chronisch unterbesetzt bleiben, keine Mittel haben und zwischen Banken und Finanzamt häufig die Stellen wechseln. Ehemalige Finanzbeamte sind gern gesehene Bankmitarbeiter.

Die Organisation für ökonomische Zusammenarbeit und Entwicklung OECD hat sich in ihrem Bericht aus dem Jahre 2000 (Progress Report: Towards Global Tax Co-Operation: Progress in Identifying and Eliminating Harmful Tax

Practices) ebenso wie die Teilnehmer eines EU-Gipfels mit den Steuerparadiesen beschäftigt, bevor Anfang April 2009 die G20 ihre schwarze, tiefgraue und hellgraue Liste verabschiedet haben.

Sie kamen in ihrer Liste auf insgesamt 44 „Staaten". Aber Vorsicht: Die Liste bezeichnete nicht die größten Hehlerstaaten, sondern die Staaten, die sich gegenüber den 30 OECD-Staaten in der Steuerfrage nicht kooperativ zeigen, weil sie nicht wenigstens 12 Abkommen mit OECD-Mitgliedern über den Austausch von Informationen geschlossen haben.

Sie ist inzwischen, wie die Financial Times im April 2009 berichtet, „ein leeres Blatt." Es reichte die Erklärung der Kooperationsbereitschaft und man wurde getilgt.

Dass Costa Rica, Malaysia, Philippinen und Uruguay als unkooperativ eingestuft werden, hatte zumindest bei Malaysia dann auch andere Gründe. Malaysia hat inzwischen die strengsten Kapitaltransferkontrollen überhaupt und hat den Spekulanten Soros, der die Landeswährung mit seinen Raubzügen fast ruiniert hätte, strafrechtliche Verfolgung angedroht. Alle vier Länder sind zuerst von der Liste gestrichen worden als sie ihre Kooperationsbereitschaft zeigten.

Kooperation heißt aber eben nicht Schluss mit der Hehlerei, sondern Zusammenarbeit mit den Staaten, in denen gestohlen wurde, wenn sie es wollen. Darauf aber lässt sich – an der Öffentlichkeit vorbei – Einfluss nehmen, weil auch Steuerbehörden einen Ermessensspielraum und begrenzte Ressourcen vorschieben können, wenn sie einige als „gleicher" als die anderen behandeln. Dass die Schweiz solche Abkommen nicht schließen wollte und mit Austritt und Beitragsboykott bei der OECD drohte, macht deutlich, wie sehr dieses Land von dieser Praxis wirtschaftlich lebt.

Die auf der dunkelgrauen Liste stehenden 32 Vasallenstaaten arbeiten sozusagen auf fremde Rechnung. Sie sind Kleinstaaten ohne eigene Macht, die als ausgelagerter Tresor der Industriestaaten gelten können. Dass auf dieser Liste Staaten wie die englischen Inseln Guernsey, Jersey und die Isle of Man fehlen, dass man die Chinesen mit Hongkong und Macao verschonte, und auch die EU-Mitglieder Irland und Malta, die üblicherweise aufgeführt werden, ausließ, darf damit erklärt werden, dass hier allzu gut aufgefallen wäre, dass man Großbritannien an erster Stelle auf die schwarze Liste hätte setzen müssen. Es macht keinen Unterschied, wo die Tresore der Steuerhinterzieher stehen. Es ist allein wichtig, wer die Schlüssel zum Tresor besitzt.

Interessant ist in diesem Zusammenhang die erstaunliche hellgraue Liste mit 8 Staaten: Darin werden die Schweiz, Luxemburg, Österreich, Belgien, Singapur und Brunei sowie Chile und Guatemala aufgeführt. Die Schweiz nur als „hell grau" einzustufen, ist erstaunlich. Hier handelt es sich um einen Staat, der – nach dem Eingeständnis selbst führender Politiker – dort seit Jahrzehnten von gestohlenem, hinterzogenem, geraubtem oder verstecktem Geld der Diktatoren und Großverdiener dieser Welt lebt. „Keiner wäscht weißer", so lautete der Titel des Erfolgsbuches von Jean Ziegler; Gian Trepp sekundierte ihm im eigenen Land. Das den Opfern in deutschen KZ ausgebrochene Zahngold, das in Schweizer Gold umgeschmolzen wurde, war wohl der hässlichste Ausdruck dieser Hehlerei. Was an dieser Liste so auffällt, ist der Umstand, dass hier vier europäische Staaten aufgeführt sind, die Täter, Profiteure und Lokalität der Geldhinterziehung in einer Person sind. Das verstößt gegen die Statuten dieser internationalen Arbeitsteilung. Man lässt normalerweise hinterziehen und ist nicht sein eigener Zuhälter.

Wo bleibt das Trio Holland, Irland und Großbritannien sowie der State of New York, die zur Drehscheibe für den Kasinokapitalismus und die Steuerhinterziehung wurden? Ich erinnere mich an eine kleine Szene 1999, als ich als Gutachter für die EU auf französische Anforderung Vorschriften vorschlug, wie man den Wucher bei Krediten sichtbar machen könnte. Bei der Vorstellung des Ergebnisses erntete ich von den meisten Staaten große Zustimmung. Man solle das gleich in eine Richtlinie gießen und dem Spuk ein Ende bereiten, meinten vor allem die romanischen Staaten. Nur drei argumentierten dagegen: England, Irland und die Niederlande, wobei pikanterweise die englische OFT später zu mir kam und mitteilte, dass sie dies bedauerte. Sie hätten leider hier nichts zu sagen, das besorge alles das Department of Trade and Industry. Die deutsche Vertreterin bekannte, sie verstünde davon nichts, habe aber die Anweisung, gegen jede Änderung zu stimmen.

Zufrieden verließ ich den Raum, weil doch die große Mehrheit für die Ergänzung war. Der EU-Beamte schaute mich nachher mitleidig an. Er fragte, ob ich nicht gesehen hätte, wer dagegen sei.

Das Triumvirat aus Irland, England und den Niederlanden mit Deutschland im Schlepptau ist der Kern der EU-Finanzpolitik der letzten 14 Jahre gewesen. Von dort kamen die zuständigen Kommissare für Wettbewerb, interner Markt und Verbraucherschutz, dort wurden auch die Richtlinien vorgefertigt und von dort erfolgte die Deregulierung der europäischen Finanzmärkte in engem Schulterschluss mit New York. Ob die vom Agrarstaat zur Finanznation aufgestiegenen Iren dabei viel Eigenes beitragen konnten, darf bezweifelt werden. Auf einer Konferenz über „verantwortliche Kreditvergabe und Kreditaufnahme" im September 2009 hatte die Kommission 19 Referenten aufgeboten. 3 Verbrauchervertretern standen 7 Staats- und 8 Bankenvertreter entgegen. Etwa die Hälfte der Referenten kam aus Großbritannien, Irland und den Niederlanden, die seit Jahren das Monopol auf die Kommissariate und Schlüsselpositionen für Markt und Wettbewerb haben.

Schauen wir uns den alten OECD-Bericht zu den Steuerparadiesen sowie die Recherche von Diamond, auf die alle zurückgreifen, sowie eine Liste in der italienischen Zeitung Corriere de la Sera zu den Steuerparadiesen an. Daraus ergeben sich 54 Steuerparadiese. Die mit einem Stern versehenen fehlen jetzt in der offiziellen G20-Liste.

Alderney*; Andorra; Anguilla; Antigua und Barbuda; Arabische Emirate*; Aruba; Bahamas; Bahrain; Barbados; Belize; Belgien; Bermuda; Britische Jung-ferninseln; Brunei; Cayman-Inseln*; Chile; Cookinseln; Dominica; Dominkani-sche Republik*; Gibraltar; Grenada; Guatemala; Hongkong*; Insel Man*; Ir-land*; Jersey*; Jordanien*; Jungferninseln*; Liechtenstein; Libanon*; Liberia; Luxemburg; Macao*; Malediven*; Malta*; Marshallinseln; Mauritius*; Monaco; Montserrat; Nauru*; Niederländische Antillen; Niue; Österreich; Panama; Phi-lippinen; Saint Lucia; Samoa; San Marino; Schweiz; Seychellen; Singapur; St. Kitts und Nevis; St. Vincent und die Grenadinen; Tonga*; Tschibuti*; Turks- und Caicosinseln; Vanuatu; Zypern*.

Nun wird man bei keinem dieser Staaten den Eindruck haben, es handele sich um eine Großmacht, die der G8 oder dem Basler Komitee der Zentralbank-präsidenten das Fürchten lehren könnte. Warum also gibt es sie und warum kann man so wenig gegen sie unternehmen? Mehr Aufschlüsse erhält man, wenn man diese Länder danach sortiert, wem sie zuzurechnen sind.

Großbritannien ist danach allein für 2/3 aller Steuerparadiese verantwort-lich. Sie stellen die Außenstellen der Londoner City dar. Direkt zum Vereinigten Königreich gehören als Kronkolonie oder als Teil des Commonwealth folgende 12 Staaten:

Alderney; Anguilla; Bermuda; Britische Jungferninseln; Cayman-Inseln; Gibraltar; Hongkong (inzwischen von den Chinesen fortgeführt); die Inseln Man, Jersey; Jungferninseln*; Montserrat; Turks- und Caicosinseln.

Ehemalige Kolonien und Teil des Commonwealth unter britischer Krone sind die folgenden 23 Steuerparadiese (auch durch das mit England historisch verbundene Neuseeland):

Antigua und Barbuda; Bahamas; Barbados; Belize; Brunei; Dominica; Gre-nada; Irland*; Malediven; Malta; Mauritius*; Nauru*; Niue*; Saint Lucia; Sa-moa*; Seychellen*; Singapur*; St. Kitts und Nevis; St. Vincent und die Grenadi-nen; Tonga*; Vanuatu; Zypern.

Nimmt man noch die USA mit ihren traditionellen Einflussstaaten wie Libe-ria, dem Staat der befreiten Sklaven, den Marshallinseln, Panama, den Philippi-nen, den Arabischen Emiraten, Bahrain, der Dominikanischen Republik hinzu, zählt man für die Niederlande Aruba und die Niederländische Antillen mit und berücksichtigt die drei Vasallen Frankreichs (Luxemburg; Monaco; Tschibuti), und die deutschsprachigen Eldorados (Schweiz; Liechtenstein, Luxemburg), dann bleibt nur noch San Marino für Italien und Andorra für Spanien übrig.

Wie das Verhältnis zu den Mutterländern ist, ergab sich aus einer Zeitungs-meldung (Süddt. Ztg. v. 17.8.2009 S.7). Danach hat „als Folge einer Korrupti-onsaffäre Großbritannien die Regierung auf den britischen Turks- und Caicosin-seln in der Karibik abgesetzt" und sie selbst übernommen. So einfach ist das.

Die wahren Steuerhinterzieher sind also die G8 Staaten selbst, die sich in ih-rer politischen, wirtschaftlichen und militärischen Einflusssphäre eigene Steuer-paradiese geschaffen haben. Dass innerhalb der EU die kleinen Staaten Holland, Irland, Luxemburg und Österreich ebenfalls Steuerparadiese entwickeln durften, ist nur dadurch denkbar, dass die „großen Vier" sie dort auch haben wollten.

Dass jetzt die Schweiz von den USA genötigt wurde, ein paar Steuerakten offenzulegen, ist für die Anrainerstaaten beschämend. Wer Nummernkonten und Fluchtgelder von Kriminellen Willkommen heißt, den könnte man auf die Liste der unsicheren Banken schreiben, wenn sich das höchste Weltfinanzparlament, das sog. Basel Komitee nicht ausgerechnet auch noch dieses Land als Sitz ausge-sucht hätte.

Einige Staaten wie Belgien praktizieren schon lange ein System, wonach Firmen, die in der Schweiz undurchsichtige finanzielle Transaktionen durchfüh-ren, die daraus entstehenden Unkosten zu Hause nicht mehr steuermindernd geltend machen können. Das ist ein unscharfes Schwert, weil es nicht die Ver-mögensverwaltungen, sondern eher die produktiven Unternehmen trifft.

Mit dem Gesetz gegen Steueroasen von 2009 übernimmt die Bundesregie-rung dieses Modell, allerdings noch ohne dessen Konsequenzen zu ziehen. Nach dem Gesetz soll es Sonderprüfungen bei Personen mit mehr als 500.000 € Ver-mögen geben. Ein solches Vermögen reicht als Verdachtsmoment aus. Dass so etwas eine Ungleichbehandlung gegenüber dem Kleinsparer ist, wie die Financi-al Times meint, kann nur Menschen einfallen, die Einkommensunterschiede für unerheblich halten.

Interessanter als diese Sonderprüfungen, die auch nach geltendem Recht be-reits hätten durchgeführt werden können, wenn denn nicht die wirklich großen Vermögen allzu kurze Wege zur politischen Macht hätten, ist die Ankündigung, bei Geschäftsverbindungen in solche Steueroasen, Auskunft zu verlangen. Doch die CDU hat diesem Gesetz den wesentlichen Stachel gezogen. Die Steueroase wird im Gesetz nicht definiert. Ihre Benennung bleibt einer Rechtsverordnung vorbehalten, in der die Regierung allein das Sagen hat. Damit ist ihr ein ähnli-ches Schicksal vorherzusagen wie der OECD-Liste, die die Grundlage für die Ankündigungen des G20 Gipfels bildete, wovon nichts weiter als ein weißes Blatt übrig blieb.

Warum können die Banken dem Finanzamt nicht auch die Überweisungen mit solchen Ländern zugänglich machen? Im Krieg gegen den Terror hat die USA die Offenlegung der Überweisungen in „Schurkenstaaten" durchsetzen können. Dazu aber sollte man auch Steuerfluchtstaaten rechnen, weil sie den Rest der Welt viel systematischer und bereits realer schädigen als diejenigen, die mit Atomreaktoren spielen.

5.3 Macht der Banken

Banken haben zu viel Einfluss in den Bereichen von Recht und Politik. Diese Behauptung wird unter dem Kürzel „Macht der Banken" von jeher diskutiert und in den Meinungsumfragen von der großen Mehrheit in der Bevölkerung geteilt. Emnid stellte 2003 in einer Umfrage fest, dass 22 % aller Bürger in Deutschland (30 % im Osten) glauben, dass allein die Banken die Welt regieren. Das waren kaum weniger als diejenigen 32 %, die nach den Prinzipien unserer Verfassung glaubten, dass das Volk regiere. Bis zur gleichnamigen Veranstaltung der SPD im Jahre 1995 galt die Analyse des SPD-Politikers Rudolf Hilferding zur Macht des Finanzkapitals aus den 1920er-Jahren als sozialdemokratische Grundüberzeugung.

Doch diese These nährt sich vor allem aus einem Unverständnis über Geld, das den Verschwörungstheorien Auftrieb gibt und häufig recht kurze Wege oder zumindest Abgrenzungsprobleme zum rechtsextremen Lager hat. Aus der Verschwörungstheorie zur Macht der Banken wurde bei den Nazis die Macht des jüdischen Finanzkapitals und schließlich nur noch der jüdische Weltbolschewismus, während man sich mit den Großbanken in Deutschland gut arrangiert hatte.

5.3.1 Politische Macht

Es gibt aber eine andere politische Macht der Banken. Diese hat nichts mit einer angeblichen „Macht des Geldes" zu tun. Geld ist ein Instrument und kein Subjekt, das Macht ausüben könnte. Dass mit diesem Instrument auch demokratisch nicht legitimierte Macht ausgeübt werden kann, ist ein Problem. Man muss das Problem jedoch zurechtrücken. Nur wer eigenes Geld hat, kann es politisch nach seinen Zielen einsetzen, wie es Berlusconi in Italien und Bloomberg in New York zeigen. Doch der Staat hat hierfür Kontrollmechanismen entwickelt, die diese Macht begrenzen. Sie gilt es zu stärken. Dieses Problem ist aber keines der Banken, die ja nur fremde Gelder verwalten, sondern ein Problem des Umgangs unserer Gesellschaften mit Milliardären.

Die Macht der Banken ergibt sich dagegen aus ihren Funktionen an den Schaltstellen der Wirtschaft. Dabei sollte man es sich nicht zu einfach machen. Diese Macht ist weder unbegrenzt noch unkontrollierbar. Das politische System schränkt diese Macht ein und entpolisiert sie vor allem. Vieles, was unter dem

Label Macht der Banken daherkommt, ist daher nur das Unverständnis, dass Banken nur Kreditvermittler und keine Krösusse sind, die darauf verzichten könnten, ihre Forderungen beizutreiben, oder Kredite ohne Rücksicht auf Kreditwürdigkeit zu vergeben.

Die verbleibende Macht der Banken besteht darin, dass ihr Monopol bei der Kreditaufnahme und Kreditvergabe sowie ihre Schlüsselstellung bei der produktiveren Gestaltung von Wirtschaft es ihnen erlaubt, den bankmäßigen Mechanismen und dem bankmäßigen Denken mehr und unziemlichen Einfluss in der Gesellschaft einzuräumen. Dadurch werden die zur Eindämmung rein geld- und profitorientierten Wirtschaftens wichtigen politischen, rechtlichen und die Mechanismen der öffentlichen Meinung zurückgedrängt, eingeschüchtert und ineffektiv. Die Politik richtet sich nach den Banken, statt dass die Banken dazu gezwungen werden, ihre spezifischen Fähigkeiten, Instrumente und Kenntnisse (gleichgültig, ob blind oder sehend) zum Wohle der Allgemeinheit einzusetzen. Es herrscht zu viel Bank in der Gesellschaft. Man merkt dies daran, dass Banker zu den wichtigsten Beratern der Regierungschefs werden und unter dem Namen „Chefvolkswirt" eigene Politikberater im Vorstandsrang halten, die dem Staat Vorgaben machen. Man merkt dies auch daran, dass der Schatzmeister in der Kirchengemeinde ein Banker sein muss und es immer häufiger vorkommt, dass Politiker in die Landesbanken wechseln und Banker in die Politik.

Öffentliches Aufsehen erregt hat es, dass der Chef der Deutschen Bank nach eigenen Worten von der Regierungschefin mitten in der Krise gefragt wurde, ob er mit den von ihm selber ausgewählten Gästen seinen 60. Geburtstag am 22. Februar 2008 im Kanzleramt auf Staatskosten feiern wolle. Die Kanzlerin war natürlich dabei. Dass die Einsamkeit der Macht unter denjenigen, die sich mit anderen die Macht teilen müssen, leicht zu Freundschaften führt, wie sie der in Korruptionsverfahren verstrickte Siemenschef v. Pierer gleich mit drei Kanzlern entwickelte, ist verständlich. Die Manager der Wirtschaft wissen von dieser Einsamkeit und können die Mittel, die sie für die persönliche Freundschaft etwa durch die Urlaubsaufenthalte aufwenden können, als Betriebsausgaben deklarieren. Freundschaft zu den Mächtigen der Politik kostet sie nichts. Nur durch die Bilanz kontrolliert haben sie Freiheiten beim Einsatz von Geld und Vermögen in ihrem persönlichen Umgang. Die vielen Duzfreundschaften in die Regierungsetagen vermischen allein wirtschaftlich mit demokratisch fundierter politischer Macht. Ob es nun gezielte Korruption oder persönliche Zuneigung war, merkt der Politiker erst, wenn die Freundschaft mit dem Machtverlust verschwindet. Schon aus Gründen der Demokratie müssen PolitikerInnen vor sich selber geschützt werden. Genauso wie die Kontaktpersonen der Repräsentanten auf politische Interessen hin durchleuchtet werden, müsste auch eine Kontrolle ihrer wirtschaftlichen Interessen erfolgen. Vertreter einer eher wirtschaftsfreundlicheren

Politik wie Friedrich Merz von der CDU zeigen mit in ihrer Nebentätigkeitsliste, dass sie hier mehr gefährdet sind als Vertreter sozialer Interessen. Freundschaftsdienste wie die Vermittlung von Kontakten, die Vorabinformation oder aber das gute Wort, das eingelegt wird, sind im konkreten nicht zu kontrollieren. Private Geburtstagsfeiern von Bankern im Kanzleramt, denen die Regierung dann die Ausfallhaftung für die anderen Banken über den Feuerwehrfonds erspart und sie persönlich an der Gesetzgebung beteiligt, zeigen jedoch, wie wenig Sensibilität und wie wenige Regeln es hier noch gibt.

Es geht somit bei der Frage der Macht der Banken nicht darum, deren Macht zu beschneiden, sondern umgekehrt darum, die Macht der zur Kontrolle der Banken vorhandenen Institutionen zu stärken. Dazu aber gehört das Rechtssystem, die Unabhängigkeit der Politik von der Wirtschaft und die kritische Öffentlichkeit der Bankkunden.

Eine der gefährlichsten Machtausübungen der Banken besteht daher dort, wo sie auf das Regelwerk, das ihre Funktionen in die Gemeinschaft einbetten soll, direkten Einfluss nehmen – dem Bankrecht. In Kapitel 4 wurde anhand vieler Beispiele auf diesen großen Einfluss der Kontrollierten auf die Instrumente der Kontrolleure hingewiesen. Diesen Einfluss können sie nur ausüben, wenn sie gemeinsam und einheitlich gegenüber dem Staat auftreten. Dies nennt man ein Kartell und der harte Wettbewerb unter Banken sollte daran hindern. Doch das stimmt nicht. Rechtsregeln wirken einheitlich gegenüber allen Banken. Sie schaffen daher immer dort, wo sie Bankenwillkür beschränken, durch ihre Verbote ein einheitliches Verhalten, also ein Kartell. In Bezug auf das Recht ist es daher logisch, dass die Banken sich wie ein Kartell wehren. Wettbewerb hilft hier nicht. Es ist kein wirtschaftliches, sondern ein politisches oder rechtliches Kartell. Entsprechend sehen auch die Institutionen aus. Im Zentralen Kreditausschuss arbeiten alle Bankenverbände gegenüber dem Staat zusammen, auch wenn sie sich ansonsten gegenseitig als Krebsgeschwüre diffamieren. In der Bankrechtlichen Vereinigung sind alle Juristen des Banklagers zusammengeschlossen. Im Bankrechtshandbuch kommentieren sie quasi exklusiv ihr Recht. Auch die größte Bankrechtszeitschrift WM firmiert unmittelbar unter einer Bankadresse. Im Bankers Round Table in Brüssel bilden die wichtigsten Europäischen Großbanker eine Allianz. Die Anzahl der bankübergreifenden politischen Kartellgremien ist inzwischen unübersehbar. Für jedes Regulierungsproblem gibt es eine Institution, deren Aufgabe es ist, die Politik zu überwachen und zu „beraten".

Dieses politische Kartell im Bankrecht setzt sich bis in die Ministerien fort. In der Krise fiel auf, dass Freshfield die HRE beriet und dann für das Finanzministerium das Rettungsgesetz entwarf. Der Wirtschaftsminister hat für sein Bankenkonkursgesetz im August 2009 bei der Kanzlei Linklaters anfertigen lassen. Doch schaut man in die Budgets der Ministerien, so sind gerade einmal 10 Mio.

€ für solche Gutachten für 2010 vorgesehen, wovon allerdings das für Bankrecht und Bankaufsicht zuständige Finanzministerium allein 60 % beansprucht. Doch die Zahlen sind in zweifacher Hinsicht falsch. Viele Gutachten laufen gar nicht über den Etat des Ministeriums, sondern sind ausgelagert auf externe Träger wie die DLR („Luft- und Raumfahrt"!), die für das Landwirtschaftsministerium solche Gutachten abwickelt. Viel problematischer aber ist, dass das von der Regierung gezahlte Geld oft kaum die Kosten der Kanzleien deckt. Da die Kanzleien sowie Consulting-Firmen überwiegend für die anbietende Wirtschaft tätig sind, bedeuten für sie Staatsaufträge, dass sie hier Einfluss mit verkaufen können. So wirbt z. B. eine englische Unternehmensberatung damit, dass sie Aufträge der EU bekomme und dass sie die Interessen der Kreditkartenfirmen gegenüber der Regulierung sehr gut politisch umsetzen könne. Sie könnte also der Regierung sogar noch Geld schenken und würde auf ihre Kosten kommen. Dass sie dann allerdings auch bankenfreundliche Resultate, Rücksprachen und Informationen vermitteln muss, ergibt sich aus der Logik des Geschäfts. In Brüssel wurde z. B. im Bereich der Konsumentenkredite vor Verabschiedung der Richtlinie das European Consumer Credit Research Institut (ECRI) gegründet, das von Banken finanziert wird und seinerseits wiederum die Mutter, die Forschungseinrichtung CEPS finanziert, die von der EU-Kommission dann Aufträge in politisch sensiblen Bereichen erhält, bei denen die Kompetenz von ECRI entscheidend ist. Die Beamten in den Finanzministerien und bei der Generaldirektion Markt sehen darin keine Probleme, weil sie Bankrechtsprobleme weitgehend für technische Probleme des Marktes halten. Sozial- und Verbraucherpolitiker trifft man dort selten.

Gegen Kartelle helfen nur Transparenz und Gegenmacht durch andere Kartelle. Die Formulare, in denen Gutachter, Unternehmensberatungen und Anwaltskanzleien ihre Unabhängigkeit ankreuzen, müssen ergänzt werden um konkrete und öffentlich nachvollziehbare Offenlegung von Aufträgen und Zahlungen im Bankenbereich, über direkte und indirekte Zuschüsse. Im Bankrecht sollten sich die „Wissenschaftler" in einem Register für Gemeinnützigkeit mit ihren Einkommen und Arbeitgebern transparent darstellen. Die Regierung sollte konsolidierte Listen von Gutachten, Gutachtenhäufung und Consulting, einschließlich ihrer Unterorganisationen, öffentlich machen. Verbraucherverbände sollten mehr öffentliche Gelder bekommen, um ebenfalls als Nachfrager solcher Gutachten auf dem Markt mehr Diversität zu schaffen.

5.3.2 Strafverfolgung gegen legitime Interessen?

Es gibt eine Reihe von Straftatbeständen zum Wucher, zur Veruntreuung von Geldern eines Unternehmens für Bestechung und dubiose Provisionszahlungen, zur Nutzung von Insiderwissen für Kursmanipulationen, über die Verschleppung eines Konkurses, oder die Benachteiligung von Gläubigern in der Insolvenz, bei Beihilfe zur Geldwäsche oder Missbrauch von Daten. Ebenso gibt es einen umfangreichen Betrugstatbestand, der jeden bestraft, der weiß, dass seine Versprechungen nicht stimmen und der Kunde dies nicht erkennen kann, der aber gleichwohl dies Mittel einsetzt, um sich oder seine Bank dadurch zu bereichern. Doch in der Geldbranche wird dies Verhalten mit Ausdrücken wie „Schönfärberei", „Kick-Back-Provision", „Hochglanzprospekt", „verdeckte Geschäfte" und ähnlichem mehr bezeichnet, was die Lüge und Täuschung selbst bei den Kritikern als Berufsprobleme erscheinen lassen.

Voraussetzung für mehr rechtlich sanktionierte Verantwortung überhaupt ist ein – auch im Finanzsektor funktionierendes – Strafrechtssystem, in dem Anzeigen überhaupt verfolgt werden. Hier hinkt Deutschland den USA hinterher, wo ein Staatsanwalt Pfitzer sogar wegen seiner Verdienste im Finanzsektor zum Gouverneur von New York aufsteigt und die Staatsanwaltschaft eine umfassende Zuständigkeit bei der Durchsetzung von Verbraucherschutzregeln im Finanzsektor hat. In Skandinavien ist der Verbraucherombuds eine ähnliche staatliche Einrichtung, während der Begriff bei uns von der Bankenwelt für die gut bezahlte Einstellung eines pensionierten höchsten Richters herhalten muss, der allein ihnen Rechenschaft schuldet und von ihnen aus- und abgewählt wird. Das hat gleich drei Nachteile für unser Rechtssystem: Oberste Bankrichter werden sich bemühen, auf dem Zenit ihrer Karriere kurz vor der Pensionierung nicht das Missfallen der Bankenwelt auf sich zu ziehen und damit eine lukrative Rentnerbeschäftigung zu verpassen. Verbraucher werden durch kaum begründete und strukturell unwirksame Einzelfallentscheidungen davon abgehalten, für eine Rechtsverbesserung zu streiten und Rechtsbrüche bekannt zu machen und die größten Skandale werden im Stillen bereinigt, ohne dass die Verbraucherverbände etwas bemerken.

Ein wirksames Strafrechtssystem für Banken fehlte bisher. Dazu gehörten auch die vielen Verbindungen zwischen gerade den dubioseren Finanzgrößen und einem Geben und Nehmen mit der Politik. Während Kanzler Schröder Maschmeyers AWD in die Arme schloss, hielt es Kanzler Kohl mit der Pohl-Familie beim Konkurrenten DVAG ähnlich. Der ehemalige Verteidigungsminister Scholz wurde für seine nicht uneigennützige Werbung für den grauen Kapitalmarkt zum Schadensersatz verurteilt. Wenn Ackermann bei Maischberger gefragt wurde, wann er das letzte Mal mit Frau Merkel telefoniert habe, und sinngemäß sagte, „heute noch nicht", während Abs, einer seiner Vorgänger, noch die Hitler-Regierung beriet, wenn die Wirtschaftsminister der FDP zwischen Vorstandsposten in der Finanzindustrie und Staat hin- und her wechselten, oder Vertreter der Teilzahlungsbanken 1984 im Justizministerium die Einstellung eines Projekts über sittenwidrige Ratenkredite verlangen konnten, dann kann man Staatsanwälte verstehen, die nicht gerne (wie einst der wegen tausendfachen Wuchers gegen die Heidelberger Vereinsbank ermittelnde Staatsanwalt in Mannheim) auf Weisung ihres Ministers den Rest ihrer beruflichen Karriere im Verkehrsdezernat verbringen wollen, nachdem das Landgericht seiner 2000 Seiten langen Anklage kaum drei Seiten Ablehnung widmete.

Es war üblich, mit zwei Staatsanwälten die gesamte Wirtschaftskriminalität Hamburgs zu überwachen und detailliert begründete 100-seitige Anzeigen bei Gericht mit zwei Seiten langen Einstellungsbeschlüssen zu bedienen. Man könne den Übeltätern nicht nachweisen, war das beliebte Argument dafür, dass es auch so gewollt war. So hatte der scheidende Chef des Kreditaufsichtsamtes, obwohl unzuständig sogar ein Klageerzwingungsverfahren gegen die Göttinger Gruppe wegen betrügerischen Absatzes von Altersvorsorgeprodukten versucht. Nun musste er den Beschluss des Landgerichts Hannover zur Kenntnis nehmen. In ihm war zu lesen, dass die inzwischen insolvente Göttinger Gruppe, die Kleinanleger um Milliarden geprellt hatte, keine Konkursverschleppung beging, weil sie den geprellten Anlegern nichts schulde, da diese als Teilhaber das Risiko mittrügen. Diese Anleger seien aber auch nicht betrogen worden, weil man ja noch Dumme finden könnte, die Geld einzahlten. Zwar wäre schon jetzt kein Geld mehr vorhanden, aber jeder Einzelne könne doch theoretisch noch etwas bekommen. Verbotene Spargeschäfte hätte die Gruppe schließlich auch nicht gemacht, weil die Sparer ja Teilhaber waren, auch wenn das Unternehmen nur als Luftnummer existierte. Unfähigkeit oder Unwilligkeit? Immerhin konnte die Gruppe 12 namhafte Wissenschaftler im Internet nennen, die sie mittels Gutachten rechtlich unterstützt hatten. Und auch an Politikern mangelte es nicht, die sich für sie ablichten ließen. Der Mannheimer Staatsanwalt, der eine – ein paar tausend Seiten lange – Anklageschrift gegen die Heidelberger Vereinsbank verfasste, weil er sie in über 10.000 Fällen des Wuchers überführt sah und auch nachweisen konnte, dass intern darüber offen gesprochen worden war, musste sich von seinem Gericht einen dünnen Beschluss gefallen lassen, wonach man den Bankern nicht nachweisen könne, dass sie mit Wissen und Wollen gehandelt, oder zumindest das Ergebnis billigend in Kauf genommen, also „vorsätzlich" gehandelt hätten. Ähnlich urteilte das Landgericht Düsseldorf und sprach den früheren WestLB-Chef Sengera frei, weil er bei einem 1,35 Mrd. € Kredit für eine englische Luftnummer (Boxclever) zwar objektiv das Vermögen der staatlichen Bank veruntreut habe, dies aber nicht vorsätzlich gewesen sei. Der Satz „Dummheit schützt vor Strafe nicht" galt bisher nicht für Banker, deren Dummheit ihnen die Strafe ersparte. Doch wie schon im Urteil gegen den Chef der Deutschen Bank im Mannesmann-Fall, hat der Bundesgerichtshof im August 2009 auch im WestLB-Fall die Banker in die Realität zurückgeholt. Riskante Kreditvergaben können Untreue sein. Es reiche zur Straffreiheit nicht mehr aus, dass der Banker auf den guten Ausgang eines risikoreichen Geschäftes gehofft habe (Aktenzeichen 3 StR 567/08). Damit wird regel- und hemmungsloses Gewinnstreben im Strafrecht nicht mehr grundsätzlich privilegiert. Das wird vielleicht auch dem Wucherparagrafen im Strafrecht eine Chance geben. Während es im Zivilrecht inzwischen klar ist, dass der Banker den Wucher „wollte", wenn er das wucherische Ergebnis kannte, kann sein Strafverteidiger immer noch behaupten, er habe nur Fallen aufgestellt, in die schließlich die Verbraucher ohne sein konkretes Wollen hineingetappt seien. Fallenstellen sei nun einmal ein anerkanntes Mittel kapitalistischer Marktwirtschaft, die nicht mehr zwischen Verdrängungs- und Leistungswettbewerb unterscheidet.

5.3.3 Kontrollierte Medien

Bei der Interpretation der Finanzkrise fällt auf, wie sehr die Medien mit übereinstimmenden Bewertungen der Krise einen persönlichen Anstrich mit Gier und Geiz geben, den amerikanischen Verbrauchern die Schuld geben und statt des Wuchers den geprellten Investor zur Leitfigur machen. Nach dem Prinzip von Sensation und Service bedienen sie, wie in Kapital 6 gezeigt wird, bestimmte Anschauungen und veröffentlichen etwa bei den Gesetzgebungsakten häufig die offiziellen Stellungnahmen wie eigene journalistische Beiträge. Vielleicht ist dies die Rolle der Presse. Vielleicht spielen aber auch der schleichende Zeitungstod, die Abhängigkeit von Anzeigen, die gewachsene Nähe der Wirtschaftsjournalisten zur Bankenwelt, um Informationen überhaupt noch erhalten zu können und der Wechsel zwischen Pressesprecherrolle und Journalismus eine Rolle. Mit der folgenden, eher anekdotischen Schilderungen soll aufgezeigt werden, dass es eine freie Presse in einer konzentrierten Bankenlandschaft, die die Unterstützung des Staates hat, schwer hat, ihre Rolle als kritischer Erläuterer des Finanzsystems für die Verbraucher zu spielen.

In der Hochzeit neo-liberalen Bankverhaltens im Jahre 2003 stellte der Branchendienst Everling fest, dass sich die Ratingagenturen ebenso wie die Banken immer mehr der Presse entziehen würden. Interviewanfragen blieben unbeantwortet. Drehgenehmigungen selbst in der Nachbarschaft werden verweigert und sogar das Filmen der Außenfassade würde „rüde von Sicherheitsleuten unterbunden". Die Talkshows im Fernsehen müssen praktisch gänzlich auf die Banker verzichten, oder aber deren Bedingungen für einen Auftritt erfüllen. So wurde der Chef der Deutschen Bank bei Maischberger gegen die Gepflogenheiten dieser Sendung allein empfangen. Kritische Fragen waren nicht zu hören. Ein personalistisches Hineinkriechen in den Gast erlaubte, das Private in den Vordergrund zu stellen, was die Funktion des Interviewten grotesk verzerrte. Dabei hatte das Team um Maischberger vorher kritische Fragen von Experten und auch vom Autor mit der Kamera aufgezeichnet, die dem Gast in der hier üblichen Sendeform zur Kommentierung eingespielt werden sollten. Die Kommentare waren sachlich und gemäßigt, blieben aber auf Wunsch des Gastes alle ungesendet. So viel Hofberichterstattung war dann selbst der größten Tageszeitung zu viel, als sie die Sendung als Entgleisung der Pressefreiheit kommentierte. Dieselbe Zeitung hatte aber auch selbst schon einmal einen Beitrag des Verfassers in der Sonderbeilage zum Bausparen mit der Bemerkung zurückgeschickt, dass es in der Beilage vor allem auf die Inserenten der Branche ankomme, die man nicht verprellen könne. Banker haben ihre Medienberater, die ihnen, wie es die Medienberaterin Maschmeyers einmal gegenüber dem Verfasser ausdrückte, meist Unverbindlichkeit und freundliches Schweigen verordnen, weil sie sonst nicht ankämen. Die Kontakte der Banken zur Presse laufen sehr unprosaisch über das Geld. Ende September 2008 sollte der „Tagesthemen"-Moderator Tom Buhro 20.000 € von der Deutschen Bank dafür erhalten, dass er mit einem morgendlichen Kurzvortrag zum Thema „Amerika vor der Wahl" in dem „Kapitalmarkt-Gespräch" der DB auftreten sollte. Die holländische ING leistet sich als europäische Großbank über ihre deutsche Tochter einen mit Geldpreisen dotierten jährlichen „Helmut-Schmidt-Journalistenpreis" für gute Darstellungen zum Verbraucherschutz. Helmut Schmidt, der bei zu früh eingeschalteter Kamera einmal der Interviewerin Krause-Brewer vorschlug, „Sie stellen dann die folgenden drei Fragen: Erstens ...", ist zwar Zeit-Herausgeber, aber weder als Verbraucherschützer noch als Aktivist für Verbraucherpresse aufgefallen. Auch hier macht es das Honorar und wenn dann der Chef der ING sich auf der Veranstaltung bei den anwesenden Journalisten aller Medien noch dafür bedankt, dass man die Schieflage der Mutter in den Niederlanden und deren dortige finanzielle Unterstützung so fair übersehen habe, dann wird eines deutlich: Es geht nicht um die guten Absichten oder das durchaus objektive Auswahlgremium für diesen Preis, sondern darum, dass es eine Gewaltenteilung zwischen Presse und Banken geben muss. Hierbei müssen die Banken jeden dahingehenden Eindruck vermeiden, dass sie eine Rolle als Hüter der Pressefreiheit spielen.

Das heißt nicht, dass Banker sich nicht (ohne fingierten Seitenwechsel) um eine gute Presse kümmern dürfen. Sie kommen in der Tat oft ohne eigenes Verschulden schlecht an, weil das Unverständnis in der Öffentlichkeit für Bankfragen wenig Chancen bietet, den sachlichen Kern vorzubringen. Die Konsequenz, die Unbeliebtheit des Bankers in der Bevölkerung als Schicksal zu begreifen, ist jedoch falsch. Auch Banker kommen, wie Mohammed Yunus beweist, gut an, wenn sie gelernt haben, die sozialen Auswirkungen ihrer Tätigkeit zu reflektieren und einzubeziehen. Wenn stattdessen der ehemalige Chef der Bayerischen Hypotheken- und Wechselbank als Vorsitzender des bayerischen Bankenverbandes im Spiegel sagte, Banken sind keine Sozialstationen, dann trägt er seine soziale

Ignoranz quasi als Markenzeichen vor sich her. Wissen über Soziales heißt ja noch nicht, dass man deshalb Geld verschenkt. Aber es würde zunächst einmal die Chance eröffnen, sich gegenseitig zu verstehen und damit das zu schaffen, was wir finanzielle Allgemeinbildung nennen. Inzwischen gibt es einige Bankiers mit solchen Fähigkeiten. Sie werden allerdings von der Mehrheit ihrer Zunftgenossen noch im allgemeinen Kommunikationsstil gehalten.

Pressefreiheit als Recht zur einseitigen Kritik wird oft von Banken als Missbrauch gedeutet. Sie verwechseln kritische Öffentlichkeit mit einem Gerichtsverfahren, bei dem der Richter immer auch die andere Partei hören soll. Der Richter muss entscheiden und zwar aufgrund der Fakten. In der Öffentlichkeit wird dagegen diskutiert, damit daraus ein demokratischer Entscheidungsprozess in den dafür vorgesehenen Gremien stattfindet. An dieser Diskussion müssen sich Banker beteiligen und damit zu Bankiers werden. Dass Verbrauchersicht und Bankensicht oft zu gegenteiligen Wahrnehmungen der Realität gelangen, hat nicht immer etwas mit Wahrheit, sondern oft etwas mit Perspektiven zu tun, die erst zusammen ein zwar widersprüchliches, aber gleichwohl vollständigeres Bild vermitteln.

In der Praxis aber konnte man bisher vor allem erfahren, dass nicht die Presseabteilung, sondern die Rechtsabteilung für eine schlechte Bankenpresse verantwortlich war.

So warf die Tochtergesellschaft der Deutschen Bank das Fernsehteam raus, das sich nach der Unterschrift des Freundes der Tochter des Schuldners unter eine Bürgschaftserklärung morgens um sieben in der Wohnung erkundigen wollte. Der mitgefilmte gesendete Rauswurf war es dann, der das Nachgeben in der Sache ermöglichte und nicht die Kritik. Den Rechtsabteilungen der Banken stehen logischerweise die Rechtsabteilungen der Sender gegenüber. Für beide geht es um das Prozessrisiko und den drohenden Schadensersatz und nicht um die öffentliche Rede und Gegenrede, sodass der Verbraucherjournalist oft mehr Probleme mit seiner eigenen Rechtsabteilung als mit der Wahrheit hat. Bei der Wahrheit geht es ja auch häufig gar nicht um die Sache, so wie der Schadensersatz eines Senders gegenüber einer Bank, weil die Bank dem Bauern doch nicht „die Ernte unter dem Halm" weggepfändet hatte. Der Bauer hatte vorher noch ernten dürfen.

Als das iff von der Vorgängerin der HRE mit Unterlassungsverfügungen für den Fall bedroht wurde, dass es den Fall eines von dieser Bank ruinierten mittelständischen Unternehmens wahrheitsgemäß bei RTL darstellen würde, half nur das ganze juristische Engagement des Senders, der Mut der Verzweiflung im iff sowie der außerordentliche Erfolg seiner Presseerklärung in den Medien, dass die Bank davon Abstand nahm und darauf verzichtete, allein schon durch die drohenden Prozesskosten den Kritiker zu ruinieren, wie dies historisch ein Automobilkonzern einst mit der Stiftung Warentest fast geschafft hätte.

Andere Länder haben spezielle Schutzgesetze, die sog. Alarmrufer-Gesetze (Whistleblower legislation), die diejenigen schützen, die Missstände aufdecken. In Deutschland dagegen droht § 824 BGB, der wegen Beschädigung des guten Rufes einer Bank (Kreditschädigung) Schadensersatz verlangt und von den leider fälschlich zuständigen Wettbewerbskammern der Gerichte nicht als notwendiger Verbraucherschutzdialog eingeordnet, sondern mit der wettbewerbsrechtlich unerwünschten Kritik eines Anbieters am Konkurrenten gleichgesetzt wird.

„Nicht alles, was legal ist, ist auch legitim", war eine neue Sichtweise des Chefs einer Großbank zur öffentlichen Kritik an den Banken in der Bild-Zeitung. Das könnte als Ankündigung verstanden werden, Verbraucherkritik nicht mehr nur an die Rechtsabteilungen zur juristischen Abwehr zuleiten. Doch wir erinnern uns noch an die Worte desselben Bankers, dass „diejenigen, die erfolgreich sind und Werte schaffen" in Deutschland „deswegen vor Gericht stehen", als er sich nicht als Kläger, sondern als Angeklagter verteidigen musste. Deshalb ist der neue Satz keine Lösung, sondern gefährlich. Banker müssen sich legal verhalten und haben keine zweite Ebene der Legitimität, wo ihnen das Recht entgegensteht. Das Umdefinieren illegaler Praktiken im Investmentbanking als Verfolgung legitimer Interessen im internationalen Konkurrenzkampf erinnert daran, dass die Schrift des Führers der NS-Hochschullehrer, Carl Schmitt, zum Verhältnis von Legalität und Legitimität half, die durch Recht gesetzten Grenzen gesellschaftlicher Macht abzubauen.

Banken müssen sich allein an Gerechtigkeit und Recht messen. Darüber hinaus müssen sie im eigenen Interesse dafür sorgen, dass Verbraucherkritik nicht illegalisiert wird, wie es neuerdings wieder der Versuch darstellt, die Kritik der Verbraucherzentrale Baden-Württemberg am Verhalten der Finanzvertreter zum Gegenstand juristischer Auseinandersetzung zu machen.

Wenn Wettbewerb nur über eine informierte und rationale Verbraucherentscheidung seine Funktionen für das Gemeinwohl entwickeln und damit das Recht ergänzen kann, dann muss der Freiheit der Verbraucherinformation angesichts der begrenzten Mittel gegenüber Werbung und Selbstdarstellung der Banken in der Presse ein hoher Stellenwert eingeräumt werden. Verbraucher müssen dabei Werturteile nicht nur über Kredite und Anlagen, sondern bei Dienstleistungen vor allem auch über die Vertrauenswürdigkeit der Anbieter fällen. Presse und Verbraucherschützer machen hierzu Angebote für die Meinungsbildung, die deutlich formuliert und durch vermutete Tatsachen mit Gewicht versehen werden. Das Bundesverfassungsgericht hat dies betont und daher auch im Rahmen der Meinungsfreiheit die Fehlgriffe bei den Tatsachen für unbedenklich gehalten, die an dem Gesamturteil der Verbraucherschützer nichts ändern würden. Würde man, wie es von Banken immer wieder verlangt wird, nur die bewiesene Wahrheit zulassen, die sich meist im inneren einer Bank verborgen hält, wo sie sorgsam gehütet wird, dann wäre diese notwendige Meinungsbildung in der Öffentlichkeit nicht möglich. Verbraucherinformation in der Presse ist daher immer als Rede zur Gegenrede zu verstehen und die Verbraucher sind mündig genug, um zu erkennen, dass Verbraucherinformation genauso wie die Presseerklärung der Unternehmen auf dem Hintergrund der Möglichkeiten und Interessen ihrer Urheber gesehen werden müssen.

Die kurze Geschichte der Meinungsfreiheit in Deutschland könnte hier eine gesetzgeberische Unterstützung gebrauchen, die die Drohung eines über 100 Jahre alten Paragrafen 824 BGB in die moderne Verfassung einbetten könnte.

5.3.4 Wir sind alle (den Banken etwas) schuldig – manche Politiker etwas mehr

Schuldner fühlen sich oft schuldig. Vor allem die deutsche Kultur hat dieses Missverständnis nicht beseitigt, bei dem in anderen Sprachen zwei verschiedene Begriffe (debt und guilt im Englischen; endetté und culpabilité im Französischen) den Unterschied deutlich machen. Insofern ist es auch für die Kommunikationsfähigkeit der Bankkunden von Bedeutung, dass wir alle Schuldner der Banken sind: die Bundesregierung, die Länder, die Gemeinden, die Universitäten und Forschungseinrichtungen, die Unternehmen und die Verbraucher. Es wird noch lange dauern, bis das Schuldenmachen als das eigentlich produktive Verhalten begriffen wird, weil nur über die Zinszahlung aus der produktiven Investition des Geliehenen das Gesamtvermögen vermehrt wird. Bis dahin werden wir die vom deutschen Steuerzahlerbund beförderte Ideologie weiterleben, der mit seiner öffentlichen (die Staatsverschuldung in Zahlen angebenden) Schuldenuhr meint, den Staat wegen seiner Kreditaufnahme ausreichend anklagen zu können. Dass solche Kreditaufnahme für Kindergärten und Bildungseinrichtungen produktiv, oder aber als Subvention von Wettschulden destruktiv wirken kann, kommt in dieser Uhr derjenigen, die ihren Anteil am Gemeinwohl klein halten wollen, nicht vor. Das gleiche Missverständnis zeigt auch ein neues Krisenbewältigungsgesetz, das formal und ohne Rücksicht auf den Sinn der Kreditinvestition jede Art der Kreditaufnahme mit einem absoluten Verschuldungsverbot für Gemeinden ab 2030 festlegt.

Das Geldsystem wird in dieser Verteufelung von Schulden zum Herr und Gebieter über unser Wirtschaftsverhalten. Statt alles Geld als Kredit und damit die Schuld als notwendiges Element von Kredit zu begreifen, statt zwischen produktivem und unproduktivem Kredit zu unterscheiden, statt den Nutzen des Geldes für die reale Wirtschaft in den Vordergrund zu stellen, wird die Quantität des Geldes in Form von Schulden zum Maßstab der Vernunft erhoben. Geld ist in einem ausreichenden Umfang vorhanden und kann in beliebiger Quantität in

Sekundenschnelle geschöpft werden. Es kommt nur darauf an, wo und mit welchen Effekten wir es investieren wollen.

Politisch zeigt sich dieses quantitative Verständnis in der wachsenden Machtfülle der Finanz- gegenüber den Ressortministern. So ist es verheerend, dass die gesamte Bankkontrolle dem Finanzminister untersteht, der die Kreditgeber- und Gläubigerrolle des Staates gegenüber Politik und Bürgern verkörpert. Er treibt die Steuern ein und verteilt das Geld wie ein Kreditgeber als Hüter knapper Kassen an die Fachministerien, die bei ihm betteln gehen. Gegenüber den Banken aber muss er sich wie ein Schuldner verhalten, um niedrige Zinsen und gute Konditionen bitten und reumütig eingestehen, dass er es wieder nicht geschafft hat, seine Regierung zum Maßhalten anzutreiben. Ein solcher Partner, der die Gläubigermentalität als zweite Haut trägt und nur widerwillig seine Schuldner repräsentiert, wurde idealtypisch durch den ehemaligen Berliner Finanzsenator verkörpert, der zum Schrecken der sozial Schwachen mit dem Posten eines Bundesbankdirektors belohnt wurde. Dass er kein Geld hatte, war ja nicht die Schuld der Sozialhilfeempfänger, sondern beruhte auf der Insolvenz der Berliner Bank. Er wurde für seine Sparsamkeit, die mit unglaublichen Vorstellungen über das Leben an der Existenzgrenze gewürzt war, gelobt.

Ein Finanzminister, der vielleicht unumgänglicherweise die Gläubigerrolle des sparsamen Haushalters spielen muss, ist jedoch als Kontrolleur der Banken ungeeignet. Dies haben die oben wiedergegebenen Enthüllungen des schleswig-holsteinischen Wirtschaftsministers über das schon komplizenhafte Verhalten seines Ministerkollegen deutlich gemacht. Die Bankenkontrolle muss daher dort angesiedelt werden, wo die Schuldnerinteressen der Wirtschaft vertreten sind und das ist von der Rollendefinition her in der Regel das Wirtschafts- und Verbraucherministerium. Dass Letzteres dort ausgegliedert und dem Umweltschutz sowie der Landwirtschaft zugeschlagen, also zum erweiterten Gewerbeaufsichtsamt der Nation gemacht wurde, war keine Errungenschaft, sondern eine Schwächung desjenigen Verbraucherschutzes, der für die Lauterkeit des Marktes zuständig ist. Man sollte sich den Luxus einer eigenen unabhängigen Verbraucherschutzbehörde nach dem Vorbild des skandinavischen Verbraucherombudsmann oder des (allerdings bisher machtlosen) englischen Office of Fair Trading im Rahmen des Bundeskartellamtes leisten und sie an der Bankenaufsicht beteiligen, um diese Defizite auszugleichen.

Eine Gewerkschaft aller Schuldner der Banken wird es leider nie geben, die dem im Zentralen Kreditausschuss (ZKA) vereinigten Kartell aller Banken und Sparkassen entgegentreten könnte. Effektiver Vertreter der Verbraucher ist letztlich allein der Staat, weil, anders als bei Arbeitnehmern und Mietern, alle Bürger Verbraucher und alle Verbraucher auch Staatsbürger sind. Als Bankier aber hat der Staat ausgedient.

Das Verhältnis von Politikern und Banken war im traditionellen Staatsbankensystem oft durch eine Symbiose gekennzeichnet. Verdiente Politiker erhielten Abschiebeposten in den Landesbanken, bei der gewerkschaftseigenen BfG und in örtlichen Sparkassen. Die Aussicht auf diese Chance, von den Schleudersitzen der Wahlämter auf die sicheren Plätze bei den Banken zu gelangen, prägte die Politik nachhaltig. Länder wie Griechenland, aber auch Frankreich, oder auch Bundesländer wie Berlin und NRW, wo Berliner Bank oder WestLB janusköpfige Konglomerate waren, sind in diesem Sumpf fast versunken.

Die Korruptionsmöglichkeiten sind mit der Trennung von Bank und Staat nicht vollständig getilgt worden. Politiker und Bürger sind alle Bankkunden, sodass ein Geldtransfer in diesem Bereich einfach zu handhaben und kaum zu verfolgen ist.

Bei den Konditionen für Hypothekenkredite hat die Bank einen großen Spielraum. Politiker können als gute Risiken eingestuft werden, wenn man ihnen Vorzugskonditionen anbieten möchte. Umgekehrt kann eine Gemeinde schlechte Konditionen ihrer Sparkasse länger aushalten, als es wirtschaftlich vernünftig ist.

Die aktuellen Strafprozesse um Politiker, die vor zehn Jahren bei der Berliner Bank Vorzugskonditionen erhielten, zeigen zurzeit die Mechanismen auf.

So hatte die Berliner Bank AG Fonds aufgelegt, mit denen sich geräuschlos und rechtssicher Gelder an Politiker transferieren ließen. Nach den Ermittlungen der Staatsanwaltschaft hatte sie über ihre Immobilientochter IBG Ende der 90er-Jahre zwei geschlossene Immobilienfonds für Politiker aufgelegt, die (trotz immer öfter leerstehender Objekte) über einen Zeitraum von 25 Jahren steigende Mieteinnahmen versprachen. Sie waren von der privaten Bank, deren Aktien noch der Staat hielt, auch noch garantiert. „Der Bankgesellschaft und dem Land Berlin, dem sie gehörte, seien ein Schaden von mehr als 58 Mio. € entstanden."

Um dieser Korruption Grenzen zu setzen, wäre eine aus dem Filmgeschäft bekannte FSK der Gemeinnützigkeit erwägenswert. In dieser freiwilligen Selbstkontrolle sollten sich alle, die als Anwälte der Gemeinnützigkeit (sei es in der Politik, in Kirchen, Vereinen, Verbänden oder als Individuen) auftreten und der Korruption entgegenwirken möchten, in öffentlich zugängliche Listen eintragen können. Ein solcher Verein der Anständigkeit könnte Regeln nach Art der DIN oder ISO-Normen für gemeinnützige Mindeststandards erlassen. Die Mitglieder könnten bei dem Verein Informationen über das Zulässige einholen und der Verein könnte die Mitglieder bei begründetem Anlass mit deren Einverständnis überprüfen und bei fehlendem Einverständnis ausschließen. Es würde dem amerikanische System der Einlagensicherung für Banken (Federal Deposit Insurance Corporation FDIC), das auf freiwilliger Basis Banken hinsichtlich der Sicherheit überprüft, ähneln und die Staatsanwaltschaften entlasten sowie ein öffentliches Bewusstsein fördern, dass auch in der Geldgesellschaft das Gemeinwohl ein Ziel und das Geld dazu nur ein Mittel ist.

6 Geldideologie: Wie erklärt das Geldsystem die Krise?

Wir werden von Büchern über die Finanzkrise überschwemmt. Die zurzeit verkauften neuen Bücher zur Wirtschaftskrise in Deutschland (mehr gibt es allerdings zum Thema persönliche Krise) stammen dabei vornehmlich von Wirtschaftsjournalisten der großen Zeitungen wie Süddeutsche Zeitung, Financial Times und Handelsblatt, die ihre tägliche Arbeit als Kommentatoren für und in der Finanzwelt noch einmal verwerten können, von Investmentberatern, die damit Kundschaft suchen, von Bankmanagern, von Vertretern natürlichen Geldes oder alternativer Wirtschaftsformen, die glauben, ihre Theorien in der allgemeinen Ratlosigkeit durch die Krise bestätigen zu können, von Wirtschaftsprofessoren, die im Nirwana des Weltfinanzsystems ihre intellektuelle Unsterblichkeit mit abstrakten alles erklärenden Denkmodellen beweisen wollen und schließlich von einer Fundamentalopposition, die sich in ihrer Wut auf das System, oder was sie dafür hält, endlich bestätigt fühlen.

Doch die Talkshows und Nachrichten werden von den Wirtschaftspolitikern beherrscht. Sie erklären das Unmittelbare, das kurzfristig Notwendige, wobei ihr Verhalten in der Vergangenheit zumindest entschuldbar und ihre aktuelle Zukunftsvision unumgänglich erscheinen. Überall aber beherrschen Interessen und Zwecke das Denken und die Erklärungen, die mit dem Verständnis des Problems selbst zunächst nichts zu tun haben. Wahr und richtig gibt es deshalb nicht. Man kann aber zumindest bewussten Betrug und falsche Aussagen erkennen, wenn man dazu die beiden Instrumente menschlicher Erkenntnis, die Sinnesorgane und das logische Denken benutzt und die Beweggründe der Autoren offenlegt. Der Regisseur Oliver Stone kommentiert 2009 seinen neuen Film „Geld schläft nicht" mit dem Satz: „Die amerikanische Finanzwirtschaft hat ein Ausmaß an Korruption und Spekulation erreicht, das nicht nur Amerika, sondern die ganze Welt zerstört. Aber ... die Menschen haben in Amerika keine Stimme ... Sie werden desinformiert, wissen nicht, was los ist, sie zahlen nur die Rechnung."

6.1 Geld durch Geld erklären

Geld ist ein Mittel zur gesellschaftlichen Organisation von Arbeit. Es hat eine wichtige Funktion in der Wirtschaft, zu der es keine Alternativen gibt. Das Geldsystem hat sich gegen Kritik abgeschottet, indem es seine Zuständigkeit auch für die Überwindung seiner eigenen Krisen verteidigen konnte. Beruht die Krise allerdings gerade darauf, dass das Geldsystem das Monopol der Vergesellschaftung von Arbeit erreicht hat, so führt die Erklärung der Krise als Geldmangel oder Geldüberfluss zu einem Zirkelschluss, der so lange nicht zu durchschauen ist, wie man Geld noch als Wert an sich und nicht von außen als Instrument für eine übergeordnete Funktion begreift. Zirkelschlüsse enthalten das Ergebnis einer Beweisaufnahme schon als Voraussetzung. „Amerika ist die freieste Demokratie, die ich kenne." erklärte mir 1971 ein Bewohner im zinkverseuchten Armutsgürtel südlich von Chicago. Auf die Nachfrage bestätigte er, dass er nur diese eine Demokratie kenne und auch nicht mehr kennenlernen bräuchte, weil sie ja schon die freieste Demokratie sei. Kinder, die nicht schlafen wollen, behaupten, sie seien gar nicht müde. Fragt man weiter, so erfährt man, dass sie nicht müde sind, weil sie nicht schlafen wollen. In George Orwells Abrechnung mit totalitären Regimen „Farm der Tiere" reagiert das Pferd auf jede Verschärfung der Unterdrückung mit dem Satz „I must work harder" (Ich muss härter arbeiten). Wie ein Hamster in einem Laufrad, das zugleich einen Dynamo antreibt, aus dem die Elektroschocks gespeist werden, die ihn über Kabel treffen, löst auch das Pferd Orwell's seine Schmerzen durch das System mit einem Verhalten, dass das System stärkt und die Schmerzen vergrößern wird. Weder Hamster noch Pferd können es aber durchschauen, so lange sie ihre ganze Kraft der Arbeit oder dem Laufen widmen. Sie müssen aus der Tretmühle des Laufens und Arbeitens heraustreten und sie von außen betrachten. Wie dies geht, haben schon die alten Griechen gelehrt, als der Kreter Eubulides mit seinem Ausspruch „Alle Kreter lügen" die Auflösung eines Paradoxes erläuterte.

Die Zirkelschlüsse des Geldsystems legen nahe, Geldprobleme damit zu lösen, dass man alle Probleme des Systems als Mangel oder Überfluss an Geld begreift. Das Streben nach Geld und Gold ist daher immer auch Ersatz für die eigentlichen Problemlösungen in der Geschichte gewesen und viele Märchen und Volksweisheiten versuchten die Erinnerung daran wach zu halten, dass Liebe und Empathie, Arbeit und Zusammenhalt oft wichtigere Alternativen zur Problemlösung bieten, als die Geldvermehrung durch Geiz, Raubrittertum und hemmungsloses Wünschen. Die modernen Bildungsmittel haben diese Tradition weitgehend verschüttet. Das Finanzsystem verlangt heute von seinen Kritikern, dass sie für die Probleme des Geldsystems Geldlösungen vorlegen, bevor sie ihre Kritik formulieren dürfen. Sie werden dadurch zu Ko-Alkoholikern, die den Teufel mit dem Beelzebub auszutreiben versuchen.

Dieser Teufelskreis ist beim Geld nur schwer durchschaubar. Geld ist eine besondere Information, die selbst eine Sichtweise der Dinge, die damit erkannt werden sollen, nahelegt. Die Form der Geldideologie ist dadurch bestimmt, dass wir die wirtschaftliche Zusammenarbeit in der Welt marktwirtschaftlich denken und akzeptieren. Das Geld organisiert unser Denken in einer Weise, dass wir mit Menschen überall in der Welt wirtschaftlich in Verbindung treten und kommunizieren können. In seiner Begrifflichkeit denken wir Reichtum und Armut, Effizienz und Schlendrian, Werthaltigkeit und Wertlosigkeit, Erfolg und Misserfolg als rein zahlenmäßige Unterschiede.

In dem Kapitel 3 über das Finanzsystem haben wir uns mit einigen Funktionen dieses Denkmodells für die Wirtschaft und dabei auch mit seinen Grenzen beschäftigt. Sie liegen dort, wo wir andere Bedürfnisse als die effiziente Produktion von Waren und Dienstleistungen befriedigen wollen. Dort, wo es um Liebe, Genuss, Gemeinschaft, Solidarität, kulturelles Erleben geht, sind die Werte des Geldes weniger gefragt. Dem effizienten Fast Food steht die Slow Food gegenüber, der Karriere der Ausstieg, der produktiven Arbeit der Müßiggang, dem Wachen der Schlaf, dem Tag die Nacht und der Arbeit das Spiel gegenüber. Die herrliche Ineffizienz des Verhaltens meiner Enkel bezüglich der Ordnung ihrer Verhältnisse ist für den Betrachter eine Quelle des Genusses.

Nur wenn man die Begrenztheit des Geldsystems und seiner Denkmodelle erkennt, kann man es beherrschen und für seine Zwecke nutzen.

Damit aber noch nicht genug. Das Erkennen selber ist ideologisch bestimmt. Die Erklärungen des Geldsystems, die in Krisen grundlegender sind als in normalen Zeiten, sind selbst wieder nur über Denkmodelle und Begriffe möglich, die nicht „unschuldig" sind. Die Systemtheorie geht davon aus, dass jedes System und jedes Untersystem alles zu seiner eigenen Erhaltung tut. Soziale Systeme wie das Geldsystem sind aber in erster Linie Denksysteme. Danach wird auch das Geldsystem Denkmodelle hervorbringen, durch die seine Krisen so erklärt und gedacht werden, dass es dadurch nicht infrage gestellt wird. Der französische Philosoph Althusser nahm an, dass das Zusammenleben der Menschen im Staat nicht nur über Polizei, Verwaltung und Gerichte, sondern auch über ein gemeinsames Denken so gesichert wird, wie es die aktuellen Machtverhältnisse erfordern. Schule, Universität, Presse und Religionsgemeinschaften würden solche Denkweisen (Ideologien) nicht nur hervorbringen, sondern auch massiv dafür sorgen, dass die Menschen sie im täglichen Leben benutzen. Abweichungen würden bestraft, Konformität belohnt.

Für die faschistischen und stalinistischen Regime der Vergangenheit ist dies allgemein anerkannt. Ihre ideologischen Staatsapparate und ihr Propagandaapparat waren offensichtlich. Aber haben auch supranationale Systeme wie das Geldsystem, das sich in der Französischen und Amerikanischen Revolution durch-

setzte, ihre ideologischen Revolutionswächter? Verhindert nicht der Pluralismus
der Meinungen in der Demokratie, dass sich eine Ideologie als Herrschaft bilden
kann? Wo so viele Belohnungen für die hohen Priester des Geldsystems winken,
muss man davon ausgehen, dass das System auch Wächter hat.

6.1.1 Der Verlust soziologischer Kompetenz

Die soziologische Betrachtungsweise lässt sich auch hier nicht darauf ein, ob es
so etwas geben darf oder kann. Wichtig ist es allein festzustellen, ob es solche
Denkmodelle gibt, die eine Kritik am System Geld erschweren, oder als unlo-
gisch, dumm oder ignorant ächten. Gibt es Erklärungsansätze, die alles beim
Alten lassen oder Veränderungen nahelegen, die eine Veränderung des eigentlichen Systems ausschließen? Wir müssen uns – wie in jedem ideologischen Gebäude – dann darüber Rechenschaft ablegen und Distanz schaffen, wenn wir
nicht beherrscht, sondern demokratisch herrschen wollen. Vor der Unterwerfung
des Geldsystems unter unsere Bedürfnisse müssen wir auch die Erklärungen der
Probleme dieses Systems den menschlichen Bedürfnissen unterwerfen. Das, was
in der kritischen Theorie in der Soziologie als demokratische Öffentlichkeit und
herrschaftsfreie Kommunikation bezeichnet wird, ist ein mühsamer Prozess der
Auseinandersetzung mit realen Problemen und ideologischen Interpretationen.
Ideologiekritik ist daher bei sozialen Tatbeständen wie dem Geld Bedingung zum
Erreichen von Handlungswissen und sollte daher ein Bestandteil der wirt-
schaftswissenschaftlichen Ausbildung sein.

In dem Buch „Geld – Zaster, Mäuse und Moneten" (aus der Reihe „Kinder-
leicht wissen"), erklärt Benny Blu Kindern, was Geld eigentlich ist. Die ganze
Orientierung dieses Büchleins liegt auf dem Eigenwert des Geldes. „Wertvolle
und seltene Dinge aus der Natur nutzte man als Geld". Wie man Münzen aus
Gold prägt, soll hier gelernt werden. Krösuss war so reich, weil der Fluss in seinem Reich Gold führte. Das ganze Heftchen quillt über mit unsinnigen Detailin-
formationen über die Gegenständlichkeit des Geldes. „Heute stellt eine Maschine
bis zu 850 Münzen pro Minute her." Dann wird noch die Rändelung der Münzen
erklärt. Banken sind dann Tresore: „Viel Geld lockte schon immer Diebe an.
Schutz bietet die Bank. Dort kann jeder sein Geld lagern". „Viele Banken haben
einen Tresor. Die Kunden schließen dort Geld, Schmuck und andere Wertsachen
ein" und dann wird noch nebenbei erwähnt: „Banken arbeiten mit dem Geld
anderer Leute. Sie vermehren es." Nichts ist richtig falsch. Es ist nur die Umkehrung der Dinge. Das Unwesentliche wird zum Wesentlichen gemacht, die Gegenständlichkeit des Geldes zu seinem Wert, die Bank zum Tresor und ganz nebenbei haben wir Verständnis dafür, dass alle um das goldene Kalb herumtanzen,

Geld schützen, bewahren, vermehren und sichern wollen. Das bloße Hilfsmittel zur wirtschaftlichen Kooperation hat sich verselbstständigt. Die Kinder werden in die Denkmodelle eingewiesen, mit denen sie die Probleme des Geldes nur noch mit Geld zu lösen wissen. „Mit dem blauhaarigen Benny macht Lesen richtig Spaß und schlau", schreibt das Sparkassenmagazin für die Schule. Später, im Gymnasium, geht es dann weiter mit dem arbeitenden Geld, den Aktienspielen, Kreislauftheorien, der Sparerziehung und dem moralischen Zeigefinger, wonach man möglichst keine Schulden machen solle. So ausgerüstet haben diejenigen, die kein Geldvermögen besitzen, mit 18 Jahren alles gelernt, um zu begreifen, warum sie alles im Leben falsch machen, benachteiligt werden, sich schuldig machen und versagen: Sie haben kein Geld.

6.1.2 Reduktion von Armut auf Geldmangel

Gerade bei der Armut fängt damit die größte Herausforderung des Geldsystems an, die ungleiche Behandlung der Wirtschaft von Arm und Reich. Diese Ungleichheit ist offensichtlich, wenn man eine Aktionärsversammlung besucht, in der 1000 Personen weniger als 0,1 % der Stimmen haben, während eine Person alles entscheidet. Sie zeigt sich in den – nach der Höhe der Einlagen gestaffelten – Zinssatzdifferenzen bei Anlagen und in riskoadjustierten Zinssätzen im Kredit. Gebührenfreiheit bei stetiger Mindesteinlage und erhöhte Überschreitungszinsen auf dem Girokonto weisen die biblische Weisheit „Wer hat, dem wird gegeben" als Kernproblem des Geldsystems aus. Die OECD hat 2008 für Deutschland eine Armutsquote von 11 % ausgegeben und zwischen 1995 und 2005 eine Spreizung der Löhne um 15 %. Der Prozentsatz der Kinder, die in Deutschland in Armut aufwachsen, liegt mit 20% an sechster Stelle innerhalb der 30 OECD Staaten. Die Vermögensbilanz sieht noch schlimmer aus. Wir verwechseln die Aktionärsversammlung mit dem Parlament. Statt dem Großaktionär als größtem Kreditgeber des Unternehmens auch die größte Sorge um sein Geld zuzugestehen und so sein Stimmrecht zu erklären, machen wir ihn zum Parlamentarier, der über das gesamte Wohl und Wehe von Arbeitnehmern und Stakeholdern des Unternehmens zu entscheiden hat.

Die Antwort des Kapitalismus, warum das Geldsystem sozial diskriminiert, liegt im Zins. Bei gleichem Zinssatz von 10 % p. a. wächst das Kapital des Besitzers von 1 Mio. € um 100.000 € während der Besitzer von 100 € mit 10 €, also 10.000 mal weniger, abgespeist wird.

Dieses Phänomen wurde von Hegel Anfang des 19. Jahrhunderts in seiner Philosophie des Rechts so formuliert, dass bei Anwendung seiner Theorie in der bürgerlichen Gesellschaft, die Armen sich immer weiter von den Reichen entfernen würden. Man kann dies nun verschieden erklären. Die offizielle Definition misst Reichtum und Armut in Geld am Modalwert von 60 % des Durchschnittseinkommens. Dies führt dazu, dass Armut als Geldmangel angesehen wird. Das tun auch die Theorien zur Armuts- und Reichtumsschere. Ist dies so, so reduziert sich die Armutsbekämpfung auf die Beschaffung von Geld für die Armen. Man erhöht z. B. das Kindergeld und staunt als Familienministerin, wenn allein deshalb die Geburtenrate doch nicht gestiegen ist, statt zu fragen, wie man Kinderfreundlichkeit herstellt und dabei das Geld am sinnvollsten nutzt. Die Gewerkschaften, die 1890 in jedem Ortskartell noch mehrere hundert Seiten „Zur Lage der arbeitenden Klassen in … " schrieben, begnügten sich schon 1910 mit dreiseitigen Zahlenstatistiken über die finanziellen Erfolge. Das Tarifdenken hat ihren Kampf um bessere Bedingungen ins Geldsystem integriert und ihnen bei der Lösung derjenigen Probleme wie Arbeitslosigkeit, illegale Arbeit, Haus- und Konsumarbeit, Scheinselbstständigkeit und Selbstausbeutung, die das Geld- und Tarifsystem selbst hervorbringt, wesentliche Problemlösungskompetenz und -zuständigkeit in den Augen der Öffentlichkeit genommen.

Mit einer rein finanziellen Denkweise wird das Geldsystem gestärkt und mit weiteren Funktionen betraut, obwohl doch gerade dieses System die Differenzen verstärkt produziert hat. Im Ergebnis zeigt sich dann, dass die Erklärung von Armut mit einer Ideologie erfolgt, die weniger die Armut bekämpft als das Denken in Geldkategorien stabilisiert. Wir sehen das im Microlending, wo die Generaldirektion Sozialpolitik der EU das Problem der Überschuldung als Mangel an Zugang zum Kredit bezeichnet, der mit mehr Kredit zu bekämpfen ist. Damit erscheint aber das Kreditsystem nicht als Ursache der Misere, sondern als Mittel zu ihrer Überwindung. Dass derjenige, der dies zudem noch mit neo-liberalen Argumenten der Selbsthilfe der Armen am effektivsten propagiert hat, dafür den Nobelpreis erhielt, deutet auf eine hohe gesellschaftliche Akzeptanz dieser Erklärung hin.

Tatsächlich ist der rein auf Geldknappheit bezogene Begriff „arm" recht jung. Im Althochdeutschen und im Mittelhochdeutschen stand „arm" eher für „abhängig, verwaist, einsam". Der arme Mann war der abhängige Mann. Der „arme Konrad" war in der Bauernbefreiung der Leibeigene und der „arme Sünder" war der eingekerkerte Verurteilte. Systemkritische Armutstheorien erweitern daher auch heute den Begriff wieder auf das „Ausgeschlossen"-Sein und lehnen die absoluten finanziellen Armutstheorien ab. „Die Verdammten dieser Erde" von Frantz Fanon war ebenso wie „Die offenen Adern Lateinamerikas" von Eduardo Galeano, das Buchgeschenk von Chavez an Obama auf dem Lateinamerikagipfel 2009, ein Buchtitel über die Dritte Welt, der sich der kirchlichen Sicht in den Industrieländern von der „Armut in der Dritten Welt" entgegenstellte. Armut anders als in Geld zu denken, ist daher nicht einfach.

6.1.3 Anleger- statt Kreditkrise

Die Subprime-Krise, die als Krise der Kreditvergabe entstand und auch als solche anfänglich wahrgenommen wurde, wird, als sie bei den Wohlhabenden ankommt, zur Anlegerkrise. Findet der Giftmüllproduzent kein Entwicklungsland mehr, bei dem er sein Produkt ins Meer werfen darf, so schreit er um Hilfe und lässt sich durch staatliche Abnahmegarantien retten. Presse, Politik und auch Verbraucherverbände haben die armen Reichen entdeckt. Den Anlegern bei Kaupthing und Lehman Brothers gilt unsere Anteilnahme. Depfa, HRE und Commerzbank werden ihre toxischen Anlagepapiere abgenommen. Die Landesbanken sind die Geschädigten.

Doch haben wir vergessen, dass diese Papiere so risikoreich sind, weil es sich um non-performing-loans handelte, die richtig übersetzt in Not geratene Kreditnehmer bedeuten? Die Krise hieß einmal Subprime-Krise. Dann wurde sie zur Finanzkrise und inzwischen heißt sie schon Wirtschaftskrise. Dass durch unproduktive und unangepasste überteuerte Kredite die Dritte Welt, Verbraucher und Kommunen – lange bevor das Problem die Anleger erreichte – ruiniert wurden, gerät aus dem Blickwinkel, weil bei der Frage, wer, wie es im Bankendeutsch so treffend heißt, Kreditkunde oder Anlagekunde ist, sich die Meinungsbildner der Gesellschaft eher zu den Letzteren zählen können. Welcher Abgeordnete hat keine Wertpapiere, welcher Wirtschaftsjournalist spekuliert nicht, welcher Fernsehmoderator hat nicht „angelegt" und kann sozusagen aus eigener Erfahrung berichten?

Die Anleger haben ja nicht, wie überall behauptet wird, die Hälfte ihrer Anlagen verloren. Die Anlagepapiere wurden lediglich korrekt bewertet. Sie waren auch vorher nichts wert, nur hat das keiner bemerkt.

Die erste politische Tat der Bundeskanzlerin im Fernsehen war dann auch die pauschale Garantie für alle, die Sparvermögen hatten. Damit erklärte sie die Krise zur Anlegerkrise. Dass diese Garantie für die überwiegende Mehrheit der Bürger sinnlos war, weil sie entweder keine Anlagen haben, oder aber von der Anlagensicherung ohnehin gesichert waren, ist nicht aufgefallen. Der Effekt dieser – für eine Demokratie mit parlamentarischem Budgetrecht erstaunlichen – Äußerung war dann auch, dass das Programm zur staatlichen Bestandsgarantie für Banken als Anlegerschutz interpretiert werden musste. Als vermeintliche Opfer wurden ältere Mitbürgerinnen präsentiert, die ihre Altersvorsorge bei Lehman angelegt hatten.

Die versprochenen Renditen sollten aber von den Kreditnehmern kommen. Über sie weiß man dafür vornehmlich schlechtes zu berichten. Sie, und nicht die reichen Anleger, haben über ihre Verhältnisse gelebt, sie haben sich wissentlich überschuldet, sie haben Geld aufgenommen, das ihnen nicht zustand, sie kauften sich Häuser, die sie nicht hätten kaufen sollen, sie zahlten ihre Schulden nicht zurück.

„In den USA war Häuserkaufen in den Neunzigern schwer in Mode. Weil das Geld von der US-Zentralbank Fed so billig zu haben war (die Zinsen waren niedrig), verliehen die Banken ihrerseits begeistert Geld an Häuslebauer – natürlich für etwas höhere Zinsen, als sie selbst an die Fed bezahlten. Außerdem ermutigte die Regierung Clinton die Hypothekenfinanzierer Freddie Mac und Fanny Mae, noch freigebiger mit Immobilienkrediten zu sein. Die Anforderungen an hoffnungsvolle Häuslebauer wurden drastisch reduziert."

schreibt der Spiegel.
Im Sonderheft der Süddeutschen Zeitung zur Krise ging

„die Geschichte doch so: Ein Haus für jeden Amerikaner, selbst den, der es sich nicht leisten konnte. ...Weil alle Täter waren. Von ganz unten bis ganz oben, eine Kette der Gier. Vom Kaufberauschten mit seinen zwanzig Kreditkarten über die Banken, wo die Bedenkenträger in den Kreditabteilungen bedrängt wurden, über die Rating-Agenturen, die Scheiße in Gold verwandelten, also faule Kredite in heiße Ware, bis zur amerikanischen Notenbank, die seit dem Dotcom-Crash von 2000 die Zinsen senkte und senkte."

Dazu gibt es dann Talkshows, in denen beispielsweise ein Schuldnerberater bei RTL aufzeigt, wie sich die Armen durch Konsumverzicht selbst aus der Überschuldung befreien können, für deren Ursache sie damit implizit auch selbst verantwortlich sind.
Die notleidenden Kreditnehmer waren eben zu gierig. Die Gier der Anleger wird damit zur Risikofreude.

6.2 Zu viel oder zu regellos?

Ein wesentliches Element der aktuellen Krisenbewältigung ist das „zu viel". Gier und Gift, Geiz und Geldgeilheit, Großmannssucht und Gottgleichheit – wer richtig über die Krise denken und im Chor der Interpreten mithalten will, der muss die Missachtung der „Maßhalteappelle" des Vaters der sozialen Marktwirtschaft, Ludwig Erhards, als das wichtigste Grundübel der Finanzkrise erkennen. „Weniger wäre mehr", „mehr sein als scheinen" – bestätigt nicht der Volksmund, dass die Krisenbewältigung so einfach wäre, wenn wir nur bei uns selbst anfingen? Wer dagegen das System ändern will, lenkt davon ab. „Jeder kehre zuerst vor der eigenen Tür" und suche nicht den Splitter im Auge des Bruders, während er den Balken im eigenen Auge übersieht. Mit solchen Denkarten haben sich diejenigen in der Gesellschaft von jeher vor Kritik und Veränderung geschützt und davon abgelenkt, dass diejenigen, die das System steuern und über Macht, Einfluss und Wohlstand davon profitieren können, auch mehr Verantwortung dafür tragen, als diejenigen, die es eher erdulden. Mit dem Kapitalismus ist diese ideologische Gleichschaltung nicht aufgegeben worden, wenngleich 1790 mit dem Lied über die Gedankenfreiheit zumindest der Anspruch erhoben wurde. Deshalb ist die Behauptung, dass diese Krise mit den beschriebenen individuellen Tugenden gerade nicht bewältigt, sondern eher verschärft würde und es Zeit wird, über die Grundprobleme der zunehmenden Zerstörung sozialer Regeln im und durch das Geldsystem nachzudenken, nicht einfach aufzustellen.

Wer falsch über das Geldsystem denkt, wird auch heute nicht reich und mächtig. Wer richtig denkt, macht dagegen Karriere, ist gefragt und wird belohnt. Das kann man allerdings nicht umkehren und aus der Ablehnung die Behauptung ableiten, man denke richtig. Natürlich kann man auch schlecht, dumm und faul denken und die Ablehnung dann für politisch motiviert halten. Es bleibt aber das Problem der Querdenker, über die die Längsdenker in der Regel das Sagen haben. Insofern haben die Querdenker eine doppelte Aufgabe – sie müssen selbst etwas Vernünftiges sagen und zudem dabei noch ihren Kritikern nachweisen, dass sie nicht der Versuchung ideologischer Anpassung erliegen. Das Geldsystem verlangt von seinen Sachwaltern, dass sie alle Probleme als zu viel oder zu wenig, also quantitativ sehen, erklären und bewältigen.

6.2.1 Geldüberfluss oder das rechte Maß

Weil alles Geld dieselbe Qualität hat, fällt das Geld rechtlich unter die vertretbaren Sachen. Jede Sache kann die andere vertreten. Wir können es zählen und mit den Rechenarten traktieren. Der Schuldner muss nicht das leisten, was bei Vertragsschluss gerade vorlag. Entsprechend haben wir uns daran gewöhnt, die Probleme der Marktwirtschaft quantitativ zu sehen und entsprechend zu messen. Es sind Übermaßprobleme (griech. Hyper) geworden. Überschuldung, Übergewicht, Hyperaktivität, Überproduktion, Übersättigung, Hyperinflation, zu viel Kohlendioxid, zu viel Verkehr, zu viele Menschen, zu viele Asylanten, zu viele Anwälte, zu viel Geld. Erst recht gilt dies für die Finanzkrise. Die Menschen haben zu viele Kredite aufgenommen, die Notenbank hat zu viel Geld gedruckt, die Banken haben zu viele Risiken übernommen, die Investmentbanker haben zu viel verdient.

Zu viel ist aber dort, wo es zum strukturellen Problem wird, nicht mehr, sondern etwas anderes. Die Quantität schlägt in eine neue Qualität um. So lernen wir im Biologieunterricht, dass Nahrungsmittel zu Gift werden, wenn wir zu viel davon zu uns nehmen. Genuss wird zur Sucht, Körperertüchtigung zur Gesundheitszerstörung, Risikoabsicherung zu toxischen Finanzprodukten, Recht zu Unrecht (summum ius summa iniuria), wenn zu viel davon vorhanden ist. Man kann dann das Problem nicht mehr mit den Begriffen bewältigen, die für den normalen Genuss, übliche Sportaktivitäten, die Verteilung von Risiken oder die einfache Rechtsanwendung geschaffen wurden. Wir sprechen beim Übermaß dann von Missbrauch, wie Drogen- und Alkoholmissbrauch, Rechtsmissbrauch, Machtmissbrauch. In unserer Sprache bzw. bezüglich der nachfolgenden Verben wissen wir sehr genau, dass rennen und rasen sich nicht in der Geschwindigkeit unterscheidet, dass essen und fressen nicht die Menge des Gegessenen betrifft, dass reden und quatschen sich nicht in der Anzahl der gesprochenen Silben, trinken und saufen sich nicht in Litern unterscheiden lassen. Immer geht es bei der zweiten Alternative eher darum, dass die kulturellen Regeln, die unser Essen, Laufen, Trinken, Reden bestimmen, außer Acht gelassen oder außer Kraft gesetzt wurden. Wir können daher vermuten, dass Begriffe wie Wucher auch nicht zu viel Zinsen und toxische Papiere auch nicht zu viel Risiko und damit der Kasinokapitalismus auch nicht zu viel Spiel und Wette bedeuten, sondern dass es sich hierbei jeweils um Regellosigkeit handelt.

Das zeigt sich auch daran, dass die Frage, wo eigentlich zu viel anfängt, vom normalen System häufig gar nicht beantwortet werden kann. Wie viel man essen soll, wie viel Recht akzeptabel, wie viel Alkohol angemessen und wie viel Geld die Gesellschaft braucht – darauf geben die jeweiligen Systeme häufig nur die Antwort: Es kommt darauf an.

Man muss das Normale vom Problem her begreifen. Erst wenn wir „zu viel" als „anders" begreifen, erst wenn wir verstehen, was Sucht oder unproduktive Geldmassen sind, wissen wir, wo die Grenze verläuft. Louis Althusser nannte das den Terrainwechsel. Man müsse, um etwas Normales zu verstehen, sich auf den Boden dessen begeben, wo das passiert, was wir mit unserer Begrifflichkeit nicht mehr erfassen können, und dann auf das Normale zurückschauen. Erst dann begreife man, was es wirklich sei und erkenne den Unterschied. „Reichtum der Nationen" erklärt sich dann erst, wenn man Armut begriffen hat und nicht mehr die Armut als Mangel an Reichtum verballhornt. Erst wenn man die Spielsucht in dem verselbstständigten Geldsystem verstanden hat, weiß man, wozu es sonst taugen könnte.

Wenn wir das unproduktive Geld als eigene ideologische Macht und als gefährliches Instrument erkannt haben, können wir daher die Grenze ziehen, die notwendig ist, um den Finanzmärkten einen Rahmen und ein Anreizsystem vorzuschreiben, das die Exzesse verhindert. Ebenso wie die Medizin Gesundheit als Fehlen von Krankheit definiert, in der Soziologie Frieden als Abwesenheit von Konflikt angesehen wird, eine Rechtsnorm nur erkennbar wird, wo sie gebrochen wird (in statu nascendi), so muss auch in den Wirtschaftswissenschaften das Geldsystem aus der Krise heraus erklärt werden. Die Ernährungswissenschaftler denunzieren zurzeit eine andere Ideologie, wenn sie die Millionenauflagen von Diätbüchern als Teil einer ideologischen Kampagne einordnen, in der wir das Übergewicht als „zu viel essen" begreifen sollen. Tatsächlich aber gelte: „Hungerkuren bringen nichts". Es gehe nicht um weniger, sondern um anders essen. Die Diät sei ein „Denkfehler", sagt ein Professor vom Zentrum für Ernährungsmedizin in München. Der zitierte amerikanische Bestseller über die Schlankheit französischer Frauen hatte Recht: Kulturvoll mit Regeln essen ist die Problemlösung.

Das ist im Geldsektor nicht anders. Der kultivierte produktive Kredit ist nicht ein reduzierter Wucherkredit, sondern etwas anderes. Wie die nachfolgenden Zitate deutlich machen, stehen wir hier einer geballten Phalanx von Längsdenkern gegenüber. Die Politik der Krisenbewältigung ist aktuell darauf ausgerichtet, die Geldquantitäten in Ordnung zu bringen: zu viel Scheingeld vom Markt zu nehmen, hartes Geld bereitzustellen und Finanzmittel als Konjunkturprogramm, -spritze oder Subvention zur Verfügung zu stellen. Der Mechanismus, der zur Krise führte, wird damit jedoch nicht infrage gestellt. Entfesselter Wucher und Spielsucht im Finanzsystem sowie die Spekulation auf Kredit erhalten hierdurch keine Kultivierung und Grenzen.

Das quantitative Denken des Zu-Viel kommt dabei einem Journalismus entgegen, der sich an Clicks, Lesern und Einschaltquoten misst, und daher nur noch zwei konservative Marketingchancen hat: Service und Sensation. Mit dem Thema „Wo gibt es etwas umsonst, wie kann ich Aufwand sparen?", passe ich den Einzelnen in das quantitative Denken ein und versöhne ihn mit dem System, indem ich ihm mit den höchsten Anlagezinssätzen die individuelle Lösung der Schnäppchenjagd suggeriere. Mit der Sensation der bad news ist good news („Krise treibt Manager in Selbstmord", „150 Jahre Gefängnis für Madoff") wird die Krise dagegen zum Unfall oder Schicksalsschlag mit individuellem Versagen.

Das „Milliarden-Desaster", schreibt die F.A.Z., sei durch zu viel Geld im Umlauf, das nichts Wert sei, entstanden. Es wird dann beschrieben, wie (und nicht warum) Geld technisch in Umlauf gebracht wird. Spiegel-online erklärt die Krise unter der Überschrift „Milliarden". Dann folgt: „Tumult an den Börsen, Rettungspakete, Angst vor der Rezession: Die Finanzkrise hält die Welt im Würgegriff. Viele Anleger fragen sich: Wie konnte es soweit kommen? SPIEGEL ONLINE erklärt Ursachen und Verlauf der Krise – und was die Milliardenhilfen bringen können."

Die Kreditkrise wird als Anlegerkrise eingeführt. Die Krisenbewältigung auf quantitative Hilfen reduziert. Würgen, Tumulte und Angst der Menschen sind die Finanzprobleme. Danach folgt die Sparideologie. Kredit ist dabei Nebensache. Die Bank verdient am Anleger, der mit seinem Sparen produktiv ist.

„Die Wurzel der aktuellen Krise liegt in einem Wesenszug des Bankenwesens selbst: Keine Bank besitzt so viel Geld, wie sie verleiht. ... Das meiste Geld, mit dem Banker täglich hantieren, ist geborgt. Entweder von Sparern ... oder von anderen Banken ... Das gesamte Bankenwesen funktioniert also auf Pump."

Die Probleme der Bank setzen daher erst ein, wenn sie kein Geld mehr bekommt, das Vertrauen also weg ist. Die Bank ist nicht als Kreditgeber, sondern als Kreditnehmer gescheitert. Zum Beweis wird dann noch ein Beispiel gebracht, das das individuelle Versagen als Ursache dokumentiert, obwohl der Vorgang selbst mit der Krise allenfalls peripher etwas zu tun hat:

„Was passiert, wenn das Vertrauen in einen vermeintlich stabilen Geschäftspartner sich einmal als Fehleinschätzung erweist, mussten die Manager der KfW schmerzhaft feststellen: Sie überwiesen 300 Millionen Euro an Lehman Brothers, als die US-Bank bereits pleite war."

Wo es keine Sensationen zu vermelden gibt, muss Normalität entsprechend reißerisch dargestellt werden: „Selbst Arbeitslose bekamen in den USA Immobilienkredite." Hypothekenkredite werden durch Grundstücke gesichert. Daher erhalten auch in normalen Zeiten Arbeitslose solche Kredite, wenn die Sicherheiten ausreichen und der Verlust der Arbeitsstelle ist deshalb auch kein Kündigungsgrund im Hypothekenkredit. Haben die Banken kein Geld mehr? Sie wissen es nicht:

„Keiner weiß mehr, wie viel Kapital die Banken noch haben. Weltweit besitzen heute Bankhäuser Anteile an solchen Hypothekenpaketen, und keiner überblickt mehr so richtig, welche Kreditschnipsel da eigentlich wie zusammengepackt wurden."

Dann wagt sich der Artikel an die Sachfragen und verfällt in die Argumentation des „Zu-Viel": zu viel Zinsen, zu viel Häuser.

„Dann aber erhöhte die Fed in den USA die Leitzinsen, aus Angst vor der Inflation. ... Der Immobilienmarkt in den USA war ohnehin bereits übersättigt. ..."

Beides ist falsch, passt aber dennoch. Die Zinserhöhungen waren im Verhältnis zu den Zinsforderungen unbedeutend. Das Wohnangebot hatte sich kaum erhöht.

Als nächstes folgt das „Zu-Wenig" an Kredit: Die Kreditklemme, die im April 2009 auch in Deutschland noch nicht im Mittelstand (nur 4 % wollen sie laut Umfragen gespürt haben) angekommen war und weiterhin auf sich warten lässt, zählt man nicht die übliche Kreditverweigerung bei verschlechterten Aussichten von Betrieben hierzu.

„Ohne Kredite leidet auch die Realwirtschaft. Weil die Banken nun nicht mehr einschätzen können, wie gesund oder kränklich andere Marktteilnehmer wirklich sind, kommt es zur Kreditklemme: Jeder misstraut jedem, keiner verleiht mehr Geld."

Zu wenig Kredit folgt derselben Logik wie zu viel Geld. Die Behauptung, es fehle an Geld für Kredit, ist nachweislich falsch. Die Privatbanken hatten im Sommer 2009 102 Mrd. nicht abgerufene Einlagen bei der EZB. Es fehlten aber produktive Investitionsmöglichkeiten. Es sind Probleme der Realwirtschaft und

nicht die Geldknappheit. Doch das quantitative Argument wird wiederholt und ist zentral:
„Unternehmen brauchen geliehenes Geld, um Investitionen zu machen. Ohne Kredite kommt das gesamte Wirtschaftssystem ins Stocken. Das ist der Hauptgrund für die Talfahrt der Börsen in den vergangenen Wochen. ... Wachstum braucht Kapital, und daran herrscht im Moment überall Mangel, was durch die einbrechenden Börsenkurse noch schlimmer geworden ist."
Aus zu viel Geld ist zu wenig Geld geworden. Wir müssen also mehr Geld schaffen. Die Milliardenhilfen des Staates sind notwendig. Das System braucht sie, aber brauchen wir dieses System? In dieser Spiegel-Darstellung gibt es für das Nachdenken darüber keinen Ort mehr. Alles ist besetzt und sinnvoll:
„Die gigantischen staatlichen Versprechen, die in den USA und Europa nun gemacht werden, sollen die Kreditklemme auflösen."
Aber es gibt gar keine Kreditklemme in der Wirtschaft, sondern nur eine Überschuldung der Banken. Genau die aber gleicht der Staat aus, nicht mit Krediten, sondern mit Subventionen. Dass nicht die Europäische Zentralbank mit neuem Geld, das als Kredit in den Kreislauf kommt, die Krise bewältigt, sondern der Staat mit seinem Steuergeld, fällt auch dem Autor auf:
„... denn der Steuerzahler kann, rein theoretisch, nahezu unbegrenzte Mengen Geld zur Verfügung stellen, ... Im Zweifelsfall werden eben die Steuern erhöht."
Aber es fehlte doch nur Kredit, warum dann Steuergelder? Und der Staat besorgt sich das Geld keineswegs vom Steuerzahler, sondern er leiht es sich bei den Banken. Die Neuverschuldung des Staates wird nach dem im Kabinett verabschiedeten Bundeshaushalt 2010 doppelt so hoch sein wie im Jahre 2009. Die Steuereinnahmen der nächsten Jahre sollen sogar nach allen Prognosen drastisch einbrechen und bis auf die symbolische Reichensteuer beteuern fast alle Politiker (mit Ausnahme der sparsamen und wohlhabenden Schwaben), dass sie die Krise nicht auch noch mit Steuererhöhungen verschärfen möchten. Doch für die veröffentlichte Meinung ist die Finanzkrise eine Krise von zu wenig oder zu viel Geld und nicht eine Krise der Regellosigkeit, mit der das Geld genutzt wird, um Reichtum umzuverteilen, zu bewuchern und die Wirtschaft nach eigenen Interessen zu steuern.

6.2.2 Geldgier und das sogenannte Böse

Die subjektive Seite des quantitativen Denkens ist die Gier. Gier ist, wenn wir viel begehren. In der Geldgier hat sie sich zum allumfassenden Erklärungsansatz des Finanzsystems für diejenigen entwickelt, denen man eine Alternative zum

Wirtschaftswissen anbieten muss. Mithilfe der Geldgier lassen sich alle Probleme des Systems auf eine archaische Macht außerhalb dieses System zurückführen. Diesen Erklärungsansatz gab es schon für die Geldkrise und Hyperinflation des Dreißigjährigen Krieges, wo die „jüdischen Kipper und Aufwechsler" mit ihrer Gier als Wurzel allen Übels herhalten mussten, weil man die extremen Ausgaben für die Aufrüstung, Kriegsführung und Söldnerheere durch die Fürsten nicht benennen wollte, oder auch den Zusammenhang mit der Geldentwertung nicht verstand, wie uns Gabriele Hoofacker erklärt.

„Diese Krise ist die direkte Folge der Gier und der Skrupellosigkeit der Banker und Fondsmanager", heißt es auf der Homepage von attac im Jahr 2008. Der evangelische Landesbischof von Bayern geißelt die „Gier nach immer mehr Geld in der Bevölkerung" und die „extrem hohen Gehälter der Finanzjongleure".

„Wir haben rund um den Globus über unsere Verhältnisse gelebt", nennt es der Arbeitgeberpräsident im Fernsehen, fügt aber gleich hinzu, dass er „nicht erkennen kann, dass die Grundhaltung der deutschen Wirtschaft vor der Krise falsch war."

Die „Gier des Menschen" und den Mangel an „ethischem Bewusstsein" macht dann der Chef des Kieler Weltwirtschaftsinstitutes, der bisher Eigenkapitalrenditen von 25 % der Banken für notwendig hielt, in einer Podiumsdiskussion bei der TAZ für die Krise verantwortlich. Der Chefredakteur von Finanztest moniert im Gespräch nach einer WISO-Sendung den geborgten Überkonsum der amerikanischen Verbraucher, die zur Abkoppelung der Finanzblase von der realen Wirtschaft geführt habe. Der Chefideologe des deutschen Neo-Liberalismus, Prof. Hans-Werner Sinn, erklärt die USA zum „Land des Raubtierkapitalismus", während der Spiegel am 1. Juni 2009 die Gier als „kapitales Rauschmittel" einordnet.

Schlimmer noch erging es Papst Benedikt mit der Berichterstattung über seine 79 Seiten umfassende Sozialenzyklika Caritas in Veritate vom Juni 2009 zu Fragen von Wirtschaft und Gesellschaft, in der die Worte Gier und Habsucht im Zusammenhang mit dem Geldsystem nicht ein einziges Mal vorkommen (allein Abs. 29 erwähnt den Missbrauch von Religion für die Gier nach Herrschaft und Reichtum). Gleichwohl titelt die Süddeutsche Zeitung: „Der Papst, die Finanzmakler und die Gier", eine Überschrift, die sich identisch oder ähnlich bei FAZfinance.net; Rheinische Post („Papst geißelt Gier"), Hamburger Abendblatt („Benedikts Botschaft: Nicht der Markt ist schlecht, sondern Gier") und ebenso bei Deutsche Welle, Kölnischer Rundschau und Provinzzeitungen wiederfindet. Die Enzyklika könnte in weiten Teilen in den Mittelteil unseres Buches übernommen werden, wo es darum geht, dass Geld und Gewinn nur Mittel für menschliche Zwecke sind.

Nicht das „Zu-Viel", sondern die Regellosigkeit der Geldnutzung wird im 21. Abschnitt zusammenfassend gegeißelt:

„Der Gewinn ist nützlich, wenn er in seiner Eigenschaft als Mittel einem Zweck zugeordnet ist, welcher der Art und Weise seiner Erlangung ebenso wie der seiner
Verwendung einen Sinn verleiht. Die ausschließliche Ausrichtung auf Gewinn läuft,
wenn dieser auf ungute Weise erzielt wird und sein Endzweck nicht das Allgemein-
wohl ist, Gefahr, Vermögen zu zerstören und Armut zu schaffen. ... Diese (Finanzkrise U. R.) stellt uns unaufschiebbar vor Entscheidungen, die zunehmend die Bestimmung des Menschen selbst betreffen, der im übrigen nicht von seiner Natur
absehen kann. Die auf dem Plan befindlichen technischen Kräfte, die weltweiten
Wechselbeziehungen, die schädlichen Auswirkungen einer schlecht eingesetzten
und darüber hinaus spekulativen Finanzaktivität auf die Realwirtschaft, die stattli-
chen, oft nur ausgelösten und dann nicht angemessen geleiteten Migrationsströme,
die unkontrollierte Ausbeutung der Erdressourcen – all das veranlasst uns heute,
über die notwendigen Maßnahmen zur Lösung von Problemen nachzudenken, die
im Vergleich zu den von Papst Paul VI. unternommenen nicht nur neu sind, sondern
auch und vor allem einen entscheidenden Einfluss auf das gegenwärtige und zukünftige Wohl der Menschheit haben. Die Aspekte der Krise und ihrer Lösungen ... erfordern neue Bemühungen um ein Gesamtverständnis und eine neue humanistische
Synthese ... zu denen uns das Szenario einer Welt ruft, die einer tiefgreifenden kulturellen Erneuerung und der Wiederentdeckung von Grundwerten bedarf, auf denen
eine bessere Zukunft aufzubauen ist. Die Krise verpflichtet uns, unseren Weg neu zu
planen, uns neue Regeln zu geben und neue Einsatzformen zu finden, auf positive
Erfahrungen zuzusteuern und die negativen zu verwerfen. So wird die Krise Anlass
zu Unterscheidung und neuer Planung. In dieser eher zuversichtlichen als resignier-
ten Grundhaltung müssen die Schwierigkeiten des gegenwärtigen Augenblicks in
Angriff genommen werden."

Papst Benedikt geht dann auf Umverteilung, Zweckentfremdung und selbst auf
den Raub durch Urheberrechte ein (Abs.22) und verlangt „solidarische und von
gegenseitigem Vertrauen geprägte Handlungsweisen" im Inneren des Marktes
(35). Er verlangt Verbraucherschutz, soziale Verantwortung und spricht selbst das
an, was wir unter dem Titel Community Reinvestment als Begrenzung der Ausplünderung von regional gespartem Kapital durch Finanzinvestoren beschrieben
haben. Er verlangt das, was wir hier als „produktive Kreditvergabe" und Mitverantwortung der Kreditgeber für den Einsatz des geliehenen Kapitals bezeichnet
haben, wenn er die Erneuerung der Strukturen des Finanzwesens verlangt, „deren
schlechte Anwendung die Realwirtschaft zuvor geschädigt hat" sowie strikte
Regeln zur Verhinderung „skandalöser Spekulation" (65).

Es bleibt eine konservative Kritik am Kapitalismus in der Tradition seiner
Vorgänger, die sich deutlich von den Anbiederungen der reformierten Kirchen in
den letzten Jahren unterscheidet. Die Welt wird aus der Ethik und Moral des
Einzelmenschen her definiert und dessen Verantwortung in den Mittelpunkt ge-
stellt. Doch das Wort Gier fehlt angesichts der Flut seiner Nutzung in Presse und
Politik wohl nicht zufällig, weil der Papst – anders als die aktuelle Presse – das

System dafür verantwortlich macht, dass sich die Ethik des Menschen darin aktuell so wenig durchsetzen kann. Es ist gerade nicht die Gier des Menschen, die das System so hat werden lassen, sondern das System hat mit seiner Entgrenzung und Belohnung menschenunwürdigen, aber auch dummen quantitativen Denkens dem Einzelnen diese Maske aufgesetzt, die der Papst, der an das Ebenbild Gottes im Menschen glaubt, ihm gerade nicht zur Natur machen möchte.

Deshalb ist es umso fataler, dass er in dieser Weise einhellig und widerspruchslos selbst unter seinen Bischöfen falsch zitiert und missverstanden wird. Das Missverständnis ist allerdings, wie wir aus der (un-) christlichen Auseinandersetzung mit dem Judentum wissen, zumindest auf der Oberfläche in jeder Religion angedacht.

Nach Max Weber gehört es zum Wesen der Religion, dass sie den Verzicht auf Gier predigt. In den drei großen Religionsbüchern, dem jüdischen Alten, dem christlichen Neuen Testament sowie dem islamischen Koran, lässt sich dies nachverfolgen. Der Koran warnt: „Die Menschen sind auf Habsucht eingestellt. Tut ihr jedoch Gutes und seid gottesfürchtig, dann ist Allah eures Tuns kundig." „Wer vor seiner eigenen Habsucht bewahrt ist – das sind die Erfolgreichen". Doch die Nutzung des Wortes Gier (begierig) auch zur Beschreibung menschlicher Tugenden in den Religionen sollte nachdenklich stimmen.

So meidet Luthers Bibelübersetzung, anders als die englischen Übersetzungen, den Begriff der Gier (engl. greed) und ersetzt ihn oft mit Geiz. In der Tat sind Geiz und Gier ein Geschwisterpaar, die beide aus der Habsucht entspringen und für die der eigentliche Zweck des Geldes das Geldhaben ist. In Meyers Konversationslexikon aus dem Jahre 1888 heißt es: „Geiz kommt mit dem Erwerbstrieb darin überein, dass er auf die Vermehrung, mit der Sparsamkeit darin, dass er auf die Erhaltung des Besitzes bedacht ist, unterscheidet sich aber von beiden dadurch, dass jenes Streben nicht wie bei diesen Mittel, sondern, wie bei der Habsucht die Vermehrung und wie bei der Sparsucht die Erhaltung des Besitzes Selbstzweck ist, daher er wie jene auch unerlaubte Erwerbsmittel nicht scheut, und wie diese auf die Befriedigung auch notwendiger Bedürfnisse Verzicht leistet."

Der Prophet Hesekiel (Kapitel 33 Vers 31) verdammt die Gottlosen weil ihre Herzen „greedy for unjust gain" (wörtlich übersetzt: gierig nach ungerechtem Gewinn) sind, während Luther ihr „Fortleben in ihrem Geiz" anprangert. In Matthäus 23 Vers 25 verurteilt Jesus diejenigen, die „full of greed" sind, was Luther mit „voll des Raubes und des Fraßes" übersetzt, während Petrus in seinem ersten Brief Kapitel 5 Vers 2 unmittelbar die Geldgier anspricht („not greedy for money, but eager to serve"), was bei Luther „nicht um schändlichen Gewinns willen, sondern von Herzensgrund" heißt. Die vielen Facetten der Übersetzung Luthers weisen auf ein schillerndes Phänomen hin, das sich im Begriff der Gier für ihn wohl kaum erschöpfen ließ.

Die Bibel enthüllt auch die Wurzeln der Gier, wenn sie überall dort, wo die englische Übersetzung von „greed" spricht, die sexuelle Begierde als Wollust, Unzucht, Ehebruch und sexuelle Ausschweifung mit einbezieht.

Im Epheserbrief Kapitel 5 Vers 3 wird die Gier zur „bösen Begierde und Habsucht, die Götzendienst ist" und zusammen mit den anderen Todsünden wie „Unzucht, Unreinheit, schändliche Leidenschaft" aufgezählt. Andere Aufzählungen der Todsünden finden sich bei Paulus im Brief an die Kolosser 3 Vers 5: „Put to death, therefore, whatever belongs to your earthly nature: sexual immorality, impurity, lust, evil desires and greed, which is idolatry" Bei Luther heißt dies: „So tötet nun eure Glieder, die auf Erden sind, Hurerei, Unreinigkeit, schändliche Brunst, böse Lust und den Geiz, welcher ist Abgötterei" in Anlehnung an die Aufzählung die Jesus nach Markus in Kapitel 7 Vers 22 wiedergibt, wo es um „greed, malice, deceit, lewdness, envy, slander, arrogance and folly" geht, die Luther als „böse Gedanken; Ehebruch, Hurerei, Mord, Dieberei, Geiz, Schalkheit, List, Unzucht, Schalksauge, Gotteslästerung, Hoffart, Unvernunft" übersetzt und damit die Gier zur Dieberei wird. Dante Alighieri hat in seiner Göttlichen Komödie im Jahre 1312 im vierten Höllenkreis die Habsucht als eine der Todsünden dargestellt und das Tier in uns beklagt, „dass seine schnöde Gier es nimmer sättigt und nach dem Fraß mehr Hunger als zuvor hat".

Im 10. Gebot wird Gier und Lust, das Begehren nach Geld und Sachgütern sowie das Begehren nach sexueller Befriedigung, unter der „Lust" zusammengefasst, wenn es heißt: „Lass dich nicht gelüsten deines Nächsten Hauses. Lass dich nicht gelüsten deines Nächsten Weibes, noch seines Knechtes noch seiner Magd, noch seines Ochsen noch seines Esels, noch alles, was dein Nächster hat" Dass hier nicht der Diebstahl und Schutz des Eigentums gemeint ist, zeigt das achte Gebot „Du sollst nicht stehlen." An vielen Stellen der Bibel wird diese Habsucht als ein menschlicher Trieb dargestellt, der dieselbe Wurzel wie das sexuelle Begehren hat und mit ihm auf die gleiche Stufe gestellt:

Paulus schreibt im Brief an die Epheser Kapitel 4 Vers 19 von denen, die „sich der Unzucht ergeben und treiben allerlei Unreinigkeit samt dem Geiz", im Brief an die Epheser (5,3) „von Unzucht aber und jeder Art Unreinheit oder Habsucht", die in einer anderen Übersetzung als „Hurerei aber und alle Unreinigkeit oder Geiz" bezeichnet wird. Im Epheserbrief (5,5) werden der „Hurer oder Unreiner oder Geiziger", welcher ist ein Götzendiener" auf eine Stufe gestellt und Petrus (2. Petrus 1,14) „verflucht die Leute" die „Augen voll Ehebruchs ... und ein Herz, durchtrieben mit Geiz, haben".

Wenn etwa in dem Prozess um die Verantwortlichen für das Verspielen von 604 Mio. € Staatsgeldern in den ersten sechs Monaten des Jahres 2007 durch einen 34-jährigen Bankmitarbeiter der WestLB, der pro Jahr dafür mehr als 1 Mio. einsteckte, die entsprechenden Mechanismen zur Sprache kommen, dann fällt die

Nähe von Gewinnstreben und analen wie genitalen sexuellen Motiven auf: Dort wurden Mitarbeiter, die sich dem verweigerten, als „Dreckszicke", Konkurrenten als „Arschlöscher", „Bluthunde" und sinkende Aktienkurse als „Fickwerte" bezeichnet, deren Preise „Kacke" seien. Ähnliches gilt auch für die Symbolfiguren des Aktienmarktes: Das Wappentier des männlichen Sexualtriebes, der Bulle steht für Gewinne und das Symbol für weibliche Fürsorge in Kindergeschichten, der Bär, für Verluste. Dass Gewinne „sexy" seien, kam in der neo-liberalen Euphorie auf. Die Begriffe machen aber auch deutlich, dass hier die Sexualität kultur- und regellos daherkommt und es daher auch nicht weiter verwundert, dass von diesem Jung-Banker berichtet wird, er habe sein Geld in der Schweiz gelagert, schwarz Immobilien erwerben wollen und die getätigten Geschäfte nicht einmal ordnungsgemäß im Computer verbucht. Die Regellosigkeit seiner Gier war dabei das Entscheidende und die beförderten die staatlichen Aufsichtsräte, die, als Unstimmigkeiten auffielen und der Wächter über die Regeln (Compliance Chef) mehr Personal verlangte, empfahlen, man solle sich lieber bei der BaFin wegen der Überregulierung der Finanzbranche beschweren.

In der Bibel werden weder Zins noch Gewinn und Gier als solche verdammt. So wie die Gier in positiven wie negativen Zusammenhängen in den Worten wissbegierig, geldgierig und Begierde vorkommt, so wie der Gewinn in einen unrechten und gerechten Vorteil und die Sucht in Sehnsucht und Habsucht zerfällt, so zeigt sich beim sexuellen Trieb, dass die Religion ihn nicht als solchen verdammt. Vielmehr geht es ihr um den Schutz der kulturellen Regeln, seiner Ausübung im Familienverband und um die Wahrung seiner Funktionen für die gesellschaftliche Reproduktion und Fortpflanzung. Dass die Natur eine sinnvolle und notwendige gesellschaftliche Tätigkeit bei Mensch wie Tier mit einem davon losgelösten individuellen Lustempfinden verbunden hat, macht den Trieb – ob nun als Gier, Lust oder Gewinnstreben angesprochen – weder schlecht noch gut. Bezüglich der Sexualität kann man auch lernen, dass die puritanische und teilweise katholische Auffassung, nur eine Ausübung dieses Triebes mit dem Ziel und in dem eher lustabträglichen Bewusstsein der Zeugung von Nachkommen sei naturgegeben und Gott gewollt, aus inzwischen überholten kulturellen Regeln stammt, bei der die Versorgung des Nachwuchses alle anderen menschlichen Betätigungen überstrahle und allein bestimmen sollte. So wie die Liebe der Partner zueinander und nicht erst ihr gesellschaftlicher Sinn die Sexualität kultiviert, so kann sich das Gewinnstreben, wie es Adam Smith vom Gemeinwohl losgelöst für legitim gehalten hat, lustvoll entfalten, ohne in Geiz, Habsucht oder Wucher auszuarten.

So kennt auch die Bibel die gute und die schlechte Begierde, unterscheidet zwischen Zins, als legitimer Steuer des Kaisers (Matthäus 17 Vers 25; 22 Vers 17 und Markus 12 Vers 14) und dem schändlichen Wucher gegenüber den Armen (2. Mose 22 Vers

24; 25 Vers 36), die der Prophet Hesekiel wohl am schärfsten geißelte, wenn er sie (Hesekiel 22 Vers 12) in eins setzt: „Sie nehmen Geschenke, auf dass sie Blut vergießen; sie wuchern und nehmen Zins voneinander und treiben ihren Geiz wider ihren Nächsten und tun einander Gewalt und vergessen mein also, spricht der Herr."

Der große Interpret der Wirtschaftskrise von 1929, John Maynard Keynes, hat das Problem der Nutzung der Gier für soziale Zwecke persifliert: „Der Kapitalismus basiert auf der merkwürdigen Überzeugung, dass widerwärtige Menschen aus widerwärtigen Motiven irgendwie für das allgemeine Wohl sorgen werden."

Damit ergibt sich aber auch die Auflösung des scheinbaren Paradoxes im Online-Artikel des Spiegels über die Gier: „Wenn die Gier diesen Systemkollaps verursacht hat, wie soll dieses System funktionieren ohne die Gier der Fabrikbesitzer, Manager, Banken? Wenn das Gewinnstreben einiger Weniger die Gesellschaft in die Krise führt, statt – wie immer behauptet – dem Gemeinwohl aller zu nützen, wie legitimiert sich dann Privateigentum?"

Es war nicht die Gier, sondern die Kultur- und Regellosigkeit ihrer Ausübung, die die Geldgesellschaft an den Rande des Ruins getrieben hat. Obama hat dies in seiner Antrittsrede zur Präsidentschaft angesprochen, als er die Gier mit der Verantwortungslosigkeit zusammenführte und in den Kontext des von der Gemeinschaft verantworteten Geldsystems stellte: „Die Krise ist eine Folge der Gier und der Verantwortungslosigkeit einiger; aber auch, weil wir gemeinsam versagt haben, harte Entscheidungen zu treffen und die Nation auf ein neues Zeitalter vorzubereiten."

Was Keynes für den Kapitalismus sagte, gilt für jedes Gesellschaftssystem. Es muss die individuelle archaische Gier des eigenen in der Fortpflanzung entstandenen Überlebensdrangs in ein System einbetten, in dem sie so eingebunden wird, dass sie Positives oder besser Produktives bewirken kann. Hier liegt die Leistung der Marktwirtschaft, die Adam Smith erkannte, als er in seinem ersten Buch über den Altruismus feststellte, dass vieles von dem, was wir als altruistisch und wohltätig ansehen, durchaus auch mit dem Egoismus der Einzelnen erklärt werden kann. Ob die selbstaufopfernde Krankenschwester in ihrer Tätigkeit und durch das Lob der anderen ihr eigenes Ich verwirklicht und der Politiker, der sich für die Belange der Polis, das heißt des Ganzen, engagiert, damit höchst persönliche Ambitionen verknüpfen, ist nicht entscheidend. Es kommt darauf an, dass wir das gierige Verhalten kontrollieren und Mechanismen etablieren, die verhindern, dass es zerstörerisch wirken kann.

Auch hier hilft ein Blick in die moralischen Grundsätze, die die Bibel über 5000 Jahre hindurch gesammelt hat, um sich die Lösungen des Problems bestätigen zu lassen, die bereits oben für die zerstörerische Entfaltung von schrankenloser Spielsucht (3.3.4) sowie schrankenlosen Wuchers (3.4.4 u. 5) im Kapitalmarkt aufgezeigt wurden.

Die Bibel, aber auch die alten Gesetze wie der Codex Hammurabi, oder das Römische Recht, wie es der Kaiser Justinian im 6. Jahrhundert nach Christi zusammengestellt hat, beschäftigen sich mit gemeinschaftsschädlicher Spiel- und Gewinnsucht in ihren Wucherregeln und Wuchergesetzen, deren großer historischer Schatz seit Anfang des 19. Jahrhunderts und dann beschleunigt in den letzten 30 Jahren angesichts der Dominanz eines auf Regelabbau gerichteten Freiheitsstrebens sowohl in Rechtswissenschaft wie Theologie verlorenging.

Die radikalste Sanktion stellt Psalm 109 Vers 11 auf, wo dem Wucherer der Vermögensschutz entzogen werden soll, eine Regel, die sich heute in § 817 S. 2 des Bürgerlichen Gesetzbuchs wiederfindet, wonach der Wucherer seinen gesamten Ertrag (und nicht nur wie in den liberalen Niederlanden seinen Wuchergewinn) verliert: „Es soll der Wucherer alles fordern, was er hat, und Fremde sollen seine Güter rauben."

Im Übrigen aber geht es in der Bibel darum, die Grenzen der Gewinnsucht dort zu ziehen, wo sie nicht mehr von der Produktivität eines anderen – sondern gerade umgekehrt – von dessen Armut profitieren will. Die Ausbeutung der Notlage, wie sie auch heute noch in § 291 Strafgesetzbuch als Merkmal des Wuchers festgelegt ist, ist die Todsünde einer schlechten wucherischen Gier.

In 2. Mose 22,24 heißt es: „Wenn du Geld leihst einem aus meinem Volk, der arm ist bei dir, sollst du ihn nicht zu Schaden bringen und keinen Wucher an ihm treiben." „Und sollst nicht Zinsen von ihm nehmen noch Wucher, sondern sollst dich vor deinem Gott fürchten, auf daß dein Bruder neben dir leben könne", fährt das dritte Buch Mose in Kapitel 25 Vers 36 fort. Andere Stellen lauten: „Denn du sollst ihm dein Geld nicht auf Zinsen leihen noch deine Speise auf Wucher austun." (3. Mose 25,37:). „Und mein Herz ward Rats mit mir, daß ich schalt die Ratsherren und die Obersten und sprach zu ihnen: Wollt ihr einer auf den andern Wucher treiben? Und ich brachte die Gemeinde wider sie zusammen." (Nehemia 5,7). In Psalm 15 Vers 5 wird der Wucher als „Geschenke gegen den Unschuldigen" benannt und in Sprüche 28,8 wird dem Wucherer ein Ausweg geboten: „Wer sein Gut mehrt mit Wucher und Zins, der sammelt es für den, der sich der Armen erbarmt." Hesekiel, der Prophet gegen den Wucher, bestimmte (Hesekiel 18,13): „Wer auf Wucher gibt, Zins nimmt: sollte der Leben? Er soll nicht leben, sondern weil er solche Greuel alle getan hat, soll er des Todes sterben; sein Blut soll auf ihm sein." und „der seine Hand vom Unrechten kehrt, keinen Wucher noch Zins nimmt, sondern meine Gebote hält und nach meinen Rechten lebt: der soll nicht sterben um seines Vaters Missetat willen, sondern leben." (Hesekiel 18,17).

Auch bei den Wittenberger Thesen Martin Luthers, die der Reformation der Kirche dienen sollten, jedoch zu ihrer Spaltung führte, geht es um den Vorwurf an die katholische Kirche, dass sie die Regeln gegen den Wucher im Eigeninteresse nicht mehr einhalte, sondern mit den Ablassbriefen viel Geld für eine nur scheinbare Leistung verlange.

In der 29. These heißt es: „Gewiß, sobald das Geld im Kasten klingt, können Gewinn und Habgier wachsen, aber die Fürbitte der Kirche steht allein auf dem Willen Gottes. 51. Man soll die Christen lehren: Wenn der Papst die Erpressungsmethoden der Ablaßprediger wüßte, sähe er lieber die Peterskirche in Asche sinken, als daß sie mit Haut, Fleisch und Knochen seiner Schafe erbaut würde. 52. Man soll die Christen lehren: Der Papst wäre, wie es seine Pflicht ist, bereit – wenn nötig –, die Peterskirche zu verkaufen, um von seinem Gelde einem großen Teil jener zu geben, denen gewisse Ablaßprediger das Geld aus der Tasche holen. 60. Der heilige Laurentius hat gesagt, daß der Schatz der Kirche ihre Armen seien, aber die Verwendung dieses Begriffes entsprach der Auffassung seiner Zeit.

Die Gesellschaft hat im Namen eines angeblichen Deregulierungsbedürfnisses zugunsten eines unbeschränkten globalen Marktes ein System zugelassen, in dem nicht nur eine zerstörerische Gier akzeptiert, sondern auch noch mit Provisionen und Tantiemen die schlimmsten Ausdrucksformen am meisten belohnt wurden. So verdienten Heuschreckenfonds damit Geld, dass sie stolz verkünden konnten, sie könnten besonders gut Wucher treiben und aus den notleidenden Hypothekenkreditnehmern noch viel herauspressen. Durch Zerlegung und Zerschlagung seien sie in der Lage, Unternehmen einen Shareholder Value von 25 % Eigenkapitalrendite zu ermöglichen, um danach, wie im Fall Vodaphone und Mannesmann, jahrelang keine Steuern mehr zu bezahlen. Sie haben das Bewusstsein verloren, dass seit Beginn der olympischen Idee der Wettbewerb niemals darin bestand, allein einen Gewinn auszuweisen. Immer ging es darum, den Gewinn so zu erzielen, dass damit der Nutzen für das Ganze gesteigert wurde. Der olympische Läufer strebt den Gewinn an, bei dem er schneller als seine Konkurrenten ist und sie dabei zugleich zu einer eigenen Bestleistung anspornt, bei der letztlich alle den neuen Weltrekord mit errungen haben, weil das Rennen hierfür schnell genug war. Dabei gewesen zu sein, ist dann bereits ein Sieg im höher, weiter und schneller der olympischen Wettbewerbsidee. Dafür gibt es Jahrtausende alte Regeln, deren Übertragung auf den Markt mit den Prinzipien eines lauteren Leistungswettbewerbs und des Kartellverbotes in großem Maße in der Realwirtschaft Spuren hinterlassen hat. In der Geldwirtschaft hat dagegen ein seelenloser Verdrängungswettbewerb, bei dem der Gewinn aus Wucher und Betrug genau so zählt wie der Gewinn aus der Leistung das, was im Englischen Cut-Throat-Competition (Halsabschneiderwettbewerb) genannt wird, zur Regel werden lassen.

Nicht die Gier der Menschen ist das Problem, sondern die Regellosigkeit und das Anreizsystem der Geldgesellschaft, die aus dem Geld eine eigenständige, ihre eigene Vermehrung legitimierende Ware ohne Rechenschaftspflichten gemacht hat.

Der Hinweis auf die Gier hat dabei den perfiden Vorteil, dass man von dem eigenen Versagen ablenken und Schuldige in der Gesellschaft finden kann, deren Existenz ohnehin infrage gestellt wird. Die Zuordnung der Ursachen auf bestimmte Gruppen und auf „menschliches Versagen" schafft die Bedingungen für eine Sündenbock-Kampagne sowie dafür, dass die eigentlichen Nutznießer und Arrangeure des Wuchers sich ihrer Verantwortung für die Veränderung entledigen können.

Gierig sind nämlich immer die Anderen. Gierig sind danach vor allem die ärmeren Schichten in den USA, die die wucherischen hohen Hypothekenkredite aufnahmen. Sie wurden bei ihrer Gier scheinbar auch noch durch eine verfehlte soziale Politik der Clinton-Administration unterstützt, die mit dem Community-Reinvestment-Gesetz Druck auf Banken ausübte, auch ärmeren Bürgern die Möglichkeit zu verschaffen, ein Eigenheim zu besitzen. Dass dies alles empirisch nachweisbar nicht stimmt, nützt dann nichts mehr, wenn die Giermetapher geradezu nach Schuldigen ruft. Ebenso kann es aber auch einen Manager treffen. So etwa den Chef der Post, dessen Steuerhinterziehung nun als Blitzableitung für die Volkswut herhalten muss. Nicht mehr die Deregulierung des Geldsystems, sondern der schlechte Charakter einiger Banker ist jetzt der Grund für das Versagen.

6.3 Menschliches Versagen

6.3.1 Sorglosigkeit und Unwissen

Eine der wichtigsten Gründe für die Finanzkrise wird in der allzu sorglosen Kreditaufnahme von Verbrauchern gesehen. Damit erklärte man die Überschuldung und Insolvenz, die diese Finanzkrise auslöste. Die Generaldirektion Markt der EU-Kommission, die allein für Banken zuständig und federführend bei der Deregulierung war, veranstaltete am 3. September 2009 eine öffentliche Anhörung zum Thema „verantwortliche Kreditvergabe und verantwortliche Kreditaufnahme", die sich fast ausschließlich mit den dummen, leichtfertigen, ungebildeten und über ihre Verhältnisse lebenden Verbrauchern beschäftigte. Die Kreditgeber haben danach nur eine Verantwortung: Verbrauchern, die nicht genug Sicherheit versprechen, den Kredit zu verweigern. In der Tat wurden viele Verbraucher insolvent, verloren ihr Haus, ihre Familie. Sollten sie diese Überschuldung, die sie selbst am meisten ruinierte, bewusst herbeigeführt haben? Eine solche Behauptung wagen auch die härtesten Banker nicht. Aber sie haben einen Ausweg: Unwissen und Leichtfertigkeit. Die Gier der Verbraucher war so gefährlich, weil sie mit Unwissen und Leichtfertigkeit die dramatischen Folgen ihrer Kreditaufnahmeeuphorie nicht gesehen haben.

Das Argument von Unwissen und Leichtfertigkeit passt sich dabei bruchlos in das quantitative Denken ein.

- Überschuldung bedeutet „zu viele" Schulden und ist nicht Ausdruck von Wucher.
- Zu viele Schulden implizieren zu viele Kreditaufnahmen und damit menschliche Gier.
- Das Problem ist heilbar, weil man die Menschen mit den systemkonformen Mitteln der Verbraucherinformation und Verbrauchererziehung scheinbar ohne Veränderung des Angebotes so anpassen kann, dass die Probleme nicht mehr vorkommen.
- Für die Finanzkrisenbewältigung sind jetzt Staatsdiener und zwar die Sozialarbeiter und Lehrer und nicht mehr die Banker, Richter und Politiker zuständig.

Die Standardentschuldigung für technische Unfälle: „menschliches Versagen", ist damit auch für das Finanzsystem aufgebaut.

Auf diese Weise hat man schon die Schuld für die Arbeitslosigkeit den Arbeitslosen zugeordnet, weil sie nicht qualifiziert genug, faul oder nicht mobil waren. Damit hat man das Elend der Kinder alleinerziehender Mütter erklärt, weil ihre Mütter einen liederlichen Lebenswandel geführt haben und die Dritte Welt musste sich die goldenen Betten ihrer Diktatoren vorhalten lassen.

Für alle Bereiche gibt es wissenschaftliche Untersuchungen, die ausreichend belegen, dass die wirtschaftliche Bedeutung solcher Verhaltensweisen für das Problem von Überschuldung und Arbeitslosigkeit minimal ist. Arbeitslosigkeit und kollektive Faulheit oder Dummheit korrelieren ebenso wenig wie Überschuldung mit Leichtfertigkeit und Verschwendungssucht. Es gibt nicht einmal ernsthafte Versuche, solche Zusammenhänge in der Wissenschaft zu postulieren. Dagegen gibt es ausreichend Untersuchungen über die Ursachen von Arbeitsplatzmangel und Zahlungsunfähigkeit.

Keine wissenschaftliche Überschuldungsstudie hat bisher die Theorie des „menschlichen Versagens" gestützt, sondern das Bedingungsdreieck unangepasster Wucherkredite, Einkommensverlust und fauler Kredite hergestellt. Das hindert aber nicht daran, die Überschuldung in der Öffentlichkeit als Charakterproblem der Armen darzustellen.

Der Überschuldete lebe leichtfertig von der Hand in den Mund. Sei der Ruf erst ruiniert, lebe er gänzlich ungeniert. In Schuldnerberatersendungen mit 5 Mio. Einschaltquote geißelt Herr Zwegat in der Sendung „Raus aus den Schulden" Ende März 2009 – allen Statistiken und der Wahrheit zum Trotz – die „Verschwendungssucht der jungen Generation". Als gütiger strenger Vater, der dem Überschuldeten verzeiht und ihm zugleich abwechselnd mit dem Gerichtsvollzieher ins Gewissen redet, weiß er (wie der Titel der Sendung bereits anklingen lässt), dass man nur „raus aus den Schulden kommt", wenn man den Gürtel en-

ger schnallt. Ohne zu überprüfen, ob der Überschuldete überhaupt jemals das
Geld erhalten hat, was er sich nun vom Munde absparen soll, oder ob es nicht
doch aus Wucherforderungen besteht, erfüllt diese Sendung zusammen mit den
vielen peinlichen Live-Begleitungen von Gerichtsvollziehern im Reality-TV eine
ideologische Mission des Finanzsystems: Der Schuldner ist schuld.

Entsprechend sehen unsere Richter und der Gesetzgeber eher die Banken als
Opfer der Überschuldeten an, da sie ja ihr Geld nicht zurückbekämen. Man gibt
also den Banken mehr Rechte, erlaubt ihnen Wucherzinsen zu nehmen, weil die
Risiken so hoch seien, fordert dann mehr finanzielle Allgemeinbildung und Sparerziehung, mit denen schon Kindern beigebracht werden soll, keine Schulden zu
machen – ein absurdes Theater. Ein Chor der Besserverdienenden singt das Lied
der Sparsamkeitserziehung vorbei an den Problemen von Haushalten, deren Gehalt so gering ist, dass sie keine der notwendigen Investitionen in die Zukunft
tätigen könnten, wenn sie nicht Zugang zum Kredit hätten.

Das Unwahrhaftige dieser spezifisch deutschen und noch viel mehr österreichischen Propaganda besteht darin, dass man einerseits nicht modern von der
Notwendigkeit des Kredits, wie in den USA und England ausgeht. Andererseits
aber auch nicht, wie im katholischen Frankreich, die Kredite so reglementiert,
dass der Wucher praktisch ausgeschlossen ist.

Es gibt inzwischen eine Vielzahl von empirischen Untersuchungen in allen
entwickelten Ländern, die die Pionierdaten aus den New Yorker Untersuchungen
von David Caplovitz aus dem Jahre 1963 bestätigen: Höchstens jeder Zehnte
Überschuldete hat zu viele Schulden aufgenommen. Etwa 90 % hatten einen
Kredit, der bei der Aufnahme angemessen und angepasst war. Arbeitslosigkeit,
Kurzarbeit, Ehescheidung, Krankheit und Unfall, die zwar den Kreditgebern
statistisch bekannt sind, von den Betroffenen individuell aber nicht vorhergesehen werden können, führen dazu, dass man seine Raten so nicht mehr bezahlen
kann, oder einen zusätzlichen Kredit braucht. Unser Rechtssystem verpflichtet
dann nicht den Kreditgeber, die Raten kostenneutral anzupassen oder zu warten,
sondern gibt ihm das Recht, den Haushalt dadurch zu zerstören, dass mit einem
Mal sämtliche ausstehenden Raten sofort zu bezahlen sind. Diese Strafe, die
einem wirtschaftlichen Todesurteil gleichkommt, soll sich aus dem Bürgerlichen
Gesetzbuch ergeben, das nur zwei Monate Zuwarten verlangt, um die rückständigen Raten zu zahlen und der Kreditgeber selbst darauf verzichten kann, wenn
Sicherheiten gefährdet sind, oder Vermögensgefährdungen behauptet werden
können. Dass man Dauerbeziehungen, auf die sich beide Parteien eingerichtet
haben, gerade dort, wo es um Lebenszeit geht, nicht von heute auf morgen wegen geringer finanzieller Interessen beenden darf, wissen wir aus dem Ehe-, Ar-
beits- und Wohnraummietverhältnis ebenso wie bei Strom und Wasser. Warum
aber fehlt jeder soziale Kündigungsschutz dort, wo es auf der Seite der Wirt-

schaft nur um Geld geht, während auf der anderen Seite die Existenz von Familien daran hängt?

Die Strafandrohung des Ratenverfalls ist die Grundlage aller Wucherkonstruktionen. Wer dem anderen den wirtschaftlichen Tod androhen kann, kann auch Sklavenarbeit verlangen. Deshalb sind so viele unvorstellbare Wucherprodukte entstanden, die oben (4.2) genauer analysiert wurden. Wir könnten sogar mit dem Schatz vorhandener Regeln ein Recht auf Kredit ohne Überschuldung erreichen und damit den Kredit vom Fluch zum Segen für die Armen entwickeln, der Chancen, Möglichkeiten und produktiven Einsatz der Arbeit zu Hause, also den produktiven Konsumenten (Prosument) ermöglicht.

6.3.2 Jugendlicher Leichtsinn

Eine besonders hartnäckige Variante zur Untermauerung der These von der Leichtfertigkeit im Umgang mit Schulden ist der Mythos „Jugendverschuldung." Wenn Gier, Leichtsinn und Unerfahrenheit der Menschen die Krise bewirkten, dann liegt der Schlüssel im Verständnis unserer Jugend und statt eines lernenden Finanzsystems, können wir uns der Unterrichtung seiner zukünftigen Opfer zuwenden.

Jugendverschuldung ist ein Phantom

Um es vorweg zu sagen. Es gibt keine Jugendverschuldung, auch wenn der Spiegel meldete: „Ca. 850.000 Jugendliche gelten als verschuldet ca. 250.000 Jugendliche als überschuldet".

Unser Rechtssystem ist klar. Jugendliche unter 18 Jahren können keine Gelddarlehen aufnehmen. Nicht einmal mit Zustimmung ihrer Eltern. Sie müssten dafür zum Vormundschaftsgericht und das wird die Genehmigung nicht geben. Kein Überziehungskredit, kein Ratenkredit und keine Kreditkartenkredite sind nach §1822 Ziff.8 BGB möglich. Sie werden von Banken aus Marketinggründen vereinzelt geduldet, es gibt jedoch ein einfaches Mittel, sich davon zu befreien. Vor dem achtzehnten Geburtstag wechselt man die Bank und lässt ihr möglichst durch die Eltern mitteilen, dass sie auf allen Schulden sitzen bleibe. Die Bank hat weder vertragliche noch gesetzliche Ansprüche auf die Rückzahlung des Geldes oder der Zinsen. Sie weiß, dass sie die Kredite nicht vergeben durfte. Dieser gesetzliche Jugendschutz wurde bisher noch nicht angetastet, auch wenn Politiker bereits so tun, als ob er abgeschafft worden sei und stattdessen Verbrauchererziehung greifen müsse.

Rechtlich bleiben also nur noch Schulden aus unbezahlten Rechnungen aus Kauf- oder Dienstleistungsverträgen. Ohne Genehmigung der Eltern geht auch hier nichts. Der Taschengeldparagraf gilt nur für bereits bezahlte Verträge und nicht für Schulden. Wenn man denn eine Jugendverschuldung hätte und sie bekämpfen wollte, so wäre es ein Leichtes, diese Rechte der Verbraucher in der Öffentlichkeit publik zu machen.

Auch durch Langzeitverträge können Jugendliche ihre Zukunft nicht verspielen, weil nach der Ziff. 5 des zitierten Paragraphen auch Verträge, die nach Eintritt der Volljährigkeit noch ein Jahr laufen nur vom Vormundschaftsgericht genehmigt werden können. Wenn das alles nichts nützt und die Eltern Schulden der Kinder genehmigt haben, dann gibt es noch den §1629a BGB, den das Bundesverfassungsgericht verlangt hat. Danach können Jugendliche durch eine einfache Erklärung mit 18 Jahren alle Schulden auf das Vermögen begrenzen, das sie dann haben. Überschuldete Jugendliche kann es also mit 18 Jahren nicht geben. Das Gesetz weist Eltern und Gerichten die Verantwortung zu und behandelt Jugendliche so wie die Ehefrau eines überschuldeten Ehemanns, dessen Schulden sie auch nur erbt, wenn sie das will.

Darum geht es aber wohl nicht. Die Diskussion über die Jugendverschuldung soll suggerieren, dass unser Finanzsystem an den Verbrauchern zugrunde geht. Das Unverständnis für Kredite und die Notwendigkeit, sich zu verschulden, um sein Einkommen sinnvoll dorthin zu bringen, wo man es braucht, wird dazu missbraucht, der Öffentlichkeit zu suggerieren, dass junge Menschen mit Geld nicht mehr umgehen könnten. Jeder kann hier aufspringen:

- Die Alten, die notorisch meinen, dass früher überhaupt alles besser war.
- Die Eltern, weil sie ihren Offenbarungseid als Erzieher bei der Zahlung der Handykosten, in der Taschengelddiskussion, oder bei der Frage, was das Kind denn nun braucht und haben soll durch Schuldzuweisung an die moderne Zeit, die Bankenwerbung, die Konsumgesellschaft etc. verdecken können.
- Die Kirche, die in der erduldeten Armut einen Eckpfeiler ihrer Theologie der Wohltätigkeit für die Reichen und der Fürsorge für die auch selbstverschuldeten Armen hat.
- Die Politiker von rechts, die mit ein paar Sonntagsreden über den Verfall von Sitte und Moral Stimmen gewinnen.
- Die Apologeten des Machbaren und die Liberalen, die mit wenig Geld und schonendem Umgang mit der Wirtschaft doch Tatkraft durch die Förderung verbesserter Schulbildung vorspiegeln können.
- Die Banken, weil ihr System der wucherischen Herbeiführung von Überschuldung nur noch wegen der Schulden treibenden Werbung kritisiert wird und ihnen zudem der Weg in die Schulen eröffnet wird, wo sie mit ein paar Euro gesellschaftliches Verantwortungsbewusstsein demonstrieren und ihre Bank bekanntmanchen können.

- Lehrer und Kultusministerien, weil ihre Wichtigkeit in einer wirtschafts-
  lastigen öffentlichen Diskussion betont wird.
- Schuldnerberater und Wohlfahrtsverbände, weil ihr Beruf aufgewertet und
  sie als Erzieher der Nation eine breite Unterstützung erwarten können.
- Verbraucherverbände, weil ihnen Subventionen winken, wenn sie sich an
  der ökonomischen Bildung beteiligen und Broschüren verteilen sowie
  Schulklassen empfangen.

Gibt es somit keine belastbaren Daten zu einer der Überschuldung der Erwachsenen vergleichbaren Jugendverschuldung, so kann man immer noch die These
aufstellen, dass Jugendliche sich im informellen Sektor, etwa in der Familie oder
bei den Freunden, bedenkenlos verschulden. Der Slogan von der Handyver-
schuldung war dabei so überzeugend, dass die grüne Verbraucherministerin trotz
schriftlicher Information wider besseres Wissen damit durch die Lande zog und
sogar eine Studie mit in Auftrag gab, an der auch die Handyindustrie beteiligt
war. Dabei lagen die Daten hierfür längst bei der SCHUFA vor und machten
deutlich, dass alle Handyschulden junger Erwachsener innerhalb von drei Monaten beglichen werden und über Summen lauten, die bei der Überschuldung irre-
levant niedrig sind.

Bereits bei der Frage, wer Jugendlicher ist, findet man in der Studie der
SCHUFA einmal das Alter 10-17 und dann dort, wo die eigenen Daten präsentiert werden, die 18-24-Jährigen. Die Fachhochschule Oberösterreich trug mit
einem Begriff, der bis 25 Jahre reicht, zur Politkampagne der dortigen Konservativen bei. Mit dem Begriff der „jungen Alten" zwischen 58 und 65 hat die Alters-
forschung den Begriff, den es im Zivilrecht gar nicht und im Strafrecht für 14-
17-Jährige gibt, endgültig zu einem subjektiven Begriff des Gefühls gemacht.
„Jugendlicher Leichtsinn" zeigt dann auch, dass nicht der Jugendliche leichtsin-
nig, sondern der Leichtsinn jugendlich daherkommt.

Nicht besser sieht es mit dem Begriff „Verschuldung" aus. Überall, wo Jugendverschuldung politisch benutzt wird, wird der Begriff mit Überschuldung
gleichgesetzt. Überschuldung kann es aber definitionsgemäß bei fehlendem Einkommen und verpflichtender Versorgung durch die Eltern gar nicht geben. Die
Zahlen, die ein „Jugendüberschuldungsforscher" zur Verschuldung anbot, lagen
zu 88 % unter 50 € Schulden und stimmen offensichtlich nicht, wenn Schuldhö-
hen von bis zu 950 € behauptet werden, die juristisch nicht konstruierbar sind.

Der Missbrauch des Themas

Das aber stört die öffentliche Diskussion nicht. Ein Streifzug durch das Internet
ergab die folgenden Aussagen, wobei bemerkenswert ist, dass die beiden – in der

ersten grauen Liste der OECD als Finanzparadiese der Reichen gekennzeichneten – deutschsprachigen Länder Österreich und Schweiz sich besonders aktiv darin hervortun, die Verantwortungslosigkeit der Jugendlichen und Kreditbürger im Umgang mit Geld herauszustellen.

Caritas Dortmund: „Mit der Zunahme des demonstrativen und des kompensatorischen Konsums steigt die Verschuldung der Jugendlichen bis hin zur Überschuldung an. ... Es gibt keine moralische Bremse mehr, was „Kaufen auf Pump" oder Kreditaufnahme betrifft."

Bund Deutscher Inkassounternehmen: „Immer mehr sind auch Jugendliche von Verschuldung betroffen. ... Der Umgang mit Geld in unserer Konsum- und Kreditgesellschaft und das Vermeiden von Schulden müssen fester Bestandteil der Lehrpläne werden – nur so lässt sich das Problem nachhaltig in den Griff bekommen."

Amt für Diakonie: „... so wird es für die junge Generation immer normaler – das Leben „auf Pump". Grund genug für die Schuldnerberatung des Amtes für Diakonie, das Team „Schuldenprävention für Jugendliche" auf den Plan zu rufen, das mit Workshops und Multiplikatorentraining die Schuldenberge verhindern will." (nach Kölner Stadtanzeiger)

Postfinanz Schweiz: „Der Grad der Jugendverschuldung ist in den letzten Jahren bedrohlich gewachsen. Schuldenexperten sind besorgt: Gut 30 Prozent aller 16- bis 25-Jährigen geben mehr Geld aus, als ihnen zur Verfügung steht. ... Waren Schulden für unsere Eltern und Großeltern noch tabu, so schrecken mittlerweile viele Jugendliche nicht davor zurück, ihr Leben auf Pump zu finanzieren."

Swisscontent Corp.: „Insbesondere gilt es, den Kids klar zu machen, dass es falsch ist, zu konsumieren, was man sich gar nicht leisten kann – und dass die Konsequenzen sehr unangenehm sind." (Tobias Billeter)
Österreichische Justizministerin und Wüstenrot Bausparkasse: „Für Konsumentenschutz- und Jugendministerin Ursula Haubner war und ist es ein wichtiges Anliegen, beim Thema Jugendverschuldung für mehr Aufklärung zu sorgen. ... Im Sozialministerium wurden von Jugendministerin Ursula Haubner und Wüstenrot-Generaldirektorin Dr. Susanne Riess-Passer die Preise an die Gewinner/innen überreicht. ... Wer Schulden anhäuft, gerät unter Druck – wer schuldenfrei bleibt, bleibt auch im gesamten Lebensgefühl frei! Frei für seine persönlichen Dispositionen, frei von Fremdbestimmung und insbesondere frei von quälenden Überlegungen, wie man die unüberlegt angehäuften Schulden zurückbezahlen soll", betonte Jugendministerin Haubner. „Mit einem Bausparvertrag kann man nicht nur alle Wohnträume erfüllen, sondern auch die Kosten für Weiterbildungsmaßnahmen abdecken", ergänzte Wüstenrot-Generaldirektorin Dr. Riess-Passer.

Kaufmännisches Bildungszentrum Luzern: „Die Ergebnisse unserer Analyse ergaben, dass durch den verloren gegangenen Bezug zum Geld und die ständige, von der
Gesellschaft geforderte, unter Beweisstellung der eigenen Person, dazu führen, dass
sich viele Jugendliche mit Prestigeobjekten eindecken müssen. ... Dieses an die Gesellschaft angepasste Konsumieren führt letztendlich zu den Schulden. Die Folgen
sind, dass durch den Eintrag in das Betreibungsregister und durch den Verlust der
finanziellen Mittel, das Leben auf dem Existenzminimum eintritt, welches zur Inak-
zeptanz in der Gesellschaft führt und es folglich zu sozialen und psychischen Problemen kommt." (jugendverschuldung.ch.vu)

Projekt Jugendverschuldung Schweiz: „Am stärksten betroffen vom schlechten Vorbild (der Eltern d.Verf.) sind Kinder aus finanziell nicht so gut stehenden Familien-
verhältnissen. ... Die Kinder sind zwar glücklich, doch den Eltern geht es immer
schlechter und sie verschulden sich zunehmend. ... Wenn die Jugendlichen dann
selber einmal ein regelmäßiges Einkommen haben, ist es schon zu spät, da sie den
Wert der Dinge gar nie zu schätzen gelernt haben." Wesentliche Faktoren für die
Überschuldung der Jugendlichen sind wörtlich: „Konsumgeilheit, Prestigeobjekte"
(Unterstützt von Justitia Inkasso Schweiz: mymoney.ch; Valiant Holding Privat-
bank; Bundesamt für Kultur, Dienst für Jugendfragen; verschiedene Lotteriefonds;
Justizdepartement Basel-Stadt; Neuapostolische Kirche Schweiz; Kirchenrat des
Kantons Zürich; Kantonale Jugendkommission Bern; GGG Gesellschaft für das
Gemeinnützige und Gute; Swiss Textiles.)

Tagesanzeiger Schweiz: „Jung, trendig – und verschuldet. Siebzehn Prozent der jungen Erwachsenen zeigen ein süchtiges Konsumverhalten."

Österreich B4-19: Future.Invest.Project:. Jugendsünde Jugendverschuldung.
Schnappt die... Dass die rasant steigende Jugendverschuldung mehrere Gründe hat,
ist offenkundig. ..."

Schweiz: Schulgemeinde Wallisellen Online: „Flash Jugendverschuldung – ein
Problem unserer konsumfreudigen Zeit ... Mit nackten Zahlen wies er auf die er-
schreckende Zunahme der Jugendverschuldung hin. ..."
SCHUFA Symposion zum Thema „Jugendliche im finanziellen Fokus" Berlin 2006:
„Denn nur, wer sich der Folgen seines wirtschaftlichen Handelns bewusst ist, kann
dessen Bedeutung für die eigene Zukunftsgestaltung absehen. Wie nun 10-17 Jähri-
ge mit den Themen Ver- und Überschuldung umgehen, lässt somit Rückschlüsse auf
deren Fähigkeiten zu, sich mit Überschreiten der Schwelle zur Volljährigkeit in persönlichen Finanzfragen zu bewähren oder zu scheitern."

Verantwortliche finanzielle Allgemeinbildung – eine Antwort

Nicht jeder, der sich für die finanzielle Allgemeinbildung der Jugend einsetzt,
nicht jedes Projekt einer Bank hat ideologische Funktion und nicht alle Schuld-

nerberater suchen die Schuld allein beim Schuldner. Vieles ist hier vermischt und muss analysiert und diskutiert werden. Die unschuldige Behauptung, man wolle ja nur das Beste für die Jugendlichen, ist auch dann eine schlimme Rechtfertigung, wenn ihre Urheber selbst daran glauben.

Auch das iff beteiligt sich an Konzepten und Projekten zur finanziellen Allgemeinbildung. Mit Banken und Behörden sowie unter Einschaltung der Schuldnerberatung und der Verbraucherverbände werden in großen Schulprojekten Versuche finanzieller Allgemeinbildung durchgeführt. Der Umgang mit Finanzdienstleistungen ist in der Tat ein ganz wichtiger und bisher vernachlässigter Bereich der Bildung. Auch wir benutzen Beispiele, in denen Jugendliche sich verschulden und konkrete Probleme lösen müssen, um Handlungswissen zu vermitteln. Es kommt aber auf das Wie und das Was an. Der erhobene Zeigefinger, die Fokussierung auf das Sparen und die Verteufelung von Kredit, die diffamierende Unterstellung von Konsumrausch und Leichtfertigkeit der Jugendlichen, der Weg der Bank in die Schule und die vorbestimmten Ergebnisse des Unterrichts sowie der konstruierte Inhalt der Beispiele ohne Realitätsgehalt, all das sind deutliche Anzeichen des Missbrauchs des Themas und der Aufgabe.

Das Prinzip des Schülerbankings im iff hat die Prinzipien des wechselseitigen Lernens und Verstehens, dass das Finanzsystem notwendig, produktiv, aber auch schädlich wirken kann und dass es um Zeit und Risiko geht, mit denen Finanzdienstleistungen umgehen. Dies bedeutet im Einzelnen:

- Schüler lernen mit Kapital, Zeit und Risiko umzugehen und erfahren darüber, welchen Nutzen Finanzdienstleistungen haben, oder auch nicht haben können.
- Ausgangspunkt ist der Kredit und nur über seine Rückzahlung (umgekehrtes Sparen) auch die Anlage.
- Der Lernprozess zwischen Schülern und Banken wird von unabhängiger Seite wissenschaftlich fundiert aus Verbrauchersicht inhaltlich organisiert.
- Lehrer bleiben die Herren des Bildungsprozesses, Banken sind nur das Praxisfeld und der außerschulische Lernort.
- Schüler lernen, ausschließlich Fragen zu stellen. Banker dürfen nur antworten.
- Alle Prozesse werden auf allen Seiten ständig evaluiert und mit den Beteiligten diskutiert.

6.4 Komplexität durch Anbieterperspektive

„Das globale Finanzsystem ist enorm kompliziert geworden, die meisten verstehen vieles nicht mehr", wird ein Havard-Wissenschaftler zitiert. Es ist alles komplex, wenn über Lösungen gesprochen werden soll: Zins-, Währungs- und Kurs-Futures, unzählige Optionskonstruktionen, Leerverkäufe, Pensionsgeschäfte, außerbilanzielle Risiken, covered warrants, Hedgefonds, Bonus- oder Garantie-Zertifikate, MBS und ABS, Basel II, Rating und Scoring, Eigenkapitalunterlegung und -rendite. 200.000 neue Produkte pro Jahr, interner Wert und Chart-Analyse, Long- und Short-Positionen, tracking errors oder gar das gehebelte Alpha 30/130, ein Fonds, dessen Beschreibung bei den toxischen Produkten nachzulesen ist.

Das Ganze produziert ein Gefühl, man sei einfach zu dumm, um das alles zu verstehen. Wenn dann ein führender Politiker zu seinen Abgeordneten sagt, er sei stolz darauf, nicht zu wissen, was ein Future ist, dann mag er damit den Genossen das Gefühl vermitteln, sie seien nicht alleine und auch nicht zu dumm. Er macht aber damit nicht nur die Masse der Bevölkerung für die Volksherrschaft unzuständig, sondern selbst das Parlament. Gesetze werden dann bei den Bankenanwälten der Großkanzlei Freshfield gemacht, Milliardensubventionen von den Vertretern der Nutznießer verwaltet, Stellungnahmen in den Büros gefertigt, die die Regierung den Vertretern der Banken im eigenen Gebäude zur Verfügung stellt und davon auch nach einer Abgeordnetenanfrage nicht lassen will. Stattdessen hat sie nur zugesichert, sie würde diese Lobbyisten nicht unmittelbar an der Formulierung sie betreffender Gesetze beteiligen – eine wenig beruhigende Zusicherung, da diese Gesetze ja ohnehin außer Hause in Auftrag gegeben werden.

Wäre das Unverständnis zur Finanzkrise sehr groß, könnte man wenigstens vermuten, dass sich eine Demokratiedebatte neu entwickeln würde. Alle wüssten, dass die bekannte Form von Demokratie hier nicht funktioniert und man Neues ausprobieren müsste, indem man zumindest bei den Sachverständigen für Gegenpositionen und öffentliche Diskussionen hätte sorgen müssen, damit wenigstens einzelne Wissenschaftler die Alarmsirenen hätten einschalten könnten. Doch dem Volk wird nicht erklärt, dass es zu komplex für alle sei. Dem Volk wird gesagt, es ginge um Gier und Übermaß, um arme Reiche und maßlose Arme. Daran arbeite man, sodass das Ganze als notwendig, unabwendbar und die politischen Schritte einschließlich der Selbstbedienung als Schicksal hingenommen werden. Die befürchteten sozialen Unruhen treten erst ein, wenn das Kindergeld und Harz IV gekürzt werden, nicht jedoch bereits in dem Stadium, in dem die dafür vorgesehenen Mittel – auf Dauer zweckentfremdet – dem Finanzsystem übergeben werden. Das Problem ist also ein zweifaches: Finanzsachverhalte werden bewusst zu komplex dargestellt, um politisch diskutierbar zu sein, Finanzsachverhalte werden bewusst zu einfach dargestellt, um dem Volk das Gefühl der Ohnmacht zu nehmen.

6.4.1 Finanzfachsprache

Der Finanzmarkt spricht Englisch. Entweder werden die englischen Begriffe direkt benutzt, oder die deutschen Begriffe sind nur eingedeutschte englische Begriffe. Nachfolgend wurde dies beispielhaft für den Bereich der Kreditverkäufe zusammengestellt und die englischen Wurzeln in Klammern gesetzt.

Dort spricht man von dem Disintermediationsmodell (disintermediation), Sekundär- oder Zweitkreditmarkt (secondary market), der den Markt für bereits marktmäßig erworbene Kredite bezeichnet. Master-, Backup-, Special-Servicer sind Haupt-, Ersatz- und spezielle Inkasso- und Kreditbetreuungsagenturen, sub-performing-loans bezeichnen genau wie non-performing-loans notleidende Kredite. „Second defaults" sind Kredite, in denen der Kreditnehmer wiederholt säumig wurde. Ein short sale ist ein Verkauf mit Abschlag, als Opportunity-Fonds bezeichnet man Kapitalsammelstellen, die Schnäppchen aufkaufen, Hedge-Fonds dagegen sind Kapitalsammelstellen, die behaupten, sie würden zwei entgegengesetzte Risiken so miteinander verbinden (hedging), dass sie sich gegenseitig aufheben, während in der Praxis nur extrem hohe Vorzeigerenditen durch Investition in hohe Risiken angestrebt werden. MBS und ABS, die amerikanischen Pfandbriefe auf Hypothekenkredite, oder auf andere Forderungspools sind Voraussetzung für Portfolienverkäufe. Investoren sind bei Krediten die Aufkäufer oder Erwerber. Private Equity Investment bezeichnet die Direktbeteiligung an einem Unternehmen. Joint Venture steht für eine gemeinsame Unternehmung, das Rating für die Bewertung von Vermögenswerten und Asset heißt zu Deutsch Forderung.

Die Nutzung der englischen Sprache hat dabei eine Reihe von unbestreitbaren Vorteilen. Weil der Finanzmarkt der einzige bereits globalisierte Markt ist, ist es einfacher, die Produkte, Probleme und Prozesse einheitlich zu bezeichnen. So wie die Ärzte Fachausdrücke in Latein kommunizieren, so kommunizieren die Banker in Englisch. Die Nutzung dieser Begriffe auch im Deutschen hat zudem den Vorteil, dass sie eine unverwechselbare Bezeichnung darstellen, weil sie mit keinem anderen Gebrauch dieses Wortes im Deutschen konkurrieren. Damit hat sich eine Fachsprache gebildet, die mit allen Fachsprachen den Vorteil der Kürze und Präzision teilt.

Die Nachteile sind aber ebenso unübersehbar. Der Kreis der Auserwählten bleibt klein und überschaubar. Eine Kontrolle durch die Öffentlichkeit ist praktisch ausgeschlossen. Ein Experteneffekt, der dem Verbraucher die Kompetenz des anderen suggeriert, tritt auch dann ein, wenn der Nutzer solcher Worte in Wirklichkeit nichts von dem versteht, was er da redet. Einen entsprechenden Eindruck konnte man bei Abgeordneten haben, die sich bei der Kreditverkaufsdiskussion durch fachsprachliche Detailnachfragen profilieren wollten.

Letztlich gibt es keine Argumente, warum Banker nicht in der Lage sein sollten, ihre Tätigkeiten und Produkte in einer Sprache zu erläutern, die den meisten Bürgern ihres Landes verständlich ist. Wir erwarten heute von einem Arzt oder Anwalt ebenso wie von einem Steuerberater oder Elektronikhändler, dass er uns das, was wir kaufen, nutzen oder verstehen sollen, auch entsprechend erklären kann. Kann er dies nicht, so sind wir relativ sicher, dass er es selbst nicht verstanden hat, oder aber gar nicht mehr in der Lage ist, die Interessen und Bedürfnisse seiner Kunden wahrzunehmen. In beiden Fällen ist er für seinen Beruf nicht geeignet. Warum sollten Banker hier eine Ausnahme sein?

Niemand hindert die Ärzte daran, untereinander die Fachsprache zu benutzen, aber es wäre unerträglich, wenn sie uns die Grippe so erklären wollten. Die extensive Nutzung einer fremdsprachlich dominierten Fachsprache durch die Banker in einem Bereich, der die meisten Verbraucher existenziell betrifft, ist daher unwürdig und demokratiefeindlich.

Dass die Übersetzungen in die Alltagssprache möglich sind, hoffen wir mit diesem Buch gezeigt zu haben. Dabei geht es nicht um jede Verästelung. Es reicht aus, wenn auf den Grundlagen von Kapital, Zeit und Risiko die Besonderheiten der jeweiligen Finanzdienstleistung erläutert werden. Eine solche Übersetzung würde auch ein wesentliches Element der Bankenmacht, das das Bankrecht beherrschende Kartell der Bankjuristen, einschränken, das von den Beamten in die Gesetzgebung geholt wird, weil man dafür dessen Sachverstand brauche (5.3.1).

6.4.2 Geldsprache und Verbraucherperspektive

Die Fachsprache des Bankings verdeckt ein noch weit gravierenderes Problem, nämlich den Mangel an sozialer Kompetenz im Bankbereich. Dies liegt nicht an der Böswilligkeit der Banker, sondern an funktionalen Unterschieden, die sich aus dem jeweiligen Zusammenhang ergeben, in dem eine Finanzdienstleistung Sinn macht. Wir kennen das Problem aus dem Bereich der Arbeit und Wohnraummiete.

Der Unternehmer lernt in Managementkursen seine Sicht des Unternehmens. Danach soll er die Erträge maximieren und die Kosten minimieren. Die Organisation der betrieblichen Abläufe hat dem zu folgen. Dass der Lebensunterhalt des Arbeitnehmers ein Kostenfaktor des Unternehmers ist, dessen Krankheit und Unglück als ein Arbeitsausfallrisiko und gewerkschaftliches Handeln als Bedrohung des Betriebsfriedens aufgefasst werden kann, während der Vermieter keine Familien, sondern nur Mieter kennt, deren Arbeitsplatzverluste mit Mietzahlungsproblemen zu Mietrisiken werden, ergibt sich in der Praxis genau aus dieser (einseitigen) Perspektive, wenn sie nicht durch die Sicht der anderen Seite gemäßigt, korrigiert und ergänzt wird. Genau dies ist durch die kollektive Macht von Arbeitnehmern und Mietern und auch durch ihr politisches Gewicht und eine lange Tradition sozialen Schutzes im Sprachgebrauch geschehen. Danach bildet heute für beide Parteien ein Arbeitsplatz den Lebensunterhalt einer Familie und den Ort, an dem der Arbeitnehmer in Würde und Gesundheit einen Teil seines Lebens verbringt. Es ist gleichzeitig aber auch der Ort, an dem der Unternehmer seine Arbeit zuteilt und auf das Ergebnis sowie die Kosten achtet.

Entsprechend hat sich bei der Wohnungsmiete eine Sprache etabliert, die die Wohnung als Lebensmittelpunkt des Mieters anerkennt und – von der Kleintierhaltung über die Gesundheitsgefährdung sowie dem Schutz gegen soziale Härte – die Sichtweise, dass ein Mieter nur ein Kapitalverwerter des Hauskapitals des Vermieters ist, relativiert.

Analoges gibt es bei den Finanzdienstleistungen und hier insbesondere im Bereich der Kapitalanlagen und Kredite nicht. Das Fehlen sozialer Schutzrechte bzw. ihr Abdrängen in Zwangsvollstreckung und Konkurs, hat der Anbieterseite eine interne Kommunikationsstruktur erlaubt, die bisher kaum von sozialen Tatsachen durchdrungen ist. Das Fehlen kollektiver Vertretungen hat auch verhindert, dass hier Kompromisse geschlossen wurden. Das Versagen der Gerichte beim Schutz vor den Wucherungen des Geldsystems und seiner Instrumentalisierung von Lebenszeit, spiegelt sich dann auch im Sprachgebrauch.

So wie sich in reinen Männerbünden, oder früher im Wehrdienst eine frauenfeindliche sexistische Sprache entwickelte, hat sich im Bankbereich eine den sozialen Belangen der Verbraucher feindlich gegenüberstehende Sprache etabliert.

In dem Artikel „Die Sprechblasen der Krise", hat die Süddeutsche Zeitung v. 05.08.2009 ein kleines Wörterbuch inhumaner Ausdrucksweisen abgedruckt. Danach heißt „Bei der Fusion nutzen wir Synergien" übersetzt: „Erst werfen wir die Hälfte der Belegschaft raus. Dann arbeiten die anderen doppelt so viel – für die halbe Kohle."

In der Tabelle haben wir die oben benutzten Anglizismen für den Bereich der notleidenden Kredite zunächst wörtlich ins Deutsche übersetzt und ihre Bedeutung bezüglich der Situation des Kreditschuldners aus Verbraucherperspektive daneben geschrieben. Dabei zeigt sich, dass der Mensch in dieser Sprache, die von der Not der Kredite und nicht der Not der Kreditnehmer spricht, vor allem als Sache in Erscheinung tritt.

Fachjargon	Verbraucherperspektive
Non Performing Loans (nicht laufende Kredite)	Gekündigte Kredite in Not geratener Schuldner; von Zwangsvollstreckung bedroht; statt monatlicher Rate gesamter Kredit zahlbar; oder aber: Die Bank glaubt, es wird bald so sein.
Distressed Debt Investing (Anlage in unglücklichen Schulden)	Aufkauf von Krediten in Not geratener Schuldner
Sub-Prime (unter dem besten Zinssatz)	Wucherkredite an ärmere Schichten
Servicer	Fremde (Inkasso-) Institute melden sich; eigene Bank will nicht mehr zuständig sein
Short sale (kurzer Kauf)	Jemand hat billig das Recht gekauft, gegen mich vorzugehen und verdient umso mehr, je mehr er dabei herausholt.
Hedge/Opportunity Fund (Hecken- und Chancenfonds)	Der neue Kreditgeber muss schnell Kasse machen, weil er es seinen Auftraggebern versprochen hat. Er kann mir langfristig nicht helfen.
Rating (Hierarchisieren)	Benotung meiner Rückzahlung nach Kriterien, die ich nicht mehr beeinflussen kann.
Portfolio (Portemonnaie)	Die Bank sieht eine Anzahl ihrer Kreditnehmer nur noch als Masse und bietet sie insgesamt zum Verkauf an. Ich spiele individuell keine Rolle mehr.
Private Equity (Privates Eigenkapital)	Die Aufkäufer spekulieren mit hohen Gewinnen und Verlusten. Sie werden jede Chance wahrnehmen müssen.
Assets (Guthaben)	Meine Pflicht zur Rückzahlung der Kredite sowie der Zinsen wird von der Bank wie ein Geldbetrag oder Grundstück angesehen.
Performing Loan (gut laufender Kredit)	Ich zahle noch pünktlich.
Bad Bank (schlechte Bank)	Bank für schlechte Kunden
Asset Deal (Abschluss über Vermögenstransfer)	Mein Kredit wird verkauft.
Due diligence („angemessene Sorgfalt")	Ein Käufer erhält Informationen über meinen Marktwert.
„Die führenden Investoren können – aufgrund der Erfahrungen aus anderen NPL-Märkten und durch den Einsatz spezialisierter Servicer – Renditechancen hinsichtlich der erworbenen Problemkredite besser nutzen. Aufgrund der vom Verkäufer zur Verfügung gestellten Daten sowie der Anwendung spezieller – für NPL-Transaktionen entwickelter – Informationssysteme sind sie in der Lage, ihre Return-Chancen bereits in der Due- Diligence-Phase realistisch zu bewerten."	Gerade ausländische Aufkäufer deutscher Hypothekenkredite, die für weniger Geld als vom Verbraucher geschuldet überall in der Welt Kredite von in finanzielle Schwierigkeiten geratenen Verbrauchern aufkaufen, holen dabei mehr aus den Überschuldeten heraus als es die deutsche Bank kann. Ihr Vorteil ist es, dass sie dabei schon vor dem Kauf über jeden Kunden alles mitgeteilt bekommen und mit ihrer Erfahrung, wie man solche Informationen nutzt und zur Prognose zusammenstellt, so auswerten, dass sie schon im Vorhinein wissen, wie viel sie maximal aus den Kunden herausholen können.

Der Begriff „notleidender Kredit" ist Verbrauchern unverständlich, da ja nicht der Kredit, sondern der Verbraucher „Not leidet". Menschen, deren Existenz auf dem Spiel steht, als „Schnäppchen" zu bezeichnen, verfehlt ebenfalls die soziale Dimension. Wenn die „Realisierung von Sicherheiten" aus Verbrauchersicht die „Wegnahme seiner Wohnung" bedeutet, oder wenn sich die erhöhte Renditechance durch „Vereinbarung für die Bank günstigerer Folgekonditionen bei non-performing-loans" aus Verbrauchersicht als „Erpressung" schlechterer Konditionen darstellt, so zeigt sich, dass die verschiedenen Perspektiven bisher noch nicht zu einer ausgewogenen Sprache gefunden haben.

Entsprechend ist es auch schwierig, die gegenwärtige Finanzkrise anders als auf moralischer Verdammung oder sachnotwendigem Expertenwissen aufzubauen.

6.5 Neo-Liberalismus

Für viele ist das Verhalten der Banken in den vergangenen 10 Jahren identisch mit einer politischen Weltanschauung, die sich auf den Ökonomen Hayek beruft und sich als Neo-Liberalismus einen Namen gemacht hat. Die Freiheit des Marktes ist dabei das höchste Gut, dem auch der Staat zu dienen habe. Der Neo-Liberalismus beruft sich dabei auf den Liberalismus. Als dessen Vater wird der englische Gesellschaftswissenschaftler Adam Smith angesehen, den man im Wesentlichen mit einem einzigen Zitat aus seinen Schriften auf die Aussage reduziert, dass Wirtschaft von blindem Egoismus angetrieben am besten funktioniere. Dass Adam Smith eher ein Theoretiker des Altruismus war und Egoismus nicht als Wert, sondern als Mittel ansah, ist in der Öffentlichkeit kaum bekannt. Die markigen Zitate vom Bäcker, der sich um das Wohl der Menschen nicht mehr kümmert, aber es doch optimal befördert, wurden zu einer Gesellschaftstheorie ausgebaut, die Milton Friedman in dem Satz zusammenfasste, die Ethik des Unternehmers erschöpfe sich in der Gewinnmaximierung.

6.5.1 Neo-Liberalismus und Finanzkrise

Der Neo-Liberalismus und die Finanzkrise hängen miteinander zusammen. Die Akteure in den entfesselten Finanzmärkten ließen sich gerne vom Neo-Liberalismus und seinen Intellektuellen rechtfertigen. Die Bankenwelt umgab sich mit solchen Wissenschaftlern und Politikern, die der Politik einen theoretischen Anstrich vermittelten.

Nach amerikanischem Vorbild finanzierten und unterstützten Großbanken Denkfabriken und Netzwerke wie die „Stiftung des Deutschen Eigentums", zu deren Treffen mit dem Logo einer Großbank im April 2008 Die Zeit titelte: „Friedrich Merz wettert gegen den Staat – Banker jubeln!"

Der wohl provokanteste und medienwirksamste Theoretiker des Neo-Liberalismus, Prof. Hans-Werner Sinn, der mit Titeln wie „Ungerecht lebt sich besser" und mit Reden gegen Mindestlöhne, Kündigungs- und Umweltschutz das Münchener ifo-Institut vor dem Konkurs gerettet hat, hat seine Treue zu den Investmentbankern sogar so weit getrieben, dass er die zaghaften Ansätze, sie zur Verantwortung zu ziehen, mit der Judenverfolgung verglich. Ein andere Vertreter, Thomas Straubhaar vom Hamburger Weltwirtschaftsinstitut, das aus dem wirtschaftlichen Scheitern des von ihm geleiteten Hamburger Weltwirtschaftsarchivs hervorging, veröffentlicht jetzt ein Buch, das soziale Gerechtigkeit als Ideologie entlarven will. Der dritte Apologet einer Politik privat finanzierten Gemeinwohls, Bert Rürup, ist beim schillernsten Finanzdienstleister, dem AWD, gelandet. Sein Kollege Raffelhüschen, der wohl radikalste Apologet einer rein privaten Altersvorsorge, erklärt jetzt als Vorstandsmitglied der Initiative Soziale Marktwirtschaft und als Mitglied im Aufsichtsrat der ERGO-Versicherungsgruppe in den Medien und vor Branchenvertretern, dass die Privatisierung der Altersvorsorge ein großer Erfolg für die Sicherheit der Rente geworden sei, wobei er allerdings seinerzeit gefordert hatte, auf die rettende Nominalwertgarantie zu verzichten.

Zu den Denkfabriken der Deregulierung gehören die „Initiative Finanzplatz Deutschland" aller Banken, die „Initiative Neue Soziale Marktwirtschaft" unter der Kuratoriumsleitung des ehemaligen Bundesbankchefs Tietmeyer, die „Stiftung Marktwirtschaft" mit ihrem Kronberger Kreis, die zusammen mit der FDP-Stiftung (Naumann-Stiftung) in Brüssel mit Frau Kuneva im April 2009 ihr Konzept von Verbraucherschutz als Marktschutz propagierte. Ludwig Erhard-, Nixdorf- und Bertelsmann-Stiftung propagieren weiter gut ausgerüstet marktwirtschaftliche Lösungen für die Probleme der Marktwirtschaft in Schule und Öffentlichkeit, während die Adenauer-Stiftung auch die konservative Kritik an der Marktwirtschaft bedienen muss. Gewerkschaften, Verbraucher-, Mieter- und Wohlfahrtsverbände haben in dieser ideologischen Krisenbewältigung wenig auszurichten. Die Sprachrohre des Neo-Liberalismus, zu denen noch der Jurist Kirchhof gehört, der für seine Steuerermäßigungspläne für Reiche auf 25 % („Flatrate") mit der Aussicht auf das CDU-Finanzministerium belohnt wurde, haben sich 2009 alle mit Erklärungen zur Krise zu Wort gemeldet, mit denen sie die historisch radikalste Abkehr von der aristotelischen Idee der Gerechtigkeit als wahre Gerechtigkeit darstellen möchten. Kirchhof veröffentlicht „Das Maß der Gerechtigkeit", Sinn den „Kasino-Kapitalismus: Wie es zur Finanzkrise kam, und was jetzt zu tun ist"; Straubhaar „Die gefühlte Ungerechtigkeit: Warum wir Ungleichheit aushalten müssen, wenn wir Freiheit wollen". Doch gleichzeitig erhalten wir ein Buch des indischen Ökonomen Armatya Sen über „Die Idee der Gerechtigkeit" (The Idea of Justice), in dem er uns zu ihren Wurzeln zurückführt, weg von den angeblich gerechten Verfahren und Mechanismen, die das Elend vernünftig erscheinen lassen, hin zu ihren Wirkungen auf die realen Menschen, auf deutsche Alleinerziehende, indische und afrikanische Bauern, nordafrikanische Immigranten in Frankreich und Obdachlose in den USA. Doch nicht der Neo-Liberalismus als Theorie hat die Selbstzerstörung der Finanzmärkte zu verantworten. Es waren Reichtum und Erfolg in den Finanzmärkten, die eine solche Huldigungstheorie der freien Marktwirtschaft zu einem Zeitpunkt hervorbrachten und belohnten, als die Defizite von Marktwirtschaft bei der Umwelt und gerechter Verteilung bereits offensichtlich waren. Es war in der Wissenschaft das „richtige Denken", dessen Gewährleistungsmechanismen für den einfachen Bürger bereits oben (6.2) besprochen wurde. Wissenschaft und Alltagstheorien unterscheiden sich insoweit in ihrer Beherrschbar- bzw. Verführbarkeit nicht grundsätzlich.

6.5.2 Neo-Liberalismus als Praxisanforderung

Ausgehend von den USA, wo sich eine Gruppe an der Universität von Chicago um Milton Friedman bei den Ökonomen („Chicago Boys") und Richard Posner bei den Juristen zu dieser Theorie bekannte, ist der Neo-Liberalismus das Wirtschaftskonzept der Bush-Regierung in den USA, aber auch der Pinochet-Diktatur in Chile geworden. Politisch nahm er seinen Ausgangspunkt in der Wirtschaftspolitik unter dem US-Präsidenten Ronald Reagan („Reagonomics") und der englischen Kanzlerin Margret Thatcher („Thatcherism"). Sie führten damit einen erfolgreichen Kampf gegen den Gewerkschaftsstaat (Entlassung der streikenden Fluglotsen in den USA, Entlassung der streikenden Bergarbeiter in England), der ihrer Auffassung nach eine marktwirtschaftliche Ausrichtung der Wirtschaft behinderte.

Ihre Nachfolger haben aus dem rein negativen Konzept des Abbaus sozialer Strukturen und des Einflusses des Staates ein eher aktives Politikkonzept entwickelt, bei der die großen Unternehmen und hier insbesondere die Banken und Finanzinvestoren geradezu einen Anspruch darauf erhielten, öffentliches Eigentum privatnützig zu verwalten (Privatisierung) und sich statt an Gesetzen direkt an den Marktbedingungen zu orientieren (Deregulierung). Weitere Ansprüche waren: von staatlichen Abgaben (Steuersenkung; Verschuldungsgrenze (balanced budgets)) und Überwachung (Entbürokratisierung, gegenseitige Anerkennung) befreit zu werden und bei der Erweiterung ihrer Einflusssphären staatlichen Schutz (Anti-Terror Politik, militärische Sicherung von Ressourcen) zu erhalten. Das Ziel der Befreiung von staatlicher Bevormundung wurde durch das Ziel der Globalisierung ersetzt. Damit war nicht die weltweite Arbeitsteilung und Vergesellschaftung von Wirtschaft an sich, sondern die Durchsetzung einer rein marktwirtschaftlichen Form der Weltwirtschaft unter Führung der eigenen Großunternehmen gemeint.

Diese Ausrichtung hat die englische Labour-Regierung ebenso beeinflusst wie das Wirken der holländischen, irischen und englischen Kommissare, die die Wirtschaftsdirektionen der EU-Kommission leiteten. In Deutschland stehen für diese Richtung die Wirtschaftsprofessoren und öffentlichen Kommentatoren und Berater Sinn, Raffelhüschen, Straubhaar und die Chefvolkswirte von Deutscher und Commerzbank. In der Politik haben sich damit Friedrich Merz und der ehemalige Bundesverfassungsrichter Paul Kirchhof einen Namen gemacht. Man kann davon ausgehen, dass sowohl die rot-grüne als auch die schwarz-rote Bundesregierung diese Ziele verinnerlichte. Seit den Zeiten von Helmut Schmidt in der SPD und Helmut Kohl in der CDU, wurde das an sich freidemokratische Anliegen als das einzig Sinnvolle und Machbare für die Zukunft (z. B. Agenda 2010) erklärt. Ein hoher EU-Beamter fasste es in einem Gespräch mit dem Satz zusammen „Ich glaube an den Markt".

Entsprechend haben sich die Linken, die die bestehenden Sozialstrukturen verteidigen wollten, mit den Konservativen, die die traditionelle Macht des Staates bewahren wollten, in einem Konzept des Anti-Neo-Liberalismus zusammengefunden, das unter dem Namen Globalisierungsgegner (Attac, Linkspartei, Teile der CDU und CSU) die Konturen vermischte.

„Der Neo-Liberlismus stellt die Entartung eines sinnvollen Grundgedankens dar. ... Neo-Liberalismus ist der Totalitarismus des Marktes." schreibt der Wirtschaftsprofessor Georg August Zinn und vermeidet dabei die weitverbreitete links- wie rechtsextreme Identifizierung von Neo-Liberalismus mit Liberalismus.

Der Neo-Liberalisms sieht im Geld das allumfassende Steuerungsmittel von Gesellschaft. Sein Ziel ist es, dem Geld die letzten Zugangsschranken zur Lebenswelt der Menschen zu nehmen. Dies wird oft als verbesserter Zugang der Menschen zum Markt ausgegeben. Der Neo-Liberalismus fordert daher, alle Solidarsysteme durch Kapitalstocksysteme zu ersetzen. Der Mensch sollte nicht mehr „jetzt für die Alten" sondern „im Alter für sich selbst" sorgen.

Nicht Häuser bauen, eine Familie gründen und Kinder großziehen, sondern reich an Geld sollen alle werden wollen. Aus dem Sparer wird der Anleger, aus dem Versicherer der Spekulant und aus dem Arbeiter der Investor. Das Ganze gilt als effizient.

Exzellenz ist dann nur noch die Effizienz, die sich in Geld messen lässt. Geld haben ist der schlagende Beweis dafür, dass man vernünftig und effizient gehandelt hat. Gut hat seine Bedeutung verändert. Es ist gut so, ohne dass es gut sein muss. Hedgefonds und Finanzinvestoren können daher nachhaltig aufgebautes Sach- und Arbeitskapital zerlegen, auf Geldeinheiten reduzieren und dann meistbietend versteigern, wenn nur die Rendite in Geld stimmt. Die Produkte haben jeden anderen Sinn verloren. Der Erfolg von Microsoft liegt dann im shareholder value und nicht in der Güte der Software. Ein sinnloser Spacepark (bankrotter

Bremer Vergnügungspark) muss nur Gewinn versprechen, aber nicht einmal erzielen, um staatliche Unterstützung zu erhalten. Markt ist an sich gut und mehr
Markt ist noch besser, auch wenn man gleichzeitig einräumt, dass nicht alles
marktmäßig absetzbar sein sollte.

An die Stelle sozialer Ökonomie und der Nationalökonomie treten die ma-
thematischen Formeln und logischen Ableitungen, bei der die Wirklichkeit in den
Köpfen als Spiel konstruiert, durch Statistiken der Vergangenheit in eine Tendenz
gepresst und erfasst wird. Der dabei erzeugte virtuelle Schein einer Welt des
Geldes hat klare Machtverhältnisse geschaffen, in denen neue Dogmen die Politik und die Wissenschaft beherrschen.

Deregulierung, Privatisierung, Selbstheilungskräfte des Marktes, Eigenverantwortung der Bürger, freier Waren-, Dienstleistungs- und Kapitalverkehr, Bü-
rokratieabbau, Kampf gegen die Regulierungswut, wider den Versorgungsstaat
und die Selbstbedienungsmentalität. „Geiz ist geil", „Leistung soll sich wieder
lohnen", „Fordern (statt) Fördern", sind die Stichwörter einer Politik, die den
Kapitalismus seit dem Siegeszug des Investmentbankings und seinen religiösen
Widerschein im Neo-Liberalismus geleitet und legitimiert haben.

Dass diese Ideologie angesichts der komplexen menschlichen Verhältnisse,
die damit bewältigt werden sollen, irrational sein muss, macht das Zusammenge-
hen neo-liberaler Wirtschaftspolitik mit religiösem Fundamentalismus und mar-
tialischer Politik in den USA verständlich.

Die neue Denkungsart verdankt ihr Überleben den nicht zu leugnenden Pro-
duktivitätserfolgen der Globalisierung, bei der alle Vermögens- und Eigentums-
positionen, alle Property Rights in der ganzen Welt in Fonds und ähnlichen Kapitalsammelstellen eingebracht wurden. Erst dadurch wurden sie zirkulationsfähig
und waren damit für die Globalisierung geeignet, gleichzeitig aber büßten sie
ihren Bezug zu den realen Verhältnissen vor Ort ein. An die Stelle der Dinge
traten die Anteilsscheine in den Währungen Dollar, Euro oder Yen.

6.5.3 Die gefährliche Kritik der Konservativen

Konservative ebenso wie Sozialisten schließen sich dieser Kritik meist an. Gemeinsam sehen sie im Neo-Liberalismus eine Form des Liberalismus, knüpft der
Neo-Liberalismus doch nach der linken Kritik „– seinem Selbstverständnis nach
– an Traditionsbestände des klassischen Liberalismus an, versucht aber gleichwohl, ihn (unter den Bedingungen und auf der Höhe des entwickelten Kapitalismus) neu zu formulieren."

„Markt und Wettbewerb über alles", moniert die konservative Kritik. Das
Problem des Neo-Liberalismus sei sein Liberalismus. Individualismus, Markt
und Wettbewerb sind aber auch die Antipoden einer staatsbejahenden Logik, für

die Faschismus und Stalinismus die blinde Staatsbejahung nicht ausreichend diskreditiert haben.

Der konservative Sozialdemokrat und ehemalige Bundesverfassungsrichter Böckenförde hält der Marktwirtschaft grundsätzlich vor:

> „Die Dynamik und verhaltensprägende Kraft eines solchen Systems ist ungeheuer. Es wird und ist selbst Subjekt des Handelns; Gewinnerzielung, Kapitalvermehrung, Produktions- und Produktivitätssteigerung, Selbstbehauptung und Ausdehnung am Markt bilden das bewegende und dominierende Prinzip, dessen funktionaler Rationalität sich alles Weitere ein- und unterordnet. Die arbeitenden Menschen kommen in ihm lediglich als Funktionsträger und Kostenfaktor in den Blick. Wo sie in ihrer Funktion durch Maschinen und automatisierte Technik mit Aussicht auf Kostenersparnis ersetzt werden können, erscheint dies rational und ökonomisch geboten."

Für Böckenförde („Woran der Kapitalismus krankt", Süddeutsche Zeitung vom 24.04.2009), der sich dabei der Zustimmung anderer konservativer Rechtsprofessoren wie Stürner und Roman Herzog sicher sein kann, geht es um eine Wiedererstarkung einer „handlungs- und entscheidungsfähigen Staatsgewalt, die über eine bloße Gewährleistungsfunktion für die Entfaltung des Wirtschaftssystems und ein Ausmitteln des Parallelogramms der Kräfte hinausgeht. ...“

Die Berufung auf Marx im gleichen Atemzug wie auf Papst Johannes Paul II in seiner Kritik des Liberalismus als Ursache der Finanzkrise, geht aber an der Tatsache vorbei, dass Marx anders als der Papst den Kapitalismus als notwendiges Durchgangsstadium darstellte, das mit seinen Gleichheits- und Freiheitsidealen auch ideologisch die Instrumente für eine Fortentwicklung der Gesellschaft im Sinne einer gesellschaftlichen Produktivität erst bereitstellte. Man müsse die Waffen, die die Bourgeoisie geschmiedet habe, gegen sie selbst wenden, heißt es in der Deutschen Ideologie. Marx war weit weniger Kapitalismus kritisch als viele seiner Anhänger und Gegner meinen. Es dauerte ihm nur zu lange, wobei er die Fähigkeiten des Menschen zu vorausschauendem Planen und Handeln letztlich überschätzte, obwohl er dies doch theoretisch dem Überbau über eine rein ökonomisch bestimmte gesellschaftliche Basis zuordnete.

Wenn sich Konservative wie Linke der marxschen Kritik bemächtigen und sie mit der katholischen Soziallehre vermengen, so können sie damit die Finanzkrise nicht erklären. Die Finanzkrise ist kein Kind des Liberalismus, genauso wenig wie der Faschismus ein Kind des Konservativismus und der Stalinismus ein Kind des Sozialismus waren. Der Neo-Liberalimus hat sich unter Nutzung liberaler Sprache als Gesellschaftstheorie des Investmentbankings eigenständig entwickelt und würde den Theorien der großen Liberalen der Geschichte, von denen sich vor allem Ralf Dahrendorf aber auch William Born zu Wort gemeldet haben, aber vor allem auch Adam Smith widersprechen.

Das Andocken der drei autoritären Modellideologien an jeweils eines der drei großen politisch-ideologischen Konzepte der Moderne bringt unsinnige Koalitionen hervor. Neo-Liberalismus, Stalinismus und Faschismus leben von ihren Ab- und Ausgrenzungen und sichern sich den für das Überleben notwendigen Zusammenhalt trotz humanitätsfremder Ideale dadurch, dass sie sich gegenseitig befehden.

6.5.4 Der Neoliberalismus ist nicht liberal, sondern nur käuflich

Der Neoliberalismus ist ebenso wenig liberal, wie der Faschismus konservativ, oder der Stalinismus sozial waren. Obwohl sich ihre Diktatoren auf Liberalismus, Ständestaat oder Sozialismus beriefen und das Individuum, die Gemeinschaft, oder das Kollektiv beschworen, verachteten sie doch grundsätzlich deren Grundlagen. Sie sind sich darin ähnlich, dass die wirklichen Wünsche, Fähigkeiten, Gebrechen und Träume der Menschen bei ihnen nur im Modell vorkommen. Der stalinistische „Arbeiter", das faschistische „Mitglied der Volksgemeinschaft" und der neo-liberale „Verbraucher" sollen gerade nicht solidarisch, gemeinschaftlich oder individuell frei handeln können und fühlen. Wucher und Spielsucht interessieren den Neo-Liberalen ebenso wenig wie Menschenwürde und soziales Wohlergehen aller. Sie sind kein Übermaß an Solidarität oder Gemeinschaft und daher auch keine Extremisten. Sie sind Abartigkeiten, die sich nicht aus den großen historisch bewährten Gesellschaftskonzepten von Adel, Bürgertum und Arbeitern, sondern aus den Bedürfnissen konkreter Machteliten zur Absicherung ihrer Herrschaft ergaben.

Dabei war der Neo-Liberalismus, so wie ihn Hayek, auf den sich heute alle berufen, verstand, noch in seiner Wurzel radikal liberal und dabei keineswegs ein zum Gesellschaftsprinzip erhobenes Investmentbanking. Hayek entwickelte das Prinzip, dass allein individuelles Handeln die Welt vor Totalitarismus schützen könne zu einer Zeit, als Stalin und Hitler einen Pakt schlossen. Er selbst schreibt dazu:

> „Erst als das Vordringen totalitärer Regierungsformen unverkennbar zeigte, dass die Entwicklung, die auf dem Gebiete der Wirtschaft begonnen hatte, schließlich unvermeidbar auch die geistige Freiheit bedrohte, begann in jenen Intellektuellenschichten, die die Führer in der Abkehr vom Liberalismus gewesen waren, eine Umkehr. In den Jahren, in denen die Drohung des Totalitarismus am größten war, übten dann die Schriften von Walter Lippmann, Louis Rougier, Wilhelm Röpke, Friedrich A. v. Hayek, Walter Eucken und anderer eine weitgreifende Wirkung aus, die den früheren Arbeiten von v. Mises, denen jene zum großen Teil die Anregung verdankten, zunächst versagt geblieben war. Der neue Liberalismus unterscheidet sich vom

alten vor allem darin, daß er sich des engen wechselseitigen Zusammenhanges zwischen wirtschaftlichen und politischen Institutionen bewußter ist. Nicht nur, daß politische Freiheit ohne freie Wirtschaft unmöglich sei, sondern vor allem auch, daß das befriedigende Funktionieren der Wettbewerbswirtschaft ganz bestimmte Erfordernisse bezüglich des rechtlichen Rahmenwerkes stelle, sind die Grunderkenntnisse, auf die sich der neue Liberalismus gründet. An die Stelle der stets irreführend gewesenen Formel „Laissez faire" trat das ausdrückliche Bemühen um eine Gestaltung der Rechtsordnung, die der Erhaltung und dem ersprießlichen Wirken des Wettbewerbs günstig ist und das Entstehen von privaten Machtpositionen auf der Seite sowohl der Unternehmer wie der Arbeiter zu verhindern sucht. Es war klar geworden, daß die klassischen „Grundrechte", in denen die liberalen Ideale des 19. Jh. vor allem ihren Niederschlag gefunden hatten, nicht dadurch wirklich gesichert werden können, daß die Verfassungen sie einfach aussprechen, sondern daß der ganze Charakter der Rechtsordnung ihrem Geiste entsprechend gestaltet werden muß und daß es vornehmlich die wirtschaftliche und soziale Gesetzgebung der beiden letzten Generationen gewesen ist, die die Freiheit bedrohte, die jene Grundrechte hatten schützen sollen. Das Ziel des wiedererstandenen Liberalismus, der zur Zeit noch mehr eine intellektuelle als eine politische Bewegung darstellt, ist somit im wesentlichen eine Wiederbelebung des Rechtsstaatsideals, wobei das Prinzip der strengen Bindung der Gewaltausübung des Staates durch das Gesetz und die weitestgehende Verminderung aller Ermessensvollmachten an die Stelle der vagen Gegnerschaft des älteren Liberalismus gegen alle „Staatsintervention" getreten ist."

Hayek wollte somit nicht die neo-liberale Barbarei der Wertlosigkeit fördern. Er ist kein Modelldenker und Investmentbanker. Er verlangt eine radikale Verwirklichung der Grundrechte.

Der Neo-Liberalismus ist daher weder eine Frucht des Liberalismus noch eine Ursache der Finanzkrise, sondern deren Kind. Seine Konzepte sind soziologisch gesehen so dünn, dass wir ihnen in der Geschichte der Ideen bald einen ähnlich bescheidenen Stellenwert einräumen werden wie den platten Theoretikern des Faschismus und Stalinismus.

7 Geldperspektiven: Was können wir tun?

Die Menschheit hat mit dem Geldsystem ein so komplexes System der Kooperation und Verteilung seiner Früchte sowie seiner Risiken entwickelt und alle unsere Lebensbereiche daran so angepasst, dass seine Mechanismen, Werte und Antriebe überall wirksam werden. Macht und Ohnmacht, Reichtum und Armut, Schönheit und Hässlichkeit, Freud und Leid, Leben und Tod, Liebe und Hass, Krieg und Frieden – alles wird heute vom Geld mitbestimmt. Das Geldsystem hat sich zum dominierenden Kommunikationssystem unseres Planeten entwickelt.

Es hat dies alles geschafft, gerade weil wir es nicht verstehen brauchten, sondern nur daran glauben mussten. Das Geldsystem hat uns damit auch die Politik abgenommen und sie durch Effizienz ersetzt. Es hat unser Denken über Gerechtigkeit durch den Schein der Gleichheit abgelöst und selbst unseren Glauben und unser Vertrauen durch seine Garantien, Bürgschaften und Risikoteilungen verdrängt. Es hat uns groß und handlungsfähig gemacht, aber zugleich entmündigt.

Die Finanzkrise zeigt uns, dass sie uns wie eine fremde Macht entgegentritt. Wir werkeln an ihr herum, aber wir beherrschen sie nicht. Dies aber kann nicht hingenommen werden, weil sie unsere kulturellen Werte, unser Menschsein, das Streben nach Demokratie und Freiheit untergräbt. Durch die Finanzkrise hat das Geldsystem seine zerstörerischen Potenziale gezeigt und zwingt eine ganze Weltökonomie in die Knie.

Wir müssen es daher verstehen lernen. Jeder muss vom ersten Kontakt mit Geld an wissen, dass es ein Mittel und kein Ziel ist. Es ist wichtig zu verstehen, wie es wirkt, was es kann und vor allem was es nicht kann. Jeder muss mit erarbeiten, wie wir es zu vorher definierten gesellschaftlichen Zielen einsetzen und benutzen können. Es darf keine Glaubenslehren und Spezialwissenschaften um das Geld mehr geben.

7.1 Verstehen!

Wir müssen das Finanzsystem verstehen, um mitreden zu können. Wir können es nicht länger einer mit Geldgeschenken abgefundenen Funktionärskaste allein überlassen, die ihre Sichtweise von der Realität abgeschottet hat, indem sie die

Mittel der Wirtschaft zum Ziel erhob: Es geht ihr um Geld statt realer Werte und um Profit statt dem Gewinn einer Versorgung aller mit den notwendigen Lebensbedingungen.

7.1.1 Verbrauchersicht und Verbraucherforschung tun not.

Wir können das Finanzsystem nur verstehen, wenn wir uns in Politik und Gesellschaft grundsätzlich auf den Standpunkt derer stellen, für die die Wirtschaft da ist, die Verbraucher. Aus der Verbrauchersicht ist Geld ein Mittel, Wirtschaft bekommt einen Sinn. Aus der Sicht der Verbraucher ist „alles ganz einfach". Sie bekommen Geld und müssen Geld wieder hergeben und dafür sorgen, dass das eingenommene oder einzunehmende Geld mithilfe der Finanzdienstleistungen dort und dann vorhanden ist, wo und wann sie es brauchen und Risiken gesellschaftlich verteilt werden. Die Verbrauchersicht orientiert sich an der realen Wirtschaft, ihren Produkten und Leistungen. Geld ist für sie immer nur ein Mittel, weil sie das Geld nicht essen, sondern mit dem Geld Essen erwerben wollen. Dass sie dies in der Praxis häufig vergessen, wenn ihnen der Geldgewinn schon ausreicht, ändert nichts daran, dass letztlich jeder Sparvorgang, jede Kreditaufnahme für sie bedeutet, dass sie ihr Leben besser gestalten wollen. Geld nutzen und nicht Geld haben ist für sie sinnvoll. Bei dieser Sichtweise gibt es nichts einzuwenden, wenn Profit und Geldgewinne, Risikoprodukte und spielerische Elemente als Instrumente eingesetzt werden, um die eigentlichen Ziele von Wirtschaft ganz konkret zu erfüllen.

Verbraucherperspektive und Verbraucherwünsche

Verbrauchersicht meint nicht das Wunschdenken eines beliebigen Verbrauchers, sondern eine Perspektive. Diese Perspektive ist nicht individuell, sondern kollektiv, nicht kurzfristig, sondern nachhaltig. Ein Verbraucher mag, so wie auch der Verfasser, individuell und kurzfristig ein Auto, mit einem hohen Spritverbrauch mit 200 km/h über die Autobahn steuern wollen. Er wird aber – wenn dies für alle gelten würde – Grenzen akzeptieren, die unser Umweltschutz erfordert. Die Widersprüche zwischen Nachhaltigkeit und kurzfristigem Egoismus teilt der Verbraucher zudem mit dem Arbeitnehmer, der historisch in den Gewerkschaften gezeigt hat, dass der Verdienst auf Kosten der anderen sich langfristig gegen eine solidarische Sichtweise, die für alle mehr herausholt, nicht behaupten kann. Verbraucher haben daher auch nicht mehr Widerspruch zur Arbeit als die Arbeiter unter sich, weil die Engstirnigkeit derjenigen, die aus Arbeitsplatzgründen gegen das Rauchverbot stimmen nicht weniger groß ist als die Engstirnigkeit der Verbraucher, die für ihre Bedürfnisse den Bankrott oder die Hungerlöhne im Unternehmenssektor in Kauf nehmen wollen.

Die Verbrauchersicht ist aber auch keine Klassenperspektive. Es gibt keine Klasse der Verbraucher, weil alle Verbraucher sind. Es gibt aber unter den Verbrauchern solche, die ihre Verbraucherinteressen anderen Interessen unterordnen, wenn dies für sie größere Vorteile bringt. Diese Interessenüberlagerung ist besonders stark bei den Unternehmern und hier im Besonderen bei den Bankern ausgeprägt: Ihre Arbeit integriert sie in ein System, indem der unternehmerische Erfolg – auch durch Missachtung der Konsumziele – erzielt werden kann, wenn der Gewinn daraus resultiert, dass man den Verbraucher übervorteilt. Es ist aber nicht so sehr ihre Unfähigkeit, über den Tellerrand ihrer unternehmerischen Tätigkeit zu blicken, sondern überwiegend ein ganz realer Bestechungsmechanismus. Sie werden mit Provisionen, Gewinnbeteiligungen und Aktienoptionen im täglichen Leben dafür belohnt, dass sie die kollektiven Verbraucherinteressen als Gefahr ansehen. Dieses Geld können sie dann – statt für Investitionen – auch für den eigenen Konsum ausgeben. Der Verbraucher in ihnen braucht sich mit dem Unternehmer in ihnen dann nicht auseinanderzusetzen. Ihre beschränkte Sichtweise über Wirtschaft können sie sich mit einem Schlaraffenland der Bedürfnisse vergolden. Der gestiegene Absatz von Luxusgütern ist ein beredtes Beispiel dafür, dass nach dem abgewandelten Zitat von Bert Brecht „Erst das Fressen und dann die Einsicht kommt". Dass man bei Unternehmern der realen Wirtschaft eher als bei Bankern eine Verbrauchersicht vorfindet, hat damit zu tun, dass sie ihre Arbeit auch ganz anders begreifen können als eine Produktion von Gewinnen. Schauen sie sich ihre reale Produktion an, so konsumieren auch sie dasselbe wie die Verbraucher. Im Begriff „Nutzer" wird dann deutlich, dass sie identische Interessen wie die Verbraucher bezüglich der Qualität und Verfügbarkeit realer Konsummöglichkeiten haben können, wenn sie dieses Handwerker-Ethos bewahren und ihren Gewinn aus guten Waren und Dienstleistungen statt aus reiner Kostenersparnis und Übervorteilung ableiten wollen. Den Nutzern der Verkehrsmittel und Wagenparks sieht man nicht an, ob sie dienstlich oder privat unterwegs sind. Ob eine Werkzeugmaschine oder eine Kaffeemaschine Strom konsumiert, ändert nichts an den Anforderungen, die die Nutzer der jeweiligen Geräte an Elektrizitätswerke haben. Das bedeutet nicht, dass die vielen Verbände von Post-, Bahn- oder Flugnutzern, hinter denen sich Industrien verbergen, denselben Status wie Verbraucherverbände bekommen dürfen. Schließlich bleibt deren oberstes Ziel der „billige" Konsum. Für sie kommt erst an zweiter Stelle und nur wenn es sich verträgt, der gute und nachhaltige Konsum. Für die Verbraucher müsste es – kollektiv gesehen – genau umgekehrt aussehen, wenn die Chance besteht, in einem demokratischen Prozess eine von

Fremdeinflüssen gereinigte kollektive Verbrauchersicht zu entwickeln. Umgekehrt zeigt sich aber auch, dass Verbraucher nicht nach Interessen, sondern nach Anreizen entscheiden und bestochen werden können, eine unternehmerische Sichtweise an den Tag zu legen, die ihren langfristigen Verbraucherinteressen schadet. Insoweit ist die hier kommentierte Verbrauchersicht eine Sichtweise und nicht unbedingt die reale Sicht der Verbraucher. Arbeits- und Umweltschutz haben aber gezeigt, dass es sich für das Gemeinwohl lohnen kann, die Verbrauchersicht auch dort zu propagieren, wo die realen Sichtweisen der Verbraucher eher mit dem Spruch „Geiz ist geil" etwas anfangen möchten.

Die Politik spielt mit ihren Abwrackprämien und Arbeitnehmerbeteiligungsmodellen ebenso auf diesem Klavier wie die Wirtschaft. Letztere koppelt unter anderem Konsummöglichkeiten mit Gewinnspielen, Risikoversicherungen mit Kapitalanlagen und suggeriert mit einem Finanzwerbeetat von über 20 Mrd. € im Jahr dem Sparer, er sorge nicht für zukünftigen Konsum vor, sondern er sei ein kleiner Glücksritter und Kapitalmaximierer. Mit Aktienspielen und einer ökonomischen Bildung in der Schule, die Wirtschaft nur als historische Form der Geld- und Marktwirtschaft verkauft, statt an Konsum und Arbeit anzusetzen, wird die Verbrauchersicht noch weiter verschüttet. In einer Gesellschaft, die das Unternehmertum zum Vorbild erklärt, vermittelt diese eingeschränkte Sichtweise auch noch Selbstachtung, während dem Konsum das Etikett der Verschwendung und Nutzlosigkeit auch dort angehängt wird, wo die Konsumarbeit der Mütter und Väter die Grundlagen unserer zukünftigen Wirtschaft schafft.

Karl Marx, der etwas voreilig im Vorwort zum Kapital den „Klassenstandpunkt" der Arbeiter zur korrekten wissenschaftlichen Sichtweise erklärte, was dann später zur Usurpation bzw. Ausschaltung echter Erkenntnis missbraucht wurde, hatte in seinem Unternehmerfreund Friedrich Engels das Gegenbeispiel an seiner Seite und auch immer betont, er meine die Kapitalisten nicht als Mensch, sondern nur als charakterliche Möglichkeit einer Maske, die man sich auch abstreifen könne. Hier fehlte, wie in vielen Bereichen, dem Logiker und Ökonom Marx die soziologische Erfahrung. Realität war bei ihm immer eher Beispiel denn Erkenntnisquelle. So falsch war es aber auch nicht, dass er den Arbeitnehmern eine direkte weniger ideologische Sicht auf die realen Verhältnisse zuschrieb. Der Verbraucher, der in abhängiger Arbeit tätig ist, erhält seinen Lohn in einer Form, die ihm keine Frontstellung zum Konsumieren einräumt. Es zeugt von der intellektuellen Bilanz dieses Denkers, dass er in seinen Vorstudien und Grundrissen sogar Konsum und Arbeit identifizierte. Es sei nur eine andere Sichtweise, wenn man einen Arbeitsprozess vom Produkt her oder von seinem Ausgangspunkt betrachte. Vom Ausgangspunkt betrachtet konsumiere man die Mühe anderer und Rohstoffe, vom Ergebnis her erarbeite man sich ein Produkt. Jeder Produktionsprozess sei daher zugleich Arbeits- und Konsumtionsprozess.

Verbrauchersicht ersetzt keine Bankensicht

Ein weit verbreitetes Missverständnis sollte nach der Lektüre dieses Buches ausgeräumt sein: Verbrauchersicht ersetzt nicht die Kenntnis und das Wissen über die Mechanismen des Finanzsystems, seiner Antriebskräfte und Fachbegriffe. Die Erklärungen der Finanzkrise sind sowohl in der Literatur als auch bei Diskussionsveranstaltungen nicht überzeugend. Oftmals wird hier – mittels Verschwörungstheorien, Theorien vom natürlichen Geld, moralischen und ethischen Wertskalen und alternativen archaischen Wirtschaftsformen – die Unkenntnis über das Finanzsystem geradezu als Qualitätsmerkmal gefeiert. Diese Vorgehensweise bestärkt die Apologeten, weil sie sich als die Elite bestätigt fühlt, die allein etwas von der Materie versteht und die Öffentlichkeit daher dankbar sein kann, dass sie nicht in falsche Hände gelangt. Sie stellt die Banker auch nicht vor die Notwendigkeit des Überdenkens und Entwickelns oder auch nur der verständlichen Erläuterung der Mechanismen. Der irrwitzige Anspruch, man habe das bessere Weltwirtschaftssystem oder gar die Überflüssigkeit des Finanzsystems entdeckt, schafft nur Lagerdenken. Die oben gestreiften populistischen Erklärungssysteme vertauschen ebenso die Kompetenzen, wie es die Banker tun. Verbrauchersicht und Bankensicht haben beide ihre Berechtigung, ihre Sprache und ihre Wissenschaft. Sie verhalten sich wie Zweck und Mittel zueinander. Sie ergänzen sich wie der Gehirnforscher und der Ingenieur einer Computertomografie, wie der Koch und der Nahrungsmittelprozent, oder der Geiger und der Geigenbauer und der Komponist wieder mit dem Geiger. Beide sprechen jeweils eine andere Sprache, beide haben etwas anderes gelernt, doch beide brauchen sich. Sie müssen einander zuhören und sich verstehen, ohne sich gegenseitig ersetzen zu wollen. Doch die Gegenseitigkeit hat eine wesentliche Einschränkung: Überall dort, wo nur das Instrument den Zweck bestimmt, tritt geistige und kulturelle Verarmung ein. Letztlich muss der Komponist dem Geiger die Noten vorgeben und nicht umgekehrt. Das schließt aber nicht aus, dass der Geiger Joseph Joachim die Komponisten Brahms, Bruch und Mendelssohn bei ihren unsterblichen Violinkonzerten maßgeblich beriet. Alle drei konnten ihm zuhören und von seiner Kenntnis der Geigentechnik profitieren.

Die Banker sind die Geigenvirtuosen, die Verbraucher die Komponisten. Die Banker müssen daher die Verbraucher dahin gehend beraten, was man mit Geld bewirken kann und was man nicht mehr mit Geld erreichen kann. Die Verbraucher müssen den Banken/Bankern ihre Ziele vermitteln und die Anforderungen an das Geldsystem definieren. Sie müssen zugleich auch die Schäden für die Gesellschaft aufdecken.

Verbrauchersicht braucht soziologische Forschung

Die Banker hätten genügend wissenschaftliche Unterstützung durch die Betriebswirtschaft, Volkswirtschaft, Finanzwissenschaften und das Bankenmarketing, um diese Übersetzungsleistungen zu erbringen. Hier fließen Milliarden vor allem auch staatlicher Forschungsmittel, wie etwa die über 30 Mrd. € Forschungssubventionen der EU zu neuen Technologien, oder die Programme bei der VW-Stiftung, beim Forschungsministerium oder aus den Eigenmitteln der Banken, mit denen sie sich Einfluss auf die Arbeit und staatliches Geld in Forschungsinstituten und Universitäten sichern.

Anders aber sieht es mit der Verbrauchersicht aus. Die Soziologie von Wirtschaft, Geld und Konsum, die die menschlichen Bedürfnisse in ihrer gesellschaftlichen Form der Befriedigung zu erforschen hätte, liegt nicht nur in Deutschland am Boden. Der Turbokapitalismus hat sie doppelt getroffen. Zunächst wurden alle Mittel aus der wirtschaftssoziologischen Forschung abgezogen und den Ökonomen zugewiesen, die mit ihrem Modelldenken die empirische Forschung und Gesellschaftstheorie für überflüssig erklären konnten. Mit Schlagworten wie behavioural finance, Verbraucherforschung im Marketing, Verbraucherumfragen, Meinungsforschung, Wirtschafts„klima"barometern und interessierten Korrelationskoeffizienten, die ihre Preissysteme rechtfertigen und ihr Marketing steuern sollten, haben sie eine Pseudo-Soziologie entwickelt. Diese würde durchgängig die Anforderungen an empirische Sozialforschung im ersten Semester der Universität nicht erfüllen. Sie haben auch die anderen Wissenschaften, wie insbesondere die Wirtschaftsrechtler, überzeugen können, dass sie ihre Wurzeln in der Rechtssoziologie kappen und sich mit Rechtsökonomie und ökonomischer Analyse des Rechts oder Behavioural Finance ein pseudo-empirisches Fundament geben durften.

Die Soziologen sind an ihrer aktuellen Impotenz in der Wirtschaft nicht ganz unschuldig. Zwar wurden sie, wie es an den Forschungen von David Caplovitz und Janet Ford in den USA und England sowie allen Autoren, die an dem Buch Banking for People 1989 mitarbeiteten, deutlich wurde, finanziell ausgetrocknet. Die Verdrängung der menschlichen Bedürfnisse aus der Wirtschaft und die Eroberung von Recht und Politik durch diese Art wirtschaftlichen Modelldenkens hat sie aber zu zwei folgenschweren Ausweichbewegungen gebracht: Die einen flüchteten sich in die Fundamentalopposition zum Kapitalismus oder in eine abgehobene Kulturgesellschaft (Kritische Theorie und Marxologie). Sie hielten dann – aufbauend auf der Ideologiekritik des 19. Jahrhunderts der Marktwirtschaft – unermüdlich vor, dass sie die Welt durch die Brille des Profits sehen und gestalten würden. Ob die Stellvertreterkämpfe mit Fachkollegen des soziologischen Positivismus, der den Kapitalismus als wertfreie Tatsache hinnehmen wollte (erster und zweiter Werturteilsstreit), sinnvoll waren, oder nur Platz für Debattierzirkel schafften, ist schwer zu sagen. Auf jeden Fall fehlte es Ende des 20. Jahrhunderts an der Brücke zu jenen empirisch fundierten wirtschaftssoziologischen Arbeiten von Weber, Simmel und Durkheim, denen der Faschismus und Stalinismus sowie anschließend der Kalte Krieg die Anschlussforschungen genommen hatte. Die Nazis räumten in der Soziologie und Rechtssoziologie so gründlich unter dem Label des politischen und persönlichen Antisemitismus auf, dass praktisch niemand mehr übrig blieb, der empirische Bedürfnis- und Wirtschaftsforschung hätte machen können. Übrig blieben belastete Gemeinschaftsideologen wie Schelsky und Freyer, die die Systemfrage in den Mittelpunkt stellten und von der Mittelstandsgesellschaft über die System-, Risiko- oder Machtgesellschaft die gesellschaftliche Wirklichkeit begrifflich rekonstruierten, statt sie zu erforschen.

Die empirische Soziologie, die allein Soziologie als besondere Wissenschaft neben Philosophie und Recht rechtfertigt, richtete sich dann daran aus, was bezahlt wurde. Dazu gehörte einmal die organisationssoziologische Unterstützung der Produktion in den Unternehmen (Betriebs- und Organisationssoziologie) sowie die Unterstützung der Betriebsräte und Gewerkschaften (Industriesoziologie). Zum anderen gehörte dazu die Schar der Vermarktungswissenschaften, die eine platte Meinungsforschung zur Blüte trieb und die unzähligen Kundenbarometer mit über 90-prozentiger Zufriedenheit mit der auftraggebenden Bank produzierte (ServQual-Fragebogen). Die dagegen in der theoretischen Kritik des Kapitalismus Geschulten wurden mit Aufträgen in den Nischen und unschönen Effekten des Kapitalismus beschäftigt, wo Frauenforschung, abweichendes Verhalten, Jugendkriminalität, Umweltverschmutzung, Armut, Migranten und ähnliche Themen die Soziologie besetzten. Für die Erforschung des Finanzkapitalismus blieb hier wie in der Ökonomie nichts übrig. Die Entwicklung in den USA und England, wo es sogar Regierung und Banken gelang, die Überschuldungsforschung einschließlich vieler ihrer früheren Akteure mit Forschungen über Verschuldungsmentalitäten der Verbraucher und Überschuldungsleichtsinn und zur Meinungsforschung einzuspannen, macht die Problematik von Forschungsförderung im modernen Kapitalismus deutlich.

Doch es gibt wieder Lichtstreifen am Horizont. Die Banken selbst gründen empirisch orientierte Verbraucherforschungsinstitute wie das Europäische Kreditforschungsinstitut in Brüssel, oder das Beobachtungszentrum für Sparen sowie das Institut für finanzielle Allgemeinbildung in Paris. Sie sind es, die das Forschungszentrum an der Universität Bristol in England mit Aufträgen auslasten ebenso wie das an der Purdue Universität in den USA. Sie provozieren damit wieder eine wissenschaftliche Diskussion, die die Themen in den Mittelpunkt stellt und auf Dauer die aktuelle Liebesdienerei dieser Forschungen infrage stellen dürfte. Ansätze an der Universität Chemnitz (Backes) oder der George Washington University (Squire) bzw. der Universität von Utah (Immerglueck) bzw. in Brisbane Australien zeigen, dass es eine neue Soziologie des Finanzsystems geben könnte. Sie könnte den Banken die Verbrauchersicht fundiert vermitteln und die richtigen Anforderungen und Fragen an die Bankbetriebswirtschaftslehre stellen. Dazu gehören auch die Überschuldungsreports, bei der in Deutschland der jährliche Bericht der SCHUFA (Schuldenkompass) mit dem Bericht des iff aus den Schuldnerberatungsdaten (Überschuldungsreport) und dem Bericht der Verbraucherverbände (Schuldenreport) konkurriert.

Eine wichtige Voraussetzung für eine wirtschaftsrelevante neue Soziologie ist aber die Anerkennung des Gewinnstrebens und der Spielsucht des Menschen als produktiv einsetzbare Bedürfnisse in der Gesellschaft. Erst wenn sich die Soziologie entsprechend ihren Begründern von den linken wie rechten moralischen Vorgaben darüber, wie Menschen zu sein haben und wie man sie betrachten darf, vorurteilsfrei löst, kann sie mit der Ökonomie von Geld und Finanzdienstleistungen in einen fruchtbaren Dialog treten.

Die großen steuerbegünstigten Stiftungen und die staatliche Forschungsförderung in der DFG, deren Vizepräsidentin in einem mutmachenden Leitartikel über ihre Verlautbarungen Anfang 2009 zur interdisziplinären Forschung über die Finanzkrise aufgefordert und mögliche Fragen aufgeworfen hat, sollten hier Akzente in ihren Programmen setzen. Hierdurch könnte sich nicht zuletzt für junge Wissenschaftler ein Feld eröffnen, das als Brachland allzu lange unbestellt geblieben ist.

Verbrauchersicht ist einfach und demokratisch

Eine Verbraucherperspektive zu erlernen ist nicht schwer. Weil der Konsum durch den Einzelnen (Nahrung, Schutz, Kommunikation, Reproduktion ...) und die Gemeinschaft (Infrastruktur, Arbeit, Frieden ...) etwas unmittelbar Konkretes, Greifbares und Erfahrbares ist, können wir alle mitreden. Wir können als Kunden ebenso wie als Staatsbürger Anforderungen an das Finanzsystem stellen. Ebenso wie wir dem Finanzsystem mit dem Rechtssystem und seiner Pflicht zur Rechenschaftslegung den Nachweis abverlangen können, dass und wie es diese Anforderungen erfüllt hat und dies auch selbst beurteilen können.

Es wird gerade nicht unterschieden zwischen Arbeitnehmern, Unternehmern, Freiberuflern, Hausfrauen, Staatsdienern, Händlern und Bankern: Alle Menschen sind Verbraucher, weshalb die Verbraucherperspektive eine demokratische Perspektive ist. Es geht nicht um eine bestimmte Gruppe in der Gesellschaft. Insoweit deckt sich der Begriff Verbraucher mit dem Begriff Volk, der unseren Demokratiebegriff prägt. Die Wirtschaft hat den Begriff mit dem „König Kunde" maskulin individualisiert und feudalisiert. Wir müssen ihn demokratisieren. Verbraucher haben nicht nur kurzfristige, sondern auch nachhaltige Interessen. Sie sind, wie die FCKW-Kampagne gezeigt hat, in der Lage, über ihren individuellen Konsum hinaus auch für unseren kollektiven Konsum zu denken und zu handeln. Die Voraussetzung dafür ist, dass die anbietende Wirtschaft ihnen entsprechende Waren und Dienstleistungen offeriet bzw. ihnen im Bereich des ethischen Investments oder bei sozialer Verantwortung – wie bei den Sozialbilanzen im amerikanischen Community-Reinvestment-Test oder beim Mindestgirokonto – Kompetenz und Mitbestimmung einräumt. Dieses demokratische Verbraucherpotenzial muss nur unter dem Trommelfeuer eines gesellschaftsschädigenden und an der Verbraucherdummheit orientierten Werbe- und Wertsystems freigelegt werden. Verbraucher reagieren nachhaltig, wenn ihnen die Chance auf Dauer geboten und die individuellen und gemeinschaftlichen Vorteile deutlich gemacht werden. Sie kaufen nicht nur Autos, sondern auch Züge, wenn man den Transport anders organisiert. Sie werden sogar Frieden kaufen, wenn man ihn anstelle der Aktien der Waffenindustrie zum sicheren und rentierlichen Anlageobjekt macht.

7.1.2 Kapitalmarkt aus Verbrauchersicht – ein Verständnistest

Der nachfolgende Teil beruht auf einem Vortrag im Rahmen der Weizsäcker-Friedensvorlesungen 2008 in Hamburg. Er fasst wesentliche Thesen einer Verbrauchersicht auf die Finanzkrise zusammen und kann daher dazu dienen, sein Wissen zu prüfen.

„Der Kapitalmarkt verliert nichts" (André Kostolany)

Was ist Geld überhaupt? Ein Klumpen Gold, ein Stück Papier mit der Europakarte darauf oder Metallstücke? Scheine, mit Zahlen darauf, gibt es in Deutschland nur für ca. 1 Bio. €. Das sind 12.500 € pro Bundesbürger. Wenn man alle Ersparnisse in diesem Geld aufbewahren wollte, so müsste man schon für eine einzige private Altersvorsorge 24-mal so viel im Tresor aufbewahren.

In Zimbabwe hat man gerade Scheine mit vielen Nullen überdruckt, genau so, wie man das in Deutschland 1923 gemacht hat: Ein Brot gab es für eine Milliarde. Nach der Währungsreform konnte man die Scheine nicht einmal mehr als Tapeten verkaufen.

Aber man braucht die Scheine gar nicht mehr zu entlarven. Geld, so sagt man, liegt bei der Bank. Man hat es dort gespart oder dort in Wertpapieren deponiert. Nur das Depot oder den Tresor gibt es auch da nicht wirklich. Die Bank hat nur Konten, in denen Zahlen und Begriffe stehen. Geld ist also eine Idee, eine Information. Real gibt es das Geld nicht. Wenn wir zur Zeit davon sprechen, das Geld müsse wieder an die Realwirtschaft herangeführt werden, so scheinen wir zu wissen, dass Geld eine Irrealwirtschaft oder besser eine „virtuelle Welt" darstellt. Dann aber ist es doch kein Problem, wenn wir davon so viel verlieren. Ebenso wenig wie es ein Problem ist, wenn man bei dem Computerspiel Counterstrike nicht das wirkliche, sondern eben nur ein virtuelles Leben verliert.

Dennoch ist das Geld realer als die virtuelle Welt. „Man kann sich dafür etwas kaufen", heißt es. Brot, Butter, Autos, eine Wohnung, Diamanten, Fabriken, Macht, Ansehen, Anzüge, Sex, Kasinos, Urlaube, Bücher, Kinokarten, Wäschetrockner, CDs, die Reinigung der Wohnung, den geputzten Schuh, oder auch die Diplom- oder Doktorarbeit; also im Wesentlichen all das, was andere erarbeitet haben oder besitzen. Das ginge eigentlich auch ohne Geld, wenn es dem „Herrn im Himmel" gefallen würde, alle unsere Wünsche zu registrieren und sie uns nach unserem Verdienst zu erfüllen. Beispielsweise indem er dem Einen gibt und dem Anderen nimmt, so wie es in den Grabsprüchen am Ende des Lebens häufig anklingt.

Gott macht so etwas nicht, oder zumindest nicht mehr. Wir müssen schon selbst die Sachen tauschen und dafür ist das Geld da. Mit Geld wird ausgedrückt, wer was verdient hat und daher auch etwas bekommt. Tun wir etwas für andere, indem wir arbeiten oder einen Gegenstand weggeben, so erhalten wir dafür einen Wert, mit dem wir auch wieder etwas bekommen. Das ließe sich alles auch noch durch Tauschbörsen bewerkstelligen, wo alle das hinbringen, was sie geben wollen und das mitnehmen, was sie haben wollen. Geld ist aber praktischer und handgerechter. Man kann es überall hinbringen, so wie die Händler in Venedig, die damit in China Seide einkauften und bezahlten. Man kann es überall einsetzen und jeder Mensch kann mit jedem tauschen, ohne dass man sich lieben, mögen, oder auch nur verstehen muss.

Somit benötigte man eigentlich nur wenig Geld, gerade so viel, wie man erarbeitet oder ertauscht. Schon früh wurde ein Überschuss an Geld als Fluch dargestellt.

Diogenes, der griechischen Philosoph, soll vorgeschlagen haben, das Geld aus Knochen zu machen, damit der, der es hortet, durch den Fäulnisgestank eines Besseren belehrt wird. Die Freigeldschule des Silvio Gesell wollte mit ihrem „Schwundgeld" einen negativen Zins verhängen der, wie in Zeiten der Inflation, jeden bestraft, der das Geld nicht sofort wieder ausgibt. Man könnte sagen, dass auch Jesus ein Anhänger der Freigeldschule war. In seinem Gleichnis von den Pfunden, nahm er es demjenigen weg, der das anvertraute Pfund gehortet hatte und gab es dem, der es investiert hatte. Mit Geld sollten wir arbeiten und es nicht horten.

Hätten wir diese Erkenntnisse umgesetzt, gäbe es keine maroden Kapitalmärkte, auf denen 500 Bio. € zirkulieren: Geld, für das es nichts anderes mehr zu tauschen gibt als wieder nur Geld. Die Verselbstständigung der Geldmärkte wird allgemein als ein Grundübel der gegenwärtigen Krise angesehen. „Allein vom Jahre 2002 bis dieses Jahr hat sich der Handel mit Derivaten von 106 Billionen auf 531 Billionen Dollar mehr als verfünffacht." In New York wird die Hälfte des Bruttosozialprodukts allein mit Finanzdienstleistungen erwirtschaftet. In Großbritannien sollen dadurch 25 % des gesamten Bruttoinlandsproduktes erwirtschaftet werden, dass Geld gegen Geld getauscht wird.

Welch sinnloses Unterfangen, dachte Jesus, als er die Geldwechsler aus dem Tempel vertrieb. Aristoteles hielt Banker für Kriminelle, die für das im Schweiße der Arbeit Erwirtschaftete faule Zinsen für totes Geld verlangten. Doch alle hatten eins nicht bedacht: Die Zeit.

„Willst du den Wert des Geldes erkennen, versuche dir welches zu borgen."
(Benjamin Franklin)

Geld ermöglicht nicht nur den Tausch, sondern es überbrückt auch die Ungleichzeitigkeit zwischen Arbeit und Konsum. Man kann heute etwas geben und erarbeiten und morgen dafür etwas erhalten. Wir nennen das Sparen und es ist doppelt sinnvoll: Einmal kann man damit vorsorgen: Für kostspielige Behandlungen, das Alter oder Unglücksfälle. Man kann aber auch durch das Ansparen ganz neue Dinge erwerben, nämlich solche, die erhebliche Arbeit anderer erfordern. Ein Auto kostet einem vielleicht neun Monate Arbeit, wenn man den Lohn ganz sparen und sieben Jahre, wenn man nur seine Transportkosten sparen könnte. Ohne die Möglichkeit, viel mehr Geld zu sparen als man aktuell braucht, gäbe es für den Einzelnen kein Auto und auch keine Eisenbahn. Kapitalintensiver Konsum ist dem Leben von der Hand in den Mund überlegen. Ohne Kapitalakkumulation, und das heißt Sparen und Anhäufen von Geld, gibt es keinen wirtschaftlichen Fortschritt. Da waren sich Karl Marx, Adam Smith und John Maynard Keynes einig.

Aber das ist noch nicht die eigentliche Leistung des Geldes. Sie liegt nämlich im Kredit. Der besteht nicht, wie die Vertreter einer Sparsamkeitsmoral meinen, daraus, dass man sich auf Kosten der Zukunft etwas borgt. „Vorgegessen Brot" nannte es Röpke von der ordo-liberalen Schule, die vom anständigen Sparer träumte, weil sie meinte der Verbraucher sei unproduktiv und man solle alles Ersparte den Unternehmen zur Verfügung stellen. Sie haben Unrecht. Kredit oder auch umgekehrtes Sparen ermöglicht keinen Scheck auf die Zukunft, sondern führt die Arbeiten vieler Menschen zu ihrem gemeinsamen Nutzen zusammen.

Die Umsetzung der diesbezüglichen Idee der Bausparkassen hatte dies am besten verwirklicht, sodass die Chinesen intelligenterweise nicht etwa beim Nobelpreiskomitee in Oslo, oder der Weltbank das Microlending aus Bangladesch (dem rückständigsten Staat der Welt) abschauten, sondern deutsche Bausparkassen einluden. Sie sollten dem Volk klarmachen, wie man mit Geld und Kredit sinnvoll umgeht. Im Bausparwesen (ebenso wie bei den Raiffeisenkassen) legten nämlich viele Menschen ihr Geld zusammen, weil sie verstanden hatten, dass jeder Einzelne 35 Jahre sparen muss, wenn er auf sich gestellt ein Haus erwerben will. Darf man jedoch die Ersparnisse der anderen Sparer benutzen, kann man sich das erste Haus sofort leisten. Warum sollten die bereits erbauten Häuser auch alle so lange leer stehen, bis jeder, der auf sie angespart hatte, das Geld für sich zusammen hatte?

Das erste Haus kann sofort erworben und damit auch gebaut werden u. s. w. Der Kredit vergesellschaftet also Arbeit und Konsum und schafft eine kollektive Kraft in der Wirtschaft, die den wirklichen Wert des Geldes erst deutlich macht.

Natürlich schafft der Kredit auch Ungleichheit. Der eine erhält in dem System sein Haus sofort, der andere aber muss warten. Bei der Amish-Sekte in Pennsylvania ist dies bis heute noch so. Häuser werden gemeinsam gebaut, schön der Reihe nach und die Reihe bestimmt die Gemeinde. Beim Kreditsystem brauche ich keinen Befehl. Über das Zinssystem erfolgt der Ausgleich freiwillig. Wer wartet, bekommt dafür mehr Geld und kann sich mehr leisten. Wer dagegen sofort baut, der muss anschließend etwas mehr bezahlen. Der Zins einmal in Form von Rendite und einmal als Kreditzins schafft diesen Ausgleich.

Wichtig ist nur, dass wir in der Gesellschaft diesen Zusammenhang erhalten, verstehen und auch sichern. Tatsächlich besteht nämlich die gesamte Geldwirtschaft nur aus diesen beiden Faktoren: Sparen und Kredit, Nutzung der Einkommen vergangener Arbeit einschließlich der verdienten Zinsen und Nutzung zukünftiger Einkommen, die auch noch um einen Zins geschmälert werden.

Kredit und Sparen sind dabei auch noch dasselbe. Was für den Bankkunden Sparen ist, ist für die Bank eine Kreditaufnahme. Was für den Häuslebauer der Hypothekenkredit ist, ist für die Bank eine Geldanlage. Es gibt in der Gesellschaft nichts anderes. Immer geht es um das Sparen (auch Anlage genannt) und den Kredit, die sich gegenüberstehen. Immer muss der Zins, den der eine erhält, vom anderen gezahlt werden.

So ist auch das (wertlose) Papiergeld in Venedig entstanden, als man den Transport von Gold für zu aufwändig und gefährlich hielt. Diejenigen, die es für das Tauschen von Waren und Arbeit benutzen wollten, haben es sich geliehen und damit gewirtschaftet. Damit man ihnen glaubte, dass sie diesen Kredit hatten, ließen sie es sich mithilfe von Wertpapieren, Wechseln, Schecks etc. bescheinigen.

Bescheinigte Kreditpapiere überschwemmen heute die Welt. Nimmt der Staat Kredite beim Bürger auf, so gibt er ihm als Bescheinigung Bundesschatzbriefe, macht es ein Unternehmen, so wird es Aktienemission, Schuldverschreibung, Anteilsschein genannt. Findet sich ein Zwischenhändler, der die Papiere aufkauft und dann Anteilsscheine dafür vergibt, so nennen wir es Investmentzertifikat. Immer geht es um die Kreditaufnahme des Emittenten oder Kreditgebers und immer um das Sparen des Anlegers.

„Nichts geschieht ohne Risiko. Aber ohne Risiko geschieht auch nichts."
(Walter Scheel)

Das Geld bewältigt nicht nur die Ungleichzeitigkeit, sondern auch das Risiko. Risiko ist nach Carl Amery „die Bugwelle des Erfolgs". Wer einen Tunnel von zwei Seiten des Berges vorantreibt (Gegenortvortrieb) kann doppelt so schnell sein, aber auch umsonst gearbeitet haben, wenn sich beide Bautrupps nicht zum errechneten Zeitpunkt treffen.

Weil das Geld einen kollektiven Zugriff auf gesellschaftlich und global erarbeitete Werte ermöglicht, kann es für Risiken vorsorgen und ihr Eingehen kalkulierbar machen. Jedes individuell nur wahrscheinliche Problem, für das eine Vorsorge dem Einzelnen nicht lohnend erscheint, trifft aus kollektiver Sicht gesehen auf jeden Fall zu. Man weiß nur nicht bei wem. Für das Kollektiv der möglicherweise Betroffenen ist daher die Vorsorge sinnvoll. Geld hilft, die Kosten der Vorsorge auf viele zu verteilen. Haben viele zusammen nur wenige Risiken, so können alle zusammenlegen und eine Versicherung bilden. Haben nur einige große Risiken, so können sie diese über das Geld auf viele verteilen.

So hat jeder Kredit mehrere Risiken. So etwa, dass ein Teil davon nicht zurückbezahlt wird, dass das Geld in der Währung, die jemand zurückzahlt, nicht mehr so viel Wert ist, dass die Zinsen nicht mehr die Kosten der Refinanzierung decken, etc. Man kann über eine Verbriefung alle Kredite zusammenfassen, sie mischen und so aufteilen, dass jeder Kredit einen gleich hohen Anteil des Risikos trägt, sodass es für jeden Anleger nur einen kleinen Aufpreis bedeutet, das Risiko zu sichern. So etwas hatte man in Amerika mit den Hypothekenkrediten gemacht, die als Mortgage Backed Securities (MBS), d. h. als Fondsanteile an Menschen verkauft wurden, die für die Altersvorsorge sparen müssen. Später hat man besonders risikoreiche Kredite auch an Banken in Europa verkauft.

Man braucht aber nicht (wie im MBS oder ABS) den ganzen Kredit zu verkaufen. Man kann auch allein das Risiko abspalten (lat. Derivare). Besteht z. B. das Risiko beim Tunnelbau nur darin, beim Nicht-Zusammentreffen einen zusätzlichen Querstollen zu graben, so muss man deshalb nicht den ganzen Tunnel verkaufen. Es reicht aus, allein die Kosten des Querstollens abzusichern. Der Versicherer oder Investor erhält Geld dafür, dass er die Kosten trägt. Er kann gewinnen, oder verlieren. Für ihn ist es eine Wette, für den Investor eine Versicherung. Auf diese Weise lassen sich in Geld ausdrückbare Risiken verteilen. Bei Lloyds of London, dem großen Versicherer, wurden so die versicherten Risiken weiter auf die sog. Names verteilt, reiche Bürger, die sich einen Risikoanteil leisten konnten und dafür viel Geld bekamen.

Die Versicherer von Risiken können sich wiederum bei den Rückversicherern versichern. Der Rückversicherer kann sich auch wieder rückversichern, oder aber seine nunmehr großen Risiken bündeln, in kleine Risiken stückeln und als Wertpapiere verkaufen. Immer geht es dabei um die Risikoübernahme.

Im Begriff des Future (Zukunft) ist das noch deutlich. Es geht um Risiken, die in der Zukunft liegen: Zinsfuture bei einer drohenden Zinsverschlechterung, Währungsfuture bei schlechteren Paritäten.

Die moderne Finanzwelt hat die Risiken verselbstständigt und dabei von den Krediten abgelöst. Das Kreditrisiko ist nur noch Anlass und Auslöser aber nicht mehr der Grund für das Risikoinstrument. Hier stehen die Verhältnisse auch begrifflich auf dem Kopf. Nicht derjenige, der die Risiken eingeht und sich versichern will, steht im Mittelpunkt. Es ist derjenige, der die Wette setzt, dem die ganze Aufmerksamkeit gilt. Der virtuelle Risikokäufer ist der Unternehmer, nicht derjenige, der die Risiken real hat. Aus seiner Perspektive wird das ganze System definiert.

Daher berühren die neuen Begriffe nur noch die Oberfläche solcher Versicherungsgeschäfte. Der Swap ist der Tausch. Hier werden Risiken verkauft, die durch den Austausch von Zahlungsströmen, etwa bei Zinsänderung und Währungen, entstehen. Das Derivat ist schlicht „abgeleitet". Das Risiko wird ohne den dazugehörigen Kredit (die Aktie, das Wertpapier) gehandelt.

Verspricht man, den Apfel, den jemand pflücken will, auch dann zu kaufen, wenn er wurmstichig ist, ist dies eine Option. Ersetzt man die Differenz im Preis zwischen dem wurmstichigen und dem guten Apfel, dann ist es ein Derivat oder ein Future. Bewahrt man sich ein Wahlrecht, ob man den Apfel nimmt oder die Preisdifferenz bezahlt, handelt es sich um eine „gedeckte Option" (covered warrant).

Noch schwieriger wird es bei bestimmten „Zertifikaten". Die Begriffe erklären nichts mehr, weil der Bezug zum realen Risiko vollständig verloren ist. Dasselbe passiert, wenn man Äpfel und verbriefte Risiken vermischt und dann Anteile daran verkauft. Solche „strukturierten Papiere" geben nur noch dem Spezialisten Anhaltspunkte, was man eigentlich gekauft hat.

Man hat mit dem Apfel und dem Wurmstich eigentlich nichts mehr zu tun. Man benutzt das Problem des Elends der anderen nur noch, um darauf zu wetten, ob der Apfel faul sein wird. Anders als bei der Wette, muss der Einsatz aber vorher bezahlt werden. Es ist also wie im Spielkasino bei Poker und Roulette und auch dort wird nur deshalb in dieser Weise gewettet, weil die Spielbank gar nicht spielen, sondern nur verdienen will. Wo sich die Risikogeschäfte von der Risikoübernahme gelöst haben, herrscht der Kasinokapitalismus.

„Die kapitalistische Wirtschaftsordnung braucht diese rücksichtslose Hingabe an den Beruf des Geldverdienens" (Max Weber)

Wie bei den Krediten, die mal als Anlage, mal als Kredit, mal als Sparbrief, Schuldverschreibung, Aktie oder Wertpapier bezeichnet werden, hat der Schein der Vielfalt den einfachen Inhalt beiseite geräumt. Die Masse der Bürger wird von der Beurteilung dessen ausgeschlossen, was das moderne Geldsystem wirklich zu leisten im Stande ist. Während im Versicherungsbereich durch klare Regeln noch Ordnung herrscht und man erkennen kann, was man für welches Risiko eigentlich bezahlt, haben viele Risikoinstrumente im Bankbereich ihren Sinn der Risikobeherrschung verloren. Verbriefte Risiken werden mit Provision, Margen oder Gebühren zu lukrativen Anlageobjekten umfunktioniert. Ökonomen, die eine Anschauung des Geldsystems verbreiteten, die sich nach Marx „im Übrigen aber darauf beschränkt, die banalen und selbstgefälligen Vorstellungen der bürgerlichen Produktionsagenten von ihrer eignen besten Welt zu systematisieren, pedantisieren und als ewige Wahrheiten zu proklamieren", sind „vulgär".

Es gibt im Geldsystem nichts anderes als Kredite, die Risiken beherbergen. Kredite werden gewährt, oder genommen. Die Rendite des Anlegers ist der Kreditzins des Schuldners. Die Risiken dagegen werden gestreut oder verwettet.

Die Banken wechseln ihre Bezeichnung wie ein Chamäleon seine Farbe. Mal sind sie Kreditgeber, dann wieder Kreditnehmer, Emittenten, Fondsbetreiber oder Investoren. Sie treten aber auch als Versicherer, Beteiligte oder Anteilsinhaber auf. Immer aber geht es nur darum, mit dem Kredit Geld zu verdienen.

Adam Smith hat mit der Idee der unsichtbarer Hand gemeint, dass wir „nicht auf das Wohlwollen von Metzger, Brauer, Bäcker hoffen, wenn es um unsere Mahlzeiten geht, sondern wir bauen auf deren Wertschätzung der eigenen Interessen". Der Metzger denke an sich und fördere dabei zugleich das Gemeinwohl. Keynes hat dies dahingehend persifliert, dass er meinte: „Der Kapitalismus basiert auf der merkwürdigen Überzeugung, dass widerwärtige Menschen aus widerwärtigen Motiven irgendwie für das allgemeine Wohl sorgen werden". Egoismus und Spielsucht sind daher in der Tat Triebkräfte des Kapitalismus.

Die moderne Finanzwelt ist die Sparte der Wirtschaft, in der dieses Prinzip am klarsten verwirklicht scheint. Ihr reicht es, dass sie das Geld vermehrt. Der

Gewinn wird zum inneren Bedürfnis, weil die Wirtschaftsordnung „diese rücksichtslose Hingabe", wie Max Weber es formulierte, erfordert. Das Geld wird
zum Zweck an sich, vergleichbar mit dem skurrilen Fahrradhelm-Fetischismus
meines zweijährigen Enkels. Erst holte er den Fahrradhelm immer dann heraus,
wenn er gerne Fahrrad fahren wollte. Schließlich lief er den ganzen Tag mit dem
Helm herum und war endlich glücklich, als er mit dem Helm auch ins Bett durfte. Das Fahrradfahren war inzwischen genauso vergessen wie bei den Finanzdienstleistern der Zweck der Kreditvergabe.

So laufen die Finanzdienstleister heute mit dem Geld im oder vor dem Kopf
herum. Balzac bezeichnete einen Banker als „zum Menschen gewordenen Geldschrank." Dostojewski hat in seinem Roman „Der Idiot" die Geldgier mit der
Liebe zu einer Frau konfrontiert und lässt Ganja Iwolgin seine zum Geldfetisch
degenerierte Seele entblößen.

Es wäre gut, wenn der Banker mit dem Fahrradhelm ganz einfach glücklich
sein könnte. Stattdessen verlangt er aber andauernd nach der Hilfe durch das
Gemeinwohl. Der Staat soll seine Ware, das Geld, vor Inflation schützen und
stabil halten, mit seinen Steuern und Abgaben auf die Geldgeschäfte Rücksicht
nehmen, Kredite bei ihm aufnehmen und verzinsen, Altersvorsorge und Wohnungsmarkt privatisieren und schließlich noch für ihn bürgen, wenn seine Blind-
heit gegenüber den realen Grundlagen des Geldwertes ihn zu weit getrieben hat.

Anders als das Verlangen nach dem Fahrradhelm, ist die Gier nach Geld
aber eine reale Gefahr für die Wirtschaft. Das System aus Kredit und Versicherung, das wir als Finanzdienstleistungen zur Bewältigung von Zeit und Risiko
angeboten bekommen, funktioniert nur, wenn das Geld auch gebraucht wird. Es
muss sicher sein, dass für Geld, das niemand mehr für den Tausch braucht, nicht
weiter Zinsen verlangt werden.

Wurde dagegen Geld aus dem Nichts geschöpft, dann wird die Gründung
einer Bank zum Raub, wie es Berthold Brecht provozierend formulierte. Allein
durch dieses Geld und nicht durch jedes zinstragende Kapital, wird dann – ohne
eigene Arbeit – Anspruch auf die Arbeit und Güter anderer Menschen erhoben.
Wir merken dies schmerzlich, wenn Geld gestohlen wurde, oder wenn der Staat,
wie jetzt in Simbabwe oder 1923 in Deutschland, die Notenpresse angeworfen
hat. Dann zerrinnt der Wert des Geldes und die Arbeit scheint für den, der gearbeitet hat, umsonst. Vor dem Staat brauchen wir uns heute in der Eurozone aber
nicht mehr zu fürchten, vor den Banken schon.

„Wucherig spielen erfordert drei Galgen: einen vor den Gewinner, den andern
vor den Verspieler, und den dritten vor den, der den Spielplatz gibt."
(Altdeutsches Sprichwort)

Dafür haben wir eine moderne Form des Raubes erhalten: den Wucher und seinen Vetter, den Betrug. Im legalen Wucher teilt sich die Welt nach Klassen in
Kreditgeber und Kreditnehmer auf. Die Kreditgeber und Investoren nutzen die
Not der Kreditnehmer für ihren immer größeren Hunger nach Rendite. Mit Zinsen, Gebühren, Provisionen, vorgetäuschten Risikoprämien, finanzierten Geldan-
lagen, Verschleuderung von Sicherungsgut, durch Kredit verfälschte Preise und
Kreditkartenreiterei, wurden die amerikanischen Verbraucher im Kreditgeschäft
so lange ausgeplündert, bis die 1,2 Mio. Zwangsversteigerungen deutlich machten, dass die Zahlungsfähigkeit ruiniert war.

Aus dem Kreditnehmer wurde jetzt ein Risiko, für das es gierige Käufer
gab, die noch einmal verdienen wollten, indem sie die aus Wucherkrediten
(„Subprime") entstandenen Risiken noch einmal durch Betrug weiterverkauften.
Weil über den Wucher das Risiko entsteht, vermutet der Risikoinvestor, dass er
über das Risiko am Wucher teilhaben kann. Die Verhältnisse haben sich umgekehrt. Das Risiko ist nicht Problem, sondern Chance. In der Wuchergesellschaft
kann sich die Gier nach Geld zu einer Gier nach Risiken entwickeln. Die Spekulation auf den Niedergang von Menschen, Firmen und ganzen Staaten, wie beispielsweise von Soros in Malaysia und Thailand, oder die eifrig bei uns zugelassenen Hedgefonds mit eigens entwickelten Produkten wie den Leerverkäufen,
wird zum Bedürfnis der Geldbesitzer und bedroht uns alle. Der Krisenspekulant
will nicht unser Unglück, sondern er nimmt es nur in Kauf, um zu gewinnen,
weil wir den „Spielplatz" so eingerichtet haben, wie die spieltheoretischen Annahmen unserer Ökonomen des behavioural finance ihn sehen.

Die Klasse der Kreditnehmer erarbeitet die Renditen der Investoren

200 Jahre Kapitalismus haben ausreichend Möglichkeiten geschaffen, die Geldmittel grundsätzlich ungleich zu verteilen. Wenn aber trotz dieser Verteilung, –
deren Prozentzahlen man im Reichtums- und Armutsbericht der Bundesregierung ebenso wie in den Berichten der amerikanischen Zentralbank nachlesen
kann – ohne Geld heute keine Chancen bestehen, dann bedeutet dies, dass tendenziell die Rollenverteilung im Kredit eine soziologische Bedeutung erhält.
Kreditgeber, das sind nur noch die Vermögenden, Kreditnehmer die anderen, die
von ihrer täglichen Arbeit leben. Die Welt teilt sich auf in Schuldner und Gläubiger, in Risikoträger und Risikoverkäufer, in Anleger und Verschuldete, oder kurz
in Reiche und Arme.

Die Geldnot der Armen führt zu einer immer raffinierteren Ausbeutung der Armut. Ich spreche von den 30 % Zinsen, die ein Arbeitnehmer, der im Jahr gerade einmal durch Arbeit 3 % mehr erwirtschaften kann, durch eine raffinierte Konstruktion im Konsumkredit bezahlt. Ich spreche von 865 Mrd. € Kreditkartenschulden, die zum großen Teil aus Zinsen bestehen, die bei der secured Creditcard auf 70 % steigen können. Ich spreche von den Hypothekenkreditnehmern, deren Kredite man vor der Marktzinserhöhung variabel umstellte und denen man das gesamte Risiko eines aus Geldinteressen aufgeblasenen Preissystems bei Wohnungen aufbürdete, nachdem man den Zuwachs vorher abgeschöpft hatte. Ich spreche von den wertlosen Schrottimmobilien, die die HypoReal Estate als finanzierte Anlage verkaufte und die Differenzen über Provisionen abschöpfte. Ausbeutung gab es auch durch die Mittelstandskredite der HSH Nordbank in Mecklenburg, bei denen astronomische Summen für eine den Kredit aufblähende Unternehmensberatung vermittelt wurden, die Kleinunternehmer und die Region in den Ruin trieb. Gleiches gilt für die Bausparsofortfinanzierungen der Mainzer Bausparkasse, bei denen die Schuldenspirale kaum noch Kapital bei den Schuldnern ließ oder den finanzierten Anlagen der Göttinger Gruppe, die als einziger Finanzdienstleister wohl heute nicht unter den staatlichen Schutzschild fällt und bei der Verbraucher statt Altersvorsorge Zwangsvollstreckungen erbten.

Was über den Wucher nicht abgeschöpft werden kann, das holt man sich über den Betrug. Zunächst wurde der Boden dafür bereitet, indem die Altersvorsorge privatisiert und die Neo-Liberalen bei Weltbank, ifo und in Freiburg den Kapitalstock als bessere Alternative zum Solidarsystem erkoren. Zur privaten Altersvorsorge als Kredit gehört der umgekehrte Kredit beim Eigenheim. Der amerikanische Verbraucher, der im Kredit bewuchert wurde, wurde in der Altersvorsorge bei zusammenbrechenden Unternehmen wie Enron oder Lehman betrogen, wenn nicht schon vorher Risiken, an denen man bereits vollständig verdient hatte, beigemischt wurden.

Die Banken, denen wir jetzt helfen müssen, sind seit Langem bekannt. Berüchtigt war die HypoRealestate, die aus der Metamorphose der übel beleumdeten Bayerischen Hypotheken- und Wechselbank mit der Vereinsbank als ausgelagertes Risiko der Bayernhyp (der ehemalige Chef Martini: „Banken sind keine Sozialstationen") hervorging und dabei noch den Resteverwerter Lonestar zur Hilfe holte.

7.2 Verändern!

Wir haben in den vorangegangenen Kapiteln eine Vielzahl von Vorschlägen gemacht, welche Regeln Not tun, wie mit den sieben Prinzipien verantwortlicher

Kreditvergabe die sieben regulativen Säulen des Geldsystems wieder repariert und für die Prozesse der Globalisierung fortentwickelt werden können. Wir haben als zentrale Elemente dieses System das Wucherverbot und die Beschränkung von Spiel und Wette im Geldsystem, die Anbindung der Risikobewältigung an diejenigen, die die Risiken hervorbringen und steuern können, die Eindämmung jeder Form der Verantwortungslosigkeit durch kreditfinanzierte Kapitalinvestitionen verlangt. Wir haben weiter eine neue Ehrlichkeit im Geldsystem gefordert und ein System vorgeschlagen, mit dem Politiker und Anwälte des Gemeinwohls vor Bestechung und Korruption durch das Geldsystem geschützt werden könnten. Wir haben eine neue Ausbildung von Bankern angedeutet, die aus Geldfunktionären wieder Bankiers im Dienste der Gesellschaft macht und eine soziologische, rechtliche und moralische Erweiterung der quantitativen Verkürzungen in den Wirtschaftswissenschaften hin zu einer Sozialökonomie angemahnt. Die folgenden Ergänzungen und Konkretisierungen sind auf dem Hintergrund dieses generellen Umdenkens zu sehen, die die Menschen wieder zu Herren über die von ihnen genutzten und geschaffenen Instrumente machen sollen. Mehr als Denkanstöße können es allerdings nicht sein.

7.2.1 Neues Denken

Zur Überwindung der Krise gehört es, dass alle Menschen mehr über das Finanzsystem wissen und besser damit umgehen können. Das Wissen kann aber nicht aus der Perspektive der Banker, sondern muss aus der Perspektive derjenigen erarbeitet werden, die sich von diesem Geldsystem einen unmittelbaren Nutzen für diese Gesellschaft erhoffen. Dazu sollten sie von Folgendem ausgehen:

- Alle Geldgeschäfte sind Kreditgeschäfte, deren Qualität darüber Auskunft gibt, wie stabil und nützlich unser Geldsystem ist.
- Banken müssen angehalten und darin überwacht werden, Kredite zur Überbrückung von Lebenszeit, die zwischen individueller Arbeit und individuellem Konsum liegt, zu vergeben und damit gesellschaftliche Arbeitsteilung und Kooperation organisieren. Die Kredite müssen produktiv sein und zu Konditionen vergeben werden, die jeden Wucher ausschließen, auf zukünftige Einkommen Rücksicht nehmen sowie deren Risiken mit den dafür vorhandenen Instrumenten zum Wohle aller verteilen.
- Risikogeschäfte müssen einen direkten Bezug zu den Risiken haben und ihrer Absicherung dienen. Alles andere sind Spiel- und Wettgeschäfte, für die die Regel des Bürgerlichen Gesetzbuchs gilt, dass man keine staatlichen Zwangsmittel zu ihrer Durchsetzung und Ermöglichung erhält.

▪   Banken müssen ausweisen, was sie für die Gesellschaft geleistet haben. Ne-
    ben der Bankbilanz ist eine gesellschaftliche Bilanz notwendig, die die Vertei-
    lung der Kredite, der Altersvorsorgeprodukte, der Ausfallquoten und der
    Konditionen aufweist, gleichgültig ob im öffentlichen oder privaten Bereich.
▪   Der Staat muss Kredite dort ermöglichen, wo Banken versagen.

Kredit statt Finanzen

Unser Finanzsystem muss als ein Kreditsystem gedacht werden. Es sind die Kreditnehmer, die das Kapital der anderen produktiv einsetzen und das Wachstum
erwirtschaften. Ihre Fähigkeit und ihr Bedarf entscheiden darüber, wie viel Rendite wir erwirtschaften und wie viel Geld sich produktiv im Geldkreislauf verwerten lässt.

   Im Mittelpunkt unserer Sorge und Aufmerksamkeit müssen die produktiven
Kreditnehmer stehen: die großen Unternehmen und der Staat bei der Aufnahme
von Geldern beim Publikum über die Kapitalmärkte, die mittelständischen und
Kleinunternehmen, die Verbraucher und Wohnungsnutzer sowie Selbstständige bei
den Bankkrediten und die Entwicklungsländer bei der Aufnahme von Geldern bei
Finanzkonsortien. Indem jede Art der Kreditvergabe und Kreditaufnahme, ob in
Form der direkten Kredite oder durch Wertpapierverkauf, mit Regeln versehen
wird, die den produktiven Nutzen der investierten Gelder aufseiten der Kreditnehmer ermöglichen, wird eine solide Grundlage für den Kapitalmarkt geschaffen.

   Dieses Denken in Kreditkategorien gehört auch in die Wirtschaftskunde, die
Berufsschulen und Fakultäten. Kreditvergabe, Kreditrecht, Kreditmanagement
dürfen nicht länger die Stiefkinder der Kapitalmarkttheorien und Investmentbanker sein. Das Finanzsystem muss vom Kopf auf die Beine gestellt werden.

Risikoprävention statt Risikospiel

Finanzielle Risiken müssen als Abbilder realer Risiken der Gesellschaft gesehen
werden, deren Umwandlung in Geldansprüche Kompensationsmöglichkeiten
schafft. Finanzinstrumente müssen Risiken gesellschaftlich gerecht verteilen und
für Anreize zur Prävention sorgen. Die Spielsucht der Menschen kann genutzt
werden. Sie darf aber nicht bestimmen, was als Risiko abzusichern ist. Reine
Wette und reines Spiel gehören in den Bereich der Vergnügung und nicht in den
der Wirtschaft.

   Risikoabsicherungen auf Kredit sind die gefährlichste Variante der Spielsucht. Spiele nicht mit dem Geld anderer.

Was sich versichern lässt, muss versichert werden, weil der Solidargedanke die notwendige Prävention von Risiken als gleichberechtigtes Ziel neben deren Kompensation setzen kann. Bei Finanzrisiken genügt die finanzielle Kompensation. Hier aber muss sicher gestellt werden, dass Risikoinstrument und Finanzrisiko verbunden bleiben.

Kurzfristige Bankenrettung für langfristigen Wandel

Die Zentralbanken und der Staat retteten das Vertrauen in ein System, das an sich kein Vertrauen verdient. Der Staat lieh sein Vertrauen daher den Banken. Es ging 2008/2009 um Psychologie. Würde keine Bank der anderen, kein Anleger der Bank mehr trauen, dann würde das Geldsystem zusammenbrechen. Ein Ausscheiden der vertrauensunwürdigen Banken ist in der notwendigen Eile nicht möglich. Die Banken sind einander hoch verschuldet und in einem Netzwerk untrennbar verbunden. Krebsgeschwüre und gesundes Gewebe bilden eine Einheit. Ein Operation wäre tödlich. Es hilft nur ein langsamer Prozess der Zurückbildung der Krebsgeschwüre, indem ihnen Nahrung und Anreiz genommen werden. Auch personell muss ein Austausch erfolgen, jedoch verträglich und so langsam, dass die Geschäfte ordnungsgemäß an eine neue Generation von Bankiers übergeben werden können.

Doch auch bei der kurzfristig notwendigen Stabilisierung kann man große Fehler machen. Die betroffenen Banken werden alles unternehmen, damit die kurzfristige Hilfe sie auch langfristig so stabilisiert, wie vor dem Crash. Personelle Interessen und Systemträgheit tragen dazu bei.

Dies aber wäre verheerend, weil dann die aktuelle Krisenrettung den Grundstein für eine weit schlimmere Krise in der Zukunft legen würde.

Langfristig müssen die Entwertungsprozesse für Scheingeld durchgeführt und Personen angeworben und ausgebildet werden, die über den Tellerrand des Profitinteresses auch im Bankgewerbe hinausschauen. Sie müssen in der Lage sein, das Geldsystem für die Interessen der Gesellschaft zu öffnen und es wieder an die reale Wirtschaft bewusst anzukoppeln. Was dort zu tun ist, ergibt sich zum großen Teil aus der hier geäußerten Kritik: Aktivierung des Wucherschutzes und Rückführung der Finanzrisiken zur Bewältigung der realen Risiken, verantwortungsvolle und produktive Kredite, Festigung des rechtlichen Rahmens der Finanzmärkte und Stärkung des Verbraucherschutzes, damit der Verbraucher Macht ausüben kann und nicht nur informiert wird. Darüber hinaus sollte der gesamte Finanzsektor Rechenschaft gegenüber der Öffentlichkeit ablegen, die in Sprache und Inhalt deutlich macht, dass Bankiers in der Lage sind, ihre Aufgabe in der Gesellschaft zu verstehen und zu bewältigen.

Verbraucherschutz als Endbankkontrolle der Banken

Das Finanzsystem hat sich nicht nur von den realen Problemen, sondern auch von den Menschen selbst weitgehend abgekoppelt. Die Verbraucher und Staatsbürger nutzen die Möglichkeiten des Finanzsystems nicht mehr für ihre Bedürfnisse, sondern erdulden dessen Wirkungen und Mechanismen. Banken teilen den Bürgern nur noch mit, was sie zu tun haben und was sie erwarten können. Sowohl was den Sprachgebrauch als auch die Finanzdienstleistung als solche anbetrifft, fehlt es an einem wirksamen Gegenüber für diejenigen im Finanzsystem, die Geld um ihrer selbst willen und alleine, um es zu vermehren, benutzen.

Dieser Zustand kann nur überwunden werden, wenn das System der Verbrauchervertretung sowie der Vertretung der kleinen und mittleren Betriebe und des Staates rechtlich gestärkt und von unten nach oben aufgebaut wird.

Das große Finanzrad wurde von durchaus zweifelhaften Finanzinstituten angetrieben. Hätte man auf die Frühwarnstellen in den Verbraucher- und Schuldnerberatungsstellen oder Dritte-Welt-Gruppen gehört, wo die kleinen Betrügereien eher als Symptom eines insgesamt maroden Systems begriffen werden, man hätte das System frühzeitig verbessern und gegensteuern können.

Banken, die diese Krise am stärksten bewirkt und nun mit der größten staatlichen Hilfe bedacht werden, waren im Verbraucherschutz bereits vorher notorisch.

So haben die Verbraucherverbände bei der Berliner Bank vor dem Fall der Mauer auf die auf Kredit verkauften Berlinanleihen hingewiesen, in denen öffentliche Subventionen missbraucht wurden, weil letztlich nichts angelegt wurde. Die Berliner Bank war auch Vorreiter bei den Kreditkartenkrediten.

Bei der HSH Nordbank haben wir vor etwa 10 Jahren einen Teil ihrer Kreditvergabepraxis an Kleinunternehmen in den neuen Bundesländern aufgearbeitet. Dokumentiert haben wir einen Fall, in dem die Bank aus Kiel einen Hotelier nötigte, eine Beratung eines mit der Bank liierten Unternehmensberaters in Anspruch zu nehmen, die ihn 600.000 DM kostete. Und dies, obwohl er unserer Auffassung nach schon durch die IHK hinsichtlich seines Konzeptes ausreichend und richtig beraten wurde. Durch die Landesbank wurde er stattdessen in eine ruinöse Verdoppelung des Kreditvolumens und einen sinnlosen Ausbau der Bettenzahlen des Hotels gedrängt. Später stellte sich heraus, dass der Unternehmensberater zugleich auch Vermieter der Landesbank in der Stadt im Osten war. Der Hotelier recherchierte noch über 30 ähnliche Fälle.

Solche Probleme der undurchsichtigen Verhältnisse im Finanzsektor zwischen Bank und Beratungsfirmen kommen überall vor. Was entscheidend war, war die Reaktion der Bank auf die Offenlegung der Probleme. Bei einem Besuch in Kiel wurde als Gesprächspartner genau der Filialleiter präsentiert, dem die Vorwürfe gemacht wurden. Daraus ergab sich schon damals für uns der Verdacht, dass es sich um systematische Probleme der Bank handelte. Hätte es hier Mittel und Möglichkeiten der Untersuchung gegeben, so hätte man u. U. das Bankverhalten intern nachhaltig verändern können. Es fehlte aber an Geld und Unterstützung, etwa durch die Aufsicht.

Ähnliche Probleme gab es im mittelständischen Bereich mit der Bayerischen Hypotheken- und Wechselbank als Vorläuferin der HRE, der wir auch die Schrottimmobilienfälle zu verdanken hatten. Auch hier war wie im Fall der Nordbank eine Kreditkündigung, die den Unternehmer ruinierte, der Ausgangspunkt. Die Kündigung war offensichtlich rechtswidrig gewesen, was 15 Jahre später auch rechtlich festgestellt wurde. Sie nahm den Konkurs einer anderen Firma zum Anlass, dem solventen Kreditnehmer die langjährige Geschäftsbeziehung aufzukündigen. Der Kredit war sicher gewesen. Dies zeigte die volle Bezahlung aus der Zwangsvollstreckung. Gleichwohl wurde der Unternehmer ohne Gnade persönlich wie geschäftlich ruiniert. Ein ähnlicher Vorfall passierte wiederum bei derselben Bank, der von uns für die Sendung von Ilona Christen bei RTL aufbereitet wurde. Das Besondere war auch hier, wie die Bank mit solchen Problemen umging. Statt sie zu untersuchen, wurden alle Mittel gegen die Kritiker mobilisiert. Es gab keine Gespräche und nur Drohungen und gerichtliche Schritte. Eine Art Wagenburgmentalität deckte auch hier alle internen Probleme nach außen hin ab. Sie musste damit auch denjenigen das Bewusstsein der Unantastbarkeit vermitteln, die mit abenteuerlichen Geschäftspraktiken – etwa bei der Finanzierung von Schrottimmobilien – wissen mussten, dass ihre Verdienste nicht aus dem produktiven Nutzen der Kredite, sondern aus dem Diebstahl von Vermögen der Kreditnehmer herrührten.

Über die jetzt verstaatlichte amerikanische Citibank und ihre Kreditpraktiken gab es einen ausführlichen Report des iff, ein Buch der Ralph-Nader-Gruppe sowie die Untersuchungen von David Caplovitz. Verbraucher- und Sozialverbände überall auf der Welt haben immer wieder auf die Problematik dieser Geschäftspraktiken hingewiesen. Auch hier wurde eine geschlossene Gesellschaft bei der Bank festgestellt, die in jeder Kritik nur die Bösartigkeit Außenstehender sah. Mit einer solchen Mentalität des Schulterschlusses konnte ein Klima wachsen, indem man sich bei allen Praktiken sicher vor Aufdeckung und Rechenschaft fühlen musste.

Man kann davon ausgehen, dass Banken jeden sich ihnen bietenden Verdienst realisieren wollen, wenn sie nicht durch äußere Einflüsse oder ihr Gewissen daran gehindert werden. Entscheidend ist daher, inwieweit sie offen sind und die Kritik sie erreicht.

Funktionierender Verbraucherschutz, der den Verbrauchern Rechte und die Möglichkeit gibt, sie in unabhängigen Beschwerde- und Beratungseinrichtungen geltend zu machen, ist damit ein wesentliches Instrument, um die Einhaltung dieser Grenzen einzufordern und Missstände aufzudecken. Der Satz, dass „der Fisch vom Kopf her stinkt", muss daher ergänzt werden durch den Zusatz, dass man dies vom Schwanz her gesehen am ehesten bemerkt. Banken sind ein System mit einer Unternehmenskultur, die sich nicht nur in den Milliardengeschäften, sondern (häufig viel sicherer) in der Vielzahl der kleinen Verbraucher- und Mittelstandsgeschäfte dartut. Zeigen Banken hier Verantwortung und beweisen sie, dass sie in der Lage sind, den produktiven Zweck von Finanzdienstleistungen im Leben der Menschen und der Unternehmen zu erkennen und zu beachten, so sind sie in aller Regel entsprechend zurückhaltender mit den Finanzmarktgeschäften, die nur noch den Gewinn im Auge haben und das System nachhaltig zerstören.

Aus dem ökonomisch scheinbar unbedeutenden Randgebiet des Verbraucherschutzes wird damit ein zentraler Knotenpunkt, der selbst über die Börsenkurse der wichtigsten Banken auf der Welt entscheidet und eine Rezession auslösen kann. Die Folgen der Überschuldung von Privatpersonen sind damit nicht mehr nur eine von der Finanzwelt in der Regel wenig beachtete „Sozialarbeit" für gescheiterte Existenzen, für die nicht mehr die Banken, sondern der Staat zuständig sein soll. Prävention von Überschuldung durch finanzielle Allgemeinbildung, kundengerechte Beratung bei der Kreditaufnahme und partnerschaftliche Begleitung in der Krise, all das sind Themen, die für eine Bankkultur stehen, die sich auch die Anleger genau anschauen müssen. Nur so können sie sicher sein, dass diese Bank verantwortlich mit Geld umgeht.

7.2.2 Neue Organisation der Verbraucherinteressen

Verbraucherverbände in Deutschland

Deutschland hat mit den Verbraucherzentralen, die nach dem Modell der öffentlich-rechtlichen Rundfunkräte aufgebaut sind, ein vielversprechendes System. Es wurde allerdings in den letzten 15 Jahren finanziell ausgetrocknet bzw. so gesteuert, dass es sich den Problemen des Finanzsystems nicht mit der notwendigen Hingabe widmen konnte. Es mangelt an Kompetenz, Zeit und Recherchemöglichkeiten. Es fehlt vor allem an Stellen und Geld.

Die Verbraucherzentralen müssen daher durch eine neue Finanzierung gestärkt und unabhängiger werden. Die Staatsfinanzierung hat in der Vergangenheit zu vielfachen Eingriffen in die Personalhoheit sowie die Ausrichtung der Verbraucherzentralen geführt. Die Verteilung von Mitteln über die Bundesorganisation und die Zunahme projektgebundener Mittel hat den Informationsfluss von unten nach oben, von der Einzelberatung zur verbraucherpolitischen Stellungnahme teilweise umgekehrt.

Dort, wo die Länderparlamente den Subventionsetat diskutiert und verabschiedet haben, hat sich eine engagierte Verbraucherpolitik erhalten. Wo die

Subventionen über die Regierungen laufen, sind sie anfällig für Einflussnahme und Bürokratisierung. Man sollte erwägen, den Banken über Landesgesetze vorzuschreiben, die Verbraucher darüber zu informieren, dass sie mit monatlich 1 € die verbraucherpolitische Überwachung des Finanzsektors mitfinanzieren können. Durch die Abgabe einer entsprechenden Ermächtigung ist jede kontoführende Bank gezwungen, kostenfrei einen Euro einzubehalten und an die Verbraucherzentrale des Landes weiterzuleiten. Damit sollte finanziert werden, was sich nicht durch die Gebühren der Ratsuchenden bestreiten lässt. Im Bereich der Kapitalanlage, der Vorsorgeberatung und der Hypothekenkredite sind kostendeckende Gebühren möglich und sinnvoll, um die Qualität dort zu erhalten und den besonderen Stellenwert der Verbraucherverbände auszuweisen. Es gibt jedoch Bereiche, die enorm wichtig sind, aber nicht kostendeckend von den Betroffenen unterhalten werden können. BankWatch-Projekte, Forschungen über schädliche Wirkungen und Produkte, Kreditberatungen für Einkommensschwache, Prozessführungen im Interesse aller Verbraucher als Verbandsklage oder aus abgetretenem Recht benötigen eine solche Finanzierung, die berücksichtigt, dass der Nutzen allen zugute kommt und sich daher nicht privat verkaufen lässt. Damit würde sich in den Bankwissenschaften ein unabhängiger Zweig bilden und eine fundierte Politikunterstützung entwickeln lassen.

Auf internationaler Ebene ist die Vertretung der Verbraucher gegenüber den Banken und Finanzministern auf einem Tiefpunkt angelangt. Es gibt praktisch keine Stimme bei der Weltbank oder beim internationalen Währungsform, die bei Finanzfragen gegenüber dem Basler Interbankenkomitee oder der UNO kompetent die Verbrauchersicht und Verbraucheranliegen vertritt. Was die Politik als Verbrauchervertretung bezeichnet, sind in großem Maße Presseorgane, die ihre Erzeugnisse und Inhalte diesem Thema widmen und an Verbraucher verkaufen. Dies gilt für die Testorganisationen wie Stiftung Warentest und Test Achats, die zusammen die Mehrheit der europäischen Staaten abdecken. Es gilt für die englische Which? oder den niederländischen Konsumentenbond oder die französische Que Choisir? Deren Finanzierung erfolgt ganz überwiegend über den Verkauf von Printmedien. Sie orientieren sich dabei (wie alle Presseorgane) an ihren Lesern. Das bedeutet aber, dass sie nicht alle Verbraucher vertreten und zudem einen bestimmten Blickwinkel haben. Als Medien, die ausschließlich Information verkaufen, sind sie meist natürliche Verbündete, wenn es um die Reduktion von Verbraucherschutz auf Informationsbereitstellung geht. Da sie dann aber letztlich nicht mehr fordern als das, was der Staat den Verbrauchern geben will, fehlt die Kritik am Informationsmodell. Weiter bedienen sie eine Klientel, die laut allen Marketinguntersuchungen der oberen Hälfte der Gesellschaft und damit tendenziell nicht den Kredit- sondern den Anlageverbrauchern nähersteht. Entsprechend ist die Krise für sie – wie auch für die Politik – eine Anleger- und weniger eine Kreditnehmerkrise.

Neben diesen Verbrauchermedien halten sich nur noch Verbraucherinstitutio-
nen, die direkt oder indirekt vom Staat finanziert werden. Dies gilt für die Verbraucherombuds in Skandinavien, die Verbraucherzentralen in Deutschland oder die
Nationalen Verbraucherinstitute in Frankreich und Spanien und das CRIOC in
Belgien. Auch die Europäischen Verbraucherverbände (BEUC und ANEC), die
einen Teil der Verbraucherverbände vertreten, werden zu über 80 % von der europäischen Kommission finanziert. Sie hat dadurch erheblichen Einfluss darauf, wie,
über wen und an was Kritik geübt wird. Ein von der Kommission selbst in Auftrag
gegebenes Gutachten über das Subventionsverhalten gegenüber Verbraucherverbänden kam jedenfalls zu dem Schluss, dass Verbraucherarbeit gegenüber Banken
damit nicht gefördert wurde. Vielmehr konzentrierten sich alle EU-Subventionen
im Wesentlichen seit Jahren ohne Ausschreibung bei den Organisationen in Brüssel, die ohnehin von ihr abhängen.

Verbrauchervertretung bei der EU-Kommission

Das Chaos hinsichtlich der Frage, wer eigentlich Verbraucherinteressen vertritt,
wird seit der Umschaltung von Verbraucherschutz auf Marktschutz von der EU-
Kommission durch eine Vielzahl von sog. Verbrauchergremien ausgenutzt, bei
denen jedoch die Kommission selbst den größten Einfluss behält.

So hat sie folgende Organisationen gegründet, die im Finanzsystem für
Verbraucherbelange auftreten: FinNet (Netzwerk von Verbraucherombuds), FinUse
(von der Kommission frei berufene sog. Verbraucherexperten), EEC-Net (von der
EU finanziertes und aufgebautes Netzwerk von Verbraucherberatungsstellen),
ECCG (Europäischer Verbraucherbeirat jeweils ein ausgesuchter Vertreter pro
Land, tagt unter Leitung der Kommission), temporäre im Finanzdienstleistungsbe-
reich aktive Gremien wie The Consumer Law Enforcement Forum (CLEF) (von
der Kommission finanziert und ausgewählt), Mortgage Group, Payment System
Group oder die Post-FSAP Gruppen, in denen ein einziger englischer Verbraucher-
vertreter an der Zukunftsstrategie zur Politik im Finanzdienstleistungssektor über
100 Bankern gegenübersaß. Besonders prekär bei der Politik der Kommission ist,
dass nach längerer Arbeit in einem dieser Gremien oft eine Beschäftigung bei der
Kommission winkt, die allein in Brüssel eine gesicherte Perspektive bietet. Dies
gilt vor allem für die wenigen Finanzspezialisten, wobei selbst ein Wechsel zum
Lobbying der Gegenseite wie in Düsseldorf oder London möglich ist.

Staatlicher Einfluss kann so weit gehen, dass kritische Verbraucherpolitik
durch eine Neutralitätsverpflichtung praktisch unmöglich gemacht wird. Durch
gezielte Finanzpolitik kann Wohlverhalten eingefordert werden. Das schließt
selbstverständlich nicht aus, dass solche Institutionen sich ihre politische Unab-

hängigkeit erringen und erhalten, wie bei dem vom damaligen Hamburger SPD-
Senat beabsichtigten Konkurs der Hamburger Verbraucherzentrale. Er kam nicht
zustande, stattdessen erfolgte unter dem Druck der Öffentlichkeit ein schmerz-
hafter Rückzug des Senats, der von weiteren Versuchen der Gängelung abhielt.

Verbraucherinteressenvertretung in sozialen Bewegungen

Es bleiben schließlich noch Quasi-Verbraucherorganisationen, die, wie in Italien
oder Frankreich, von den Gewerkschaften gestützt werden. Es gibt aber auch
Organisationen, die rein faktisch Verbraucherperspektiven und Verbraucherforde-
rungen im Rahmen ihrer allgemeinen Zielsetzungen effektiv mitverfolgen. Bewegungen wie Attac, Greenpeace, Amnesty International, die amerikanischen
Community Organisationen, französische Familienverbände oder kirchliche Organisationen wie die Church Action on Poverty in Großbritannien, die ein Bau-
stein der „Debt on your Doorstep"-Bewegung sind, gehören dazu. Weiter haben
sich im Schuldensektor Anti-Wucherinitiativen etwa in Italien, Armutsbekämpfer
in England, Schuldnerberater und Wohlfahrtsverbände in der ganzen Welt sowie
Religionsgemeinschaften und auch eine Initiative KritischeAktionaere.de, etwa
bei der Deutschen Bank, in diesem Sektor einen Namen gemacht.

Untersucht man daher, wer in der Vergangenheit das Finanzsystem effektiv
und öffentlich kontrolliert und dabei Verbraucherbelange vertreten hat, so muss
man die Bezeichnungen ignorieren. Der Name „Verbraucher" ist nicht geschützt
und wird von Firmen (z. B. „Verbraucherbank" oder Bankenombudsmann) ebenso missbraucht wie vom Staat (Gewerbeaufsicht als Verbraucherbehörde).

Eine Kontrolle des Finanzsystems kann aber nur von Institutionen ausgeübt
werden, die faktisch in der Lage und finanziell dafür ausgestattet sind, unabhängig von den Banken und der Politik im direkten Kontakt mit allen Schichten der
Verbraucher und unter den Augen einer kritischen Öffentlichkeit, Banken zu
beobachten, kompetent zu kritisieren und gegen sie im Interesse einzelner
Verbraucher sowie kollektiv vorzugehen.

Corporate Social Responsibility (CSR): Koalition für verantwortliche
Kreditvergabe

Soziale Verantwortung von Unternehmen (CSR) ist seit Langem eine Forderung
vor allem internationaler Agenturen wie OECD und EU. Bisher sind diese
Grundsätze für das Bankverhalten noch kaum relevant geworden. Die OECD,
die im Jahre 2000 sechs Grundsätze zum Verhalten multinationaler Unternehmen

im Verhältnis zu Verbraucherinteressen aufgestellt hat, hat dies bei Banken bisher nur in „Empfehlungen und Prinzipien für Finanzielle Allgemeinbildung und Aufmerksamkeit" niedergelegt. Richtlinien zur sozialen Bildung von Banken gibt es bisher noch nicht. Allerdings will sich die OECD im Juni 2009 anlässlich der Krise damit beschäftigen und u. a. die Frage klären, ob durch mehr finanzielle Bildung der Verbraucher die Krise hätte vermieden werden können. Dies ist eine Frage, die wahrscheinlich eine überraschende Bejahung erfährt, wenn man sich darüber einigen könnte, welche finanzielle Bildung für die Verbraucher denn notwendig gewesen wäre. Eine Aufklärung der Bevölkerung darüber, dass die Banken ohne Kontrolle und staatlichen Eingriff und ohne aktives Engagement aller Verbraucher eine der größten Wirtschaftskrisen der jüngeren Geschichte heraufbeschwören würden, hätte wahrscheinlich politisch einiges erreichen können. Eine Aufklärung dagegen darüber, wie Finanzdienstleistungen funktionieren und wie die Verbraucher ihre Wünsche und ihr Budget anpassen müssen, damit die Produkte sich reibungslos vermarkten lassen, hätte wahrscheinlich die Krise eher noch verstärkt.

Kapitel VII der CSR Richtlinien der OECD für multinationale Unternehmen, zu denen auch die größten Banken gehören, sehen im Verbraucherschutz ähnlich wie die EU-Kommission vornehmlich einen gut funktionierenden Markt. Fairness beim Absatz und in der Werbung ist das zuerst genannte Verfahrensziel im Rahmen des Informationsansatzes. Bei den materiellen Zielen nennt die OECD „Sicherheit und Qualität von Waren und Dienstleistungen", überlässt aber deren Definition dem Inhalt der geschlossenen Verträge oder den jeweiligen Gesetzen (Grundsatz 1: meet all agreed or legally required standards), sofern sie denn vorhanden sind.

Schon im zweiten Grundsatz geht es wieder um genaue und eindeutige Verbraucherinformation und Warnungen, während der dritte effektive Verfahren für Verbraucherstreitigkeiten verlangt. Beim vierten Grundsatz geht es wieder um Information, diesmal um das Verbot der Irreführung. Der fünfte Grundsatz betrifft den Datenschutz und damit ebenfalls ein Informationsrecht, während der sechste eine gute Zusammenarbeit mit Behörden verlangt.

Die Grundsätze sind inhaltlich leer. Sie verlangen die Beachtung von Standards und Qualitäten, deren Benennung sie scheinbar anderen überlassen. Es soll informiert, gestritten und kooperiert werden – alles aber für Ziele, die man ausschließlich dem Markt überlässt.

Gerade dies ist aber das Problem der Finanzmärkte, auf denen sich die Interessen der Anbieter an reiner Geldvermehrung mit den Interessen der Verbraucher, die Finanzdienstleistungen für Zwecke ihrer Lebensgestaltung zu benutzen, treffen. Verfahren helfen nur dann, wenn es gelingt, diese Verbraucherinteressen in Anforderungen an die Finanzdienstleistungen umzusetzen.

Genau hier setzt die Koalition für Verantwortung im Kredit (European Coaliton for Responsible Credit (ECRC), die National Coalition for Community Reinvestment (USA) und die Global Fair Finance Initiative als gemeinsames Dach (GCRC) an. Damit wurde eine weltweite Bewegung für die Definition solcher Ziele und Anforderungen ins Leben gerufen, die den Inhalt der notwendigen Aktion in den Vordergrund stellt: Eine verantwortliche Kreditgesellschaft (responsible credit), die den Menschen dient (community reinvestment). Sie ist eine Koalition und bringt all diejenigen zusammen, die nach der oben gegebenen Definition tatsächlich Verbraucherbelange gegenüber dem Finanzsystem vertreten. Sie hat keine feste Struktur und ist für alle offen. Sie lebt von den Initiativen ihrer Mitglieder. ECRC und NCRC haben weltweit die oben (3.2.4) wiedergegebenen sieben Prinzipien verantwortlicher Kreditvergabe entwickelt, die die Grundlage für die Plattform verantwortliche-kreditvergabe.net bilden. Sie haben inzwischen über 40 nationale und internationale Konferenzen in aller Welt mit organisiert. Weitere sind auf den Websites angekündigt. Jeder, der auf diesen Prinzipien aufbaut und nicht im unmittelbar gewinnorientierten Finanzsystem tätig ist, kann Aktivitäten dazu beisteuern. Viele Banken sind inzwischen Sponsoren dieser Foren, in denen das Gespräch zwischen Verbraucherperspektive und Finanzwissen stattfinden kann. Foren wie beispielsweise die inzwischen dritte nationale Finanzdienstleistungskonferenz des iff, die jährlich in Hamburg stattfindet. Die Koalition hat in weltweiter Abstimmung Erklärungen zur Subprime-Krise, die Londoner Erklärung vom November 2008 sowie die Erklärung zum G20 Gipfel im April 2009 verfasst und in vielen Sprachen verbreitet.

Die Koalition hat kein eigenes Geld, kein ständiges Büro und keine feste Struktur. Sie existiert nur dort, wo sie effektiv im Finanzsystem tätig ist. Sie will den bestehenden Organisationen, deren Existenz bei aller Kritik im Einzelfall nicht infrage gestellt wird, eine übergreifende Handlungsmöglichkeit geben und Mut bei der Vertretung von Verbraucherinteressen machen. Sie vermittelt kompetente und unabhängige Experten, wie sie bisher Parlamente, OECD, EU-Kommission und nationale Organisationen angefordert haben.

Sie braucht neue Aktivisten und Menschen, die bereit sind, Geld, Expertenwissen und Zeit zu investieren.

7.2.3 *Gerechte Besteuerung der Geldeinkommen*

Wir brauchen ein einfaches neues Steuersystem, das jeder versteht und zugleich die historischen Errungenschaften sozialer Marktwirtschaft aufnimmt und dabei dafür sorgt, dass alle und damit auch die scheinbar arbeitslos aus dem Kapital erwirtschafteten Einkommen zur Finanzierung des kollektiven Konsums im Staat gleich beitragen. Das zu entwerfen ist eine wichtige Aufgabe bei der Reform des

Finanzsystems. Die folgenden Ausführungen sind dazu bisher nur Gedanken und Grundsätze, die einer neuen Diskussion dienen sollen.

Wozu Steuern?

Steuern sind Geldzahlungen, die zur Finanzierung des kollektiven Konsum und der gemeinnützigen Arbeit dienen. Sie verlangen einen in der Demokratie möglichst gleichen Anteil von denjenigen privaten Einkommen, die nicht zur Aufrechterhaltung der unmittelbaren Reproduktion der einzelnen benötigt werden. Sie werden als Anteil an den individuellen Einnahmen (Lohn-, Einkommens- und Ertragssteuern) zur Finanzierung kollektiver Belange abgezogen oder aber es werden in den Preis bestimmter Waren die allgemeinen Kosten ihrer Nutzung eingerechnet und abgeführt. (Umsatz-, Produkt- und Verkehrssteuern).

Steuern dienen damit einmal als Prämien für Versicherungsleistungen, die notwendig sind, um die generellen Rahmenbedingungen (innerer und äußerer Friede, Sicherheit, Natur, Infrastruktur, Zukunftsvorsorge) ebenso wie die notwendigen aber nicht individuell bezahlbaren Güter und Dienstleistungen zu ermöglichen. Wer diese Leistungen dann tatsächlich erbringt, ob der Staat selber oder ob er sie wieder entgeltlich von Privaten erbringen lässt, ist gleichgültig. Ihre allgemeine Natur erfordert jedoch bei der Finanzierung ein alle Einkommen umfassendes System.

Dabei ist von folgenden Voraussetzungen auszugehen, die hier nicht näher erläutert werden können:

1. Jede Arbeitsleistung oder Investition muss einen Anteil für allgemeine Notwendigkeiten enthalten (Mehrwert), damit diese Gesellschaft nicht nur sich erhält sondern sich auch fortentwickelt. Besteuert wird also das Einkommen oder der Umsatz, nicht jedoch der Kopf oder das Vermögen.
2. Steuern müssen in der allgemeinen Form des Geldes erhoben werden, weil es nur so gesellschaftlich verwendet werden kann. Daher muss grundsätzlich finanzielle Liquidität und nicht ein Anteil am Vermögenszuwachs oder am Wert als solchem realisiert werden. Besteuert werden kann damit nicht Sacheigentum, Fähigkeiten, immaterielles Vermögen.
3. Wird von dem Teil des Einkommens oder Vermögens etwas weggenommen, der zur Substanzerhaltung gerade des Prozesses, aus dem das Einkommen realisiert wird, notwendig ist, wie etwa die Arbeitsfähigkeit der Menschen, die Fähigkeit der Unternehmen, neue Rohstoffe und Instrumente anzuwenden oder Arbeitnehmer einzustellen, dann zerstört der Staat die Grundlage seines Steuersystems. Einkommen ist daher nur das, was nach Abzug der „Kosten" übrig bleibt.

4. Für die „Kostenfeststellung" als zentralem Element der Besteuerung müssen bei Wahrung individueller Entscheidungsfreiheit allgemein akzeptierte Standards für alle benutzt werden.
5. Preiserhöhende Steuern können sinnvoll nur in solche Waren und Dienstleistungen eingerechnet werden, so weit bei ihnen die allgemeinen Kosten zur Nutzung, Erhaltung und Folgenbewältigung (Kfz-, Benzin-, Alkohol-, Grundsteuern) erkennbar sind. Die Mehrwertsteuer pauschaliert diesen Anteil in allen Waren und Dienstleistungen, darf sich aber nicht von den wirklichen kollektiven Kosten dieser Waren entfernen, weil sie sonst gegen bestimmte Waren Stellung ergreift. Dies kann wie bei Lebensmitteln oder Büchern (7%) oder gemeinnützigen Leistungen (0%) gewollt sein. Es darf aber nicht zufällig erfolgen.
6. Steuern auf verzichtbare Waren und Dienstleistungen können als Preisregulierung und Abschreckung zum Konsum einen Sinn haben, der mit dem Ertrag nichts zu tun hat. (Tabak, Alkohol, Spiel und Luxussteuern)
7. Die Besteuerung von Waren und Dienstleistungen, die selber öffentlichen Charakter haben und damit allgemeine Kosten reduzieren, wie z.B. Bildungsgüter, Erziehung, Ausbildung, gemeinnützige Arbeit, widersprechen dem Sinn der Steuern.

Damit ergeben sich folgende Grundsätze für ein sozial gerechtes und einfaches Steuersystem:

1. Steuern dienen der Erhaltung des öffentlichen Wohls. Was dem öffentlichen Wohl dient, sollte insoweit nicht noch einmal besteuert werden.
2. Menschen und Wirtschaft brauchen einen Teil ihrer Arbeits- und Investitionsergebnisse für die eigene Aufrechterhaltung (Reproduktion). Steuern dürfen darin nicht eingreifen. Sie müssen also vor allem beim Menschen dessen Arbeitsfähigkeit ebenso wie die Entwicklung der nächsten Generation sowie die Versorgung der Alten, Schwachen und Kranken nicht gefährden.
3. Ungleiche Einkommen erfordern eine dreifach ungleiche Besteuerung:
    *   der Höhe nach, weil der Anteil des für die Allgemeinheit wichtigen existenznotwendigen Lebensunterhalts mit steigendem Einkommen nicht proportional mitwächst,
    *   der Art nach, weil Arbeitseinkommen den Menschen unmittelbar erhält, während Kapitaleinkommen zunächst nur das Kapital erhält, dessen Nutzen für den Menschen sich erst erweisen muss,
    *   der Funktion nach, weil Einkommen, das für andere oder anderes erzielt wird, dort zu besteuern ist, wo sein Nutzen anfällt.

Steuer sollte daher tendenziell nur aus dem individuell verfügbaren Einkommen der Menschen in der bei ihnen vorliegenden Form erhoben werden. Unser Steuersystem folgt dem nicht. Es ist undurchsichtig und es besteuert fiktive und nicht reale Einkommen, während es reale Einkommen hinwegdefiniert. Im Finanzsystem ist es ein gefährliches Anreizsystem zur Flucht aus den Arbeitseinkommen in spekulative Finanzeinkommen.

Steuersatz: einfach, einheitlich und solidarisch

Die Grundlage der Steuer bilden die beiden Arbeitssteuern: Lohn- und Einkommenssteuer, die bereits den oben beschriebenen Prinzipien gehorchen. Ihr zentraler Verteilungsschlüssel ist der individuelle Steuersatz, der den Anteil der Abgabe am Einkommen festlegt.

Dieser Steuersatz und seine Anwendung sind aktuell unverständlich. Die Art der Berechnung kommt nicht aus der Mathematik, sondern ist in §32a Einkommenssteuergesetz soziologisch nach einem überholten Klassenschema aufgebaut und festgelegt. Ihm lag historisch die Idee zugrunde, dass die Gesellschaft in Klassen geschieden sei, die unterschiedlich besteuert werden konnten. Umso niedriger die Klasse, umso geringer konnte die Steuer sein. Aus der Klassensteuer, die in Preußen 1820 eingeführt wurde, wurde 1851 die klassifizierte Steuer. Die entlastete den reichen Adel, weil die bürgerliche Gesellschaft nunmehr von Einkommensklassen und nicht mehr von Ständen ausging. Danach war der reichste Stand jetzt zugleich Arbeiter, Bürger und Adel in einem. Sein Einkommen bestand aus einem Arbeitereinkommen, darauf baute sich ein Bürgereinkommen auf und darauf wieder ein Adelseinkommen. Er zahlte also für den ersten Teil seines Einkommens nur noch die Steuer, wie sie die ärmeren Schichten zahlen mussten. Die Annahme, dass vor dem Staat der Reiche auch teilweise ein Armer ist, ist überholt, erfüllt aber heute eine andere Funktion.

Jedes Jahreseinkommen wird danach in eine aus übereinander geschichteten Ausgabe/Einkommenssteinen bestehende Säule zerlegt, bei dem jeder „Einkommensstein" von unten nach oben gesehen einen unterschiedlichen Nutzen hat und daher unterschiedlich besteuert wird. Die ersten verdienten 7.664€ im Jahr dienen ähnlich wie der Sozialhilfesatz den unverzichtbaren gemeinnützigen Ausgaben für Wohnen, Essen etc und werden nicht besteuert. Danach kommt der nächste Einkommensstein, der von 7.665 bis 12.739 € „hoch" ist. Er soll die schon eher einschränkbaren lebensnotwendigen Ausgaben treffen und wird mit einem Eingangssteuersatz belegt, der dann allmählich ansteigt. Die nächste Gruppe ist der Normalverdienst für gutes Leben von 12.740 Euro bis 52.151 Euro und danach gibt es noch die Großverdiener bis 250.000 € und schließlich die Superreichen über 250.000€. Innerhalb dieser Steine errechnet sich die Steuer beim zweiten Stein, also dem ersten Stein, der besteuert wird, nach der Formel: Steuerbetrag = (883,74 * y + 1.500) * (Einkommen – 7.664)/10.000 Wer mehr Steine in seiner Einkommenssäule hat, muss die Steuer auf jeden Stein extra berechnen und alles zusammenzählen. Dabei sind die Formeln für die höheren Steine so, dass dort eine prozentual höhere Steuer angesetzt wird.

Das ist zwar richtig gedacht und erkennt die Unterschiede der Einkommen bei den Bürgern viel deutlicher an als es die Modelltheoretiker der Flattax tun. Bei ihnen wird Geld gleich Geld gesetzt, ob für das Glas Wasser in der Wüste oder den Wetteinsatz im Wettbüro. Gleichwohl kann sie keiner nachvollziehen und vor allem nicht berechnen. Ein Heer von Steuerberatern muss bezahlt werden, um zu wissen, was man dem Staat schuldet.

Diese Berechnungsweise, nicht aber ihre Idee der unterschiedlichen Verzichtbarkeit der Einkommenssteine, sind historisch überholt. Es gibt keine Einkommensklassen sondern eine unmerklich ineinander übergehende Änderung der Funktion und Entbehrlichkeit von Einkommen nach seiner Höhe. Das fängt bei 0 € Steuern an, solange der Staat selber den Rest über die Sozialhilfe auffüllen müsste und steigt dann allmählich an.

Aus der Schulmathematik weiß man, dass solche stetigen Progressionen nicht in die Allgebra, sondern in die Geometrie gehören. Wenn der Steuersatz in % von 1 bis 45% auf der y-Achse abgetragen wird und das Einkommen in Schritten von 1.000 € auf der X-Achse, dann würde der Prozentsatz, mit dem man sein ganzes Einkommen multiplizieren muss, um die Steuer zu errechnen (Steuersatz) auf einer Kurve liegen, die bei 7,665 die x-Achse schneidet. Die Kurve würde zuerst mit dem Einkommen stärker ansteigen und später dann assymptotisch an eine Gerade anschmiegen, die über der x-Achse schwebt.

Eine solche algebraische Kurve könnte als stille und stetige Kurve so formuliert werden, dass sie für jede Einkommenhöhe einen Prozentsatz ausgibt, mit dem man dann das gesamte für die Besteuerung vorgesehene Einkommen multiplizieren könnte. Mathematiker haben hierzu bereits Formeln bereitgestellt, wobei die einen nur den Steuerprogressionsfaktor k = 1 – cos (30 b/f) berechnen wollen, während andere direkt eine Formel für den Steuerprozentsatz angeben können. Der Steuersatz wäre damit für überschaubare Einkommen niedriger, weil der Satz auf das Einkommen insgesamt berechnet würde, auch wenn er für seine Errechnung mit höherem Einkommen auch höher ausfallen würde. Erst bei Einkommen, die so hoch sind, dass das geringer besteuerte Einkommen nicht mehr ins Gewicht fällt, würde der heutige Satz erreicht.

Mit einer solchen Formel könnte jeder bei jeder feststehenden Einkommenshöhe sich seinen individuellen Steuersatz mit einem Taschenrechner, der die Formel einprogrammiert hätte, ausrechnen und damit wissen, wie viel Cent von jedem zusätzlich eingenommenen Euro er an den Staat abführen muss. Steuerberater wären für die meisten Bürger, die nichts abzusetzen hätten, überflüssig. Der Staat könnte dabei den Steuerprogressionsfaktor politisch so anpassen, wie es für seine Einnahmen notwendig ist.

10.000 € Einkommen bei einem Wachstumssatz (Progression) von 1,5% der Quote würden eine Steuerquote von 14,867% oder Steuern von 1.486,72 € bedeuten. Verdient man 20.000 €, so wäre die Steuerquote 16,07 % und man müsste insgesamt 3.214,33 € bezahlen, würde also auch für die ersten 10.000 € mehr, nämlich 1.607,17 € bezahlen.

Mit dieser einfachen Steuerformel ohne Steuertabellen müsste noch das Problem gelöst werden, dass Menschen in Gruppen oder Familien (Wirtschaftsgemeinschaften) zusammenleben und füreinander da sind. Das primitive Ehegattensplitting, wo der Großverdiener durch Heirat sein Einkommen halbieren und damit für sein weiterhin insgesamt verfügbares Einkommen zwei mal den jeweils geringeren Steuersatz auf eine Hälfte des Einkommens anwenden darf (Statt 45% von 100.000€ = 45.000€ in unserem Modell 2*25% von 50.000€ = 25.000€, also 20.00€ weniger), gehört ins Kirchenrecht, wo Eheschließung und nicht Kinder belohnt werden. Entscheidend muss dagegen sein, was eine Familie wirklich kostet.

Vergünstigungen kann es nur für den Unterhalt geben. Für diese Kosten hat die Sozialforschung seit langem Quotienten entwickelt. Für eine vierköpfige Normalfamilie mit Kindern unter 7 Jahren beträgt der Faktor 2,8 Personen. Er steigert sich mit dem Alter der Kinder und beträgt 0,5 bis zu 7 Jahren, 0,65 von 8 bis 14 Jahren, 0,9 von 15 bis 18 Jahren und 0,8 pro älteres Kind. Dass dabei Ehegatten umgekehrt auch nicht ausgeschlossen werden können, nur weil sie Erwachsen sind, ergibt sich bereits aus dem Unterhaltsrecht, das hier im Steuerrecht angewandt werden könnte.

Steuerform: die Besteuerung illiquider Einkommen

Vermögen sollte nicht besteuert werden, weil es das Instrument zur Erwirtschaftung des Wohlstandes ist. Arbeitsmittel zu pfänden oder zu belasten ist seit jeher vom Recht als sinnlos für die Gläubiger angesehen worden, die ihre Kuh, die sie melken wollen, nicht schlachten sollten. Der Staat hat aber dafür zu sorgen, dass dieses vorhandene Kapital, auch wenn es als privates Eigentum zugeordnet ist, „genutzt" wird und „sein Gebrauch zugleich dem Wohle der Allgemeinheit dient" (Art. 14 Grundgesetz). Leerstehende Häuser müssen bewohnt werden, Fabriken dürfen nicht verrotten und Urheberrechte und Patente nicht gehortet und dem Rest der Gesellschaft aus Gründen von Profit und Kartellbildung vorenthalten werden. Steuern für Nicht-Gebrauch können ein Mittel sein. Als Einnahmequelle des Staates aber machen sie keinen Sinn, weil die Belastung einkommenslosen Kapitals die weitere Nutzung eher erschwert als ermöglicht. Die Verwahrlosung amerikanischer Städte, wo die hohen Grundsteuern eher zum Anzünden der Häuser als zur Reparatur von Häusern in Armutsvierteln geführt haben, zeugen davon.

Bei Geldvermögen ist der Nicht-Gebrauch zudem kein Problem. Geld kann selber nicht produktiv sein. Nicht benutztes Geld muss so vernichtet werden, wie es entstand, indem die Kredite, die es geschaffen haben, zurückgezahlt werden. Dafür sorgt an sich die Zinspflicht, wenn sie nicht durch unsinnige Steuergeschenke aufgewogen und pervertiert wird, wonach es lukrativ wird, Verluste zu machen, weil damit höher zu besteuernde Gewinne aufgewogen werden können.

Fehlt es an frischem Geld, weil Kredite zurückgehalten werden, so hat der Staat dafür zu sorgen, dass der Geldfluss wieder in Gang kommt – ob über die Banken durch Refinanzierung oder mit eigenen Krediten. Eine dadurch entstehende Inflation wird diejenigen zur Besinnung rufen, die meinen, eine Kreditklemme provozieren zu können. Die Kreditversorgung der Wirtschaft bleibt Aufgabe des Staates, mit der er die Banken nur beliehen hat.

Die Steuern aber muss der Staat in der Form des Geldes abfordern. Hieb- und Spanndienste, der Zehnte auf Getreide und Vieh sind Steuerformen geldarmer Gesellschaften. Der moderne Staat muss für den Konsum kollektiver Güter über das Geld Zugang zu allem haben, was auf dem Markt angeboten wird. Steuern können daher auch nur dort, nur dann und nur in der entsprechenden Geldform sinnvoll erhoben werden, wo Vermögen in Form von Geld, d.h. liquide vorliegt.

Nicht notwendig ist es aber, dass das Finanzamt nur Zentralbankgeld als Steuer akzeptiert. Weil das private Geld 90% der Geldzirkulation ausmacht, muss der Staat auch privates Geld als Steuern akzeptieren und nehmen. Auch das hat Tradition. Die Gläubiger haben in der Geschichte vom Schuldner jede Art der Bezahlung akzeptiert – nicht nur das Geld. Neben die liquide Steuer muss die Besteuerung von Forderungen treten, die auch mit Forderungen bezahlt werden kann.

Der Staat hat damit bereits angefangen, allerdings nur zugunsten der Geldbesitzer. Bei einem bilanziellen Vortrag von Verlusten bzw. beim Nachholen von Verlusten und Gewinnen bezahlt der Steuerpflichtige seine Steuern mit Forderungen gegen das Finanzamt, ohne dass die Liquidität des Staates geschmälert wird. Steuergutschriften und Steuerbefreiungen ebenso wie die erhöhten Abschreibemöglichkeiten für vom Staat gewünschte Investitionen wie z.B. in den neuen Bundesländern verschaffen dem Steuerpflichtigen verrechenbare Forderungen.

Dieses Prinzip kann zur Besteuerung auch dort benutzt werden, wo die Einkommen sich nur aus dem Kapitalwachstum ergeben oder ihre Liquidität durch juristische Konstruktionen, die die Erträge verlagern, aufgehoben ist. In allen diesen Fällen bestehen die Einkommen schon jetzt. Sie sind nur nicht liquide. Die Wertzuwachssteuer bei Wertpapieren und Grundstücken scheint das zu durchbrechen, weil der Ertrag erst dann als eingetreten gilt, wenn er beim Verkauf von Grundstück, Wertpapier oder Unternehmen innerhalb bestimmter Fristen realisiert wird. Es ist also die Liquidität, die die Steuer erst zur Entstehung bringt.

In der Tat darf der Staat nicht produktives Kapital zerschlagen, wenn er über die Besteuerung die Besitzer zwingen würde, zu verkaufen, um das für die Steuer nötige Zentralbankgeld zu erhalten. Doch wird es gar nicht besteuert, werden die Reichen immer reicher, während die Arbeitenden die gesamte Last des Gemeinwohls zu tragen haben. Ein rein privates Geldsystems wird damit von jeder Steuerung und Abgabe des Staates entlastet und kann sich verselbständigen.

Es müssen daher auch Steuern in Form von illiquiden Abgaben genommen werden, wie sie zugunsten der Wirtschaft mit den negativen Steuern (Steuergutschriften) oder bei Steuerstundungen bestehen. Der Staat muss überall und unmittelbar Steuern erheben, wo Vermögenszuwächse gemacht werden. Besteuert werden diese Einkommen in der Form, in der sie vorliegen. Ist diese Form nicht liquide, so erhält der Staat eben nur Forderungen auf Steuerzahlungen, die er in der Form realisieren kann, in der der Gewinn gemacht wurde. Aktiengewinne bleiben damit Aktienwerte und Optionen. Steuern auf den Wertzuwachs von Grundstücken erhält der Staat in Form von Forderungen auf einen Veräußerungserlös nur eben kein staatliches Geld.

Damit würde die Besteuerungsbasis in der Gesellschaft erheblich erweitert. Die Kapitalbesitzer könnten sich nicht mehr mit dem Argument, ihre Produktivvermögen würde zerschlagen, ihren Vermögenszuwachs steuerfrei garantieren. Die Steuern könnten sinken und die Armut des Staates hätte ein Ende.

Die wesentliche Aufgabe der Finanzverwaltung bestünde dann darin, das Vermögen aus Forderungen und Wertpapieren zu verwalten. Bei Liquiditätsbedarf des Staates könnte er diese Forderungen im Kapitalmarkt beleihen und damit liquide gestalten. Diejenigen, die nur Scheingewinne gemacht haben, könnten sicher sein, dass sie nicht durch das Steuersystem beraubt werden, weil der Staat das Risiko der Entwertung mittragen würde. Wird der Wertzuwachs durch Veräußerung in Zentralbankgeld verwandelt, so würde der Staat auch an dieser Liquidierung partizipieren und könnte seine dafür aufgenommenen Kredite zurückführen. Wer mit nicht umwandelbaren aber verzinslichen Steuerforderungen belastet wäre, hätte jederzeit die Möglichkeit, diese Forderungen wie schon bisher mit vorhandener Liquidität zu begleichen und damit sein Vermögen zu entschulden.

Die Steuerbehörden würden auch davon befreit, ein wesentlicher Motor privater Insolvenz und des Konkurses kleiner und mittelständischer Unternehmen zu sein. Ihr rigoroses Vorgehen bei Steuerschulden ist oft der Anlass für Banken, die Kredite zu kündigen und die Insolvenz herbeizuführen, die in Deutschland praktisch die Zukunft verstellt.

Besteuerungsbasis: das unversteuerte Einkommen

Einkommen ist nur das, was nicht entweder selber bereits dem Gemeinwohl dient, nach Abzug von Kosten übrig bleibt und nicht für die individuelle Reproduktion unbesteuert bleiben muss. Diese Prinzipien kennt auch das geltende Steuerrecht. Doch es pervertiert die richtige Einsicht und lädt offen zum Missbrauch ein. Großunternehmen wie Bertelsmann fungieren als Stiftungen und nutzen steuerfrei ihre Einnahmen, um damit Gesellschaftspolitik in ihrem Sinne zu machen. Alle Unternehmen haben auf diese Weise ihren Einfluss auf die Gesellschaft insgesamt steuerfrei gestaltet. Andere Unternehmen wie der ADAC oder Hundezüchter und selbst Sparkassen verstecken sich unter dem Label der Gemeinnützigkeit, während sie sich die Gewinne als Gehälter auszahlen lassen. Bei den Einnahmen wird durch das immer noch für Einkommen unter 100.000 € geltende Prinzip, dass man Einkommen vermischen darf, mit fiktiven Kosten ein reales Einkommen steuerlich unkenntlich gemacht. Bei Vermietung und Verpachtung wird z.B. die Fiktion aufgestellt, ein Haus koste jedes Jahr etwas von seinem Wert, z.B. 2%. Das nennt man „Abschreibung", obwohl der Marktwert der Häuser permanent gestiegen ist. Genauso geht man mit anderen Investitionsgütern um. Weiter gibt es die Fiktion, dass Pendler pro Kilometer nicht nur Benzinkosten haben sondern auch noch ihren Wagen abschreiben, reparieren etc, obwohl diese Kosten meist auch anfallen, wenn man den Wagen anders bewegt. Feiertagsarbeit und Schmutzzulage sind die Abfindungen an die Gewerkschaften, damit die eigentlichen Abschreibungen auch dort akzeptiert werden können.

Jedes Unternehmen arbeitet heute mit einer Profitcenter-Rechnung, die alle Kosten den Einnahmen zuschreibt, für die sie entstanden sind. Warum darf man dem Finanzamt die Lüge einer Gesamtrechnung vortragen, bei der mit Briefkastenfirmen auf den Kaiman Inseln die Verluste fingiert werden, die dem hier verdienten realen Einkommen entgegengerechnet werden können?

Der Begriff der Kosten sollte im Steuerrecht (ebenso wie im Kreditrecht wie oben gezeigt) entfallen. Es gibt nur reale Einkommen mit unterschiedlichem Liquiditätsgrad. Echte Kosten bedeuten, dass es entsprechend weniger Einkommen gibt oder gab. Das Einkommen ist immer dann zu besteuern, wenn es anfällt. Fallen die Kosten später an, so führen sie zu einer negativen Steuer. Der Staat erhält immer nur das, was da ist. Das wird der Bürger verstehen.

Schließlich wird man grundsätzlich zu einem System finden müssen, in dem nur noch das Einkommen natürlicher Personen versteuert wird. Die schlimmste Fiktion im Steuerrecht, die juristische Person als Steuerbürger, kann entfallen, weil sie schon heute kaum noch etwas beiträgt. Sie ist lediglich eine Entschuldigung dafür, dass Kapitaleinkommen und Kapitalzuwachs beim Individuum steuerfrei belassen werden, weil sie angeblich bereits bei der juristischen Person besteuert werden.

Ein Steuersystem der Zukunft müsste daher in erster Linie die Bewertung von Vermögen in die Hand des Staates oder von ihm beauftragter und bezahlter Agenturen und Sachverständigen legen. Ratingagenturen, Schätzer, Analysten, Wirtschaftsprüfer dürfen nicht privat bezahlt werden, weil sie die reale Basis im Geldsystem zur Geltung bringen müssen: Wert und Liquidität.

7.2.4 Zehn Forderungen zur nachhaltigen Krisenbewältigung

Wir haben in diesem Buch eine Vielzahl von Vorschlägen für Reformen des Finanzsystems gemacht, angefangen von der Forderung nach rechtlicher und moralischer Rückbesinnung auf Wucher- und Wettbeschränkungen über das Verlangen nach mehr Transparenz bei den sozialen Zwecken von Finanzprodukten bis hin zu einem neuen Steuersystem. Im Folgenden werden daraus noch einmal zehn Forderungen konkretisiert, die sofort umgesetzt werden könnten.

Bankenüberwachung und Bankensicherheit

(1) Bundesamt für Wettbewerb und Verbraucherschutz. Das Bundeskartellamt ist zu einem „Bundesamt für Wettbewerb und Verbraucherschutz" auszubauen, dem eine wesentliche Funktion bei der Durchsetzung von Verbraucherschutz im Bereich der Banken zugeordnet werden sollte. Hierzu sollte es neben dem Kartellrecht auch das Recht des unlauteren Wettbewerbs sowie das Verbraucherschutzrecht und insbesondere den Wucher überwachen können.

Die Bundesbank ist für die Sicherheit des Geldwertes, das Bundesaufsichtsamt BaFin für die Sicherheit der Einlagen zuständig. Beiden ist nicht am Verbraucherschutz gelegen, der die Banken mit Kosten belastet, öffentliche Unruhe stiftet und das Einvernehmen zwischen Staat und Banken stört.

In Skandinavien gibt es deshalb als dritte Säule den Verbraucherombuds, der mit den ausgelagerten Beschwerdestellen deutscher Banken nichts zu tun hat. In England gibt es neben der Financial Services Authority (FSA) und der Bank von England noch das Office of Fair Trading, das sich im Gegensatz zu den anderen beiden Institutionen, die im Wesentlichen kollektive Bankeninteressen vertreten, als öffentliche Kontrollinstanz etabliert hat, auch wenn ihm in der bisherigen Politik weitgehend die Hände gebunden waren.

In Frankreich sind alle drei Funktionen in der Zentralbank vereint, die zumindest dadurch erheblich mehr Macht und Unabhängigkeit gegenüber den Banken als die kleine Finanzdienstleistungsaufsicht in Deutschland hat.

Das französische Modell hat den Vorteil, dass damit in Deutschland endlich eine potente Behörde mit über 25.000 Mitarbeitern und dezentralen Stellen die Aufgabe übernimmt und auch in den Augen der Öffentlichkeit die Verbraucher nicht weiter ignoriert werden könnten. Das englische Modell würde sich allerdings besser in die deutschen Strukturen einpassen.

Das zeigt auch die Diskussion in den USA. Dort will der Kongress (auf Vorschlag der Regierung) der Zentralbank sowie dem Bankenaufsichtsamt die Zuständigkeit für Verbraucherschutz wieder nehmen und sie stattdessen auf eine neue Verbraucherschutzbehörde, die Consumer Financial Protection Agency, übertragen. Der Finanzminister sagte dazu im August 2009: „Ich denke es ist fast unmöglich zu glauben, dass das bisherige System des Verbraucherschutzes durch die Zentralbank und die Bankenaufsicht den Job, für den es gedacht war, auch nur annähernd adäquat bewältigt hat. ... Sie sollten sich ihren Hauptaufgaben widmen." Die Beispiele hoch riskanter Wucherkredite bewiesen dies.

In Deutschland ist das Bundeskartellamt von seiner Ausrichtung her ein Behörde, die großen Unternehmen kritisch gegenübersteht. Es hat durch die Übertragung der übernationalen Kartellfunktionen an die EU-Kommission wesentlich an Einfluss verloren. Wenn ihm der Verbraucherschutz bei Finanzdienstleistungen übertragen würde, könnte es ein gutes Gegengewicht gegenüber der BaFin und der Bundesbank sein.

Es sollte Mittel und Möglichkeiten zur Verfügung gestellt bekommen, Beschwerden der Verbraucher entgegenzunehmen und die Einhaltung der öffentlich-rechtlichen Vorschriften zugunsten der Verbraucher zu überwachen. Es sollte der Staatsanwaltschaft zuarbeiten und Ermittlungen unterstützen und engen Kontakt zu den Verbraucherbeschwerdestellen unterhalten. Darüber hinaus sollte es bei Gesetzesvorhaben beteiligt werden und den neu zu entwickelnden Sachverstand im Interesse der Banknutzer zur Verfügung stellen.

(2) Spezieller Bankenkonkurs in der Insolvenzordnung. Ein neuer Abschnitt in der Insolvenzordnung für einen bankenspezifischen Insolvenzplan mit Gestaltungsrechten eines Verwalters ist zu erarbeiten, der den Umgang mit drohenden Bankinsolvenzen regelt. Bei Schieflage sollte einerseits die Schließung und der Konkurs der Bank ebenso aber auch ein Zwang des Staates zum Ausgleich von Defiziten verhindert werden. Es muss dafür Sorge getragen werden, dass die Manager zur Krise nicht als Manager der Krise auftreten können. Zahlungen der Bankausfallfonds müssen frei von politischen Erwägungen eingefordert werden können.

Das Insolvenzrecht, das man früher Konkursrecht nannte, ist das Fegefeuer des Kapitalismus. Der Unternehmer, der den Markt missbraucht, sich kurzfristig bereichert, aber langfristig überschuldet, den verbrennt der Konkurs. Das bedeutet, der Insolvenzverwalter verweist die Manager aus dem Unternehmen, verhindert, dass sie vertuschen, oder Vermögen zur Seite bringen und rückdatierte Verträge schließen. Er stoppt die Zahlungen an die Manager, überwacht, dass sie nichts mehr unternehmen können und nutzt sie aber auch als Berater oder Verwalter unter seiner Führung, so weit er sie braucht.

Eine wichtige Aufgabe besteht auch darin, dass er die Forderungen der Gläubiger gegen die von ihm verwaltete Bank kritisch prüft. Sind sie rechtlich nicht in Ordnung, haben andere sich an der Bank bereichert, wurden Politiker bestochen, Papiere zu erkennbar unvertretbaren Sonderkonditionen (wie bei der Berliner Bank oder der SachsenLB) vergeben, war Betrug im Spiel, so ist der Insolvenzverwalter verpflichtet, solche Forderungen auszusortieren und nicht zu begleichen. Schmiergelder auch in Form von Aktienoptionen und ausgestellten Zertifikaten verstoßen oft gegen geltendes Recht oder die guten Sitten. In der Insolvenz gibt es endlich potente Interessenten an einer Aufdeckung, weil der Ausschluss solcher Gläubiger mehr Geld für die anderen Gläubiger übrig lässt. In der Insolvenz dreht sich auch das Interesse der Beschäftigten um. Sie müssen nun aufdecken, um selbst ihr Geld zu bekommen, oder das Unternehmen zu retten. Hochzinspapiere für Politiker, Geschenke, Lustreisen und Bestechung – die Insolvenz ist dazu dar, dies aufzudecken. Sie ist, wenn sie kompetent durchgeführt wird, ein Eckpfeiler der Lernfähigkeit des kapitalistischen Systems.

Dieses selbstlernende Verfahren ist bei Finanzinstituten zwar nicht rechtlich, aber faktisch ausgeschlossen. Too big to fail, too interconnected to fail – heißt es lapidar. Auf diese Weise hat man nichts aus der faktischen Insolvenz der Bayerischen Hypotheken- und Wechselbank, nichts aus dem praktisch bevorstehenden Ende der Berliner Bank AG oder der Bayerischen Genossenschaftszentrale oder der Fischer Bank gelernt. Alle wurden relativ geräuschlos ohne Insolvenzverfahren hinter den Kulissen abgewickelt. Das gilt auch für die amerikanische Sparkassenkrise (S&L-Krise), bei der 1982 gigantische Staatshilfen zur Rettung der Banken gezahlt werden mussten, die letztlich einen großen Konzentrationsprozess zugunsten der großen Banken ermöglichte. Deren Gründe waren beinahe identisch mit den Gründen der Subprime-Krise 26 Jahre später: Deregulierung, Einbruch im Wohnungsmarkt, Erwerb von wertlosen Papieren und Betrug hätte man hier studieren können. Damals trafen sie die kleinen Banken, doch das Übel bestand fort und erfasste dann die großen Banken, in denen die Kleinen aufgegangen waren.

Die Wirtschaft kann somit auf einen Bankenkonkurs nicht verzichten. Es muss in der Insolvenzordnung ein neues Kapitel über Banken geben, das verhindert, dass das Aufsichtsamt mit der Drohung der Schließung einen staatlich finanzierten Fortbestand der Bank nicht nur nach außen sondern intern erzwingen kann.

Eine solche inzwischen offiziell diskutierte Form zukünftiger Insolvenzen würde zwischen den inneren Verhältnissen einer Bank und ihrem Wirken nach außen unterscheiden. Intern würden die Regeln über die Insolvenz- und die Insolvenzverwaltung Anwendung finden. Nach außen wäre die Bank in ihrem Bestand garantiert und könnte ihre Rolle im Geldsystem weiterhin spielen.

(3) Staatshaftung für Banken nur bei Nachweis öffentlicher Belange. Alle Garantie- und Haftungsbeziehungen des Staates gegenüber Kreditinstituten müssen offengelegt und auf eine gesetzliche Grundlage gestellt werden. In diesen Gesetzen ist sicherzustellen, dass der allgemeine Haushalt nur für solche Geschäfte haftet, die unmittelbar öffentliche Aufgaben betreffen.

Geheime Verträge mit staatlich beherrschten Banken, Bürgschaften, intransparente Schachtelbeteiligungen und Großkreditvergabe mit dem Ziel der Herbeiführung einer Staatshaftung haben verhindert, dass die Krisen der Landesbanken als Krisen des Bankensystems begriffen wurden. Bei Bankenzusammenbrüchen sollten vor allem diejenigen an der Sanierung beteiligt werden, die an den Verlusten dieser Banken verdient haben.

Verbraucherschutz

(4) Verantwortliche Kreditvergabe. Die Qualität der aktuellen Verbraucherkreditvergabe und Pflege ist entscheidend zu verbessern, sodass die Kredite produktiv vergeben werden und die Überschuldung vermindert wird. Die Sieben Prinzipien verantwortlicher Kreditvergabe sollten als Absichtserklärung im Bundestag die weitere Gesetzgebung leiten.

Die aktuelle Entwicklung weg vom Schuldnerschutz zum Informationsmodell muss umgekehrt werden. Ein effektiver Schutz vor Wucher, qualifizierter Kündigungsschutz bei Zahlungsproblemen, die Pflicht zur Anpassung der Kreditverhältnisse an veränderte Umstände der Konsumenten und Wohneigentümer, das Verbot der Ausbeutung von Notlagen sowie eine kompromisslose Transparenz über alle mit dem Kredit zusammenhängenden Kosten im Zinssatz sind Voraussetzung.

(5) Anti-Wuchergesetz. In einem Anti-Wuchergesetz ist sicherzustellen, dass die lebensnotwendigen Funktionen wie Arbeit, Wohnung und Kredit vor Ausbeutung geschützt werden. Dies geschieht durch Mindestlöhne, Regelung zur Miethöhe sowie zu Zinsobergrenzen bei Verbraucherkrediten.

Ein Anti-Wuchergesetz muss sicherstellen, dass an einem objektiven Maßstab gemessen, Kredite unter Einbeziehung aller systematisch einkalkulierten Kosten, auch wenn sie nur bestimmte Gruppen treffen werden, einem Wucherverbot unterzogen werden. Umgehungen des Wuchers durch Verlagerung der Kosten auf verbundene Geschäfte oder spätere Notsituationen, in denen die Verbraucher keine Auswahl mehr haben, sind durch wirksame Regelungen und eine gerichtliche Überprüfung, die den Möglichkeiten Überschuldeter angemessen ist, zu unterbinden.

Gegenwärtig ist es in Deutschland so, dass die Rechtsprechung mangels gesetzlicher Vorschriften den effektiven Jahreszinssatz zur Beurteilung nutzt und ihn auch zur Bemessung der Wuchergrenze heranzieht. Der von den Banken angegebene effektive Jahreszinssatz deckt aber in der Praxis in vielen Fällen heute nur noch 50 % der Kreditkosten der Verbraucherkreditverträge.

Beides führt heute dazu, dass in der Mehrzahl der Fälle dem Verbraucher als Kredit- oder Darlehensnehmer weit mehr als das Doppelte des effektiven Jahreszinssatzes als faktische Kosten (zusätzlich zur Tilgung) entsteht. In einem Gesetzesvorschlag würde ein moderner Wucherparagraf, der den Wucher auch für die Gerichte wieder fassbar machen und für alle Anbieter Rechtssicherheit schaffen würde, wie folgt lauten:

E-§ 138 Abs.3 BGB (Kreditwucher)

„1 Bei Geschäften i. S. der §§ 491-506 BGB wird vermutet, dass ein Unternehmer (Kreditgeber) sich in sittenwidriger Weise der Einsicht verschlossen hat, dass sich der Kreditnehmer auf die Bedingungen nur aufgrund seiner schwächeren Situation eingelassen hat, wenn ein auffälliges Missverhältnis vorliegt.

2 Von einem solchen Missverhältnis ist auszugehen, wenn die effektive Belastung des Kreditnehmers, ausgedrückt in einem Jahreszinssatz, der auf der Grundlage aller anlässlich der Kreditvergabe erfolgten Zahlungsströme, mathematisch exakt berechnet wird, die von der Deutschen Bundesbank monatlich für die Kreditarten der §§ 498, 493, 492 Abs.1a S. 2 und 507 BGB gesondert festgestellten doppelten, bei Immobiliarkrediten anderthalbfachen, Durchschnittszinssätze oder aber 24 % p. a. absolut überschreitet.

3 Die Berechnung erfolgt nach den im Anhang zu § 6 sowie in § 6 Abs.5 Preisangabenverordnung angegebenen Bedingungen.

4 Es sind alle Zahlungen des Kreditnehmers einzubeziehen, die ihn aus den bei Abschluss des Darlehens- oder Teilzahlungsvertrages im Zusammenhang mit der Kreditgewährung übernommenen Verpflichtungen belasten.

5 Die Umleitung von Tilgungsleistungen in Anlageprodukte ist zu berücksichtigen.

6 Bei Umschuldungen (§ 655c S.2 BGB) sind unabhängig von der Feststellung in jedem einzelnen Vertrag zusätzlich die Zahlungen aus allen Verträgen mit demselben Kreditgeber sowie diejenigen Verträge mit dem Vorkreditgeber einzubeziehen, deren Ablösung mit Wissen des neuen Kreditgebers erfolgt ist."

(6) Vollstreckungsschutz bei Wohnraum. Wohneigentümer sollten eine Frist zum freihändigen Verkauf zur Abwendung der Zwangsversteigerung erhalten. Interessenkonflikte in der Zwangsversteigerung müssen offengelegt werden. Die gerichtskontrollfreie Verwertung durch Vollstreckungsklauseln muss eingeschränkt werden. Die Übertragung von Grundschulden unabhängig vom Kredit muss verhindert werden. Die Zwangsvollstreckung in Grundstücke muss wieder den Gerichten unterstellt werden. Verkäufe ganzer Kreditverhältnisse sind nur mit Zustimmung der Verbraucher möglich.

Wohneigentümer sind vor der Verschleuderung ihrer Wohnung nicht geschützt, wenn der Gläubiger die Wohnung billig ersteigert und die Forderung behält. Der Versteigerungserlös sollte die Schuldtilgung ermöglichen. Die Grundschuld muss auch in Deutschland durch die Hypothek ersetzt werden. dadurch wird
verhindert, dass Grundstücksrechte an unbefugte Dritte gelangen und Zwangsvollstreckung und Kredit auseinanderfallen. Die Unterwerfung unter die sofortige
Zwangsvollstreckung außerhalb richterlicher Kontrolle muss verboten, oder auf die
Rechte desjenigen eingeschränkt werden, dem sie unmittelbar anvertraut wurden.

(7) Wett- und Kreditierungsverbote bei Kapitalanlagen. Mit Kredit finanzierte
Anlagegeschäfte mit Verbrauchern müssen in besonderer Weise staatlicher Kon-
trolle unterstellt werden. Reine Wettgeschäfte, deren Anlagen nicht unmittelbar der
Risikokompensation zukommen, sind im Verbraucherbereich zu verbieten.

Das „Sparen auf Kredit" gefährdet die Entscheidungsfreiheit der Verbraucher
und überfordert ihre Vorstellungskraft insbesondere bei Geschäften an der Haustür.
Eine Unterschrift kann das Leben ruinieren. Skrupellose Geschäftemacher sehen
hier die Möglichkeit, zweifelhafte Anlagen an ungeübte Verbraucher, die sonst gar
nichts anzulegen hätten, zu verkaufen. Die Grundsätze des „Verbundenen Geschäfts" sowie das Umgehungsverbot des Gesetzes müssen für alle finanzierten
Anlagegeschäfte effektiv wirksam einen Preis, ein Risiko und eine einheitliche
Verantwortlichkeit für Beratung und Information verankern. Die aktuelle Rechtsprechung des Bundesgerichtshofs muss korrigiert werden.

(8) Kündigungsschutz Das Kündigungsrecht für Kredite, insbesondere bei
Wohnraum, muss ausgebaut und dem Mieterschutz angenähert werden. Für notleidende Kredite sollten Anpassungsmöglichkeiten geschaffen werden. Bei Überschuldeten müssen staatliche Garantien das Risiko streuen und das Recht auf ein
Girokonto zusammen mit liquiditätssichernden Überziehungskrediten garantieren.
Wer Kredite anbietet, der muss auch in der Krise den Kunden gegenüber
verantwortlich bleiben. Durch Kündigungsschutz und Anpassungsrecht ist sicherzustellen, dass die besondere Zweckbestimmung der Kredite durch Forderungsabtretungen nicht gefährdet wird. Anpassung geht vor Zerschlagung. Forderungsabtretungen sollten nicht mehr bewirken als zur Refinanzierung und Risikostreuung
wirtschaftlich notwendig ist. Befristete Kreditverhältnisse, bei denen das Kapital
bei Ablauf nicht getilgt ist, sollten erst beendet werden, wenn dem Kunden drei
Monate vor Abschluss ein angemessenes Verlängerungsangebot vorliegt.

Beratung und Problemerkennung

(9) Schuldner- und Kreditberatung. Schulden- und Kreditberatung zur Prävention
sowie zur Rehabilitation müssen effektiv angeboten und staatlich bzw. über ein

System, das mit dem Girokonto Gelder der Verbraucher für den Verbraucherschutz einwirbt, finanziert werden.

Es muss zwischen Staat und Banken sachlich, finanziell und personell sichergestellt werden, dass jeder in Not geratene Bürger unverzüglich und frühzeitig eine fachlich kompetente unabhängige Beratung und Hilfe erhält. Sie soll ihm aufzeigen, wie er seine Finanzdienstleistungen anpassen, seine Rechte wahrnehmen und wie er mithilfe des Insolvenzverfahrens in ein geordnetes Wirtschaftsleben zurückfinden kann. Der Schuldner- und Kreditberatung sollte die Aufgabe zugeordnet werden, die während der Beratung erkennbaren Probleme regelmäßig zu Berichten zusammenzufassen und die Lösung der Probleme mit kollektiven Mitteln zu verfolgen.

(10) Unabhängige Forschung. Eine – von Banken – unabhängige Forschung zu Finanzdienstleistungen, zur Wirkung ihrer Nutzung bei privaten Haushalten sowie zum Finanzdienstleistungsrecht muss staatlich oder durch Stiftungen, die von der Finanzindustrie alimentiert werden, gefördert werden.

Sachwortverzeichnis

Abgeltungssteuer 347
ABS (Asset Backed Securities) 194
Ackermann, Josef **31**, 297, 358
Agenda 2010 20, 167, 405
AIG Versicherung **218**, 300
Aktie 16, 19, 33, 36, 107, 158ff, 186,
   189, 190f, 198, 203, 272, 274, 284f,
   287, 291f, 337, 424f
   Aktienanleihe 287
   Aktionär 36, 98, 190, 303, 319, 339
   Depotstimmrecht 98, 299
   Dividende 92, 132, 158, 190f, 291
   Namensaktie 191
   Nennwert 158, 272, 276
   Vorzugsaktie 191
Altervorsorge
   Betriebsrenten 68, 184
American Express **220**
Anlage
   Nominalwertgarantie 183, 403
Anleger
   Anlegerkrise 137, 373, 377
   Anlegerschutz 69, 373
Anleihe
   Hybridanleihen 292
Anreizsystem 7, 43, 61, 293ff, 304,
   316, 376, 387, 442
Arcandor **17**, 81
Aristoteles 59, **78, 110**
Armut
   Armut 7, 20, 62, 68, 71, 126, 137,
     182, 211f, 216, 272, 317, 342,
     369ff, 381, 386, 392, 411, 417,
     428, 446
   Geldknappheit 372, 379
   Reichtums- und Armutsbericht
     342f, 427

Asset 90, 194, 292, 398, 401
Aufkäufer 193, 208, 239, 246ff, 258ff,
   275, 398, 401
Aufstockung 275
Ausfallbürge 86
Ausfallrisiko 97, 158, 193, 212, 231,
   288
Auslagerung 40, 337, 338
AWD, Finanzdienstleister **358**, 403
Banco Santander 23, 232
Bank **23, 24**
   Bad Bank 5, 37, 38, 39, 40, 41, 42,
     240f, 265f, 401
   Bankaufsicht 73, 146, 209, 241f,
     324, 333, 346, 357
   Bankbilanz 337, 430
   Bankbürgschaften 46
   Bankenkonkursgesetz 356
   Bankenkrise 23f, 47, 74, 240ff
   Bankenmonopol 67
   Bankenregulierung 40, 69
   Bankenrettungsfonds 37
   Banker 69ff, 244ff, 359ff
   Bankier 72, 177, 205, 241, 299, 365
   Bank of America 99, 218
   Barclays Bank 25
   Berliner Bank 28, **49**, 102
   Finance Companies 191, 239
   Finanzinstitute 21, 57, 212
   Konsumentenkreditbanken 231
   Non-Banks 209
   Subprime-Non-Bank 209
   systemische Bank 25, 31, 82
Barzahlungswert (Cash value) 186
Basel II 211, 215, 244, 340, 397
Bayerische Hypotheken- und
   Wechselbank 79, 240

behavioural finance 105, 325, 416, 427
Benchmark 271, 273
Bernanke, Ben **210, 291**
Bilanz 39, 85ff, 107f, 336ff,
  Pauschalwertberichtigungen 276,
  336
Bilbao Vizcaya (BGBVA) **79**
BNP Parisbas **22**
Bond, Alan **91**
Bonus 298, 304, 397
Börse
  Börsenzulassung 306
  Call 273
  Chartanalyse 186
Broker 291
Brookings **208**
Buffet, Warren **150**
Bundesanstalt für Finanzdienstleistun-
  gen (BaFin) **24**, 73, **448**
Bundesschatzbriefe 423
Capital One **220**
Caplovitz, David **247**, 390
CEPS, Forschungsinstitut **55**, 357
Cerberus **245**, 256
Cetelem 25, **71**
CFD (Contract for Difference) 196
Churning 234, 331
Citibank 23, 25, **28**
Citifinancial **209**
Commerzbank 101
Comptroller of the Currency (OCC) 57
Corporate Social Responsibility (CSR)
  437
Credit Agricole **23**, 218
Crédit Mutuel **24**
Credit Suisse 22
CreditPlus AG **25**
DAX 15, 162, 196
Dahrendorf, Ralf **407**
Daytrading 292, 314
Debit-Karte 220
Depfa (Deutsche Pfandbrief Bank) 240,
  246 f
Deregulierung 71f, 311ff, 403ff
Deutsche Bank 22, **23**

Deutsche Kreditbank (DKB) **236**
Devisentermingeschäfte 189
Differenzgeschäft 6, 188, 191, 198,
  314
Disintermediationsmodell
  (disintermediation) 398
Dow Jones Index 15, 162
Dresdner Bank 23, **25**, 300
Durchgriffshaftung 339
EC-Karte 86, 89, 130, 220, 236
ECRC (Europäische Koalition für
  Verantwortung im Kredit) **12**
EEC-Net (EU-finanziertes und aufge-
  bautes Netzwerk von Verbraucher-
  beratungsstellen) **436**
Eigenkapital 28, 38, 40, 42, 64, 84,
  108, **160, 250**, 253, 281, 326, 332,
  339, 340, 401
Eigenkapitalunterlegung
  (Reservehaltung) **215**
Einlage 36, 84, 147, 158
Einzelwertberichtigung 336
Enteignung 22, 33ff, 82
Entschädigung 34, 170, 199, 265, 295
Equity Default Swaps (EDS) **293**
Equity Release 62
Euro-Scheck 89
Europäische Koalition für
  Verantwortung im Kredit (Europe-
  an Coaliton for Responsible Credit
  (siehe ECRC) 12, **103, 439**
Europäische Zentralbank (EZB) 89,
  155, **180**
European Consumer Credit Research
  Institute (ECRI) **357**
Factoring 39, 187, 256
Fannie Mae **93, 193**
Falschberatung 91, 200, 282
Federal Deposit Insurance Corporation
  FDIC 73, **366**
Federal Reserve Bank (Fed) 54, **374**
Financial Services Action Plan (FSAP)
  54
Financial Services Authority (FSA) **448**
Finanz

Finanzblase 380
Finanzdienstleistungen 10, 24, 52, 54,
    63, 75, 94, 108, 109, 111, 170, 185,
    288, 296, 302, 325, 330, 396, 400,
    412, 418, 421, 426, 434, 438, 449,
    454
Finanzfachsprache 8, **398**
Finanzielle Allgemeinbildung 103,
    396, 438
Finanzinstrumente 6, 184, 196, 200,
    271, 430
Finanzinvestition 115
Finanzinvestor 92, 115, 129, 150
Finanzkapitalismus 417
Finanzsystem 6, 12, 16ff, 47, 48, 50,
    62ff, 111ff, 181ff, 334ff, 411ff, 429ff
Finanztermingeschäfte 197, **314**
FinNet (Netzwerk von Verbraucherom-
    buds) 432, **436**
FinUse 432
Flipping **222**, 237, **331**
Flowers, Christopher 34, 50
Fonds
    MBS-Fonds 58, 216, 245
    Opportunity-Fonds **398**
    Pool 40, 97f, **145**, **192ff**, 254ff,
        290, 340
    Poolgesellschaften 98
    Zettelfonds (Chitfunds) **126**
Forderungsabtretungen 53, 453
Freddy Mac **93, 193**
Freshfields Bruckhaus Deringer LLP
    32, 356
Friedman, Milton **402,** 404
Future **186**, 188, 190, 288, 395, 397,
    424
    Preisfuture **191**
Garantie 34, 35, 108, 121, 183, 240,
    253, 373, 397, 451
Geld
    Geld 77ff
    Geldfiktion 138
    Geldgesellschaft 10, 11, 183f, 273,
        317, 319, 334, 366, 385, 387

Geldgier 7, 113, **201**, 203, 297, **379**,
    382, 426
Geldideologie 7, 367, 369
Geldknappheit 372, 379
Geldkrise 68, 380
Geldmangel 7, 68, 180, 368, 371f
Geldmarktinstrumente 197
Geldmiete 121, 122
Geldschein 15, 89, 139, 183, 205,
    267, 335
Geldsystem **77ff**
Geldversicherungen 170
Geldwert 114, 197, 201f, 273, 288
Geldwirtschaft 6, 11, 47, 56, 99,
    107ff, 129, 139, 147, 205, 329,
    334, 387, 422
Schwundgeld **111**, 180, 420
Wörgler Experiment 110, 112
Generaldirektion Markt der EU-
    Kommission **388**
Generaldirektion Verbraucherschutz der
    EU-Kommission **324**
Genossenschaftsbanken 24, **66, 244**
Gesellschaftstheorie 402, 407, 416
Gesetze
    Anti-Wuchergesetz 451
    Bundesgesetz über
        Konsumentenkredite (Consumer
        Credit Code) 209
    CRA-Gesetz **113**
    DCFR (Draft Common Frame of
        Reference) 324, **328f**
    EU-Richtlinie zum Konsumkredit
        67, 209
    Finanzmarktförderungsgesetze 320
    Finanzmarktrichtlinie-
        Umsetzungsgesetz (FRUG) 314
    Insolvenzordnung 79ff, 449f
    Kodex Hammurabi **123**
    Kreditkartengesetz 58f, 230
    Kreditwesengesetz 48, **90**
    Krisenbewältigungsgesetz 364
    Lex Flowers 33
    Rettungsübernahmegesetz 33

Wertpapierhandelsgesetz 196, 285, 313f
Whistleblower legislation **363**
Giralgeldschöpfung 305
Gläubigerwechsel 263, 264
Globalisierung 102, 111, 129, 309, 332, 404, 406, 429
Goldman Sachs 22
Göttinger Gruppe **114**, 359
Groh, Herbert Ernst **240**
Großaktionäre 178, 190
Grundschuldbriefe 51, 192
Hafner, Bernhard **299**
Hall, Andrew **266**
Hamburger Sparkasse **157**
Handel mit Risikopapieren (Terminhandel) **320**
Hayek, Friedrich August von **402, 408**
Hebel-Wirkung **278**
Hegel, Georg Wilhelm Friedrich 311, **371**
Heimatlandkontrolle 7, 73, 319, 332
Hermes-Versicherung 178
Hofmann, Werner **182**
HOPE-NOW-Allianz 57
HSBC (Honkong Shanghai Bank Corporation) 22, **218**
HSH Nordbank **28**, 37, **50**
Hypo Real Estate (HRE) 24, **240**
Hypo Vereinsbank 232, 241
Ideologiekritik 370, 416
IKB (Industriekreditbank) 108, **280**
Immobileinfonds
    REITS 194, 244, **321**
Immobilienfonds
    geschlossene 98, 269, 294, 366, 433
Indices 197, **286**
ING-Diba 236
Inflation 112, 143, 144, 145, 163, 181, **203f**, 204, 269, 315, 378, 420, 426, 445
Information
    Assymetrische **288, 330**
    Informationspflichten 221, 260, 277, 326, 330

Meinungsbildung 363
Meinungsfreiheit 12, 363, 364
Initiative Finanzplatz Deutschland **320, 403**
Inkasso
    Inkassoabtretung 256
    Inkassobank 39
    Inkassoinstitut 39, 187
Innenprovisionen 67, 157, 234
Insolvenz **79ff**, 104, 156, 215f, 450f
Institut für Finanzdienstleistungen e.V. (iff) **226**, 231, 396
Institute of International Finance (IIF) **72**
Interbankgeschäfte 94
Internationaler Währungsfonds (IWF, englisch IMF) **64, 178**
Investment 10, 88, 218, 292, 325, 398
Investmentbank 25, 85, 99, 251, 336
Investmentbanking 22, 24, 278, 297, 363, 408
Investmentfonds 98, 99, 162, 192, 273, 280, 281, 320, 321
Investmentrichtlinie 278
Investmentzertifikat 423
Investorenkrise 55, 74
Investmentfonds
    Geierfonds 256, 259, 295
    Hedgefonds 51ff, 256ff, **271**, 279ff, **397**, 405, 427
Investmentsfonds
    Heuschreckenfonds 51, 245, 279, 387
Joint Venture 398
J.P. Morgan **22**, 253
Kaminsky, Stefan **249**
Kant, Immanuel **311**
Kapitalakkumulation 421
Kapitalerhöhung 158
Kapitalismus 121ff, 403ff, 416f
Kapitallebensversicherung 130, 179, 226, 232, 303
Kapitalmarkt 95ff, 158ff, **273**
Kapitalverkehrsfreiheit 312, 315, 319

Kartell 19, 24, 65, 149, 301, 356, 365, 399
Kasinokapitalismus 22, 25, 70, 171, 175, 351, 376, 425
Kaupthing Bank 82, **157**
Keynes, John Maynard **385**
Kick-Back-Provision 331, 358
Komplexitätsrisiko 291
Konjunkturprogramm 112, 377
Konkurssicherungssystem 184
Konsolidierung 275, 341
Kontrollsystem 323
Korrelationskoeffizienten 212, 416
KPMG **254**
Kredit
  Kettenumschuldungen 52, 155, 277
  Kombifinanzierungen 52
  Konsumentenkreditgeschäft 65
  Kreditausfallversicherung 35
  Krediterweiterung 276
  Kreditgenossenschaften 29
  Kreditgeschäft 22, 63, 191, 212, 224, 240, 248, 249, 288, 333, 427
  Kreditgesellschaft 102, 121, 288, 305, 394, 439
  Kreditinstitut 66, 99, 333
  Kreditklemme (credit crunch) **150**
  Kreditkrise **137**, 280, 373, 377
  Kreditnehmerkrise 435
  Kreditsicherheit 97
  Kreditübertragungen 245
  Kreditverbriefungen (MBS) **90**, 213
  Kreditverhältnisse 97, 258, 451, 452, 453
  Kreditwürdigkeit 71, 180, 213, 215, 355
  Kündigungsschutz 52, 54, 61, 237, 299, 390, 451, 453
  Luftkredite 278
  Nachsparen 100
  Notleidender NPL 35, **208, 395,** 402
  Policendarlehen 277
  Produktiver Kredit **101,** 276
  Second defaults **398**

Tilgungsplan 331
Überschreitung 153, 155, 187, 222, 238
verbriefter Kredit 91, 160, 280, 314
Vorfälligkeitsentschädigungen 67, 117, 213, 225, 228, 331
Kreditanstalt für Wiederaufbau (KfW) **108**
Kreditart
  Bauspardarlehen 130, 226, 227
  Effektenlombardkredit 277
  Extrakredite 61
  Hypothekenkredite 191f, **208 ff 224ff**, 366, 378, 388, 398, 401, 435
  Kontoüberziehungskredit 117, 237
  Kreditkartenkredite **219ff, 331ff,** 391
  Ratenkredit 36, 63, 126, 154, 220, **230ff,** 391
  Überziehungskredit 154, 236, 249, 391
Kreditbegriff
  Arbeitsmiete 125
  Darlehen 6, 21, 88, 93, 97, 116, 120, 132, 198, 221, 222, 224, 260, 261, 308, 326, 452
  Sachmiete 122, 125
Kreditkarte 61, 130, 217ff, , 220ff
  Kreditkartenkartenreiterei 222
  Multicardkreditsystem 237
  Prepaid-Kreditkarte 223, 237
Kreditvergabe 18ff, 97ff, 275ff, 333, 344, 351, 355, 373, 381, 388, 426, 429ff
  Originator 90
  Rückzahlungswahrscheinlichkeit (Bonität) 216
Kreislauftheorien 371
Krisenbewältigung 8, 18, 41, 72, 108, 374, 377, 403, 448
Kritische Theorie 416
Landesbank Sachsen (SachsenLB) **250**
Lebenszeit (life time) 103, 125, 156, 229, 232, 295, 390, 400, 429

Lehen 120, 149
Lehmann Brothers **23**
Leusder, Stefan **251**
Liberalismus
Neo-Liberalismus 8, 24, 70, 74,
311, 321, 325, 330, 332, 380,
402ff
Lippmann, Walter **408**
Liquidität
Liquidität 29, 50, 115, 198, 214,
225, 235, 250, 255, 277, 302ff,
445ff
Liquiditätsinformation 331
Liquiditätsrisiko 185
Lloyds of London **424**
London Stock Exchange (LSE) **320**
Lone Star Funds **35**
Luther, Martin **382**
Madoff, Bernhard **114, 163,280**
Markt
Marktfreiheit 54, 79, 301, 329
Marktinformation **328**, 331
Marktpreis 204, 214, 336f
Marktwirtschaft 19, 22, 36, 56, 136,
144, 147, 197, 235, 279, 294f,
309f, 317, 360, 374f, 385, 403ff,
439
Marx, Karl **126, 136**
McKinsey & Co Ltd. **44**
Mergers & Acquisitions **98**, 279
Merryll Lynch **99**
Middelhoff, Thomas **17**
Miete 45, 78, **120ff**, 149f, 202, 214,
243, 283f, 308
Misstrauen 30, 99, 255
Mitbestimmungsrecht 92
Monopol 149, 150, 151, 152, 351, 355,
368
Mortgage Backed Securities (MBS) **90**,
191, **398**, 423
Müller, Klaus-Peter **31**
Netbank **236**
New Democrats 20
New-Labour 20
Nothilfefonds 40

Norisbank **23**
Northern Rock Bank **86**
Option 106, 190, 191, 198, 218, 424
Organisation für ökonomische
Zusammenarbeit und Entwicklung
(OECD) **349**
Originate-to-Distribute-Modell 72
Ormond Quay Funding **253**
Outperformance 271ff
Papst Benedikt XVI **380**
Pressefreiheit 361, 362
Prinzipien verantwortlicher
Kreditvergabe 71, 103, 302, 429,
439, 451
Privatisierung 9, 33f, 50, 55, 62, 82,
102, 204, 252, 306, **403ff**
Put 273, 383
Quants 105, 106
Rating 30, 40, 97, 193f, **253ff**, **258**,
274, 281, 290, 306, 374, **397ff**
Ratingagenturen 42, 85, 116, 193,
195, 203, 210, 216, 274, 360,
448
Realwirtschaft 6, 18, 45, 65, **107ff**,
179ff, 200ff, 312, 315, 334ff, 348,
378, 381, 387, 420
Regellosigkeit 310, 376, 379, 380, 384,
385, 387
Regulierung 9, 21, 70, 104, 200, 219,
289, 303, 314, 327, 330, 356, 357
Reichtums- und Armutsbericht **342**
Rekapitalisierung 36
Rendite 12, 43, 55, 99, 115, 121, 132,
158, 162, 165, 192, **272ff**, 306f,
422ff
Renditesicherheit 190
Reprivatisierung 26
Restschuldversicherung **230ff**, 248,
303
Riester-Rente 183
Risiko
Kursrisiko 158, 185, 198
Liquiditätsrisiko 185
Risikoabsicherung 6, 41, 179, 184,
188, 199, 375

Risikoauslagerung 338
Risikobegrenzungsgesetz 52, 54
Risikolebensversicherung s.a.
    Restschuldversicherung 231
Risikostreuung 97, 99, 195, 339,
    453
Risk-adjusted-Pricing 235, 236
    Verbrieftes **188**
    Verlustrisiko 173, 174, 185, 278
    Vorhersage 185
    Währungsrisiko 187
Rougier, Louis **408**
Rousseau, Jean-Jacque 311
Royal Bank of Scotland, RBS **28**
Rückkaufwert 234
Rürup, Bert **403**
SALIS-Prinzipien **302**
Sal. Oppenheim-Bank **22**
Schein
    Scheingeld 7, 115, 267, 273, 304,
    377, 431
    Scheinrisiken 7, 267, 278, 285, 290
Schneeballsystem 114, 217, 259, 279
Schrottimmobilien 38, 52, 227, 282,
    322, 428, 433
SCHUFA **30**, 223
Schuldanerkenntnis 90
Schuldnerschutz 47, 48, 58, 329, 330,
    344, 451
Schülerbanking **396**
Schuldtitel 33, 197
Schuldverschreibung 291, 423, 425
Score
    Scorewert 30, 342
    Scoring 30, 397
SEB-Bank **236**
Second defaults 398
Securities 90, 194, 292
Sen, Armatya **311**
Servicing 145, 153, 191, 193, 208, 210,
    264
Shareholder Value 72, 159, 160, 387
Short sale 401
Sicherheit
    Hypothek 171, 187, 453

Pfand 171, 174, 187, 192, 195
Sicherheiten
    Avalbürgschaft 187
Sicherungsinstrumente (Derivate) 58
Sinn, Hans-Werner **403**
Smith, Adam 136, **402**, 425
SoFFin (Sonderfonds
    Finanzmarktstabilisierung) **32**
Sommer, Ron **167**
Soros, George **115**
Sozialbanken (Volkskreditbanken) **71**
Sozialenzyklika Caritas in Veritate **380**
Sozialpolitik 20, 193, 372
Sozialprodukt 146
Soziologie
    Soziologie 11, 133, 136, 233, 342,
    370, 376, 416, 417, 418
Sparen 64f, 88, 95ff, 125f, 161, 170,
    198, 209, 226, 286f, 377, 396, 417,
    421ff
Sparkassenkrise (S&L-Krise) 450
Spiel
    Spiel 31, 37, 105, **172ff** 278, 282ff,
    293, **311ff**, 332, 369, 376, 386,
    402, 406, 429f, 441, 450
    Spielbankgesetz 176
    Spielkasino 175, 178, 425
    Spielsucht 171ff, 182, 199, 254,
    289, 376f, 385, 408, 418, 425,
    430
Spread 213
Staatsgarantie 16, 34, 43, 56, 139, 239,
    252, 253, 254, 255
Steuer
    Steuer 19, 116, 169, 295, **315ff**,
    347, 384, **442ff**
    Steuergerechtigkeit 347
    Steuerhinterziehung 279, **347ff**, 388
    Steuerzahler 16, 27, 32, 38, 46, 87,
    183, 251, 254, 266, 300, 379
    Steueroase -paradies **345ff**
    Steuerzahlerbund 364
Strafrechtssystem 358
Stundung 275, 308
Stürner, Rolf **309**, 407

Subprime, Wucher
    Subprime-Darlehen 21
    Subprime-Krise **15ff**, 22, 39, 70,
        84, 93, 99, **210ff**,
Subvention 5, 37, 301, 364, 377
Swap 424
Systemkritische Armutstheorie 372
Systemtheorie 369
Tantiemen 58, 64, 69, 185, 293, 300,
    302, 349, 387
Too big to fail **80**, 450
Tracking Error 271, 273
Traumrendite 78, 342
Übermaßproblem Hyper- **375**
Übernahme 16, 19, 25, 32, 33, 42, 171,
    177, 198, 200, 202, 269, 270
Überschuss 98, 140, **149**, 274, 281, 420
Überschussbeteiligungen 41
Überziehung 187, 237, 238
UBS (Union de Banques Suisses) **196**
Umweltkrise 19
Umschuldung **275**
Verantwortliche Kreditvergabe
    Prinzipien 37, 41, 71, **103f**, 195,
        235, 302, 313, 329, 354, 387,
        396, 428, 438f, 442, 447, 451
Verbraucher
    Verbraucherbank 23, 25, 437
    Verbrauchergeschäfte (Consumer
        Acquis) 328
    Verbraucherinsolvenzregelung 62
    Verbraucherkreditgeschäft 25
    Verbraucherombuds 358, 436, 448
    Verbraucherrecht 328
    Verbraucherrechtsrichtlinienentwurf
        328
    Verbraucherschutz 7, 10, 12, 47, 53,
        73, 119, 209, 288, 309, 310,
        322ff, 381, 403, **432ff**, 448ff
    Verbraucherschutzbehörde 365, 449
    Verbraucherschutzniveau 47
    Verbrauchersicht 8, 130, 362, 396,
        402, **412ff**, 435
    Verbrauchervertretung 432, 435f
Verbriefung

Verbriefung 67, **88ff**,145, 210, 216,
    223, 257, 266, 270, 273, 306,
    423
Verbriefungsmarkt 93
Vermögensallokation 347
Verschuldung
    Jugendverschuldung 391, 392, 393,
        394, 395
    Überschuldung 10, 12, 13, 15, 47,
        68, 71, 82, 104, 121, 137, **213ff**,
        247ff, 284, 325, 330, 342ff,
        372ff, 388ff, 434, 451
Versicherung 35, 46, **170ff**, 205, 214,
    218, 228, **231ff**, 248, 313, 317, 423f,
    426
Verstaatlichung 9, 33, 56, 57, 79, 82,
    246, 250
Vertragsfreiheit 41, 148, 222
Vertrauen 5, 6, 27, 30f, 47, 86, 93, 94,
    102, 116, 117f, 121, 260, 291, 378,
    381, 411, 431
Währungsfuture 424
Währungssysteme 112
Weber, Max **382**
Weltfinanzparlament 353
Wertberichtigung 107, 108, 258, 336
    Einzelwertberichtigung 336
Wertpapier
    Analyst 29, 337
    Ausschüttungen 114
    Emission 22, 190
    Emissionsbanken 98
    Genussschein 197, 291
    Halteprämien 301
    Junk Bonds 38
    Kassageschäft 288, 314
    Platzierung 98
    Wertpapierbecken 290
    Wertpapiermarkt 38, 145
    Zertifikate 31, 90, 146, 157f, **197ff**,
        286, 397
Wertpapiere
    CDO (Collateralized Debt
        Obligations) 195
    Kursgewinn 36, 190

Kurspflege 159, 160, 299
Kursrisiko 158, 185, 198
Kurswert 132, 158, 274, 287
Wertschöpfungskette 131
Wertsteigerung 36
Wette 116, 146, **171ff**, 191, 200ff, 272, 285ff, 293, 311ff, 376, 424ff
Daytrading 292, 314
Wohnungsmarkt 58, 210, 321, 426, 450
Wörgler Experiment **110**
Wucher, Subprime
Wucherkreditgeber (Subprime- 218
Wucherrenditen 16, 278
Wuchergrenze 66, 155, 230, 237, 452
Zahlungsverkehr 54, 99, 170, 180, 221, 268, 305, 324, 332, 333, 348
Zentralbank 27, 29, 54, 60, 73, 89, 91, 110ff, 113, **146**, 155, 180, 203f, 267ff, 305, 374, 379, 427, 448f
Zentraler Kreditausschuss **356**
Zinsen
Basiszinssatz 153
Strafzinsen 221
Überschreitungszinsen 187, 188, 331, 371

Verzinsung 114, 135, 162, 208, 213, 223, 292, 306
Verzugszinsen 153, 246, 331
Zinsänderungsrisiko 223, 237
Zinseffekt 32
Zinseszinsen 116, 134, 141, 142, 154
Zinsfuture 229, 424
Zinslawine 78, 154
Zinsverechnungsklausel 141
Zinssatz
Basiswert 197
Effektivzins 132, 134, 235
Nominalzinssatz 133, 326
Realzinssatz 134
Sollzinssatz 134, 141
Verzugszinssatz 153, 155
Zielwertsuche 132, 134, 138, 142, 143
Zinscap 228
Zinsobergrenzen 78, 451
Zumwinkel, Klaus **167**

Namensverzeichnis

A

Ackermann, Josef **31,** 297, 358
AIG Versicherung **218,** 300
American Express **220**
Arcandor **17,** 81
Aristoteles 59, **78, 110**
AWD, Finanzdienstleister **358,** 403

B

Banco Santander 23, 232
Bank 24 **23**
Bank of America **99,** 218
Barclays Bank **25**
Basel Komitee
Bayerische Hypotheken- und Wechselbank **79,** 240
Berliner Bank 28, **49,** 102
Bernanke, Ben **210, 291**
Bilbao Vizcaya (BGBVA) **79**
BNP Parisbas **22**
Bond, Alan **91**
Brookings **208**
Buffet, Warren **150**
Bundesanstalt für Finanzdienstleistungen (BaFin) **24,** 73, **448**
Bundesanstalt für Finanzdienstleistungen (BaFin) 24
Bundesministerium der Finanzen 32

C

Capital One **220**
Caplovitz, David **247,** 390
CEPS, Forschungsinstitut **55,** 357
Cerberus **245,** 256
Cetelem 25, **71**
Citibank 23, 25, **28**
Citifinancial **209**
Commerzbank 101

Credit Agricole 23, 218
Crédit Mutuel 24
Credit Suisse 22
CreditPlus AG 25

D
Dahrendorf, Ralf 407
Depfa (Deutsche Pfandbrief Bank) 240, **246 f**
Deutsche Bank 22, **23**
Deutsche Kreditbank (DKB) **236**
Dresdner Bank 23, **25**, 300

E
ECRC (Europäische Koalition für Verantwortung im Kredit) **12**
EEC-Net (EU-finanziertes und aufgebautes Netzwerk von
Verbraucherberatungsstellen) **436**
EEC-Net (Netzwerk von Verbraucherberatungsstellen) 432
Europäische Koalition für Verantwortung im Kredit (European
Coaliton for Responsible Credit = ECRC) 12, **103, 439**
Europäische Zentralbank (EZB) 89, 155, **180**
European Consumer Credit Research Institute (ECRI) **357**

F
Fannie Mae **93, 193**
Federal Deposit Insurance Corporation (FDIC) **366**
Federal Deposit Insurance
Corporation FDIC 73, **366**
Federal Reserve Bank (Fed) 54, **374**
Financial Services Authority (FSA) **448**
FinNet 432
FinNet (Netzwerk von Verbraucherombuds) **436**
FinUse 432
Flowers, Christopher 34, 50
Freddy Mac **93, 193**
Freshfields Bruckhaus Deringer LLP **32, 356**
Friedman, Milton **402**, 404

G
Generaldirektion Markt der EU-Kommission **388**
Generaldirektion Verbraucherschutz der EU-Kommission **324**
Genossenschaftsbanken 24, **66, 244**
Goldman Sachs 22
Göttinger Gruppe **114**, 359
Groh, Herbert Ernst **240**

H

Hafner, Bernhard	**299**
Hall, Andrew	**266**
Hamburger Sparkasse	**157**
Hayek, Friedrich August von	**402, 408**
Hegel, Georg Wilhelm Friedrich	311, **371**
Hofmann, Werner	**182**
HSBC (Honkong Shanghai Bank Corporation)	22, **218**
HSH Nordbank	**28**, 37, **50**
Hypo Real Estate (HRE)	24, **240**
Hypo Vereinsbank	232, 241

I

IKB (Industriekreditbank)	108, **280**
ING-Diba	236
Initiative Finanzplatz Deutschland	**320, 403**
Institut für Finanzdienstleistungen e.V. (iff)	**226**, 231, 396
Institute of International Finance (IIF)	**72**
Internationaler Währungsfonds (IWF, englisch IMF)	**64, 178**

J

J.P. Morgan	**22**, 253

K

Kaminsky, Stefan	**249**
Kant, Immanuel	**311**
Kaupthing Bank	82, **157**
Keynes, John Maynard	**385**
KPMG	**254**
Kreditanstalt für Wiederaufbau (KfW)	**108**

L

Landesbank Sachsen (SachsenLB)	**250**
Lehmann Brothers	**23**
Leusder, Stefan	**251**
Lippmann, Walter	**408**
Lloyds of London	**424**
London Stock Exchange (LSE)	**320**
Lone Star Funds	**35**
Luther, Martin	**382**

M

Madoff, Bernhard	**114, 163,280**
Marx, Karl	**126, 136**
McKinsey & Co Ltd.	**44**

Merryll Lynch   **99**
Middelhoff, Thomas   **17**
Müller, Klaus-Peter   **31**

N
Netbank   **236**
Norisbank   **23**
Northern Rock Bank   **86**

O
Organisation für ökonomische Zusammenarbeit und Entwicklung
(OECD)   **349**
Ormond Quay Funding   **253**

P
Papst Benedikt XVI   **380**

R
Reichtums- und Armutsbericht   **342**
Rougier, Louis   **408**
Rousseau, Jean-Jacque   311
Royal Bank of Scotland, RBS   **28**
Rürup, Bert   **403**

S
Sal. Oppenheim-Bank   **22**
SCHUFA   **30**, 223
Schülerbanking   **396**
SEB-Bank   **236**
Sen, Armatya   **311**
Sinn, Hans-Werner   **403**
Smith, Adam   136, **402**, 425
SoFFin (Sonderfonds Finanzmarktstabilisierung)   **32**
Sommer, Ron   **167**
Soros, George   **115**
Sozialbanken (Volkskreditbanken)   **71**
Sozialenzyklika Caritas in Veritate   **380**
Stürner, Rolf   **309**, 407

U
UBS (Union de Banques Suisses)   **196**

V
Verbraucherrechtsrichtlinienentwurf   **328**

W

Weber, Max	**382**
Wörgler Experiment	**110**

Z

Zentralbank	113, **146**
Zentralen Kreditausschuss	**356**
Zumwinkel, Klaus	**167**

.

MIX
Papier aus verantwortungsvollen Quellen
Paper from responsible sources
FSC® C105338

If you have any concerns about our products,
you can contact us on
ProductSafety@springernature.com

In case Publisher is established outside the EU,
the EU authorized representative is:
Springer Nature Customer Service Center GmbH
Europaplatz 3, 69115 Heidelberg, Germany

Printed by Libri Plureos GmbH
in Hamburg, Germany